westermann

Andreas Blank, Nick Brown, Dr. Jörg Kazmierczak, Helge Meyer,
Sarah Siebertz, Udo Müller-Stefer, Ingo Schaub, Christian Schmidt

Herausgeber: Andreas Blank, Helge Meyer

Ausbildung im Groß- und Außenhandel

Kaufmann/Kauffrau für Groß- und Außenhandelsmanagement

Band 1

8. Auflage

Bestellnummer 10806

Die in diesem Produkt gemachten Angaben zu Unternehmen (Namen, Internet- und E-Mail-Adressen, Handelsregistereintragungen, Bankverbindungen, Steuer-, Telefon- und Faxnummern und alle weiteren Angaben) sind i. d. R. fiktiv, d. h., sie stehen in keinem Zusammenhang mit einem real existierenden Unternehmen in der dargestellten oder einer ähnlichen Form. Dies gilt auch für alle Kunden, Lieferanten und sonstigen Geschäftspartner der Unternehmen wie z. B. Kreditinstitute, Versicherungsunternehmen und andere Dienstleistungsunternehmen. Ausschließlich zum Zwecke der Authentizität werden die Namen real existierender Unternehmen und z. B. im Fall von Kreditinstituten auch deren IBANs und BICs verwendet.

Die in diesem Werk aufgeführten Internetadressen sind auf dem Stand zum Zeitpunkt der Drucklegung. Die ständige Aktualität der Adressen kann vonseiten des Verlages nicht gewährleistet werden. Darüber hinaus übernimmt der Verlag keine Verantwortung für die Inhalte dieser Seiten.

service@westermann.de
www.westermann.de

Bildungsverlag EINS GmbH
Ettore-Bugatti-Straße 6-14, 51149 Köln

ISBN 978-3-427-**10806**-1

westermann GRUPPE

© Copyright 2020: Bildungsverlag EINS GmbH, Köln
Das Werk und seine Teile sind urheberrechtlich geschützt. Jede Nutzung in anderen als den gesetzlich zugelassenen Fällen bedarf der vorherigen schriftlichen Einwilligung des Verlages.

Vorwort

Die Buchreihe „Ausbildung im Groß- und Außenhandel" erfüllt die Anforderungen der Ausbildungsordnung und des Rahmenlehrplans für den Ausbildungsberuf „**Kauffrau/ Kaufmann für Groß- und Außenhandelsmanagement**". Die Gliederung der drei Jahrgangsbände orientiert sich am Rahmenlehrplan, der die zu vermittelnden Kompetenzen den Lernfeldern zuordnet.

Band 1 der Reihe umfasst die Lernfelder des ersten Ausbildungsjahres für die Fachrichtungen Großhandel und Außenhandel:

- Lernfeld 1: Das Unternehmen präsentieren und die eigene Rolle mitgestalten
- Lernfeld 2: Aufträge kundenorientiert bearbeiten
- Lernfeld 3: Beschaffungsprozesse durchführen
- Lernfeld 4: Werteströme erfassen und dokumentieren

Band 2 der Reihe umfasst die Lernfelder des zweiten Ausbildungsjahres für die Fachrichtungen Großhandel und Außenhandel

- Lernfeld 5: Kaufverträge erfüllen
- Lernfeld 6: Ein Marketingkonzept entwickeln
- Lernfeld 7: Außenhandelsgeschäfte anbahnen
- Lernfeld 8: Wertströme auswerten
- Lernfeld 9: Geschäftsprozesse mit digitalen Werkzeugen unterstützen

Band 3 umfasst die Lernfelder des dritten Ausbildungsjahres für die Fachrichtung Großhandel

- Lernfeld 10: Kosten- und Leistungsrechnung durchführen
- Lernfeld 11: Waren lagern
- Lernfeld 12: Warentransporte abwickeln
- Lernfeld 13: Ein Projekt im Großhandel planen und durchführen

Um den Auszubildenden der verschiedenen Branchen die Lerninhalte zu veranschaulichen und wegen der Verschiedenheit der Ausbildungsbetriebe, werden bei der Erarbeitung der Lernfelder **zwei unterschiedliche Modellunternehmen** mit zwei bzw. einem Modellauszubildenden zugrunde gelegt:

- die Primus GmbH mit der Auszubildenden Nicole Höver und dem Auszubildenden Andreas Brandt und
- die Kröger & Bach KG mit dem Auszubildenden Lukas Breuer.

Beide Modellunternehmen betreiben einen eigenen **Webshop**, an dem die Auszubildenden die für die Arbeit im **E-Business** erforderlichen digitalen Kompetenzen erwerben können. Darüber hinaus sind die **Aspekte der beruflichen Bildung in der digitalen Welt** in Handlungssituationen, Sachinhalt und Aufgaben durchgängig berücksichtigt.

Die **Kapitel innerhalb der Lernfelder** sind in sachlogisch strukturierte Unterrichtseinheiten gegliedert. Jede Unterrichtseinheit ist folgendermaßen aufgebaut:

1. Handlungssituation → 2. Sachinhalt → 3. Zusammenfassung → 4. Aufgaben

Jede Unterrichtseinheit (= Gliederungspunkt im Buch) wird mit einer unternehmenstypischen **Handlungssituation** eingeleitet. Über **Arbeitsaufträge** werden die Schüler zur eigenständigen Lösung der darin erkennbaren Problematik motiviert. Im **Sachinhalt** werden betriebliche Probleme und Prozesse an Beispielen mit Lösungen veranschaulicht, Zusammenhänge in Schaubildern schematisiert, Lösungswege aufgezeigt und in einer **Zusammenfassung** als Grundlage der Übung und Wiederholung strukturiert dargestellt. Zu jedem Lernfeld werden **Aufgaben** mit unterschiedlichem Schwierigkeitsgrad und Umfang angeboten. Sie dienen der Sicherung und Anwendung betriebswirtschaftlicher Begriffe, Definitionen und Prozesse und der Auswertung und entscheidungs- und handlungsorientierten Durchdringung der Ergebnisse. Jedes der Lernfelder wird mit fallbezogenen **Wiederholungsaufgaben und prüfungsvorbereitenden Aufgaben** abgeschlossen.

> Die für die Anbahnung und Verhandlung, den Abschluss und die Erfüllung von Außenhandelsgeschäften in der **Fremdsprache Englisch** erforderlichen Kompetenzen sind in die entsprechenden Lernfelder eingearbeitet und durch eine farbliche Hinterlegung gekennzeichnet.

> Die für die Arbeit im **Außenhandel** erforderlichen internationalen Berufskompetenzen sind durch eine blaue Hinterlegung gekennzeichnet.

Verweise zu anderen Lernfeldern, in denen die zu bearbeitenden Inhalte ebenfalls behandelt werden, sind an den entsprechenden Stellen mit der Unterlegung des Begriffes und einem Verweis auf das jeweilige Lernfeld gekennzeichnet.

Im **Lehrermaterial** sind alle Aufgaben ausführlich gelöst. Ferner werden zu jedem Lernfeld handlungsorientierte Unterrichtsskizzen vorgestellt. Darüber hinaus sind zahlreiche Kopiervorlagen enthalten, die die Arbeit der Lehrer und Schüler im Unterricht unterstützen.

Ein **Warenwirtschaftsprogramm** (32-Bit-Version) mit integriertem Datenkranz des Modellunternehmens Primus GmbH, eine ausführliche Beschreibung zur Arbeit mit diesem Programm anhand von praxisorientierten Lernsituationen sowie Belegmasken des Modellunternehmens finden Sie kostenlos unter **BuchPlusWeb** (siehe Hinweise in der Buchdeckelinnenseite im Lehrbuch vorne). Diese Unterlagen sind zur Nutzung durch Auszubildende sowie Lehrer konzipiert.

Zu dieser Reihe gehören ebenfalls passende **Arbeitshefte**. Sie greifen die Einstiegssituationen der Lehrbücher auf und überführen durch zusätzliche Arbeitsaufträge und methodische Hinweise, die einen handlungsorientierten Unterricht steuern, in Lernsituationen. **Lehrermaterialien** inklusive Lösungen sind separat erhältlich.

Die Verfasser
Frühjahr 2020

BiBox – Die Bildungsbox für Ihren Unterricht

Dieses Lehrwerk ist auch als BiBox erhältlich. In unserem Webshop unter www.westermann.de finden Sie unter der Bestellnummer des Ihnen vorliegenden Bandes weiterführende Informationen zum passenden digitalen Schulbuch.

Inhaltsverzeichnis

Einleitung 9

Lernfeld 1   Das Unternehmen präsentieren und die eigene Rolle
mitgestalten 21

1 Die rechtlichen und sozialen Rahmenbedingungen im System der Berufsausbildung und in Arbeitsverhältnissen kennenlernen 21

1.1 Die rechtlichen und sozialen Grundlagen eines Ausbildungsverhältnisses reflektieren 21
1.1.1 Das System der dualen Berufsausbildung untersuchen 21
1.1.2 Die Ausbildungsordnung (AO) und das Berufsbildungsgesetz (BBiG) kennenlernen 28
1.1.3 Das Jugendarbeitsschutzgesetz (JArbSchG) erkunden 40
1.1.4 Sich über Institutionen zur Durchsetzung ausbildungsrechtlicher Ansprüche informieren 44
1.1.5 Möglichkeiten der Weiterbildung erkunden und die Notwendigkeit des lebenslangen Lernens kennenlernen 47

1.2 Die rechtlichen und sozialen Rahmenbedingungen eines Arbeitsverhältnisses reflektieren 50
1.2.1 Den Einzelarbeitsvertrag auswerten 50
1.2.2 Gesetze und Verordnungen zum Schutz der Arbeitnehmer erkunden 54
1.2.3 Entscheidungsbefugnisse im Betrieb kennenlernen 59

1.3 Sich mit Mitwirkung und Mitbestimmung auseinandersetzen 64
1.3.1 Mitwirkung und Mitbestimmung des Betriebsrates und der Jugend- und Auszubildendenvertretung (JAV) nachvollziehen 64
1.3.2 Die Bedeutung von Tarifverträgen und die Rolle der Sozialpartner kennenlernen 69

1.4 Sich mit der eigenen Entgeltabrechnung vertraut machen 72

2 Die Aufgaben und die Organisation des Groß- und Außenhandels erkunden 85

2.1 Kundenorientierung als Unternehmensphilosophie im Groß- und Außenhandel kennenlernen 85

2.2 Die Marktstruktur und Stellung des Groß- und Außenhandels in der Gesamtwirtschaft nachvollziehen 88

2.3 Funktionen und Formen des Großhandels untersuchen 92

2.4 Funktionen und Formen des Außenhandels untersuchen 99

2.5 Die Organisationsstruktur eines Groß- und Außenhandelsunternehmens nachvollziehen 104

3 Den betrieblichen Leistungsprozess und die handelsrechtlichen Rahmenbedingungen beschreiben 115

3.1 Ökonomische, ökologische und soziale Ziele unternehmerischen Handelns vergleichen 115

3.2 Handelsrechtliche Rahmenbedingungen und Rechtsformen beschreiben . 121
- 3.2.1 Handelsgewerbe und Firma wählen 121
- 3.2.2 Sich über das Handelsregister informieren 127
- 3.2.3 Die Einzelunternehmung (e. K.) kennenlernen 131
- 3.2.4 Die Kommanditgesellschaft (KG) als Personengesellschaft kennenlernen 134
- 3.2.5 Die Gesellschaft mit beschränkter Haftung (GmbH) als Kapitalgesellschaft kennenlernen 138

4 Zielgerichtet und effektiv lernen und arbeiten – auch mit digitalen Medien 143

4.1 Kooperativ Lernen und Arbeiten in Gruppen 143
4.2 Methoden und Medien für die Gruppenarbeit einsetzen 150
4.3 Methoden und Medien zur Informationsbeschaffung und zum Lernen anwenden 157
4.4 Professionelle Präsentationen planen, durchführen und auswerten 163
4.5 Rollenspiele als Vorbereitung auf die Praxis nutzen 168

LERNFELD 2 Aufträge kundenorientiert bearbeiten 179

1 Den Verkaufsprozess von Waren und Dienstleistungen kundenorientiert analysieren und unter Berücksichtigung der Unternehmensziele abwickeln 179
- 1.1 Anfragen von Neu- und Stammkunden bearbeiten und Angebote erstellen 179
- 1.2 Auftragsbearbeitung und Angebotserstellung im Warenwirtschaftssystem (WWS) anwenden 190

2 Sich über rechtliche Grundlagen von Kaufverträgen informieren 198
- 2.1 Rechts- und Geschäftsfähigkeit kennenlernen 198
- 2.2 Besitz und Eigentum unterscheiden 204
- 2.3 Vertragsfreiheit, Formvorschriften, Nichtigkeit und Anfechtbarkeit von Rechtsgeschäften kennenlernen 207
- 2.4 Rechtsgeschäfte, Willenserklärungen und Vertragsarten unterscheiden .. 213

3 Kundenorientierte Beratungs- und Verkaufsgespräche führen – auch in der Fremdsprache Englisch 218

4 Schriftverkehr in der Fremdsprache Englisch anwenden 237

5 Kaufverträge mit dem Kunden rechtskräftig abschließen 250
- 5.1 Angebote erstellen 250
- 5.2 Inhalte von Angeboten untersuchen 254
- 5.3 Besondere Kaufvertragsarten kennenlernen 263
- 5.4 Kundenbestellung und Auftragsbestätigung bearbeiten 269
- 5.5 Allgemeine Geschäftsbedingungen untersuchen 272
- 5.6 Finanzierungs- und Dienstleistungsangebote einbinden 276

6 Besonderheiten bei Verkaufsprozessen mit ausländischen Kunden beachten ... 281
6.1 Ausfuhrverfahren kennenlernen und unterscheiden ... 281
6.2 Vorschriften und Verfahren der Ausfuhrkontrolle beachten ... 289

LERNFELD 3 Beschaffungsprozesse durchführen ... 301

1 Bedeutung der Beschaffung für den betrieblichen Leistungsprozess kennenlernen ... 301
1.1 Beschaffungsobjekte unterscheiden und Güterbeschaffungsmarketing anwenden ... 301
1.2 Das vorhandene Sortiment analysieren und Vorschläge für Sortimentsveränderungen unterbreiten ... 304

2 Den Beschaffungsbedarf ermitteln und das Sortiment gestalten ... 318
2.1 Mengenplanung, Zeitplanung und Beschaffungsstrategien entwickeln ... 318
2.2 Beschaffungsprozesse kontrollieren ... 328
2.3 Bezugsquellen ermitteln und Angebote einholen ... 333
2.4 Rechnerische Grundlagen der Preisplanung berücksichtigen ... 338
2.4.1 Verteilungsrechnen anwenden ... 338
2.4.2 Prozentrechnen anwenden ... 342
2.5 Bezugskalkulation durchführen ... 348
2.6 Angebote vergleichen ... 356
2.7 Beschaffungsprozesse steuern ... 361
2.7.1 Bestellvorschlag überprüfen und elektronische Plattformen nutzen ... 361
2.8.2 Artikelgenaue Erfassung von Ein- und Verkäufen im Warenwirtschaftssystem (WWS) anwenden ... 365

3 Beschaffungsvorgänge aus der EU und Drittländern bearbeiten ... 374
3.1 Bezugsquellen im Außenhandel ermitteln ... 374
3.2 Bezugspreise im Außenhandel kalkulieren ... 378
3.2.1 Incoterms® 2020 als Kalkulationsgrundlage anwenden ... 378
3.2.2 Von und in Fremdwährungen umrechnen (Währungsrechnen) ... 387
3.2.3 Einfuhrabgaben kennenlernen und berechnen ... 393
3.3 Mit einem Lieferer in der Fremdsprache Englisch kommunizieren ... 400

LERNFELD 4 Werteströme erfassen und dokumentieren ... 416

1 Die Aufgaben des betrieblichen Rechnungswesens in Groß- und Außenhandelsbetrieben erfassen ... 416

2 Vermögen und Schulden erfassen und darstellen ... 421
2.1 Ein Inventar erstellen ... 421
2.2 Die Bilanz aus dem Inventar ableiten ... 429

3 Belege identifizieren und Abläufe zur buchhalterischen Erfassung planen ... 438

4 Geschäftsfälle anhand von Belegen auf Bestandskonten erfassen ... 445

4.1 Veränderungen des Vermögens und der Schulden dokumentieren ... 445

4.2 Geschäftsfälle auf Bestandskonten buchen ... 451

4.3 Buchhalterische Schritte und Organisationshilfen zur Erfassung von Belegen nutzen ... 459

5 Auf Erfolgskonten buchen und den Erfolg ermitteln ... 466

5.1 Aufwendungen, Erträge und den Erfolg eines Groß- und Außenhandelsunternehmens ermitteln ... 466

5.2 Warengeschäfte buchen und Warenbestandsveränderungen erfassen ... 476

6 Umsatzsteuersystem erläutern, Umsatzsteuer berechnen und buchen ... 482

7 Organisationsvorschriften zur Buchführung anwenden ... 492

7.1 Einen Kontenrahmen und Kontenplan nutzen ... 492

7.2 System- und Nebenbücher zur Überwachung von Zahlungsein- und Zahlungsausgängen nutzen ... 498

8 Besondere Buchungen bei der Beschaffung von Waren durchführen ... 503

8.1 Sofortrabatte und Anschaffungsnebenkosten beim Einkauf von Waren berücksichtigen ... 503

8.2 Rücksendungen und Nachlässe beim Wareneinkauf erfassen ... 507

8.3 Liefererskonti bei vorzeitiger Zahlung berücksichtigen ... 513

9 Besondere Buchungen beim Warenverkauf vornehmen ... 520

9.1 Sofortrabatte und Kosten der Warenabgabe beim Warenverkauf berücksichtigen ... 520

9.2 Rücksendungen durch Kunden und Gutschriften für Minderungen und Boni erfassen ... 525

9.3 Kundenskonti bei vorzeitiger Zahlung berücksichtigen ... 531

Sachwortverzeichnis ... 536

Bildquellenverzeichnis ... 542

Verzeichnis der Gesetzesabkürzungen ... 544

Einleitung

Unternehmen im Groß- und Außenhandel

Groß- und Außenhandelsunternehmen beschaffen Waren von Herstellern, die sie ihren Kunden im In- und Ausland anbieten. Dabei ist jedes Unternehmen des Groß- und Außenhandels gleichzeitig Kunde bei anderen Unternehmen (Lieferer) und hat selbst Abnehmer (Kunden).

Damit Sie die vielfältigen Ziele und Herausforderungen für ein Unternehmen des Groß- und Außenhandels kennenlernen, haben wir in diesem Buch für Sie zwei typische Unternehmen als Modellunternehmen gewählt, die **Primus GmbH**, Groß- und Außenhandlung für Bürobedarf, und die **Kröger & Bach KG**, Außenhandlung für Non-Food-Artikel. An typischen Situationen lernen Sie die wesentlichen Themen kennen, mit denen sich diese Unternehmen beschäftigen. Sie erfahren, wie betriebswirtschaftliche Entscheidungen zustande kommen und welche Methoden eingesetzt werden, damit ein Unternehmen Erfolg hat.

Betrachten Sie die ausgewählten Unternehmen als „Ihre Ausbildungsbetriebe", um betriebswirtschaftliches Denken und Handeln zu erlernen. Hierzu sollen Sie zunächst einige Details über die Unternehmen erfahren.

Sie erfahren, wo die Primus GmbH und die Kröger & Bach KG ihren Sitz haben, wie die Unternehmen aufgebaut sind, welche Abteilungen vorhanden sind und welche Menschen in diesen Unternehmen arbeiten. Einigen der Mitarbeiter werden Sie in diesem Buch häufig begegnen und sie in typischen betrieblichen Situationen beobachten.

Sie finden auch einen Auszug aus dem Sortiment der Primus GmbH sowie einen Auszug aus der Kunden- und Liefererdatei. Außerdem wird der Gesellschaftsvertrag der Primus GmbH vorgestellt. Schließlich erfahren Sie, in welchen Verbänden die Primus GmbH Mitglied ist und wie ihr Betriebsrat und ihre Jugendvertretung zusammengesetzt sind.

Auf diese Informationen werden Sie bei Ihrer Lernarbeit häufiger zurückgreifen. Deshalb haben wir sie zusammengefasst und am Beginn des Lehrbuches zur ständigen Nutzung dargestellt.

● Szenario

Nicole Höver und Petra Jäger sind Auszubildende zur Kauffrau für Groß- und Außenhandelsmanagement bei der Primus GmbH, einem Groß- und Außenhandelsunternehmen für Bürobedarf in Duisburg, und Schülerinnen einer Unterstufe für diesen Ausbildungsberuf an einem Berufskolleg in Duisburg. Ebenfalls in dieser Klasse befindet sich Lukas Breuer, Auszubildender zum Kaufmann im Außenhandelsmanagement bei der Kröger & Bach KG.

Am ersten Tag des Unterrichts legen Schüler und Lehrer der Klasse fest, dass sie ihre Ausbildungsbetriebe vorstellen. Die Präsentation soll in Form eines Projektes erarbeitet werden. Das Thema lautet:

> „Wir stellen unseren Ausbildungsbetrieb vor."

ARBEITSAUFTRÄGE

Innerhalb der Klasse haben sich Gruppen gebildet, die Gemeinsamkeiten und Unterschiede ihrer Ausbildungsbetriebe vorstellen wollen. Nicole Höver und Petra Jäger haben sich zur Vorstellung der Primus GmbH die nachfolgenden Unterlagen besorgt.

Helfen Sie Nicole und Petra bei der Vorstellung der Primus GmbH und gehen Sie dabei insbesondere auf die nachfolgenden Fragen ein. Nutzen Sie zur Beantwortung dieser Fragen auch das Sachwortverzeichnis am Ende des Buches. Zur Vorstellung der Ergebnisse in der Klasse sollten Sie eine Präsentationssoftware nutzen.

1. Stellen Sie die wesentlichen Aufgaben der Primus GmbH im Rahmen der Gesamtwirtschaft dar.
2. Erläutern Sie das Organigramm der Primus GmbH.
3. Überprüfen Sie, auf welchen Absatzwegen die Primus GmbH Waren und Dienstleistungen vertreibt.
4. Erläutern Sie, welche Verträge die Primus GmbH bei ihrer Tätigkeit abschließen wird.
5. Finden Sie heraus, mit welchen Kreditinstituten die Primus GmbH zusammenarbeitet.
6. Sehen Sie sich die Lieferdatei an und stellen Sie fest, aus welchen Regionen die Primus GmbH Waren und Dienstleistungen bezieht.

Die Primus GmbH

Die Primus GmbH wurde 1966 in Duisburg gegründet.

● Der Standort

Lager- und Büroräume der Primus GmbH liegen in **47057 Duisburg, Koloniestr. 2–4**. Die Grundstücke und Gebäude sind Eigentum der Primus GmbH.

Die Primus GmbH unterhält in ihrem Verwaltungsgebäude eine kleine **Verkaufsboutique**, in der gewerbliche Kunden und Letztverbraucher Waren kaufen können. Die Verkaufsboutique wird von den Auszubildenden der Primus GmbH selbstständig geführt.

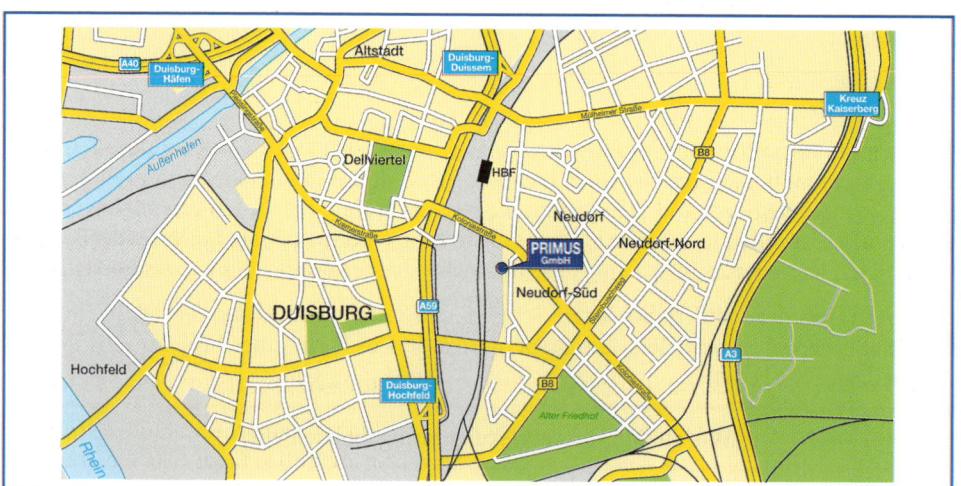

Der Standort der Primus GmbH liegt unmittelbar an der Autobahn A 59 an der Abfahrt Duisburg-Zentrum. Der Güterbahnhof Duisburg befindet sich ebenfalls in unmittelbarer Nähe. Arbeitnehmerinnen und Arbeitnehmer können mit den Bus- und Straßenbahnlinien fast bis vor den Eingang des Unternehmens fahren. Auf dem Werksgelände befinden sich nur wenige Parkplätze für Mitarbeiter, da die Geschäftsleitung ihre Mitarbeiter über die Ausgabe von Jobtickets zu umweltbewusstem Verhalten anhalten möchte. Seit dem vergangenen Jahr stellt die Primus GmbH ihren Mitarbeitern E-Bikes zur Verfügung.

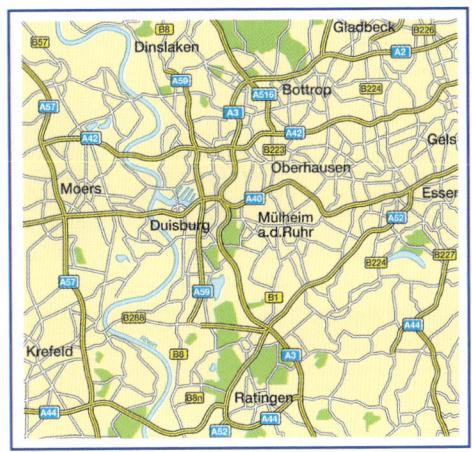

● Telefon, Telefax und Internet

Telefon: 0203 44536-90
Fax: 0203 44536-98
E-Mail: info@primus-bueroeinrichtung.de
Internet: www.primus-bueroeinrichtung.de

● Die Bankverbindungen

Geldinstitut	IBAN	BIC
Sparkasse Duisburg	DE12 3505 0000 0360 0587 96	DUISDE33XXX
Postbank Dortmund	DE76 4401 0046 0286 7784 31	PBNKDEFF440

● Steuer-, Betriebs-Nr. für Sozialversicherung und Handelsregistereintragung

Finanzamt: Duisburg-Süd; **Steuer-Nr.**: 109/1320/0146; **USt-IdNr.**: DE124659333
Betriebs-Nr. für die Sozialversicherung: 43641271
Handelsregistereintragung: Amtsgericht Duisburg HRB 467-0301

● Die Verbände

Gemäß § 1 **IHK-Gesetz** (IHKG) (www.gesetze-im-internet.de/ihkg) ist die Primus GmbH Mitglied in der **Industrie- und Handelskammer zu Duisburg**. Die Geschäftsführerin, Frau Primus, die Abteilungsleiterinnen Frau Berg und Frau Konski und der Abteilungsleiter Herr Patt sind Mitglieder in Prüfungsausschüssen der IHK. Das Unternehmen ist in der **Tarifgemeinschaft des Groß- und Außenhandels und der Dienstleistungen in Nordrhein-Westfalen** organisiert, die organisierten Arbeitnehmer sind Mitglieder in der **Gewerkschaft ver.di** (Vereinigte Dienstleistungsgewerkschaft).

● Der Betriebsrat und die Jugend- und Auszubildendenvertretung

Vorsitzender des Betriebsrates der Primus GmbH ist **Marc Cremer**, sein Stellvertreter ist Sven Fischer. Jugend- und Auszubildendenvertreterin ist **Petra Jäger**, Stellvertreter ist Andreas Brandt.

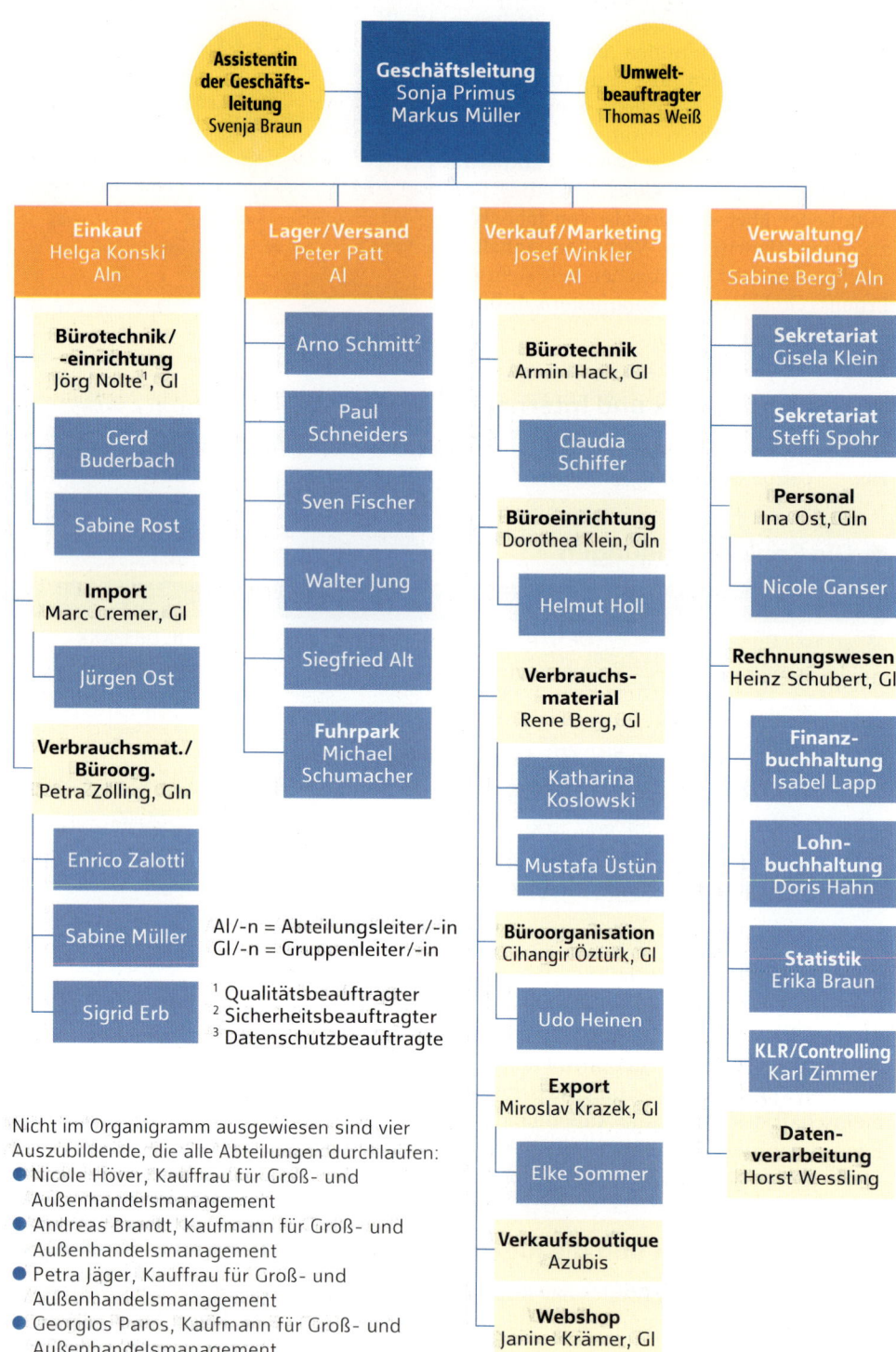

Unternehmen im Groß- und Außenhandel **13**

● Der Gesellschaftsvertrag (Auszug)

Gesellschaftsvertrag der Primus GmbH Groß- und Außenhandel für Bürobedarf

durch die Gesellschaftsversammlung am 2. Januar 19.. in 47057 Duisburg,
Koloniestr. 2–4 festgelegt.

§ 1 Die Firma der Gesellschaft lautet Primus GmbH, Groß- und Außenhandel für Bürobedarf.
§ 2 Der Geschäftssitz der Gesellschaft ist in 47057 Duisburg, Koloniestr. 2–4.
§ 3 Die Gesellschaft betreibt die Beschaffung und Weiterveräußerung von Bürobedarf und die Erbringung der dazugehörigen Dienstleistungen. Nach Möglichkeit sollen umweltverträgliche Artikel angeboten werden.

§ 5 Das Stammkapital der Gesellschaft beträgt 600 000,00 €.
§ 6 Das Stammkapital wird aufgebracht:
   1. Gesellschafterin Dipl.-Kauffrau Sonja Primus mit einem Nennbetrag der Geschäftsanteile in Höhe von 300 000,00 €
   2. Gesellschafter Dipl.-Betriebswirt Markus Müller mit einem Nennbetrag der Geschäftsanteile in Höhe von 300 000,00 €
   Die Nennbeträge der Geschäftsanteile sind in bar oder in Sachwerten zu leisten. Sie sind sofort in voller Höhe fällig.
§ 7 Der Mindestbetrag eines Geschäftsanteils muss 500,00 € betragen. Jeder andere Geschäftsanteil muss durch 100,00 € teilbar sein. Die Gesellschafter leisten ihre Geschäftsanteile in bar.
§ 8 Die Gesellschafterversammlung beruft einstimmig die Geschäftsführung.

§ 10 Die Gesellschafter treten jährlich einmal zu einer ordentlichen Versammlung zusammen. Die Geschäftsführer laden mit einwöchiger Frist unter Angabe von Tagungsort, Tagungszeit und Tagesordnung ein.

§ 13 Jeder Gesellschafter kann aus wichtigem Grund seinen Austritt aus der Gesellschaft erklären. Der Austritt ist nur zum Ende eines Geschäftsjahres zulässig. Er hat durch Einschreibebrief mit einer Frist von sechs Monaten zu erfolgen. Bei Kündigung der Gesellschafter oder Austritt wird die Gesellschaft nicht aufgelöst.

§ 16 Bekanntmachungen der Gesellschaft nach den gesetzlichen Bestimmungen erfolgen ausschließlich im Unternehmensregister.

§ 20 Außerhalb des Gesellschaftsvertrages wurde folgender Beschluss gefasst:
   Als Geschäftsführer gemäß § 9 des Gesellschaftsvertrages werden bestimmt
   1. Frau Dipl.-Kauffrau Sonja Primus
   2. Herr Dipl.-Betriebswirt Markus Müller
§ 21 Vorstehendes Protokoll wurde den Gesellschaftern vom Notar vorgelesen, von ihnen genehmigt und eigenhändig wie folgt unterzeichnet:

Sonja Primus

Markus Müller

Duisburg, 2. Januar 19..

● Das Sortiment

Lieferer-Nr.	Bestell-Nr.	Listenein-kaufspreis, netto/€	Artikelbezeichnung	Artikel-Nr.	Listenver-kaufspreis, netto/€[1]
Warengruppe 1: Bürotechnik[2]				**Kalkulationszuschlag 40 %**	
5641	237060	200,00	Laser-Multifunktionsgerät FX640 TI	335B927	240,00
5641	237061	213,93	Smartphone D2 S453	235B614	299,50
5641	237062	92,14	drahtlose Alarmanlage Primus Protect	230B912	129,00
5641	237063	31,79	Telefon Audioline 5300	237B750	44,50
5688	353389	28,21	Taschenrechner Datenbank SF-4300 B	229B906	39,50
5620	253390	13,93	USB-Stick 4er-Pack 16 GB	155B440	19,50
5620	253391	499,64	Tischkopierer Primus Z-52	150B391	699,50
5669	289922	28,21	Primus Wanduhr weiß S 926	149B393	39,50
5694	253321	356,43	HP-Laser Jet 5 P Laserdrucker	261B289	499,00
Dienstleistungsprogramm					
			Planung von Büroeinrichtungen		nach Ver-einbarung
			Montage bürotechnischen Zubehörs		
			Entsorgung von Altmöbeln, Verpackung, Zubehör		
			Aufbau von Büromöbeln		
Warengruppe 2: Büroeinrichtung				**Kalkulationszuschlag 120 %**	
5621	100201	96,59	Schreibtisch Primo	159B574	212,50
5621	100202	90,68	Bildschirm-Arbeitstisch Primo	159B590	199,50
5621	100203	108,86	Rollcontainer Primo	159B632	239,50
5621	100204	64,77	Unterschrank Primo	159B616	142,50
5621	100301	136,14	Schreibtisch Classic	308B049	299,50
5621	100303	58,86	Regalelement Classic	308B122	129,50
5621	100306	179,32	Bandscheiben-Drehstuhl Steifensand	120B592	394,50
5621	100310	90,68	Bandscheiben-Drehstuhl Super-Star	162B388	199,50
5669	289910	97,50	Bürodrehstuhl Modell 1640	381B814	214,50
5669	289934	33,86	Aktenvernichter Fellowes PS 50	228B684	74,50
5669	289958	64,77	Bildschirm-Arbeitstisch Charm	160B994	142,50
5669	289967	72,50	Druckertisch Euratio	305B094	159,50
Warengruppe 3: Verbrauch				**Kalkulationszuschlag 80 %**	
5677	310290	1,10	Primus-Castell TK-Fine 1306 Druckbleistift	125B567	1,98
5677	310294	10,83	Primus EXPRESS RO 33 20 Stück	313B221	19,50
5677	310301	4,43	Tintenroller Ball-Primus R 50 9 Stück	316B158	7,98
5610	420100	1,38	Primus Bleistifte 12 Stück	253B989	2,48
5610	420108	1,15	Primus Textmarker 6 Stück	128B488	2,07
5610	420110	6,25	Seminarmark. Primus 270 Boardmark. 10 St.	312B561	11,25
5681	145220	3,32	Primus Notizblock 4 × 800	236B596	5,98
5681	145237	3,47	Primus Universalblock 10 Stück	116B319	6,25
5681	145250	7,47	Recycling Briefumschläge C 6 1000 Stück	250B423	13,45
5681	145200	14,44	Computerpapier A4 weiß 80 g 2000 Blatt	705B251	26,00
5666	281000	21,94	Kopierpapier Primus XERO-Copy 5000 Blatt	239B632	39,50
5666	281001	3,58	Kopierpapier X-Offit 500 Blatt	251B926	6,45
Warengruppe 4: Organisation				**Kalkulationszuschlag 100 %**	
5641	237064	192,25	Drehsäule für Aktenordner 3 Etagen	182B238	384,50
5666	405129	1,00	Primus Ordner 6 Farben A4	119B263	2,00
5666	405145	0,79	Primus Trennblätter A4 Register 10 Stück	118B364	1,58
5669	289905	4,49	Registraturlocher	200B071	9,98
5669	289908	3,74	Primus Briefablage 5 Stück	310B615	7,48
5669	289915	5,88	Bürobox aus Kunststoff	138B859	11,76
5669	289916	15,60	Hängeregister Big Boy	240B804	31,20
5610	420115	3,74	Primus Heftzange B 36	194B340	7,48
5610	420130	22,50	Magister-Flipchart-Tafel	296B673	45,00
5681	145260	14,00	Primus Notizblock 50er-Pack	128B579	28,00

[1] Aus Gründen der Vereinfachung wurden einige Verkaufspreise auf glatte Beträge auf- oder abgerundet.
[2] Auf die Warengruppe 1 werden keine Rabatte gewährt.

● Lieferdatei der Primus GmbH (Auszug)

Firma	Lieferer-/Kred.-Nr.	Adresse	Ansprechpartner	Tel./Fax	Kreditinstitut	Produkte	Lieferbedingungen	Zahlungsbedingungen	Umsatz lfd. Jahr in €
Giesen & Co. OHG Herstellung von Kleingeräten für Schulungsbedarf	5610 K 71710	Quarzstr. 98 51371 Leverkusen	Frau Gentgen	0214 7667-54 7667-34	SEB Leverkusen IBAN: DE12370100110674563870 BIC: ESSEDESF372	Büromaterial, Schulungsbedarf	Auftragswert bis 1 000,00 €: 50,00 €, über 1 000,00 €: 84,00 €, Verpackungspauschale: 21,00 €	Ziel: 20 Tage Skonto: 7 Tage/2 %	45000,00
Computec GmbH & Co. KG Hard- und Softwarevertrieb	5620 K 71711	Volksparkstr. 12–20 22525 Hamburg	Herr Ötztürk	040 2244-669 2244-664	Postbank Hamburg IBAN: DE04200100200671190870 BIC: PBNKDEFF200	Hard- und Software, Bürogeräte	bis 10 kg: 12,00 €, bis 25 kg: 20,00 €, bis 50 kg: 32,00 €, bis 100 kg: 54,00 €, über 100 kg: nach Vereinbarung	Ziel: 14 Tage Skonto: -	600000,00
Bürodesign GmbH Herstellung von Büromöbeln	5621 K 71712	Stolberger Str. 188 50933 Köln	Herr Stam	0221 6683-550 6683-57	Sparkasse KölnBonn IBAN: DE11370501980085313948 BIC: COLSDE33XXX	Büromöbel	bis 20 km Lieferpauschale: 80,00 €	Ziel: 50 Tage Skonto: 14 Tage/2 %	210000,00
Jansen B.V. Bürotechnik	5641 K 71713	Jan de Verwersstraat 10 NL-5900 AV Venlo	Frau Sommer	31 77 866-350 866-401	Crédit Lyonnais Bank Nederland IBAN: NL40270100600092233723 BIC: CRLYNLFFXXX	Bürogeräte aller Art	4 % vom Warenwert, maximal 400,00 €	Ziel: 30 Tage Skonto: -	165000,00
Latex AG Herstellung von Büroverbrauchsgütern	5666 K 71714	Neckarstr. 89–121 12053 Berlin	Frau Demming	030 4455-46 4455-48	Berliner Sparkasse IBAN: DE64100500000098453223 BIC: BELADEBEXXX	Bürobedarf aller Art	Spesenpauschale: 10,00 €	Ziel: 60 Tage Skonto: -	75000,00
Bürotec GmbH Büroeinrichtung aller Art	5669 K 71715	Fabrikstr. 24–30 04129 Leipzig	Frau Asbach	0341 554-645 554-849	Deutsche Bank Leipzig IBAN: DE58586070000009111723 BIC: DEUTDE8LXXX	Bürogeräte, Büromöbel, Büroeinrichtungsgegenstände	bis Auftragswert 1 000,00 €: 50,00 €, sonst frei Haus	Ziel: 30 Tage Skonto: 10 Tage/2 %	150000,00
Flamingowerke AG Fabrikation von Schreibbedarf	5677 K 71716	Palzstr. 16 59073 Hamm	Frau Sydow	02381 417118 417199	Volksbank Hamm IBAN: DE26410601200098789723 BIC: GENODEM1HMM	Schreibbedarf aller Art	ab Bestellwert von 2 000,00 € frei Haus, sonst 3 % vom Warenwert, mindestens jedoch 15,00 €	Ziel: 14 Tage Skonto: -	110000,00
Papierwerke Iserlohn GmbH Müller & Co.	5681 K 71717	Laarstr. 19 58636 Iserlohn	Herr Kern	02371 3342-31 3342-32	Deutsche Bank Iserlohn IBAN: DE63445700040674563870 BIC: DEUTDEDW445	Papierwaren aller Art	frei Haus	Ziel: 30 Tage Skonto: 10 Tage/3 %	80000,00
Silvermann & Smith Co. Ltd.	5688 K 71718	GPO Box 1731 18–22 Sydney street, Melbourne VIC 3001 Victoria – Australia	Herr Sussex	+61 348 336-61 336-54	Bank of Melbourne Kto.-Nr.: 1432 698	Hardware, Bürogeräte	Ex Works	Ziel: 30 Tage	110000,00
Richard D. Wesley, Inc.	5694 K 71719	64–70 John F. Kennedy Blvd. Washington, DC 20265-9997 Columbia USA	Frau Jagger	+1 20216 3468-29 3468-33	Bank of Chicago Kto.-Nr.: 8 866 352	Hard- und Software	C & F	Ziel: 20 Tage	145000,00

Einleitung

● Kundendatei der Primus GmbH (Auszug)

Firma	Kunden-/Deb.-Nr.	Adresse	Ansprechpartner	Tel./Fax	Kreditinstitut	Umsatz lfd. Jahr in €	Offene Rechnungen	Rabattsätze
Stadtverwaltung Duisburg	8135 D 10110	Am Buchenbaum 18–22 47051 Duisburg	Herr Baum	0203 6675-31 6675-38	Bundesbank Duisburg IBAN: DE15350000000111222870 BIC: MARKDEF1320	230 000,00	0	20 %
Klöckner-Müller Elektronik AG	8142 D 10120	Taunusring 16–34 63069 Offenbach	Frau Jansen	069 4432-28 4432-17	Commerzbank Offenbach IBAN: DE55505400280043978623 BIC: COBADEFF505	285 000,00	1	25 %
Herstadt Warenhaus GmbH	8155 D 10130	Brunostr. 45 45889 Gelsenkirchen	Herr Kluge	0209 564-99 564-90	Postbank Dortmund IBAN: DE76440100460432056204 BIC: PBNKDEFF440	185 000,00	1	35 %
Krankenhaus GmbH Duisburg	8326 D 10140	Emsstr. 30–40 47169 Duisburg	Frau Straub	0203 5664-76 5664-48	Volksbank Rhein-Ruhr IBAN: DE85350603860089366223 BIC: GENODE1VKR	125 000,00	1	25 %
Modellux GmbH & Co. KG Herstellung von Modelleisenbahnen	8453 D 10150	Hofstr. 56–67 48167 Münster	Frau Simon	0251 894-38 894-44	Deutsche Bank Münster IBAN: DE71400700800674563870 BIC: DEUTDE3B400	240 000,00	2	20 %
Computerfachhandel Martina van den Bosch	8564 D 10160	Vinckenhofstraat 45 NL-5900 EB Venlo	Frau van den Bosch	+31 77 3417-69 3417-64	ABN AMRO Venlo Bank Nederland IBAN: NL5930010020065663120 BIC: FORTNLFFXXX	145 000,00	0	40 %
Bürofachgeschäft Herbert Blank e. K.	8671 D 10170	Cäcilienstr. 86 46147 Oberhausen	Frau Brieger	0208 1113-60 1113-45	Commerzbank Oberhausen IBAN: DE02365400460006789763 BIC: COBADEFF365	75 000,00	3	30 %
Carl Wägli Bürobedarf	8784 D 10180	Ostermundigerstr. 121 3030 Bern Schweiz	Herr Wägli	+41 31 338-2708 338-7308	Postbank Bern IBAN: CH46100200100306543720 BIC: GEBACH33XXX	90 000,00	0	25 %

● Konkurrenzbetriebe

Schäfer & Co. KG, Büroeinrichtungssysteme und Bürobedarf	Kaarster Weg 124–126, 40547 Düsseldorf
Feld OHG, Bürobedarf, Büromöbel, Büromaschinen	Ruhrstr. 48–52, 46049 Oberhausen
Otto Rompf GmbH, Bürobedarf, Direktversand	Baumstr. 108, 45128 Essen
ABE Aktuell Büro-Einrichtungen KG	Dillinger Str. 16, 47059 Duisburg

● Sicherheits-, Umwelt-, Datenschutz- und Qualitätsbeauftragter

Sicherheitsbeauftragter: Arno Schmitt **Datenschutzbeauftragte:** Sabine Berg
Umweltbeauftragter: Thomas Weiß **Qualitätsbeauftragter:** Jörg Nolte

● Auszubildende Nicole Höver

Name	Nicole Höver
Ausbildungsbetrieb	Primus GmbH, Groß- und Außenhandel für Bürobedarf
Ausbildungsdauer	2,5 Jahre, Ausbildung hat begonnen
Geburtsdatum	10.09.20..
Geburtsort	Duisburg
Wohnort	Duisburg
Schulabschluss	Abitur
Meine Stärken	Ich kann auf Menschen zugehen und bekomme schnell Kontakt.
Was ich vor der Ausbildung gemacht habe	Abitur und ein Jahr als Animateurin in einem Robinson-Club
Warum ich mich für diese Ausbildung entschieden habe	Ich glaube, dass im Groß- und Außenhandel die Zukunft liegt. Wenn alles gut läuft, habe ich einen sicheren und zukunftsträchtigen Arbeitsplatz.
Mein erster Eindruck von der Ausbildung	nette Kolleginnen und Kollegen und viel Kontakt zu sehr unterschiedlichen Menschen

● Auszubildender Andreas Brandt

Name	Andreas Bandt
Ausbildungsbetrieb	Primus GmbH, Groß- und Außenhandel für Bürobedarf
Ausbildungsdauer	3 Jahre, im 1. Jahr der Ausbildung, will verkürzen
Geburtsdatum	10.03.20..
Geburtsort	Duisburg-Rheinhausen
Wohnort	Duisburg
Schulabschluss	Fachoberschulreife
Meine Stärken	Ich habe ein gutes Gefühl für Zahlen.
Was ich vor der Ausbildung gemacht habe	Praktikum im Einzelhandel und anschließend Bundesfreiwilligendienst
Warum ich mich für diese Ausbildung entschieden habe	Mein Vater ist Groß- und Außenhandelskaufmann. Was er über seinen Beruf erzählt hat, fand ich interessant. Außerdem konnte er mir bei der Lehrstellensuche helfen.
Mein erster Eindruck von der Ausbildung	Es ist anstrengend, den ganzen Tag im Büro und im Lager zu verbringen. Abends bin ich so müde, dass ich in der Woche selten Lust habe, etwas mit meinen Freunden zu unternehmen.

Die Kröger & Bach KG, Außenhandel für Non-Food-Artikel

Die **Kröger & Bach KG**, **Duisburg**, besteht seit 1910. Das Außenhandelsunternehmen begann traditionell mit dem Import von Gewürzen und Tee. Nach dem Zweiten Weltkrieg kamen Südfrüchte und Obstkonserven hinzu. In den 1970er-Jahren wurde dieses Sortiment auf Non-Food-Artikel umgestellt, die bei der Kröger & Bach KG in den folgenden Warengruppen zusammengefasst werden:

Warengruppe	Artikelbeispiele
Haus und Garten	Bügeleisen, Ventilator, Hochdruckreiniger, Staubsauger, Dampfreiniger
Küche	Küchenmaschine, Kaffeeautomat, Backautomat, Waffelautomat
Bad und Wellness	Personenwaage, Thermometer, Haartrockner, Badartikel, Saunabedarf, Pflegeserien
Heimwerker	Werkzeugsets, Dübel- und Schraubensets, Bohrmaschinen, Schleifgeräte
Outdoor und Sport	Gartenmöbel und -geräte, Funktionskleidung, sonstige Sporttextilien, Handschuhe, Inlineskates, Schlafsäcke

Hauptabnehmer sind Lebensmitteldiscounter, die für ihre wöchentlichen Aktionsverkäufe ständig umsatzstarke Non-Food-Artikel suchen. Die Rolle der Kröger & Bach KG als Mittler zwischen Produktherstellung und -verwendung hat sich in den letzten 20 Jahren stark verändert. Das Unternehmen ist inzwischen selbst an Produktionsunternehmen in China und Vietnam beteiligt und verkauft seine Waren unter eigenen Handelsmarken, z. B. Kong-Craft (Elektrowerkzeuge). In den Beschaffungsländern China, Singapur und Vietnam werden darüber hinaus eigene Büros unterhalten.

Das Unternehmen erzielte im vergangenen Jahr einen **Nettoumsatz** von 200 Mio. €. Ungefähr 50 % davon entfielen auf den deutschen Markt, 30 % auf die restliche EU und 20 % auf die USA. In Chicago besteht seit dem Jahr 2000 die Kröger & Bach Inc. als **Verkaufsniederlassung**, die auch ein eigenes Lager unterhält.

● Organigramm der Kröger & Bach KG

Das Unternehmen ist in der **Schifferstraße 25, 47059 Duisburg**, direkt im Hafen, ansässig, da die Containertransporte über Rotterdam abgewickelt werden. Allerdings laufen immer mehr Außenhandelskontakte der Kröger & Bach KG als Streckengeschäfte, sodass das Unternehmen in Duisburg nur über ein relativ kleines Lager verfügt.

Das Unternehmen wird von Lutz Kröger, einem Nachfahren des Firmengründers, als Komplementär geführt. Kommanditisten sind seine Ehefrau Maria Kröger, sein Vater Manfred Kröger und Herbert Paul, der gleichzeitig Prokurist des Unternehmens ist.

Unternehmen im Groß- und Außenhandel 19

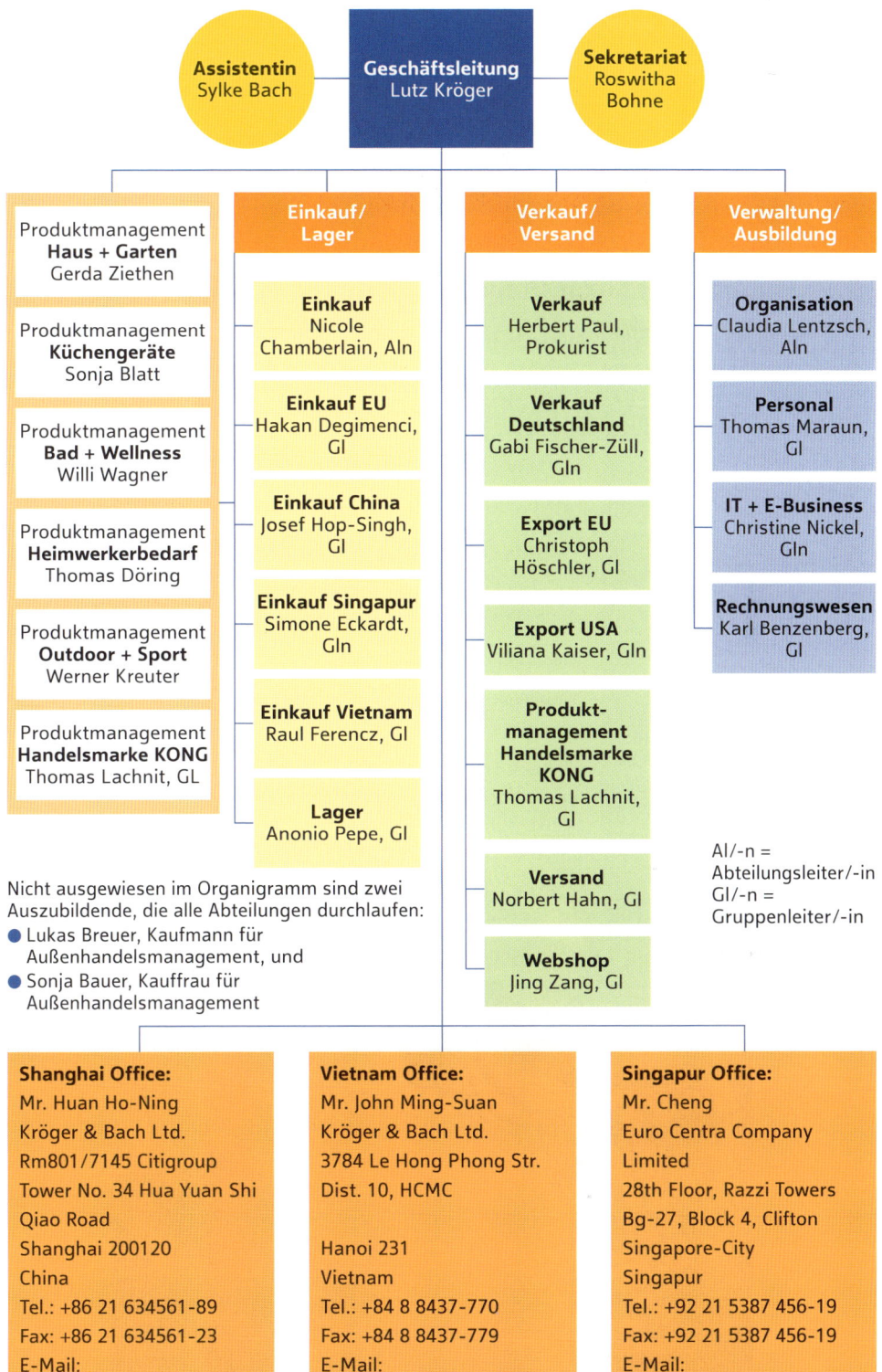

● Anschrift und weitere Unternehmensdaten

Kröger & Bach KG
Schifferstraße 25
47059 Duisburg

Telefon: +49 203 13429-33
Fax: +49 203 13429-34
E-Mail: info@kroegerbach.de

Finanzamt: Duisburg-Süd; **Steuer-Nr.:** 032/1410/1228; **USt-IdNr.:** DE198751421
Handelsregistereintragung: Amtsgericht Duisburg HRA 142-2986

● Auszubildender Lukas Breuer

Name	Lukas Breuer
Ausbildungsbetrieb	Kröger & Bach KG
Ausbildungsdauer	3 Jahre
Geburtsdatum	04.11.20..
Geburtsort	Essen
Wohnort	Duisburg
Schulabschluss	schulischer Teil der Fachhochschulreife an der Höheren Handelsschule
Meine Stärken	alles rund um den Computer
Was ich vor der Ausbildung gemacht habe	freiwilliger Wehrdienst in einer Nachrichteneinheit
Warum ich mich für diese Ausbildung entschieden habe	Ich habe den Internetauftritt der Kröger & Bach KG gesehen und mich sofort für das Unternehmen interessiert, weil es seinen Schwerpunkt im E-Business hat. Die Bewerbung habe ich natürlich online abgegeben.
Mein erster Eindruck von der Ausbildung	Macht total Spaß, die Datenleitung ist irre schnell und ich kann den ganzen Tag am Computer sitzen.

LERNFELD 1

Das Unternehmen präsentieren und die eigene Rolle mitgestalten

1 Die rechtlichen und sozialen Rahmenbedingungen im System der Berufsausbildung und in Arbeitsverhältnissen kennenlernen

1.1 Die rechtlichen und sozialen Grundlagen eines Ausbildungsverhältnisses reflektieren

1.1.1 Das System der dualen Berufsausbildung untersuchen

Nicole Höver ist 20 Jahre alt und hat nach dem Abitur eine Saison als Animateurin in einem Freizeitklub gearbeitet. Nach einem langen heißen Sommer macht sie sich Gedanken über ihre Zukunft. Ein Studium kann sie sich im Moment nicht vorstellen. Ihre Eltern raten ihr zu einer Ausbildung im dualen System als Kauffrau im Einzelhandel. Nicole ist sich nicht sicher, die ungünstigen Arbeitszeiten kennt sie durch ihre Eltern, nach deren Aussage es außerdem zweifelhaft ist, ob der Einzelhandel für Bürobedarf langfristig gegen den Onlinehandel bestehen kann. Da liest sie eine Stellenanzeige der Primus GmbH, Groß- und Außenhandel für Bürobedarf, in der eine Auszubildende für den Beruf Kauffrau für Groß- und Außenhandelsmanagement gesucht wird. Nicole bewirbt sich spontan und nach einem Vorstellungsgespräch und einem Auswahlverfahren bekommt sie einen Ausbildungsvertrag.

An ihrem ersten Arbeitstag wird Nicole von der Assistentin der Geschäftsleitung Svenja Braun in Empfang genommen. *„Herzlich willkommen als neue Mitarbeiterin der Primus GmbH!"*, begrüßt sie Svenja Braun freundlich. *„Ich habe auch gleich einen großen Auftritt für Sie, die Geschäftsführer Sonja Primus und Markus Müller begrüßen alle neuen Mitarbeiterinnen und Mitarbeiter an ihrem ersten Arbeitstag und möchten auch Sie kennenlernen." – „Frau Primus kenne ich schon aus dem Vorstellungsgespräch, aber auf die anderen bin ich natürlich gespannt"*, erwidert Nicole.

Frau Braun bringt Nicole in den Konferenzraum, wo ihr Frau Primus lächelnd entgegenkommt und ihr die Hand reicht: *„Herzlich willkommen als neue Mitarbeiterin der Primus GmbH! Darf ich Ihnen meinen Kollegen Markus Müller vorstellen? Das ist Sabine Berg, die Abteilungsleiterin der Verwaltung, die für Sie erste Ansprechpartnerin in allen Fragen der Ausbildung ist, und das ist Frau Ost, Ihre Ausbilderin in der ersten Etappe der Ausbildung."* Alle nehmen um den großen Konferenztisch Platz. *„Sagen Sie, Frau Höver"*, beginnt Herr Müller, *„als Abiturientin eine Ausbildung als Kauffrau für Groß- und Außenhandelsmanagement, hätten Sie da nicht andere Möglichkeiten?" – „Ich wollte* immer eine betriebliche Ausbildung im dualen System machen", erwidert Nicole, „meine Eltern sind Inhaber des Bürofachgeschäftes Höver e.K. und da lag es für mich nahe, eine Ausbildung im Handel zu machen." – „Stimmt, ich erinnere mich an Ihren Lebenslauf", sagt Herr Müller. „Wir haben in der vergangenen Woche über die Bedeutung der Kundenorientierung für den Großhandel gesprochen. Sind Sie mit diesem Thema im Betrieb Ihrer Eltern schon einmal in Berührung gekommen?" Frau Primus unterbricht: „Herr Müller, das haben wir doch alles schon im Bewerbungsgespräch erörtert, wir sollten jetzt Frau Ost Gelegenheit geben, etwas über die Ausbildung zu sagen." – „Nach unserer Erfahrung liegt die Zeitspanne, innerhalb welcher die Hälfte des in der Ausbildung erworbenen Wissens wieder veraltet ist, bei drei bis fünf Jahren", führt Frau Ost aus. „Die Hälfte des Wissens z. B. über Waren oder Dienstleistungen unseres Sortiments, das Sie am ersten Tag Ihrer Ausbildung erwerben, ist am Tag der Prüfung bereits wieder veraltet." Nicole guckt ungläubig. „Diese Entwicklung hat zu einer Veränderung bei den Ausbildungsberufen geführt", fährt Frau Ost fort. „Nicht mehr die Ansammlung von möglichst viel Fachwissen steht im Vordergrund, sondern die Vermittlung beruflicher Handlungskompetenz." – „Herauszufinden, wie die Ausbildung konkret aufgebaut ist und was sich hinter dem Begriff der beruflichen Handlungskompetenz verbirgt, wird Ihre Aufgabe in der nächsten Woche sein", sagt Frau Berg, „hier haben Sie eine Liste der Arbeitsaufträge. Und denken Sie daran, dass Sie jeden von uns jederzeit ansprechen können, wenn Sie Fragen haben." Mit den Arbeitsaufträgen in der Hand verlässt Nicole den Konferenzraum.

ARBEITSAUFTRÄGE
- Lesen Sie die nachfolgenden Ausführungen zum Thema „berufliche Handlungskompetenz" und fassen Sie die wesentlichen Elemente dieses Begriffes zusammen. Nutzen Sie dabei die Techniken zur aktiven Bearbeitung von Sachtexten (vgl. S. 157 f.).
- Erläutern Sie, welche Kompetenzen den Auszubildenden heute helfen, das Wissen von morgen zu erwerben.
- Erläutern Sie den Ablauf einer Ausbildung im dualen System am Beispiel Ihres Ausbildungsberufes. Stellen Sie den Ablauf mit Hilfe einer geeigneten Software grafisch dar.

● Die Vermittlung beruflicher Handlungskompetenz

Die Welt, in der wir leben, unterliegt einem immer schneller werdenden **Wandel**. Auch im Bereich des Groß- und Außenhandels haben sich in den letzten Jahren Veränderungen ergeben, die eine Anpassung der schulischen und betrieblichen Ausbildung erforderlich gemacht haben.

Um die Auszubildenden zu befähigen, heute und in Zukunft auf neue Entwicklungen flexibel reagieren zu können, steht neben der fachlichen Qualifikation die Vermittlung sog. **Schlüsselqualifikationen** im Vordergrund.

Schlüsselqualifikationen sind fachübergreifende Qualifikationen, die den Auszubildenden befähigen, auch in veränderten Situationen sachgerecht, persönlich durchdacht und verantwortlich zu handeln.

Sie sind somit der Schlüssel zur Lösung der Aufgaben von morgen.

Wer über Schlüsselqualifikationen verfügen will, muss folgende **Kompetenzen** erwerben[1]:

---
[1] Quelle: Sekretariat der Kultusministerkonferenz: Rahmenlehrplan für den Ausbildungsberuf „Kaufmann/Kauffrau für Groß- und Außenhandelsmanagement", Berlin 13.12.2019, S. 4

- **Fachkompetenz** bezeichnet die Bereitschaft und Fähigkeit, auf der Grundlage fachlichen Wissens und Könnens Aufgaben und Probleme zielorientiert, sachgerecht, methodengeleitet und selbstständig zu lösen und das Ergebnis zu beurteilen.

    Beispiel Im nächsten Kapitel werden Sie die Rechtsgrundlagen der Berufsausbildung kennenlernen. Wesentliche Regelungen müssen Sie kennen. Sie gehören zum Fachwissen eines Kaufmanns.

- **Selbstkompetenz** bezeichnet die Bereitschaft und Fähigkeit, als individuelle Persönlichkeit die Entwicklungschancen, Anforderungen und Einschränkungen in Familie, Beruf und öffentlichem Leben zu klären, zu durchdenken und zu beurteilen, eigene Begabungen zu entfalten sowie Lebenspläne zu fassen und fortzuentwickeln. Sie umfasst Eigenschaften wie Selbstständigkeit, Kritikfähigkeit, Selbstvertrauen, Zuverlässigkeit, Verantwortungs- und Pflichtbewusstsein. Zu ihr gehören insbesondere auch die Entwicklung durchdachter Wertvorstellungen und die selbstbestimmte Bindung an Werte.

    Beispiel Im BBiG sind Rechte und Pflichten des Auszubildenden aufgeführt. Das Abwägen zwischen dem Einfordern dieser Rechte und dem bewussten Verzicht darauf erfordert eine positive Einstellung zum Beruf und zum Ausbildungsbetrieb sowie die selbstbewusste Wahrnehmung der eigenen Interessen.

- **Sozialkompetenz** bezeichnet die Bereitschaft und Fähigkeit, Zuwendungen und Spannungen zu erfassen und zu verstehen und sich mit anderen rational und verantwortungsbewusst auseinanderzusetzen und zu verständigen. Hierzu gehört insbesondere auch die Entwicklung sozialer Verantwortung und Solidarität.

    Beispiel Kaum eine der Aufgaben, die Sie im Rahmen Ihrer Ausbildung lösen müssen, werden Sie allein bewältigen können. Sie müssen mit Ihren Kolleginnen und Kollegen partnerschaftlich in der Gruppe zusammenarbeiten.

- **Methodenkompetenz**, **kommunikative Kompetenz** und **Lernkompetenz** sind immanenter Bestandteil von Fachkompetenz, Selbstkompetenz und Sozialkompetenz.

Nur der Erwerb aller Kompetenzbereiche sichert **berufliche Handlungskompetenz**. Sie muss durch **lebenslanges Lernen** ständig aktualisiert werden. Ist der Auszubildende dazu bereit, kann er kreativ und selbstbewusst im Team Aufgaben lösen. Er hat Freude am Beruf und als guter Mitarbeiter einen sicheren Arbeitsplatz in einem zukunftsträchtigen Bereich der Wirtschaft.

● Das System der dualen Berufsausbildung

Auszubildende werden in Deutschland an **zwei Lernorten** ausgebildet: im Ausbildungsbetrieb und in der Berufsschule. Da zwei Einrichtungen bei der Berufsausbildung zusammenwirken, bezeichnet man diese Art der Ausbildung als „**duales Berufsausbildungssystem**".

○ **Ausbildungsbetrieb**

Im **Ausbildungsbetrieb** findet die fachpraktische Ausbildung statt. Hier gelten folgende bundeseinheitliche Rechtsvorschriften:

- Verordnung über die Berufsausbildung (Ausbildungsordnung)
- Berufsbildungsgesetz (BBiG)

○ **Berufsschule**

In der **Berufsschule** werden den Auszubildenden berufsübergreifende und berufsbezogene Inhalte vermittelt. Rechtsgrundlage sind hier der **Rahmenlehrplan** und die **Richtlinien und Lehrpläne** der Kultusminister der Länder.

Der **Lehrplan** für den Ausbildungsberuf Kauffrau/Kaufmann für Groß- und Außenhandelsmanagement ist in **Lernfelder** gegliedert, die sich an konkreten beruflichen Aufgabenstellungen und Handlungsabläufen orientieren.

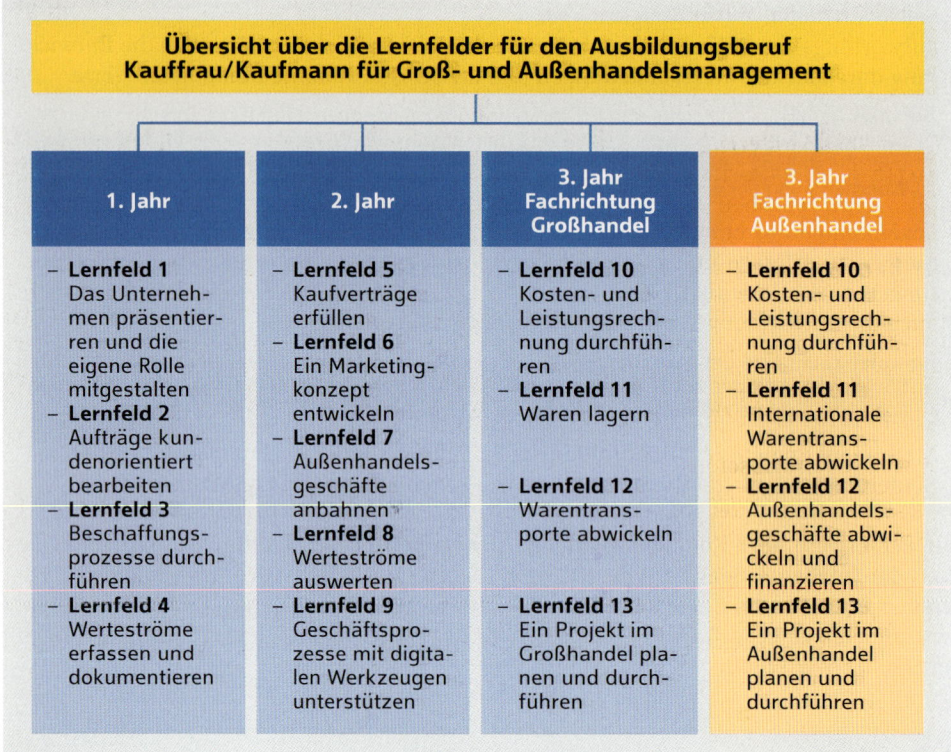

Organisation des Berufsschulunterrichts

Der Unterricht in der Berufsschule umfasst den berufsübergreifenden Bereich, den berufsbezogenen Bereich und den Differenzierungsbereich.

- Die **Fächer des berufsübergreifenden Lernbereichs** sind Deutsch/Kommunikation, Politik/Gesellschaftslehre, Religionslehre und Sport/Gesundheitsförderung. Der Unterricht dient einer Erweiterung und Vertiefung der Allgemeinbildung.

- Die **Fächer des berufsbezogenen Lernbereichs** sind in den Bundesländern unterschiedlich benannt. Sie lauten z. B. in Nordrhein-Westfalen:
  - Geschäftsprozesse im Groß- und Außenhandelsmanagement
  - Wirtschafts- und Sozialprozesse
  - Kaufmännische Steuerung und Kontrolle
  - Fremdsprachliche Kommunikation

- Der **Differenzierungsbereich** dient der Ergänzung, Erweiterung und Vertiefung von Kenntnissen, Fähigkeiten und Fertigkeiten entsprechend den individuellen Fähigkeiten und Neigungen der Schülerinnen und Schüler.

Der Berufsschulunterricht kann in Teilzeitform oder als Blockunterricht erteilt werden.

- Beim **Teilzeitunterricht** besuchen die Auszubildenden an ein oder zwei Tagen in der Woche die Berufsschule. An den anderen Arbeitstagen werden sie im Betrieb ausgebildet.

  Beispiel Die Auszubildenden der Primus GmbH besuchen die Berufsschule: Montag von 07:45 bis 13:05 Uhr und Donnerstag von 07:45 bis 11:05 Uhr.

- Beim **Blockunterricht** besuchen sie z. B. drei Monate hintereinander die Berufsschule und arbeiten anschließend neun Monate im Betrieb, ohne in dieser Zeit die Berufsschule zu besuchen.

Der Berufsschulabschluss

Schülerinnen und Schüler, die die Berufsschule erfolgreich besucht haben, erhalten das **Abschlusszeugnis der Berufsschule.** Voraussetzung hierfür sind mindestens ausreichende Leistungen in allen Fächern bzw. mangelhafte Leistungen in nur einem Fach. Die Noten der Fächer werden zu einer Berufsschulabschlussnote zusammengefasst.

Der **Berufsschulabschluss** ist z. B. in Nordrhein-Westfalen

- dem Abschluss der Sekundarstufe I (Hauptschulabschluss nach Klasse 10) gleichwertig,
- dem Abschluss der Sekundarstufe I (Fachoberschulreife) **gleichwertig**, wenn die Schülerinnen und Schüler die Berufsabschlussprüfung bestanden haben, eine Berufsschulabschlussnote von mindestens 3,0 erreichen und die Englischkenntnisse der Fachoberschulreife nachweisen.

Der Berufsabschluss

Schülerinnen und Schüler, die die Berufsabschlussprüfung vor der zuständigen Kammer (IHK, HWK) bestanden haben, erhalten das **Berufsabschlusszeugnis**.

§ 37 BBiG – Abschlussprüfung
(3) Dem Zeugnis ist auf Antrag des Auszubildenden eine englischsprachige und eine französischsprachige Übersetzung beizufügen. Auf Antrag des Auszubildenden ist das Ergebnis berufsschulischer Leistungsfeststellungen auf dem Zeugnis auszuweisen. Der Auszubildende hat den Nachweis der berufsschulischen Leistungsfeststellungen dem Antrag beizufügen.

Die Berufsschulpflicht

Die **Berufsschulpflicht** regeln die Kultusminister der Länder.

Beispiel In Nordrhein-Westfalen ist ein Auszubildender für die gesamte Dauer der Berufsausbildung berufsschulpflichtig, wenn er vor Vollendung des 21. Lebensjahres einen Ausbildungsvertrag unterschreibt.

○ Finanzierung und Zielsetzung

Finanziert wird die betriebliche Ausbildung durch die Ausbildungsbetriebe. Die Kosten der schulischen Ausbildung tragen die Schulträger und die Länder.

Beispiele Die Kosten der betrieblichen Ausbildung entstehen durch die Zahlung der Ausbildungsvergütung, Sonderzahlungen (z. B. Weihnachtsgeld), Arbeitgeberanteile zur Sozialversicherung, die anteiligen Kosten für die Ausbilder, etwaige Fortbildungen, überbetriebliche Ausbildungen usw. Der Schulträger, wie z. B. die Stadt Duisburg, ist für das Schulgebäude, die Ausstattung und den Hausmeister zuständig. Das Land Nordrhein-Westfalen bezahlt die Gehälter der Lehrer.

Gemeinsames Ziel von Ausbildungsbetrieb und Berufsschule ist es, den Auszubildenden die Fertigkeiten, Kenntnisse und Fähigkeiten zu vermitteln, die zum Erreichen des Ausbildungszieles erforderlich sind.

○ Überwachung

Die **betriebliche Ausbildung** wird von den **Kammern** (Industrie- und Handelskammer, Handwerkskammer), die **schulische Ausbildung** von der **Schulaufsicht** der Kultusminister der Länder **überwacht**.

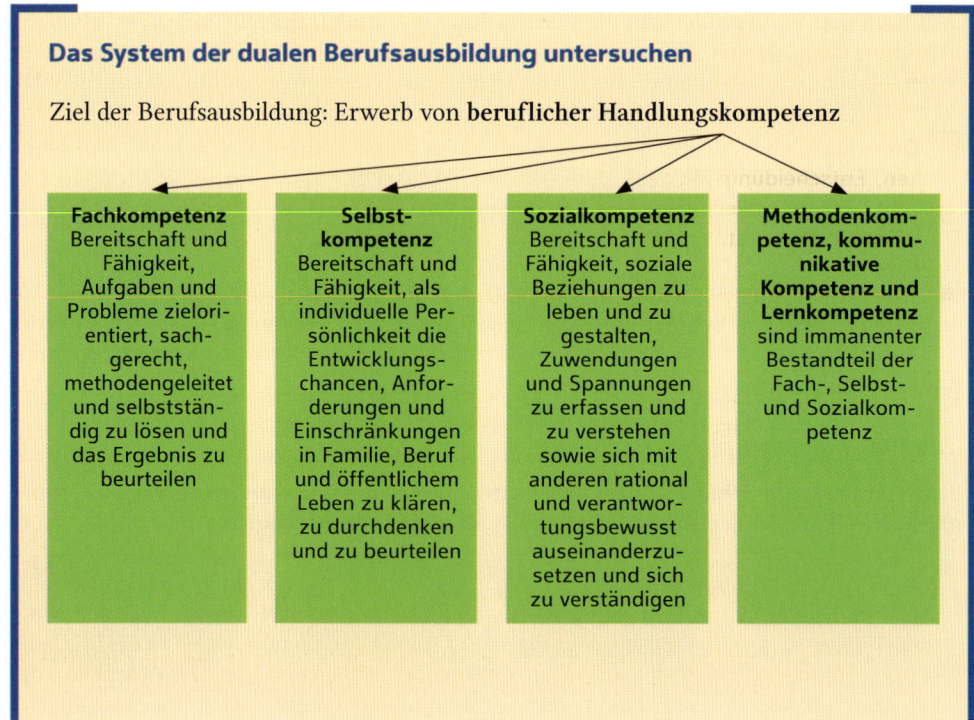

Das System der dualen Berufsausbildung untersuchen

Ziel der Berufsausbildung: Erwerb von **beruflicher Handlungskompetenz**

Fachkompetenz	Selbstkompetenz	Sozialkompetenz	Methodenkompetenz, kommunikative Kompetenz und Lernkompetenz
Bereitschaft und Fähigkeit, Aufgaben und Probleme zielorientiert, sachgerecht, methodengeleitet und selbstständig zu lösen und das Ergebnis zu beurteilen	Bereitschaft und Fähigkeit, als individuelle Persönlichkeit die Entwicklungschancen, Anforderungen und Einschränkungen in Familie, Beruf und öffentlichem Leben zu klären, zu durchdenken und zu beurteilen	Bereitschaft und Fähigkeit, soziale Beziehungen zu leben und zu gestalten, Zuwendungen und Spannungen zu erfassen und zu verstehen sowie sich mit anderen rational und verantwortungsbewusst auseinanderzusetzen und sich zu verständigen	sind immanenter Bestandteil der Fach-, Selbst- und Sozialkompetenz

Bei der Vermittlung beruflicher Handlungskompetenz ergänzen sich die **Lernorte des dualen Systems:**

Berufsschule	Ausbildungsbetrieb
• Unterricht in Lernfeldern (berufsbezogene und berufsübergreifende Inhalte)	• fachpraktische Ausbildung und Anwendung
• Kontakt zu Auszubildenden anderer Betriebe und Branchen	• Kontakt zu Kollegen und Kunden
• Grundlage: Schulgesetze der Länder, Lehrpläne und Richtlinien	• Grundlage: Berufsbildungsgesetz, Ausbildungsordnung

Berufsabschluss

Berufsschulabschluss	Berufsabschluss
Abschlusszeugnis der Berufsschule	Berufsabschlusszeugnis

1. Ordnen Sie die folgenden Qualifikationen den Kompetenzbereichen zu: logisches Denken, Entscheidungsfähigkeit, Kritikfähigkeit, Kommunikationsfähigkeit, Fairness, wirtschaftliches Denken, Identifikation mit der Arbeit, Sprachkenntnisse, Planungsfähigkeit, Toleranz, Mobilität.

2. Recherchieren Sie im Internet und erläutern Sie anschließend, unter welchen Voraussetzungen die Fachoberschulreife im Rahmen einer betrieblichen Ausbildung erworben werden kann.

3. Die Rechtsgrundlagen der Berufsausbildung sind für die gesamte Dauer Ihrer Ausbildung wichtige Nachschlagewerke. Beschaffen Sie für Ihre Klasse die Ausbildungsordnung, das Berufsbildungsgesetz, das Jugendarbeitsschutzgesetz und den Lehrplan und legen Sie einen Ordner mit diesen Unterlagen an oder sichern Sie diese in einer Cloud.

4. Der Berufsschulunterricht kann als Teilzeitunterricht oder als Blockunterricht stattfinden. Diskutieren Sie Vor- und Nachteile der unterschiedlichen Regelungen aus der Sicht der Auszubildenden und aus der Sicht der Betriebe.

5. Diskutieren Sie andere zeitliche Modelle des Berufsschulunterrichts wie z. B. Projektphasen oder zusammenhängende Wiederholungsphasen vor der Zwischen- und Abschlussprüfung.

1.1.2 Die Ausbildungsordnung (AO) und das Berufsbildungsgesetz (BBiG) kennenlernen

Nicole Höver lernt ihren Kollegen Andreas Brandt kennen. Andreas ist im zweiten Jahr der Ausbildung zum Kaufmann für Groß- und Außenhandelsmanagement bei der Primus GmbH. Er berichtet Nicole von seinen guten Noten in der Berufsschule und den guten Beurteilungen im Betrieb. *„Frau Berg hat mir zugesagt, dass meine Ausbildung um ein halbes Jahr auf 2 1/2 Jahre verkürzt wird!"*, berichtet Andreas stolz. Nicole schweigt. Im Internet hat sie gelesen, dass die Ausbildung zur Kauffrau für Groß- und Außenhandelsmanagement drei Jahre dauert. Andreas berichtet ihr von einer Verkürzung um ein halbes Jahr bei guten Leistungen und sie hat einen Vertrag über zwei Jahre. Könnte man ihren Vertrag etwa auch um ein weiteres halbes Jahr verkürzen? Oder entfällt die Verkürzung gar, wenn ihre Leistungen in Schule und Betrieb nicht so gut ausfallen?

ARBEITSAUFTRÄGE
◆ Klären Sie, unter welchen Voraussetzungen die Ausbildung verkürzt werden kann und welche Möglichkeiten der Verlängerung der Ausbildung bestehen.
◆ Erläutern Sie die wesentlichen Inhalte des Berufsbildungsgesetzes.
◆ Stellen Sie die Rechte und Pflichten des Auszubildenden in einer digitalen Regelübersicht gegenüber. Sichern Sie das Ergebnis in einer Cloud.

● Die Ausbildungsordnung (AO)

Die Verordnung über die Berufsausbildung zur Kauffrau/zum Kaufmann für Groß- und Außenhandelsmanagement **(Ausbildungsordnung)** enthält Regelungen über die Ausbildungsdauer, das Ausbildungsberufsbild, den Ausbildungsrahmenplan, den betrieblichen Ausbildungsplan und die Prüfungen. Es kann zwischen den Fachrichtungen **Großhandel** und **Außenhandel** gewählt werden.

● Ausbildungsdauer

Die **Ausbildungsdauer** beträgt drei Jahre. Aufgrund vorausgegangener Schul- oder Ausbildungszeiten kann das Unternehmen mit dem Auszubildenden auch eine **kürzere Ausbildungszeit** vereinbaren.

Beispiel Nicole Höver hat das Abitur. Die Primus GmbH schließt mit ihr einen Ausbildungsvertrag über zwei Jahre ab.

Auch bei überdurchschnittlichen Leistungen können Ausbildender und Auszubildender einen gemeinsamen Antrag auf **Verkürzung der Ausbildung** bei der Industrie- und Handelskammer bzw. bei der Handwerkskammer stellen.

Beispiel Die Auszubildende Elke Grau ist die beste Schülerin der Klasse. Auch ihr Ausbildungsbetrieb ist mit ihr zufrieden. Aus diesem Grund beantragen Ausbildender und Auszubildende bei der Industrie- und Handelskammer eine Verkürzung der Ausbildung auf 2,5 Jahre.

Grundsätzlich ist auch eine **Verlängerung der Ausbildung** möglich, wenn diese erforderlich ist, um das Ziel der Ausbildung zu erreichen. Der Antrag auf Verlängerung kann nur vom Auszubildenden selbst gestellt werden. Vor einer Entscheidung ist der Ausbildende anzuhören.

Beispiel Eine Auszubildende versäumt wegen einer langen Krankheit ein halbes Jahr ihrer Ausbildung. Sie stellt bei der zuständigen Kammer den Antrag, die Ausbildung um diesen Zeitraum zu verlängern.

Die Berufsausbildung kann auch als **Teilzeitberufsausbildung** durchgeführt werden.

§ 7a BBiG – Teilzeitberufsausbildung
(1) Die Berufsausbildung kann in Teilzeit durchgeführt werden. Im Berufsausbildungsvertrag ist für die gesamte Ausbildungszeit oder für einen bestimmten Zeitraum der Berufsausbildung die Verkürzung der täglichen oder der wöchentlichen Ausbildungszeit zu vereinbaren. Die Kürzung der täglichen oder der wöchentlichen Ausbildungszeit darf nicht mehr als 50 Prozent betragen.
(2) Die Dauer der Teilzeitberufsausbildung verlängert sich entsprechend, höchstens jedoch bis zum Eineinhalbfachen der Dauer, die in der Ausbildungsordnung für die betreffende Berufsausbildung in Vollzeit festgelegt ist. […]

● Struktur der Berufsausbildung und Ausbildungsberufsbild

In § 4 der Ausbildungsordnung sind die **Struktur der Berufsausbildung** und das **Ausbildungsberufsbild** geregelt. Danach gliedert sich die Berufsausbildung wie folgt:

Fachrichtungsübergreifende berufsprofilgebende Fertigkeiten, Kenntnisse und Fähigkeiten	Berufsprofilgebende Fertigkeiten, Kenntnisse und Fähigkeiten in den Fachrichtungen Großhandel und Außenhandel	Fachrichtungsübergreifend, integrativ zu vermittelnde Fertigkeiten, Kenntnisse und Fähigkeiten

Die Fertigkeiten, Kenntnisse und Fähigkeiten werden in den **Berufsbildpositionen** abgebildet.

- **Fachrichtungsübergreifende berufsprofilgebende** Fertigkeiten, Kenntnisse und Fähigkeiten sind z. B.:
    1. Warensortiment zusammenstellen und Dienstleistungen anbieten
    2. handelsspezifische Beschaffungslogistik planen und steuern
    3. Einkauf von Waren und Dienstleistungen marktorientiert planen, organisieren und durchführen
- **Berufsprofilgebende** Fertigkeiten, Kenntnisse und Fähigkeiten in der Fachrichtung Großhandel sind:
    1. Lagerlogistik planen, steuern und abwickeln
    2. warenbezogene Rückabwicklungsprozesse organisieren und durchführen
- **Fachrichtungsübergreifende, integrativ zu vermittelnde** Fertigkeiten, Kenntnisse und Fähigkeiten sind z. B.:
    1. Berufsbildung sowie arbeits-, sozial- und tarifrechtliche Vorschriften
    2. Bedeutung des Groß- und Außenhandels sowie Aufbau und Organisation des Ausbildungsbetriebes
    3. Sicherheit und Gesundheitsschutz bei der Arbeit

● Ausbildungsrahmenplan

Die sachliche und zeitliche Gliederung der Berufsausbildung erfolgt im **Ausbildungsrahmenplan.** Hier wird das Ausbildungsberufsbild konkretisiert und aufgeführt, in welchen Ausbildungsabschnitten dem Auszubildenden welche Fertigkeiten, Kenntnisse und Fähigkeiten zu vermitteln sind.

Beispiel Auszug aus dem Ausbildungsrahmenplan für die Berufsausbildung zum/zur Kaufmann/Kauffrau für Groß- und Außenhandelsmanagement

Lfd. Nr.	Teil des Ausbildungsberufsbildes	Zu vermittelnde Fertigkeiten, Kenntnisse und Fähigkeiten	Zeitliche Richtwerte in Wochen im	
			1. bis 15. Monat	16. bis 36. Monat
1	2	3	4	
1	Warensortiment zusammenstellen und Dienstleistungen anbieten (§ 4 Absatz 2 Nummer 1)	a) Bedarf an Artikeln, Warengruppen und Dienstleistungen unter Berücksichtigung der Absatzchancen ermitteln und dabei Kern- und Randsortimente differenziert betrachten b) Informationen über Warensortimente und Dienstleistungen einholen, auch unter Nutzung elektronischer Medien c) Vorschläge für die Zusammenstellung marktorientierter Warensortimente entwickeln d) Verpackungen nach technischen, ökonomischen und ökologischen Gesichtspunkten auswählen e) Vorschläge für waren- und kundenbezogene Dienstleistungsangebote entwickeln f) branchenübliche Fachbegriffe, Maß-, Mengen- und Gewichtseinheiten verwenden g) waren- und dienstleistungsbezogene Normen und rechtliche Regelungen einhalten	16	

● Betrieblicher Ausbildungsplan

Auf der Grundlage des Ausbildungsrahmenplanes erstellt der Ausbildungsbetrieb für jeden Auszubildenden einen **betrieblichen Ausbildungsplan.** Er hat so die Möglichkeit, die gesetzlichen Vorgaben auf die konkreten betrieblichen Bedingungen zu übertragen. Der Ausbildungsplan ist dem Auszubildenden zu Beginn der Ausbildung auszuhändigen.

Der betriebliche Ausbildungsplan beinhaltet

- einen in zeitlicher und sachlicher Hinsicht **vollständigen Überblick über den Ablauf der Ausbildung** und
- einen **Umsetzungs- und Schulungsterminplan**, der die Abfolge der Ausbildung in den einzelnen Abteilungen festlegt.

● Abschlussprüfung

Zur Abschlussprüfung wird zugelassen, wer die **Ausbildungsdauer** zurückgelegt hat, wer an der vorgeschriebenen **Zwischenprüfung (Teil 1 der Abschlussprüfung)** teilgenommen hat, wessen Berufsausbildungsverhältnis in das **Verzeichnis der Berufsausbildungsverhältnisse** eingetragen ist und wer einen vom Ausbilder und Ausbildenden unterzeichneten **Ausbildungsnachweis** vorgelegt hat. Der Ausbildungsnachweis kann **schriftlich oder in elektronischer Form** geführt werden

> **PRAXISTIPP** Führen Sie Ihren Ausbildungsnachweis von Anfang an sauber und vollständig.

Die Abschlussprüfung erstreckt sich auf die im Ausbildungsbetrieb vermittelten Fertigkeiten, Kenntnisse und Fähigkeiten und den im Berufsschulunterricht vermittelten Lernstoff, soweit dieser für die Berufsausbildung wesentlich ist. Sie wird **als gestreckte Abschlussprüfung in zwei Teilen** durchgeführt.

Teil 1 der Abschlussprüfung (schriftlich)	
Zeitpunkt	im vierten Ausbildungshalbjahr über Inhalte der ersten 15 Monate
Dauer	90 Minuten
Inhalt	**Organisieren des Warensortiments und von Dienstleistungen** – Bedarf und Absatzchancen ermitteln, Informationen über Waren und Dienstleistungen einholen und marktorientierte Warensortimente und kundenbezogene Dienstleistungsangebote bewerten – Angebote von Lieferanten einholen und vergleichen, Waren bestellen und Dienstleistungen beauftragen – Kundenanfragen bearbeiten, Angebote erstellen und Aufträge unter Beachtung von Liefer- und Zahlungsbedingungen bearbeiten – Kundendaten verwalten und dabei rechtliche Regelungen zum Datenschutz und zur IT-Sicherheit einhalten

Teil 2 der Abschlussprüfung (schriftlich)	
Zeitpunkt	am Ende der Ausbildung
Dauer	– Kaufmännische Steuerung von Geschäftsprozessen: 60 Minuten – Prozessorientierte Organisation von Großhandelsgeschäften: 120 Minuten – Wirtschafts- und Sozialkunde: 60 Minuten

Inhalt	– **Kaufmännische Steuerung von Geschäftsprozessen**
	  – Geschäftsvorgänge buchhalterisch erfassen und Zahlungsvorgänge bearbeiten
	  – betriebliche Kosten- und Leistungsrechnung anwenden, Kennzahlen ermitteln und analysieren, Instrumente der kaufmännischen Steuerung und Kontrolle nutzen
	  – Daten- und Warenfluss in elektronischen Systemen zur Ressourcenplanung und zur Verwaltung von Kundenbeziehungen erfassen und die Zusammenhänge darstellen
	  – Arbeitsorganisation projekt- und teamorientiert planen und steuern
	– **prozessorientierte Organisation von Großhandelsgeschäften**
	  – logistische Prozesse von der Beschaffung bis zur Distribution steuern und kontrollieren
	  – den Prozess der betrieblichen Lagerlogistik von der Warenannahme bis zum Versand planen und abwickeln und dabei auch elektronische Lagerverwaltungssysteme anwenden

Teil 2 der Abschlussprüfung (schriftlich)	
	– den Einkauf von Waren und Dienstleistungen unter Berücksichtigung der Risiken des internationalen Handels durchführen – Verkaufsprozesse durch zielgruppenorientiertes Marketing unterstützen – Reklamationen und Retouren abwickeln – Kundenanliegen lösungsorientiert mit dem Ziel des Vertragsschlusses bearbeiten – **Wirtschafts- und Sozialkunde** – allgemeine wirtschaftliche und gesellschaftliche Zusammenhänge der Berufs- und Arbeitswelt darstellen und beurteilen

Teil 2 der Abschlussprüfung (mündlich)	
Zeitpunkt	am Ende der Ausbildung
Dauer	30 Minuten
Inhalt	Prüfungsgebiete: – Verkauf und Distribution – Warensortiment und Marketing – Einkauf und Beschaffungslogistik
Varianten	– **Klassische Variante** Der Prüfungsausschuss stellt zwei praxisbezogene Aufgaben aus zwei unterschiedlichen Prüfungsgebieten zur Auswahl. Der Prüfling wählt eine Aufgabe und erhält eine Vorbereitungszeit von 15 Minuten – **Reportvariante** Der Prüfling hat im Ausbildungsbetrieb zwei praxisbezogene Fachaufgaben zu bearbeiten, die der Ausbildungsbetrieb aus zwei unterschiedlichen Prüfungsgebieten festlegt. Zu jeder Fachaufgabe ist ein dreiseitiger Report zu erstellen. Der Prüfungsausschuss wählt eine Fachaufgabe für das Fachgespräch aus. Bewertet wird nur die Leistung im fallbezogenen Fachgespräch, nicht der Report.

○ Gewichtung der Prüfungsbereiche

Organisieren des Warensortimentes und von Dienstleistungen	25 %
Kaufmännische Steuerung von Geschäftsprozessen	15 %
Prozessorientierte Organisation von Großhandelsgeschäften	30 %
Wirtschafts- und Sozialkunde	10 %
Fallbezogenes Fachgespräch zu einer betrieblichen Fachaufgabe im Großhandel	20 %

○ Bestehensregelung

Die Prüfung ist bestanden, wenn die Prüfungsleistungen (auch unter Berücksichtigung der mündlichen Ergänzungsprüfung) wie folgt bewertet worden sind:

– Gesamtergebnis von Teil 1 und Teil 2 mindestens „ausreichend"

– Ergebnis von Teil 2 mindestens „ausreichend"

– in mindestens drei Prüfungsbereichen von Teil 2 mindestens „ausreichend"

– in keinem Prüfungsbereich von Teil 2 „ungenügend"

○ Mündliche Ergänzungsprüfung

Möglichkeit einer Ergänzungsprüfung in einem Prüfungsbereich, wenn kaufmännische Steuerung von Geschäftsprozessen, prozessorientierte Organisation von Großhandelsgeschäften oder Wirtschafts- und Sozialkunde schlechter als ausreichend bewertet wurden und die Ergänzungsprüfung für das Bestehen der Abschlussprüfung den Ausschlag geben kann. Die Dauer beträgt 15 Minuten.

● Berufsbildungsgesetz (BBiG) und Ausbildungsvertrag

Die berufliche Ausbildung, Fortbildung und Umschulung sind im **Berufsbildungsgesetz (BBiG)** geregelt. Sie finden das BBiG unter www.gesetze-im-internet.de/bbig_2005.

○ Der Ausbildungsvertrag

Vor Beginn der Ausbildung muss zwischen Ausbildendem und Auszubildendem ein **Ausbildungsvertrag** abgeschlossen werden.

Auszubildender ist derjenige, der ausgebildet wird. Minderjährige Auszubildende benötigen zum Abschluss des Ausbildungsvertrages die Zustimmung des gesetzlichen Vertreters.

> **Beispiel** Die 17-jährige Brigitte Schmitz hat vor vier Wochen einen Ausbildungsvertrag abgeschlossen. Sie ist Auszubildende. Da sie noch nicht volljährig ist, haben auch ihr Vater und ihre Mutter als Erziehungsberechtigte unterschrieben.

Ausbildender ist derjenige, der einen anderen zur Berufsausbildung einstellt.

> **Beispiel** Nicole wird von der Primus GmbH ausgebildet. Die Primus GmbH ist Ausbildender.

Ausbilder ist derjenige, der vom Ausbildenden mit der Durchführung der Ausbildung betraut ist.

> **Beispiel** Nicole wird zunächst in der Personalabteilung eingesetzt. Hier wird sie von Frau Ost ausgebildet. Frau Ost ist Ausbilderin.

Der Ausbildungsvertrag muss vor Beginn der Ausbildung **schriftlich niedergelegt** werden. Hierfür wird in der Praxis meist ein Vordruck der Industrie- und Handelskammern (IHK) oder der Handwerkskammer (HWK) verwendet. Der Vertrag muss folgende **Mindestangaben** enthalten:

> 1. Art, sachliche und zeitliche Gliederung sowie Ziel der Berufsausbildung
> 2. Beginn und Dauer der Berufsausbildung
> 3. Ausbildungsmaßnahmen außerhalb der Ausbildungsstätte
> 4. Dauer der täglichen Ausbildungszeit
> 5. Dauer der Probezeit
> 6. Zahlung und Höhe der Vergütung
> 7. Dauer des Urlaubs
> 8. Voraussetzungen, unter denen der Vertrag gekündigt werden kann
> 9. Hinweis auf Tarifverträge, Betriebs- oder Dienstvereinbarungen, die auf das Berufsausbildungsverhältnis anzuwenden sind
> 10. die Form des Ausbildungsnachweises (schriftlich oder elektronisch)

Beispiel

Berufsausbildungsvertrag[1]
(§§ 10, 11 Berufsbildungsgesetz – BBiG)

Zwischen dem/der Ausbildenden (Ausbildungsbetrieb)

und dem/der Auszubildenden
männlich ☐ weiblich ☐ X unbestimmt ☐
Berufsausbildung im Rahmen eines dualen Studiums ☐

			Öffentlicher Dienst ☐
KNR	Firmenident-Nr.	Tel.-Nr.	
318	61284	0203 44536-90	

Anschrift des/der Ausbildenden (Ausbildungsbetrieb)
Primus GmbH
Groß- und Außenhandel
für Bürobedarf

Straße, Haus-Nr.
Koloniestr. 2-4
PLZ   Ort
47057   Duisburg
E-Mail-Adresse des/der Ausbildenden
info@modellunternehmen-primus.de
Verantwortliche/r Ausbilder/in   Geburtsjahr
Ina Ost

Name: Höver   Vorname: Nicole
Straße, Haus-Nr.: Denkmannsfeld 71
PLZ: 45473   Ort: Mülheim
Geburtsdatum: ....-03-20   Staatsangehörigkeit: deutsch
E-Mail-Adresse (Angabe freiwillig)   Mobil-/Tel.-Nr. (Angabe freiwillig)

Gesetzliche/r Vertreter/in[1]
Eltern ☐   Vater ☐   Mutter ☐   Vormund ☐
Namen, Vornamen der gesetzlichen Vertreter

Straße, Hausnummer

PLZ   Ort

wird nachstehender Vertrag zur Ausbildung im Ausbildungsberuf: **Kauffrau für Großhandelsmanagement**
mit der Fachrichtung/dem Schwerpunkt/ dem Wahlbaustein etc.: **Großhandel**
nach Maßgabe der Ausbildungsordnung[2] geschlossen.

Änderungen des wesentlichen Vertragsinhaltes sind vom/ von der Ausbildenden unverzüglich zur Eintragung in das Verzeichnis der Berufsausbildungsverhältnisse bei der Industrie- und Handelskammer anzuzeigen.

Die beigefügten Angaben zur sachlichen und zeitlichen Gliederung des Ausbildungsablaufs (Ausbildungsplan) sowie die umseitigen Regelungen sind Bestandteil dieses Vertrages.

1) Vertretungsberechtigt sind beide Eltern gemeinsam, sowie nicht die Vertretungsberechtigung nur einem Elternteil zusteht. Ist ein Vormund bestellt, so bedarf dieser zum Abschluss des Ausbildungsvertrages der Genehmigung des Vormundschaftsgerichts.
2) Solange die Ausbildungsordnung nicht erlassen ist, sind gem. § 104 Abs. 1 BBIG die bisherigen Ordnungsmittel anzuwenden

Der Ausbildungsvertrag muss der Industrie- und Handelskammer bzw. der Handwerkskammer zur Eintragung in das **Verzeichnis der Berufsausbildungsverhältnisse** vorgelegt werden.

Mit Abschluss des Ausbildungsvertrages übernehmen Ausbildender und Auszubildender **Pflichten**, die gleichzeitig die **Rechte** der anderen Vertragspartei sind.

○ Pflichten des Ausbildenden

- Der Ausbildende hat dafür zu sorgen, dass dem Auszubildenden die **Fertigkeiten, Kenntnisse und Fähigkeiten vermittelt** werden, die zum Erreichen des Ausbildungszieles erforderlich sind.

    Beispiel Der Ausbildungsrahmenplan für den Beruf Kaufmann/Kauffrau für Groß- und Außenhandelsmanagement sieht vor, dass die Auszubildenden rechtliche Vorschriften der Berufsausbildung kennenlernen. Laut betrieblichem Ausbildungsplan wird Nicole Höver die ersten drei Monate ihrer Ausbildung in der Personalabteilung eingesetzt.

- Die Ausbildung muss entweder **vom Ausbildenden selbst** oder **von persönlich und fachlich geeigneten Ausbildern** durchgeführt werden.

    Beispiel Als Ausbilder setzt der Ausbildende den zuständigen Abteilungs- oder Gruppenleiter ein. Alle Ausbilder haben vor der Industrie- und Handelskammer eine Prüfung abgelegt.

---

[1] Abdruck mit freundlicher Genehmigung des Deutschen Industrie- und Handelskammertages e. V.

- Dem Auszubildenden müssen die **Ausbildungsmittel kostenlos** zur Verfügung gestellt werden.

  Beispiele Ausbildungsnachweis, Fachbücher und Schreibmaterial für die Ausbildung im Ausbildungsbetrieb (nicht in der Schule)

  Vorgeschriebene Berufskleidung, z. B. Blaumann oder Kittel, werden vom Ausbildenden ebenfalls zur Verfügung gestellt.

- Der Auszubildende ist zum **Besuch der Berufsschule** und zum **Führen des Ausbildungsnachweises** anzuhalten. Der ordnungsgemäß geführte Ausbildungsnachweis ist Voraussetzung für die Zulassung zur Abschlussprüfung.

  Beispiel Nicole Höver muss ihren Ausbildungsnachweis einmal im Monat dem jeweiligen Abteilungsleiter vorlegen.

- Der Ausbildende muss dafür sorgen, dass dem Auszubildenden **nur Tätigkeiten** übertragen werden, **die dem Ausbildungszweck** dienen und seinen körperlichen Kräften angemessen sind.

  Beispiel Nicole Höver ist als Auszubildende der Primus GmbH in der Personalabteilung eingesetzt. Alle hier anfallenden Arbeiten hat sie auszuführen. Als die Sachbearbeiterin Ganser sie auffordert, für sie private Besorgungen zu erledigen, schreitet Frau Ost ein und teilt Frau Ganser mit, dass Nicole nur Tätigkeiten übertragen werden dürfen, die dem Ausbildungszweck dienen.

- Der Auszubildende muss für die **Teilnahme am Berufsschulunterricht und an Prüfungen freigestellt werden**. Dies gilt auch für andere schulische Veranstaltungen.

  § 15 BBiG – Freistellung, Anrechnung
  (1) Ausbildende dürfen Auszubildende vor einem vor 9 Uhr beginnenden Berufsschulunterricht nicht beschäftigen. Sie haben Auszubildende freizustellen
  1. für die Teilnahme am Berufsschulunterricht,
  2. an einem Berufsschultag mit mehr als fünf Unterrichtsstunden von mindestens je 45 Minuten, einmal in der Woche,
  3. in Berufsschulwochen mit einem planmäßigen Blockunterricht von mindestens 25 Stunden an mindestens fünf Tagen,
  4. für die Teilnahme an Prüfungen und Ausbildungsmaßnahmen, die auf Grund öffentlich-rechtlicher oder vertraglicher Bestimmungen außerhalb der Ausbildungsstätte durchzuführen sind, und
  5. an dem Arbeitstag, der der schriftlichen Abschlussprüfung unmittelbar vorangeht.
  [...]
  (2) Auf die Ausbildungszeit der Auszubildenden werden angerechnet
  1. die Berufsschulunterrichtszeit einschließlich der Pausen nach Absatz 1 Satz 2 Nummer 1,
  2. Berufsschultage nach Absatz 1 Satz 2 Nummer 2 mit der durchschnittlichen täglichen Ausbildungszeit,
  3. Berufsschulwochen nach Absatz 1 Satz 2 Nummer 3 mit der durchschnittlichen wöchentlichen Ausbildungszeit,
  4. die Freistellung nach Absatz 1 Satz 2 Nummer 4 mit der Zeit der Teilnahme einschließlich der Pausen und
  5. die Freistellung nach Absatz 1 Satz 2 Nummer 5 mit der durchschnittlichen täglichen Ausbildungszeit.
  (3) Für Auszubildende unter 18 Jahren gilt das Jugendarbeitsschutzgesetz.

- Dem Auszubildenden muss bei Beendigung des Ausbildungsverhältnisses ein **Zeugnis** ausgestellt werden. Der Auszubildende kann dabei zwischen dem **einfachen Arbeitszeugnis** und dem **qualifizierten Arbeitszeugnis** wählen.

    Beispiel Das einfache Arbeitszeugnis enthält Angaben über Art, Dauer und Ziel der Berufsausbildung sowie die erworbenen Fertigkeiten, Kenntnisse und Fähigkeiten. Das qualifizierte Arbeitszeugnis enthält zusätzlich Angaben über Führung, Leistung und besondere fachliche Fähigkeiten.

- Dem Auszubildenden ist eine **angemessene Vergütung** zu zahlen. Ist der Ausbildungsbetrieb **tarifgebunden**, so gilt die Ausbildungsvergütung des jeweiligen Tarifvertrages.

    Beispiel Auszug aus dem Lohn- und Gehaltstarifvertrag für den Groß- und Außenhandel in Nordrhein-Westfalen (2020)

Ausbildungsjahr	Ausbildungsvergütung
1. Ausbildungsjahr	1 001,00 €
2. Ausbildungsjahr	1 081,00 €
3. Ausbildungsjahr	1 154,00 €

Ist der Ausbildungsbetrieb **nicht tarifgebunden**, so gilt die **Mindestausbildungsvergütung** nach § 17 BBiG.

Beispiel Mindestausbildungsvergütung **im ersten Ausbildungsjahr**

Jahr	Ausbildungsvergütung
2020	515,00 €
2021	550,00 €
2022	585,00 €
2023	620,00 €

Im zweiten Jahr erhöht sich die Ausbildungsvergütung um jeweils 18 % und im dritten Jahr um jeweils 35 %.

Die Vergütung muss spätestens am letzten Arbeitstag des Monats gezahlt werden. Eine über die regelmäßige Ausbildungszeit hinausgehende Beschäftigung ist besonders zu vergüten. Erkrankt der Auszubildende, wird die Vergütung **bis zur Dauer von sechs Wochen** durch den Ausbildenden **weitergezahlt**, danach erhält er von der zuständigen Krankenversicherung **Krankengeld** (vgl. S. 77 f).

Pflichten des Auszubildenden

- Der Auszubildende hat sich zu bemühen, die **Fertigkeiten, Kenntnisse und Fähigkeiten zu erwerben**, die zur Erreichung des Ausbildungsziels erforderlich sind.

    Beispiel Die Auszubildende Kirsten Schorn, eine Mitschülerin von Nicole Höver, besucht regelmäßig die Berufsschule, macht die Hausaufgaben und arbeitet im Unterricht mit. Trotzdem ist das Ergebnis der Zwischenprüfung in allen Fächern mangelhaft. Ihr Ausbilder droht daraufhin mit Kündigung. Eine Kündigung ist in diesem Fall nicht zulässig, da die Auszubildende sich bemüht hat, das Ziel der Ausbildung zu erreichen.

- Der Auszubildende muss alle ihm im Rahmen der Ausbildung **aufgetragenen Tätigkeiten sorgfältig ausführen**.

    Beispiel Frau Schorn verliert den ihr vom Betrieb zur Verfügung gestellten Taschenrechner. Sie ist zum Ersatz des Schadens verpflichtet, da sie gegen die Sorgfaltspflicht verstoßen hat.

- Der Auszubildende muss an **Ausbildungsmaßnahmen**, für die er freigestellt ist, **teilnehmen**.

Die rechtlichen und sozialen Rahmenbedingungen im System der Berufsausbildung

> **Beispiel** Eine Auszubildende schwänzt mehrfach die Berufsschule. Hierbei handelt es sich um eine grobe Pflichtverletzung der Auszubildenden, die zu einer Kündigung führen kann.

- **Weisungen**, die ihm im Rahmen der Berufsausbildung erteilt werden, muss der Auszubildende **befolgen**.

  > **Beispiel** Kirsten Schorn ist im Rahmen ihrer Ausbildung als Kauffrau für Groß- und Außenhandelsmanagement in der Verkaufsabteilung eingesetzt, in der auch Kunden empfangen werden. Kirstens Ausbilderin erteilt ihr die Weisung, nicht in Turnschuhen in den Betrieb zu kommen. Sie muss diese Weisung befolgen, da ein solches Erscheinungsbild von den Kunden nicht akzeptiert würde und geschäftsschädigende Folgen hätte.

- Die für die Ausbildungsstätte **geltende Ordnung ist zu beachten**.

  > **Beispiel** In allen Räumen des Ausbildungsbetriebes gilt striktes Rauchverbot. Hieran muss sich jeder Auszubildende halten.

- Arbeitsmittel und Einrichtungen sind **pfleglich zu behandeln**.

  > **Beispiel** Kirsten Schorn benutzt eine vom Betrieb überlassene Schere zum Öffnen einer Getränkeflasche. Die Schere bricht ab. Kirsten muss das Werkzeug ersetzen.

- Über Betriebs- und Geschäftsgeheimnisse ist **Stillschweigen zu wahren**.

  > **Beispiel** Kirsten Schorns Freund ist kaufmännischer Angestellter in einem Konkurrenzbetrieb. Sie berichtet ihm von der bevorstehenden Einführung eines neuen Produktes. Damit verstößt sie gegen die ihr auferlegte Schweigepflicht.

- Der Auszubildende hat einen **schriftlichen oder elektronischen Ausbildungsnachweis** zu führen (vgl. S. 31).

  > **Beispiel** Kirsten Schorn führt ihren Ausbildungsnachweis schriftlich. Die Wochenberichte werden vom Ausbilder abgezeichnet und in einem dafür vorgesehenen Ordner abgeheftet.

○ Beginn und Beendigung der Ausbildung

- Das Berufsausbildungsverhältnis beginnt mit der **Probezeit**. Diese muss mindestens einen Monat und darf höchstens vier Monate betragen. In der Probezeit prüft der Auszubildende, ob ihm der Beruf gefällt, und der Ausbildende, ob der Auszubildende für den Beruf geeignet ist.

- Das Ausbildungsverhältnis endet **mit Ablauf der Ausbildungszeit**. Besteht der Auszubildende die Prüfung zu einem früheren Zeitpunkt, so endet das Ausbildungsverhältnis mit Bestehen der Abschlussprüfung.

  > **Beispiel** Kirsten Schorns Ausbildungsvertrag endet am 31. August. Am 15. Juni legt sie vor dem Prüfungsausschuss der Industrie- und Handelskammer erfolgreich die Berufsabschlussprüfung ab. Mit diesem Tag endet das Ausbildungsverhältnis und ihr steht im Falle der Übernahme das entsprechende Tarifgehalt zu.

- Eine **Kündigung** des Ausbildungsverhältnisses ist in folgenden Fällen möglich:

  - **während der Probezeit** jederzeit ohne Einhaltung einer Frist und Angabe von Gründen. Die Kündigung muss schriftlich erfolgen.

    > **Beispiel** Silke Meier stellt während der Probezeit fest, dass ihr die Ausbildung zur Kauffrau für Groß- und Außenhandelsmanagement nicht zusagt. Sie teilt dies ihrem Chef mit und kündigt das Ausbildungsverhältnis.

  - **nach der Probezeit**

    a) **aus einem wichtigen Grund** ohne Einhaltung einer Kündigungsfrist. Die fristlose Kündigung muss spätestens zwei Wochen nach Bekanntwerden des Grundes erfolgen.

    > **Beispiel** Ein Auszubildender wird bei einem Diebstahl ertappt. Der Chef kündigt ihm fristlos.

b) vom Auszubildenden **mit einer Frist von vier Wochen**,
- wenn er die Berufsausbildung aufgeben will.

   Beispiel Angela erbt ein großes Vermögen. Sie möchte nicht mehr arbeiten. Mit einer Frist von vier Wochen kann sie ihren Ausbildungsvertrag kündigen.

- wenn er sich für einen anderen Beruf ausbilden lassen will.

   Beispiel Ein Jahr nach Beginn der Ausbildung zum Kaufmann für Groß- und Außenhandelsmanagement kann ein Auszubildender eine Ausbildung in seinem Traumberuf als Goldschmied antreten. Er kündigt mit einer Frist von vier Wochen.

Die Kündigung muss **schriftlich und unter Angabe der Kündigungsgründe** erfolgen.

○ **Einhaltung des Berufsbildungsgesetzes**

Die Einhaltung des Berufsbildungsgesetzes wird von der **Industrie- und Handelskammer (IHK)** überwacht (vgl. S. 45).

Die Ausbildungsordnung (AO) und das Berufsbildungsgesetz (BBiG) kennenlernen

- Die **Ausbildungsordnung** enthält Regelungen über:
  - **Ausbildungsdauer**: drei Jahre
  - **Ausbildungsberufsbild**: Fertigkeiten, Kenntnisse und Fähigkeiten, die Gegenstand der Berufsausbildung sind
  - **Ausbildungsrahmenplan**: sachliche und zeitliche Gliederung der Berufsausbildung
  - **betrieblichen Ausbildungsplan**: zeitlicher und sachlicher Überblick über den Ablauf der Ausbildung
  - **Prüfungen**: Teil 1 und Teil 2 der und Abschlussprüfung

- Der **Berufsausbildungsvertrag** muss vor Beginn der Berufsausbildung schriftlich abgeschlossen werden.
  - **Auszubildender** ist derjenige, der ausgebildet wird.
  - **Ausbildender** ist derjenige, der einen anderen zur Berufsausbildung einstellt.
  - **Ausbilder** ist derjenige, der vom Ausbildenden mit der Durchführung der Ausbildung betraut ist.
  - Der Berufsausbildungsvertrag muss bestimmte **Mindestangaben** enthalten.

- Das **Berufsbildungsgesetz** regelt die Rechte und Pflichten in der Ausbildung.

Pflichten des Ausbildenden	Pflichten des Auszubildenden
– Ausbildungspflicht	– Sorgfaltspflicht
– Freistellung des Auszubildenden zum Besuch der Berufsschule	– Besuch der Berufsschule
– Bereitstellung von Arbeitsmitteln	– Weisungen befolgen
– Zeugnispflicht	– die Betriebsordnung einhalten
– Vergütung	– Schweigepflicht
	– einen Ausbildungsnachweis führen

> • Das **Ausbildungsverhältnis** beginnt mit der Probezeit. Die **Probezeit** muss mindestens einen Monat und darf höchstens vier Monate betragen. Das Ausbildungsverhältnis **endet mit Ablauf der Ausbildungszeit.**

1. Beschaffen Sie sich die Verordnung über die Berufsausbildung für Ihren Ausbildungsberuf. Sie kann über die zuständige Kammer oder über das Bundesinstitut für Berufsbildung (www.bibb.de) bezogen werden. Verschaffen Sie sich einen Überblick über die Fertigkeiten und Kenntnisse, die Gegenstand Ihrer Berufsausbildung sind.
   a) Stellen Sie für den Themenkreis „Verkauf kundenorientiert planen und durchführen" fest, welche Fertigkeiten, Kenntnisse und Fähigkeiten im Ausbildungsrahmenplan vorgesehen sind.
   b) Prüfen Sie, wann diese Themen in Ihrem betrieblichen Ausbildungsplan vorgesehen sind und in welcher Abteilung Sie dazu ausgebildet werden.
   c) Stellen Sie fest, in welchem Unterrichtsfach und wann dieses Thema im Lehrplan der Berufsschule vorgesehen ist.

2. Während einer Grippewelle fällt die Hälfte der Mitarbeiter der Personalabteilung aus. Die Abteilungsleiterin verbietet der Auszubildenden daraufhin den Besuch der Berufsschule und fordert sie stattdessen auf, im Betrieb auszuhelfen. Ist dieses Verhalten zulässig? Begründen Sie Ihre Entscheidung.

3. a) Erstellen Sie eine Übersicht mit den Rechten und Pflichten des Auszubildenden. Schlagen Sie dazu im Berufsbildungsgesetz nach. Das BBiG können Sie im Internet unter www.gesetze-im-internet.de/bbig_2005 beschaffen.
   b) In § 14 Abs. 3 Berufsbildungsgesetz heißt es: „Auszubildenden dürfen nur Aufgaben übertragen werden, die dem Ausbildungszweck dienen und ihren körperlichen Kräften angemessen sind." Befragen Sie Ihre Mitschüler, welche Tätigkeiten sie in der vergangenen Woche ausgeführt haben, die dem Ausbildungszweck dienen, und welche Tätigkeiten nicht im Sinne der Ausbildung waren. Diskutieren Sie, warum es sinnvoll sein könnte, auch die eine oder andere Tätigkeit auszuführen, die nicht im Sinne der Regelung des Berufsbildungsgesetzes ist.

4. Der Auszubildende erkundigt sich bei Ihnen nach einem qualifizierten Zeugnis. Welche Antwort ist richtig?
   1. Ein qualifiziertes Zeugnis darf nur in Absprache mit dem Betriebsrat erstellt werden.
   2. Ein Auszubildender hat keinen Anspruch auf ein qualifiziertes Zeugnis.
   3. Ein qualifiziertes Zeugnis enthält nur Angaben über Art, Dauer und Ziele der Berufsausbildung sowie über die erworbenen Fertigkeiten, Kenntnisse und Fähigkeiten eines Auszubildenden.
   4. Der Ausbildende muss jedem Auszubildenden auf Verlangen ein qualifiziertes Zeugnis ausstellen.
   5. Der Ausbildende hat jedem Auszubildenden ohne Aufforderung ein qualifiziertes Zeugnis auszustellen.

1.1.3 Das Jugendarbeitsschutzgesetz (JArbSchG) erkunden

Andreas Brandt ist genervt. Schon zum zweiten Mal hat ihn seine 17-jährige Freundin Jana, die bei der Bürodesign GmbH Kauffrau für Büromanagement lernt, versetzt: *„Stell dir vor, sie muss jetzt schon den zweiten Abend in dieser Woche wegen Inventurarbeiten bis 22:00 Uhr arbeiten"*, erzählt Andreas Nicole Höver. *„Wieso, gibt es ein Gesetz, das es Mädchen verbietet, ihre Freunde zu versetzen?"*, fragt Nicole und lacht. *„Nein, aber es gibt das Jugendarbeitsschutzgesetz"*, erwidert Andreas empört.

ARBEITSAUFTRÄGE

- Stellen Sie fest, für wen das Jugendarbeitsschutzgesetz gilt und welche Regelungen es enthält. Das JArbSchG können Sie unter www.gesetze-im-internet.de/jarbschg im Internet beschaffen.
- Prüfen Sie, ob der Einsatz von Andreas' Freundin Jana zulässig ist.
- Jana ist noch in der Probezeit. Diskutieren Sie, wie sie sich gegenüber dem Ausbildungsbetrieb verhalten sollte. Geben Sie den Diskutanten ein Feedback und beachten Sie dabei die Feedback-Regeln (vgl. S. 170).

Das **Jugendarbeitsschutzgesetz (JArbSchG)** (www.gesetze-im-internet.de/jarbschg) soll jugendliche Arbeitnehmer und Auszubildende vor Überforderung im Berufsleben schützen. Es enthält neben allgemeinen Vorschriften Regelungen zu den Themen Beschäftigung von Kindern und Jugendlichen, Beschäftigungsverbote und -beschränkungen, Berufsschulbesuch und Prüfungen und Aussagen über die gesundheitliche Betreuung der Auszubildenden.

● Allgemeine Vorschriften

Das Jugendarbeitsschutzgesetz gilt für die Beschäftigung von Personen, die noch nicht 18 Jahre alt sind. Von 15 bis 18 Jahren ist man Jugendlicher, unter 15 Jahren ist man Kind.

● Beschäftigung von Kindern und Jugendlichen

Die **Beschäftigung von Kindern ist grundsätzlich verboten**. Jugendliche unter 15 Jahren dürfen nur in einem Ausbildungsverhältnis oder mit leichten Tätigkeiten beschäftigt werden (ab 13 Jahren maximal zwei Stunden täglich oder zehn Stunden wöchentlich).

Beispiel Petra Jägers Schwester Silke ist 14 Jahre alt. Sie möchte sich ihr Taschengeld selbst verdienen. Deshalb verteilt sie für den Supermarkt an der Ecke jeden Mittwoch Handzettel. Da es sich hierbei um eine leichte Tätigkeit handelt, verstößt dies nicht gegen das JArbSchG.

Jugendliche dürfen **nicht mehr als acht Stunden täglich** und **nicht mehr als 40 Stunden wöchentlich** beschäftigt werden. Die tägliche Arbeitszeit ist die Zeit vom Beginn bis zum Ende der Beschäftigung ohne Pausen.

Beispiel Andreas' Freundin Jana arbeitet normalerweise von 08:00 bis 12:00 Uhr, von 12:30 bis 15:00 Uhr und von 15:30 bis 17:00 Uhr. Die Arbeitszeit beträgt acht Stunden.

Die **Arbeitszeit, die an einem Werktag infolge eines gesetzlichen Feiertages ausfällt, wird auf die wöchentliche Arbeitszeit angerechnet.**

Beispiel Der Tag der Deutschen Einheit fällt auf einen Mittwoch. An diesem Tag hätte Jana acht Stunden arbeiten müssen. Da der Arbeitstag ausfällt, muss sie in der restlichen Woche nur noch ihre Wochenarbeitszeit abzüglich acht Stunden arbeiten (z. B. 40 Std. – 8 Std. = 32 Std.).

Wenn an einzelnen Werktagen die Arbeitszeit auf weniger als acht Stunden verkürzt ist, können Jugendliche an den übrigen Tagen der Woche 8,5 Stunden arbeiten.

Beispiel Jana arbeitet an drei Tagen in der Woche 8,5 Stunden, da sie am Freitag bereits um 14:00 Uhr frei hat.

Jugendlichen müssen im Voraus feststehende **Ruhepausen** von mindestens 15 Minuten Dauer gewährt werden. Die Pausen betragen

- bei einer Arbeitszeit von 4,5 bis sechs Stunden 30 Minuten,
- bei einer Arbeitszeit von mehr als sechs Stunden 60 Minuten.

Nach Beendigung der täglichen Arbeitszeit dürfen Jugendliche **nicht vor Ablauf von mindestens zwölf Stunden** beschäftigt werden.

Beispiel Die 17-jährige Auszubildende Jana arbeitet an einem Auftrag bis 20:00 Uhr. Sie darf am nächsten Tag frühestens um 08:00 Uhr zur Arbeit eingesetzt werden.

Jugendliche dürfen **nur in der Zeit von 06:00 bis 20:00 Uhr** beschäftigt werden. Von dieser Regelung gibt es jedoch Ausnahmen, so z. B. für Bäckereien und Konditoreien, die Gastronomie und die Landwirtschaft.

Jugendliche dürfen **nur an fünf Tagen in der Woche** beschäftigt werden. Als Arbeitstage gelten auch die Berufsschultage. Die beiden beschäftigungsfreien Tage (Ruhetage) sollten nach Möglichkeit aufeinander folgen.

Beispiel Jana hat Montag ihren langen Berufsschultag. Dienstag und Mittwoch arbeitet sie im Betrieb. Donnerstag hat sie wieder Berufsschule und anschließend geht sie in den Betrieb. Soll sie am Samstag im Betrieb eingesetzt werden, muss der Freitag arbeitsfrei bleiben, da sonst gegen das Gebot der Fünf-Tage-Woche verstoßen würde.

An **Sonntagen und am 24. und 31. Dezember nach 14:00 Uhr** dürfen Jugendliche nicht beschäftigt werden.

Der **gesetzliche Urlaubsanspruch** für Jugendliche beträgt

- 30 Werktage, wenn der Jugendliche noch nicht 16 Jahre alt ist,
- 27 Werktage, wenn der Jugendliche noch nicht 17 Jahre alt ist,
- 25 Werktage, wenn der Jugendliche noch nicht 18 Jahre alt ist.

Es gilt jeweils das Alter des Jugendlichen zu Beginn des Kalenderjahres. Der gesetzliche Urlaubsanspruch für erwachsene Arbeitnehmer ist im **Bundesurlaubsgesetz (BUrlG)** (www.gesetze-im-internet.de/burlg) geregelt.

Beispiel Jana wird am 19. März 18 Jahre alt. Da sie zu Beginn des Kalenderjahres noch nicht 18 Jahre alt ist, hat sie einen Urlaubsanspruch von 25 Werktagen.

Der Urlaub soll den Auszubildenden **während der Berufsschulferien** gewährt werden. Ist dies nicht der Fall, ist für jeden Berufsschultag, an dem die Schule während des Urlaubs besucht wird, ein weiterer Urlaubstag zu gewähren.

Beispiel Eine Auszubildende möchte eine Woche Urlaub vor der Zwischenprüfung nehmen. Sie besucht in dieser Woche an zwei Tagen die Berufsschule. Diese beiden Tage werden nicht auf den Gesamturlaub angerechnet.

● Beschäftigungsverbote und -beschränkungen

Jugendliche dürfen nicht beschäftigt werden mit Arbeiten,

- die ihre Leistungsfähigkeiten übersteigen,
- bei denen sie sittlichen Gefahren ausgesetzt sind,
- die mit Unfallgefahren verbunden sind,
- im Umgang mit Gefahrstoffen,
- im Umgang mit biologischen Arbeitsstoffen.

● Berufsschulbesuch und Prüfungen

Der Arbeitgeber hat den Jugendlichen **für den Berufsschulunterricht freizustellen**. An einem Berufsschultag mit mehr als fünf Unterrichtsstunden von 45 Minuten einmal in der Woche darf der Jugendliche nicht mehr beschäftigt werden. Der Berufsschultag wird mit der durchschnittlichen täglichen Ausbildungszeit angerechnet.

Beispiel Die 17-jährige Auszubildende Erika hat am Montag ihren langen Berufsschultag mit sechs Unterrichtsstunden. Dieser Tag wird mit acht Stunden auf die wöchentliche Arbeitszeit angerechnet. Am Mittwoch dauert der Unterricht von 08:00 bis 09:30 und von 09:50 bis 11:20 Uhr. Dieser Berufsschultag wird mit 3 Stunden und 20 Minuten auf die Arbeitszeit angerechnet.

Der Arbeitgeber hat den Jugendlichen **für Prüfungen freizustellen**. Dies gilt auch für den Arbeitstag unmittelbar vor der schriftlichen Abschlussprüfung.

Beispiel Die schriftliche Abschlussprüfung beginnt am Montag. Hier entfällt der Freistellungsanspruch, da dem Prüfungstag kein Arbeitstag unmittelbar vorangeht.

● Gesundheitliche Betreuung

Vor Beginn der Ausbildung müssen alle Jugendlichen **von einem Arzt untersucht** worden sein. Die Untersuchung darf nicht mehr als 14 Monate zurückliegen. Ein Jahr nach Aufnahme der Beschäftigung müssen sich alle Jugendlichen einer ärztlichen **Nachuntersuchung** unterziehen. Die Untersuchungen sind kostenlos.

Die rechtlichen und sozialen Rahmenbedingungen im System der Berufsausbildung

Jugendarbeitsschutzgesetz (JArbSchG) erkunden

- Das Jugendarbeitsschutzgesetz gilt für alle beschäftigten Personen, die **noch nicht 18 Jahre** alt sind.
- Die Beschäftigung von Kindern unter 15 Jahren ist **verboten**.
- Die tägliche maximale Arbeitszeit beträgt **acht Stunden**.
- Es gilt grundsätzlich die **Fünf-Tage-Woche**.
- Der Auszubildende ist für den Besuch der Berufsschule und für Prüfungen **freizustellen**.
- Eine **ärztliche Untersuchung** ist vor Beginn und ein Jahr nach Aufnahme der Ausbildung vorgeschrieben.

1. Die 17-jährige Jana Müller ist seit einer Woche als Auszubildende in der Personalabteilung ihres Ausbildungsunternehmens, der Bürodesign GmbH, eingesetzt. Als erste selbstständige Aufgabe soll sie ihren Wocheneinsatzplan erstellen. Helfen Sie Jana bei der Lösung dieser Aufgabe. Berücksichtigen Sie dabei folgende Bedingungen:
   a) Die Geschäftszeiten der Bürodesign GmbH sind werktags von 08:00 bis 12:00 Uhr und 13:00 bis 17:00 Uhr.
   b) Jana hat am Dienstag von 08:00 bis 14:00 Uhr und am Donnerstag von 08:00 bis 12:30 Uhr Berufsschule.
   c) Am Montag soll Jana ganztägig im Büro sein.
   d) Die tarifvertragliche Arbeitszeit ist zu berücksichtigen. Erfragen Sie die für Sie geltende tarifvertragliche Wochenarbeitszeit in der Personalabteilung oder bei Ihrem Jugendvertreter oder Betriebsrat.
   e) Berücksichtigen Sie die Regelungen des Jugendarbeitsschutzgesetzes zur täglichen und wöchentlichen Arbeitszeit, zur Festlegung der Pausen und zum Berufsschulbesuch.

2. Erstellen Sie mithilfe einer geeigneten Software Ihren eigenen Wochenarbeitsplan und vergleichen Sie diesen mit den Einsatzplänen Ihrer Mitschüler. Diskutieren Sie Unterschiede, Gemeinsamkeiten und klären Sie Abweichungen von den gesetzlichen Regelungen.

3. Das Jugendarbeitsschutzgesetz enthält Regelungen über die Beschäftigung von Kindern und Jugendlichen, Beschäftigungsverbote und -beschränkungen, Berufsschulbesuch und Prüfungen und Aussagen über die gesundheitliche Betreuung der Auszubildenden. Erläutern Sie jede dieser Regelungen an je einem Beispiel, das Sie persönlich betreffen könnte.

4. Stellen Sie fest, in welchen der folgenden Fällen gegen das Jugendarbeitsschutzgesetz verstoßen wurde. Begründen Sie Ihre Entscheidung mithilfe der entsprechenden Paragrafen. Das JArbSchG finden Sie unter www.gesetze-im-internet.de/jarbschg.
   a) Die 16-jährige Auszubildende Caroline ist bei der Herstadt Warenhaus GmbH beschäftigt. Laut Wocheneinsatzplan des Abteilungsleiters muss sie am Samstag arbeiten.
   b) Der Wocheneinsatzplan sieht vor, dass Caroline an drei Tagen jeweils neun Stunden im Betrieb ist.
   c) Am langen Berufsschultag hat Caroline sieben Stunden zu je 45 Minuten Unterricht. Der Abteilungsleiter setzt sie am gleichen Tag für weitere drei Stunden im Betrieb ein.
   d) Am Montag vor der Abschlussprüfung arbeitet Caroline auf Anweisung ihres Ausbilders im Betrieb.

1.1.4 Sich über Institutionen zur Durchsetzung ausbildungsrechtlicher Ansprüche informieren

Als Nicole Höver Unterlagen aus der Einkaufsabteilung holen muss, wird sie an Herrn Cremer, Gruppenleiter Import, verwiesen. *„Schön, dass ich Sie auch einmal kennenlerne"*, sagt Herr Cremer, *„wenn's Ärger in der Ausbildung gibt, können Sie sich jederzeit an mich wenden."* Zurück in der Abteilung fragt sie ihren Kollegen Andreas Brandt, warum sie sich ausgerechnet an Herrn Cremer aus der Einkaufsabteilung wenden solle. *„Der ist doch der Betriebsratsvorsitzende der Primus GmbH"*, antwortet Andreas. *„Und was hat der mit meiner Ausbildung zu tun?"*, fragt Nicole.

ARBEITSAUFTRÄGE
- Recherchieren Sie im Internet und stellen Sie fest, welche Rechte der Betriebsrat und die Jugend- und Auszubildendenvertretung haben.
- Erläutern Sie, welche weiteren Institutionen es zum Schutz der Auszubildenden gibt, und stellen Sie deren Aufgaben in einem digitalen Produkt zusammen.

Bei der Durchsetzung ausbildungsrechtlicher Ansprüche ist der Auszubildende nicht allein. Er wird von einer Vielzahl von Institutionen unterstützt und begleitet. Diese Institutionen sind der **Betriebsrat**, die **Jugend- und Auszubildendenvertretung**, die **Industrie- und Handelskammer**, die **Gewerkschaften** und die **Arbeitsschutzbehörden**.

● Der Betriebsrat

Zur Wahrnehmung seiner Aufgaben hat der Betriebsrat Rechte, die im **Betriebsverfassungsgesetz (BetrVG)** Betriebsverfassungsgesetz geregelt sind (vgl. S. 64 ff).

Das **Informationsrecht** sichert dem Betriebsrat rechtzeitige und umfassende Information über alle betrieblichen Angelegenheiten, die die Arbeitnehmer betreffen.

Beispiel Die Geschäftsleitung der Primus GmbH plant den Bau einer neuen Lagerhalle und berät sich hierüber mit dem Betriebsrat.

Das **Anhörungs- und Beratungsrecht** geht weiter als das Informationsrecht. In bestimmten Angelegenheiten muss der Arbeitgeber den Betriebsrat vor einer Entscheidung anhören. Versäumt er dies, ist die Entscheidung aus formalen Gründen rechtsunwirksam.

Beispiel Die Geschäftsleitung der Primus GmbH plant, das Lager aus dem Unternehmen auszugliedern und hierfür eine eigene GmbH zu gründen. Zu dieser Betriebsänderung muss der Betriebsrat gehört werden.

Das **Mitbestimmungsrecht** ist das weitgehendste Recht des Betriebsrates. Hier entscheiden Arbeitgeber und Betriebsrat gemeinsam.

Beispiel In der Vorweihnachtszeit plant die Geschäftsleitung der Primus GmbH Überstunden. Hier muss der Betriebsrat zustimmen.

Die rechtlichen und sozialen Rahmenbedingungen im System der Berufsausbildung

● Die Jugend- und Auszubildendenvertretung (JAV)

In Betrieben mit mindestens fünf Arbeitnehmern bis zu 18 Jahren oder Auszubildenden bis zu 25 Jahren kann eine **Jugend- und Auszubildendenvertretung (JAV)** gewählt werden (vgl. S. 11). Sie nimmt die besonderen Belange der Jugendlichen und Auszubildenden im Betriebsrat wahr.

Beispiel In der Primus GmbH sind vier Auszubildende und zwei Arbeitnehmer unter 18 Jahren beschäftigt. Aus diesem Grund hat der Betriebsrat eine Jugend- und Auszubildendenvertretung wählen lassen. Zur Jugend- und Auszubildendenvertreterin wurde Petra Jäger gewählt. Ihr Stellvertreter ist Andreas Brandt.

● Die Industrie- und Handelskammer (IHK)

Die Kammern (Industrie- und Handelskammer, Handwerkskammer, Rechtsanwaltskammer, Landwirtschaftskammer) überwachen **als zuständige Stellen** den betrieblichen Teil der Berufsausbildung und nehmen die Abschlussprüfung ab.

Zur Überwachung der Ausbildung und Beratung der an der Ausbildung Beteiligten stehen bei den Kammern **Ausbildungsberater** zur Verfügung.

Zur Beilegung von Streitigkeiten, die sich aus dem Ausbildungsverhältnis ergeben, haben die Kammern paritätisch besetzte **Schlichtungsstellen** eingerichtet. Diese können jederzeit von den Auszubildenden bzw. ihren Erziehungsberechtigten sowie den Ausbildenden angerufen werden. Die Schlichtungsstellen sind einem Arbeitsgerichtsverfahren vorgeschaltet.

● Die Gewerkschaften

Das im **Grundgesetz (GG)** (www.gesetze-im-internet.de/gg) garantierte Recht der Arbeitnehmer und Arbeitgeber zur Gründung von Gewerkschaften oder Arbeitgeberverbänden wird auch als **Koalitionsfreiheit** bezeichnet.

Artikel 9 Grundgesetz
(3) Das Recht, zur Wahrung und Förderung der Arbeits- und Wirtschaftsbedingungen Vereinigungen zu bilden, ist für jedermann und für alle Berufe gewährleistet. [...]

Beispiele
- Die Primus GmbH ist Mitglied in der Tarifgemeinschaft des Groß- und Außenhandels und der Dienstleistungen in Nordrhein-Westfalen.
- Die Arbeitnehmer der Primus GmbH, die sich einer Gewerkschaft angeschlossen haben, sind in der Vereinten Dienstleistungsgewerkschaft (ver.di) organisiert.

● Arbeitsschutzbehörden

Für die Einhaltung aller Schutzvorschriften ist der Arbeitgeber verantwortlich. Neben den **Berufsgenossenschaften** und dem **TÜV** als außerbetriebliche Überwachungsorgane überwachen der **Betriebsrat, Betriebsärzte** und **Sicherheitsbeauftragte** als innerbetriebliche Überwachungsorgane durch technische Aufsichtsbeamte die Durchführung der Unfallverhütung. Die **staatlichen Ämter für Gewerbeschutz und Sicherheitstechnik** sind staatliche Organe, die die Einhaltung der Arbeitsschutzvorschriften garantieren sollen.

Sich über Institutionen zur Durchsetzung ausbildungsrechtlicher Ansprüche informieren

Institutionen zur Durchsetzung ausbildungsrechtlicher Ansprüche:
- Betriebsrat
- Jugend- und Auszubildendenvertretung
- Industrie- und Handelskammer
- Gewerkschaften
- Arbeitsschutzbehörden

1. Betriebsrat und Jugend- und Auszubildendenvertreter haben Informations-, Anhörungs-, Beratungs- und Mitbestimmungsrechte. Stellen Sie fest, ob es in Ihrem Ausbildungsbetrieb einen Betriebsrat oder eine eigene Jugend- und Auszubildendenvertretung gibt, und nehmen Sie Kontakt zu Ihrer Vertretung auf. Lassen Sie sich von Ihrem Arbeitnehmervertreter erläutern, welche Aufgaben er wahrnimmt, und ordnen Sie die Aufgaben den o. g. Rechten zu.

2. Besuchen Sie im Rahmen einer Internetrecherche die Seite der für Sie zuständigen Industrie- und Handelskammer. Stellen Sie fest, welche Dienstleistungen die IHK erbringt und welche Funktionen sie im Rahmen der Berufsbildung wahrnimmt.

3. Recherchieren Sie im Internet die Adressen der Institutionen zur Durchsetzung ausbildungsrechtlicher Ansprüche. So können Sie bei Fragen und Problemen immer darauf zugreifen.

4. Bilden Sie in der Klasse zwei Gruppen. Die eine Gruppe sammelt Gründe, die für die Mitgliedschaft in einer Gewerkschaft sprechen, die andere Gruppe sammelt Gründe gegen eine Mitgliedschaft. Wählen Sie einen Diskussionsleiter und führen Sie ein Streitgespräch.

5. Stellen Sie fest, wer in Ihrem Ausbildungsbetrieb die Funktion des Sicherheitsbeauftragten ausübt und welches die für Sie zuständige Berufsgenossenschaft ist.
 a) Befragen Sie Ihren Sicherheitsbeauftragten nach seinen Aufgaben.
 b) Ermitteln Sie die Leistungen der Berufsgenossenschaft im Rahmen einer Internetrecherche.

1.1.5 Möglichkeiten der Weiterbildung erkunden und die Notwendigkeit des lebenslangen Lernens kennenlernen

Nach Feierabend trifft sich Nicole Höver mit ihrer Freundin und ehemaligen Mitschülerin Alex. Die studiert im ersten Semester Betriebswirtschaftslehre. Alex schwärmt von den Aufstiegsmöglichkeiten nach Abschluss des Studiums und einer Karriere in der Wirtschaft. Nicole ist ein wenig neidisch und fragt sich, ob sie nicht auch besser ein Studium angefangen hätte. Auf der anderen Seite sind vielleicht ja auch andere Wege, z.B. im Rahmen der Fortbildung, für Aufstieg und Karriere im Beruf möglich.

ARBEITSAUFTRÄGE
- Recherchieren Sie die Möglichkeiten der Weiterbildung, die sich während und nach einer Ausbildung im dualen System ergeben.
- Stellen Sie das Ergebnis in Form einer Präsentation in der Klasse vor und diskutieren Sie Pro und Kontra für ein Studium bzw. eine Ausbildung im dualen System.

● Lebenslanges Lernen

Qualifikation ist gefragt. Lebenslanges Lernen ist gefordert. Wer heute einen Beruf erlernt, kann sich nicht ein Leben lang auf seinen Kenntnissen ausruhen. Es wird davon ausgegangen, dass die **„Halbwertzeit" beruflicher Bildung** nur noch drei bis fünf Jahre beträgt, d.h., dass nach dieser Zeit nur noch die Hälfte des erlernten Wissens aktuell ist.

Die Veränderungen und Entwicklungen in der Berufswelt führen zu veränderten Anforderungen und Qualifikationen der Mitarbeiter. Die immer kürzer werdenden Innovationszyklen insbesondere im Bereich der digitalen Techniken und Anwendungen verändern die geforderten beruflichen Qualifikationen und fordern eine stetige Anpassung, die nur durch **lebenslanges Lernen** geleistet werden kann.. Diesem Umstand trägt die **Personalentwicklung** durch Maßnahmen der Ausbildung, Fortbildung, Aufstiegsschulung und Umschulung Rechnung.

● Ausbildung

Die **berufliche Ausbildung** findet in der Bundesrepublik Deutschland als duales Berufsbildungssystem an zwei Lernorten statt, im Ausbildungsbetrieb und in der Berufsschule (vgl. S. 24)

● Fortbildung

Die **Fortbildung** dient der Verbesserung der fachlichen Qualifikation der Mitarbeiter am Arbeitsplatz. Sie kann im Rahmen einer unabhängigen oder betriebsinternen Fortbildung durchgeführt werden.

- **Unabhängige Fortbildungen** werden von den Mitarbeitern selbstständig durchgeführt. Um dies zu unterstützen, kann der Arbeitgeber z. B. Kosten übernehmen oder den Arbeitnehmer für die Teilnahme freistellen.

    Beispiel Ein Mitarbeiter der Verkaufs-/Marketingabteilung meldet sich zum Studium an einer Fachschule für Wirtschaft an. Der Unterricht findet zweimal wöchentlich abends und am Samstag statt. Nach Rücksprache mit der Personalabteilung kann der Arbeitnehmer an den Wochentagen jeweils eine Stunde früher gehen.

    Das BBiG sieht folgende **Fortbildungsstufen** vor:

    > **§ 53a BBiG – Fortbildungsstufen**
    > (1) Die Fortbildungsstufen der höherqualifizierenden Berufsbildung sind
    > 1. als erste Fortbildungsstufe der Geprüfte Berufsspezialist und die Geprüfte Berufsspezialistin,
    > 2. als zweite Fortbildungsstufe der Bachelor Professional und
    > 3. als dritte Fortbildungsstufe der Master Professional.

- **Betriebsinterne Fortbildungen** können regelmäßig oder zu bestimmten Anlässen durchgeführt werden.

    Beispiel Auszug aus dem Fortbildungskonzept der Primus GmbH:

Zielgruppe	Maßnahmen
Auszubildende	– Betriebsunterricht – Exkursionen in Betriebe von Kunden und Lieferanten – Entsendung zu überbetrieblichen Seminaren
Kaufmännische Mitarbeiter	– Einführung Datenbanken – Tabellenkalkulation – Präsentationsgrafik, Internetführerschein
Mitarbeiter Rechnungswesen	– Finanzbuchhaltungsprogramm – Lohn- und Gehaltsabrechnung – Praxis des Electronic Banking
Mitarbeiter Absatz	– Schulung Verkaufsförderung – Einsatz von Notebooks und Tablets – Outdoor-Training zur Förderung der Teamfähigkeit
Abteilungs- und Gruppenleiter	– Führungsverhalten – Techniken des Personalgesprächs – Motivation am Arbeitsplatz

● Aufstiegsschulung

Während die Aus- und Fortbildung in erster Linie der Vermittlung von Wissen dient, wird im Rahmen der **Aufstiegsschulung** Führungsverhalten trainiert.

Beispiel Im Lager/Versand häufen sich die Fehlzeiten. Frau Ost, die Gruppenleiterin Personal, simuliert im Rahmen der Fortbildung „Technik des Personalgesprächs" in Form eines Rollenspiels das Gespräch mit den betroffenen Mitarbeitern.

● Umschulung

Kann ein Mitarbeiter, z. B. durch Einsatz neuer Techniken, aus krankheitsbedingten Gründen oder durch Aufgabe einer Ware oder einer Warengruppe, nicht mehr am alten Arbeitsplatz eingesetzt werden, ist die Möglichkeit einer **Umschulung** zu prüfen.

Beispiel Die Primus GmbH führt im Bereich der Warenannahme ein EDV-gestütztes Warenwirtschaftssystem ein. Zwei freigesetzte Mitarbeiter der Warenannahme werden zur Fachkraft für Lagerlogistik umgeschult.

Möglichkeiten der Weiterbildung erkunden und die Notwendigkeit des lebenslangen Lernens kennenlernen

Qualifikation der Mitarbeiter

Ausbildung	Fortbildung	Aufstiegs-schulung	Umschulung
Qualifizierung von Berufsnachwuchs	Vermittlung von neuem Wissen	Vorbereitung auf Führungsaufgaben	z. B. beim Einsatz neuer Techniken

---

1. Ein Mitarbeiter kommt häufig zu spät. Führen Sie in Form eines Rollenspiels ein Mitarbeitergespräch zu diesem Thema durch. Zeichnen Sie das Gespräch auf Video auf und werten Sie es aus.

2. Auszug aus der Unternehmensphilosophie der Bürodesign GmbH, eines Lieferanten der Primus GmbH, zum Thema Aus- und Weiterbildung: „Insgesamt 15 Auszubildende und zwei Umschüler absolvieren derzeit bei der Bürodesign GmbH ihre Ausbildung zum Polsterer, Holzmechaniker, Kaufmann für Büromanagement, Industriekaufmann sowie zum Wirtschaftsinformatiker. Die Qualität der Ausbildung zeigt sich in den Prüfungsergebnissen, bei denen Bürodesign-Auszubildende regelmäßig vordere Plätze erreichen. Im Moment arbeitet die Bürodesign GmbH an einem Konzept, um Auszubildenden die Chance zu bieten, zeitweise in den internationalen Tochtergesellschaften zu arbeiten, damit sie frühzeitig ihren Horizont für eine internationale Wirtschaftswelt erweitern. Neue Fertigungsmethoden und Werkstoffe, neue Computersoftware und neue Arbeitsformen machen eine ständige Weiterbildung der Mitarbeiter im fachlichen wie auch im persönlichen Bereich erforderlich. Der jährliche Schulungsbedarf wird von den Vorgesetzten in Abstimmung mit den Mitarbeitern ermittelt, der Fortbildungsplan mit entsprechendem Budget von Geschäftsführung, Betriebsrat und Fortbildungsbeauftragtem verabschiedet. Neben PC- und Englischkursen, Vertriebsschulungen sowie individuellen fachlichen und persönlichen Schulungsmaßnahmen lag ein Schwerpunkt der Weiterbildung in den letzten Jahren auf der Einführung neuer Arbeitsformen (NAF). Das Budget für den Bereich beläuft sich im Jahr 20.. auf 300 000,00 €."
a) Nehmen Sie zum obigen Konzept der Aus- und Weiterbildung Stellung.
b) Befragen Sie die in Ihrem Betrieb für die Aus- und Weiterbildung Verantwortlichen zu konkreten Maßnahmen Ihres Ausbildungsbetriebes.
c) Stellen Sie das Konzept der Aus- und Weiterbildung Ihres Betriebes in der Klasse vor. Setzen Sie dabei Präsentationstechniken wie Folien, Flipcharts, Plakate oder eine Präsentationssoftware ein.

3. Stellen Sie Stärken und Schwächen jeweils eines Mitschülers Ihrer Klasse zusammen. Formulieren Sie im Rahmen eines Personalentwicklungskonzeptes Vorschläge, wie Ihr Mitschüler seine Stärken ausbauen und seine Schwächen ausgleichen kann. Stellen Sie die Ergebnisse Ihrer Arbeit in Form eines Kurzreferates vor. Nutzen Sie eine Präsentationssoftware.

1.2 Die rechtlichen und sozialen Rahmenbedingungen eines Arbeitsverhältnisses reflektieren

1.2.1 Den Einzelarbeitsvertrag auswerten

Sabine Rost, Mitarbeiterin der Beschaffungsabteilung der Primus GmbH, hat nach Feierabend einen Versandhandel für Bürobedarf aufgezogen. Als ihr Gruppenleiter, Herr Nolte, durch Zufall davon erfährt, untersagt er ihr das. Frau Rost ist empört. In der Abteilung ist sie die beste Einkäuferin und was sie nach Feierabend macht, sei ja wohl ihre Sache! Zu Hause kommen ihr Zweifel.

ARBEITSAUFTRÄGE
- Stellen Sie in einer digitalen Regelübersicht die Rechte und Pflichten der Arbeitnehmer gegenüber.
- Begründen Sie mithilfe der entsprechenden Rechtsnorm, ob Frau Rost gegen ihre Rechte als Arbeitnehmerin verstoßen hat und welche Konsequenzen ihr Verhalten haben kann.

Der **Arbeitsvertrag** ist eine Form des **Dienstvertrag**. In ihm verpflichtet sich der Arbeitnehmer zur Leistung der vereinbarten Dienste, der Arbeitgeber zur Zahlung der entsprechenden Vergütung.

Auch für den Arbeitsvertrag gilt der Grundsatz der **Vertragsfreiheit**. Um Benachteiligungen zu vermeiden, ist die Vertragsfreiheit jedoch durch **Gesetz** (z.B. BGB, HGB), **Verordnungen**, **Tarifverträge** und **Betriebsvereinbarungen** (vgl. S. 67) eingeschränkt. Diese Regelungen dürfen im Arbeitsvertrag nicht unterschritten werden. Günstigere Vereinbarungen für den Arbeitnehmer sind jedoch zulässig.

Die **wesentlichen Vertragsbedingungen** eines Arbeitsvertrages wie Name und Anschrift der Vertragsparteien, Beginn des Arbeitsverhältnisses, Arbeitsort, Beschreibung der Tätigkeit, Höhe des Arbeitsentgeltes, Arbeitszeit, Urlaub und Kündigungsfristen sind **schriftlich niederzulegen** und von beiden Vertragsparteien zu unterschreiben.

Bei den meisten Arbeitsverhältnissen gelten die ersten drei Monate nach Beginn des Anstellungsverhältnisses als **Probezeit**. Bis zum letzten Tag der Probezeit kann beiderseits mit Monatsfrist zum Monatsende schriftlich gekündigt werden.

PRAXISTIPP Über Arbeitnehmerrechte informiert die Gewerkschaft ver.di unter www.verdi.de.

Mit Abschluss des Arbeitsvertrages übernehmen Arbeitnehmer und Arbeitgeber **Rechte und Pflichten**.

● Rechte des Arbeitnehmers

- Der Arbeitnehmer hat das Recht auf **Vergütung** seiner Arbeit. Die Höhe der Vergütung regelt der Tarifvertrag. Die Zahlung der Vergütung muss spätestens am letzten Werktag eines Monats erfolgen.

  In Deutschland gilt ein flächendeckender **Mindestlohn** von 9,35 € (2020) pro Arbeitsstunde. Ausnahmeregelungen gibt es z. B. für Jugendliche und Langzeitarbeitslose.

  Im Krankheitsfall wird das Gehalt vom Arbeitgeber für die Dauer von sechs Wochen fortgezahlt. Danach bekommt er **Krankengeld** (vgl. S. 77 f) von der Krankenkasse.

- Der Arbeitnehmer hat das Recht auf **Fürsorge**. So müssen z. B. die Geschäftsräume und die Arbeitsmittel so beschaffen sein, dass der Angestellte gegen Gefährdungen seiner Gesundheit geschützt ist.

  Beispiel Nach Rücksprache mit der zuständigen Berufsgenossenschaft installiert die Primus GmbH auf der Laderampe Schutzgitter.

- Der Arbeitnehmer hat Anspruch auf bezahlten **Erholungsurlaub**. Das Bundesurlaubsgesetz (BUrlG) garantiert einen Mindesturlaub von 24 Werktagen. Im Tarifvertrag sind i. d. R. längere Urlaubszeiten vereinbart.

  Beispiel Für den Groß- und Außenhandel ist ein Jahresurlaub von 30 Tagen tarifvertraglich festgelegt.

  Während des Urlaubs darf der Arbeitnehmer keiner Erwerbstätigkeit nachgehen. Erkrankt er im Urlaub, so werden die durch Attest nachgewiesenen Tage nicht auf den Jahresurlaub angerechnet.

- Der Arbeitnehmer hat das Recht auf ein **Zeugnis**. Dabei kann er zwischen dem einfachen und dem qualifizierten Arbeitszeugnis wählen. Das einfache Arbeitszeugnis enthält lediglich Angaben über die Person des Arbeitnehmers sowie Art und Dauer der Beschäftigung. Das qualifizierte Arbeitszeugnis wird auf Wunsch des Arbeitnehmers ausgestellt und enthält zusätzlich Angaben über Führung und Leistung.

- Der Arbeitnehmer hat das Recht auf Einhaltung einer **Kündigungsfrist**. Ist im Vertrag keine abweichende Regelung getroffen, gilt die gesetzliche Kündigung von vier Wochen zum Monatsende oder zum 15. eines Monats (vgl. S. 57).

● Pflichten des Arbeitnehmers

- Der Arbeitnehmer hat die Pflicht, die im Arbeitsvertrag vereinbarten **Dienste zu leisten**.

§ 611 BGB – Vertragstypische Pflichten beim Dienstvertrag
(1) Durch den Dienstvertrag wird derjenige, welcher Dienste zusagt, zur Leistung der versprochenen Dienste, der andere Teil zur Gewährung der vereinbarten Vergütung verpflichtet.
(2) Gegenstand des Dienstvertrags können Dienste jeder Art sein.

- Der Arbeitnehmer ist verpflichtet, den **Anordnungen** der Arbeitgeber in Beziehung auf die ihm übertragenen Arbeiten **Folge zu leisten** (§ 106 GewO).

    Beispiele Der Geschäftsführer der Primus GmbH fordert Frau Braun auf, alle Aufträge der Herstatt Warenhaus GmbH aus den letzten fünf Jahren herauszusuchen. Auch wenn es sich um eine unangenehme Arbeit handelt, muss Frau Braun den Anordnungen Folge leisten, da es sich um eine Anweisung im Rahmen ihres Arbeitsvertrages handelt.

    Der Abteilungsleiter des Lagers, Herr Patt, fordert den Angestellten Jung auf, in der Mittagspause sein Auto zu reparieren. Er ist der Meinung, Gesellenjahre seien keine Herrenjahre und er habe als Berufsanfänger seiner Chefin sogar im Haushalt helfen müssen. Der Angestellte Jung muss den Anordnungen nicht folgen, da sie in keinem Zusammenhang mit dem Arbeitsvertrag stehen.

- Der Arbeitnehmer muss über Geschäfts- und Betriebsgeheimnisse Stillschweigen bewahren **(Schweigepflicht)**.

    Beispiel Petra Jäger ist als Auszubildende in der Beschaffungsabteilung eingesetzt. Die Namen der Lieferanten der Primus GmbH, Einkaufspreise und Konditionen sind Betriebsgeheimnisse und unterliegen der Schweigepflicht. Teilt sie diese einem Konkurrenten mit, muss sie mit einer fristlosen Kündigung rechnen.

- Für den Arbeitnehmer gilt ein **Handels- und Wettbewerbsverbot**.

> **§ 60 HGB**
> (1) Der Handlungsgehilfe darf ohne Einwilligung des Prinzipals weder ein Handelsgewerbe betreiben noch in dem Handelszweige des Prinzipals für eigene oder fremde Rechnung Geschäfte machen.

§ 60 Abs. 1 beinhaltet zwei Verbote: Der kaufmännische Angestellte darf sich nicht selbstständig machen **(Handelsverbot)** und er darf auf eigene oder fremde Rechnung keine Geschäfte in der Branche des Arbeitgebers abschließen **(Wettbewerbsverbot)**.

Beispiel Eine Mitarbeiterin der Primus GmbH möchte sich selbstständig machen. Sie plant einen Versandhandel für Bürobedarf. Falls sie dies ohne Genehmigung der Geschäftsleitung tut, verstößt sie gegen das Handels- und Wettbewerbsverbot und muss ggf. mit einer Kündigung rechnen.

● Weitere rechtliche Regelungen zum Schutz der Arbeitnehmer

Um Benachteiligungen des Arbeitnehmers zu vermeiden, liegen dem Arbeitsverhältnis weitere rechtliche Regelungen zugrunde:

- **Betriebsordnung** des Unternehmens in Form einer Betriebsvereinbarung (vgl. S. 67).
- der für die Branche geltende **Tarifvertrag**. Die Tarifbestimmungen stellen geltendes Recht dar. Sie sind **unabdingbar**, d.h., den Tarifbestimmungen widersprechende Abmachungen sind nichtig.
- gesetzliche Bestimmungen zum Arbeitsschutz, z.B. Bundesurlaubsgesetz, Kündigungsschutzgesetz, Arbeitszeitgesetz (vgl. S. 54ff).

Grundlagen des Arbeitsverhältnisses nach der Rangordnung der Rechtsquellen:

Zwingende Bestimmung der Arbeitszeitgesetzgebung	festgelegt durch den Gesetzgeber (z. B. Jugendarbeitsschutzgesetz, BGB, HGB, Arbeitszeitgesetz)
Zwingende Bestimmung des Tarifvertrages	zwischen den Tarifvertragsparteien (Gewerkschaft und Arbeitgeberverband)
Zwingende Bestimmung der Betriebsvereinbarung	zwischen dem Betriebsrat eines Unternehmens und dem einzelnen Arbeitgeber
Bestimmung des Arbeitsvertrages	zwischen einzelnem Arbeitnehmer und einzelnem Arbeitgeber

Den Einzelarbeitsvertrag auswerten

Der Arbeitsvertrag ist eine Form des **Dienstvertrages**. Aus ihm ergeben sich für den Arbeitnehmer Rechte und Pflichten:

Arbeitsvertrag

Rechte
- Vergütung
- Fürsorge
- Urlaub
- Zeugnis
- Kündigungsfrist

Pflichten
- Dienstleistung
- Weisungen Folge leisten
- Schweigepflicht
- Handelsverbot
- Wettbewerbsverbot

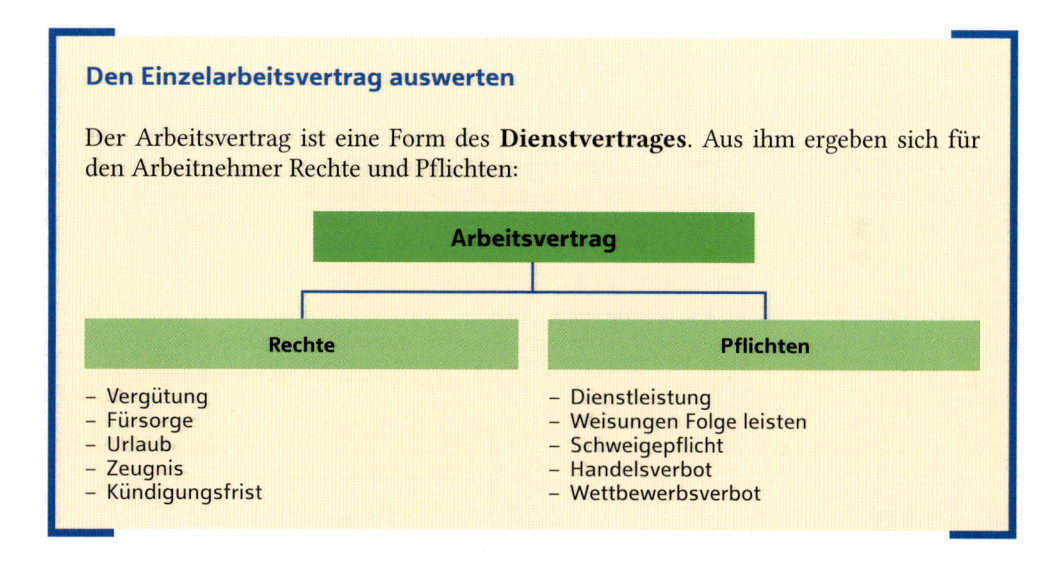

1. Erläutern Sie, durch welche Regelungen die Vertragsfreiheit beim Abschluss eines Arbeitsvertrages eingeschränkt wird.

2. Ein Angestellter der Primus GmbH jobbt während des Urlaubs als Animateur in einem Ferienclub. Als Frau Primus davon erfährt, verbietet sie ihm den Ferienjob. Der Angestellte ist der Meinung, was er in seinem Urlaub mache, gehe niemanden etwas an. Beurteilen Sie den Fall.

3. Ein Angestellter der Primus GmbH wird im Urlaub krank. Durch Attest kann er sechs Tage Arbeitsunfähigkeit belegen. Überprüfen Sie, welche Auswirkungen dies auf seinen Urlaubsanspruch hat.

4. Schreiben Sie ein qualifiziertes Arbeitszeugnis über Ihren Banknachbarn. Tragen Sie das Ergebnis vor und begründen Sie mithilfe des HGB (www.gesetze-im-internet.de/hgb) die gewählten Formulierungen.

5. Diskutieren Sie das in Aufgabe 4 erstellte Zeugnis mit Ihrem Banknachbarn. Zeichnen Sie die Diskussion auf Video auf und werten Sie diese aus.

1.2.2 Gesetze und Verordnungen zum Schutz der Arbeitnehmer erkunden

Im Rahmen des innerbetrieblichen Unterrichts erläutert Herr Cremer die Aufgaben des Betriebsrates in der Primus GmbH. Er geht dabei insbesondere auf die Gesetze und Verordnungen zum Schutz der Arbeitnehmer ein, deren Einhaltung der Betriebsrat überwacht. Herr Cremer bittet die Auszubildenden, sich bis zum nächsten Treffen Informationen über die entsprechenden Gesetze und Verordnungen zu verschaffen.

ARBEITSAUFTRAG
◆ Führen Sie eine Internetrecherche durch und erstellen Sie eine digitale Regelübersicht der Gesetze und Verordnungen zum Schutz der Arbeitnehmer. Fassen Sie die Ergebnisse in einer Übersicht zusammen und präsentieren Sie diese softwaregestützt.

Nachfolgende Gesetze sind als **Kollektivarbeitsrecht** (kollektiv = gemeinschaftlich, alle Beteiligten betreffend) für die Sozialpartner (Arbeitgeber und Arbeitnehmer) verbindlich.

● Mutterschutzgesetz (MuSchG)

Das **Mutterschutzgesetz** (MuSchG) gilt für alle Frauen, die in einem Arbeitsverhältnis stehen. Es findet auch auf Auszubildende, Schülerinnen und Studentinnen Anwendung (**= sozialer Arbeitsschutz**).

- Bei der Gestaltung des Arbeitsplatzes muss der Arbeitgeber einer werdenden oder stillenden Mutter **besondere Sorgfalt** walten lassen.
- Die **Regelung des Arbeitsablaufes** ist so zu gestalten, wie es im Interesse von Leben und Gesundheit der Arbeitnehmerin erforderlich ist.

  Beispiele
  – Wird eine Schwangere mit Arbeiten beschäftigt, bei denen sie ständig stehen oder gehen muss, muss für sie eine Sitzgelegenheit zum kurzen Ausruhen bereitgestellt werden.
  – Wird eine Schwangere mit Arbeiten beschäftigt, bei denen sie ständig sitzen muss (z. B. im Sekretariat), ist ihr Gelegenheit zu kurzen Unterbrechungen der Arbeit zu geben.
  – Während der Pausen sollte es ihr in einem geeigneten Raum ermöglicht werden, sich auf einer Liege auszuruhen.

- **Sechs Wochen vor der Entbindung** darf eine werdende Mutter nicht beschäftigt werden, es sei denn, dass sie sich ausdrücklich mit einer Beschäftigung einverstanden erklärt. Diese Erklärung kann sie jederzeit widerrufen.

  Beispiel Eine schwangere Mitarbeiterin in der Abteilung Rechnungswesen möchte in der Schutzfrist sechs Wochen vor der Entbindung weiterbeschäftigt werden. Zuhause falle ihr die Decke auf den Kopf. Der Leiter des Rechnungswesens sagt zu.

- **Acht Wochen nach der Entbindung** dürfen Frauen nicht beschäftigt werden. Die Frist verlängert sich auf zwölf Wochen bei Früh- oder Mehrlingsgeburten.

Beispiel Unmittelbar nach der Geburt ihrer Tochter ruft die Mitarbeiterin Herrn Schubert an. Sie wolle bereits vier Wochen nach der Entbindung halbtags wieder arbeiten. Herr Schubert muss absagen, da bis acht Wochen nach der Entbindung ein Beschäftigungsverbot besteht.

- Während der Schutzfristen, also sechs Wochen vor und acht Wochen nach der Geburt, können Frauen **Mutterschaftsgeld** von der zuständigen gesetzlichen Krankenkasse erhalten.

- Während der Schwangerschaft, bis vier Monate nach der Entbindung und während der Elternzeit besteht für Frauen **Kündigungsschutz**.

● Gesetz zum Elterngeld und zur Elternzeit (BEEG)

- Das Elterngeld ersetzt das Einkommen, wenn Eltern nach der Geburt für ihr Kind da sein wollen und deshalb ihre berufliche Arbeit unterbrechen oder einschränken. Den Eltern stehen insgesamt **14 Monate Elterngeld** zu, wenn sich beide an der Betreuung des Kindes beteiligen und dadurch Einkommen entfällt. Sie können die Monate frei untereinander aufteilen. Ein Elternteil kann dabei mindestens zwei und darf höchstens zwölf Monate für sich in Anspruch nehmen.

- Das **ElterngeldPlus** dient der Vereinbarkeit von Beruf und Familie. Es ermöglicht den Eltern, schon während des Elterngeldbezugs in Teilzeit zu arbeiten. Die Bezugsdauer des Elterngeldes verlängert sich entsprechend. Mütter und Väter können so doppelt so lange Elterngeld (in maximal halber Höhe) in Anspruch nehmen. Aus einem Elterngeldmonat werden so zwei ElterngeldPlus-Monate.

- Die **Höhe des Elterngeldes** orientiert sich am letzten Nettoeinkommen, das der betreuende Elternteil vor der Geburt des Kindes hatte. Eltern mit höheren Einkommen erhalten 65 %, Eltern mit niedrigeren Einkommen bis zu 100 % ihres Voreinkommens. Das Elterngeld beträgt mindestens 300,00 € (150,00 € bei ElterngeldPlus) und höchstens 1 800,00 € (900,00 € bei ElterngeldPlus)

● Bundesurlaubsgesetz (BUrlG)

Nach dem Bundesurlaubsgesetz hat jeder Arbeitnehmer in jedem Kalenderjahr Anspruch auf einen **bezahlten Erholungsurlaub** von **mindestens 24 Werktagen**. Als Werktage gelten alle Kalendertage, die nicht Sonn- oder Feiertage sind. Der volle Urlaubsanspruch wird erstmalig nach sechsmonatigem Bestehen des Arbeitsverhältnisses erworben.

● Arbeitszeitgesetz (ArbZG)

Die Arbeitszeit der Arbeitnehmer ist durch das Arbeitszeitgesetz (ArbZG) geregelt (= sozialer Arbeitsschutz). Die regelmäßige werktägige Arbeitszeit darf die Dauer **von acht Stunden täglich** nicht überschreiten. Sie kann nur dann auf bis zu zehn Stunden verlängert werden, wenn innerhalb eines halben Kalenderjahres im Durchschnitt eine werktägliche Arbeitszeit von acht Stunden nicht überschritten wird.

Sonn- und Feiertagsarbeit ist dann möglich, wenn ein Betrieb sonst seine internationale Konkurrenzfähigkeit verliert. Sie wird aber nur dann vom Amt für Gewerbeschutz genehmigt, wenn der Betrieb von montags bis samstags bereits rund um die Uhr arbeitet und ausländische Konkurrenten ebenfalls sonntags arbeiten. Jeder Arbeitnehmer muss aber an mindestens 15 Sonntagen arbeitsfrei haben. Auch an Sonn- und Feiertagen darf die maximale tägliche Arbeitszeit zehn Stunden nicht überschreiten.

● **Gesundheits- und Unfallschutz**

Rechtsgrundlage für den **Gesundheits- und Unfallschutz am Arbeitsplatz (technischer Arbeitsschutz)** ist die **Gewerbeordnung (GewO)**. Nach §120a Gewerbeordnung (GewO) sind Arbeitsräume, Betriebsvorrichtungen, Maschinen und Gerätschaften so einzurichten, dass die Arbeitnehmer gegen Gefahren für Leben und Gesundheit geschützt sind.

Weitere Bereiche des Unfallschutzes sind durch Sondervorschriften geregelt. Hierzu zählen z.B. das **Produktsicherheitsgesetz** (ProdSG, Vorschriften für Hersteller und Importeure, nur unfallgeschützte technische Arbeitsmittel auf den Markt zu bringen), das **Arbeitssicherheitsgesetz** (ASiG, Erhöhung der Sicherheit am Arbeitsplatz und Sicherstellung der medizinischen Betreuung im Betrieb) und die **Arbeitsstättenverordnung** (ArbStättV, Festlegung allgemeiner Anforderungen an Betriebsräume und bezüglich Belüftung, Temperatur, Beleuchtung, Lärm usw.). Jeder Arbeitnehmer ist verpflichtet, die Unfallverhütungsvorschriften und Sicherheitsanweisungen zu befolgen.

○ **Gesetzliche Unfallversicherung**

Der Arbeitgeber ist verpflichtet, jeden Arbeitnehmer gegen die Folgen eines Arbeitsunfalls in der **gesetzlichen Unfallversicherung** zu versichern.

Aufgabe	– Übernahme von Risiken, die aufgrund von Arbeitsunfällen, Wegeunfällen oder Berufskrankheiten entstehen, hierbei muss die Unfallanzeige per vorgeschriebenem Meldeformular binnen drei Tagen, nachdem das Unternehmen vom Unfall Kenntnis erlangt hat, erfolgen. – Erlass und Überwachung von Unfallverhütungsvorschriften – bei Unfall Unfallanzeige per vorgeschriebenem Meldeformular binnen drei Tagen, nachdem das Unternehmen vom Unfall Kenntnis erlangt hat
Träger	– Berufsgenossenschaften
Versicherungspflichtig	– alle Beschäftigten
Leistungen	– Heilbehandlung nach einem Unfall – Maßnahmen der Rehabilitation – Übergangsgeld während der Rehabilitation – Verletztenrente und Hinterbliebenenrente – Berufsberatung und Arbeitsvermittlung
Beitrag	– Die Beitragshöhe ist abhängig von der Gefahrenklasse. – Der Arbeitgeber zahlt allein.

Für die Überwachung der Einhaltung der Betriebssicherheit sind **das Gewerbeaufsichtsamt (Amt für Gewerbeschutz, Staatliches Umweltamt)** und die Träger der Unfallversicherung **(Berufsgenossenschaften)** zuständig. Unternehmen mit mehr als 20 Beschäftigten müssen einen **Sicherheitsbeauftragten** benennen. Er ist für die Einhaltung und Überwachung der Sicherheitsmaßnahmen zuständig.

Beispiel Die Primus GmbH hat Jörg Nolte, Gruppenleiter Werkstoffe, zum Sicherheitsbeauftragten ernannt. Er führt ständig Kontrollgänge zur Überwachung der Sicherheitsmaßnahmen durch.

Die Berufsgenossenschaften geben für alle Branchen **Leitfäden für die Unternehmen und deren Mitarbeiter** heraus, in denen das richtige Verhalten am Arbeitsplätzen zur Vermeidung von Arbeitsunfällen beschreiben wird. Unfälle sollen durch **sicherheitstechnische und sicherheitsorganisatorische Maßnahmen** und die Verwendung von **Sicherheitszeichen** verhütet werden.

Beispiele
- **Sicherheitstechnische Maßnahmen**: Verwendung von Leitern, technischen Geräten mit dem GS- oder CE-Zeichen (= geprüfte Sicherheit)
- **Sicherheitsorganisatorische Maßnahmen**: Verwendung von Sicherheitsschuhen beim Umgang mit schweren Lasten
- Bei der Primus GmbH verwendete **Sicherheitskennzeichnung** im Lager:

Sicherheitszeichen am Arbeitsplatz			
Verbotszeichen	Gebotszeichen	Warnzeichen	Rettungszeichen
Feuer, offenes Licht und Rauchen verboten	Kopfschutz benutzen	Warnung vor gefährlicher elektrischer Spannung	Richtungsangaben zur Ersten Hilfe

● **Kündigungsschutzgesetz (KSchG)**

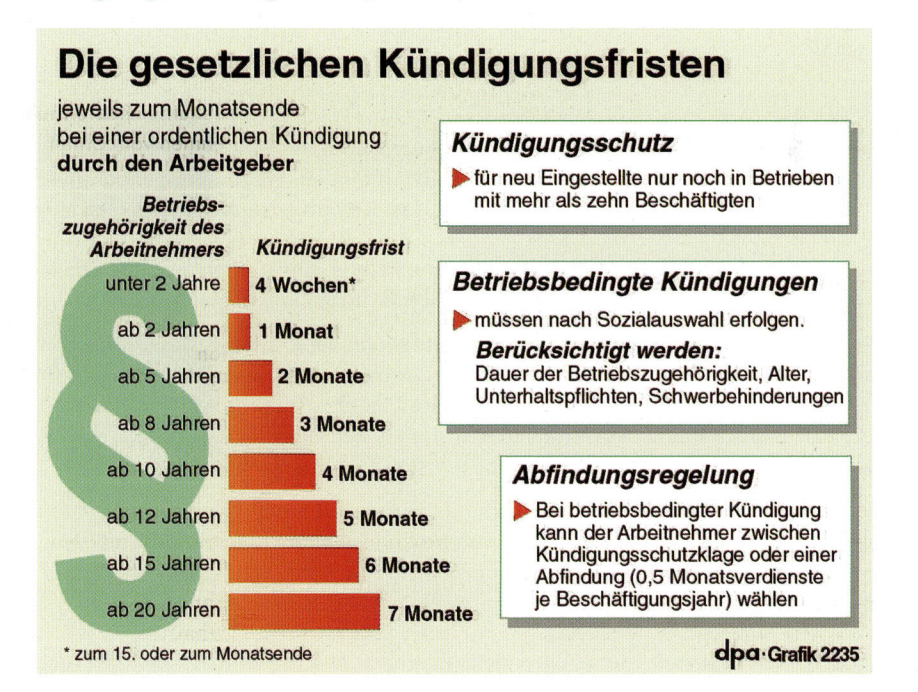

Die gesetzlichen Kündigungsfristen

jeweils zum Monatsende
bei einer ordentlichen Kündigung
durch den Arbeitgeber

Betriebszugehörigkeit des Arbeitnehmers	Kündigungsfrist
unter 2 Jahre	4 Wochen*
ab 2 Jahren	1 Monat
ab 5 Jahren	2 Monate
ab 8 Jahren	3 Monate
ab 10 Jahren	4 Monate
ab 12 Jahren	5 Monate
ab 15 Jahren	6 Monate
ab 20 Jahren	7 Monate

*zum 15. oder zum Monatsende

Kündigungsschutz
▶ für neu Eingestellte nur noch in Betrieben mit mehr als zehn Beschäftigten

Betriebsbedingte Kündigungen
▶ müssen nach Sozialauswahl erfolgen.
Berücksichtigt werden:
Dauer der Betriebszugehörigkeit, Alter, Unterhaltspflichten, Schwerbehinderungen

Abfindungsregelung
▶ Bei betriebsbedingter Kündigung kann der Arbeitnehmer zwischen Kündigungsschutzklage oder einer Abfindung (0,5 Monatsverdienste je Beschäftigungsjahr) wählen

dpa·Grafik 2235

Gesetze und Verordnungen zum Schutz der Arbeitnehmer erkunden

- **Mutterschutzgesetz** (sozialer Arbeitsschutz)
  - Es gilt für Frauen, die in einem Arbeits- und Ausbildungsverhältnis stehen. Schwangere Frauen dürfen sechs Wochen vor und acht Wochen nach der Entbindung nicht beschäftigt werden.
  - Während der Schutzfristen erhalten Frauen Mutterschaftsgeld.
  - Nach der Geburt wird Müttern oder Vätern unter bestimmten Bedingungen Erziehungsgeld gewährt.

- **Gesetz zum Elterngeld und zur Elternzeit (BEEG)** (sozialer Arbeitsschutz)
  - Nach der Geburt wird Müttern und Vätern, die ihre berufliche Arbeit einschränken
  - oder unterbrechen, unter bestimmten Bedingungen Elterngeld gewährt.

- **Arbeitszeitgesetz** (sozialer Arbeitsschutz)
  - Es regelt die Dauer und Lage der Arbeitszeit.
  - Die regelmäßige und werktägliche Arbeitszeit darf acht Stunden nicht überschreiten.

- **Gesundheits- und Unfallschutz** (technischer Arbeitsschutz)
  - Gewerbeordnungen und Vorschriften der Berufsgenossenschaften regeln den Gesundheits- und Unfallschutz im Unternehmen.
  - Arbeitgeber sind verpflichtet, Arbeitsräume und Maschinen so einzurichten, dass für Arbeitnehmer möglichst keine Gefährdung für Leben und Gesundheit besteht.
  - der Arbeitgeber muss jeden Arbeitnehmer gegen die Folgen von Arbeitsunfällen versichern **(gesetzliche Unfallversicherung)**

- **Kündigungsschutzgesetz (KSchG)**
  Im Falle der Kündigung muss in Unternehmen mit mehr als 10 Beschäftigten für neu eingestellte Arbeitnehmer das Kündigungsschutzgesetz (KSchG) beachtet werden.

1. Beurteilen Sie die folgenden Fälle vor dem Hintergrund des Mutterschutzgesetzes.
   a) Die Lagerfachkraft Monika soll am 1. März entbinden. Wegen dringender Inventurarbeiten bittet ihre Chefin sie, am 1. Februar im Betrieb auszuhelfen. Monika ist einverstanden.
   b) Pünktlich am 1. März bekommt Monika eine Tochter. Am 15. April ruft ihre Chefin sie an und bittet sie, in der nächsten Woche im Betrieb auszuhelfen. Monika ist einverstanden.

2. Teilen Sie die Klasse in zwei Gruppen, die Prüfer und die Prüflinge. Die Gruppe der Prüfer legt Kriterien für eine Prüfung zum Thema „Arbeitsschutzgesetze" fest und formuliert Fragen. Die Prüflinge bereiten sich vor. Führen Sie die Prüfung durch und bewerten Sie Ihre Mitschüler anhand der formulierten Kriterien. Zeichnen sie die Prüfung auf Video auf und werten Sie diese aus.

3. Recherchieren Sie die für Ihren Ausbildungsbetrieb geltenden Arbeitsschutzmaßnahmen und stellen Sie diese in einem Referat vor. Nutzen Sie eine Präsentationssoftware.

4. Erstellen Sie eine digitale Regelungsübersicht aller in Ihrem Ausbildungsbetrieb geltenden Arbeitsschutzmaßnahmen.

5. Recherchieren Sie zum Thema Elterngeld/Elternzeit und präsentieren Sie die Ergebnisse.

1.2.3 Entscheidungsbefugnisse im Betrieb kennenlernen

Lukas Breuer ist Auszubildender der Kröger und Bach KG. Thomas Maraun, Gruppenleiter Personal, teilt ihm in einem Personalentwicklungsgespräch mit, dass Bewerber für das Middle-Management im Unternehmen nur noch eine Chance haben, wenn sie zwei Fremdsprachen beherrschen. Lukas denkt nach. Eigentlich müsste er sein Französisch durch einen Sprachkurs auffrischen. Trotzdem ist er unsicher, ob eine Position im mittleren Management für einen Kaufmann für Groß- und Außenhandelsmanagement überhaupt infrage kommt.

ARBEITAUFTRÄGE
- Stellen Sie anhand des Organigramms (vgl. S. 19) der Kröger und Bach KG fest, welche Mitarbeiter den unterschiedlichen Führungsebenen zuzuordnen sind.
- Diskutieren Sie, über welche Kompetenzen (vgl. S. 22f) Mitarbeiter in den entsprechenden Führungsebenen verfügen müssen.

Führungsebenen

- **Oberste Führungsebene (Top-Management):** Träger unternehmerischer Entscheidungen sind die Eigentümer oder von diesen angestellte Manager. Sie stellen die oberste Führungsebene (Top-Management) dar. Das Top-Management trifft Grundsatzentscheidungen, ist selbst an keine Weisungen gebunden und kann allen Mitarbeitern Anweisungen erteilen.

    Beispiele Komplementär der Kröger & Bach KG, Geschäftsführer der Primus GmbH, Vorstand einer AG

- **Mittlere Führungsebene (Middle-Management):** Sie ist der Unternehmensspitze direkt unterstellt. Sie nimmt Weisungen des obersten Managements entgegen und ist in ihrem jeweiligen Tätigkeitsbereich weisungsbefugt. Das Middle-Management setzt getroffene Grundsatzentscheidungen in seinem jeweiligen Zuständigkeitsbereich durch.

    Beispiele Abteilungsleiter der Kröger & Bach KG, Prokurist

- **Untere Führungsebene (Lower-Management):** Ihr sind keine Stellen mit Anordnungsbefugnis unterstellt. Sie ist für die Durchführung der von Top- und Middle-Management getroffenen Entscheidungen verantwortlich.

    Beispiele Gruppenleiter der Kröger & Bach KG, Handlungsbevollmächtigter

- **Ausführungsebene:** Sie umfasst Stellen, die keine Anordnungsbefugnis besitzen. Sie führt Arbeiten nach Anweisung durch.

    Beispiele Sachbearbeiter der Kröger & Bach KG, gewerbliche Mitarbeiter

● Der Unternehmer

Der Unternehmer ist der **Leiter des Unternehmens**. Bei Einzelunternehmen und Personengesellschaften bringt er das Kapital auf und trägt das Risiko. Der Unternehmer führt die Geschäfte **(Geschäftsführung)** und vertritt das Unternehmen nach außen **(Vertretung)**.

Beispiel Herbert Blank ist alleiniger Inhaber des Bürofachgeschäftes Herbert Blank e.K. Er ist für die Planung, Durchführung und Kontrolle der getroffenen Maßnahmen allein verantwortlich und er vertritt das Unternehmen gegenüber Lieferanten, Kunden und Behörden.

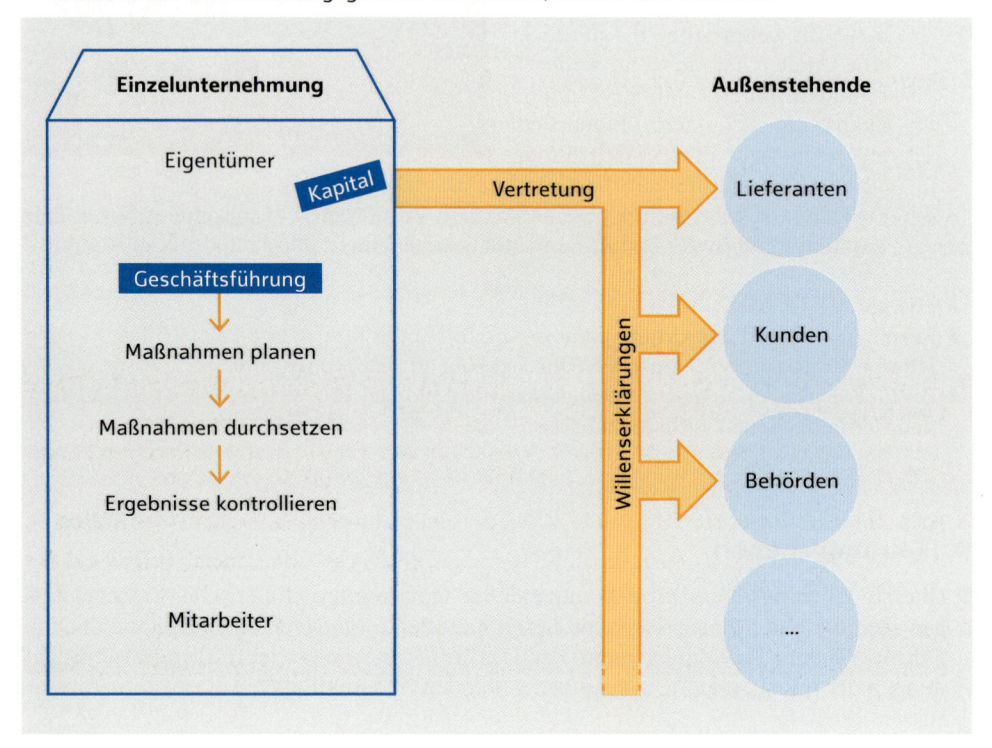

Bei **Kapitalgesellschaften** nehmen Angestellte als sog. **Organe** die Aufgaben des Unternehmers wahr (Geschäftsführung und Vertretung). Kapital und Risiko werden hier von den Gesellschaftern getragen.

Beispiel Die Latex AG ist einer der großen Lieferer der Primus GmbH. Vorstandsmitglieder der AG sind Dr. Gruber, Karl Schmidt und Franke Böse. Sie werden vom Aufsichtsrat kontrolliert und von der Hauptversammlung entlastet.

● Handlungsvollmacht

§ 54 HGB
(1) Ist jemand [...] zum Betrieb eines Handelsgewerbes oder zur Vornahme einer bestimmten zu einem Handelsgewerbe gehörigen Art von Geschäften oder zur Vornahme einzelner zu einem Handelsgewerbe gehöriger Geschäfte ermächtigt, so erstreckt sich die Vollmacht (Handlungsvollmacht) auf alle Geschäfte und Rechtshandlungen, die der Betrieb eines derartigen Handelsgewerbes oder die Vornahme derartiger Geschäfte gewöhnlich mit sich bringt.

○ Umfang der Handlungsvollmacht

Die Handlungsvollmacht erstreckt sich nach § 54 Abs. 1 HGB lediglich auf **gewöhnliche Rechtsgeschäfte des Betriebes**.

Der Handlungsbevollmächtigte ist **nicht befugt**:

- Grundstücke zu veräußern oder zu belasten
- Grundstücke zu kaufen
- Darlehen aufzunehmen
- Prozesse im Namen des Unternehmens zu führen

○ Erteilung der Handlungsvollmacht

Handlungsvollmacht kann **formlos**, d.h. schriftlich, mündlich oder stillschweigend, erteilt werden. Sie wird nicht in das Handelsregister eingetragen.

○ Arten der Handlungsvollmacht

- **Allgemeine Handlungsvollmacht**: Sie berechtigt zur Ausführung aller gewöhnlichen Geschäfte, die im Geschäftszweig des Handelsgewerbes vorkommen.

    Beispiel Frau Berg, Abteilungsleiterin der Verwaltung, weist ihre Gruppenleiterinnen und Gruppenleiter an, ihr einen Tätigkeitsbericht für das vergangene Quartal vorzulegen.

- **Artvollmacht**: Sie berechtigt zur Ausführung einer bestimmten Art von Geschäften.

    Beispiel Frau Zolling, Gruppenleiterin für die Beschaffung von Büromaterial, bestellt bei der Papierwerke Iserlohn GmbH regelmäßig Kopierpapier.

- **Einzelvollmacht**: Sie berechtigt zur Ausführung einzelner Rechtsgeschäfte.

    Beispiel Herr Schumacher, Auslieferungsfahrer der Primus GmbH, legt bei Kunden eine Rechnung vor und kassiert den Betrag.

Jeder Bevollmächtigte kann innerhalb seiner Vollmacht **Untervollmachten** erteilen. So kann z.B. der Angestellte mit allgemeiner Handlungsvollmacht Artvollmacht und der Mitarbeiter mit Artvollmacht Einzelvollmacht erteilen.

○ Unterschrift

Der Handlungsbevollmächtigte unterschreibt mit dem das Vollmachtsverhältnis ausdrückenden Zusatz **i. A.** (im Auftrag) oder **i. V.** (in Vertretung).

● Prokura

§ 49 HGB
(1) Die Prokura ermächtigt zu allen Arten von gerichtlichen und außergerichtlichen Geschäften und Rechtshandlungen, die der Betrieb eines Handelsgewerbes mit sich bringt.

○ Umfang der Prokura

Die Prokura ist die weitreichendste handelsrechtliche Vollmacht. Sie ermächtigt den Prokuristen als „zweites Ich" des Kaufmanns **zu allen gerichtlichen und außergerichtlichen Rechtsgeschäften**, die der Betrieb irgendeines Handelsgewerbes mit sich bringt.

Beispiel Prokurist Pauli nutzt den Urlaub seines Chefs und wandelt die seit 150 Jahren bestehende Druckerei in einen Copyshop um. Als der Chef aus dem Urlaub zurückkommt, traut er seinen Augen nicht. Trotzdem sind alle in diesem Zusammenhang geschlossenen Verträge für das Unternehmen bindend.

Besondere Vollmachten benötigt der Prokurist lediglich zum Verkauf und zur Belastung von Grundstücken.

- Gesetzlich **verboten** ist ihm
  - die Bilanz und die Steuererklärung zu unterschreiben,
  - Handelsregister-Eintragungen vornehmen zu lassen,
  - Gesellschafter aufzunehmen,
  - Prokura zu erteilen,
  - das Geschäft zu verkaufen,
  - das Insolvenzverfahren zu beantragen.
- Eine darüber hinausgehende Beschränkung der Prokura ist Dritten gegenüber **unwirksam**.

○ Erteilung der Prokura

Nur der **Kaufmann** kann Prokura erteilen. Diese Erklärung sollte schriftlich abgefasst werden, da die Prokura in das Handelsregister eingetragen und die Unterschrift dort hinterlegt wird.

Im **Innenverhältnis** beginnt die Prokura mit der Erteilung. Im **Außenverhältnis** beginnt die Prokura, wenn ein Dritter Kenntnis davon hat oder wenn sie in das Handelsregister eingetragen und bekannt gemacht ist.

○ Arten der Prokura

Arten der Prokura sind
- **Einzelprokura**: Hier darf der Prokurist alle genannten Rechtsgeschäfte allein abschließen.
- **Filialprokura**: Hier ist die Vollmacht auf eine Filiale beschränkt.
- **Gesamtprokura**: Hier dürfen nur zwei oder mehrere Prokuristen die Vollmacht gemeinsam ausüben.

Amtsgericht Duisburg						HRB 467-0301	
Nr. der Eintragung	a) Firma b) Ort der Niederlassung (Sitz der Gesellschaft) c) Gegenstand des Unternehmens (bei juristischen Personen)	Grund- oder Stammkapital in €	Vorstand Persönlich haftende Gesellschafter Geschäftsführer Abwickler	Prokura	Rechtsverhältnisse	a) Tag der Eintragung und Unterschrift b) Bemerkungen	
1	2	3	4	5	6	7	
1	a) Primus GmbH b) 47057 Duisburg c) Anschaffung und Weiterveräußerung von Bürobedarf	600000,00	Dipl.-Kffr. Sonja Primus Dipl.-Betriebsw. Markus Müller	Konski, Helga, Duisburg, Berg, Sabine, Duisburg, haben Gesamtprokura	Gesellschaft mit beschränkter Haftung. Der Gesellschaftsvertrag ist am 1. Januar .. festgestellt. Die Gesellschaft hat zwei Geschäftsführer. Sie wird durch einen Geschäftsführer in Alleinvertretungsbefugnis vertreten	a) 1. Januar	

Die rechtlichen und sozialen Rahmenbedingungen im System der Berufsausbildung

○ Unterschrift

Damit man im geschäftlichen Verkehr die Prokura erkennt, unterschreibt der Prokurist mit einem die Prokura andeutenden Zusatz. Hier hat sich die Abkürzung **ppa.**, d. h. „per procura", durchgesetzt.

Entscheidungsbefugnisse im Betrieb kennenlernen

Führungsebenen

Top-Management	Middle-Management	Lower-Management
z. B. Geschäftsführerin	z. B. Abteilungsleiterin	z. B. Gruppenleiterin

● **Handlungsvollmacht**

Umfang	– ermächtigt zu Rechtsgeschäften, die der Betrieb eines Handelsgewerbes gewöhnlich mit sich bringt
Erteilung	– schriftlich, mündlich, stillschweigend
Arten	– Allgemeine Handlungsvollmacht: alle möglichen Geschäfte des Betriebes – Artvollmacht: eine bestimmte Art von Rechtsgeschäften – Einzelvollmacht: Ausführung einzelner Rechtsgeschäfte
Unterschrift	– in Vertretung (i. V.) oder – im Auftrag (i. A.)

● **Prokura**

Umfang	– ermächtigt zu allen Rechtsgeschäften, die der Betrieb irgendeines Handelsgewerbes mit sich bringt
Erteilung	– ausdrücklich schriftlich oder mündlich nur durch Kaufmann – Eintragung in das Handelsregister
Arten	– Einzelprokura: Der Prokurist ist allein vertretungsbefugt. – Gesamtprokura: Mehrere Prokuristen können nur gemeinsam handeln. – Filialprokura: Vertretung für eine Filiale
Unterschrift	– per procura (ppa.)

---

1. Fritz und Walter erben jeweils 750 000,00 €. Fritz gründet eine Papiergroßhandlung, Walter legt das Kapital in Bundesschatzbriefen zu einer effektiven Verzinsung von 7,5 % an. Nach einigen Jahren treffen sie sich wieder und stellen fest, dass Fritz einen durchschnittlichen Jahresgewinn von 100 000,00 € erwirtschaftet hat. Walter hingegen erhält jährlich 56 250,00 € Zinsen. Walter findet es ungerecht, dass sein Bruder fast die doppelte Rendite erzielt, und schimpft auf die Unternehmer. Führen Sie das Streitgespräch in einem Rollenspiel durch. Zeichnen Sie das Gespräch auf und werten Sie es aus.

2. Als Nicole Höver am Morgen in die Abteilung kommt, hat Frau Ost einen Auftrag für sie. Das Fax-Papier ist ausgegangen und auch Frau Zolling von der Beschaffung hat keines mehr am Lager. Nicole soll jetzt schnell von einem nahen Bürofachgeschäft drei Rollen holen. Sie ist sauer und meint, sie sei doch kein Laufbursche. *„Aber dafür sind Sie jetzt Handlungsbevollmächtigte der Primus GmbH"*, sagt Frau Ost unter dem Gelächter der Kollegen. Nicole ist unsicher. Will man sich über sie lustig machen, oder hat sie wirklich eine Vollmacht?

3. Der Unternehmer Schröder ernennt seinen langjährigen Mitarbeiter Wolf zum Prokuristen und lässt die Prokura im Handelsregister eintragen. Während sich Schröder im wohlverdienten Urlaub befindet, wird Wolf ein Grundstück angeboten, das sich hervorragend zur dringend notwendigen Erweiterung des Betriebsgeländes eignet. Wolf erwirbt das Grundstück für die Firma Karl Schröder. Erläutern Sie, ob der Kaufvertrag über das Grundstück rechtswirksam zustande gekommen ist.

1.3 Sich mit Mitwirkung und Mitbestimmung auseinandersetzen

1.3.1 Mitwirkung und Mitbestimmung des Betriebsrates und der Jugend- und Auszubildendenvertretung (JAV) nachvollziehen

Nicole Höver ist müde. Als die Abteilungsleiterin sie in das Lager schickt, kommt sie am Aufenthaltsraum vorbei. Sie setzt sich in eine stille Ecke und träumt vor sich hin. Da schreckt sie auf. Aus dem Lautsprecher ertönt die Stimme ihrer Chefin: *„Frau Höver, gehen Sie sofort zurück in die Abteilung!"* Im Hinausgehen entdeckt sie eine Überwachungskamera an der Decke. Nicole ist empört! Als sie überlegt, wie sie ihrem Ärger Luft machen kann, fällt ihr der neu gewählte Betriebsrat ein.

ARBEITSAUFTRÄGE
◆ Stellen Sie fest, ob der Betriebsrat auf den Einbau technischer Einrichtungen wie einer Überwachungskamera Einfluss nehmen kann und ob er Möglichkeiten hat, dieses zu verhindern.
◆ Der Betriebsrat genießt während seiner Amtszeit einen besonderen Kündigungsschutz. Diskutieren Sie die Notwendigkeit dieser Regelung.

● **Betriebsrat**

§ **§ 1 BetrVG – Errichtung von Betriebsräten**
(1) In Betrieben mit in der Regel mindestens fünf ständigen wahlberechtigten Arbeitnehmern, von denen drei wählbar sind, werden Betriebsräte gewählt.

Wahlberechtigt sind alle Arbeitnehmer, die das 18. Lebensjahr vollendet haben (aktives Wahlrecht). **Wählbar** sind alle Wahlberechtigten, die mindestens sechs Monate dem

Betrieb angehören (passives Wahlrecht). Die **Zahl der Betriebsratsmitglieder** ist im Betriebsverfassungsgesetz geregelt.

Auch die **Zusammensetzung des Betriebsrates** regelt das Gesetz. So müssen gewerbliche Mitarbeiter und Angestellte entsprechend ihrem zahlenmäßigen Verhältnis im Betrieb im Betriebsrat vertreten sein. Männer und Frauen sollen entsprechend ihrem zahlenmäßigen Verhältnis vertreten sein.

Beispiel In einem Warenhaus mit 80 % weiblichen Beschäftigten sollte auch der Betriebsrat zu 80 % aus Frauen bestehen.

Die **Amtszeit** des Betriebsrates beträgt vier Jahre. Die regelmäßigen **Betriebsratswahlen** finden in der Zeit vom 1. März bis 31. Mai statt. Acht Wochen vor Ablauf seiner Amtszeit bestellt der Betriebsrat einen Wahlvorstand, der die Wahlen vorbereitet und durchführt.

Der Betriebsrat wird in geheimer und unmittelbarer Wahl gewählt. Die Betriebsratsmitglieder wählen aus ihren Reihen einen Vorsitzenden. Sie sind für die Wahrnehmung ihrer Aufgaben von ihrer beruflichen Tätigkeit freizustellen.

Der Betriebsrat hat folgende **allgemeine Aufgaben**:
- Interessenvertretung der Arbeitnehmer im Betrieb,
- Überwachung der Einhaltung von Gesetzen (z. B. Kündigungsschutzgesetz), Verordnungen (z. B. Arbeitszeitgesetz), Unfallverhütungsvorschriften und Tarifverträgen,
- besondere Förderung von Jugendlichen, älteren und ausländischen Arbeitnehmern und sonstiger besonders schutzbedürftiger Personen.

Darüber hinaus hat der Betriebsrat konkrete Mitwirkungs- und Mitbestimmungsrechte.

Mitwirkung bedeutet, dass der Betriebsrat **informiert** und **angehört** werden muss. Die Rechtsgültigkeit einer Entscheidung hängt hier nicht von der Zustimmung, wohl aber von der vorherigen Unterrichtung des Betriebsrates ab. Das Mitwirkungsrecht des Betriebsrates erstreckt sich u. a. auf folgende Themen:
- alle betrieblichen Angelegenheiten, die die Arbeitnehmer betreffen **(Beratungsrecht)**,
- geplante Betriebsänderungen, z. B. die Einschränkung oder Stilllegung von Betrieben,
- **Anhörungsrechte** und ggf. **eingeschränktes Widerspruchsrecht** bei arbeitgeberseitigen Kündigungen, **Informationsrecht** bei Personalplanung, Einstellung leitender Angestellte

Mitbestimmung bedeutet, dass betriebliche Maßnahmen erst nach Zustimmung des Betriebsrates wirksam werden. Der Betriebsrat hat v. a. in folgenden Angelegenheiten mitzubestimmen:
- Fragen der betrieblichen Ordnung und Ausschreibung von Arbeitsplätzen
- Beginn und Ende der täglichen Arbeitszeit
- Regelung von Mehrarbeit (Überstunden) und Aufstellung und Gestaltung eines Sozialplans

§ 87 BetrVG – Mitbestimmungsrechte
(1) Der Betriebsrat hat, soweit eine gesetzliche oder tarifliche Regelung nicht besteht, in folgenden Angelegenheiten mitzubestimmen: [...] Einführung und Anwendung von technischen Einrichtungen, die dazu bestimmt sind, das Verhalten oder die Leistung der Arbeitnehmer zu überwachen [...]

Beispiel Nicole Höver wendet sich wegen der Überwachungskamera an den Betriebsratsvorsitzenden. Herr Cremer ist genauso empört wie Nicole, denn der Betriebsrat ist über den Einbau der Anlage weder informiert noch um Genehmigung gebeten worden. In einem Gespräch mit der Geschäftsleitung weist er darauf hin, dass es sich bei dem Einbau einer Überwachungsanlage um eine mitbestimmungspflichtige Tatsache gem. § 87 Abs. 1 BetrVG handelt. Die Geschäftsführer Primus und Müller sagen daraufhin zu, dass die Anlage bis zur endgültigen Klärung abgeschaltet wird.

- personelle Einzelmaßnahmen wie Einstellungen, Ein- oder Umgruppierungen und Versetzungen

- Der Betriebsrat ist vor jeder **Kündigung** zu hören. Der Arbeitgeber muss ihm die Gründe für die Kündigung mitteilen. Wird er vor einer Kündigung nicht gehört, ist diese unwirksam.

Einmal in jedem Kalendervierteljahr muss der Betriebsrat eine **Betriebsversammlung** einberufen. Sie besteht aus den Arbeitnehmern des Betriebes. Der Arbeitgeber ist zu den Betriebsversammlungen einzuladen und berechtigt, dort zu sprechen.

Der Betriebsrat genießt einen **besonderen Kündigungsschutz**. Während der Amtszeit und ein Jahr danach ist eine Kündigung unzulässig. Hiervon ausgenommen ist lediglich die außerordentliche Kündigung.

Um etwaige Meinungsverschiedenheiten zwischen Betriebsrat und Unternehmensleitung zu schlichten, kann eine **Einigungsstelle** eingerichtet werden. Sie besteht aus der gleichen Anzahl von Vertretern des Betriebsrates und der Arbeitgeberseite. Beide Seiten einigen sich auf einen unparteiischen Vorsitzenden. Entscheidungen der Einigungsstelle werden mit Stimmenmehrheit getroffen, sie sind in Mitbestimmungsfragen lt. BetrVG verbindlich.

● Jugend- und Auszubildendenvertretung (JAV)

In Betrieben mit mindestens fünf Arbeitnehmern bis zu 18 Jahren oder Auszubildenden bis zu 25 Jahren kann gem. § 60 Abs. 1 BetrVG eine **Jugend- und Auszubildendenvertretung** (JAV) gewählt werden. **Wahlberechtigt** sind alle jugendlichen Arbeitnehmer (also von 14 bis 18 Jahren) und alle Auszubildenden bis zur Vollendung des 25. Lebensjahres. **Wählbar** sind alle Arbeitnehmer, die das 25. Lebensjahr noch nicht vollendet haben. Wird ein Jugend- und Auszubildendenvertreter während seiner Amtszeit 26 Jahre, bleibt er bis zum Ende der Wahlperiode im Amt.

Auch die **Zahl** der Jugend- und Auszubildendenvertreter ist von der Zahl der Jugendlichen bzw. Auszubildenden unter 25 Jahren im Betrieb abhängig.

Die **Amtszeit** des Jugend- und Auszubildendenvertreters beträgt zwei Jahre.

Aufgabe der Jugend- und Auszubildendenvertretung ist es, Maßnahmen, die den Jugendlichen und Auszubildenden dienen, beim Betriebsrat zu beantragen und auf deren Erledigung hinzuwirken.

§ 70 BetrVG – Allgemeine Aufgaben
(1) Die Jugend- und Auszubildendenvertretung hat folgende allgemeine Aufgaben:
1. Maßnahmen, die den in § 60 Abs. 1 genannten Arbeitnehmern dienen, insbesondere in Fragen der Berufsbildung [...], beim Betriebsrat zu beantragen [...]
2. darüber zu wachen, dass die zugunsten der in § 60 Abs. 1 genannten Arbeitnehmer geltenden Gesetze, Verordnungen, Unfallverhütungsvorschriften, Tarifverträge und Betriebsvereinbarungen durchgeführt werden;

3. Anregungen von in § 60 Abs. 1 genannten Arbeitnehmern, insbesondere in Fragen der Berufsbildung, entgegenzunehmen und, falls sie berechtigt erscheinen, beim Betriebsrat auf eine Erledigung hinzuwirken. [...]

Die Jugend- und Auszubildendenvertretung kann zu allen Betriebsratssitzungen Vertreter entsenden. Sie haben im Betriebsrat **Stimmrecht**, wenn die Beschlüsse überwiegend die Belange der Jugendlichen und Auszubildenden betreffen.

Während seiner Amtszeit und ein Jahr danach ist die **Kündigung** des Jugend- und Auszubildendenvertreters unzulässig. Ist er Auszubildender, muss er auf Antrag nach bestandener Prüfung übernommen werden.

● **Betriebsvereinbarung**

Betriebsvereinbarungen werden **zwischen Betriebsrat und Arbeitgeber** eines bestimmten Betriebes geschlossen. Sie müssen schriftlich niedergelegt werden und sind an geeigneter Stelle im Betrieb auszulegen. Betriebsvereinbarungen dürfen den Bestimmungen des Tarifvertrages nicht widersprechen, sondern sollten diesen an die besonderen Belange des Betriebes anpassen.

Beispiele
- die Planung von Sozialeinrichtungen, z. B. Kantinen, Betriebskindergärten,
- Pausenregelungen,
- Regelungen über das Verhalten der Arbeitnehmer im Betrieb, wie z. B. Rauchverbot,
- die Betriebsordnung.

Die Mitwirkung und Mitbestimmung des Betriebsrates und der Jugend- und Auszubildendenvertretung (JAV) nachvollziehen

● Betriebsrat

Das Betriebsverfassungsgesetz

Arbeitgeber ← Beratung über wirtschaftliche Angelegenheiten

Einigungsstelle zur Beilegung von Meinungsverschiedenheiten

Rechtzeitige, umfassende Unterrichtung
Zusammenarbeit
Abschluss von Betriebsvereinbarungen

Wirtschaftsausschuss in Unternehmen mit > 100 Beschäftigten

Vertretung der Arbeitnehmerinteressen
Mitwirkung und Mitbestimmung, vor allem in sozialen und personellen Angelegenheiten

Betriebsausschuss

Jugend- und Auszubildendenvertretung — Stimmrecht in Jugendfragen — **Betriebsrat**

Zusammenarbeit mit den Gewerkschaften

Tätigkeitsbericht

Wahl auf 2 Jahre | Wahl auf 4 Jahre | Themenvorschläge zur Beratung

Jugendliche und Auszubildende | **Arbeitnehmerinnen und Arbeitnehmer ab 18 Jahren*** | **Betriebsversammlung**

in Betrieben mit mindestens 5 ständigen Arbeitnehmern   *ohne leitende Angestellte

ZAHLENBILDER 243 511   © Bergmoser + Höller Verlag AG

- **Jugend- und Auszubildendenvertretung (JAV):**
  - **Vertretung der Jugendinteressen** im Betriebsrat
  - Anträge an den Betriebsrat auf **Maßnahmen zugunsten der jungen Betriebsangehörigen**
  - Förderung der **Integration junger ausländischer Betriebsanghöriger**
  - **Überwachung der Einhaltung von Vorschriften und Vereinbarungen** zugunsten der Jugendlichen
  - Weitergabe von **Anregungen und Beschwerden** an den Betriebsrat
- **Betriebsvereinbarung:**
  Betriebsvereinbarungen werden **zwischen Betriebsrat und Arbeitgeber** eines Betriebes geschlossen. Sie dürfen den Bestimmungen des Tarifvertrages nicht widersprechen.

1. Suchen Sie die entsprechende Rechtsnorm im BetrVG (www.gesetze-im-internet.de/betrvg) und erläutern Sie die Aufgaben des Betriebsrates.

2. a) Nennen Sie Mitwirkungsrechte des Betriebsrates.
b) Welche Folgen hat es, wenn der Arbeitgeber eine mitwirkungspflichtige Maßnahme trotz Ablehnung durch den Betriebsrat durchführt?
c) Nennen Sie Mitbestimmungsrechte des Betriebsrates.
d) Welche Folgen hat es, wenn der Arbeitgeber eine mitbestimmungspflichtige Maßnahme trotz Ablehnung durch den Betriebsrat durchführt.

3. Erläutern und begründen Sie den besonderen Kündigungsschutz, den der Betriebsrat genießt.

4. Geben Sie an, in welchen Betrieben eine Jugend- und Auszubildendenvertretung (JAV) gewählt werden kann. Begründen Sie Ihre Aussage mit Hilfe der entsprechenden Rechtsnorm.

5. Suchen Sie die entsprechende Rechtsnorm im BetrVG (www.gesetze-im-internet.de/betrvg) und erläutern Sie Aufgaben der Jugend- und Auszubildendenvertretung.

6. Der Betriebsrat der Primus GmbH will eine Personalversammlung durchführen. Der Betriebsratsvorsitzende Marc Cremer bittet die Jugend- und Auszubildendenvertreterin Petra Jäger um Klärung der Rechtsgrundlagen. Insbesondere bittet er um Antworten auf folgende Fragen:
a) Wie ist die Zusammensetzung der Betriebsversammlung geregelt?
b) Darf die Geschäftsleitung an der Betriebsversammlung teilnehmen?
c) Wie oft darf eine Betriebsversammlung durchgeführt werden?
d) Entsteht den Arbeitnehmern durch die Teilnahme an der Betriebsversammlung ein Verdienstausfall?
e) Gibt es Vorgaben über die auf einer Betriebsversammlung zu behandelnden Themen?
f) Dürfen Vertreter der zuständigen Gewerkschaft an der Betriebsversammlung teilnehmen?
Zur Lösung der Aufgabe gibt er Petra Jäger das Betriebsverfassungsgesetz an die Hand und bittet sie, die Antworten auf die Fragen in Form einer Präsentation für die nächste Betriebsratssitzung vorzubereiten.

1.3.2 Die Bedeutung von Tarifverträgen und die Rolle der Sozialpartner kennenlernen

„Das ist ja super!", jubelt Nicole Höver, als sie in der Mittagspause den Aushang des Betriebsrates am Schwarzen Brett liest. *„3% mehr Gehalt, die Ausbildungsvergütung wird um 25,00 € erhöht und allen Auszubildenden wird für die Laufzeit des Tarifvertrages die Übernahme nach Abschluss der Kaufmannsgehilfenprüfung zugesagt"*, berichtet sie ihrem Kollegen Andreas Brandt. Andreas ist skeptisch: *„Glaubst du wirklich, dass wir die 25,00 € bekommen und dass alle Auszubildenden nach der Lehre übernommen werden? Ich kann mir nicht vorstellen, dass diese Regelung auch für die Primus GmbH gilt!"*.

ARBEITSAUFTRÄGE
- Sehen Sie sich den Datenkranz unseres Modellunternehmens an und stellen Sie fest, ob die Primus GmbH an den Tarifvertrag gebunden ist.
- Beschreiben Sie die unterschiedlichen Arten von Tarifverträgen und erläutern Sie deren Inhalt.
- Beschaffen Sie sich den für Ihre Branche gültigen Lohn- und Gehaltstarifvertrag und stellen Sie fest, welche Vergütung Sie im ersten Jahr nach Abschluss der Ausbildung erhalten. Recherchieren Sie zur Informationsbeschaffung im Internet.

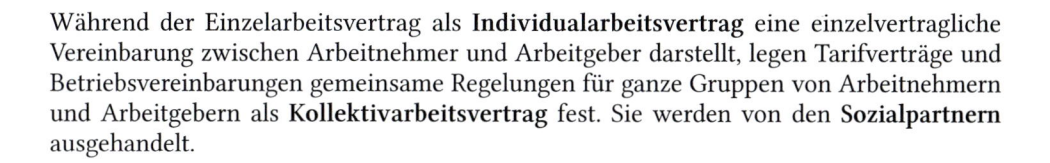

Während der Einzelarbeitsvertrag als **Individualarbeitsvertrag** eine einzelvertragliche Vereinbarung zwischen Arbeitnehmer und Arbeitgeber darstellt, legen Tarifverträge und Betriebsvereinbarungen gemeinsame Regelungen für ganze Gruppen von Arbeitnehmern und Arbeitgebern als **Kollektivarbeitsvertrag** fest. Sie werden von den **Sozialpartnern** ausgehandelt.

● Der Tarifvertrag

Grundlage des Tarifvertragswesens ist die in Artikel 9 Abs. 3 GG garantierte **Tarifautonomie**. Danach haben die Tarifvertragsparteien das Recht, Vereinigungen zu bilden und in eigener Verantwortung Tarifverträge abzuschließen.

Tarifvertragsparteien sind die Sozialpartner, d.h. auf der Arbeitnehmerseite die Gewerkschaften und auf der Arbeitgeberseite die Arbeitgeberverbände oder einzelne Arbeitgeber.

Nur die Mitglieder der Tarifvertragsparteien sind an den Tarifvertrag **gebunden**. Das Bundesministerium für Arbeit und Soziales kann einen Tarifvertrag für **allgemein verbindlich** erklären. Ist dies erfolgt, gilt der Tarifvertrag für alle Arbeitgeber und Arbeitnehmer (**Flächentarifvertrag**).

Die Mitglieder der Tarifvertragsparteien müssen die getroffenen Regelungen erfüllen (**Erfüllungspflicht**). Während der Laufzeit des Vertrages sind keine Kampfmaßnahmen (z.B. Streik) zulässig (**Friedenspflicht**).

Die wichtigsten Tarifverträge sind der **Manteltarifvertrag** und der **Lohn- und Gehaltstarifvertrag**. Darüber hinaus gibt es noch Tarifverträge über die Höhe vermögenswirksamer Leistungen, Vorruhestands-Tarifverträge, Tarifverträge über Sonderzahlungen (z. B. Weihnachtsgeld) usw.

- Der **Manteltarifvertrag** regelt die grundsätzlichen Arbeitsbedingungen. Er wird meist für mehrere Jahre abgeschlossen. Im Manteltarifvertrag sind z. B. folgende Regelungen enthalten:
  - Arbeitszeit
  - Mehrarbeit (Überstunden)
  - Probezeit
  - Teilzeitarbeit
  - Urlaub
  - Auszubildende usw.

Beispiel Manteltarifvertrag Groß- und Außenhandel Nordrhein-Westfalen

§ **§ 2 Arbeitszeit**
1. Die regelmäßige Wochenarbeitszeit beträgt ausschließlich der Pausen 38,5 Stunden. [...]

§ 7 Beendigung des Arbeitsverhältnisses
[...] 5. Bei Ausbildungsverhältnissen haben sich der Arbeitgeber und auf Befragen der Auszubildende spätestens einen Monat vor dem Termin der schriftlichen Prüfung darüber schriftlich zu erklären, ob für den Fall des Bestehens der Prüfung ein Arbeitsverhältnis auf unbestimmte Zeit begründet werden soll. [...]

§ 8 Urlaub
[...] 4. Die Mindestdauer des Jahresurlaubs beträgt: [...] bei Verteilung der tariflichen Arbeitszeit auf ausschließlich 5 Werktage der Woche 30 Arbeitstage [...].

- Der **Lohn- und Gehaltstarifvertrag** regelt die Lohnhöhe in den Lohngruppen. Er besteht aus zwei Teilen, zum einen aus dem Gehaltstarifvertrag für die kaufmännischen und technischen Angestellten, zum anderen aus dem Lohntarifvertrag für die gewerblichen Arbeitnehmer. Die Arbeitnehmer werden zunächst entsprechend ihrer tatsächlich verrichteten Tätigkeit in **Lohn- und Gehaltsgruppen** eingeteilt, denen dann die entsprechenden **Tarifgehälter** zugeordnet werden. Lohn- und Gehaltstarifverträge werden meist für ein Jahr abgeschlossen.

Beispiel Auszug aus dem Gehalts- und Lohnabkommen für den Groß- und Außenhandel in Nordrhein-Westfalen (2020):

Gehaltsgruppe	Gehalt in €
Einstieg nach Ausbildung z. B. als Kaufmann/Kauffrau für Groß- und Außenhandelsmanagement (Gehaltsgruppe III):	
1. + 2. Jahr	2 305,00
3. + 4. Jahr	2 424,00
5. + 6. Jahr	2 608,00
ab dem 7. Jahr	2 850,00

Beispiel Bei der Primus GmbH sind die Abteilungsleiter in die höchste Gehaltsgruppe des Lohn- und Gehaltstarifvertrages eingestuft. Sie verdienen je nach Tätigkeitsdauer zwischen 4 452,00 € und 5 116,00 € brutto (2020).

PRAXISTIPP Über die aktuelle Höhe der Löhne und Gehälter können Sie sich bei der zuständigen Gewerkschaft ver.di (www.verdi.de) informieren.

Die rechtlichen und sozialen Rahmenbedingungen im System der Berufsausbildung

● Die Rolle der Sozialpartner in Tarifverhandlungen

Der Ablauf von **Tarifverhandlungen** könnte unter Einbeziehung von Arbeitskampfmaßnahmen folgendermaßen aussehen:

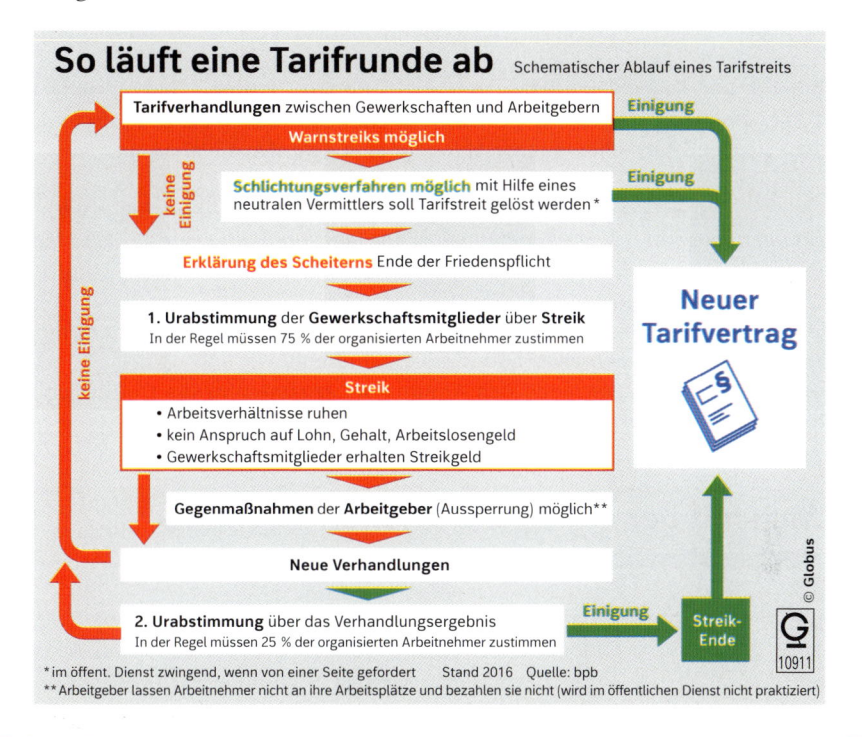

So läuft eine Tarifrunde ab
Schematischer Ablauf eines Tarifstreits

Tarifverhandlungen zwischen Gewerkschaften und Arbeitgebern → Einigung
Warnstreiks möglich

keine Einigung ↓

Schlichtungsverfahren möglich mit Hilfe eines neutralen Vermittlers soll Tarifstreit gelöst werden* → Einigung

Erklärung des Scheiterns Ende der Friedenspflicht

1. Urabstimmung der **Gewerkschaftsmitglieder** über **Streik**
In der Regel müssen 75 % der organisierten Arbeitnehmer zustimmen

Streik
- Arbeitsverhältnisse ruhen
- kein Anspruch auf Lohn, Gehalt, Arbeitslosengeld
- Gewerkschaftsmitglieder erhalten Streikgeld

Gegenmaßnahmen der **Arbeitgeber** (Aussperrung) möglich**

Neue Verhandlungen

2. Urabstimmung über das Verhandlungsergebnis → Einigung → **Streik-Ende**
In der Regel müssen 25 % der organisierten Arbeitnehmer zustimmen

→ **Neuer Tarifvertrag**

*im öffentl. Dienst zwingend, wenn von einer Seite gefordert Stand 2016 Quelle: bpb
**Arbeitgeber lassen Arbeitnehmer nicht an ihre Arbeitsplätze und bezahlen sie nicht (wird im öffentlichen Dienst nicht praktiziert)

© Globus 10911

Die Bedeutung von Tarifverträgen und die Rolle der Sozialpartner kennenlernen

- Der Tarifvertrag legt Lohn- und Arbeitsnormen für die Tarifvertragsparteien **kollektiv**, d. h. gemeinschaftlich, fest.
- **Tarifvertragsparteien** sind Arbeitgeber/Arbeitgeberverbände und Gewerkschaften.
- Alle Mitglieder der Tarifvertragsparteien sind an den Tarifvertrag gebunden. Sie müssen ihn erfüllen (**Erfüllungspflicht**) und dürfen während der Laufzeit keine Kampfmaßnahmen ergreifen (**Friedenspflicht**).
- Tarifverträge können für **allgemein verbindlich** erklärt werden. Sie gelten dann für alle betroffenen Arbeitnehmer.

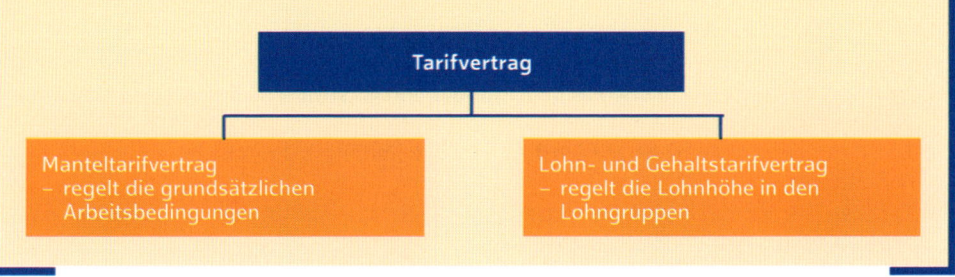

Tarifvertrag
- **Manteltarifvertrag** – regelt die grundsätzlichen Arbeitsbedingungen
- **Lohn- und Gehaltstarifvertrag** – regelt die Lohnhöhe in den Lohngruppen

1. Erläutern Sie die Gemeinsamkeiten zwischen Einzelarbeitsvertrag und Tarifvertrag.

2. Formulieren Sie eine „Betriebsvereinbarung" für Ihre Klasse. Sie sollte die Schul- und Hausordnung an die besonderen Belange Ihrer Klasse anpassen. Sichern Sie das Ergebnis in einer Cloud.

3. Die Jugend- und Auszubildendenvertreterin der Primus GmbH hat durchgesetzt, dass die Auszubildenden den Ausbildungsnachweis während der Arbeitszeit führen dürfen. Machen Sie einen Formulierungsvorschlag für eine Betriebsvereinbarung.

4. Die Gewerkschaften argumentieren: *„Aussperrung ist ein Akt unternehmerischer Willkür. Arbeitgeber haben in Lohnverhandlungen schon von vornherein eine stärkere Machtstellung, weil sie über die Produktionsmittel verfügen. Das Recht zum Streik schafft erst das Gleichgewicht!"*
Die Arbeitgeber argumentieren: *„Streik ohne Aussperrung zerstört das Kräftegleichgewicht und schafft ein Übergewicht der Gewerkschaften!"*
Diskutieren Sie die unterschiedlichen Argumente, zeichnen Sie die Diskussion auf und werten Sie diese aus.

1.4 Sich mit der eigenen Entgeltabrechnung vertraut machen

Nicole Höver, 20 Jahre alt, und Andreas Brandt, 19 Jahre alt, können es kaum erwarten. Nach dem ersten Monat ihrer Ausbildung erhalten beide die erste Gehaltsabrechnung und sind sehr gespannt darauf, wie viel ihnen „unter dem Strich bleibt". Beide verdienen im ersten Lehrjahr 1 001,00 € brutto, sind noch ledig und folglich der Steuerklasse I zugeordnet. Während Nicole katholisch ist, gehört Andreas keiner Religionsgemeinschaft an. Als sie beide im Büro den Umschlag ihrer ersten Gehaltsabrechnung öffnen und ihr Nettogehalt sehen, sind beide überrascht.
Nicole: *„Das ist ja gar nicht so schlimm, alle Kollegen haben immer gesagt, dass von dem Bruttogehalt kaum etwas übrig bleibt. Ich habe noch über 803,00 €, das ist doch gar nicht so schlecht".*
Andreas stutzt. *„Über 803,00 €? - Ich bin zwar nicht weit davon entfernt, bekommen aber nur 801,05 € raus. Haben sich die Kolleginnen und Kollegen der Gehaltsabrechnung vertan"?*

ARBEITSAUFTRÄGE
◆ Überprüfen Sie die Gehaltsabrechnung von Nicole Höver und Andreas Brandt mithilfe eines Brutto-Netto-Rechners, aus dem Internet und verschaffen Sie sich einen Überblick darüber, welche Abzüge für Nicole Höver und Andreas Brandt anfallen.
◆ Erläutern Sie, warum beide zunächst überrascht sind, dass ihre Abzüge niedriger sind, als erwartet.
◆ Erklären Sie, wodurch sich der Unterschied im Nettogehalt (Auszahlungsbetrag) zwischen Andras Brandt und Nicole Höver ergibt.

● Bruttoentgelt (Bruttogehalt)

Das **Bruttoentgelt** sind alle **steuerpflichtigen Einkünfte** vor Abzug von Steuern und Sozialversicherungsbeiträgen, das einem Arbeitnehmer aufgrund seines Arbeitsvertrages zusteht. Angestellte erhalten ein **Bruttogehalt**, Arbeiter einen **Bruttolohn**. Unter Berücksichtigung des **gesetzlichen Mindestlohnes (im Jahr 2020 9,35 €/Stunde)** kann das Bruttoentgelt zwischen Arbeitnehmer und Arbeitgeber frei vereinbart werden. Wenn das Arbeitsverhältnis im Anwendungsbereich eines **Tarifvertrages** liegt, dann gelten die im **Tarifvertrag** ausgehandelten Vergütungen. Diese bilden ein Mindestentgelt, das von Mitgliedern des Tarifverbands nicht unterschritten, wohl aber überschritten werden darf. In den Tarifverträgen werden auch die **Ausbildungsvergütungen** geregelt, welche nicht dem Mindestlohn unterliegen, weil Auszubildenden keine Arbeitsverträge, sondern Ausbildungsverträge abschließen.

Beispiel Im Tarifgebiet der Primus GmbH (Nordrhein-Westfalen) erhalten Auszubildende im Groß- und Außenhandel ab dem 01.09.2020 eine Ausbildungsvergütung von 1 001,00 € im ersten Ausbildungsjahr, 1 081,00 € im zweiten Ausbildungsjahr und 1 154,00 € im dritten Ausbildungsjahr.

Steuerpflichtige Einkünfte	
Laufender Arbeitslohn	**Sonstige Bezüge**
Dies ist der Arbeitslohn, der dem Arbeitnehmer regelmäßig fortlaufend zufließt, insbesondere: – Monatsgehälter – Ausbildungsvergütungen – Mehrarbeitsvergütungen – Zuschläge und Zulagen – geldwerte Vorteile aus der ständigen Überlassung von Dienstwagen zur privaten Nutzung – Nachzahlungen und Vorauszahlungen, wenn sich diese ausschließlich auf Lohnzahlungszeiträume beziehen, die im Kalenderjahr der Zahlung enden – …	Dies sind Teile des Arbeitslohns, der nicht als laufender Arbeitslohn gezahlt wird. Zu den sonstigen Bezügen gehören **insbesondere einmalige Arbeitslohnzahlungen**, die neben dem laufenden Arbeitslohn gezahlt werden, z. B.: – dreizehnte und vierzehnte Monatsgehälter – einmalige Abfindungen und Entschädigungen – Jubiläumszuwendungen – Urlaubsgelder, die nicht fortlaufend gezahlt werden, und Entschädigungen zur Abgeltung nicht genommenen Urlaubs – Vergütungen für Erfindungen – Weihnachtszuwendungen – …

● Vom Brutto- zum Nettoentgelt

○ Lohnsteuer

Die **Lohnsteuer** ist eine besondere **Erhebungsform der Einkommensteuer**. Bei Einkünften aus nichtselbstständiger Arbeit wird die Einkommensteuer als sog. Lohnsteuer vom Arbeitslohn erhoben.

> **§ 38 EStG – Erhebung der Lohnsteuer**
> (3) Der Arbeitgeber hat die Lohnsteuer für Rechnung des Arbeitnehmers bei jeder Lohnzahlung vom Arbeitslohn einzubehalten. […]

– Lohnsteuer
– Solidaritätszuschlag
– Kirchensteuer → **Finanzamt**

Höhe der Lohnsteuer Die einbehaltene Lohnsteuer richtet sich nach
- der **Höhe des Arbeitslohnes**,
- der **Lohnsteuerklasse** (Familienstand, Kinder des Arbeitnehmers, Zahl der Arbeitsverträge),
- dem **Einkommensteuertarif**,
- den **Tabellenfreibeträgen**,
- möglichen **persönlichen Freibeträgen**.

Lohnsteuerklassen

Die Lohnsteuerklassen, denen die Arbeitnehmer zugeordnet werden, spiegeln die **gesellschaftspolitische Zielsetzung** wider (Förderung von Ehe und Familie). Die Zuordnung der Arbeitnehmer ist von deren Familienstand (ledig, verheiratet), Kinderfreibeträgen und der Zahl der Arbeitsverträge abhängig.

Klasse	Zuordnungskriterien
I	Arbeitnehmer, die ledig sind, oder früher Verheiratete, die verwitwet oder geschieden sind.
II	Die in der Steuerklasse I genannten Personen, wenn ihnen der Entlastungsbeitrag für Alleinerziehende zusteht.
III	Verheiratete Arbeitnehmer, wenn der Ehegatte keinen Arbeitslohn bezieht oder wenn der Ehegatte in die Steuerklasse V eingestuft wird.
VI	Verheiratete Arbeitnehmer, wenn beide Ehegatten Arbeitslohn beziehen.
V	Verheiratete Arbeitnehmer; wenn der Ehegatte ebenfalls Arbeitslohn bezieht und die Einstufung des einen Ehegatten in die Steuerklasse III auf Antrag beider Ehegatten erfolgt.
VI	Arbeitnehmer, die gleichzeitig Arbeitslohn von mehreren Arbeitgebern beziehen; Eintragung auf der zweiten oder jeder weiteren elektronischen Steuerkarte.

Wenn beide Ehegatten Arbeitslohn beziehen, stellt der Gesetzgeber **zwei Steuerklassenkombinationen** zur Wahl: Die **Kombination IV/IV** bei etwa gleich hohem Arbeitslohn, die **Steuerklassenkombination III/V** bei erheblich höherem Lohn eines Ehegatten.

Einkommensteuertarif

Die **Jahreslohnsteuer (Einkommenssteuer)** wird nach dem zu versteuernden Jahresarbeitslohn bemessen, die der Arbeitnehmer schuldet, wenn er ausschließlich Einkünfte aus nichtselbständiger Arbeit erzielt. Dabei wird vom laufenden Arbeitslohn die anteilige Lohnsteuer bezogen auf den Zeitraum eins Kalenderjahres erhoben.

Das deutsche Einkommenssteuersystem ist dabei so ausgelegt, dass Personen die unterhalb des **Existenzminimums** leben (im Jahr 2020 9 408,00 € für ledige Personen) keine Einkommensteuer zahlen. Anschließend steigt der Einkommensteuertarif linear über vier Progressionsstufen bis zu einem **Höchststeuersatz von 45 %**. Dabei verfolgt der Gesetzgeber dem Grundsatz, dass besserverdienende Personen einen anteilig höheren Einkommensteuertarif haben, als Personen mit weniger Einkommen.

Zone	Einkommensspanne für Alleinstehende für das Jahr 2020
Nullzone (Grundfreibetrag)	0 – 9 408 €
Untere Progressionszone	9 409 € – 14 532 €
Obere Progressionszone	14 533 € – 57 051 €
1. Proportionalzone	57 052 € – 270 500 €
2. Proportionalzone (Reichensteuer)	270 501 € und mehr

Der Einkommensteuer-Tarif 2020

Grenzsteuersatz in Prozent

- Grundfreibetrag bis 9 408 €: 0 %
- Progressionszone I: 9 409 € bis 14 532 €: 14 – 24 %
- Progressionszone II: 14 533 € bis 57 051 €: 24 – 42 %
- Proportionalzone I: 57 052 € bis 270 500 €: 42 %
- Proportionalzone II: ab 270 501 €: 45 %

Quelle: Bundesfinanzministerium — Stand Dez. 2019 — © Globus 13589

Tabellenfreibeträge

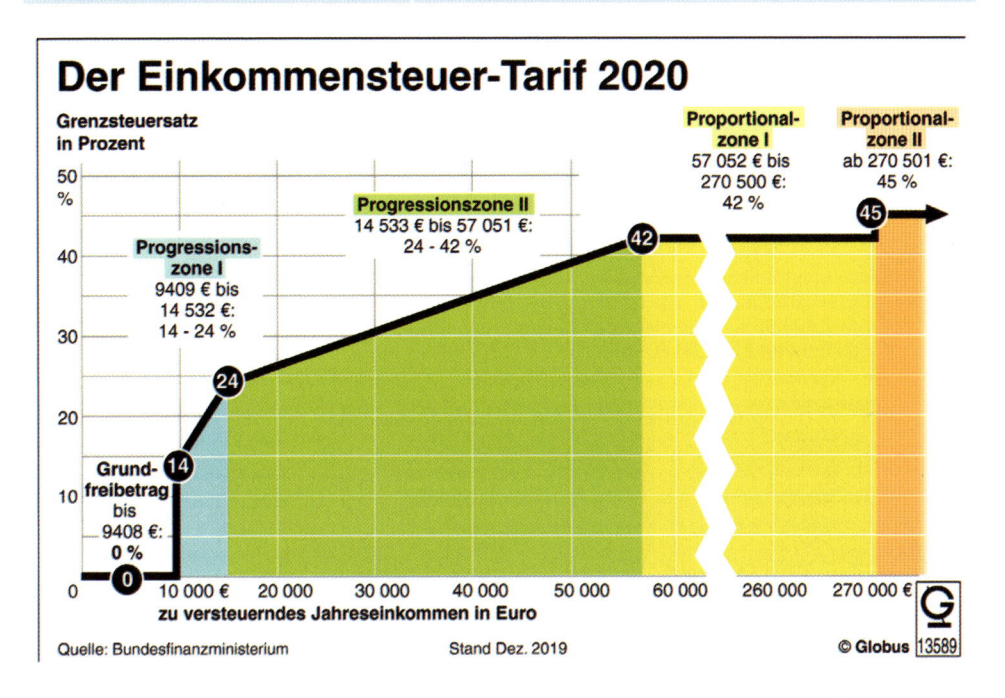

Tabellenfreibeträge sind die in die Lohnsteuertabelle eingearbeiteten Jahresfrei- und Jahrespauschbeträge. Für 2020 gelten folgende Werte:

Steuerklasse	I	II	III	VI	V	VI
Grundfreibetrag	9 408,00 €	9 408,00 €	18 817,00 €	9 408,00 €	–	–
Arbeitnehmerpauschbetrag	1 000,00 €	1 000,00 €	1 000,00 €	1 000,00 €	1 000,00 €	–
Sonderausgabenpauschbetrag	36,00 €	36,00 €	36,00 €	36,00 €	36,00 €	–
Entlastungsbetrag für Alleinerziehende	–	1 908,00 €	–	–	–	–
Vorsorgepauschale	abhängig vom Arbeitslohn	abhängig vom Arbeitslohn	abhängig vom Arbeitslohn	abhängig vom Arbeitslohn	abhängig vom Arbeitslohn	abhängig vom Arbeitslohn

Steuerklasse	I	II	III	VI	V	VI
Lohnsteuer entfällt bis zu folgendem Jahresarbeitslohn	12 974,99 €	15 342,99 €	24 662,99 €	12.974,99 €	1 295,99 €	9,99 €
Lohnsteuer entfällt bis zu folgendem Monatsarbeitslohn	1 081,24 €	1 278,58 €	2 055,24 €	1 081,24 €	107,99 €	0,83 €

Persönliche Lohnsteuerfreibeträge lt. elektronischer Lohnsteuerkarte

Mögliche Freibeträge (z. B. erhöhte **Sonderausgaben**, **Werbungskosten** und **außergewöhnliche Belastungen**) werden auf Antrag des Arbeitnehmers **vom Finanzamt** auf der elektronischen Lohnsteuerkarte als **persönlicher Freibetrag** eingetragen.

Beispiel Frau Lapp, Mitarbeiterin im Rechnungswesen der Primus GmbH, die ein Bruttogehalt von 2 850,00 € erhält, hat sich auf Antrag einen Jahressteuerfreibetrag wegen erhöhter Werbungskosten von 2 400,00 € in die elektronische Lohnsteuerkarte eintragen lassen. In diesem Fall wird die Lohnsteuer von 2 650,00 € ermittelt.

Werbungskosten	Sonderausgaben	Außergewöhnliche Belastungen
= Aufwendungen des Arbeitnehmers zur Erwerbung, Sicherung und Erhaltung des Arbeitslohnes	= bestimmte, im Gesetz aufgeführte Aufwendungen Max. 6 000,00 € im Jahr	= vergleichsweise erhöhte Belastungen, denen sich der Steuerpflichtige aus rechtlichen und sittlichen Gründen nicht entziehen kann
– verkehrsmittelunabhängige Entfernungspauschale zwischen Wohnung und Arbeitsstätte – Berufskleidung – Kosten für Arbeitszimmer, sofern der überwiegende Teil der Tätigkeit dort ausgeübt wird – Fachbücher, Fachzeitschriften – Beiträge zu Berufsverbänden und Gewerkschaften – Fortbildungskosten im ausgeübten Beruf – beruflich veranlasste Umzugskosten – Kosten der erstmaligen Berufsausbildung	**Vorsorgeaufwendungen** – Beiträge zur Kranken-, Renten-, Arbeitslosen- und Pflegeversicherung – Unfallversicherung – Lebensversicherung – Bausparbeiträge **Übrige Sonderausgaben** – Unterhaltsleistungen an den geschiedenen oder dauernd getrennt lebenden Ehegatten – Kosten beim Erwerb von Kenntnissen, die zur Aufnahme eines Berufs führen – Kirchensteuer – Steuerberatungskosten – Spenden	– Beerdigungskosten – außergewöhnliche Krankheitskosten – Kuren – Sonderbedarf bei Berufsausbildung – Aufwendungen für Heim- und Pflegeunterbringung – Pauschalbeträge für behinderte Menschen – Kinderbetreuungskosten

Solidaritätszuschlag

Der Solidaritätszuschlag ist ein Zuschlag zur Einkommensteuer. Er wurde eingeführt, um die Kosten der deutschen Wiedervereinigung zu finanzieren. Der maßgebende Prozentsatz beträgt **5,5 % der Lohnsteuer**. Die meisten Steuerzahler müssen den Solidaritätszuschlag ab dem Jahr 2021 nicht mehr zahlen. Der Solidaritätszuschlag entfällt, wenn die zu zahlende Lohn- oder Einkommensteuer unter 16 956,00 € pro Jahr (Einzelveranlagung) bzw. 33 912,00 € pro Jahr (Zusammenveranlagung) liegt. Ab diesen Beträgen wächst der Solidaritätszuschlag mit steigenden Einkommen.

Kirchensteuer

Neben der Lohnsteuer muss der Arbeitgeber bei der Lohn- und Gehaltsabrechnung an Mitarbeiter, die einer steuererhebenden Religionsgemeinschaft angehören, Kirchensteuer abziehen und an das Finanzamt abführen. Dies trifft für Mitglieder der römisch-katholischen oder der evangelischen Kirche zu. Muslime entrichten keine Kirchensteuer. Die Kirchensteuer beträgt in Bayern und in Baden-Württemberg 8 %, in allen anderen Bundesländern 9 % der Lohnsteuer.

Ermittlung der Lohnsteuer, des Solidaritätszuschlags und der Kirchensteuer

Üblicherweise ermitteln Betriebe die zu zahlende Lohnsteuer sowie den Solidaritätszuschlag und die Kirchensteuer mithilfe entsprechender **Lohnprogramme**. Eine solche Software ist einer mit entsprechenden Formeln hinterlegt, die nach Eingabe aller relevanten Daten die Steuerlast sowie die weiteren Abzüge vom Bruttolohn des Arbeitnehmers ermittelt.

Um auch kleineren Betrieben ohne spezielle Software eine eigenständige Lohnabrechnung zu ermöglichen, erlaubt der Gesetzgeber auch eine Lohnabrechnung über **gedruckte Lohnabzugstabellen**. Solche Tabellen sind im Handel zu erwerben. Weil diese gedruckten Tabellen keinen stufenlosen Einkommenssteuertarif abbilden können (Einkommen werden in Stufen von jeweils 3,00 € erfasst), kann es sein, dass bei der Abrechnung mit einem Lohnprogramm gegenüber dem Ablesen der Lohnabzüge aus einer gedruckten Lohnabzugstabelle zu geringfügigen Abweichungen kommen kann.

Sozialversicherungen

Deutschland verfügt über ein hoch entwickeltes Sozialsystem. Das **Sozialstaatsprinzip** ist im Grundgesetz (Artikel 20 Abs. 1, Artikel 28 Abs. 1) festgeschrieben und somit verpflichtend für die Politik. Der Staat soll die Existenzgrundlagen seiner Bürgerinnen und Bürger sichern **(soziale Sicherung)** und für den Ausgleich zwischen den sozial Schwachen und den sozial Starken sorgen **(soziale Gerechtigkeit)**. Mit der Absicherung der wichtigsten Lebensrisiken – wie Krankheit, Pflegebedürftigkeit, Arbeitslosigkeit sowie des Alters wird das Gebot der **Sozialstaatlichkeit** umgesetzt. Die **Versicherungspflicht** ist das tragende Prinzip der Sozialversicherungen in Deutschland. Folglich sind Arbeitnehmer und somit auch Auszubildende versicherungspflichtig.

Die Beiträge zur jeweiligen Sozialversicherung werden jeweils zur Hälfte vom Arbeitnehmer und vom Arbeitgeber getragen. Der **Gesamtsozialversicherungsbeitrag** ist die Summe der Beiträge von Arbeitnehmern und Arbeitgebern zur gesetzlichen Arbeitslosen-, Kranken-, und Rentenversicherung sowie zur sozialen Pflegeversicherung.

Die gesetzlichen Krankenkassen sind im System der Sozialversicherung die **Einzugsstellen für den Gesamtsozialversicherungsbeitrag**, deshalb hat jeder Arbeitgeber die jeweiligen Sozialversicherungsbeiträge eines Arbeitnehmers an dessen Krankenkasse zu überweisen.

Beispiel Nicole Höver ist bei der Allgemeinen Ortskrankenkasse (AOK) versichert. Folglich hat die Primus GmbH den Gesamtsozialversicherungsbeitrag für Nicole Höver an die AOK zu überweisen.

Die **Beitragssätze der Sozialversicherungen**:

Beitragsjahr	2020		
Krankenversicherung	Gesamt (AN+AG)	Arbeitnehmer	Arbeitgeber
Allgemeiner Beitragssatz	14,60 %	7,30 %	7,30 %
Durchschnittlicher Zusatzbeitrag	1,10 %	0,55 %	0,55 %
Pflegeversicherung	Gesamt (AN+AG)	Arbeitnehmer	Arbeitgeber
Bundesländer ohne Sachsen	3,05 %	1,525 %	1,525 %
Bundesland Sachsen	3,05 %	2,025 %	1,025 %
Kinderlos und 23. Lebensjahr vollendet		+ 0,25 %	
Rentenversicherung	Gesamt (AN+AG)	Arbeitnehmer	Arbeitgeber
Beitragssatz	18,60 %	9,30 %	9,30 %
Arbeitslosenversicherung	Gesamt (AN+AG)	Arbeitnehmer	Arbeitgeber
Beitragssatz	2,40 %	1,20 %	1,20 %

Zur Berechnung der Beiträge zur Sozialversicherung legt der Gesetzgeber jährlich **Beitragsbemessungsgrenzen** fest. Dies bedeutet, dass es einen Höchstbetrag des Arbeitsentgeltes der Arbeitnehmer gibt, der als Grundlage für die Berechnung des jeweiligen Sozialversicherungsbeitrages dient. Die Beitragsbemessungsgrenzen deckeln damit die Beiträge zur Sozialversicherung. Sie erhöhen sich jedoch von Jahr zu Jahr entsprechend

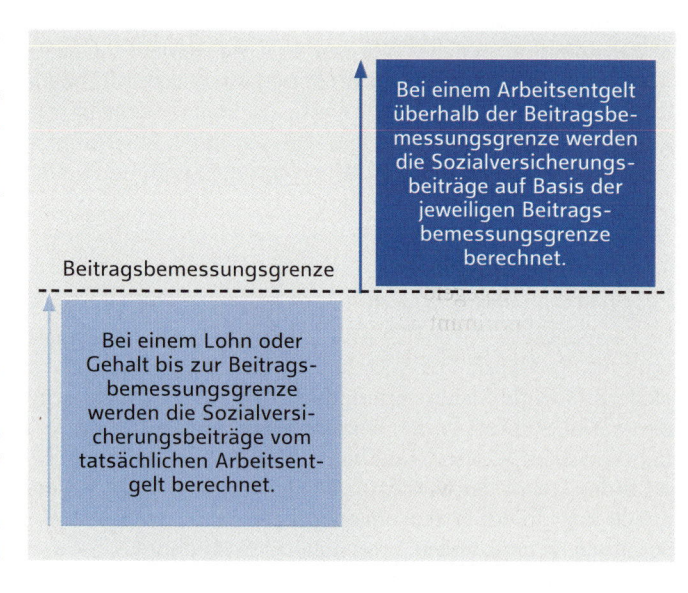

Bei einem Arbeitsentgelt oberhalb der Beitragsbemessungsgrenze werden die Sozialversicherungsbeiträge auf Basis der jeweiligen Beitragsbemessungsgrenze berechnet.

Beitragsbemessungsgrenze

Bei einem Lohn oder Gehalt bis zur Beitragsbemessungsgrenze werden die Sozialversicherungsbeiträge vom tatsächlichen Arbeitsentgelt berechnet.

der allgemeinen Lohn- und Gehaltsentwicklung. Zurzeit gibt es in einigen Sozialversicherungen zwischen den „alten" und „neuen" Bundesländern noch unterschiedliche Beitragsbemessungsgrenzen. Ab dem Jahr 2025 entfallen diese Unterschiede.

- Beitragsbemessungsgrenze 2020 für die Kranken- und Pflegeversicherung (alle Bundesländer): 4 687,50 €
- Beitragsbemessungsgrenze 2020 für die Renten- und Arbeitslosenversicherung
  – alte Bundesländer: 6 900,00 €
  – neue Bundesländer: 6 450,00 €

Beispiel Als Geschäftsführer der Primus GmbH erhält Frau Primus ein monatliches Bruttogehalt von 6 800,00 € im Monat. Dies bedeutet, dass ihre Versicherungsbeiträge für die Kranken- und Pflegeversicherung auf Basis der für das Jahr 2020 gültigen Beitragsbemessungsgrenze von 4 687,50 € berechnet werden. Bei der Beitragsberechnung für die Renten- und Arbeitslosenversicherung liegt sie mit ihrem Verdienst hingegen unterhalb der Beitragsbemessungsgrenze. Folglich werden diese Sozialversicherungsbeiträge auf Basis ihres Bruttogehalts von 6 800,00 € berechnet.

Krankenversicherung

Krankenkassen übernehmen Risiken, die aufgrund von Krankheiten entstehen. Sie leisten Zahlungen für

- Vorsorgeuntersuchungen,
- ärztliche und zahnärztliche Beratung, Untersuchung und Behandlung,
- verordnungsfähige Arznei- und Verbandmittel,
- Heil- und Hilfsmittel,
- Krankenhausbehandlung und
- Krankengeld ab der 7. Woche.

Der **allgemeine Beitragssatz** für die gesetzlichen Krankenkassen liegt bei 14,6 %. Benötigen die Krankenkassen mehr Geld, können sie einen **Zusatzbeitrag** erheben, welchen sich Arbeitgeber und der Arbeitnehmer je zur Hälfte teilen. Die Höhe des Zusatzbeitrages kann jede Krankenkasse selbst festlegen. Im Jahr 2020 liegt der durchschnittliche Zusatzbeitrag bei 1,1 %.

Beispiel Gehalt 3 160,00 €, Beitragssatz 14,6 %, Zusatzbeitrag 1,0 %
  – AN-Anteil: 246,48 € = 7,3 % + 0,5 %
  – AG-Anteil: 246,48 € = 7,3 % + 0,5 %

Pflegeversicherung

Die Pflegeversicherung dient der sozialen Absicherung falls Personen pflegebedürftig werden. Sie übernimmt Leistungen für die stationäre Pflege, zahlt Pflegegeld im Falle der häuslichen Pflege und übernimmt die Kosten für Sachleistungen, die im Zusammenhang einer Pflegebedürftigkeit entstehen.

Seit der Einführung der Pflegeversicherung im Jahr 1995 sind deren Beiträge aufgrund der demografischen Entwicklung der Bevölkerung (immer mehr Menschen werden immer älter) kontinuierlich von ursprünglich 1 % auf zurzeit (2020) 3,05 % gestiegen. Es ist zu erwarten, dass sich diese Entwicklung fortsetzen wird.

In die Pflegeversicherung zahlen kinderlose Mitglieder nach Vollendung des 23. Lebensjahres zusätzlich zum halben Beitragssatz 0,25 %.

Beispiel Gehalt 2 980,00 €, Beitragssatz 3,05 %
- AN-Anteil (31 Jahre alt, ohne Kind): 52,90 € = 1,525 % + 0,25 %
- AN-Anteil (31 Jahre alt, mit Kind): 44,45 € = 1,525 %
- AG-Anteil: 44,45 € = 1,525 %

Arbeitslosenversicherung

Die Arbeitslosenversicherung sichert finanzielle Risiken ab, die für betroffene Arbeitnehmer im Falle eines Arbeitsplatzverlustes eintreten. Die Leistungen bestehen aus **Arbeitslosengeld I** (60 % ohne Kind, 67 % mit Kind des durchschnittlichen Nettoentgelts) sowie **Arbeitslosengeld II** (= Regelsätze der Sozialhilfe).

Darüber hinaus übernimmt die Arbeitslosenversicherung Leistungen für:

- Die Förderung der beruflichen Bildung durch Ausbildung, Fortbildung und Umschulung,
- Förderung der Arbeitsaufnahme,
- berufliche Rehabilitation,
- Kurzarbeitergeld und
- Berufsberatung sowie Arbeitsvermittlung.

Rentenversicherung

Die **gesetzliche Rentenversicherung** dient vorwiegend der Altersvorsorge. Wenn die für die Rente erforderlichen versicherungsrechtlichen und persönlichen Voraussetzungen vorliegen **(Rentenanspruch)** haben Versicherte und ihre Hinterbliebenen einen Anspruch auf Altersrente. Neben Altersrenten erbringt die gesetzliche Rentenversicherung auch Leistungen bei verminderter Erwerbsfähigkeit sowie Leistungen zur Rehabilitation.

Die gesetzliche Rentenversicherung wird vornehmlich durch ein **Umlageverfahren** finanziert. Das heißt, dass die Beiträge der derzeitigen Beitragszahler unmittelbar als Renten an die derzeitigen Rentner ausgezahlt werden. Durch die Gutschrift von Entgeltpunkten erwerben sie gleichzeitig eigene Ansprüche auf Rente in ihrer Rentenbezugsphase (sog. **Generationenvertrag**).

● Gehaltsabrechnung

Alle Arbeitnehmer müssen grundsätzlich Lohnsteuer und gegebenenfalls auch Kirchensteuer und Solidaritätszuschlag sowie Beiträge zur Krankenversicherung, Pflegeversicherung, Rentenversicherung und Arbeitslosenversicherung zahlen. Ob Auszubildende bereits Lohnsteuern zahlen müssen, hängt von der Höhe der Ausbildungsvergütung und sowie der Lohnsteuerklasse ab.

Die Gehaltsabrechnung und die Zahlung des Gehalts bzw. des Lohns an den Arbeitnehmer ist Aufgabe des Arbeitgebers. Der Arbeitgeber ist verpflichtet, jedem Arbeitnehmer eine **Lohn- und Gehaltsabrechnung** auszustellen, aus welcher die Höhe der Abzüge **vom Bruttogehalt** sowie das auszuzahlende **Nettogehalt** ersichtlich sind. Gehaltsabrechnungen dienen auch als Einkommensnachweise bzw. Verdienstbescheinigungen bei der Wohnungssuche oder der Aufnahme von Krediten.

Jede Gehaltsabrechnung ist nach folgendem Grundschema aufgebaut:

Bruttogehalt (Lohn und Gehalt, Überstunden etc.)
+ Einmalzahlungen (Weihnachtsgeld, Urlaubsgeld, Zulagen)
+ Sachbezüge bzw. geldwerter Vorteil
  (z. B. vermögenswirksame Leistungen Geschäftswagen, Rabatte, freie Mahlzeiten)
→ **Gesamtbruttogehalt**
− Lohnsteuer
− Kirchensteuer(falls Religionszugehörigkeit)
− Solidaritätszuschlag
− Krankenversicherung (AN-Anteil)
− Pflegeversicherung (AN-Anteil)
− Rentenversicherung (AN-Anteil)
− Arbeitslosenversicherung (AN-Anteil)
→ **Nettogehalt** (ausgezahlter Gehaltsbetrag)

Beispiel Georgios Paros ist Auszubildender in der Primus GmbH und befindet sich im dritten Ausbildungsjahr. Er verdient Brutto 1 154,00 €. Weil er bereits 25 Jahre alt und ledig ist, fällt für die Pflegeversicherung ein Zusatzbeitrag von 0,25 % an. Seine Krankenkasse erhebt einen Zusatzbeitrag von insgesamt 1,5 %.

Die Höhe der Steuer- und Sozialabgaben richten sich nach der Höhe des Bruttoeinkommens und den Lohnsteuerabzugsmerkmalen des Arbeitnehmers (Steuerklasse, Freibeträge, Familienstand, Zugehörigkeit zu einer Glaubensgemeinschaft, Kinderfreibeträge usw.).

Der Arbeitgeber entrichtet die ermittelten Abgaben an das **Finanzamt** bzw. die entsprechenden **Krankenkassen** und zahlt dem Arbeitgeber nur das verbleibende Nettogehalt aus. Am Ende des Jahres erhält der Arbeitnehmer außerdem eine **Lohnsteuerbescheinigung** vom Arbeitgeber, aus welcher die abgeführten Steuer- und SV-Abzüge des betreffenden Jahres hervorgehen. Die **Gehaltsabrechnung als ein Teilbereich der Lohn- und Finanzbuchhaltung** wird entweder vom Unternehmen durchgeführt oder kann an externe Unternehmen oder Steuerberater ausgelagert werden.

Gehaltsabrechnung		8	2020
Arbeitgeber	Primus GmbH Koloniestraße 2–4 47057 Duisburg		
Mitarbeiter/-in	Georgios Paros Kruppstraße 34 47058 Duisburg		

Personal-Nr.			585/34
Krankenkasse			DAK
SV-Nummer			12 061096 P 428
PV Zuschlag?			ja
Steuerklasse			1
Eintritt			01.08.20..
Austritt			

Bezeichnung	Position		Betrag
Bruttogehalt			1 154,00 €
	Gehalt		1 154,00 €
	Sonderzahlung		
Abzüge			243,90 €
	Steuer		9,35 €
	Lohnsteuer		8,66 €
	Kirchensteuer		0,69 €
	SolZ		0,00 €
	Versicherungen		234,55 €
	KV		92,90 €
	RV		107,32 €
	AV		13,85 €
	PV		17,60 €
	PV-Zuschlag		2,89 €
Nettogehalt			910,10 €
Auszahlungsbetrag			910,10 €

Sich mit der eigenen Entgeltabrechnung vertraut machen

- Das **steuerpflichtige Bruttoentgelt** setzt sich aus dem Grundbetrag und möglichen Zuschlägen zusammen.
- Vom Bruttoentgelt behält der Arbeitgeber
  - **Lohnsteuer, Solidaritätszuschlag** und **Kirchensteuer für das Finanzamt**,
  - die Beiträge des Arbeitnehmers zur **Kranken-, Renten-, Arbeitslosen-** und **Pflegeversicherung für die Krankenkasse** zur Verteilung auf die entsprechenden Träger ein.
- Die einbehaltenen Abzüge werden mithilfe von **Lohnprogrammen** oder in kleineren Betrieben anhand von **Lohnabzugstabellen** ermittelt.
- Das **Sozialstaatsprinzip** ist im Grundgesetz (Artikel 20 Abs. 1, Artikel 28 Abs. 1) festgeschrieben. Mit der Absicherung der wichtigsten Lebensrisiken – wie Krankheit, Pflegebedürftigkeit, Arbeitslosigkeit sowie des Alters wird das Gebot der **Sozialstaatlichkeit** umgesetzt.
- Die Sätze der **Sozialversicherungsbeiträge** werden von Jahr zu Jahr vom Gesetzgeber neu festgelegt. Von diesen Sätzen tragen **Arbeitnehmer** und **Arbeitgeber** je die **Hälfte**. Kinderlose Arbeitnehmer, die das 23. Lebensjahr vollendet haben, zahlen einen Zusatzbeitrag zur Pflegeversicherung von 0,25 %.

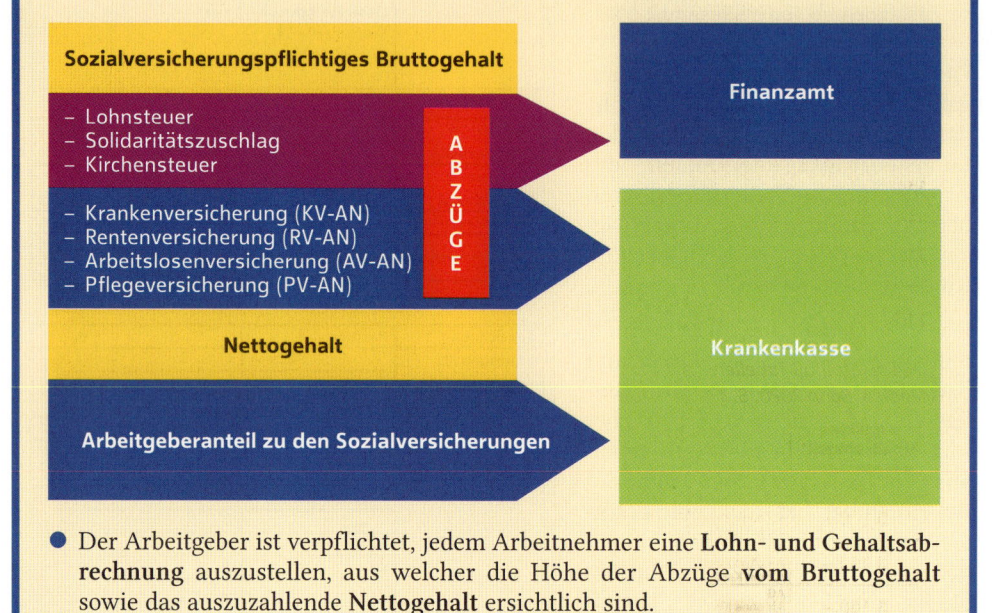

Sozialversicherungspflichtiges Bruttogehalt

- Lohnsteuer
- Solidaritätszuschlag
- Kirchensteuer

→ **ABZÜGE** → **Finanzamt**

- Krankenversicherung (KV-AN)
- Rentenversicherung (RV-AN)
- Arbeitslosenversicherung (AV-AN)
- Pflegeversicherung (PV-AN)

Nettogehalt

Arbeitgeberanteil zu den Sozialversicherungen → **Krankenkasse**

- Der Arbeitgeber ist verpflichtet, jedem Arbeitnehmer eine **Lohn- und Gehaltsabrechnung** auszustellen, aus welcher die Höhe der Abzüge <u>vom Bruttogehalt</u> sowie das auszuzahlende **Nettogehalt** ersichtlich sind.

1. Eine Mitarbeiterin in der Auftragsannahme erhält neben ihrem Gehalt von 2 690,00 € für acht Überstunden jeweils 15,20 € zuzüglich 25 % Überstundenzuschlag. Außerdem erhält sie vom Arbeitgeber 30,00 € für vermögenswirksame Leistung. Ermitteln Sie das Bruttogehalt.

2. Die Gehaltsabrechnung für einen Angestellten der Primus GmbH, Steuerklasse III,0, weist folgende Beträge aus:

Die rechtlichen und sozialen Rahmenbedingungen im System der Berufsausbildung

	Beträge in €		AN-Anteil in €	AG-Anteil in €
Bruttogehalt	2 750,00	Krankenversicherung	223,73	223,73
Lohnsteuer	130,50	Rentenversicherung	265,05	265,05
Kirchensteuer	11,74	Arbeitslosenversicherung	34,20	34,20
Nachzahlung Vormonat	100,00	Pflegeversicherung	50,59	43,46

Erläutern Sie den Aufbau der Entgeltabrechnung und berechnen Sie
a) das Nettogehalt,
b) Arbeitgeberanteil zur Sozialversicherung,
c) den an das Finanzamt abzuführenden Betrag,
d) den an die Krankenkasse abzuführenden Betrag (einschl. Arbeitgeberanteil),
e) die Gesamtbelastung für die Primus GmbH.

3. Eine Mitarbeiterin der Primus GmbH erhält ein Monatsgehalt von 3 155,00 €.
Steuerliche Merkmale: Steuerklasse III, Kinderfreibeträge 2,0, Muslimin
Beitragssatz zur Krankenversicherung: 14,6 % zzgl. 1,1 % Zusatzbeitrag
Benutzen Sie für die Ermittlung der Lohn- und Kirchensteuer sowie der Beiträge zu den Sozialversicherungen die beigefügten Auszügen aus den Lohnabzugstabellen.

[Lohnabzugstabelle: Abzüge an Lohnsteuer, Solidaritätszuschlag (SolZ) und Kirchensteuer (8%, 9%) in den Steuerklassen I–VI und I, II, III, IV mit Kinderfreibeträgen 0,5 / 1 / 1,5 / 2 / 2,5 / 3** für Lohn/Gehalt bis 3 149,99 €, 3 152,99 € und 3 155,99 €]

Quelle: Stollfuß Tabellen, Gesamtabzug 2020, Monat, Allgemeine Tabelle, 109. Auflage, Stollfuß Medien, Bonn 2020, S. T 47

monatliches Arbeitsentgelt* neue und alte Länder in €		Kranken-versicherung**	Renten-versicherung	Arbeitslosen-versicherung	Pflege-versicherung außer Sachsen	Pflege-versicherung Sachsen
3 140,–	AG	246,49	292,02	37,68	47,89	32,19
	AN ohne Kind	246,49	292,02	37,68	55,74	71,44
	AN mit Kind	246,49	292,02	37,68	47,89	63,59
3 150,–	AG	247,28	292,95	37,80	48,04	32,29
	AN ohne Kind	247,28	292,95	37,80	55,92	71,67
	AN mit Kind	247,28	292,95	37,80	48,04	63,79
3 160,–	AG	248,06	293,88	37,92	48,19	32,39
	AN ohne Kind	248,06	293,88	37,92	56,09	71,89
	AN mit Kind	248,06	293,88	37,92	48,19	63,99

Quelle: Stollfuß Tabellen, Gesamtabzug 2020, Anhang zur Sozialversicherung, 109. Auflage, Stollfuß Medien, Bonn 2020, S. SV 18.

Ermitteln Sie
a) die Gesamtabzüge an Lohnsteuer und Kirchensteuer,
b) die Gesamtabzüge für die Sozialversicherung (Arbeitnehmeranteil),
c) das Nettoentgelt der Mitarbeiterin.
d) Kontrollieren Sie Ihre Rechnung mit einem Lohnprogramm oder einem Brutto-Netto-Rechner, den Sie im Internet finden. Erläutern Sie, wodurch sich leichte Abweichungen zu den unter a – c errechneten Beträgen erklären können.

LF 1 Das Unternehmen präsentieren und die eigene Rolle mitgestalten

4. Die Primus GmbH entschließt sich für die Abteilung Einkauf eine neue Mitarbeiterin, Frau Seibert, einzustellen. Im Arbeitsvertrag wurde mit Frau Seibert ein monatliches Bruttoeinkommen von 2 500,00 € vereinbart. Frau Seibert fragt sich, mit welchem Nettogehalt Sie rechnen kann.

Steuerliche Merkmale:
- Frau Seibert ist am 06.11.1988 geboren,
- Steuerklasse I,
- kinderlos,
- Frau Seibert ist aus der Kirche ausgetreten,
- Krankenversicherung: 14,6 % ohne Zusatzbeitrag,
- Lohnsteuerbeitrag: 285,16 €.

a) Ermitteln Sie das Nettogehalt von Frau Seibert ohne Berücksichtigung des Solidaritätszuschlags.
b) Geben Sie an, an welche Institutionen die Primus GmbH die Beiträge zur Sozialversicherung für Frau Seibert jeweils überweisen muss.

5. Eine Mitarbeiterin der Primus GmbH betritt die Lohnbuchhaltung und legt Andreas Brandt, Auszubildender der Primus GmbH, aktuell in der Lohnbuchhaltung eingesetzt, die nachfolgenden Daten zur Gehaltsabrechnung vor. Die Mitarbeiterin ist der Meinung, dass sich ein Fehler in die Gehaltsabrechnung eingeschlichen hat.
a) Überprüfen Sie die Gehaltsabrechnung mithilfe der unten aufgeführten Daten.
b) Bereiten Sie einen Kurzvortrag vor, in welchem Sie Ihre Ergebnisse präsentieren.
c) Die Mitarbeiterin der Primus GmbH erhält 20,00 € vermögenswirksame Leistungen vom Arbeitgeber. Erläutern Sie dies.
d) Ein Unternehmen kann verschiedene Sonderzahlungen an den Arbeitnehmer leisten. Nennen Sie hierzu drei Beispiele.
e) Bei einer Berechnung der Sozialversicherungsbeiträge sind die Beitragsbemessungsgrenzen zu beachten. Was wird in diesem Zusammenhand unter der Beitragsbemessungsgrenze verstanden. Erläutern Sie dies.

Bruttogehalt	2 500,00 €	Lohnsteuerbetrag	306,75 €
Vermögenswirksame Leistungen vom Arbeitgeber	20,00 €	Sparrate vermögenswirksame Leistung	
Steuerklasse	I	Kinder	Keine
Alter	25 Jahre	Sonderzahlungen/ Provisionen	Keine
Kirchensteuer	24,54 €	Krankenversicherung	14,6 % ohne Zusatzbeitrag

Auszüge aus der Gehaltsabrechnung:

Krankenversicherung	183,96 €
Pflegeversicherung	38,43 €
Arbeitslosenversicherung	30,24 €
Rentenversicherung	234,36 €

2 Die Aufgaben und die Organisation des Groß- und Außenhandels erkunden

2.1 Kundenorientierung als Unternehmensphilosophie im Groß- und Außenhandel kennenlernen

Für die Montagsrunde der Abteilungsleiter hat Frau Primus das Thema „Kundenorientierung" auf die Tagesordnung gesetzt. Jeder Abteilungsleiter berichtet über Aktivitäten aus seinem Bereich. Die Leiterin der Abteilung Verwaltung/Ausbildung, Frau Berg, berichtet über die neue Auszubildende Nicole Höver. *„Ich glaube, wir haben mit ihr eine gute Wahl getroffen. Sie ist Abiturientin und Tochter des Inhabers des Bürofachgeschäfts Höver e. K. Und nach dem Abitur hat sie ein Jahr als Animateurin in einem Freizeitklub gearbeitet."* – *„Dass sie als Tochter eines selbstständigen Einzelhändlers das Thema Kundenorientierung aus dem Effeff kennt, kann ich mir vorstellen, aber was um Himmels Willen hat die Tätigkeit als Animateurin damit zu tun?"*, poltert der Leiter der Abteilung Lager/Versand, Peter Patt. *„Kundenorientierung sollte unabhängig von Branche und Größe zur Unternehmensphilosophie jedes Unternehmens gehören, und gerade in den Bereichen Hotel und Freizeit ist man mit diesem Thema schon seit Jahren beschäftigt"*, stellt Svenja Braun, die Assistentin der Geschäftsleitung, entschieden fest.

ARBEITSAUFTRÄGE
- Diskutieren Sie mit Ihren Mitschülern, welche Bedeutung das Thema Kundenorientierung in Ihren Ausbildungsbetrieben hat.
- Erstellen Sie eine Liste von Maßnahmen, die dazu beitragen, die Kundenorientierung in einem Groß- und Außenhandelsbetrieb zu fördern.
- Erkundigen Sie sich in Ihrem Ausbildungsbetrieb, ob es Maßnahmen im Rahmen eines Qualitätsmanagements gibt und ob Ihr Ausbildungsbetrieb zertifiziert ist. Berichten Sie über das Ergebnis Ihrer Recherche in Form eines softwaregestützten Referates. Geben Sie dem Referenten ein Feedback und orientieren Sie sich dabei an den Leitfragen für die Auswertung einer Präsentation (vgl. S. 167 f.).

In Zeiten schärfer werdenden Wettbewerbs gleichen sich die Produkte der großen Markenartikelhersteller und die Sortimente der Groß- und Außenhandelsbetriebe in Qualität und Preis immer mehr. Der Einzelhandel reagiert darauf mit einem immer härter werden den Preiswettbewerb, der erst an den Einstandskosten seine Grenzen findet und auch vor dem Groß- und Außenhandel nicht haltmacht. Um Kunden jenseits des Preiswettbewerbs zu binden, versucht der Groß- und Außenhandel zunehmend mehr als nur qualitativ hochwertige Produkte und Dienstleistungen anzubieten, d. h., verkauft wird nicht mehr nur der Artikel, sondern auch eine bestimmte Philosophie, die durch das Groß- und Außenhandelsunternehmen als Ganzes vermittelt wird. Im Mittelpunkt stehen also der Kunde (**Kundenorientierung**) und die Qualität der Produkte und Dienstleistungen (**Qualitätsmanagement**).

● Kundenorientierung

Die Summe der Überzeugungen, Regeln und Werte, die das Einmalige eines Unternehmens ausmachen, ist die **Unternehmensphilosophie**. Sie wird im **Unternehmensleitbild** dargestellt und ist Basis für die **Corporate Identity** des Unternehmens. Nach außen sichtbar wird die Unternehmensphilosophie durch

- **Corporate Design**, d.h. das einheitliche Erscheinungsbild des Unternehmens

    Beispiel Die Primus GmbH hat sich auf eine einheitliche Hausfarbe festgelegt. Diese Farbe ist von den Briefbögen und Visitenkarten der Mitarbeiter über das Logo bis hin zur Farbgebung des Fuhrparks überall anzutreffen.

- **Corporate Behaviour**, d.h. das Verhalten des Unternehmens gegenüber seinen Mitarbeitern und seiner Umwelt

    Beispiel Die Primus GmbH gibt eine eigene Mitarbeiterzeitschrift heraus. Hier werden neue Artikel vorgestellt und erfolgreiche Mitarbeiter porträtiert.

- **Corporate Communications**, d.h. die schriftliche und mündliche Ausdrucksform des Unternehmens

    Beispiele Die gesamte Korrespondenz der Primus GmbH wird in einer einheitlichen Formatvorlage und in einer einheitlichen Schriftart geschrieben. Die Mitarbeiter sind angehalten, in der schriftlichen und mündlichen Kommunikation nur positive Wertungen zu gebrauchen.

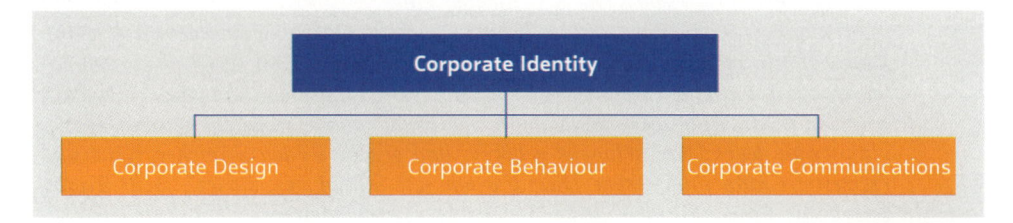

```
                    Corporate Identity
         ┌──────────────────┼──────────────────┐
   Corporate Design   Corporate Behaviour   Corporate Communications
```

Die Unternehmensphilosophie kann unterschiedliche Themen in den Vordergrund stellen, z.B. das Unternehmen selbst (**Unternehmensorientierung**), die Mitarbeiter (**Mitarbeiterorientierung**), die Leistung (**Leistungsorientierung**), die Kosten (**Kostenorientierung**), die Umwelt (**Umweltorientierung**) oder die Technik (**Technologieorientierung**).

Für ein Groß- und Außenhandelsunternehmen liegt es nahe, neben der Qualität der Produkte den Kunden in den Mittelpunkt zu stellen (**Kundenorientierung**).

Erhebt ein Unternehmen die Kundenorientierung zur Unternehmensphilosophie, muss sich der Blickwinkel aller Mitarbeiter darauf ausrichten. Die Frage lautet jetzt nicht mehr „*Was nützt dem Unternehmen?*" oder „*Was nützt mir persönlich?*", sondern „*Was nützt dem Kunden?*". Ein gut beratener Kunde, mit dem es zu keinem Verkaufsabschluss kommt, kann aus dieser Sicht langfristig ein größerer Gewinn für das Unternehmen sein als ein Abschluss um jeden Preis.

Beispiel Die Primus GmbH führt ein neues Provisionssystem ein. Danach erhalten alle Mitarbeiter am Jahresende einen erfolgsabhängigen Bonus. Erfolg wird dabei auch an der Kundenzufriedenheit gemessen. Diese wird durch eine Befragung ermittelt.

Kundenorientierung muss **für jeden Mitarbeiter** im Unternehmen Leitlinie seines Handelns sein, unabhängig von der Stellung im Unternehmen, der Funktion, der Betriebszugehörigkeit oder den Verdiensten der Vergangenheit.

> **PRAXISTIPP** Denken Sie einmal darüber nach, wie Sie als Kunde behandelt werden möchten, und nehmen Sie dies zum Maßstab Ihres Auftretens gegenüber dem Kunden: *„Behandle Kunden so, wie du selbst als Kunde behandelt werden möchtest."*

● Qualitätsmanagement

Durch den zunehmenden Konkurrenzkampf zwischen den einzelnen Unternehmen, der durch die Globalisierung der Märkte noch verstärkt wird, nimmt neben der Kundenorientierung der Stellenwert der Qualitätssicherung in allen Branchen zu. Wird die Qualitätssicherung zur „Chefsache", d. h. zu einem wichtigen Bestandteil von Führungsaufgaben, so liegen die ersten Ansätze für ein **Qualitätsmanagement** vor.

Nach DIN ISO 8402 beinhaltet der Begriff „**Qualitätsmanagement**" alle Tätigkeiten im Rahmen der Unternehmensführung, welche die Qualitätspolitik, die Ziele und Verantwortungen im Unternehmen festlegen sowie diese durch Qualitätsplanung, Qualitätslenkung, Qualitätssicherung und ständige Qualitätsverbesserung zu verwirklichen suchen.

Die grundlegenden Normen für den Aufbau und die Beschreibung von Qualitätsmanagementsystemen sind die **DIN EN ISO 9000 ff.** Dabei steht:
DIN   für Deutsches Institut für Normung
EN   für Europäische Norm
ISO   für International Standard Organisation
9000 ff. für die Nummer der Norm

Beispiel Die ISO 9001 ist eine internationale Norm für Qualitätsmanagement, die Mindestanforderungen an ein Qualitätsmanagementsystem definiert, um die Erwartungen an die Qualität von Produkten oder Prozessen erfüllen zu können.

Mit der ISO-9000-Familie sind Management- und Organisationsmodelle entstanden, die bei Aufbau und Dokumentation von Qualitätsmanagementsystemen helfen. Dieses Normensystem ist universell anwendbar. Das wesentliche Ziel der ISO-9000-Familie ist die **Schaffung eines national und international gültigen Rahmens für den Aufbau und die Beschreibung von Qualitätsmanagementsystemen**. Dieses kann dann durch das Zertifikat (Qualitätssiegel) einer akkreditierten Zertifizierungsstelle nach außen dokumentiert werden und gilt heute als wichtiger Wettbewerbsfaktor. Zur Zertifizierung muss ein Unternehmen **folgende Schritte** durchlaufen:
1. Analyse des Ist-Zustandes
2. Schulung des eingesetzten Personals
3. Erarbeitung der dokumentierenden Dokumente
4. Umsetzung
5. Test-Audit
6. ggf. Zertifizierung
7. Weiterentwicklung

Alle Qualitätsanforderungen sind in einem **Qualitätsmanagement-Handbuch** festgehalten, z. B. betriebsinterne Arbeitsabläufe, Zuständigkeiten, Annahmen von Beschwerden usw.

Kundenorientierung als Unternehmensphilosophie im Groß- und Außenhandel kennenlernen

- **Kundenorientierung**: Unternehmensphilosophie, bei der der Kunde im Mittelpunkt steht
  - **Corporate Identity**: Summe der Überzeugungen, Regeln und Werte, die das Einmalige eines Unternehmens ausmachen
  - **Corporate Design**: das einheitliche Erscheinungsbild des Unternehmens
  - **Corporate Behaviour**: das Verhalten des Unternehmens gegenüber seinen Mitarbeitern und seiner Umwelt
  - **Corporate Communications**: die schriftliche und mündliche Ausdrucksform des Unternehmens
- **Qualitätsmanagement**: alle Maßnahmen, welche die Qualitätspolitik, Ziele und Verantwortungen im Unternehmen festlegen sowie diese durch Qualitätsplanung, Qualitätssicherung und ständige Qualitätsverbesserung zu verwirklichen suchen

1. Erläutern Sie die Begriffe Corporate Identity, Corporate Design, Corporate Behaviour und Corporate Communications jeweils anhand eines Beispiels.

2. Die Primus GmbH hatte lange Jahre ein Provisionssystem, das auf der Grundlage des Monatsumsatzes berechnet wurde. Erläutern Sie, warum es hierbei zu Problemen mit dem Konzept der Kundenorientierung kommen kann.

3. Beobachten Sie die Kolleginnen und Kollegen Ihres Ausbildungsbetriebes. Stellen Sie fest, wo diese sich im Sinne der Kundenorientierung verhalten und wo dies nicht der Fall ist. Berichten Sie in der Klasse über Ihre Beobachtungen.

4. Ein großer deutscher Bekleidungshersteller kauft nur Stoffe von Lieferanten, die eine Erklärung abgeben, dass sie keine Kinderarbeit dulden. Diskutieren Sie, welcher Unternehmensphilosophie sich dieses Unternehmen verschrieben hat.

5. Untersuchen Sie in Partnerarbeit Ihren Schultisch und erarbeiten Sie einen Katalog von Kriterien zur Beurteilung der Qualität des Tisches.

2.2 Die Marktstruktur und Stellung des Groß- und Außenhandels in der Gesamtwirtschaft nachvollziehen

Empört erscheint Herr Winkler, der Leiter der Verkaufs-/Marketingabteilung, bei Frau Primus. *„Stellen Sie sich vor, wir haben einen weiteren Großauftrag an die COLOGNE OFFICE EQUIPMENT GmbH verloren! Die können zu Preisen anbieten, da können wir einfach nicht mithalten."* *„Sie wissen, dass die COE ein europaweit tätiger Konzern ist"*, erwidert Frau Primus *„die kaufen in Mengen und zu Konditionen ein, die für uns nicht möglich sind." „Und irgendwann gibt es dann* *nur noch zwei oder drei große Konzerne in der Branche, die den Markt unter sich aufteilen und machen können, was sie wollen.", ergänzt Nicole Höver, die bei dem Gespräch ebenfalls anwesend ist. „Das sind nun mal die Gesetze des Marktes", erwidert Frau Primus, „wir müssen uns auf unsere Stärken besinnen, den Kundendienst und die individuelle Beratung." Herr Winkler ist skeptisch. „Ob die Kunden deshalb einen höheren Preis akzeptieren?"*

ARBEITSAUFTRÄGE
- Erläutern Sie die unterschiedlichen Marktarten und Marktformen.
- Frau Primus hofft, dass die Kunden für den besseren Kundendienst und die individuelle Beratung durch die Primus GmbH einen höheren Preis akzeptieren. Diskutieren Sie vor dem Hintergrund Ihrer Erfahrungen, ob dieses Vorgehen erfolgversprechend sein kann.

● Marktstruktur des Groß- und Außenhandels

Die **Nachfrage** der Haushalte oder Unternehmen, die Güter erwerben wollen, und das **Angebot** der Unternehmen, die Güter absetzen wollen, treffen in der Volkswirtschaft auf dem **Markt** zusammen. Aus diesem Grund wird die Wirtschaftsordnung der Bundesrepublik Deutschland als **soziale Marktwirtschaft** bezeichnet. Dabei können unterschiedliche **Marktarten** und **Marktformen** unterschieden werden.

○ Marktarten

Da jedes Gut seinen eigenen Markt hat, kann man verschiedene Marktarten unterscheiden. Nach der **Art der gehandelten Güter** lassen sich die Märkte folgendermaßen einteilen:

Faktormärkte
- Auf dem **Arbeitsmarkt** werden Arbeitsleistungen gegen Entgelt gehandelt.
  Beispiel Die Primus GmbH sucht in einer Stellenanzeige einen Mitarbeiter für das Lager.
- Auf dem **Immobilienmarkt** findet der Handel mit Grundstücken und Gebäuden statt.
  Beispiel Die Primus GmbH mietet eine Lagerhalle.
- Auf dem **Kapitalmarkt** findet die Vermittlung von Krediten statt.
  Beispiel Die Sparkasse Duisburg bietet der Primus GmbH ein Darlehen zu einem Zinssatz von 2 % an.

Gütermärkte
- **Konsumgütermarkt**: Nachfrager sind die privaten Haushalte, Anbieter die Unternehmen.
  Beispiel Eine Hausfrau kauft im Supermarkt einen Joghurt.
- **Investitionsgütermarkt**: Nachfrager und Anbieter sind hier die Unternehmen.
  Beispiel Der Geschäftsführer der Primus GmbH verhandelt mit einem Hersteller über den Kauf einer EDV-Anlage.

○ Marktformen

Nach der **Zahl der Marktteilnehmer** lassen sich die Märkte in folgende Marktformen einteilen:

Anbieter	Nachfrager		
	viele	wenige	einer
viele	Angebotspolypol	Nachfrageoligopol	Nachfragemonopol
wenige	Angebotsoligopol	zweiseitiges Oligopol	beschränktes Nachfragemonopol
einer	Angebotsmonopol	beschränktes Angebotsmonopol	zweiseitiges Monopol

(griechisch monos = allein, oligos = wenige, pollos = viele)

Beispiele
- **Angebotspolypol:** der Markt für Süßwaren
- **Angebotsoligopol:** der Markt für Mineralöl
- **Angebotsmonopol:** der Markt für die Beförderung von Gütern auf der Schiene durch die Deutsche Bahn AG

Der Markt erfüllt zwei wichtige Aufgaben (**Funktionen**):

- Er dient der **Vermittlung** der Güter zwischen Anbietern und Nachfragern und
- er dient der **Bewertung** der Güter, d.h., auf dem Markt wird der Preis für die gehandelten Güter ermittelt.

● Die Stellung des Groß- und Außenhandels in der Gesamtwirtschaft

Im Wirtschaftsalltag sind Unternehmen aufeinander angewiesen. Sie tauschen Güter und Dienstleistungen aus, um ihre jeweiligen Ziele zu erreichen. Bei der Leistungserstellung arbeiten **Sachleistungsbetriebe** (z.B. Vereinigte Spanplatten AG) und **Dienstleistungsbetriebe** (z.B. Spedition Rheintrans GmbH) unterschiedlicher Wirtschaftsstufen im Sinne einer **Wertschöpfungskette** zusammen.

Die auf dem Markt angebotenen Sach- und Dienstleistungen des einen Unternehmens können dabei Beschaffungsobjekte von anderen Unternehmen sein. Hierdurch entsteht ein Netz des Güteraustausches und der Arbeitsteilung. In diesem Netz nimmt der Groß- und Außenhandel eine Mittlerfunktion zwischen Hersteller von Leistungen auf dem **Beschaffungsmarkt** und gewerblichen Verwendern von Leistungen auf dem **Absatzmarkt** ein.

Geschäfte zwischen Unternehmen, also z.B. zwischen dem Großhandel und dem Einzelhandel werden auch als **B2B-Geschäfte** (engl. Kurzform für Business-to-Business) bezeichnet.

Beispiel: Die Primus GmbH verkauft Ware an die Herstadt Warenhaus GmbH

Geschäfte zwischen Unternehmen und dem Letztverbraucher, also z.B. zwischen dem Einzelhandel und dem Kunden werden als **B2C-Geschäfte** (engl. Kurzform für Business to Consumer) bezeichnet.

Beispiel: Nicole Höver kauft bei der Herstadt Warenhaus GmbH ein T-Shirt.

Beispiel Die Primus GmbH zwischen Sachleistungs- und Dienstleistungsbetrieben

Sachleistungsbetriebe
- Lieferanten von Waren z. B. Abels, Wirtz & Co. KG
- Lieferanten von Betriebsmitteln z. B. Gas- und Elektrizitätswerke
- Lieferanten von Hilfsstoffen z. B. Verpackungs AG

↓ **Primus GmbH** ↑

- Kreditinstitute z. B. Stadtsparkasse Düsseldorf
- Versicherungen z. B. Feuerversicherung
- Speditionen z. B. Rheintrans GmbH
- Kommunikation z. B. Telekom AG

Dienstleistungsbetriebe

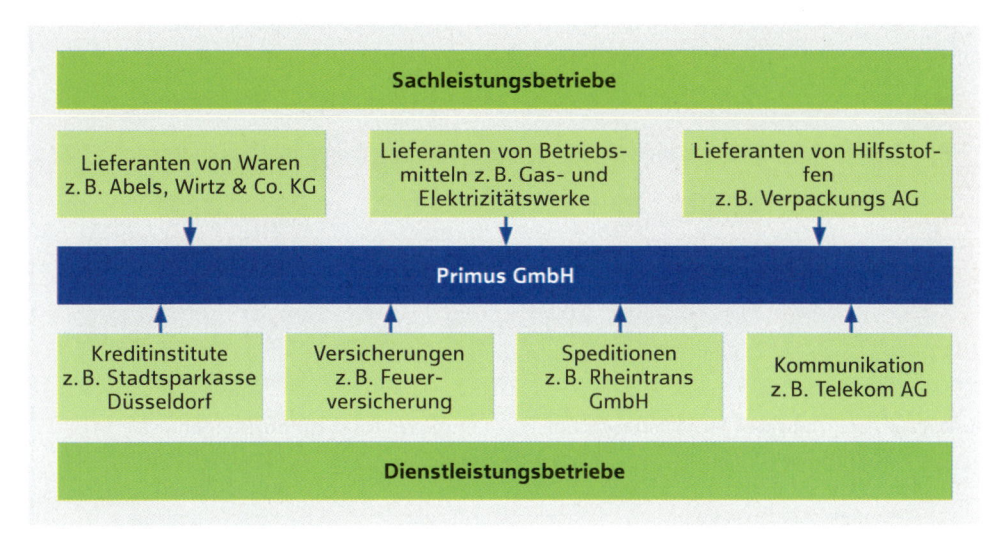

Das Zusammenwirken von Produktions- und Dienstleistungsbetrieben wird als **volkswirtschaftliche Arbeitsteilung** bezeichnet und ist eine Folge der Spezialisierung von Betrieben auf bestimmte Märkte. Aus der Sicht des Unternehmens kann auch zwischen dem **Absatz- und dem Beschaffungsmarkt** unterschieden werden.

Beispiel Die Primus GmbH zwischen Beschaffungs- und Absatzmarkt

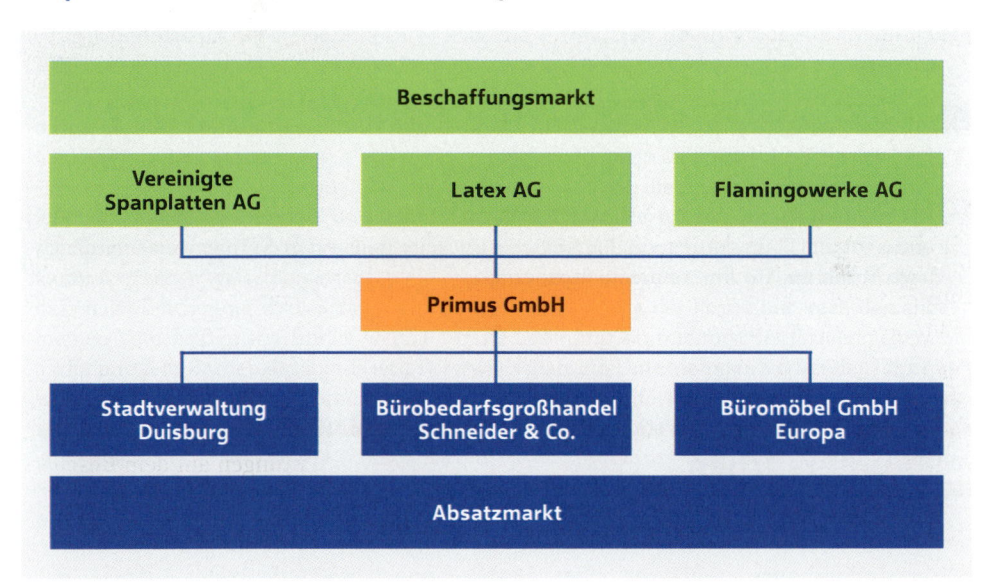

Beschaffungsmarkt
- Vereinigte Spanplatten AG
- Latex AG
- Flamingowerke AG

Primus GmbH

- Stadtverwaltung Duisburg
- Bürobedarfsgroßhandel Schneider & Co.
- Büromöbel GmbH Europa

Absatzmarkt

Im Zuge der Digitalisierung und der zunehmend virtuellen Warengeschäfte (e-commerce) wächst die **Gefahr der Ausschaltung des Großhandels**. Dem kann der Großhändler nur begegnen, wenn es ihm gelingt, das Internet selbst für Beschaffungs- und Absatzprozesse und die Präsentation seiner warenbezogene Service- und Dienstleistungen aktiv zu nutzen (vgl. S. 97).

Die Marktstruktur und Stellung des Groß- und Außenhandels in der Gesamtwirtschaft nachvollziehen

- Das Zusammentreffen von Angebot und Nachfrage bezeichnet man als Markt.
- Nach der **Art der gehandelten Güter** kann man wie folgt unterscheiden:

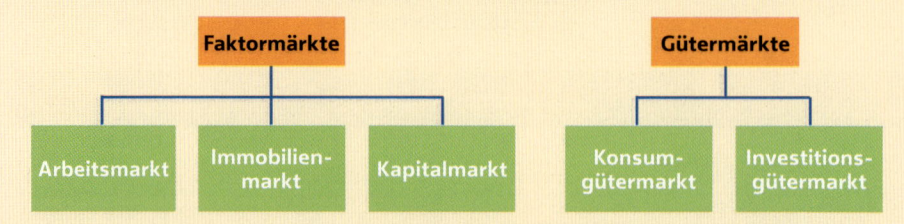

Faktormärkte
- Arbeitsmarkt
- Immobilienmarkt
- Kapitalmarkt

Gütermärkte
- Konsumgütermarkt
- Investitionsgütermarkt

- Nach der **Zahl der Marktteilnehmer** kann man wie folgt unterscheiden:
  - Angebotspolypol
    - viele Anbieter
    - viele Nachfrager
  - Angebotsoligopol
    - wenige Anbieter
    - viele Nachfrager
  - Angebotsmonopol
    - ein Anbieter
    - viele Nachfrager

- **Die Stellung des Groß- und Außenhandels in der Gesamtwirtschaft**
  Unternehmen tauschen Güter und Dienstleistungen aus, um ihre jeweiligen Ziele zu erreichen. Dabei nimmt der Groß- und Außenhandel eine **Mittlerfunktion** zwischen Hersteller und gewerblichen Kunden wie z. B. dem Einzelhandel ein.

---

1. Erläutern Sie anhand von Beispielen, auf welchen Marktarten Ihr Ausbildungsbetrieb tätig ist.

2. Ihr Ausbildungsbetrieb ist Anbieter auf Märkten und Nachfrager auf Märkten. Erläutern Sie, welche Marktformen hier vorherrschen.

3. Die Stellung der Primus GmbH zwischen ihren Kunden und Lieferern ist in der Abbildung auf Lehrbuch S. 91 dargestellt. Erstellen sie mit Hilfe geeigneter Software eine vergleichbare Abbildung für Ihren Ausbildungsbetrieb.

2.3 Funktionen und Formen des Großhandels untersuchen

Die Abteilungsleiterin der Verwaltung, Sabine Berg, bittet die Auszubildenden der Primus GmbH zu einer Besprechung. „Ich habe eine Aufgabe für Sie", sagt Frau Berg, „am Albertus-Magnus-Gymnasium ist am kommenden Mittwoch ein Berufsinformationstag. Ich habe Sie bereits angemeldet. Ihr Thema lautet ‚Ausbildung und Karriere im Großhandel'. Die Technik stellen wir. Sie haben 30 Minuten Zeit für die Präsentation und im Anschluss werden Fragen aus dem Publikum gestellt." – „Das ist meine alte Schule", erwidert Nicole begeistert, „da machen wir natürlich mit!"

Am Mittwoch stehen Nicole und ihre Kollegen beklommen auf der Bühne der Aula des Albertus-Magnus-Gymnasiums. Die Oberstufe sitzt erwartungsvoll in den ersten Reihen und auch einige Lehrer sind gekommen. Glücklicherweise geht mit der Technik alles glatt und die Schüler scheinen von der Präsentation beeindruckt. Nicole eröffnet die Fragerunde. Nach einigen Fragen zur Ausbildungsvergütung und zur Arbeitszeit meldet sich ein kritischer Schüler: *„Eigentlich ist der Handel überflüssig"*, ruft er, *„wenn wir Kunden direkt beim Hersteller kaufen würden, wären die Waren viel billiger."* Nicole ist empört, aber der Oberstufenschüler lässt nicht locker: *„Und außerdem kaufen doch heute fast alle im Internet, da brauche ich keinen Großhändler!"* Jetzt platzt Nicole der Kragen: *„Ohne uns müsste der Einzelhändler für jede Scheibe Käse nach Holland fahren und dein neues Smartphone könntest du dir in Singapur oder Shanghai abholen. Und wenn du neue Tennissocken brauchst, kannst du ja beim Hersteller eine Palette mit 500 Stück kaufen!"*

ARBEITSAUFTRÄGE
- Erläutern Sie, welche Aufgaben (Funktionen) der Großhandel im Wirtschaftsprozess übernimmt.
- Führen Sie die Diskussion zwischen Nicole Höver und dem Oberstufenschüler fort. Bilden Sie hierzu drei Gruppen, die Befürworter und die Gegner des Großhandels sowie eine Beobachtergruppe. Zeichnen Sie die Diskussion auf und werten Sie diese aus.

● Aufgaben des Großhandels

Unsere Volkswirtschaft ist arbeitsteilig strukturiert. Die Leistungskette von der Erzeugung von Gütern bis zur konsumreifen Übergabe an Endverbraucher umfasst viele verschiedene Betriebe. Dabei spielen Handelsbetriebe im Rahmen der Distribution von Gütern eine wichtige Rolle. Die beteiligten Betriebe arbeiten zusammen, indem sie spezielle Aufgaben übernehmen. Der Großhandel steht hierbei als **Bindeglied zwischen Erzeugern (Industrie) und Einzelhändlern, Großabnehmern und sonstigen Gewerbetreibenden**. Dabei übernimmt er eine Vielzahl von **Funktionen**, die Raum- und Zeitüberbrückung, den Mengenausgleich, die Sortimentsbildung und Veredelung, den Service, die Markterschließung und die Absatzfinanzierung. Innerhalb der traditionellen Einteilung in Wirtschaftsbereiche ist der Großhandel dem **tertiären Wirtschaftsbereich** zuzuordnen.

○ Raumüberbrückungsfunktion

Ein Hamburger Unternehmen der Nahrungsmittelindustrie mit Schwerpunkt in der Erzeugung von Süßwaren weiß, dass seine Produkte europaweit von Konsumenten nachgefragt werden. In Tausenden von Einzelhandelsbetrieben, vom Supermarkt bis zum Kiosk, sind seine Produkte präsent. Die **Verteilung der Güter** auf diese Betriebe wäre für das Industrieunternehmen mit erheblichen Kosten, organisatorischem und personellem Aufwand verbunden. Nur durch den Einsatz des Großhandels ist es möglich, die Warendistribution so durchzuführen, dass alle Einzelhändler bedarfsgerecht mit Waren versorgt werden. Der Großhandel stimmt ferner das Angebot der Erzeuger (Industrie) mit der

Nachfrage der Einzelhändler und Konsumenten ab. Meist sind auch Industriebetriebe nicht in der Lage, ihre Produkte auf kleinen, z. T. regionalen Märkten abzusetzen. Auch hierzu bedienen sie sich des Großhandels, der die räumliche Distanz zwischen Hersteller und Nachfrager ausgleicht. Insbesondere beim grenzüberschreitenden Import und Export wird die Raumüberbrückungsfunktion des Großhandels deutlich.

Beispiel Die Primus GmbH kauft von der Bürodesign GmbH in Köln Büromöbel und vertreibt sie an Einzelhändler und andere Gewerbetreibende in ihrem Einzugsgebiet.

○ Zeitüberbrückungsfunktion

Meist stimmen die Herstellung von Gütern und deren Verwendung zeitlich nicht überein. Die Zeitüberbrückung übernimmt der Großhandel, indem er die Güter lagert (**Lagerfunktion** des Großhandels). Er erfüllt somit eine wichtige Pufferfunktion, indem er zwischen kontinuierlicher Produktion im Industriebetrieb und unregelmäßigem Verbrauch bei den Nachfragern (Verwendern der Produkte) den **zeitlichen Ausgleich** durchführt.

Beispiel Die Primus GmbH hält Kopierpapier auf Lager. Ihre Kunden kaufen dieses Papier je nach Bedarf. Die Papierherstellung bei der Papierwerke Iserlohn GmbH jedoch erfolgt kontinuierlich in gleichbleibenden Produktionsmengen. Auch hier wird die Zeitschwankung zwischen Produktion und Verbrauch vom Großhandel ausgeglichen.

○ Mengenausgleichsfunktion

Industriebetriebe produzieren ihre Güter meist in großen Mengen, um ihre Kapazitäten auszulasten. Diese Mengen werden jedoch nur in sehr seltenen Fällen auch von Kunden direkt nachgefragt. Insofern übernimmt der Großhandel durch Aufkauf von großen Stückzahlen und Abgabe in kleineren Mengen durch eine **Mengenumgruppierung** die Funktion einer mengenmäßigen Anpassung von Produktion und Nachfrage. Die Kunden des Großhandels können Waren meist in beliebiger Anzahl beziehen. Beim **Aufkaufgroßhandel** werden von vielen Erzeugern relativ kleine Mengen eingekauft und in großen Mengen an Weiterverarbeiter veräußert (z. B. Aufkauf von Häuten und Fellen für Gerbereien und Lederindustrie). Auch hierbei wird eine Mengenausgleichsfunktion ausgeübt.

Beispiel Die Primus GmbH ordert monatlich im Durchschnitt 300 Laserdrucker. Von ihren Kunden werden durchschnittlich jedoch je Bestellung nur zwei Drucker geordert.

○ Sortimentsbildungsfunktion

Industrieunternehmen sind meist auf die Herstellung eines Produktes (in verschiedenen Variationen) spezialisiert. Nachfrager benötigen zu ihrer Bedarfsdeckung aber sehr viele verschiedene Güter. Ohne Handelsunternehmen müsste ein Kunde seine vielfältigen Produkte bei weit verstreuten Herstellern beschaffen. Großhandelsunternehmen beziehen Waren von verschiedenen Herstellern und gestalten ein kundenorientiertes **Sortiment**, in dem ihre Kunden Waren von unterschiedlichen Produzenten in diversen Ausführungen und Preislagen vergleichen und bedarfsorientiert auswählen können. Die **Warenzusammenstellung** hinsichtlich Art, Umfang und Preis ermöglicht dem Großhandelskunden eine Bedarfsbefriedigung nach Wunsch. Darüber hinaus bietet der Großhandel warenbezogene **Dienstleistungen** an.

Beispiel Die Primus GmbH bietet ihren Kunden Bürodrehstühle von zwölf verschiedenen Herstellern an. Das Sortiment in diesem Bereich umfasst 80 Artikel in unterschiedlichen Farben; dabei sind Stühle vom Niedrigpreisniveau (Low-Cost-Level) bis hin zum hochpreisigen Niveau vorhanden. Darüber hinaus werden die gesamte Palette von Büroeinrichtungen (Schreibtische, Regale, Raumteiler, Schränke usw.) und Bürobedarf und warenbezogene Dienstleistungen (Erarbeitung von Bürokonzepten, IT-Infrastruktur usw.) angeboten.

○ Veredelungsfunktion

Bestimmte Produkte benötigen nach ihrer Erzeugung noch eine bestimmte Zeit der Reife, bis sie verkaufsfähig sind. Andere Produkte sind nach ihrer Herstellung noch nicht für den Absatz an den Einzelhandel geeignet, da sie nachbehandelt bzw. aufbereitet oder veredelt werden müssen. Der Großhandel übernimmt diese Aufgaben **(Veredelungsprozess)**. In einigen Fällen be- oder verarbeitet ein Großhändler auch bezogene Waren. Diese Tätigkeiten sind **Nebenleistungen** des Großhändlers.

Beispiel Die Primus GmbH unterzieht importierte No-Name-Artikel der Büroelektronik einem Test und zertifiziert diese Produkte mit einem Qualitätssiegel.

○ Servicefunktion

Großhändler verstehen sich häufig als Problemlöser für ihre Kunden. Insofern erbringen sie zusätzliche **Dienstleistungen** neben der Warenbeschaffung. **Service bzw. Kundendienst** ist eine wichtige Funktion des Großhändlers. Serviceleistungen erweitern den Produktnutzen für den Kunden und steigern seine Zufriedenheit mit dem Händler. Es wird zwischen technischem und kaufmännischem Service unterschieden.

Beispiele

Technischer Service	Kaufmännischer Service
– Installation und Aufbau (Maschinen, Computer, Software) – Reparaturen (Annahme und Weiterleitung von Reparaturen) – Ersatzteilservice (Lagern von Ersatz- und Verschleißteilen) – Wartungsarbeiten und Inspektionen – Änderungsarbeiten – Rücknahme von Verpackungen und Entsorgung	– Zustelldienste (eigener Fuhrpark, UPS) – Onlinedienste (Bestellannahme, Produktinformation) – Einkaufserleichterungen (Parkplätze, Kundenkarten) – individuelle Beratungen, ggf. Verkaufsschulungen – verlängerte Garantieleistungen – Zahlungsvereinfachungen (Kundenkonto)

Da der **Service** als eigenständige Dienstleistung des Großhändlers betrachtet werden kann, ist diese Leistung z. T. für den Kunden kostenpflichtig und kann unabhängig vom Bezug der Ware in Anspruch genommen werden. Einige Serviceleistungen sind kostenfrei (d. h., sie werden nicht gesondert in Rechnung gestellt).

Beispiele Die Primus GmbH gibt auf ihre verkauften Drucker eine Garantie von einem Jahr. Für einen Aufpreis von 10 % auf den Verkaufspreis wird die Garantie auf drei Jahren verlängert.

○ Markterschließungsfunktion

Der Großhandel wird von vielen Industrieunternehmen als Distributionskanal eingesetzt, d.h., über den Großhandel werden die Produkte vermarktet. Der Großhandel wird somit zum Partner von Industriebetrieben, indem er z.T. die Aufgaben der Markterschließung übernimmt. Er macht seine Kunden auf Produktinnovationen aufmerksam und weckt dadurch Bedürfnisse und Nachfragen. Bisweilen ist es auch möglich, über den Großhandel **Testmärkte** einzurichten, um den Markterfolg eines Produktes vor der endgültigen Markteinführung zu testen. Andererseits kann der Großhandel durch seinen engen Kontakt zur Nachfragerseite wichtige Informationen über das Nachfragerverhalten (Trends, Verhalten der Kunden, Ansprüche der Kunden) an die Hersteller weiterleiten. Diese Informationen können bei der Produktentwicklung eingebracht werden, um Kundenwünsche zu realisieren.

Beispiel Die Primus GmbH stellt fest, dass ihre Kunden bei Schreibtischen häufiger nach eingebauten Schließfächern fragen. Diese Nachfrage teilt sie der Bürodesign GmbH mit, worauf diese beschließt, künftig ihre Schreibtische mit einbaubaren Stahlfächern auszustatten.

○ Absatzfinanzierungsfunktion

Großhändler gewähren ihren Kunden i.d.R. ein Zahlungsziel (**Lieferantenkredit**). Dadurch hilft ein Großhändler seinen Kunden, ihre Einkäufe zu finanzieren. Sie können also die gekauften Produkte verwenden (be- und verarbeiten und weiterveräußern oder betrieblich nutzen), ohne dafür sofort finanzielle Mittel bereitstellen zu müssen. Ferner gewährt der Großhandel seinen Kunden auch langfristige Finanzierungsangebote, wobei häufig Banken eingeschaltet werden. Schließlich tritt der Großhändler – insbesondere bei Investitionsgütern – als Leasinggeber auf. Über einen **Leasingvertrag** wird dem Kunden eine Finanzierungsalternative geboten, bei der er weniger Eigenkapital aufbringen muss als bei einem Kauf.

Beispiel Die Primus GmbH bietet ihren Kunden an, Kopierer und Drucker zu leasen.

● Arten des Großhandels

Anhand der Positionierung des Großhandels zwischen den Absatzstufen lassen sich folgende **Arten des Großhandels** unterscheiden:

- Der **Absatz- oder Verteilungsgroßhandel** kauft als „klassischer" Großhandel große Mengen vom Hersteller und leitet diese in kleineren Mengen an den Einzelhandel weiter.

- Der **Produktionsverbindungsgroßhandel** verbindet unterschiedliche Produktionsstufen. Er handelt mit Halb- und Fertigerzeugnissen, Roh-, Hilfs- und Betriebsstoffen, die er den weiterverarbeitenden Betrieben zustellt.

- Der **Aufkaufgroßhandel** sammelt bei verschiedenen Anbietern kleine Warenmengen und verkauft sie in großen Mengen an Großabnehmer.

- Der **Investitionsgütergroßhandel** ist auf Güter spezialisiert, die zur Herstellung anderer Güter dienen.

● Betriebsformen des Großhandels

Die räumliche Entfernung zwischen Produktion und Verwendung kann auf unterschiedliche Art überbrückt werden, z.B. indem die Waren vom Großhandel dem Kunden zugestellt bzw. vom Kunden abgeholt werden oder indem das Geschäft online abgewickelt wird. Hierbei lassen sich folgende **Betriebsformen des Großhandels** (Absatzgroßhandel) unterscheiden:

- **Zustellgroßhandel**: Diese Betriebsform ist die klassische Form des Großhandels. Die Kunden werden mit eigenen Transportfahrzeugen nach einem **Tourenplan** oder durch **Frachtführer** mit den bestellten Waren beliefert. Der Transport der Waren zum Kunden macht innerhalb des Großhandelsbetriebes einen großen Kostenfaktor aus.

- **Abholgroßhandel**: Bei dieser Betriebsform muss sich der Kunde die Waren selbst abholen. Der Vorteil für den Großhändler liegt darin, dass er auf den teuren Transport der Waren zum Kunden verzichten kann. Diesen Vorteil kann er an den Kunden in Form von günstigen Preisen weitergeben.

   Der **Cash-and-carry-Großhandel** (Regalgroßhandel) ist eine Sonderform des Abholgroßhandels. Der Kunde kann die benötigten Waren in der Verkaufsform Selbstbedienung aussuchen und sofort mitnehmen.

   Beispiele Metro, Handelshof

- **Onlinegroßhandel**: Der Onlinegroßhandel hat in den letzten Jahren eine rasante Entwicklung genommen. Immer mehr Marktteilnehmer erkennen die Vorzüge der Geschäftsabwicklung im Internet auch im **B2B-Geschäft** oder nutzen **Großhandelsmarktplätze**.

   Eine **eigene Homepage** ist für fast alle Großhändler selbstverständlich. Zunehmend werden hier nicht nur Informationen über das Unternehmen, das angebotene Sortiment oder Kontaktdaten angeboten, sondern Kunden können in einem **eigenen Webshop** Waren direkt online ordern.

   Scheut ein Großhändler den Aufbau eines eigenen Webshops, kann er bereits existierende **Großhandelsmarktplätze** nutzen. Er spart so den Aufbau einer eigenen Internetpräsenz und profitiert von den Leistungen bereits etablierter Marktplätze. Diese verfügen i.d.R. über eine entsprechende Reichweite und häufig auch über eine **geprüfte Nutzerschaft** im Hinblick auf die gewerbliche Tätigkeit potenzieller Kunden.

   Beispiel www.grosshandel.eu

   Für Importeure oder global tätige Unternehmen können **international agierende Großhandelsmarktplätze** von Interesse sein.

   Beispiel www.alibaba.com

   Für die Abstimmung der Marketingaktivitäten im stationären und im Onlinegeschäft ist das **Multi-Channel-Marketing** von zentraler Bedeutung. Hier werden die Aktivitäten im klassischen stationären Geschäft, die Onlinepräsenz über die Homepage, die Angebote im Webshop und die Angebote auf Großhandelsmarktplätzen aufeinander abgestimmt.

Funktionen und Formen des Großhandels untersuchen

Der Großhandel übernimmt in unserer arbeitsteilig organisierten Wirtschaft folgende **Aufgaben (Funktionen):**

Raumüberbrückung	Er überbrückt die räumliche Distanz zwischen Herstellern von Gütern (Industrie) und Nachfragern für diese Güter.
Zeitüberbrückung	Er überbrückt durch Lagerhaltung die zeitliche Differenz zwischen der Produktion von Gütern und deren Nachfrage.
Mengenausgleich	Er ermöglicht den Ausgleich zwischen der Produktion in großen Mengen und der Nachfrage nach kleineren Mengen.
Sortimentsbildung	Er stellt Waren und Dienstleistungen nach den Bedürfnissen seiner Kunden zusammen.
Veredelung	Er bearbeitet (behandelt) Waren, um sie verkaufsfähig zu machen.
Service	Er bietet neben dem Warenverkauf zusätzliche Dienstleistungen für seine Kunden an.
Markterschließung	Er unterstützt Hersteller bei der Vermarktung ihrer Produkte.
Absatzfinanzierung	Er hilft seinen Kunden bei der Finanzierung ihrer Beschaffungen.

Arten des Großhandels
- Absatz- oder Verteilungsgroßhandel
- Produktionsverbindungsgroßhandel
- Aufkaufgroßhandel
- Investitionsgütergroßhandel

Betriebsformen des Großhandels
- Zustellgroßhandel
- Abholgroßhandel
- Onlinegroßhandel

---

1. Erläutern Sie die wirtschaftlichen Aufgaben des Großhandels am Beispiel Ihres Ausbildungsbetriebes. Stellen Sie Ihre Arbeitsergebnisse softwaregestützt dar und vergleichen Sie diese mit den Ergebnissen Ihrer Mitschüler. Diskutieren Sie über Gemeinsamkeiten und finden Sie Unterschiede heraus.

2. Beschreiben Sie die Serviceleistungen Ihres Ausbildungsbetriebes und erläutern Sie, welche Bedeutung sie für Ihren Betrieb und für Ihre Kunden haben.

3. Stellen Sie Ihrer Klasse das Sortiment Ihres Ausbildungsbetriebes vor. Erarbeiten Sie hierzu ein Referat, das ca. fünf Minuten dauern soll. Nutzen Sie dabei eine Präsentationssoftware.

4. Beschreiben Sie am Beispiel der Primus GmbH die Markterschließungsfunktion eines Großhandelsunternehmens.

5. Wenn ein Großhändler seinen Kunden durch Finanzierungshilfen Kauferleichterungen anbietet, entstehen für ihn selbst Finanzierungskosten. Erläutern Sie, wer diese Kosten letztendlich tragen muss.

2.4 Funktionen und Formen des Außenhandels untersuchen

Meltem Demir, eine gute Freundin von Nicole Höver, möchte auch Kauffrau für Groß- und Außenhandelsmanagement werden. Leider wird bei der Primus GmbH zurzeit kein Ausbildungsplatz angeboten. Da kommt Meltem die folgende Anzeige in den sozialen Netzwerken gerade recht:

Wir suchen zum 1. August *eine Auszubildende/einen Auszubildenden zum*

Kaufmann für Groß- und Außenhandelsmanagement (m/w/d)

Schwerpunkt Außenhandel.

Ihre Bewerbung richten Sie bitte an Herrn Thomas Maraun.

Kröger & Bach KG
Schifferstr. 25
47059 Duisburg
Tel.: 0203 13429-33
E-Mail: maraun@kroegerbach.de

Kröger & Bach KG

Meltem hat sich auf die Anzeige beworben und ist zum Vorstellungsgespräch eingeladen. Sie sitzt dem Gruppenleiter Personal, Thomas Maraun, gegenüber, der sie freundlich begrüßt und sie zunächst nach ihrem Schulabschluss und ihren Familienverhältnissen fragt.

Aber auch Meltem hat Fragen. *„Ich bin sehr überrascht, dass ein Unternehmen in Duisburg im Außenhandel tätig ist. Ich dachte, Außenhändler sitzen im Hamburger Hafen, dem ‚Tor zur Welt'",* stellt Meltem verwundert fest. *„Als Folge der Globalisierung finden Sie Außenhändler inzwischen praktisch überall",* erwidert ThomasMaraun, *„seit acht Jahren sind wir im Außenhandel tätig." – „Im Export oder im Import?",* fragt Meltem. *„In beiden Bereichen. Wir haben z.B. für eine Küchenmöbelfabrik in Köln den Vertrieb an der Ostküste der USA übernommen und für die Warengruppe Outdoor und Sport haben wir einen sehr guten Lieferanten in Singapur gewonnen." – „Warum exportiert die Möbelfabrik nicht selbst?",* fragt Meltem. *„Gute Frage",* erwidert Thomas Maraun lächelnd, *„der indirekte Export rechnet sich für sie." – „Ich habe eine Reportage über den Außenhandel im Fernsehen gesehen und ich muss sagen, es klang alles sehr anspruchsvoll, was man da können muss",* sagt Meltem. *„Kein Buch mit sieben Siegeln",* erwidert Thomas Maraun, *„aber Sie müssen eine Menge wissen über Märkte, Auslandsverträge und Logistik, Fremdsprachenkenntnisse nicht zu vergessen. Unsere Mitarbeiter sprechen meist mehrere Sprachen. Wie sieht es* denn bei Ihnen aus?" – „Englisch und Türkisch in Wort und Schrift und seit zwei Monaten mache ich einen Russisch-Kurs", erklärt Meltem. – „Okay, let's go on in English …"

ARBEITSAUFTRÄGE
- Erarbeiten Sie den nachfolgenden Sachinhalt und formulieren Sie Ihre Definition des Begriffs Außenhandel.
- Erläutern Sie Gründe, die für den direkten und für den indirekten Außenhandel sprechen.
- Erläutern Sie die Aussage von Thomas Maraun, dass sich der indirekte Export für die Kölner Möbelfabrik rechne.

● Zum Begriff des Außenhandels

Außenhandel ist die wirtschaftliche Tätigkeit des grenzüberschreitenden Umsatzes von Gütern als **Export** (Absatz) und **Import** (Beschaffung). Meist wird der Begriff auf den gewerbsmäßigen Austausch (durch Unternehmen) von beweglichen Sachgütern (Waren) bezogen. Hat der Händler seinen Sitz weder im Export- noch im Importland, liegt **Transithandel** vor.

Auch der Handel zwischen den EU-Ländern ist Außenhandel, da er über die jeweilige Staatsgrenze hinaus erfolgt (weit gefasster Außenhandelsbegriff). Allerdings entfallen hier mögliche Merkmale des Außenhandels wie z.B. Handelsbeschränkungen, Einfuhrzölle oder – bei EWWU-Staaten – Währungsschwankungen, sodass man vom **Gemeinschaftshandel (Intrahandel)** spricht. Deshalb wird mit „Außenhandel" oft nur der Handel mit den **Ländern außerhalb der EU** (außergemeinschaftlicher Handel, Extrahandel) bezeichnet (eng gefasster Außenhandelsbegriff).

● Direkter und indirekter Außenhandel

Die Entscheidung über den Beschaffungs- oder Absatzweg ist auch im Außenhandel von besonderer Bedeutung. Schon aufgrund der Notwendigkeit, dauernd über das **Marktgeschehen im Ausland** informiert zu sein, sind an Wissen und Erfahrung des inländischen Im- oder Exporteurs größere Ansprüche gestellt. Daher stellt sich grundsätzlich die Frage, ob das eigene Unternehmen **kompetent** genug ist, unmittelbar mit ausländischen Partnern Handelsgeschäfte abzuschließen und abzuwickeln. Ebenso sind die **Kosten** ausschlaggebend: In Unternehmen, die nur in geringem Maße exportieren oder importieren, wird sich der Aufbau einer eigenen Außenhandelsabteilung kaum lohnen. Hier wird man das Know-how spezialisierter inländischer **Zwischenhändler** nutzen und Waren über diese beschaffen oder absetzen.

● Direkter und indirekter Export

Beim **direkten Export** setzt der Hersteller die Produkte unmittelbar an seinen ausländischen Handelspartner ab. Dazu kann er **Reisende oder Handelsmittler** beschäftigen, die für fremde Namen und/oder fremde Rechnung tätig werden. Schaltet der Hersteller ein inländisches Außenhandelsunternehmen ein, liegt **indirekter Export** vor. Meist sind diese Exporthändler auf bestimmte Warengruppen (z.B. Industriebedarf) bzw. Exportländer (z.B. Nordamerika, Osteuropa, Südostasien) spezialisiert.

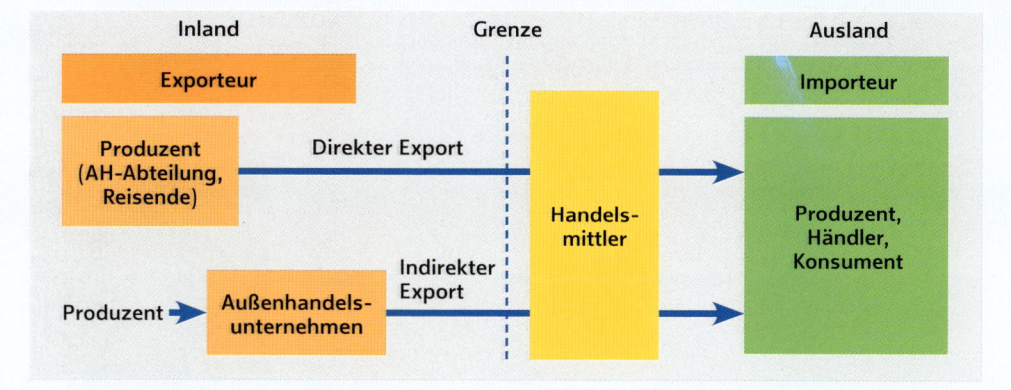

Die Aufgaben und die Organisation des Groß- und Außenhandels erkunden

```
Inland                    Grenze              Ausland
Exporteur                                     Importeur

Produzent        Direkter Export
(AH-Abteilung, ─────────────────────►         Produzent,
 Reisende)                      Handels-      Händler,
                                mittler       Konsument
                 Indirekter
                 Export
Produzent ► Außenhandels- ────────────────►
            unternehmen
```

Beispiele
- **Direkter Export:** Die Flamingowerke AG, Fabrikation von Schreibbedarf, Hamm, verkauft ihre Produkte unmittelbar an Groß- und Einzelhändler in Osteuropa. Dazu setzt sie neben Reisenden auch Handelsmittler (Auslandsagenten) ein, die in den Exportländern ansässig sind.
- **Indirekter Export:** Die Giesen & Co. OHG hat von der Contex Außenhandels-AG, Berlin, einen Auftrag über Kleingeräte für Schulungsbedarf erhalten. Die Contex AG, die an einer internationalen Ausschreibung teilgenommen hatte, liefert die Komplettausstattung für 150 Schulen in Peru. Zwischen der Giesen & Co. OHG und dem Auslandskunden besteht somit kein unmittelbarer Kontakt.

Für die Entscheidung, ob direkt oder indirekt exportiert werden soll, können verschiedene Kriterien eine Rolle spielen:

Direkter Export	Mögliche Kriterien für die Wahl des Absatzwegs im Außenhandel	Direkter Export
hoch	◄──── Auftragsvolumen, Menge, Wert ────►	niedrig
ja	◄──── Regelmäßige Exporttätigkeit, „Export-Know-how" → Absatzland ────►	nein
niedrig	◄──── Räumliche Entfernung zum Absatzmarkt ────►	hoch
hoch	◄──── Handelsspanne des Exporthändlers ────►	niedrig
kompliziert, beratungsintensiv	◄──── Produkt ────►	einfach, beratungsextensiv

● Direkter und indirekter Import

Kauft das inländische Unternehmen die Ware unmittelbar beim ausländischen Exporteur, liegt **direkter Import** vor. Beim **indirekten Import** beschafft das inländische Unternehmen die Waren bei einem inländischen Außenhändler (Importhändler). In beiden Fällen können Handelsmittler einbezogen werden.

Beispiele
- **Direkter Import:** Die Bürotec GmbH, Leipzig, kauft Schnittholz und Holzprofile zur Möbelproduktion unmittelbar bei der UAB ADVA, Jonava/Litauen. Es bestehen jahrelang eingespielte Geschäftsbeziehungen, die Beschaffungskonditionen sind sehr günstig.
- **Indirekter Import:** Zum Beschichten von Möbelteilen benötigt die Bürotec GmbH kleinere Mengen exotische Furnierhölzer, meist aus Afrika oder Südostasien. Diese beschafft sie bei

der Sodeck & Co. GmbH, Hamburg. Das seit 1905 bestehende Unternehmen ist auf den Import von Holzarten aus Übersee spezialisiert und ermöglicht mit speziellen Waren- und Länderkenntnissen eine schnelle und reibungslose Belieferung.

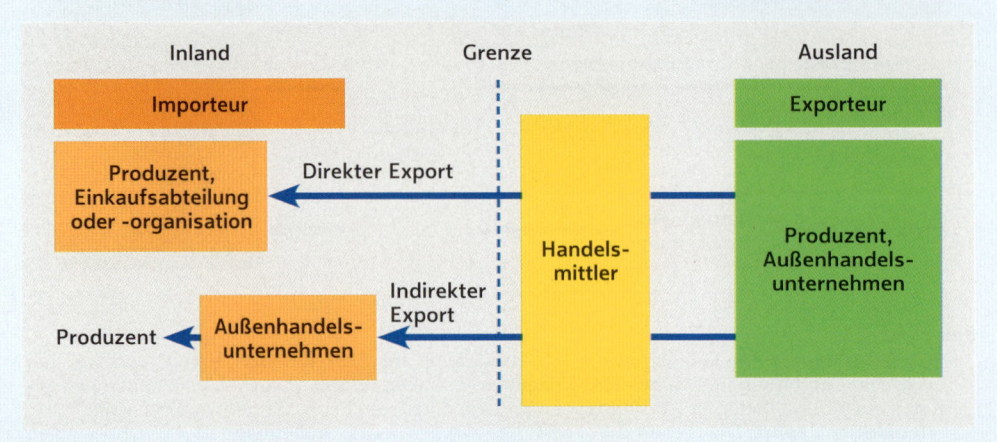

```
        Inland              Grenze              Ausland
     ┌──────────┐                             ┌──────────┐
     │ Importeur│                             │ Exporteur│
     └──────────┘                             └──────────┘
     ┌──────────┐   Direkter Export           
     │ Produzent,│◄─────────────────┐         
     │Einkaufs-  │                  │         ┌──────────┐
     │abteilung  │                  │         │ Produzent,│
     │oder       │                  │ Handels-│Außenhandels-│
     │-organisa- │                  │ mittler │unternehmen│
     │tion       │   Indirekter     │         └──────────┘
     └──────────┘   Export          │         
                    ┌──────────────┐│         
     Produzent ◄────│Außenhandels- ││         
                    │unternehmen   │          
                    └──────────────┘          
```

● Joint Venture

Der Marktzugang im Ausland ist leichter, wenn der Exporteur oder Importeur dort Niederlassungen oder Tochtergesellschaften unterhält. Bei beratungs- oder serviceintensiven Produkten, die meist **direkt** im- oder exportiert werden, ist dies oft unumgänglich. Allerdings bedeuten die dadurch notwendigen Investitionen meist hohe Kosten und Risiken. Um diese möglichst gering zu halten, kooperieren Unternehmen in ihren Auslandsmärkten mit dort ansässigen Partnern in der Form von **Gemeinschaftsunternehmen (= Joint Venture)**. Diese Form der Zusammenarbeit wird auch oft mit Unternehmen aus ehemals planwirtschaftlich organisierten Volkswirtschaften praktiziert.

Beispiel Die B.M. – Business Machines GmbH, Potsdam, hat mit der Bronski SA in Polen die „B.M. Poland sp z.o.O." gegründet, eine Vertriebsorganisation mit Kundendienst für Bürogeräte. Die B.M. GmbH bringt das Know-how in Bezug auf Technik, Organisation, Vertrieb, den größten Teil des Kapitals und der Investitionen, der östliche Partner die Marktkenntnisse und Kunden, kostengünstige Arbeitskräfte und Betriebsstätten. Auf diese Weise werden die Vorteile beider Partner gegenseitig nutzbar („Synergieeffekt").

● Transithandel

Außenhandelsgeschäfte können nicht nur vom Im- oder Exportland her, sondern auch von einem anderen Land aus abgewickelt werden. Aus der Sicht dieses Drittlandes liegt dann **aktiver Transithandel** vor, aus der Sicht des Export- oder Importlandes **passiver Transithandel**.

Die Waren gelangen ...

1. ... unmittelbar vom Exportland aus in das Importland, ohne das Drittland zu berühren **(direkter Transithandel)**.
2. ... kurzfristig – ohne einfuhrrechtliche Abfertigung – in das Drittland und von dort aus weiter in das endgültige Bestimmungsland (z.B. Transitumschlag im Hamburger Hafen). Die Ware kann vom **Transithändler** auch im Hafen bzw. im eigenen Betrieb kommissioniert oder neu verpackt werden **(gebrochener Transithandel)**. Meist ist er aber nicht in den Warenfluss eingebunden.

Beispiele

- **Zu 1:** Die Sodek & Co. GmbH, Hamburg, beschafft Bangkirai-Holzprofile aus Indonesien und lässt diese von Jakarta aus direkt nach den USA liefern.
- **Zu 2:** Die Primus GmbH beschafft von Richard D. Wesley Inc., Washington/USA, Hardware, lagert diese im Hamburger Hafen und transportiert diese nach St. Petersburg/Russland. Der Seecontainer wird im Hamburger Hafen gelöscht und gelangt ungeöffnet per Shuttle-Zug nach Travemünde, von dort aus per Seefracht nach St. Petersburg.

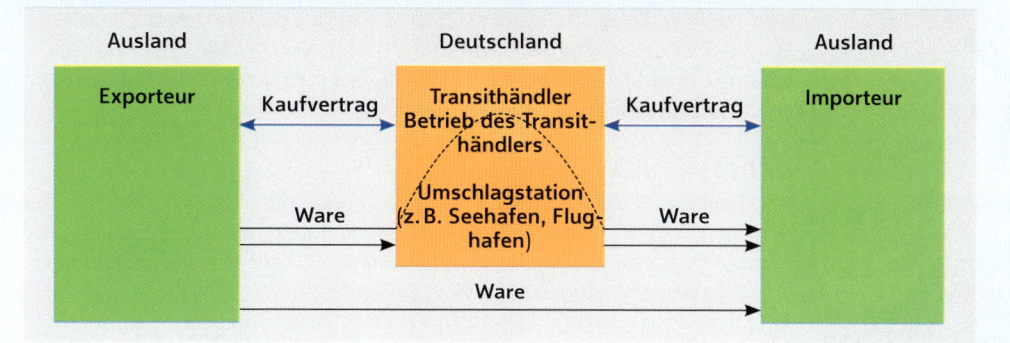

```
    Ausland              Deutschland              Ausland

   Exporteur  ←Kaufvertrag→  Transithändler  ←Kaufvertrag→  Importeur
                             Betrieb des Transit-
                             händlers
                             Umschlagstation
                  Ware      (z. B. Seehafen, Flug-    Ware
                  ────→      hafen)                  ────→

                           Ware
                  ──────────────────────────────────────→
```

Aufgaben und Formen des Außenhandels

- Außenhandel ist grenzüberschreitender Warenaustausch als **Export**, **Import** und **Transithandel**.
- Der Handel innerhalb der EU wird als **Gemeinschaftshandel** bezeichnet, der Handel mit Ländern außerhalb der EU als **außergemeinschaftlicher Handel**.
- Je nachdem, ob ohne oder mit inländischem Zwischenhändler gehandelt wird, liegt **direkter** oder **indirekter** Export bzw. Import vor.
- Die **Wahl des Exportwegs** (direkt/indirekt) durch den Produzenten ist abhängig von Kriterien wie Auftragsvolumen, dem Produkt, dem Außenhandels-Know-how, der räumlichen Entfernung zum Auslandsmarkt und der Handelsspanne des Exporthändlers. Entsprechendes gilt beim Import.
- Inländische Unternehmen (Produzenten, Händler) kooperieren zur Erschließung von Auslandsmärkten mit dort ansässigen ausländischen Partnern in der Form des **Joint Venture**, um Vorteile beider Partner gegenseitig nutzbar zu machen.
- Im **Transithandel** werden Außenhandelsgeschäfte von einem anderen Land her abgewickelt als dem Export- oder dem Importland.

1. Stellen Sie in einer Tabelle Möglichkeiten zusammen, wie Unternehmen, die mit dem Außenhandel noch wenig Erfahrung haben, ihre Kenntnisse in diesem Bereich verbessern können.

2. In den vergangenen Jahren hat die Bedeutung des direkten Imports und Exports zugenommen. Nennen Sie mögliche Gründe für diese Entwicklung.

3. Begründen Sie, warum man als Transithändler leichter Gefahr läuft, von Importeur oder Exporteur aus dem Beschaffungs- oder Absatzweg ausgeschaltet zu werden. Zeigen Sie Möglichkeiten für den Transithändler auf, dies zu verhindern.

2.5 Die Organisationsstruktur eines Groß- und Außenhandelsunternehmens nachvollziehen

Auch zur Organisationsstruktur der Primus GmbH hat die Unternehmensberatung Kienapfel Aussagen gemacht. Bemängelt wird die funktionsorientierte Aufbauorganisation, die als Einliniensystem ausgelegt ist. Frau Primus bittet ihre Abteilungsleiter, Vorschläge unter Berücksichtigung einer Gliederung nach Objekten und unter Einbeziehung des Mehrlinienprinzips zu erarbeiten.

ARBEITSAUFTRÄGE
- Erläutern Sie das Organigramm der Primus GmbH (vgl. S. 12).
- Erstellen Sie ein Organigramm Ihres Ausbildungsbetriebes. Stellen Sie das Organigramm softwaregestützt in der Klasse vor und diskutieren Sie Unterschiede und Gemeinsamkeiten.
- Beschreiben Sie die Ablauforganisation Ihres Ausbildungsbetriebes von der Bestellung einer Warengruppe bis zur Einlagerung. Nutzen Sie dazu ein Präsentationsprogramm.

● Organisation, Improvisation und Disposition

Organisation ist ein wesentliches Instrument zur Zielerreichung. Es muss gewährleistet sein, dass alle anfallenden Arbeiten reibungslos und mit dem geringsten Aufwand zielorientiert erledigt werden. Alle Maßnahmen, die hierzu ergriffen werden, betreffen die **Organisation** eines Betriebes. Es muss geregelt werden,

- **welche** Aufgaben und Tätigkeiten zu erledigen sind (**Aufgabengliederung**),
- **wie** die Aufgaben erledigt werden (**Arbeitsanweisungen**),
- **wer** die Aufgaben erledigt (**Zuständigkeiten, Kompetenzen**),
- **wer** Anweisungen erteilen darf (**Anordnungsbefugnis**).

Dauerhafte organisatorische Regelungen ersetzen zufällige bzw. vorläufige **Improvisationen** und **Dispositionen**.

Organisation	ist die planmäßige (räumlich und zeitlich) Zuordnung von Menschen (Mitarbeitern) und Sachmitteln zur Erreichung und dauerhaften Sicherung der betrieblichen Ziele bei optimalem Zusammenwirken aller Komponenten
Improvisation	umfasst vorläufige Regelungen für neuartige, ungewöhnliche oder unerwartete Fälle
Disposition	umfasst Einzelmaßnahmen und fallweise Entscheidungen

● Grundsätze der Organisation

Da „Organisieren" eine Gestaltungsaufgabe ist, die für alle Beteiligten eines Unternehmens (Mitarbeiter, Kunden, Lieferanten, Kapitalgeber usw.) die Orientierung im Unternehmen erleichtern soll, müssen dabei folgende **Grundsätze** beachtet werden:

Grundsätze	Erläuterungen
Zielorientierung	Die Organisation orientiert sich am betrieblichen Zielsystem und soll Zielkonflikte minimieren.
Klarheit und Übersichtlichkeit	Die Regelungen sollen klar, verständlich und eindeutig formuliert sein und übersichtlich dargestellt werden.
Verantwortungszuordnung	Klare eindeutige Verantwortungsbereiche, keine Kompetenzüberschneidungen
Koordination der Aufgaben	Arbeitsvorgänge sollen so koordiniert werden, dass keine Reibungsverluste entstehen und Leerläufe vermieden werden.
Kontinuität und Flexibilität	Organisatorische Maßnahmen sollen auf Dauer angelegt sein, jedoch müssen sie sich veränderten Bedürfnissen und Umwelteinflüssen gegenüber als flexibel erweisen.
Delegation	Abgabe von Aufgaben und Verantwortung an nachgeordnete Stellen
Kontrolle	Überwachung aller Vorgänge auf Effizienz durch Einsatz von Kontrollmechanismen

Im Rahmen der Organisation ist zunächst zu klären, wie das Unternehmen aufgebaut wird (**Aufbauorganisation**) und wie die Arbeitsabläufe organisiert werden (**Ablauforganisation**).

● **Aufbauorganisation** `LF 9`

Um ein Unternehmen zu organisieren, muss zuerst im Rahmen einer **Aufgabenanalyse** festgestellt werden, welche Aufgaben, Tätigkeiten und Arbeiten zu erledigen sind. Diese ergeben sich aus den **Zielen der Unternehmung** (vgl. S. 115 ff).

Dabei wird zunächst die Gesamtaufgabe in mögliche Teilaufgaben zerlegt. Diese **Aufgabenanalyse** kann anhand folgender Kriterien erfolgen:

● Nach der **Verrichtung**: Die Aufgaben werden nach ihrer betrieblichen Funktion gegliedert.
   Beispiel Die Aufgaben werden in die Bereiche Beschaffung, Absatz oder Personal zerlegt.

● Nach einzelnen **Objekten**: Die Aufgaben werden nach ihrer Zugehörigkeit zu einzelnen Objekten gegliedert. Objekte können z. B. Absatzgebiete sein.
   Beispiel Aufgaben werden nach den Absatzregionen, wie z. B. Deutschland, Europa oder USA, gegliedert.

● Nach ihrem **Rang**: Die Aufgaben werden nach leitenden oder ausführenden Tätigkeiten unterteilt.
   Beispiel Der Abteilungsleiter Einkauf der Primus GmbH darf Verträge bis zu einer Größenordnung von 5 000,00 € ohne Rücksprache mit der Geschäftsleitung tätigen.

In einem weiteren Schritt erfolgt nun die Bündelung der gebildeten Teilaufgaben zu **Stellen** (**Aufgabensynthese**).

Die wesentlichen Merkmale einer Stelle werden dabei in der **Stellenbeschreibung** festlegt. Übernimmt der Inhaber einer Stelle Leitungsaufgaben für andere Stellen, so spricht man von einer **Instanz**.

Beispiel Josef Winkler ist Abteilungsleiter Verkauf der Primus GmbH. Laut Stellenbeschreibung ist er den Mitarbeitern seiner Abteilung gegenüber weisungsberechtigt. Im Sinne der Aufbauorganisation wird die Stelle von Josef Winkler als Instanz bezeichnet.

Übergeordnete und die ihr untergeordneten Stellen können in einem weiteren Schritt zu **Abteilungen** verbunden werden.

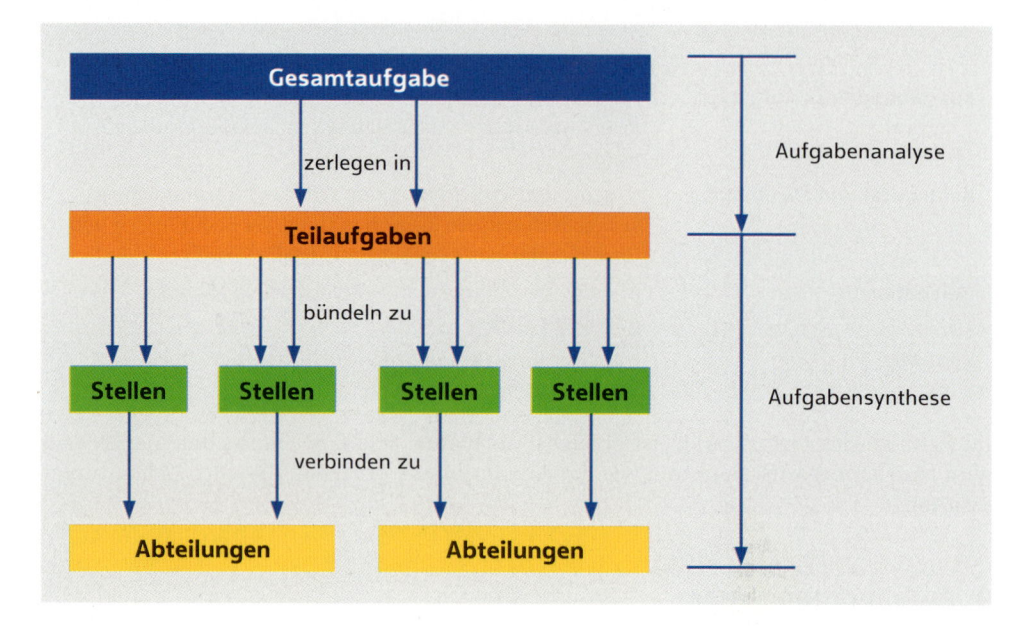

Je nach Anordnung der Instanzen, also der Stellen mit Entscheidungs- und Weisungsbefugnis, lassen sich die **Formen der Aufbauorganisation** als **Organigramm** darstellen.

○ Einliniensystem

Bekommt jede Stelle nur von einer einzigen übergeordneten Stelle Anweisungen, liegt ein **Einliniensystem** vor.

Beispiel Ein Sachbearbeiter erhält nur Anweisungen von seinem vorgesetzten Abteilungsleiter.

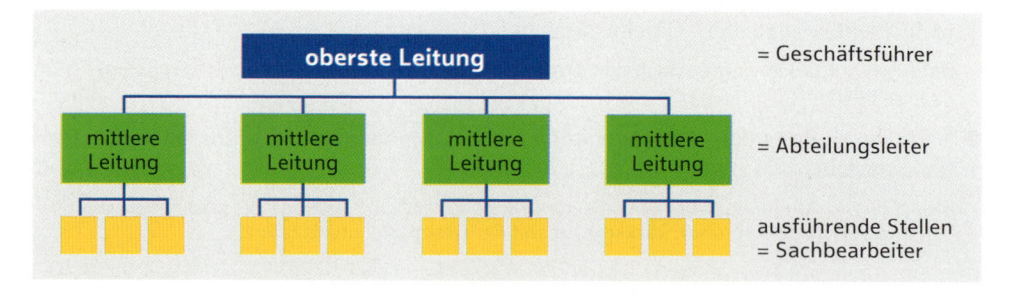

○ Mehrliniensystem

Erhält eine Stelle von mehreren übergeordneten Instanzen Anweisungen, spricht man von einem **Mehrliniensystem**.

Beispiel Ein Sachbearbeiter kann Anweisungen von mehreren Abteilungsleitern erhalten

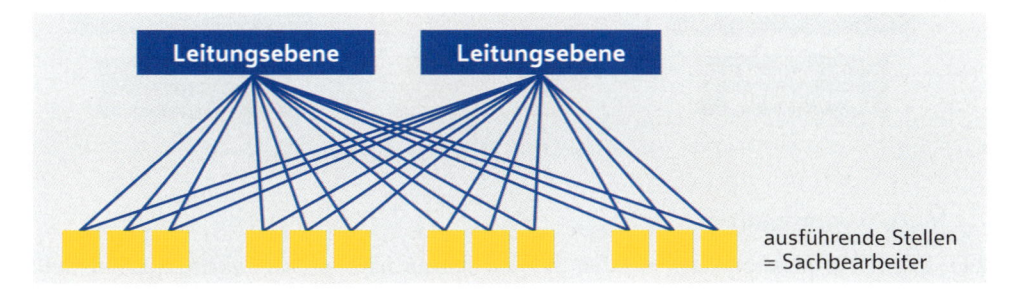

○ Stabliniensystem

Instanzen können sog. **Stabsstellen** zugeordnet werden. Diese verfügen über keinerlei Entscheidungs- oder Weisungskompetenz. Die Inhaber der Stabsstellen unterstützen ihre jeweilige Instanz bei der Wahrnehmung ihrer Aufgaben. Die Entscheidung trifft immer der Inhaber der Instanz.

Beispiel Svenja Braun ist Assistentin der Geschäftsleitung der Primus GmbH und Thomas Weiß der Umweltbeauftragte. Bei ihren Stellen handelt es sich um Stabsstellen.

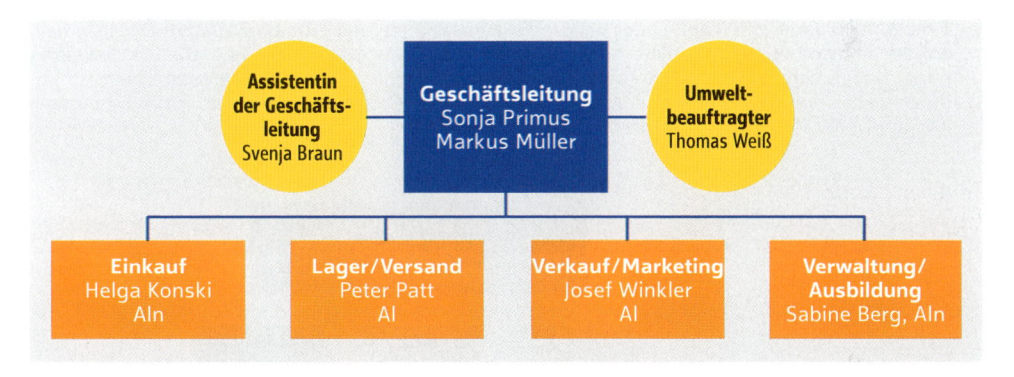

○ Spartenorganisation

Diese Organisationsstruktur basiert auf einer Abgrenzung betrieblicher Einheiten z. B. anhand der Kriterien Produkt, Produktgruppe oder Region (Absatzgebiet). Die Sparten, auch Divisionen genannt, handeln unabhängig voneinander, stehen jedoch unter einheitlicher Leitung. Die Autonomie der Sparten kann so weit gehen, dass diese als **Profitcenter** geführt werden. Dabei ist der jeweilige Spartenleiter für den Erfolg seiner Sparte voll verantwortlich. Voraussetzung dafür ist, dass die Spartenleiter einen entsprechenden Entscheidungsspielraum besitzen.

Beispiel Bei der Primus GmbH soll der Vertriebsbereich nach regionalen Sparten gegliedert werden, d. h. Verkauf Deutschland, Verkauf EU und Verkauf USA. Die Sparten können selbstständig entscheiden, ob sie für ihren Bereich bestimmte Artikel aus dem Sortiment der Primus GmbH vertreiben wollen oder nicht. Die Spartenleiter Winkler, Paul und Krazek sind dafür verantwortlich, dass ihr jeweiliges Spartenergebnis angemessen zum gesamten Unternehmensergebnis beiträgt.

```
┌─────────────────────┐  ┌─────────────────────┐  ┌─────────────────────┐
│ Verkauf Deutschland │  │   Verkauf Europa    │  │    Verkauf USA      │
└──────────┬──────────┘  └──────────┬──────────┘  └──────────┬──────────┘
     ┌─────┴─────┐            ┌─────┴─────┐            ┌─────┴─────┐
     │ Al Verkauf│            │ Al Verkauf│            │ Al Verkauf│
     │Josef Winkler            │Herbert Paul            │Miroslav Krazek
     └───────────┘            └───────────┘            └───────────┘
```

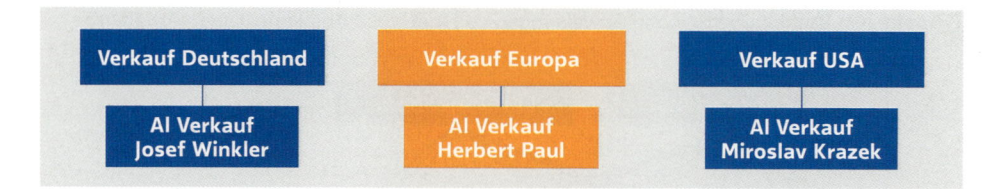

○ Matrixorganisation

Bei dieser Organisationsform werden die Gliederung **nach dem Funktionsprinzip und nach dem Objektprinzip kombiniert**. Häufig repräsentieren die Objekte bestimmte (zeitlich begrenzte) Projekte. Als Objekte sind aber auch die bereits oben erwähnten Produkte, Produktgruppen oder Regionen denkbar.

Im Falle der **projektorientierten Matrixorganisation** werden Mitarbeiter aus ihren angestammten Verrichtungs- oder Funktionsbereichen abgezogen, um in Zusammenarbeit mit dem jeweiligen **Projekt- oder Produktmanager (PM)** an der Umsetzung des Projekts zu arbeiten.

Beispiel Die Primus GmbH plant die Ausweitung des Sortiments auf den Bereich Bodenbeläge und Dekorationen. Hierzu wurde Sabine Rost, Mitarbeiterin der Abteilung Einkauf Bürotechnik/Büroeinrichtung, zur Produktmanagerin „Bodenbeläge/Dekorationen" bestimmt. Sie arbeitet mit den Funktionsmanagern Einkauf, Lager und Verkauf zusammen. Als Produktmanagerin legt sie fest, **welche** absatzpolitischen Aktivitäten **wann** für ihre Produkte erforderlich sind. Die Funktionsmanager haben den Weisungen zu folgen, entscheiden jedoch, **wie** die Vorgaben in ihrem Funktionsbereich umgesetzt werden. Auch für vorhandene Warengruppen könnten Produktmanager im Sinne einer Matrixorganisation eingesetzt werden.

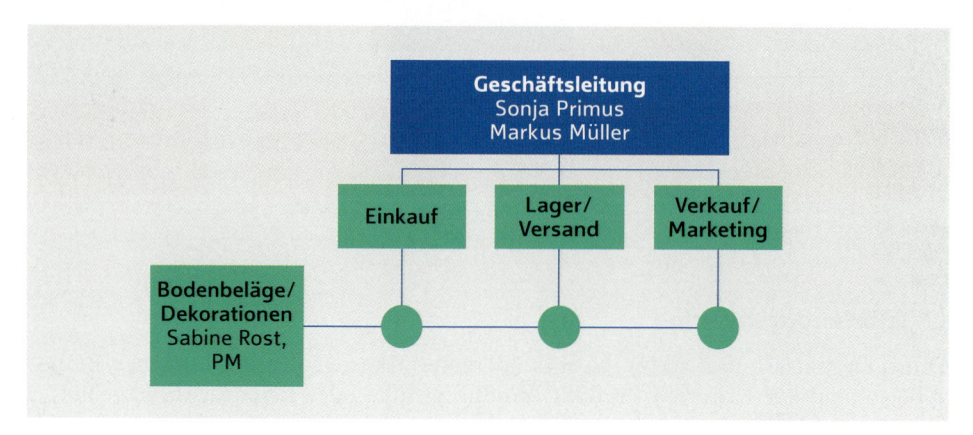

```
                    ┌──────────────────────┐
                    │   Geschäftsleitung   │
                    │     Sonja Primus     │
                    │    Markus Müller     │
                    └──────────┬───────────┘
         ┌─────────────────────┼─────────────────────┐
    ┌────┴────┐          ┌─────┴─────┐         ┌─────┴─────┐
    │ Einkauf │          │  Lager/   │         │ Verkauf/  │
    │         │          │  Versand  │         │ Marketing │
    └────┬────┘          └─────┬─────┘         └─────┬─────┘
┌────────┴────────┐            │                     │
│  Bodenbeläge/   │            │                     │
│  Dekorationen   ●────────────●─────────────────────●
│  Sabine Rost,   │
│       PM        │
└─────────────────┘
```

○ Abteilungsbildung

Abteilungen umfassen mehrere Stellen und werden von einer vorgesetzten Stelle (Instanz) geleitet, die verantwortlich für den Abteilungserfolg ist.

Abteilungsbildung nach dem Verrichtungsprinzip

Eine Gliederung nach dem **Verrichtungsprinzip** (Funktionsprinzip) ergibt sich, wenn die Abteilungen z.B. nach den betrieblichen Grundfunktionen (Einkauf, Lager, Verkauf, Verwaltung) gebildet werden.

Beispiel Organisation der Primus GmbH nach dem Verrichtungsprinzip

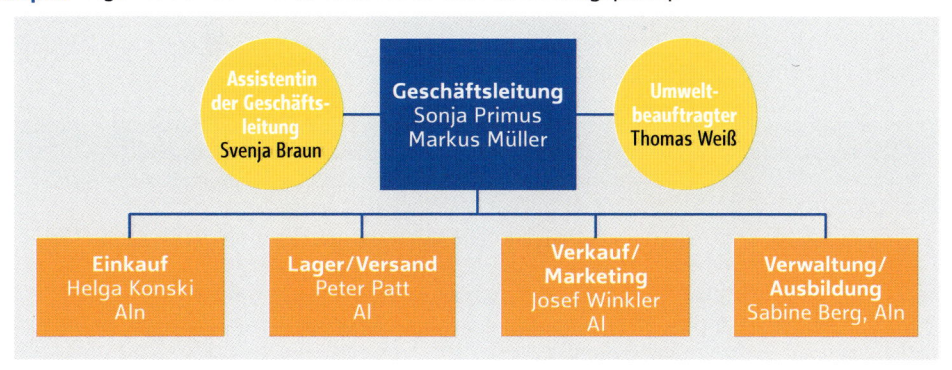

```
                    Assistentin
                   der Geschäfts-      Geschäftsleitung      Umwelt-
                      leitung          Sonja Primus       beauftragter
                    Svenja Braun       Markus Müller       Thomas Weiß

        Einkauf         Lager/Versand      Verkauf/        Verwaltung/
       Helga Konski      Peter Patt        Marketing       Ausbildung
          Aln              Al            Josef Winkler   Sabine Berg, Aln
                                               Al
```

Abteilungsbildung nach dem Objektprinzip

Eine Gliederung nach dem sog. **Objektprinzip** ergibt sich, wenn die Abteilungen z. B. nach Warengruppen gebildet werden. In diesem Zusammenhang spricht man auch von einer divisionalen Organisationsstruktur oder einer Spartenorganisation.

Beispiel Organisation der Primus GmbH nach dem Objektprinzip

```
                        Geschäftsleitung

        Bürotechnik    Büro-          Büro-         Verbrauchs-
                     einrichtung    organisation     material

        – Einkauf      – Einkauf      – Einkauf      – Einkauf
        – Lager        – Lager        – Lager        – Lager
        – Verkauf      – Verkauf      – Verkauf      – Verkauf
        – Rechnungswesen – Rechnungswesen – Rechnungswesen – Rechnungswesen
```

Abteilungen können auch nach den Phasen der Entscheidungsprozesse gebildet werden (**Phasenprinzip**).

Dabei kann zwischen Kern- und Unterstützungs- oder Supportprozessen unterschieden werden:

- **Kernprozesse** umfassen die wertschöpfenden Prozesse des Unternehmens. Dies sind in einem Groß- und Außenhandelsunternehmen die Beschaffung und Bereitstellung, die Leistungserstellung und der Absatz.
- **Unterstützungs- oder Supportprozesse** arbeiten den Kernprozessen zu. Sie umfassen die sich aus der betrieblichen Dokumentations- und Planungsarbeit ergebenden Kommunikations- und Steuerungsprozesse.

Eine Aufstellung aller Organisationseinheiten eines Unternehmens nennt man **Organisationsplan** oder **Organigramm** (vgl. S. 12 und 19). Diesem Plan kann man die hierarchische Struktur eines Unternehmens entnehmen.

○ Führung in Organisationen

Instanzen haben innerhalb einer Organisation die Aufgabe, nachgeordnete Stellen zu führen. Führung umfasst folgende **Funktionen**:

Führungsfunktion	Beispiele für Führungstätigkeiten
Planung	– Prognosen aufstellen (Analyse von Zeitreihen, Trends usw.) – Ziele setzen, vereinbaren, initiieren – Grundsätze und Richtlinien der Unternehmenspolitik vereinbaren, aufstellen, anwenden – Arbeits- und Zeitpläne ausarbeiten – Arbeitsmethoden festlegen – Budgets aufstellen
Organisation	– Aufgaben und Tätigkeiten festlegen – Kompetenzen abgrenzen – Delegieren von Aufgaben und Verantwortung – Schnittstellen zwischen Arbeitsgängen festlegen – Organisationsgrundsätze und -richtlinien festlegen
Leitung	– Initiative ergreifen, fördern, koordinieren – Entscheidungen treffen – Kommunikation herstellen und Mitarbeiter motivieren – Vorbildfunktion erfüllen
Kontrolle	– Leistungsstandards und Soll-Werte erarbeiten und vereinbaren – Erfassung, Vergleich und Auswerten von Ergebnissen – Ursachenanalyse für Abweichungen, Schwachstellen finden – Korrekturmaßnahmen ergreifen
Repräsentation	– Vertreten des Unternehmens nach innen und außen

● Ablauforganisation

LF 9 Im Rahmen der Ablauforganisation wird festgelegt, wie die **Arbeitsabläufe** organisiert werden. Es wird bestimmt, **wo** die Teilaufgaben zu bearbeiten sind, **wie** eine Tätigkeit ausgeführt werden muss, **wann** die Erledigung erfolgen soll und **welche** Sachmittel dabei eingesetzt werden.

Beispiele
- **Wo** werden Reklamationen bearbeitet?
- **Wie** wird bei Reklamationen verfahren?
- **Wann** (in welcher Frist) sind Reklamationen zu bearbeiten?
- **Welche** Software bzw. Vordrucke sind bei Reklamationen einzusetzen?

Die so beschriebenen Abläufe können als **schriftliche Regelung**, mithilfe von **Ablaufdiagrammen** oder als **ereignisgesteuerte Prozessketten (EPK)** dokumentiert werden.

Beispiel Beschreibung der Wareneingangskontrolle der Primus GmbH **als schriftliche Regelung**:

Primus GmbH — Büroeinrichtung und Zubehör

Schriftliche Regelung der Wareneingangskontrolle

Der Mitarbeiter in der Warenannahme übernimmt vom Spediteur (Fahrer) die Waren und prüft die richtige Empfangsadresse auf den Begleitpapieren. Ist der Empfänger nicht korrekt (Irrläufer, falsche Lagerstätte o. Ä.), so wird der Leiter der Warenannahme eingeschaltet, der dann zu entscheiden hat. Die Angaben auf den Warenbegleitpapieren (Lieferschein, Frachtbrief) werden mit der Sendung verglichen (Stückzahl usw.) …

Beispiel Beschreibung der der Auftragsbearbeitung der Primus GmbH **als Ablaufdiagramm**

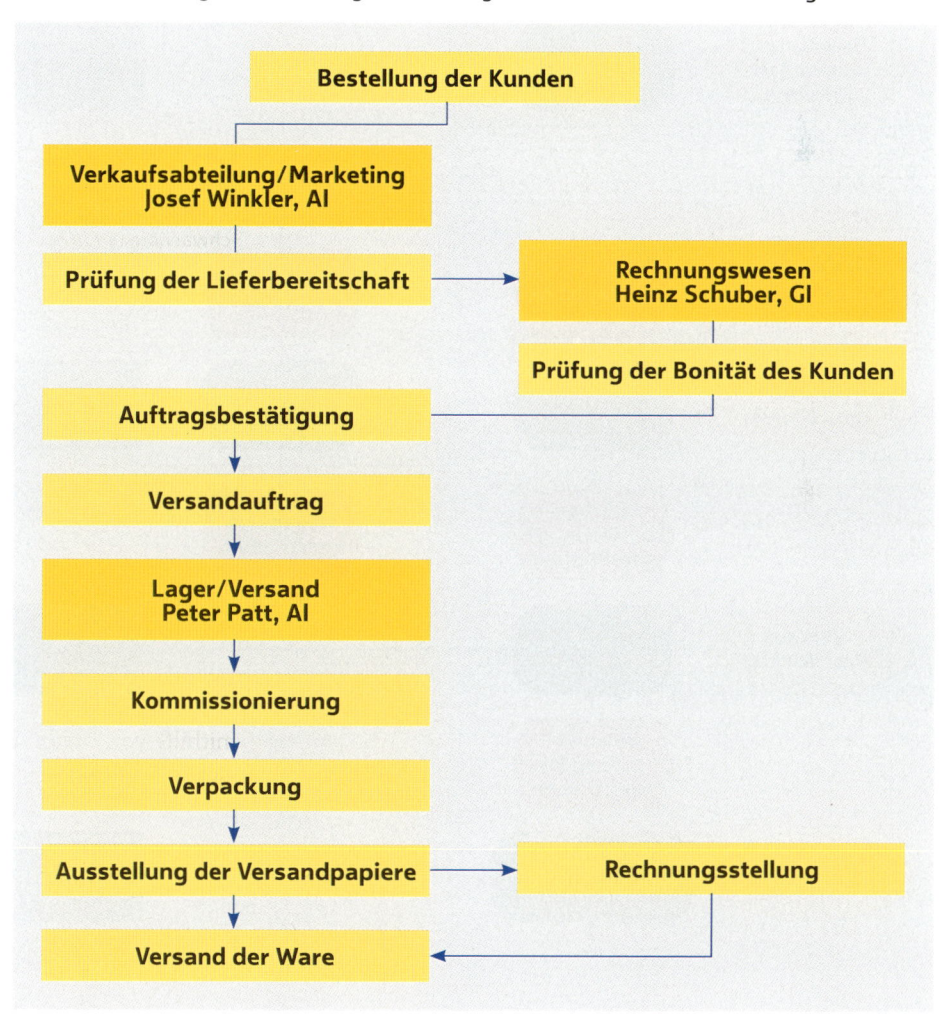

```
                    Bestellung der Kunden
                              │
                              ▼
   Verkaufsabteilung/Marketing
      Josef Winkler, AI
              │
              ▼
   Prüfung der Lieferbereitschaft  ──────▶   Rechnungswesen
                                              Heinz Schuber, GI
                                                    │
                                                    ▼
                                          Prüfung der Bonität des Kunden
              ┌─────────────────────────────────────┘
              ▼
      Auftragsbestätigung
              │
              ▼
        Versandauftrag
              │
              ▼
         Lager/Versand
         Peter Patt, AI
              │
              ▼
       Kommissionierung
              │
              ▼
          Verpackung
              │
              ▼
 Ausstellung der Versandpapiere  ──────▶   Rechnungsstellung
              │                                     │
              ▼                                     │
        Versand der Ware  ◀───────────────────────┘
```

Beispiel Beschreibung der Auftragsbearbeitung der Primus GmbH **als ereignisgesteuerte Prozesskette (EPK)** (vereinfachte Darstellung)

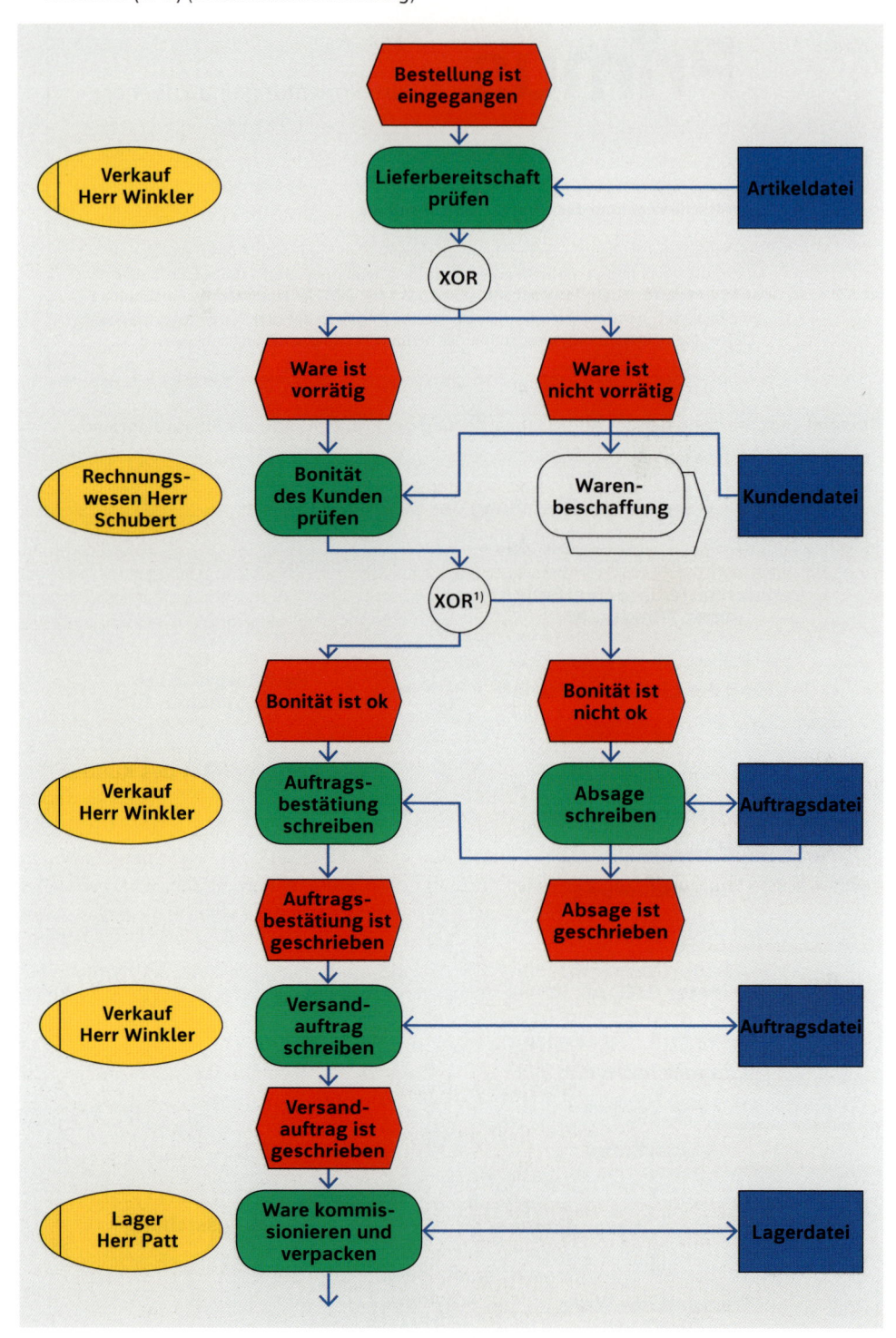

```
                        ┌──────────────────┐
                        │ Bestellung ist   │
                        │ eingegangen      │
                        └────────┬─────────┘
                                 ▼
  ┌──────────────┐       ┌──────────────────┐       ┌──────────────┐
  │ Verkauf      │       │ Lieferbereitschaft│◀─────│ Artikeldatei │
  │ Herr Winkler │       │ prüfen           │       └──────────────┘
  └──────────────┘       └────────┬─────────┘
                                 ▼
                               (XOR)
                          ┌──────┴──────┐
                          ▼             ▼
                  ┌─────────────┐ ┌─────────────┐
                  │ Ware ist    │ │ Ware ist    │
                  │ vorrätig    │ │ nicht vorrätig│
                  └──────┬──────┘ └──────┬──────┘
                         ▼               ▼
  ┌──────────────┐ ┌─────────────┐ ┌─────────────┐ ┌──────────────┐
  │ Rechnungs-   │ │ Bonität     │ │ Waren-      │ │ Kundendatei  │
  │ wesen Herr   │ │ des Kunden  │◀│ beschaffung │◀│              │
  │ Schubert     │ │ prüfen      │ │             │ └──────────────┘
  └──────────────┘ └──────┬──────┘ └─────────────┘
                         ▼
                       (XOR¹⁾)
                    ┌────┴────┐
                    ▼         ▼
            ┌─────────────┐ ┌─────────────┐
            │ Bonität ist │ │ Bonität ist │
            │ ok          │ │ nicht ok    │
            └──────┬──────┘ └──────┬──────┘
                   ▼               ▼
  ┌──────────────┐ ┌─────────────┐ ┌─────────────┐ ┌──────────────┐
  │ Verkauf      │ │ Auftrags-   │ │ Absage      │ │ Auftragsdatei│
  │ Herr Winkler │ │ bestätigung │◀│ schreiben   │◀▶│              │
  │              │ │ schreiben   │ │             │ └──────────────┘
  └──────────────┘ └──────┬──────┘ └──────┬──────┘
                         ▼               ▼
                  ┌─────────────┐ ┌─────────────┐
                  │ Auftrags-   │ │ Absage ist  │
                  │ bestätigung │ │ geschrieben │
                  │ ist geschr. │ │             │
                  └──────┬──────┘ └─────────────┘
                         ▼
  ┌──────────────┐ ┌─────────────┐              ┌──────────────┐
  │ Verkauf      │ │ Versand-    │              │ Auftragsdatei│
  │ Herr Winkler │ │ auftrag     │◀────────────▶│              │
  │              │ │ schreiben   │              └──────────────┘
  └──────────────┘ └──────┬──────┘
                         ▼
                  ┌─────────────┐
                  │ Versand-    │
                  │ auftrag ist │
                  │ geschrieben │
                  └──────┬──────┘
                         ▼
  ┌──────────────┐ ┌─────────────┐              ┌──────────────┐
  │ Lager        │ │ Ware kommis-│              │ Lagerdatei   │
  │ Herr Patt    │ │ sionieren   │◀────────────▶│              │
  │              │ │ und verpacken│             └──────────────┘
  └──────────────┘ └──────┬──────┘
                         ▼
```

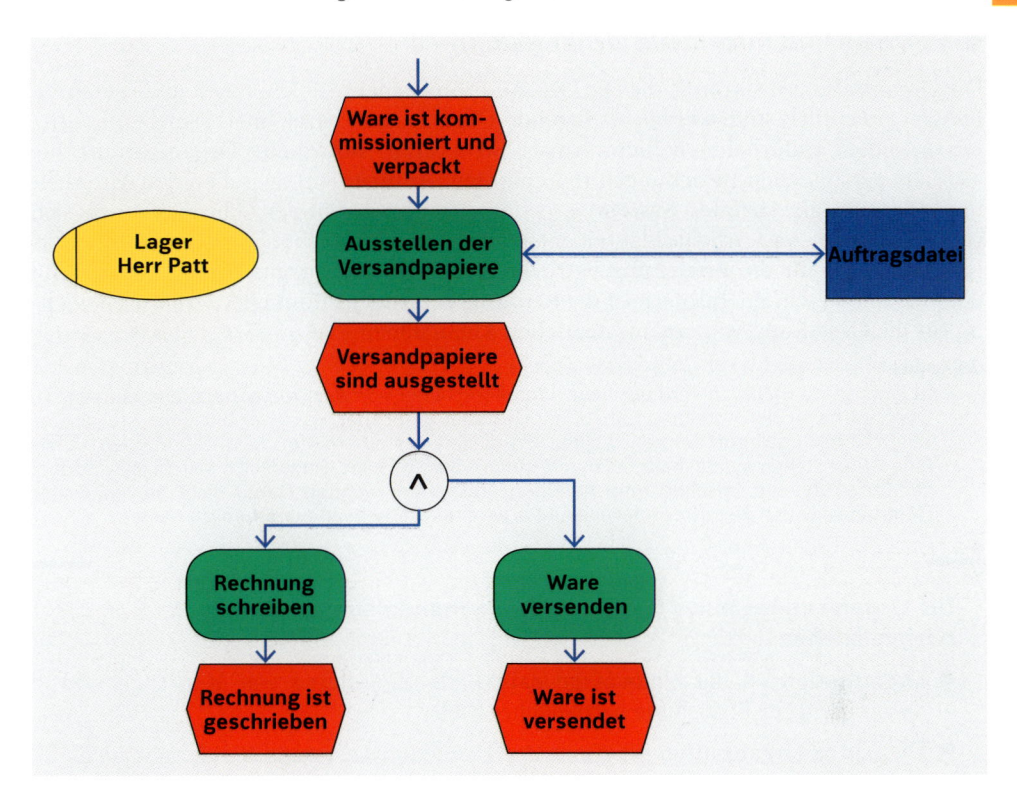

Die Aufgaben und die Organisation des Groß- und Außenhandels erkunden

[Flussdiagramm:]

- Ware ist kommissioniert und verpackt
  ↓
- Lager Herr Patt → Ausstellen der Versandpapiere ↔ Auftragsdatei
  ↓
- Versandpapiere sind ausgestellt
  ↓ (∧)
  ├─→ Rechnung schreiben → Rechnung ist geschrieben
  └─→ Ware versenden → Ware ist versendet

○ **Ziele der Ablauforganisation**

Die Ablauforganisation verfolgt als Hauptziel die **optimale Gestaltung von Arbeitsabläufen**. Hieraus lassen sich folgende Teilziele ableiten:

Teilziele	Erläuterungen, Beispiele
Minimierung von Durchlaufzeiten	– Minimierung von Lager- und Transportzeiten, – Minimierung der Zeiten für Rechnungserstellung (Prinzip des kurzen Weges)
optimale Nutzung von Kapazitäten	– Kapazitäten der Mitarbeiter (Fähigkeiten und Kenntnisse) aufgabengerecht einsetzen, – Betriebsmittel (Maschinen, Computer, Fuhrpark, Lagerräume usw.) auslasten
Vermeidung von Leerlaufzeiten	– Vermeidung von unnötigen Transportwegen, – Optimierung der innerbetrieblichen Kommunikation, Steuerung des Informationsflusses
Vermeidung von Engpässen	– Vermeidung von „Staus", Überstunden, Überbelastung von Betriebsmitteln usw.
humane Gestaltung von Arbeitsplätzen	– Arbeitsplätze nach ergonomischen Grundsätzen gestalten.

Formale und informelle Organisation

Die Organisationsstrukturen, die aus Organisationsplänen, Stellenplänen und -beschreibungen ersichtlich sind, werden als **formale Organisation** bezeichnet. Daneben existieren in jedem Unternehmen nichtformale Strukturen (**informelle Organisation**), die sich aus persönlichen Beziehungen (Sympathien, Antipathien) zwischen den Mitarbeitern **(Betrieb als soziales System)** ergeben. Hierdurch können Abweichungen von geplanten (formalen) Arbeitsabläufen entstehen. Diese Abweichungen können einerseits förderlich sein für die Erreichung betrieblicher Ziele, andererseits können sie störend oder hemmend wirken. Insofern ist die Kenntnis derartiger informeller Strukturen wichtig für die Gestaltung von organisatorischen Maßnahmen.

Beispiele
- In einem Unternehmen wird ein neuer Abteilungsleiter von der Geschäftsleitung eingestellt. Die Mitarbeiter der Abteilung haben jedoch damit gerechnet, dass der bisherige stellvertretende Abteilungsleiter, der sehr beliebt ist, diesen Posten erhalten wird. Dem neuen Abteilungsleiter stehen sie deshalb reserviert gegenüber. Sie widersetzen sich seinen Weisungen, versorgen ihn mit falschen Informationen und leiten wichtige Daten nicht an ihn weiter **(Mobbing)**. Durch diese informelle Struktur wird der Betriebsablauf erheblich gestört.

Die Organisations eines Groß- und Außenhandelsunternehmens nachvollziehen

- **Organisation** ist die planmäßige dauerhafte Zuordnung von Menschen und Sachmitteln zur Erreichung betrieblicher Ziele.

- Die **Aufbauorganisation** setzt eine **Aufgabenanalyse** voraus, bei der alle anfallenden Aufgaben zur Zielerreichung erfasst werden. Eine **Aufgabensynthese** ergibt Stellen und Abteilungen.
  - **Stellen** sind Aufgabengruppen, die von einem Mitarbeiter bewältigt werden können. Hierzu wird eine **Stellenbeschreibung** angefertigt. Alle Stellen sind in einem **Stellenplan** verzeichnet.
  - Gleichartige Stellen werden zu **Abteilungen** zusammengefasst.
  - Grundformen der Aufbauorganisation sind das **Einlinien-** und das **Mehrliniensystem**.
  - Bei der **Matrixorganisation** werden das Verrichtungsprinzip und das Objektprinzip miteinander kombiniert.

- Die **Ablauforganisation** klärt, wo die Teilaufgaben zu bearbeiten sind, wie eine Tätigkeit ausgeführt werden muss, wann die Erledigung erfolgen soll und welche Sachmittel dabei eingesetzt werden. Ihr Hauptziel ist die optimale Gestaltung von Arbeitsabläufen.

- Die **formale Organisation** wird durch **informelle Strukturen** ergänzt, die sich aus sozialen Beziehungen der Mitarbeiter zueinander ergeben.

---

1. Geben Sie aus Ihrer beruflichen Erfahrung Situationen an, bei denen Improvisation und Disposition erforderlich sind und dauerhafte organisatorische Regelungen nicht formuliert werden können.

2. Fertigen Sie ein Organigramm Ihres Ausbildungsbetriebes an und diskutieren Sie Ihr Ergebnis in der Klasse. Nutzen Sie dazu eine geeignete Software. Finden Sie Gemeinsamkeiten und Unterschiede heraus. Geben Sie an, worauf diese Unterschiede zurückzuführen sind.

Den betrieblichen Leistungsprozess und die handelsrechtlichen Rahmenbedingungen beschreiben

3. Erstellen Sie für Ihre jetzige Tätigkeit in Ihrem Ausbildungsbetrieb eine Stellenbeschreibung und diskutieren Sie Gemeinsamkeiten und Unterschiede zu den Stellenbeschreibungen Ihrer Mitschüler.

4. Erstellen Sie ein Ablaufdiagramm für die Auftragsbearbeitung in Ihrem Ausbildungsbetrieb.

5. Erläutern Sie den Unterschied zwischen formaler und nicht formaler (informeller) Organisation und geben Sie jeweils Beispiele an, bei denen die nicht formale Organisation betriebliche Ziele unterstützt bzw. sie behindert.

3 Den betrieblichen Leistungsprozess und die handelsrechtlichen Rahmenbedingungen beschreiben

3.1 Ökonomische, ökologische und soziale Ziele unternehmerischen Handelns vergleichen

Die Geschäftsführer der Primus GmbH, Sonja Primus und Markus Müller, sitzen wie jeden Montag mit den Abteilungsleiterinnen und Abteilungsleitern zusammen. Heute ist das Thema der Sitzung die Frage, ob zum kommenden Termin Auszubildende eingestellt werden sollen. Frau Primus eröffnet die Sitzung mit einer Stellungnahme: *„Eigentlich möchte ich möglichst vielen jungen Menschen einen Ausbildungsplatz bieten."* Herr Müller wirft ein: *„Jeder Auszubildende verursacht Kosten, die nur über die Erlöse wieder in das Unternehmen zurückfließen können. Also einfach ausgedrückt: Je mehr Auszubildende wir einstellen, desto höhere Preise müssen wir von unseren Kunden fordern; und je höher die Preise sind, desto weniger Kunden haben wir. So einfach ist das!"* – *„Aber unsere Auszubildenden sind doch auch wertvolle Arbeitskräfte, in vielen Abteilungen ersetzen sie zumindest eine Halbtagskraft"*, entgegnet Frau Berg, die Ausbildungsleiterin. *„Aber nur im dritten Jahr, und dann sind sie auch noch zwei Tage in der Berufsschule"*, erwidert Herr Müller. *„Wenn jeder Unternehmer so dächte wie Sie"*, sagt Frau Primus, *„dann gäbe es bald keine ausgebildeten Fachkräfte mehr. Wir haben als Unternehmen doch auch eine soziale Verantwortung!"*

ARBEITSAUFTRÄGE
◆ Führen Sie die Diskussion der Geschäftsführer fort. Bilden Sie dazu drei Gruppen: die Befürworter und die Kritiker der Ausbildung sowie eine Beobachtergruppe. Befürworter und Kritiker sammeln zunächst Argumente und halten diese auf Karten fest. Die Beobachter sammeln Kriterien, auf die sie bei der Beobachtung der Diskussion achten wollen. Zeichnen Sie die Diskussion auf Video auf und werten Sie diese aus.

> ◆ Erstellen Sie eine Liste der Ziele, die von einem Groß- und Außenhandelsunternehmen verfolgt werden können.
> ◆ Stellen Sie fest, ob und – wenn ja – wie sich die Ziele gegenseitig beeinflussen.

● Unternehmensziele

Alle Wirtschaftsbetriebe verfolgen Ziele, die im **Unternehmensleitbild** formuliert sind und die sie mit unterschiedlichen Methoden und Maßnahmen erreichen wollen. Ziele können Sachziele, wirtschaftliche Ziele, soziale Ziele oder ökologische Ziele sein.

○ Sachziele

Unter einem Sachziel versteht man den sachlichen Inhalt bzw. den **sachlichen Zweck eines Unternehmens**, der im Gesellschaftsvertrag festgelegt ist und bei der Gründung eines Unternehmens im Handelsregister, dem Verzeichnis aller Unternehmen in einem Bezirk (vgl. S. 127 ff), angegeben werden muss.

Beispiel In § 3 des Gesellschaftsvertrages der Primus GmbH heißt es u.a.: „Die Gesellschaft betreibt die Beschaffung und Weiterveräußerung von Bürobedarf und die Erbringung der dazugehörigen Dienstleistungen."

○ Wirtschaftliche (ökonomische) Ziele

Das Sachziel eines Unternehmens ist letztlich nur ein Mittel zur Erreichung anderer, nämlich wirtschaftlicher Ziele, wie **ein angemessener Gewinn und die Verzinsung des eingesetzten Kapitals**.

Beispiel Die Primus GmbH möchte Gewinne erwirtschaften, Kosten senken, rentabel arbeiten, Marktanteile sichern und ausweiten.

○ Soziale Ziele

Unternehmen verfolgen auch soziale Ziele, die sich vorwiegend **auf ihre Mitarbeiter beziehen**.

Zu den sozialen Zielen gehört auch die Übernahme von sozialer Verantwortung, insbesondere gegenüber **sozial benachteiligten Gruppen**. Dieser Grundgedanke findet sich auch im Grundsatz der **Inklusion** (von lat. inclusio = Einschluss, Einschließung) wieder. Inklusion schätzt die Vielfalt und wendet sich gegen Diskriminierung. Sie strebt eine **uneingeschränkte Teilhabe aller Menschen in allen Bereichen der Gesellschaft** an. Dies gilt für Schulen, Kommunen und Vereine genauso wie für Betriebe.

Inklusion verlangt, dass alle Menschen gleich gut behandelt werden, die gleichen Rechte haben, es keine Hindernisse und Barrieren gibt und alle gleichberechtigt an allen Bereichen der Gesellschaft teilhaben können. Dies gilt unabhängig von individuellen Fähigkeiten, der Hautfarbe, der Herkunft, dem Geschlecht, dem Alter, dem sozialen Status, der sexuellen Orientierung oder einer Behinderung.

Ökologische Ziele

Ökologische Ziele (Ökologie = Wissenschaft von den Wechselbeziehungen zwischen den Lebewesen und ihrer Umwelt) werden im Zielsystem eines Unternehmens zunehmend wichtiger. Das Anstreben ökologischer Ziele drückt die **Verantwortung von Unternehmen gegenüber ihrer Umwelt** aus.

Beispiel Die Primus GmbH kauft überwiegend recycelbare Artikel aus umweltverträglichen Werkstoffen ein.

Unternehmen, die ökologische Ziele in den Vordergrund stellen, orientieren sich am **Prinzip der Nachhaltigkeit.** Dieses Prinzip besagt, dass alle unternehmerischen Entscheidungen so ausgerichtet sein müssen, dass sie auch langfristig im Einklang mit der Umwelt stehen. Bei produzierenden Unternehmen bedeutet dies, dass an die verwendeten Materialien folgende Anforderungen zu stellen sind:

- Die bei der Fertigung von Gütern anfallenden Rückstände sollten recycelbar sein.

    Beispiel Die Bürodesign GmbH, ein großer Büromöbelhersteller, saugt alle bei der Holzverarbeitung anfallenden Sägespäne ab. Das Sägemehl wird für die Herstellung von Spanplatten verwendet.

- Für Fertigung und Verpackung sollten Rohstoffe eingesetzt werden, die durch Recycling gewonnen wurden.

    Beispiel Für die Verpackung der Büromöbel der Bürodesign GmbH wird Recyclingpapier verwendet.

- Für die Fertigung sollten erneuerbare Primärrohstoffe eingesetzt werden.

    Beispiel Bei der Fertigung von Schreibtischen der Bürodesign GmbH werden nur Furniere einheimischer Hölzer verwendet.

- Nicht erneuerbare Rohstoffe sollten sparsam verwendet werden.

    Beispiel Um Gas für die Heizung zu sparen, lässt die Primus GmbH die Heizungsanlage mit einer Wärmepumpe nachrüsten.

Der **Groß- und Außenhandel** könnte das Prinzip der Nachhaltigkeit z. B. in folgenden Bereichen umsetzen:

- Verwendung von Verpackungsmaterial aus recycelten Rohstoffen
- Zusammenstellung des Sortiments unter ökologisch vertretbaren Gesichtspunkten
- Bevorzugung von Lieferanten, die sich dem Prinzip der Nachhaltigkeit verschrieben haben
- Wahl ökologisch vertretbarer Transportwege

Zielbündel bzw. Zielsystem

Jedes Unternehmen verfolgt gleichzeitig mehrere Ziele. So hat jedes Unternehmen ein ganzes **Zielbündel bzw. Zielsystem**, das erreicht werden soll.

Beispiel

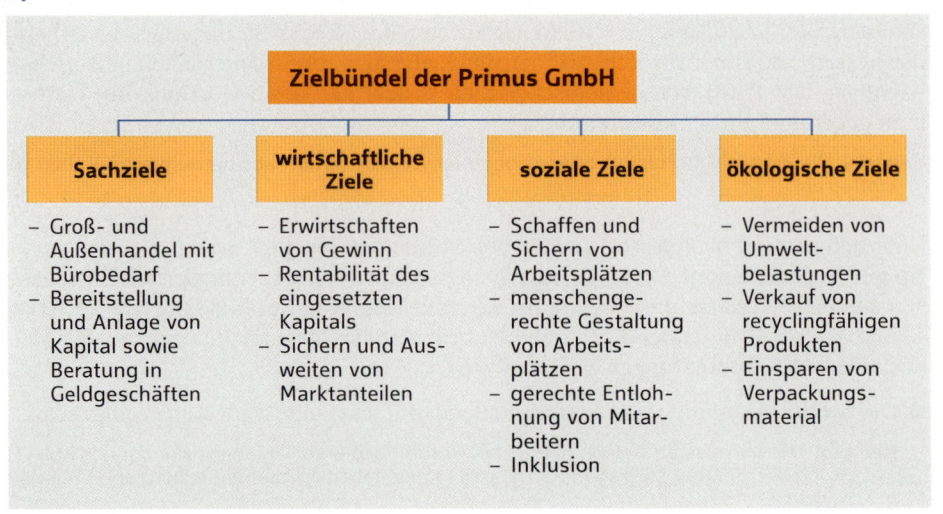

Zielbündel der Primus GmbH			
Sachziele	**wirtschaftliche Ziele**	**soziale Ziele**	**ökologische Ziele**
– Groß- und Außenhandel mit Bürobedarf – Bereitstellung und Anlage von Kapital sowie Beratung in Geldgeschäften	– Erwirtschaften von Gewinn – Rentabilität des eingesetzten Kapitals – Sichern und Ausweiten von Marktanteilen	– Schaffen und Sichern von Arbeitsplätzen – menschengerechte Gestaltung von Arbeitsplätzen – gerechte Entlohnung von Mitarbeitern – Inklusion	– Vermeiden von Umweltbelastungen – Verkauf von recyclingfähigen Produkten – Einsparen von Verpackungsmaterial

Das Zielsystem eines Unternehmens **verändert sich** mit den sich wandelnden Einflussfaktoren auf das Unternehmen aus Politik, Gesellschaft, von Konkurrenz und Kunden. Neue Ziele werden erkannt oder die Bedeutung bestehender Ziele kann sich ändern.

Beispiel Noch vor 15 Jahren hatten ökologische Ziele bei vielen Unternehmen keinen hohen Stellenwert. Heute hingegen werden diese Ziele mit hoher Priorität verfolgt.

○ Zielharmonie, Zielkonflikte

Das Erreichen von wirtschaftlichen Zielen ist nur in Verbindung mit sozialen und ökologischen Zielen denkbar. Wenn betriebliche Ziele sich gegenseitig ergänzen, liegt **Zielharmonie** vor.

Beispiel Die Primus GmbH beschließt, nur noch kostengünstiges und wiederverwertbares Verpackungsmaterial einzusetzen. Hierdurch wird das wirtschaftliche Ziel der Kostensenkung durch das ökologische Ziel der Wiederverwendbarkeit von Material ergänzt.

Wenn gleichzeitig verschiedene Ziele angestrebt werden, kann es zu **Zielkonflikten** kommen. Ein Zielkonflikt entsteht, wenn sich zwei oder mehrere Ziele gegenseitig behindern oder ausschließen.

Beispiel Um die Gesundheit ihrer Mitarbeiter zu schonen, setzt die Bürodesign GmbH, ein Lieferant der Primus GmbH, in der Lackiererei nur noch Farben ein, die frei von gefährlichen Lösungsmitteln sind (soziales Ziel). Gleichzeitig soll damit ein Beitrag zur Verringerung der Umweltbelastung erbracht werden (ökologisches Ziel). Bis hierhin besteht Zielharmonie. Die gewünschten Farben sind aber teurer und erfordern eine längere Trockenzeit der lackierten Möbel. Dadurch entstehen höhere Kosten, die den Gewinn des Unternehmens schmälern (wirtschaftliches Ziel). Hierdurch entsteht ein Zielkonflikt.

● Arten von Unternehmen

Je nach der erbrachten Leistung, dem Verwendungszweck der Leistung, dem Wirtschaftszweig und den betrieblichen Zielen können Unternehmen in verschiedene Arten eingeteilt werden.

Art der erbrachten Leistungen	Verwendungszweck der Leistungen	Wirtschaftszweig	Zielsetzung
– Sachleistungsbetriebe – Dienstleistungsbetriebe	– Konsumgüterbetriebe – Produktions- oder Investitionsgüterbetriebe	– Industriebetriebe – Handwerksbetriebe – Handelsbetriebe – Verkehrsbetriebe – Kreditinstitute – Versicherungsbetriebe – sonstige Dienstleistungsbetriebe	– erwerbswirtschaftliche Betriebe – gemeinwirtschaftliche Betriebe

Je nach Art der Unternehmen ergeben sich unterschiedliche Zielsysteme und verschiedene Maßnahmen zur Zielerreichung.

● Ökologische Aspekte der Leistungserstellung
○ Durchlaufstrategie

Die traditionelle Beschaffungspolitik eines Unternehmens betrachtete Beschaffungsobjekte ausschließlich als Input für den Produktionsprozess. Dabei wurde nicht daran gedacht, welche **ökologischen Folgen** die Beschaffung eines Gutes haben kann. Bei der Auswahl von Roh-, Hilfs- und Betriebsstoffen und der Entscheidung für Lieferer wurden allein produktionstechnische und wirtschaftliche Aspekte zugrunde gelegt. Die Auswahl von Betriebsmitteln und von Lieferanten berücksichtigte selten die **Umweltverträglichkeit** der Güter, ihrer Verpackung und ihrer Transportwege.

Beispiel Vor 20 Jahren bestellte die Primus GmbH Waren ohne zu berücksichtigen, wie die Verpackungen zu entsorgen waren. Styropor und Kunststofffolien wurden mit den anderen Abfällen durch die städtische Müllabfuhr auf der Mülldeponie entsorgt. Dort lagern diese z. T. nicht abbaufähigen Materialien noch heute und belasten durch austretende Giftstoffe das Grundwasser und den Boden.

Unternehmen können durch Maßnahmen im Rahmen des Beschaffungsmarketings dazu beitragen, dass das Aufkommen von Müll reduziert und unvermeidbarer Müll entweder verwertet oder umweltverträglich entsorgt wird.

○ Kreislaufstrategie

Bereits bei der Beschaffung von Gütern muss über deren **ökologische Bedeutung** nachgedacht werden. Statt einer „Durchlaufstrategie" wird eine „Kreislaufstrategie" verfolgt. Das **Kreislaufwirtschaftsgesetz** (KrWG) (www.gesetze-im-internet.de/krwg) legt hierzu Rahmenbedingungen und Ziele für einen Übergang von der Abfall- bzw. Durchlaufwirtschaft zu einer Kreislaufwirtschaft fest.

Gesetz zur Förderung der Kreislaufwirtschaft und Sicherung der umweltverträglichen Bewirtschaftung von Abfällen (Kreislaufwirtschaftsgesetz - KrWG)
§ 1 Zweck des Gesetzes
Zweck des Gesetzes ist es, die Kreislaufwirtschaft zur Schonung der natürlichen Ressourcen zu fördern und den Schutz von Mensch und Umwelt bei der Erzeugung und Bewirtschaftung von Abfällen sicherzustellen.

Kern des Gesetzes sind verursachergerechte Pflichten zur Vermeidung, Verwertung und Beseitigung von Abfällen (§§ 5, 11 KrWG). Die Wirtschaft soll lernen, künftig „vom Abfall her zu denken". Dies bedeutet, dass Produkte nach ihrem Gebrauch

- **wiederverwendbar** sind,
- nach einer Aufbereitung einem weiteren Produktionsprozess zugeführt werden können **(Recycling)** oder
- zur Energieerzeugung verwendbar sind **(thermische Verwertung)**.

Dadurch entstehen ein **Kreislauf der Stoffe** und ein sparsamer Verbrauch von Ressourcen.

Ökonomische, ökologische und soziale Ziele unternehmerischen Handelns vergleichen

- **Zielsystem von Unternehmen**

Sachziele	Wirtschaftliche Ziele	Soziale Ziele	Ökologische Ziele
– Herstellen und Vertreiben von Sachgütern – Erbringen von Dienstleistungen	– Erwirtschaften von Gewinn – Kapitalverzinsung – Festigung und Ausweitung der Marktstellung	– Sicherung und menschengerechte Gestaltung von Arbeitsplätzen – soziale Verantwortung – Inklusion	– verantwortungsbewusster Umgang mit Ressourcen – Vermeidung von Umweltbelastungen

- Betriebliche Ziele können sich gegenseitig behindern **(Zielkonflikt)** oder günstig beeinflussen **(Zielharmonie)**.

- **Ökologische Ziele** können durch den Einstieg in eine **Kreislaufstrategie** verfolgt werden.

---

1. Formulieren Sie das Sachziel Ihres Ausbildungsbetriebes. Führen Sie die Sachziele der Ausbildungsbetriebe Ihrer Klasse in einem digitalen Produkt zusammen und vergleichen Sie diese.

2. Erstellen Sie eine Liste der wirtschaftlichen Ziele Ihres Ausbildungsbetriebes und vergleichen Sie Ihr Ergebnis mit dem Ihrer Mitschüler. Nutzen Sie dazu eine geeignete Software.

3. Formulieren Sie soziale Ziele für ein Unternehmen aus der Sicht des Arbeitnehmers.

4. Erstellen Sie einen Katalog von ökologischen Zielen für Ihren Ausbildungsbetrieb und erläutern Sie, wie diese Ziele erreicht werden können.

5. Nehmen Sie Stellung zu der These: „Ökologische und soziale Ziele lassen sich nicht mit wirtschaftlichen Zielen vereinbaren. Der Zielkonflikt ist nicht lösbar."

6. Ordnen Sie die Ausbildungsbetriebe Ihrer Klasse den verschiedenen Arten von Unternehmen zu.

3.2 Handelsrechtliche Rahmenbedingungen und Rechtsformen beschreiben

3.2.1 Handelsgewerbe und Firma wählen

Jan, ein ehemaliger Freund von Nicole Höver, hat die Ausbildung als Kaufmann im Groß- und Außenhandel bei der Kröger & Bach KG aufgegeben, um Fotograf zu werden. Leider hat auch das nicht geklappt, aber nach einigem Hin und Her hat Jan es jetzt geschafft. Er verkauft als selbstständiger Kaufmann Fotobücher und Fotoprodukte an Letztverbraucher. Und eine neue Freundin hat er auch. Und dann findet Nicole plötzlich diese Anzeige in den sozialen Netzwerken:

Jan Wolf
Heute 12:45

Ihre Verlobung geben bekannt:

Anna Weber & Jan Wolf
Steuerfachangestellte   Kaufmann

Die Verlobungsfeier findet statt am 2. Mai 20..
um 15:00 Uhr im Schützenhaus,
Steinacker 19, 47228 Duisburg

Nicole ist sauer! Von wegen Kaufmann, der hat doch die Ausbildung abgebrochen. Wenn alles gut geht, wird sie nach der Ausbildung Kauffrau für Groß- und Außenhandelsmanagement sein. In der Mittagspause erzählt sie Herrn Winkler, ihrem Abteilungsleiter, von der Sache. Aber der weiß es natürlich wie immer besser: *„Sie sind doch nur eifersüchtig. Und wer Kaufmann ist, regelt das HGB!"*

ARBEITSAUFTRÄGE
- Schlagen Sie im HGB nach (www.gesetze-im-internet.de/hgb) und stellen Sie fest, ob Jan Kaufmann im Sinne des HGB ist.
- Erläutern Sie, was man unter einem Handelsgewerbe versteht.
- Erläutern Sie die unterschiedlichen Kaufmannseigenschaften.
- Erläutern Sie Firmenarten und Firmengrundsätze.

● Kaufmann im Sinne des HGB

Umgangssprachlich bezeichnet man die Menschen als Kaufleute, die eine entsprechende Ausbildung abgeschlossen haben.

Beispiele Kaufmann/Kauffrau im Einzelhandel, Kaufmann/Kauffrau für Büromanagement, Diplom-Kauffrau

Wer **im juristischen Sinne** Kaufmann ist, regelt das **HGB**.

> **§ 1 HGB**
> (1) Kaufmann im Sinne dieses Gesetzbuchs ist, wer ein Handelsgewerbe betreibt.

Handelsgewerbe

§ 1 HGB
(2) Handelsgewerbe ist jeder Gewerbebetrieb, es sei denn, dass das Unternehmen nach Art oder Umfang einen in kaufmännischer Weise eingerichteten Geschäftsbetrieb nicht erfordert.

Ein **Handelsgewerbe** ist nach § 1 Abs. 2 HGB jedes gewerbliche Unternehmen, das einen **in kaufmännischer Weise eingerichteten Gewerbebetrieb** erfordert, und zwar ohne Rücksicht auf die Eintragung ins Handelsregister. Das Vorliegen eines Handelsgewerbes ist somit unabhängig von der Eintragung in das Handelsregister. Grundvoraussetzung für die Kaufmannseigenschaft ist also das Vorhandensein eines Gewerbebetriebes.

Für Gewerbetreibende besteht die **Pflicht zur deklaratorischen Eintragung** (vgl. S. 98) in das Handelsregister. Versäumt ein Gewerbetreibender die Eintragung, so kann er dazu gezwungen werden.

Gewerbetreibender nach § 1 HGB (Istkaufmann)

Jedes gewerbliche Unternehmen, dessen Betrieb nach Art und Umfang **eine kaufmännische Organisation erfordert**, ist ein Handelsgewerbe. Eine kaufmännische Organisation ist immer dann gegeben, wenn eine kaufmännische Buchführung notwendig ist und kaufmännische Mitarbeiter beschäftigt werden.

Beispiel Eine kaufmännische Organisation ist erforderlich, wenn eine der folgenden Größen in zwei aufeinanderfolgenden Geschäftsjahren überschritten wird:
– Gewinn   60 000,00 €
– Umsatz   600 000,00 €

Für den Kaufmann gilt das HGB **in vollem Umfang**. Er

- muss Handelsbücher führen,
- muss sich in das Handelsregister eintragen lassen (vgl. S. 127 ff),
- führt eine Firma (vgl. S. 124),
- kann Personengesellschaften (vgl. S. 131 ff) gründen,
- bürgt selbstschuldnerisch.

Wer einen Gewerbebetrieb führt, der einen nach Art oder Umfang in kaufmännischer Weise eingerichteten Geschäftsbetrieb nicht erfordert, ist „**Nichtkaufmann**". Wissenschaftliche oder künstlerische Tätigkeiten und sonstige freie Berufe (z. B. Ärzte, Rechtsanwälte, Steuerberater) sind von der Regelung des § 1 HGB ausgenommen, sie sind keine Kaufleute.

Kleingewerbe

Ein Gewerbe, das **keine kaufmännische Organisation** erfordert, ist ein Kleingewerbe. Für dieses gilt das HGB nur in **beschränktem Umfang**. Dieses Unternehmen

- ist nur zu eingeschränkter Buchführung verpflichtet,
- braucht sich nicht in das Handelsregister eintragen zu lassen,
- führt keine Firma,
- kann keine Personengesellschaften gründen,
- kann nur eine **Ausfallbürgschaft** übernehmen.

Beispiel Der Kiosk Peter Kurscheid erzielt bei einem Eigenkapital von 50 000,00 € einen Umsatz von 200 000,00 € pro Jahr und einen Gewinn von 20 000,00 €. Somit betreibt er ein Kleingewerbe.

○ Gewerbetreibender nach § 2 HGB (Kannkaufmann)

Ist ein in kaufmännischer Weise eingerichteter Geschäftsbetrieb nicht erforderlich, **kann sich der Gewerbetreibende freiwillig in das Handelsregister eintragen lassen (Kannkaufmann)**. Ab dem Zeitpunkt der Eintragung ist der Gewerbetreibende Kaufmann, folglich ist die Wirkung der Eintragung **konstitutiv** (vgl. S. 129).

Beispiele Kiosk, Blumengeschäft, Lottoannahmestelle

§ 2 HGB
Ein gewerbliches Unternehmen, dessen Gewerbebetrieb nicht schon nach § 1 Abs. 2 Handelsgewerbe ist, gilt als Handelsgewerbe im Sinne dieses Gesetzbuchs, wenn die Firma des Unternehmens in das Handelsregister eingetragen ist. Der Unternehmer ist berechtigt, aber nicht verpflichtet, die Eintragung nach den für die Eintragung kaufmännischer Firmen geltenden Vorschriften herbeizuführen. [...]

○ Land- und Forstwirtschaft nach § 3 HGB (Kannkaufmann)

§ 3 HGB
(1) Auf den Betrieb der Land- und Forstwirtschaft finden die Vorschriften des § 1 keine Anwendung.
(2) Für ein land- und forstwirtschaftliches Unternehmen, das nach Art und Umfang einen in kaufmännischer Weise eingerichteten Geschäftsbetrieb erfordert, gilt § 2 mit der Maßgabe, dass nach Eintragung in das Handelsregister eine Löschung der Firma nur nach den allgemeinen Vorschriften stattfindet, welche für die Löschung kaufmännischer Firmen gelten.
(3) Ist mit dem Betrieb der Land- und Forstwirtschaft ein Unternehmen verbunden, das nur ein Nebengewerbe des land- oder forstwirtschaftlichen Unternehmens darstellt, so finden auf das im Nebengewerbe betriebene Unternehmen die Vorschriften der Absätze 1 und 2 entsprechende Anwendung.

Beispiele Landwirt mit einer Mühle, Brennerei oder Molkerei im Nebengewerbe

○ Handelsgesellschaften nach § 6 HGB (Formkaufmann)

Die Handelsgesellschaften wie z. B. die **Gesellschaft mit beschränkter Haftung** (vgl. S. 138 f.) sind Kaufmann kraft Rechtsform (**Formkaufmann**). Sie sind ab der Eintragung in das Handelsregister juristische Personen und erwerben damit ohne Rücksicht auf den Gegenstand des Unternehmens die Eigenschaft eines Kaufmanns (§ 6 HGB).

Beispiele Primus GmbH, Papierwerk Iserlohn GmbH, Latex AG

● Firma

§ 17 HGB
(1) Die Firma eines Kaufmanns ist der Name, unter dem er seine Geschäfte betreibt und die Unterschrift abgibt.

Die Firma besteht aus dem Firmenkern und dem Firmenzusatz.

Der **Firmenkern** beinhaltet den Namen des Kaufmanns, den Gegenstand des Unternehmens oder eine Fantasiebezeichnung.

Beispiel Abels Bau- und Hobbymarkt GmbH; Chemische Fabriken KG; Mars Elektrofachmarkt e. K.

Der **Firmenzusatz** kann das Gesellschaftsverhältnis erklären, über Art und Umfang des Geschäftes Auskunft geben oder der Unterscheidung der Person oder des Geschäftes dienen. Er muss der Wahrheit entsprechen.

§ 19 HGB
(1) Die Firma muss […] enthalten:
1. bei Einzelkaufleuten die Bezeichnung „eingetragener Kaufmann", „eingetragene Kauffrau" oder eine allgemein verständliche Abkürzung dieser Bezeichnung, insbesondere „e.K.", „e.Kfm." oder „e.Kfr.";
2. bei einer offenen Handelsgesellschaft die Bezeichnung „offene Handelsgesellschaft" oder eine allgemein verständliche Abkürzung dieser Bezeichnung;
3. bei einer Kommanditgesellschaft die Bezeichnung „Kommanditgesellschaft" oder eine allgemein verständliche Abkürzung dieser Bezeichnung.

(2) Wenn in einer offenen Handelsgesellschaft oder Kommanditgesellschaft keine natürliche Person persönlich haftet, muss die Firma […] eine Bezeichnung enthalten, welche die Haftungsbeschränkung kennzeichnet.

○ Firmenarten

Personenfirma: Die Firma besteht aus einem oder mehreren Namen und ggf. dem Vornamen.

Beispiel Herbert Blank e. K.

Sachfirma: Die Firma ist aus dem Gegenstand des Unternehmens abgeleitet.

Beispiel Bürodesign GmbH

Gemischte Firma: Die Firma besteht aus Personennamen und dem Gegenstand des Unternehmens.

Beispiel Computerfachhandel Martina van den Bosch e. K.

Fantasiefirma: Die Firma besteht aus einer Abkürzung oder einem Fantasienamen.

Beispiel Flamingowerke AG

Firmengrundsätze

Bei der Wahl der Firma muss der Kaufmann neben den Vorschriften, die sich auf die Unternehmensform beziehen, die **Firmengrundsätze** beachten.

Firmenwahrheit/Firmenklarheit: Bei einer Sachfirma muss der Gegenstand der Unternehmung den Tatsachen entsprechen **(Firmenwahrheit)**. Firmenzusätze dürfen nicht zu einer Täuschung über die Art oder den Umfang des Geschäfts oder die Verhältnisse des Geschäftsinhabers Anlass geben **(Firmenklarheit)**.

> **Beispiel** Jan Wolf führt die Firma „Internationaler Fotohandel e. K.". Er verstößt gegen den Grundsatz der Firmenwahrheit, da er nur in beschränktem Umfang und nur in der Stadt Duisburg tätig ist.

Firmenausschließlichkeit: Ist eine Firma in das Handelsregister eingetragen, hat sie das ausschließliche Recht, diese Firma zu führen. Will sich ein Kaufmann gleichen Namens in dieses Handelsregister eintragen lassen, so muss er sich von der bereits eingetragenen Firma deutlich unterscheiden. Dies kann z. B. durch einen Firmenzusatz oder weitere Vornamen geschehen.

> **Beispiel** Die Firma „Jan Wolf, Fotoprodukte und Fotobücher e. K." ist in das Handelsregister Duisburg eingetragen. Ein Namensvetter von Jan Wolf, der ebenfalls einen Einzelhandel für Fotoprodukte und Fotobücher gründen will, lässt sich als „Jan-Hermann Wolf, Fotoprodukte e. K.", in das Handelsregister in Duisburg eintragen.

Firmenbeständigkeit: Da der gute Ruf eines Unternehmens einen großen Wert darstellen kann, darf der Name der Firma bei einem Wechsel des Inhabers beibehalten werden. Dies kann mit oder ohne einen das Nachfolgeverhältnis andeutenden Zusatz geschehen.

> **Beispiel** Wenn Bodo Lukas den Büromöbelgroßhandel Herbert Blank erwirbt, sind folgende Firmen möglich:
> - Bodo Lukas e. K.
> - Herbert Blank Nachfolger e. K.
> - Bodo Lukas, vormals Herbert Blank e. K.
> - Herbert Blank, Inhaber Bodo Lukas e. K.
> - Herbert Blank e. K.

Firmenöffentlichkeit: Jeder Kaufmann ist verpflichtet, seine Firma und den Ort der Niederlassung in das Handelsregister (vgl. S. 127) eintragen zu lassen. Einzelhändler sollen ihren Familiennamen und einen ausgeschriebenen Vornamen an der Außenseite des Geschäfts deutlich sichtbar anbringen.

Das **Firmenschild** sollte folgende Angaben enthalten:

- **Firmenname** bzw. Vorname und Name des Kaufmanns.
- **Das Logo** sorgt für die Wiedererkennung des Unternehmens und sollte zum visuellen Blickfang werden.
- **Tätigkeitsfeld oder Schwerpunkte** informieren die potenziellen Interessenten, welches Angebot sie erwartet.
- **Kontaktdaten**: Angabe von Telefonnummer, Faxnummer, Website und E-Mail, ggf. auch als OCR-Code
- **Öffnungszeiten**
- **Wegbeschreibung**: Falls das Schild nicht direkt am Eingang angebracht werden kann.

Firmeneinheit: Ein und dasselbe Unternehmen darf nur unter der einen, im Handelsregister eingetragenen Firma geführt werden.

Handelsgewerbe und Firma wählen

● **Handelsgewerbe**

Kaufmann

Gewerbe = auf Dauer angelegte und auf Gewinnerzielung ausgerichtete selbstständige Tätigkeit i. S. d. § 1 HGB

Gewerbetreibender = Istkaufmann	Kleingewerbetreibender = Kannkaufmann	Land- und Forstwirtschaft = Kannkaufmann	Handelsgesellschaften = Formkaufmann
– Kaufmann kraft Betätigung ohne Rücksicht auf die Eintragung i. S. d. § 1 HGB	– kein Kaufmann – im Falle der Eintragung Kaufmann i. S. d. § 2 HGB	– im Regelfall kein Kaufmann – im Falle der Eintragung Kaufmann i. S. d. § 3 HGB	– ohne Rücksicht auf den Gegenstand des Unternehmens Kaufmann i. S. d. § 6 HGB

● **Firma**

Begriff	Arten	Grundsätze
Die Firma eines Kaufmanns ist der **Name, unter dem er sein Handelsgewerbe betreibt** und die Unterschrift abgibt. Einzelkaufleuten, Personengesellschaften und Kapitalgesellschaften ist die freie Wahl einer aussagekräftigen, werbewirksamen Firma gestattet, wenn diese unterscheidungskräftig ist, die Gesellschaftsverhältnisse offenlegt und nicht irreführend ist.	– **Personenfirma:** Der Firmenkern besteht aus dem/den Namen der/des Unternehmer/-s. – **Sachfirma:** Der Firmenkern besteht aus dem Gegenstand des Unternehmens. – **Gemischte Firma:** Die Firma besteht aus Namen und Gegenstand des Unternehmens. – **Fantasiefirma:** Die Firma besteht aus Fantasienamen.	– **Wahrheit:** Bei einer Sachfirma muss der Gegenstand des Unternehmens wahr sein. – **Klarheit:** keine täuschenden Firmenzusätze – **Ausschließlichkeit:** Die eingetragene Firma hat ausschließlich das Recht, diese Firma zu führen. – **Beständigkeit:** Fortführung des Namens der Firma bei Wechsel in der Person des Inhabers – **Öffentlichkeit:** Eintragung der Firma am Ort der Niederlassung in das Handelsregister – **Firmeneinheit:** Ein Unternehmen darf nur unter der eingetragenen Firma geführt werden.

1. Erläutern Sie Rechte und Pflichten
 a) des Gewerbetreibenden, b) des Kleingewerbetreibenden.

2. Der Auszubildende Fritz behauptet, er müsse nach der Schule noch in die Firma. Begründen Sie, warum Fritz sich hier nicht der korrekten kaufmännischen Fachsprache bedient.

3. Edith Mauser möchte einen Bürobedarf-Einzelhandel unter ihrem Namen gründen. Nach einer Recherche im Unternehmensregister stellt sie fest, dass bereits eine Firma gleichen Namens in das Handelsregister eingetragen ist. Erläutern Sie, was Frau Mauser tun kann.

4. Was ist nach den Bestimmungen des Handelsgesetzbuches unter einer Firma zu verstehen?
 1. Eine juristische Person

Den betrieblichen Leistungsprozess und die handelsrechtlichen Rahmenbedingungen beschreiben

2. Der Familienname eines Kleingewerbetreibenden
3. Ein Gewerbebetrieb
4. Der Name eines Kaufmanns, unter dem er seine Geschäfte betreibt
5. Ein kaufmännischer Betrieb

5. Ordnen Sie den fünf Firmengrundsätzen jeweils eine Aussage zu.

Aussagen über die Firma
1. Jede neue Firma muss sich von allen an demselben Ort bereits bestehenden Firmen deutlich unterscheiden.
2. Die Firma darf keine Zusätze über Art und Umfang des Geschäftes enthalten, die Außenstehende täuschen könnten.
3. An der Eingangstür muss ein Firmenschild angebracht sein, aus dem der Name des Inhabers und die Telefonnummer hervorgehen.
4. Ein Kaufmann meldet seine Firma zur Eintragung in das Handelsregister an.
5. Aus der Firma muss erkennbar sein, welche Unternehmensform vorliegt.
6. Beim Erwerb eines Unternehmens darf die bisherige Firma nach Einwilligung des bisherigen Inhabers fortgeführt werden.

Firmengrundsätze
a) Firmenbeständigkeit
b) Firmenausschließlichkeit
c) Öffentlichkeit der Firma
d) Firmenwahrheit
e) Firmenklarheit

3.2.2 Sich über das Handelsregister informieren

Der Fotopapiereinzelhändler Jan Wolf lässt Nicole Höver keine Ruhe. Sie möchte zu gern wissen, was sich hinter dieser Firma verbirgt. Deshalb fragt sie in der Mittagspause Frau Berg, ob es eine Möglichkeit gibt, Informationen über das Unternehmen von Jan Wolf zu bekommen. Frau Berg hat eine einfache Lösung: *„Alle wichtigen Informationen über Kaufleute und Handelsgesellschaften sind im Handelsregister niedergelegt. Und das Handelsregister ist im Internet unter www.unternehmensregister.de für jedermann zugänglich."* Sie holt einen alten Ausdruck des Handelsregisterauszugs der Primus GmbH aus einer Akte und zeigt diesen Nicole.

Amtsgericht Duisburg — **HRB 9842**

Nr. der Eintragung	a) Firma b) Ort der Niederlassung (Sitz der Gesellschaft) c) Gegenstand des Unternehmens (bei juristischen Personen)	Grund- oder Stammkapital in €	Vorstand Persönlich haftende Gesellschafter Geschäftsführer Abwickler	Prokura	Rechtsverhältnisse	a) Tag der Eintragung und Unterschrift b) Bemerkungen
1	2	3	4	5	6	7
1	a) Primus GmbH b) 47057 Duisburg c) Anschaffung und Weiterveräußerung von Bürobedarf	600 000,00	Dipl.-Kffr. Sonja Primus Dipl.-Betriebsw. Markus Müller		Gesellschaft mit beschränkter Haftung. Der Gesellschaftsvertrag ist am 1. Januar .. festgestellt. Die Gesellschaft hat zwei Geschäftsführer. Sie wird durch einen Geschäftsführer in Alleinvertretungsbefugnis vertreten	a) 1. Januar

„Ein Interessent kann sich über jeden Kaufmann und jede Handelsgesellschaft eine solche Kopie anfertigen lassen!" Nicole ist verblüfft. Dann könnte sie sich ja auch eine solche Information über das Unternehmen von Jan Wolf beschaffen!

ARBEITSAUFTRÄGE
- Suchen Sie nach Gründen, die für die Öffentlichkeit des Handelsregisters sprechen.
- Erläutern Sie die Einteilung des Handelsregisters und die Wirkung von Eintragungen.

● Definition

Das Handelsregister ist ein **amtliches Verzeichnis aller Kaufleute**, das vom Amtsgericht des Bezirks digital geführt wird. Es soll die Öffentlichkeit über wichtige Sachverhalte und Rechtsverhältnisse der Kaufleute und Handelsgesellschaften unterrichten.

§ 9 HGB
(1) Die Einsichtnahme in das Handelsregister sowie in die zum Handelsregister eingereichten Dokumente ist jedem zu Informationszwecken gestattet. [...]

Anmeldungen zur Eintragung in das Handelsregister müssen digital in öffentlich beglaubigter Form eingereicht werden. Hierfür wird das Dokument von einem Notar mit einer digitalen Signatur versehen und an das Gerichtspostfach des Registergerichts übermittelt.

Das **digitale Handelsregister** kann unter www.handelsregister.de eingesehen werden. Der Datenabruf ist kostenpflichtig. Eintragungen und Änderungen werden zudem durch die Registergerichte unter www.handelsregisterbekanntmachungen.de veröffentlicht.

Darüber hinaus gibt es ein **digitales Unternehmensregister** (www.unternehmensregister.de). In diesem werden Handelsregistereintragungen und weitere wichtige Unternehmensdaten zentral zusammengeführt und veröffentlicht.

● Gliederung

Das Handelsregister wird in **zwei Abteilungen** gegliedert:
- **Abteilung A** für Einzelkaufleute und Personengesellschaften, z. B. e. K., KG (vgl. S. 131 ff.)
- **Abteilung B** für Kapitalgesellschaften, z. B. GmbH (vgl. S. 138 ff.)

Die Genossenschaften werden in ein spezielles **Genossenschaftsregister** eingetragen.

● Anmeldung

Die **Anmeldung** muss elektronisch durch den Inhaber oder Geschäftsführer in notariell beglaubigter Form erfolgen.

● Inhalt

Inhalt der Eintragung sind u. a.:
- Firma und Ort der Niederlassung
- Name des Inhabers oder der persönlich haftenden Gesellschafter
- Art der Prokura, Name von Prokuristen
- Name und Einlage von Kommanditisten (vgl. S. 134 ff.)
- Eröffnung, Einstellung oder Aufhebung des Insolvenzverfahrens

Bei Kapitalgesellschaften werden zusätzlich eingetragen:
- Name der Vorstandsmitglieder bzw. Geschäftsführer (vgl. S. 139)
- Gegenstand des Unternehmens
- Höhe des Haftungskapitals (vgl. S. 139f.)
- Datum des Gesellschaftsvertrages

Ebenfalls eingetragen werden alle Änderungen und die Auflösung der Unternehmung. **Löschungen** im Handelsregister erfolgen, indem Eintragungen rot unterstrichen werden.

Beispiel Die Bürodesign GmbH, ein Lieferer der Primus GmbH, hat ihrem Prokuristen Gerd Müller die Prokura entzogen.

Amtsgericht Köln						HRB 7842
Nr. der Eintragung	a) Firma b) Ort der Niederlassung (Sitz der Gesellschaft) c) Gegenstand des Unternehmens (bei juristischen Personen)	Grund- oder Stammkapital in €	Vorstand Persönlich haftende Gesellschafter Geschäftsführer Abwickler	Prokura	Rechtsverhältnisse	a) Tag der Eintragung und Unterschrift b) Bemerkungen
1	2	3	4	5	6	7
1	a) Bürodesign GmbH b) 50933 Köln c) Herstellung und Vertrieb von Büromöbeln	600 000,00	Dipl.-Ing. Helma Friedrich Dipl.-Kfm. Klaus Stein	Müller, Gerd, Bergheim Kaya, Ali, Köln, Stam, Bodo, Köln, Jäger, Petra, Köln, haben Gesamtprokura, jeder in Gemeinschaft mit einem anderen Prokuristen	Gesellschaft mit beschränkter Haftung. Der Gesellschaftsvertrag ist am 1. April 20.. festgestellt. Die Gesellschaft hat zwei Geschäftsführer. Sie wird durch einen Geschäftsführer in Alleinvertretungsbefugnis vertreten	a) 1. April 20.. b) 10. Mai 20..

● Wirkung

Die **Wirkung** der Eintragung kann **rechtsbezeugend** (deklaratorisch) oder **rechtserzeugend** (konstitutiv) sein.

- **Deklaratorisch** (deklaratorisch = feststellend, bestätigend) bedeutet, dass die Rechtswirkung schon vor Eintragung eingetreten ist. So ist derjenige Kaufmann, der ein Handelsgewerbe nach § 1 HGB betreibt. Die Eintragung in das Handelsregister **bezeugt** diese Tatsache lediglich.

  Beispiel Zum Kaufmann wird die Bodo Lukas KG mit Aufnahme eines Handelsgewerbes. Die Eintragung in das Handelsregister bezeugt diese Tatsache lediglich.

- **Konstitutiv** (konstitutiv = ein rechtliches Verhältnis begründend) bedeutet, dass die Rechtswirkung erst mit der Eintragung in das Handelsregister eintritt. So wird der Formkaufmann erst im Moment der Eintragung Kaufmann i. S. des HGB. Die Eintragung erzeugt die Rechtswirkung.

  Beispiel Die Primus GmbH entstand als juristische Person im Moment der Eintragung in das Handelsregister.

Ist eine Tatsache eingetragen und bekannt gemacht, so muss ein Dritter sie gegen sich gelten lassen, auch wenn er sie nicht kannte (**Öffentlichkeitswirkung**).

Beispiel Helga Kowski ist Prokuristin der Computec GmbH & Co. KG. Wegen einer Unterschlagung wird ihr die Prokura entzogen und der Arbeitsvertrag fristlos gekündigt. Die Entziehung der Prokura wird im Handelsregister eingetragen und veröffentlicht. Eine Woche später kauft Frau Kowski im Namen der Computec GmbH & Co. KG bei der Auto-Becker GmbH einen Pkw der Oberklasse und verschwindet mit dem Fahrzeug. Da der Entzug der Prokura von Frau Kowski eingetragen und veröffentlicht war, kann die Auto-Becker GmbH die Forderung nicht gegen die Computec GmbH & Co. KG geltend machen.

Jeder Kaufmann sollte sorgfältig das **Handelsregister, die Handelsregisterbekanntmachungen** und das **Unternehmensregister** lesen. Nur so kann er sicherstellen, dass er jederzeit über Veränderungen, z.B. bei der Haftung eines Kunden, informiert ist.

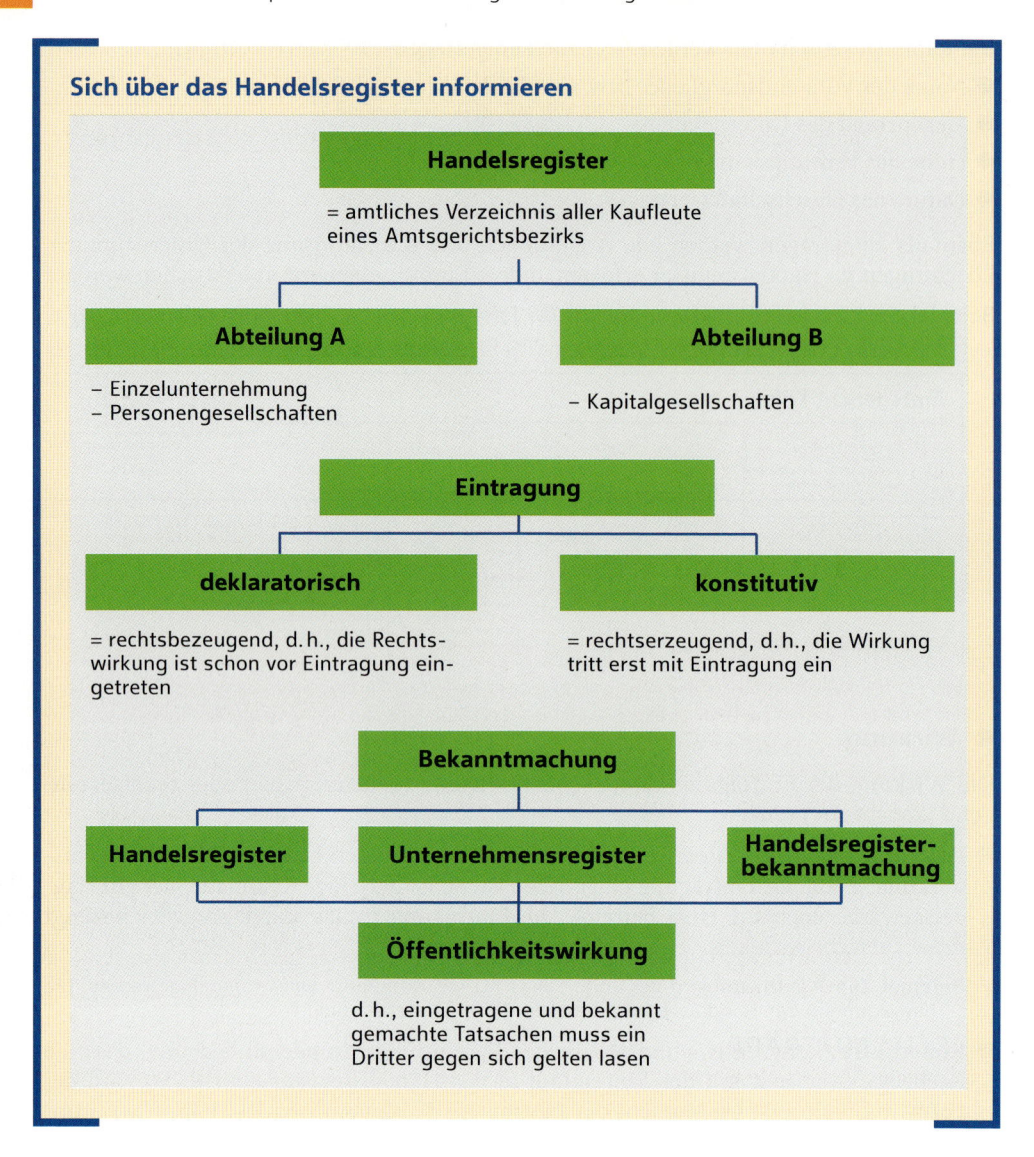

Sich über das Handelsregister informieren

Handelsregister
= amtliches Verzeichnis aller Kaufleute eines Amtsgerichtsbezirks

Abteilung A
- Einzelunternehmung
- Personengesellschaften

Abteilung B
- Kapitalgesellschaften

Eintragung

deklaratorisch
= rechtsbezeugend, d. h., die Rechtswirkung ist schon vor Eintragung eingetreten

konstitutiv
= rechtserzeugend, d. h., die Wirkung tritt erst mit Eintragung ein

Bekanntmachung

- Handelsregister
- Unternehmensregister
- Handelsregisterbekanntmachung

Öffentlichkeitswirkung
d. h., eingetragene und bekannt gemachte Tatsachen muss ein Dritter gegen sich gelten lasen

---

1. Erläutern Sie den Unterschied zwischen deklaratorischer und konstitutiver Wirkung einer Eintragung in das Handelsregister anhand je eines Beispiels.

2. Welche Rechtsfolgen hat die sog. Öffentlichkeitswirkung des Handelsregisters? Erläutern Sie den Sachverhalt anhand eines Beispiels.

3. Besuchen Sie das Unternehmensregister im Internet. Stellen Sie fest, auf welche Daten ein Kaufmann durch das Unternehmensregister Zugriff hat.

4. Prüfen und begründen Sie, ob die nachfolgenden Aussagen den gesetzlichen Vorschriften zum Handelsregister entsprechen:
  a) Das Handelsregister ist das Verzeichnis aller Kaufleute eines Amtsgerichtsbezirkes.
  b) In das Handelsregister dürfen nur Kaufleute bei Vorliegen eines berechtigten Interesses Einblick nehmen.

Den betrieblichen Leistungsprozess und die handelsrechtlichen Rahmenbedingungen beschreiben

c) Die GmbH wird in die Abteilung A (HRA) des Handelsregisters eingetragen.
d) Kapitalgesellschaften werden in die Abteilung B (HRB) des Handelsregisters eingetragen.
e) Eintragungen, die im Handelsregister rot unterstrichen sind, gelten als gelöscht.
f) Die Wirkung der Eintragung in das Handelsregister kann deklaratorisch oder konstitutiv sein.
g) Die Anmeldung zum Handelsregister kann formlos erfolgen.

5. Sammeln Sie im Internet unter www.unternehmensregister.de Auszüge aus dem Handelsregister.
a) Ordnen Sie diese anhand der Kriterien Gründung, Veränderungen sowie Löschung.
b) Stellen Sie fest, welche Branchen und Unternehmensformen am häufigsten vertreten sind.

3.2.3 Die Einzelunternehmung (e. K.) kennenlernen

Steffi Spohr, Sekretärin in der Verwaltung der Primus GmbH, will sich selbstständig machen. Sie plant die Eröffnung eines Fachgeschäftes für exklusives Bürozubehör. Vor- und Nachteile einer Existenzgründung hat sie abgewogen und auch die Frage der Firma ist bereits geklärt. Als sich im Zusammenhang mit einer Gründungsberatung bei der Industrie- und Handelskammer die Frage nach der geeigneten Unternehmensform stellt, ist für Frau Spohr schnell klar, dass sie alleinige Inhaberin ihres Unternehmens sein will: *„Dafür habe ich mich ja selbstständig gemacht!"*

ARBEITSAUFTRÄGE
◆ Erstellen Sie mithilfe einer Präsentationssoftware eine Übersicht, in der Sie die wesentlichen Merkmale der Einzelunternehmung darstellen.
◆ Stellen Sie fest, ob diese Unternehmensform die Lösung für Steffi Spohrs Probleme ist.

● **Definition**

Die Einzelunternehmung wird von **einer Person** betrieben, die das Eigenkapital allein aufbringt.

● **Gründung**

Die Gründung erfolgt **formlos**. Falls das Gewerbe in kaufmännischem Umfang betrieben wird, ist eine Eintragung in das Handelsregister erforderlich.

● Firma

Die Firma der Einzelunternehmung kann **Sach-**, **Personen-**, **Fantasie- oder gemischte Firma** sein. Sie muss den Zusatz „eingetragener Kaufmann" (e.K./e. Kfm.) oder „eingetragene Kauffrau" (e.K./e. Kffr.) enthalten.

Beispiele Steffi Spohr e.K., Bürozubehör-Einzelhandel; Büromöbelgroßhandel Bürotec e.K.

● Kapitalaufbringung

Da der Einzelunternehmer als alleiniger Eigenkapitalgeber fungiert, ist die **Kapitalaufbringung** durch das Vermögen des Unternehmers begrenzt. Eine Erweiterung des Eigenkapitals kann nur durch die Nichtentnahme erzielter Gewinne erfolgen. Diese Möglichkeit ist jedoch begrenzt, weil der Kaufmann aus dem Gewinn seines Betriebes die Kosten seiner persönlichen Lebensführung bestreiten muss, da er kein Gehalt bezieht.

Unabhängig von den tatsächlichen wirtschaftlichen Verhältnissen wirkt sich die Beschränkung des Haftungskapitals auf das Vermögen einer Person nachteilig auf die Kreditwürdigkeit aus. Deshalb sind den Möglichkeiten der **Fremdkapitalbeschaffung** bei der Einzelunternehmung enge Grenzen gesetzt.

● Haftung

Der Einzelunternehmer haftet für die Verbindlichkeiten seines Unternehmens **allein und unbeschränkt**, d.h. mit seinem gesamten Vermögen.

Beispiel Die Einzelunternehmerin Spohr hat für die Gründung ihrer Bürozubehör-Einzelhandlung bei der Bank einen Kredit aufgenommen. Sie haftet hierfür mit ihrem gesamten Vermögen, d.h. auch mit ihrem Privatvermögen.

● Geschäftsführung und Vertretung

Der Einzelunternehmer ist alleiniger Inhaber, er hat infolgedessen auch alle Entscheidungsbefugnisse. Er hat das alleinige Recht, im Innenverhältnis die Geschäfte zu führen **(Geschäftsführungsbefugnis)** und das Unternehmen im Außenverhältnis gegenüber Dritten zu vertreten **(Vertretungsbefugnis)**.

● Gewinnverteilung

Da der Einzelunternehmer alle Risiken allein übernimmt, **steht ihm auch der gesamte Gewinn zu**.

● Verlustverteilung

Der Einzelunternehmer **trägt die Verluste allein**.

Den betrieblichen Leistungsprozess und die handelsrechtlichen Rahmenbedingungen beschreiben

● Auflösung

Die **Auflösung** erfolgt, wenn der Kaufmann wesentliche Betriebsgrundlagen in sein Privatvermögen überführt oder veräußert. Die Einzelunternehmung kann so schnell und unkompliziert den Geschäftsbetrieb einstellen.

Die Einzelunternehmung (e. K.) kennenlernen

Definition	– Gewerbebetrieb, dessen Eigenkapital von einer Person aufgebracht wird
Gründung	– eine Person – Eintragung in das Handelsregister bei Gewerbe mit kaufmännischem Umfang
Firma	– Sach-, Personen-, Fantasiefirma oder gemischte Firma und Zusatz „eingetragener Kaufmann" (e. K./e. Kfm.) oder „eingetragene Kauffrau" (e. K./e. Kffr.)
Kapitalaufbringung	– durch den Einzelunternehmer
Haftung	– allein und unbeschränkt
Geschäftsführung und Vertretung	– allein durch den Einzelunternehmer
Gewinnverteilung	– erhält der Einzelunternehmer
Verlustverteilung	– trägt der Einzelunternehmer
Auflösung	– Veräußerung des Geschäftsvermögens oder Überführung in das Privatvermögen

1. Beschreiben Sie die Rechtsform der Einzelunternehmung.

2. Der Einzelunternehmer Eberle ist zahlungsunfähig. Der Gläubiger Pfeiffer behauptet, Eberle hafte auch mit seinem Privatvermögen. Eberle selbst steht auf dem Standpunkt, Geschäfts- und Privatvermögen hätten nichts miteinander zu tun. Nehmen Sie zu diesen Behauptungen Stellung.

3. Stellen Sie fest, wer sich in Ihrer Klasse einmal selbstständig machen möchte, und diskutieren Sie die damit verbundenen Vor- und Nachteile.

4. Heinz Stark betreibt eine kleine Schreinerei als Einzelunternehmung. Die Primus GmbH, mit der er seit vielen Jahren in Geschäftsbeziehung steht, bietet ihm einen Auftrag an. Herr Stark soll Aufbau und Montage der Büromöbel für mehrere Großaufträge der Primus GmbH übernehmen. Er müsste dazu jedoch zwei Lkws anschaffen und vier weitere Mitarbeiter einstellen. Überlegen Sie, welche Schwierigkeiten sich für Herrn Stark bei der Kapitalbeschaffung ergeben können.

5. Stellen Sie in einem Kurzreferat die Unternehmensform der Einzelunternehmung vor. Nutzen Sie eine Präsentationssoftware zur Veranschaulichung.

6. Stellen Sie in einer digitalen Übersicht die Vor- und Nachteile einer Einzelunternehmung gegenüber.

3.2.4 Die Kommanditgesellschaft (KG) als Personengesellschaft kennenlernen

Steffi Spohr hat es geschafft. Sie hat sich mit einem Einzelhandelsgeschäft für Bürozubehör selbstständig gemacht. Das Einkaufszentrum, in dem sie ihr Einzelhandelsgeschäft betreibt, entwickelt sich immer mehr zu einer exklusiven Adresse für Kunden des gehobenen Bedarfs. Da Frau Spohr mit ihrem Sortiment genau diese Zielgruppe abdeckt, steigen die Umsätze und sie muss schon bald zwei Verkäuferinnen einstellen. Auch in der Buchhaltung wird eine Halbtagskraft beschäftigt. Für erforderliche Erweiterungen der Geschäftsräume beantragt Frau Spohr einen Kredit bei ihrer Hausbank. Dieser wird jedoch mit der Begründung abgelehnt, das Eigenkapital sei zu gering und es fehle an Sicherheiten. Auch die Primus GmbH, der größte Lieferant des Bürozubehör-Geschäftes Spohr, ist nicht bereit, den Lieferantenkredit weiter aufzustocken. In dieser Situation bietet der Steuerberater Schröder Frau Spohr eine Beteiligung an ihrem Unternehmen an. Er ist bereit, eine beträchtliche Summe zu investieren, kann aber aufgrund seiner beruflichen Situation nicht im Unternehmen mitarbeiten und möchte die Haftung auf das eingesetzte Kapital beschränken.

ARBEITSAUFTRÄGE
- Erstellen Sie mithilfe einer Präsentationssoftware eine Übersicht, in der Sie die wesentlichen Merkmale der Kommanditgesellschaft darstellen.
- Beurteilen Sie, ob diese Unternehmensform die Lösung für Frau Spohrs Probleme ist.

● Definition

Die Kommanditgesellschaft ist eine Handelsgesellschaft, bei der mindestens ein Gesellschafter unbeschränkt (**Komplementär**) und die anderen Gesellschafter nur in Höhe ihrer Einlage (**Kommanditist**) haften.

● Gründung

Zur Gründung einer KG sind **mindestens zwei Personen** erforderlich. Der Gesellschaftsvertrag ist formfrei. Die Gesellschaft ist zur Eintragung in das Handelsregister anzumelden. Dies ist besonders für den Kommanditisten von großer Wichtigkeit, da eine Beschränkung der Haftung auf die Einlage erst ab dem Zeitpunkt der Eintragung rechtswirksam ist.

● Firma

Die Firma der KG kann **Personen-**, **Sach-**, **Fantasiefirma oder gemischte Firma** sein. Sie muss den Zusatz „Kommanditgesellschaft" oder eine verständliche Abkürzung dieser Bezeichnung enthalten.

Beispiel Steffi Spohr und der Steuerberater Schröder gründen eine KG. Frau Spohr wird Komplementärin, Herr Schröder Kommanditist. Die Firma wird als Steffi Spohr KG in das Handelsregister eingetragen.

● Kapitalaufbringung

Die Möglichkeiten der **Eigenkapitalbeschaffung** sind bei der KG i. d. R. größer als bei der Einzelunternehmung, da aufgrund der Beschränkung der Haftung des Kommanditisten auf seine Einlage leichter Kapitalgeber gefunden werden können.

Die **Fremdkapitalbeschaffung** ist leichter als bei der Einzelunternehmung, da hier neben dem Vollhafter zumindest ein Teilhafter zusätzlich haftet.

● Haftung

Ein **Komplementär der KG haftet** unbeschränkt, unmittelbar und solidarisch:

- **Unbeschränkt** (ohne Einschränkung) bedeutet, dass der Komplementär mit seinem gesamten Vermögen haftet. Es haftet also nicht nur das Gesellschaftsvermögen, sondern der Komplementär muss auch mit seinem Privatvermögen für die Schulden der KG einstehen.

- **Unmittelbar** (persönlich, direkt) bedeutet, dass sich ein Gläubiger an jeden beliebigen Komplementär wenden kann. Der Komplementär kann nicht verlangen, dass der Gläubiger zuerst gegen die Gesellschaft auf Zahlung klagt.

- **Solidarisch** (gesamtschuldnerisch) bedeutet, dass jeder Komplementär für die gesamten Schulden der KG haftet. Er haftet also für die anderen Gesellschafter mit. Im Innenverhältnis hat der Gesellschafter selbstverständlich einen Ausgleichsanspruch, d. h., er kann von den anderen Komplementären deren Anteil an den Schulden verlangen.

Die **Haftung des Kommanditisten** ist auf die in das Handelsregister eingetragene Einlage beschränkt.

Ein in eine Einzelunternehmung oder KG **eintretender Gesellschafter** haftet auch für die Verbindlichkeiten, die bei seinem Eintritt bereits bestehen. **Bei Austritt** haftet der Gesellschafter noch fünf Jahre für die bei seinem Austritt vorhandenen Verbindlichkeiten.

● Geschäftsführung und Vertretung

Geschäftsführung (Führung der Geschäfte im Innenverhältnis) und **Vertretung** (Vertretung des Unternehmens im Außenverhältnis gegenüber Dritten) der Gesellschaft liegen allein beim **Komplementär**, d. h., der Kommanditist ist von der Führung der Geschäfte ausgeschlossen, wenn vertraglich keine andere Regelung getroffen wurde (Grundsatz der Einzelvertretungsmacht). Er kann Rechtsgeschäften jedoch widersprechen, wenn sie über den gewöhnlichen Geschäftsbetrieb hinausgehen.

Beispiel Der Komplementär will den Sitz des Unternehmens aus steuerlichen Gründen nach Liechtenstein verlegen. Hier hat der Kommanditist ein Widerspruchsrecht.

Der **Kommanditist** ist berechtigt, eine Abschrift der Bilanz zu verlangen und diese durch Einsicht in die Bücher auf ihre Richtigkeit hin zu überprüfen. Das Recht auf eine laufende Kontrolle der Geschäfte hat er jedoch nicht.

Beispiel Der Kommanditist Schröder erscheint an jedem ersten Freitag im Monat im Unternehmen und verlangt Einblick in die Bücher. Komplementärin Spohr kann ihm dies verweigern, da der Kommanditist kein Recht auf eine laufende Kontrolle der Geschäfte hat.

● Gewinnverteilung

Bei der KG erhält der geschäftsführende Gesellschafter vom Gewinn der Unternehmung i. d. R. zunächst einen **Unternehmerlohn**. Danach werden die Kapitaleinlagen gemäß Gesellschaftsvertrag verzinst. Ist hierüber keine Regelung getroffen, gilt § 168 HGB, der eine **Kapitalverzinsung** von 4 % vorsieht. Falls der Gewinn diesen Betrag übersteigt, soll der Rest „angemessen" verteilt, d. h. das unterschiedliche Risiko der Gesellschafter berücksichtigt werden.

Beispiel Herr Schröder ist mit 100 000,00 € als Kommanditist an der Spohr KG beteiligt. Frau Spohr hat als Komplementärin 150 000,00 € eingebracht. Im ersten Jahr der Gründung erwirtschaftet die KG einen Gewinn in Höhe von 35 000,00 €. Nach der Kapitalverzinsung lt. HGB verbleibt ein Restgewinn in Höhe von 25 000,00 €. Im Gesellschaftsvertrag ist vereinbart, dass die angemessene Gewinnverteilung im Verhältnis der Einlagen, d. h. im Verhältnis 2:3, erfolgt. Herr Schröder erhält somit 10 000,00 € und Frau Spohr 15 000,00 € vom Restgewinn.

Gesellschafter	Geschäfts-anteil in €	Kapitalverzin-sung 4 % in €	Rest ange-messen in €	Gewinnanteil in €
Schröder	100 000,00	4 000,00	10 000,00	14 000,00
Spohr	150 000,00	6 000,00	15 000,00	21 000,00
	250 000,00	10 000,00	25 000,00	35 000,00

● Verlustverteilung

Der Kommanditist hat nur Anspruch auf Auszahlung des Gewinns, wenn er seine Einlage voll geleistet hat. Macht die Gesellschaft Verlust, wird dieser **im Verhältnis der Anteile** verteilt, wobei die Verlustbeteiligung des Kommanditisten auf die Höhe seiner Einlage beschränkt ist.

● Auflösung

Die Gesellschafter können das Gesellschaftsverhältnis mit einer Frist von sechs Monaten zum Ende des Geschäftsjahres **kündigen**.

Die Kommanditgesellschaft (KG) als Personengesellschaft kennenlernen

Definition	– Handelsgesellschaft, bei der mindestens ein Gesellschafter unbeschränkt (Komplementär) und ein Gesellschafter in Höhe seiner Einlage (Kommanditist) haftet
Gründung	– mindestens zwei Personen – Gesellschaftsvertrag ist formfrei – Handelsregistereintrag erforderlich
Firma	– Personen-, Sach-, Fantasiefirma oder gemischte Firma mit Zusatz „KG"

Kapitalaufbringung	– verbesserte Möglichkeiten der Eigenfinanzierung durch Aufnahme von Kommanditisten
Haftung	– Komplementär: unbeschränkt, unmittelbar, solidarisch – Kommanditist: in Höhe seiner Einlage
Geschäftsführung und Vertretung	– durch den Komplementär (Grundsatz der Einzelvertretung)
Gewinnverteilung	– 4 % aufs eingesetzte Kapital, Rest angemessen (HGB) oder nach Gesellschaftsvertrag
Verlustverteilung	– angemessen, d. h. im Verhältnis der Anteile
Auflösung	– Kündigung mit einer Frist von sechs Monaten zum Ende des Geschäftsjahres

1. Roland Rothe plant die Gründung einer Großhandlung in der Rechtsform einer KG. Um Chancen und Risiken gegeneinander abzuwägen, bittet Herr Rothe seinen Steuerberater Schmitz um die Beantwortung der nachfolgenden Fragen:
 a) Wo muss die Gesellschaft eingetragen bzw. angemeldet werden?
 b) Wie haften die Gesellschafter?
 c) Wie ist die gesetzliche Gewinnverteilung geregelt?
 d) Begründen Sie, warum der Gewinn der KG, der die Verzinsung auf das eingesetzte Kapital übersteigt, „angemessen" verteilt wird.
 e) Roland Rothe betreibt die KG zusammen mit seinem Kompagnon Kotte. Rothe ist Komplementär, Kotte Kommanditist. Nennen Sie mögliche Firmen.
 f) Stellen Sie in einer Tabelle die Rechte und Pflichten des Komplementärs gegenüber. Helfen Sie Herrn Schmitz bei der Erledigung dieses Auftrages.

2. Nach der Eintragung der Rothe KG in das Handelsregister kauft Rothe mehrere Pkws.
 a) Erläutern Sie, ob Rothe das Geschäft für die KG wirksam abschließen konnte.
 b) Welche Rechtsfolgen hätte es gehabt, wenn Kotte dem Geschäft widersprochen hätte?
 c) Erläutern Sie, ob Kotte sich an einer weiteren KG als Gesellschafter beteiligen kann.
 d) Kotte bekommt einen Lkw günstig angeboten. Er möchte dieses Geschäft auf eigene Rechnung machen. Ist dies zulässig, wenn Rothe dagegen ist?
 e) Aufgrund von Unstimmigkeiten möchte Kotte die Gesellschaft verlassen. Er ist der Meinung, ab dem Tag der Auflösung des Gesellschaftsvertrages habe er mit den Verbindlichkeiten des Unternehmens nichts mehr zu tun. Erläutern Sie die Rechtslage.

3. Abweichend von der gesetzlichen Regelung vereinbaren die Gesellschafter die folgende Gewinnverteilung: „**Die Verzinsung des eingesetzten Kapitals soll jeweils 2 % über dem Repo-Satz der Europäischen Zentralbank vom 1. Dezember des jeweiligen Geschäftsjahres liegen. Der Rest wird nach Köpfen verteilt.**" Überlegen Sie, welche Gründe für diese Formulierung sprechen könnten.

4. Erläutern Sie die gesetzliche Gewinnverteilung bei der KG und begründen Sie die unterschiedliche Behandlung der Gesellschafter.

3.2.5 Die Gesellschaft mit beschränkter Haftung (GmbH) als Kapitalgesellschaft kennenlernen

Ärger bei der Primus GmbH. Herr Müller möchte vor dem Hintergrund eines Gutachtens der Unternehmensberatung Kienapfel den Vertrieb aus der Primus GmbH ausgliedern und dafür eine eigene GmbH gründen. Frau Primus ist entschieden dagegen. Herr Müller ist der Meinung, er als Kaufmann habe das Recht, kaufmännische Entscheidungen allein zu treffen. Frau Primus ist auch hier anderer Meinung: *„Wir sind beide Geschäftsführer und gleichberechtigte Gesellschafter."*

ARBEITSAUFTRÄGE
- Erstellen Sie mithilfe einer Präsentationssoftware eine Übersicht, in der Sie die wesentlichen Merkmale der GmbH darstellen.
- Prüfen Sie anhand des Gesellschaftsvertrages (vgl. S. 13), nach welchen Regeln auf einer Gesellschafterversammlung der Primus GmbH entschieden würde.
- Überlegen Sie, welche Gründe Herr Müller für seinen Vorschlag haben könnte.

Die Rechtsgrundlage der GmbH ist in einem eigenen Gesetz, dem **GmbH-Gesetz (GmbHG)** (www.gesetze-im-internet.de/gmbhg) geregelt.

● Definition

§ 1 GmbHG – Zweck; Gründerzahl
Gesellschaften mit beschränkter Haftung können nach Maßgabe der Bestimmungen dieses Gesetzes zu jedem gesetzlich zulässigen Zweck durch eine oder mehrere Personen errichtet werden.

Die GmbH ist eine Handelsgesellschaft mit eigener Rechtspersönlichkeit (**juristische Person**), deren Gesellschafter mit einem Nennbetrag der Geschäftsanteile am Stammkapital der Gesellschaft beteiligt sind, ohne persönlich zu haften.

● Gründung

Eine Mindestzahl von **Gründern** ist nicht vorgeschrieben, d.h., dass auch eine Person allein eine GmbH gründen kann (**Ein-Personen-GmbH**). Dies kann auch eine juristische Person sein.

Der Gesellschaftsvertrag (**Satzung**) bedarf der notariellen Beurkundung. Als juristische Person entsteht die GmbH erst mit Eintragung in das Handelsregister. Sie ist damit Formkaufmann (vgl. S. 123 f.).

§ 11 GmbHG – Rechtszustand vor Eintragung
(2) Ist vor der Eintragung im Namen der Gesellschaft gehandelt worden, so haften die Handelnden persönlich und solidarisch.

Für unkomplizierte Standardgründungen steht als Anlage zum GmbHG ein **Mustergesellschaftsvertrag** zur Verfügung. Wird dieser verwendet, ist eine notarielle Beurkundung nicht erforderlich. Es sind lediglich die Unterschriften der Gesellschafter zu beglaubigen. Ein **Muster der Handelsregisteranmeldung** steht als Anlage zum GmbHG ebenfalls zur Verfügung.

● Firma

Die Firma der GmbH kann **Personen-, Sach-, Fantasiefirma oder gemischte Firma** sein. Sie muss den Zusatz „Gesellschaft mit beschränkter Haftung" oder eine verständliche Abkürzung dieser Bezeichnung enthalten.

> **Beispiel** Fabian Kruse gründet eine GmbH. Er kann z. B. folgende Firmen wählen: Fabian Kruse GmbH (Personenfirma), Büroausstattung Fabian Kruse GmbH (Sachfirma) oder FKB GmbH (Fantasiefirma).

● Kapitalaufbringung

Anders als bei den Personengesellschaften ist bei der GmbH ein festes Gesellschaftskapital vorgeschrieben. Es wird **Stammkapital** genannt und beträgt mindestens 25 000,00 €. Die Einlage jedes einzelnen Gesellschafters ist der Nennbetrag der Geschäftsanteile. Er beträgt mindestens 1,00 €. Das Stammkapital kann in Geld oder Sachwerten aufgebracht werden.

> **Beispiel** Frau Primus hat bei Gründung der Primus GmbH ein Grundstück im Wert von 300 000,00 € eingebracht. Herr Müller hat seine Einlage in Höhe von 300 000,00 € in bar geleistet.

Die Erhaltung oder Erweiterung der Eigenkapitalbasis der GmbH ist durch sog. **Nachschusszahlungen** der Gesellschafter möglich. Diese müssen jedoch ausdrücklich in der Satzung vorgesehen sein. Darüber hinaus besteht die Möglichkeit der Aufnahme neuer Gesellschafter, die durch ihre Geschäftsanteile das Stammkapital der GmbH erhöhen.

Infolge der Beschränkung der Haftung und der damit verbundenen geringen Kreditwürdigkeit der GmbH sind der **Fremdkapitalbeschaffung** enge Grenzen gesetzt. Dies führt dazu, dass in der Praxis Kredite häufig nur durch Sicherung aus dem Privatvermögen der Gesellschafter vergeben werden.

● Haftung

Die Haftung der Gesellschafter der GmbH ist ausgeschlossen, **es haftet ausschließlich die juristische Person** (vgl. S. 198 ff).

> **Beispiel** Wird die Primus GmbH zahlungsunfähig, können sich die Gläubiger ausschließlich an die Gesellschaft wenden. Sie haftet mit ihrem gesamten Betriebsvermögen in Höhe von 600 000,00 €. Auf das Privatvermögen von Frau Primus und Herrn Müller haben die Gläubiger keinen Zugriff.

● Geschäftsführung und Vertretung

Die **Organe** der GmbH sind die Geschäftsführer, die Gesellschafterversammlung und ggf. der Aufsichtsrat:

- Geschäftsführung und Vertretung der Gesellschaft obliegen den **Geschäftsführern**. In der Praxis sind dies gerade bei kleinen Unternehmen häufig die Gesellschafter, es können aber selbstverständlich auch dritte Personen sein. Die **Art der Vertretungsbefugnis** ist in das Handelsregister einzutragen und auf den Geschäftsbriefen der GmbH anzugeben.

- Die **Gesellschafterversammlung** wird durch die Geschäftsführer einberufen. Sie wird auch als **beschließendes Organ** bezeichnet und beschließt z. B. über
  - Jahresabschluss und Gewinnverwendung,
  - Bestellung, Entlassung und Abberufung der Geschäftsführer und
  - Bestellung von Prokuristen und Handlungsbevollmächtigten. Die Abstimmung erfolgt mit einfacher Mehrheit nach Geschäftsanteilen. Je 1,00 € eines Geschäftsanteils gewähren eine Stimme.

- Der Gesellschaftsvertrag kann die Einrichtung eines **Aufsichtsrates** vorsehen. Er ist das Kontrollorgan der GmbH. Seine wesentlichen Aufgaben sind die Überwachung der Geschäftsführer und die Prüfung von **Jahresabschluss** und **Lagebericht**. Für GmbHs, die mehr als 500 Arbeitnehmer beschäftigen, ist die Einrichtung eines Aufsichtsrates zwingend durch das **Betriebsverfassungsgesetz (BetrVG)** vorgesehen. Der Aufsichtsrat wird für vier Jahre gewählt. Er besteht aus Vertretern der Arbeitnehmer und der Gesellschafter.

● Gewinnverteilung

Der Gewinn der GmbH wird, wenn die Satzung nichts anderes vorsieht und die Gesellschafterversammlung dies beschließt, **im Verhältnis der Geschäftsanteile** verteilt.

● Verlustverteilung

Bei Verlusten werden zunächst die **Rücklagen aufgezehrt**. Ist die Gesellschaft zahlungsunfähig oder ergibt sich bei Aufstellung der Bilanz, dass die Schulden nicht mehr durch das Vermögen der Gesellschaft gedeckt sind, müssen die Geschäftsführer spätestens nach drei Wochen das **Insolvenzverfahren** beantragen.

● Auflösung

Die **Auflösung** erfolgt durch Zeitablauf, Gesellschafterbeschluss, Liquidation im Insolvenzverfahren oder gerichtliche Entscheidung.

Die Unternehmergesellschaft (UG haftungsbeschränkt)

Im Rahmen des Gesetzes zur Modernisierung des GmbH-Rechts und zur Bekämpfung von Missbräuchen (MoMiG) wurden am GmbH-Gesetz zahlreiche Änderungen vorgenommen, die die Rechtsform der GmbH attraktiver und Existenzgründungen einfacher machen sollen.

Seit 2008 kennt das GmbH-Recht zwei Varianten der GmbH: die klassische GmbH mit 25 000,00 € Mindestkapital und die **haftungsbeschränkte Unternehmergesellschaft UG (haftungsbeschränkt)** ohne vorgeschriebenes Mindestkapital. Im Zuge dieser Neuerungen wurden auch das Gründungsverfahren und die Registereintragung vereinfacht.

§ 5a GmbHG – Unternehmergesellschaft

(1) Eine Gesellschaft, die mit einem Stammkapital gegründet wird, das den Betrag des Mindeststammkapitals nach § 5 Abs. 1 unterschreitet, muss in der Firma abweichend von § 4 die Bezeichnung „Unternehmergesellschaft (haftungsbeschränkt)" oder „UG (haftungsbeschränkt)" führen.

(2) Abweichend von § 7 Abs. 2 darf die Anmeldung erst erfolgen, wenn das Stammkapital in voller Höhe eingezahlt ist. Sacheinlagen sind ausgeschlossen.
[...]

Die Unternehmergesellschaft bietet eine **Einstiegsvariante der GmbH** und ist für Existenzgründer interessant, die zu Beginn ihrer Tätigkeit wenig Stammkapital haben oder benötigen – wenn z. B. keine teuren Anschaffungen getätigt werden müssen. Jeder Geschäftsanteil muss nur auf einen Betrag von mindestens 1,00 € lauten.

Mit den **Musterprotokollen** für unkomplizierte Standardgründungen können zudem Verwaltungskosten und -aufwand minimiert werden.

Bei der haftungsbeschränkten Unternehmergesellschaft handelt es sich nicht um eine neue Rechtsform, sondern um eine GmbH, die ohne ein bestimmtes Mindeststammkapital gegründet werden kann. Die UG (haftungsbeschränkt) darf ihre **Gewinne nicht voll ausschütten**. Sie soll auf diese Weise das Mindeststammkapital der normalen GmbH nach und nach ansparen.

In folgenden Punkten unterscheidet sich die UG (haftungsbeschränkt) von der klassischen GmbH:

- Die Einlage muss in bar erfolgen; Sacheinlagen sind bei der UG ausgeschlossen.
- Anders als bei der GmbH kann die UG erst angemeldet werden, wenn das Stammkapital in voller Höhe eingezahlt ist.
- Die Firma muss den Zusatz „Unternehmergesellschaft oder UG (haftungsbeschränkt)" tragen.
- Es müssen Rücklagen gebildet werden, bis das Mindeststammkapital der GmbH erreicht ist.

Bei allen anderen Aspekten gelten die rechtlichen Vorschriften für die GmbH.

Beispiel Jürgen Krause plant die Gründung eines Onlinegroßhandels für Bürobedarf. Da er selbst nicht persönlich haften möchte, aber für eine GmbH das Mindestkapital von 25 000,00 € nicht aufbringen kann, bietet ihm die UG (haftungsbeschränkt) die Möglichkeit, eine Gesellschaft mit geringem Stammkapital zu gründen, die er später in eine vollwertige GmbH umwandeln kann.

Die Gesellschaft mit beschränkter Haftung (GmbH) als Kapitalgesellschaft kennenlernen

Definition	– Handelsgesellschaft mit eigener Rechtspersönlichkeit (juristische Person), deren Gesellschafter mit ihren Nennbeträgen der Geschäftsanteile am Stammkapital der Gesellschaft beteiligt sind, ohne persönlich zu haften
Gründung	– Mindestzahl nicht vorgeschrieben – notarieller Gesellschaftsvertrag erforderlich – Handelsregistereintrag erforderlich

Firma	– Sach-, Personen-, Fantasiefirma oder gemischte Firma mit Zusatz „GmbH"
Kapitalaufbringung	– Stammkapital mindestens 25 000,00 € – Nennbetrag der Geschäftsanteile je Gesellschafter mindestens 1,00 € – Fremdkapitalbeschaffung durch Beschränkung der Haftung problematisch
Haftung	– Es haftet die juristische Person mit ihrem gesamten Vermögen.
Geschäftsführung und Vertretung	– durch die Geschäftsführer (Einzel- oder Gesamtgeschäftsführung möglich)
Beschließendes Organ	– Gesellschafterversammlung
Kontrollorgan	– ggf. Aufsichtsrat (ab 500 Arbeitnehmer)
Gewinnverteilung	– im Verhältnis der Geschäftsanteile
Verlustverteilung	– Aufzehrung von Rücklagen, bei Überschuldung Insolvenzverfahren
Auflösung	– durch Zeitablauf, Gesellschafterbeschluss oder Liquidation im Insolvenzverfahren

Die Unternehmergesellschaft (haftungsbeschränkt)

Von der GmbH abweichende Regelungen:

- Sach-, Personen-, Fantasiefirma oder gemischte Firma mit Zusatz „Unternehmergesellschaft oder UG (haftungsbeschränkt)"
- kein Mindeststammkapital vorgeschrieben, ansonsten wie GmbH

---

1. Die Primus GmbH will eine Gesellschafterversammlung durchführen. Stellen Sie fest, welche Regelungen hierzu im GmbH-Gesetz getroffen sind, und stellen Sie diese in der Klasse vor. Das GmbH-Gesetz finden Sie im Internet unter www.gesetze-im-internet.de/gmbhg.

2. Erstellen Sie mithilfe einer Präsentationssoftware ein digitales Produkt, in dem Sie die Vor- und Nachteile der Gründung einer GmbH gegenüberstellen.

3. Die Kaufleute Wolf und Walter wollen ein Büromöbel-Fachgeschäft in der Rechtsform einer GmbH gründen.
a) Geben Sie an, welches Mindestkapital sie einbringen müssen.
b) Walter möchte seinen Sohn als Gesellschafter mit einer geringen Einlage beteiligen. Erläutern Sie, ob es hierfür einen Mindestbetrag gibt.
c) Die Kaufleute setzen den Gesellschaftsvertrag auf und unterschreiben alle. Welche weiteren Formvorschriften sind zu beachten?
d) Nennen Sie drei Firmen, die diese GmbH führen könnte.

4. Als Walter senior seinem Sohn berichtet, dass er und Wolf die Geschäftsführung übernehmen wollen, sagt dieser lachend: *„Dann kannst du dir ja selbst einen Arbeitsvertrag schreiben und ein Gehalt zahlen, das du dir schon immer gewünscht hast."*
a) Kann ein Kaufmann in der beschriebenen Weise mit sich selbst Verträge schließen?

b) Schlagen Sie im BGB unter dem Stichwort „Selbstkontrahierungsverbot" nach und stellen Sie fest, was sich hinter diesem Stichwort verbirgt. Sie finden das BGB unter www.gesetze-im-internet.de/bgb.
c) Stellen Sie anhand des Gesellschaftsvertrages der Primus GmbH (vgl. S. 13) fest, ob diese den § 181 BGB berücksichtigt hat.

5. Sammeln Sie Argumente, die für bzw. gegen die Ausgliederung des Vertriebs aus der Primus GmbH sprechen.

4 Zielgerichtet und effektiv lernen und arbeiten – auch mit digitalen Medien

4.1 Kooperativ Lernen und Arbeiten in Gruppen

Nicole Höver wird auf ein Plakat aufmerksam, das am Schwarzen Brett der Primus GmbH hängt:

Die Primus ist dabei!

Die Zukunftsmesse
7. Ausbildungsbörse Rhein/Ruhr
9. November 20.. – Messe Düsseldorf

Keine Idee, wie es bei dir nach der Schule weitergehen soll?

Keine Vorstellung, welche Berufe du in der Region erlernen kannst?

Kein Bild, in welchen Unternehmen du eine für dich passende Ausbildung machen kannst?

Dann besuche die größte Ausbildungsbörse der Region Rhein/Ruhr in der Messe Düsseldorf!

Hier stellen sich eine Vielzahl von Unternehmen und Berufskollegs vor, die engagierte Auszubildende suchen. Ausbilder und Auszubildende werden die Berufe und ihre Unternehmen vorstellen; du kannst dich informieren und Kontakte knüpfen, sodass du bei Bewerbungen eher Erfolg haben wirst.

Außerdem kannst du dich an vielen interessanten Ständen der zuständigen Industrie- und Handelskammern, der Handwerkskammern sowie der Bundesagentur für Arbeit informieren.

Kurz darauf wird Nicole gemeinsam mit Andreas Brandt und Petra Jäger zu einer Besprechung mit Svenja Braun, Assistentin der Geschäftsleitung, gebeten. Frau Braun berichtet, dass die Primus GmbH bei der Messe einen Stand haben wird, der u. a. von den Auszubildenden betreut werden soll. Außerdem gibt es eine Präsentation auf der Messe, bei der Auszubildende aus dem Großhandel ihre Unternehmen den Schulabgängern vorstellen sollen. Die Vorbereitung auf diese Präsentation findet in den Betrieben und in Gruppen einer ausgewählten Berufsschulklasse statt.

„Ich bin froh, dass Sie für diese Aufgabe ausgewählt wurden", sagt Frau Braun. „Ihre Lehrerin, Frau Schlüter, unterstützt das Vorhaben. Sie wird Sie in Gruppen einteilen, die dann weitgehend selbstständig an der Präsentation arbeiten. Ich verspreche mir davon, dass Sie so Ihre Teamfähigkeit steigern und unser Unternehmen professionell präsentieren. Schließlich wollen wir noch mehr engagierte Auszubildende, wie Sie es sind!" Nicole hat ein mulmiges Gefühl: „Mit Gruppenarbeiten habe ich keine allzu guten Erfahrungen ..."

ARBEITSAUFTRÄGE
- Beschreiben Sie, welche Probleme bei Gruppenarbeiten entstehen können. Bringen Sie dabei Ihre Erfahrungen ein.
- Sammeln Sie konkrete Merkmale, anhand derer Sie „Teamfähigkeit" beobachten können.
- Beschreiben Sie die Bedeutung von Teamfähigkeit in Ihrem Ausbildungsbetrieb anhand konkreter Beispiele.
- Machen Sie begründete Vorschläge, wie Frau Schlüter bei der Einteilung der Gruppen vorgehen sollte.

● Grundlagen der Gruppenarbeit

Der Schulabschluss ist als „Eintrittskarte" in das Berufsleben nach wie vor von entscheidender Bedeutung. Die Erwartungen der Betriebe gehen jedoch weit darüber hinaus: Eine nicht ausreichend hohe Motivation und Leistungsbereitschaft beklagen über die Hälfte aller Unternehmen, dicht gefolgt von Defiziten im mündlichen und schriftlichen Ausdrucksvermögen. Zudem werden Mängel in persönlichen Eigenschaften (Belastbarkeit und Disziplin) und auch sog. Sekundärtugenden, wie z. B. gute Umgangsformen (Höflichkeit, Hilfsbereitschaft etc.) beklagt. Immerhin 10 % der Unternehmen sind auch nicht zufrieden mit der Teamfähigkeit der Schulabgänger. Dies ist relativ hoher Wert angesichts der Tatsache, dass in Unternehmen immer mehr Aufgaben in Teams bearbeitet werden, sodass Teamfähigkeit zu einer der entscheidenden Qualifikationen wird.

Umfrage unter Ausbildungsbetrieben:
Wo Schulabgänger Defizite haben
Von je 100 befragten Unternehmen aus Industrie und Handel sehen so viele Mängel bei

Leistungsbereitschaft und Motivation	63
Belastbarkeit	58
mündl. und schriftl. Ausdrucksvermögen	57
Disziplin	52
elementaren Rechenfertigkeiten	46
Umgangsformen	38
Interesse und Aufgeschlossenheit	32
Teamfähigkeit	10

repräsentative Umfrage unter 12 467 Unternehmen in Deutschland vom 8. bis 31. Mai 2019
© Globus 13406 Mehrfachnennungen Quelle: DIHK

○ Team und Gruppe

In der Schule werden Gruppen nach unterschiedlichen Kriterien oder auch zufällig zusammengesetzt. Die Gruppen sollen konstruktiv zusammenarbeiten und möglichst ein Ergebnis „produzieren". Anders als bei der Gruppenarbeit in einem Unternehmen (Teamarbeit) spielt dieses Ergebnis aber nicht die wichtigste Rolle. In der Schule steht das kooperative Lernen (der Weg zum Ergebnis) im Mittelpunkt. Daneben ist die Förderung von Teamfähigkeit ein wesentliches Ziel. Es gilt, Fähigkeiten zu entwickeln, die für die Teamarbeit im Beruf wichtig sind. In der Berufswelt werden Teams zielgerichtet zusammengesetzt. Dabei werden die jeweiligen Stärken der Teammitglieder zielgerichtet genutzt. Persönliche Sympathien und Antipathien zwischen den Teammitgliedern spielen eine untergeordnete Rolle, da von allen ein professionelles Arbeiten verlangt wird. Teams in Unternehmen weisen zahlreiche Merkmale auf:

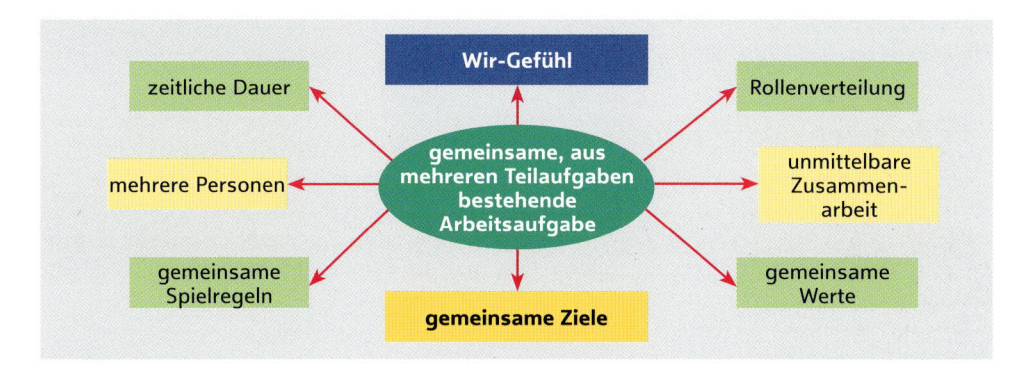

Zentrum: **gemeinsame, aus mehreren Teilaufgaben bestehende Arbeitsaufgabe**

Merkmale: Wir-Gefühl, Rollenverteilung, unmittelbare Zusammenarbeit, gemeinsame Werte, gemeinsame Ziele, gemeinsame Spielregeln, mehrere Personen, zeitliche Dauer

Erfolgreiche Gruppenarbeit hat vielfältige **Vorteile**. Diese gelten für schulisches und betriebliches Lernen und Arbeiten gleichermaßen.

Vorteile von Gruppenarbeit				
mehr Ideen und bessere Ergebnisse	Ausgleich von Stärken und Schwächen	Übung von Planung und Organisation	Selbstständigkeit und Verantwortung	Lern- und Arbeitsfreude

Aber auch das kennen Sie: Gruppenarbeit ist oftmals mit **Problemen** verbunden. Diese können Sie jedoch häufig im Vorfeld verhindern bzw. bei ihrem Auftauchen beseitigen:

Probleme bei Gruppenarbeit			
ineffizientes Arbeiten	Organisationsprobleme	einseitige Arbeitsverteilung	Gruppenkonflikte

> **PRAXISTIPP** Machen Sie sich die Chancen, aber auch die Probleme der Gruppenarbeit immer wieder bewusst. Nur so können Sie Schwierigkeiten vermeiden bzw. ausräumen.

● Bedingungen für eine erfolgreiche Gruppenarbeit

Ob Ihre Gruppenarbeit erfolgreich verläuft, hängt von der gesamten Gruppe, dem zu bearbeitenden Thema und natürlich von Ihnen selbst ab. Was der oder die Einzelne alles falsch machen kann, wird in den folgenden „11 Minusregeln" verdeutlicht:[1]

11 Minusregeln, um eine Gruppe zu ruinieren	
1. Rede nie von dir selbst, bleibe immer nur sachlich und ernst.	7. Fühle dich immer persönlich angegriffen und antworte mit Kurzreferat.
2. Rede in jede Pause hinein.	8. Gehe zum Lachen in den Keller.
3. Gerechtigkeit ist nicht zu erreichen, sei ungerecht.	9. Gib überall deinen Senf dazu.
4. Ignoriere Konflikte in der Gruppe.	10. Erteile ungefragt, aber heftig Ratschläge.
5. Erzähle eine Anekdote nach der anderen.	11. Scheue dich nie, Gesprächsteilnehmer zu korrigieren und zu unterbrechen.
6. Greife nie in das Gruppengeschehen ein.	

PRAXISTIPP Bevor Sie die Fehler bei anderen suchen, schauen Sie zunächst kritisch auf sich selbst und versuchen Sie, Ihr eigenes Verhalten zu korrigieren/zu verbessern.

Abgesehen von dem Verhalten der einzelnen Gruppenmitglieder gibt es weitere **Bedingungen**, die den **Erfolg Ihrer Gruppenarbeit** und die **Freude** daran maßgeblich beeinflussen:

Kommunikation	Was die Gruppe braucht	Klarheit
● Probleme analysieren ● Planung abstimmen ● Entscheidungen treffen ● Konflikte lösen		● Aufgabenstellung ● Planung ● Organisation (Zeitwächter, Protokollführer, Präsentierer)

Gerade bei Gesprächen, die das (Fehl-)Verhalten eines Einzelnen zum Gegenstand haben, ist es wichtig, dass Sie **konstruktive** – also aufbauende – **Rückmeldungen** geben, statt jemanden zu belehren oder gar zu beschimpfen. Dieses „Feedback-Geben" und „Feedback-Nehmen" ist jedoch eine anspruchsvolle Aufgabe, wie die nachfolgenden Feedbackregeln zeigen:

Regeln für ein konstruktives Feedback:

Feedback geben
– Ich-Botschaft
– Feedback-Nehmer direkt ansprechen
– konkret beschreiben (statt werten)
– kurz (statt ausschweifend)

Feedback nehmen
– nachfragen
– klären
– nicht rechtfertigen

---

[1] Quelle: Vgl. Knoll, Jörg: Kleingruppenmethoden, 2. Auflage, Weinheim und Basel: Beltz Verlag 1997, S. 33.

Beispiele
- „Ich habe gesehen/gehört, dass du ..."
- „Das wirkt auf mich ..."

Beispiele
- „Kannst du das noch mal genauer beschreiben?"
- „Wann genau/Wie lange habe ich das gemacht?"
- „Wieso empfindest du das als Zeichen von ...?"

> **PRAXISTIPP** Geben Sie Feedback, um anderen zu helfen, ihre Stärken zu erkennen und sich selbst weiterzuentwickeln.

● Methoden zur Auswertung von Gruppenarbeitsprozessen

Neben einem selbstkritischen Blick auf Ihr Arbeitsergebnis sollten Sie während und nach Ihrer Gruppenarbeit den Arbeitsprozess beurteilen, also die Frage, „wie" Ihre Gruppe zusammengearbeitet hat. Dies ist für das Gelingen bzw. die Verbesserung von zukünftigen Gruppenarbeiten wesentlich. Zu diesem Zweck können Sie eine Vielzahl von Methoden nutzen, von denen hier zwei vorgestellt werden:

○ Einpunktabfrage

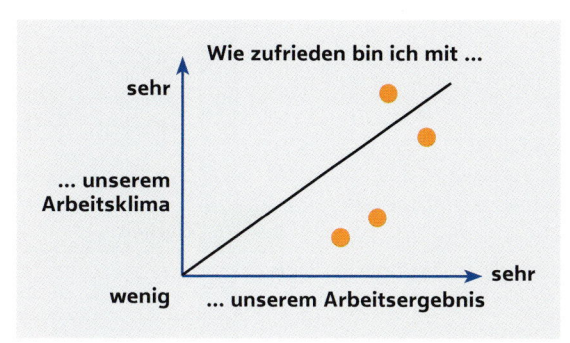

Bei der Einpunktabfrage kann jedes Gruppenmitglied mit einem Klebepunkt eine Beurteilung der Gruppenarbeit auf zwei Ebenen abgeben. Zum einen – horizontal – auf der **Sachebene**, wo es um die Bewertung des Arbeitsergebnisses geht. Zum anderen – vertikal – auf der **Beziehungsebene**, wo der Gruppenarbeitsprozess im Mittelpunkt steht.

Beispiel In der oben abgebildeten Einpunktabfrage bewertet die Gruppe das Arbeitsergebnis durchweg als positiv; mit dem Arbeitsklima sind hingegen nur zwei Gruppenmitglieder zufrieden, sodass es auf dieser Ebene Klärungsbedarf gibt.

Die Einpunktabfrage können Sie in **mehreren Arbeitssitzungen** verwenden, wodurch auch der Entwicklungsprozess Ihrer Gruppe deutlich wird. Die Arbeitssitzungen werden dann mit farblich verschiedenen Klebepunkten voneinander abgegrenzt.

○ Gruppenprozessanalyse[1]

Gruppenprozessanalyse

Bitte geben Sie an, inwieweit Sie mit den unten stehenden Aussagen übereinstimmen. Tun Sie dies zunächst individuell. Nachdem jedes Gruppenmitglied für sich die Punkte 1 bis 14 ausgefüllt hat, zeichnen Sie bitte das unten stehende Schema auf einen großen Bogen Papier. Dann gibt jedes Mitglied seine Meinung mit einem Strich im entsprechenden Feld an, damit Sie ein Bild des Gruppengefühls erhalten. Falls dieses Bild in Ihnen den Wunsch nach einer Diskussion über eventuelle Ursachen weckt, dann diskutieren Sie darüber. Es könnte sich bewähren, dieses Schema an der Wand hängen zu lassen, um im Verlauf der Gruppenarbeit auftretende Veränderungen zu diskutieren.

---

[1] Quelle: Vgl. Philipp, Elmar: Teamentwicklung in der Schule, 4. Auflage, Weinheim und Basel: Beltz Verlag 2005, S. 107.

	A	B	C	D	E	F
1. Die Gruppe analysierte die Probleme richtig.						
2. Wir waren uns darüber im Klaren, was wir erreichen wollten.						
3. Ich war mit der Art zufrieden, wie wir den Problemen auf den Leib rückten.						
4. Wir überprüften während der Arbeit laufend die Zweckmäßigkeit unseres Vorgehens.						
5. Alle Ideen der Gruppenmitglieder wurden festgehalten.						
6. Wir unterstützten uns während der Gruppenarbeit gegenseitig.						
7. Ich hörte aufmerksam zu, wenn andere sprachen.						
8. Die anderen hörten aufmerksam zu, wenn ich etwas zu sagen hatte.						
9. Meine Fähigkeiten kamen voll zur Geltung und wurden von der Gruppe genutzt.						
10. Die Fähigkeiten der anderen kamen voll zur Geltung und wurden von der Gruppe genutzt.						
11. Ich fühlte mich in meiner Rolle sicher und wohl.						
12. Die Gruppe wurde nicht durch ein oder mehrere Mitglieder dominiert.						
13. Es gab keine Konkurrenzkämpfe zwischen Gruppenmitgliedern, die die Effizienz der Arbeit reduzierten.						
14. Das Interesse am Problem war groß.						

A = Dieser Aussage kann ich vollständig zustimmen.
B = Dieser Aussage kann ich nur mit einigen Vorbehalten zustimmen.
C = Ich bin nicht ganz sicher, doch würde ich dieser Aussage eher zustimmen.
D = Ich bin nicht ganz sicher, doch würde ich diese Aussage eher ablehnen.
E = Diese Aussage muss ich mit einigen Vorbehalten ablehnen.
F = Diese Aussage muss ich vollständig ablehnen.

Bei beiden Methoden ist es oftmals sinnvoll, die Bewertungen von den Gruppenmitgliedern anonym vornehmen zu lassen. Die Auswertung der Ergebnisse und das Vereinbaren von Konsequenzen müssen selbstverständlich in der Gruppe geschehen.

Kooperatives Lernen und Arbeiten in Gruppen
- **Projekt- und Teamfähigkeit** gewinnen in modernen Unternehmen zunehmend an Bedeutung. **Gruppenarbeit** in Schule und Betrieb kann helfen, diese Fähigkeiten weiter zu entwickeln.
- Erfolgreiche Gruppenarbeit bietet zahlreiche Vorteile, die zu einer höheren **Arbeitszufriedenheit und -qualität** führen.

> - Das Gelingen von Gruppenarbeit ist an zahlreiche **Bedingungen** gebunden, die das Verhalten der einzelnen Mitglieder, die Kommunikation innerhalb der Gruppe und die Arbeitsorganisation betreffen.
> - Methoden wie die **Einpunktabfrage** oder die **Gruppenprozessanalyse** helfen, Arbeitsprozesse in Gruppen auszuwerten und zukünftig erfolgreicher zu gestalten.

1. Erläutern Sie die Bedeutung der Gruppenarbeit im Rahmen der Ausbildung im Groß- und Außenhandel.

2. Führen Sie eine Podiumsdiskussion zum Thema „Sinn und Unsinn der Gruppenarbeit" durch. Nachdem in Gruppen Argumente für jeweils eine Position (Befürworter bzw. Gegner der Gruppenarbeit) gesammelt und ein Sprecher je Gruppe gewählt worden ist, gehen Sie bei der Podiumsdiskussion wie folgt vor:

Darstellungsrunde
- Der Leiter eröffnet die Diskussion, nennt das Thema der Diskussion und stellt die Teilnehmer nacheinander vor. Der zuletzt genannte Teilnehmer erhält als erster das Wort.
- Die einzelnen Diskussionsteilnehmer stellen nacheinander ihre Positionen dar. Sie dürfen dabei nicht unterbrochen werden. Die Redezeit ist allerdings auf zwei Minuten begrenzt, dann gibt der Leiter das Wort weiter.

Diskussionsrunde
- Die Teilnehmer an der Podiumsdiskussion können nun miteinander „streiten", d. h., sie gehen auf die Argumente der „Gegenseite" ein und versuchen sie zu entkräften oder durch schlagkräftigere eigene Argumente zu übertreffen.
- Dem Leiter kommt in dieser Phase eine wichtige Stellung zu. Er erteilt und entzieht den einzelnen Teilnehmern das Wort. Es ist darauf zu achten, dass die Gesprächsanteile gerecht verteilt werden und dass die Redebeiträge zeitlich begrenzt werden. Hierbei ist es hilfreich, wenn der Leiter eine Redeliste führt.

Plenumsrunde
- Wenn die Positionen auf dem Podium ausreichend ausgetauscht und diskutiert worden sind, hat der Rest der Klasse Gelegenheit, mit Fragen an einzelne Teilnehmer oder auch mit eigenen Beiträgen die Diskussion zu bereichern.
- Auch in dieser Phase muss der Leiter auf eine gerechte Verteilung der Redeanteile achten.

3. Halten Sie in Gruppen nacheinander sog. „Stegreifreden": Die Gruppe oder der Lehrer gibt ein beliebiges Thema vor (z. B. „Gelb", „Tanzen", „Umweltschutz", „Fußball", „Sommer", „duales System der Berufsausbildung" usw.) und der Redner hat maximal 60 Sekunden Zeit, sich auf dieses Thema gedanklich vorzubereiten. Er soll dann einen Vortrag halten, der höchstens drei Minuten dauern darf. Der Rest der Gruppe gibt dem Redner anschließend ein Feedback zum Vortragsverhalten. Beachten Sie dabei die Regeln zum Feedback-Geben und Feedback-Nehmen.

4.2 Methoden und Medien für die Gruppenarbeit einsetzen

Für die Vorbereitung der Präsentation auf der Ausbildungsmesse ist Nicole Höver in ihrer Klasse einer Gruppe mit Andreas Brandt und Petra Jäger zugewiesen worden. Außerdem ist noch Marius Schem dabei, der aus einem kleinen Betrieb kommt. In der ersten Gruppensitzung wird Petra zur Gruppenleiterin gewählt. Ansonsten herrscht jedoch allgemeine Ratlosigkeit, wie nun vorzugehen ist. Petra meint: *„Lasst uns zunächst mal klären, welche Probleme wir jetzt zu lösen haben, und dann überlegen, wie wir vorgehen wollen."*

ARBEITSAUFTRAG
◆ Erstellen Sie einen übersichtlichen Ablaufplan zur Vorbereitung und Durchführung einer Präsentation der Ausbildung im Groß- und Außenhandel bei der Primus GmbH.

● Allgemeines Vorgehen bei der Lösung von Problemen

Das nachfolgende Schema zeigt Ihnen eine Struktur der wesentliche Schritte („Meilensteine") auf, mit denen Sie umfangreichere Probleme systematisch bearbeiten und lösen können:

Projektbearbeitung/Problemlösung

Die Kernidee des Schemas ist, die Arbeit an größeren Projekten oder komplexen Problemen in sinnvoller Weise zu strukturieren. Da die einzelnen Phasen des Prozesses aufeinander aufbauen, sollte der Ablauf in seiner Grobstruktur erhalten bleiben.

1. Ziel-/Problembestimmung
– Hier geht es um die Festlegung des Ziels bzw. der komplexen Problemstellung.
– Die Gruppe muss darüber Einigkeit erzielen.
– Das Ziel/Problem sollte für alle sichtbar schriftlich festgehalten werden.
– Leitfrage in dieser Phase ist: „Was genau ist das Ziel/Problem?"

2. Analyse
– In dieser Phase sollen die möglichen Teilziele bzw. die in der komplexen Problemstellung enthaltenen Teilprobleme gesammelt werden.
– Jedes Gruppenmitglied sollte seine Sicht der Dinge ungehindert einbringen dürfen.
– Eine Diskussion findet nicht statt; es werden alle Beiträge gesammelt und unter Umständen zusammengefasst.

3. Sammeln von Lösungsvorschlägen
– Es beginnt die Arbeit an Lösungsvorschlägen, die sich auf die in Phase 2 ermittelten Teilziele bzw. Teilprobleme richten sollen.
– Falls möglich, kann die Arbeit an einzelnen Teilzielen/Teilproblemen in Kleingruppen oder in Partnerarbeit erfolgen.
– Auch in dieser Phase ist die Kritik an Ideen einzelner Gruppenmitglieder verboten. Es können aber auch hier die Einzelideen zusammengefasst werden.

4. Auswahl einer Lösung
- Von den in Phase 3 gesammelten Lösungsvorschlägen wird einer durch die Gruppe ausgewählt.
- Dabei ist es hilfreich, wenn die Gruppe zuvor Kriterien (z. B. Aufwand, Kosten) festlegt, nach denen die Lösungsvorschläge bewertet werden.
- Die Lösungen zu den einzelnen Teilzielen/Teilproblemen ergeben dann eine Art Maßnahmenkatalog.

5. Umsetzung
- Die Lösung(en) muss/müssen umgesetzt werden. Hierzu sollte sich die Gruppe (schriftlich) festlegen:
- Wer ist (mit wem) für die Umsetzung einer Maßnahme verantwortlich?
- Bis wann soll die Umsetzung erfolgt sein?

6. Ergebnisbeurteilung
- Nach erfolgter Umsetzung muss das Ergebnis beurteilt werden.
- Wenn das Ergebnis zufriedenstellend ist, ist das Ziel erreicht bzw. das Problem gelöst.
- Wenn nicht, dann beginnt der Prozess von Neuem. Dabei ist es in aller Regel sinnvoll, wieder bei Phase 1 zu beginnen (und nicht in Phase 4).

● Alternative Methoden zur Unterstützung von Gruppenarbeiten

Zur Unterstützung Ihrer Gruppenarbeit steht Ihnen eine Vielzahl von Methoden zur Verfügung. Die richtige Auswahl einer geeigneten Methode ist nicht immer einfach. Grundsätzlich gilt jedoch, dass Sie möglichst viele Methoden erproben sollten, um deren Eignung für bestimmte Zwecke beurteilen zu können.

○ Das Brainstorming

„Gehirnsturm" übersetzt man wörtlich und kann sich darunter nicht so recht etwas vorstellen. Es ist ein Verfahren zur **Ideenfindung** und wird häufig zu Beginn von Gruppenarbeitsprozessen eingesetzt. Brainstorming ersetzt weder Allgemeinbildung noch Fachwissen, aber es kann Ihnen helfen, kreative Ideen hervorzubringen. Wesentlich ist, dass jede Idee beim Brainstorming **willkommen** ist und keine Ideenbewertung stattfindet. Damit die Vorteile des Brainstormings zur Geltung kommen, sollten Sie auf die strikte Einhaltung bestimmter, einfacher **Regeln** achten:

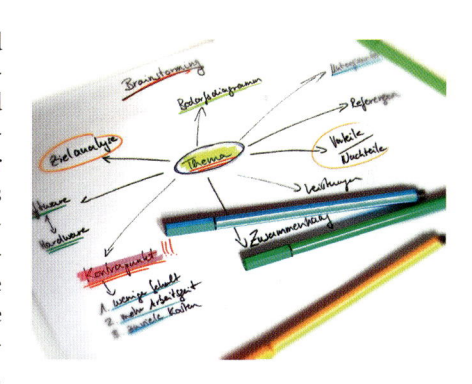

● **Regel 1: Keine Kritik**
Das Ziel des Brainstormings ist die Ideenfindung. Ideenkiller sind z. B. *„Das geht doch nicht!"*, *„Hört sich gut an, aber …"*, *„Viel zu teuer"*, aber auch *„Das wurde schon gesagt."*

● **Regel 2: Möglichst viele und wilde Ideen**
Quantität geht beim Brainstorming vor Qualität. Originalität und Humor, sinnlose, verrückte und alberne Beiträge sind erwünscht.

● **Regel 3: Fortführen von Ideenansätzen**
„Ideenklau", „Trittbrettfahren", „Rucksackideen", sonst verpönt, sind hier einmal ausdrücklich zum höheren Zweck eines gemeinsamen Ideensuchens erwünscht.

Ablauf eines Brainstormings	
Vorbereitung	Ein Protokollant (sammelt alle Ideen und schreibt sie für alle sichtbar auf) und ein Moderator (achtet auf Einhaltung der Regeln) müssen bestimmt werden. Das Problem, zu dem Ideen gesammelt werden sollen, wird für alle sichtbar aufgeschrieben.
Durchführung	Je nach Vereinbarung werden die Ideen einfach zugerufen (Normalfall) oder der Moderator erteilt das Wort (bei großen Gruppen). Der Protokollant schreibt alle Ideen stichwortartig auf. Das Brainstorming sollte zeitlich begrenzt werden (z. B. 15 Minuten) oder abgebrochen werden, wenn keine neuen Ideen mehr „sprudeln".
Auswertung	Damit die gesammelten Ideen für die weitere Problembearbeitung nützlich sind, müssen sie jetzt geordnet, gegliedert, überdacht und bewertet werden.

Beispiel Petras Gruppe führt ein Brainstorming zum Thema „Meinungen der Schüler zum Groß- und Außenhandel" durch. Es wird eine Vielzahl von Ideen gesammelt, die unterschiedliche Bereiche (z. B. Arbeitszeiten, Arbeitsplatz, Image, Vergütung) betreffen und noch geordnet werden müssen.

○ **Die 635-Methode**

Die 635-Methode ist ebenfalls ein Verfahren zur Ideenfindung: Hierbei sollen sechs Teilnehmer drei Ideen (zu einem bestimmten Begriff oder zur Lösung eines Problems) in Zeitabschnitten von fünf Minuten auf einem Formblatt notieren:

Begriff/Problemstellung:			
Teilnehmer 1	Idee 1	Idee 2	Idee 3
Teilnehmer 2	Idee 1	Idee 2	Idee 3
Teilnehmer 3	Idee 1	Idee 2	Idee 3
Teilnehmer 4	Idee 1	Idee 2	Idee 3
Teilnehmer 5	Idee 1	Idee 2	Idee 3
Teilnehmer 6	Idee 1	Idee 2	Idee 3

In einem ersten Durchgang erhält jedes Gruppenmitglied ein Formblatt und trägt innerhalb von fünf Minuten in der ersten Zeile seine ersten drei Ideen ein. Die Blätter werden dann an den rechten Tischpartner weitergegeben. In dieser zweiten Runde wird dann die zweite Zeile bearbeitet usw. Der Prozess wird so lange fortgesetzt, bis die Formblätter vollständig ausgefüllt sind.

Die Schwierigkeit, eine derart hohe Anzahl an Ideen „produzieren" zu müssen, wird durch den Umstand gemildert, dass bei jedem Durchgang mehrere (fremde) Ideen bereits auf dem Formblatt stehen, die Sie als Anregung nutzen können und sollten.

Die 635-Methode bietet vielfältige **Vorteile**:

- Im Idealfall werden in 30 Minuten $3 \times 6 \times 6$, also 108 Ideen hervorgebracht und schriftlich fixiert.
- Jeder kann in Ruhe nachdenken und wird dennoch aktiv beteiligt.

- Durch das Aufgreifen fremder Ideen werden Synergieeffekte wirksam.
- Bei der Methode unterbleibt eine Diskussion während der Ideenfindungsphase, sofern die Kritik an Einzelbeiträgen ausdrücklich ausgeschlossen wurde.
- Die Arbeit erfordert keinen Moderator.

Natürlich können Sie die Methode auch abwandeln; z. B. in eine 524-Methode, bei der fünf Teilnehmer zwei Ideen in Zeitabschnitten von vier Minuten auf einem Formblatt notieren.

○ Nutzung digitaler Medien zur Ideensammlung

Es gibt zahllose und auch frei verfügbare Möglichkeiten Ideensammlungen papierlos mit digitalen Medien zu gestalten. Eine Möglichkeit besteht z. B. darin, gemeinsam und zeitgleich an einem Dokument zu arbeiten. Dabei kann man „live" sehen, welche Ideen die anderen Gruppenmitglieder produzieren und sich dadurch anregen lassen. Unter der Bezeichnung „Etherpads" findet man im Internet einfache, webbasierte Texteditoren unterschiedlicher Anbieter, die diese Funktionalität bieten. Auf diese Weise können nicht nur Ideen gesammelt werden, sonder auch gemeinsam Texte oder Präsentationen gestaltet werden.

> **PRAXISTIPP** Lassen Sie sich nicht beirren. Bei Ideensammlungen haben alle Ideen ihren Platz – auch die verrücktesten. Lassen Sie sich nicht auf Wertungen und Diskussionen ein.

○ Der Morphologische Kasten

Der Morphologische[1] Kasten ist eine Methode, bei der Sie zunächst eine komplexe **Problemstellung** in leichter zu bearbeitende **Teilprobleme** zerlegen, bevor Sie dann nach **Ideen** bzw. **Lösungsansätzen** suchen. Insofern dient diese Methode nicht allein einer offenen Ideensammlung wie das Brainstorming, sondern bildet einen Problemlösungsprozess in knapper Form ab.

Der **Ablauf** kann in drei Schritten abgebildet werden:
- **Schritt 1**: Möglichst exakte Beschreibung eines komplexen Problems und Zerlegung in Teilprobleme bzw. mögliche Ursachen. Diese werden in der entsprechenden Spalte festgehalten.
- **Schritt 2**: Bearbeitung der Teilprobleme/Ursachen durch Sammlung sämtlicher Lösungsmöglichkeiten.
- **Schritt 3**: Ermittlung der Gesamtlösung durch Kombination der Teillösungen.

Morphologischer Kasten			
Gesamtproblem: _____			
Teilproblem/Ursache	Teillösung	Teillösung	Teillösung

---
[1] *Morphologie: Wissenschaft von den Gestalten und Formen*

LF 1 Das Unternehmen präsentieren und die eigene Rolle mitgestalten

Beispiel Nach einiger Zeit treten in Petras Gruppe massive Probleme auf. Die Arbeit macht den Gruppenmitgliedern keine Freude und auch die Arbeitsergebnisse sind bislang dürftig. Die Gruppe ist kurz davor aufzugeben. Die Gruppe beschließt, zur Lösung des Problems die Methode des Morphologischen Kastens einzusetzen. Sie geht dabei folgendermaßen vor:

Schritt 1
Das Problem wird in mögliche Teilprobleme/Ursachen zerlegt: Gruppenarbeiten können z. B. scheitern, wenn ...
- ... der Arbeitsauftrag unklar ist,
- ... die Art des Umgangs miteinander ungeeignet ist,
- ... die Arbeitsbedingungen störend sind,
- ... eine gute Arbeitsorganisation fehlt,
- ... die Arbeiten ungleich verteilt sind.

Schritt 2
Zu den einzelnen Teilproblemen/Ursachen werden mögliche Lösungen gesammelt:

Morphologischer Kasten

Gesamtproblem: _Scheitern der Gruppenarbeit_

Teilproblem/Ursache	Teillösung	Teillösung	Teillösung
Arbeitsauftrag unklar.	Diskussion über den Arbeitsauftrag und die Ziele führen.	Jeder klärt seinen eigenen Auftrag für sich.	Frau Schlüter um Rat wegen des Auftrages bitten.
Arbeitsbedingungen (Raum, Termine) sind unbefriedigend.	Musik und Kaffee bei den Sitzungen.	Festen Raum im Betrieb und Termin für Gruppentreffen wählen.	Jeder lädt die Gruppe abwechselnd zu sich ein.
Umgang miteinander stimmt nicht.	Gesprächsregeln vereinbaren, aufhängen und auf Einhaltung achten.	Ausschluss des/der Querulanten von Sitzungen.	Wahl eines „Schiedsrichters" bei Streitigkeiten.
Arbeitsorganisation – wir reden immer über „irgendwas".	Erhöhung der Sitzungszeit auf drei Stunden.	Arbeit mit zwei Zeitwächtern.	Vereinbarung von Zwischenzielen bei jedem Treffen.
Arbeitsverteilung ist ungerecht.	Jeder erstellt abwechselnd Sitzungsprotokolle.	Tätigkeitskatalog (wer macht was, bis wann?) erstellen und aufhängen.	Es werden Punkte für gemachte Arbeiten vergeben.

Schritt 3
Die beste **Gesamtlösung** könnte z. B. wie folgt aussehen:
Die Gruppe bittet zunächst **Frau Schlüter** um Rat, damit der Arbeitsauftrag nochmals ganz klar verdeutlicht wird. Sämtliche Gruppensitzungen finden im **selben Raum** zu einem **festen Termin** statt. Es werden **Gesprächsregeln** vereinbart und auf ein Plakat geschrieben, die alle einzuhalten haben. Zur Verbesserung der Arbeitsorganisation werden **Zwischenziele** vereinbart, die in den Sitzungen erreicht werden müssen. Schließlich soll eine gerechte und für alle sichtbare Arbeitsverteilung durch die Erstellung eines **Tätigkeitskataloges** erreicht werden.

> **PRAXISTIPP** Zerlegen Sie zunächst ein Problem, dann haben Sie es schon halb gelöst.

○ Mindmapping

Das Mindmapping ist eine Lern- und Arbeitstechnik, die der Funktionsweise des menschlichen Gehirns besonders entgegenkommt. Die Erstellung einer Mindmap ist einfach. Die folgenden Empfehlungen sollen Ihnen als Hilfestellung und Anregung dienen. Letztlich ist eine Mindmap immer ein individuelles Produkt und daher haben Ihre eigenen Vorlieben bei der Erstellung ihre Berechtigung. Selbstverständlich kann man auch Mindmaps mit digitalen Medien erstellen. Es gibt zahlreiche webbasierte Programme oder solche zur Installation auf dem eigenen Computer. Um die persönliche Note (Schrift, Zeichnungen etc.) einer Mindmap zu erhalten und dennoch die Vorteile digitaler Verarbeitung (Speicherung Vergrößerung, Projektion etc.) zu nutzen, eignen sich Tablets oder Notebooks mit Touchdisplays, wo man mithilfe von Eingabestiften Zeichnungen erstellen kann.

Grundstruktur

Das **Thema** der Mindmap schreiben Sie in den Mittelpunkt eines quergelegten Blattes und heben es durch eine Umrahmung optisch hervor. Von dort erstellen Sie zunächst **Hauptäste**, die das Thema in seine Teilbereiche untergliedern.

Von diesen Hauptästen erstellen Sie weitere **Verzweigungen**, die Ihre Gedanken zu dem jeweiligen Teilbereich aufnehmen. Die Verzweigungen können Sie dann beliebig fortsetzen.

Empfehlungen und Hilfestellungen

- Nutzen Sie Schlüsselwörter und Bilder. Ganze Sätze sollten vermieden werden.
- Die Wortlänge sollte der Zweiglänge entsprechen.
- Schreiben Sie deutlich (Druckschrift), insbesondere wenn andere die Map „lesen" sollen.
- Verbinden Sie stets die Zweige, sodass Ihre Gedankenketten nicht unterbrochen werden.
- Nutzen Sie grafische Mittel zur Veranschaulichung.

Beispiele
- **Pfeile,** um Querverbindungen zwischen Gedanken darzustellen
- **Symbole** (Sternchen, Fragezeichen etc.), um etwas zusätzlich hervorzuheben
- Einsatz von **Farbe:** So können Sie z. B. Haupt- und Nebenäste oder einen ganzen Gedankenkomplex farblich abheben

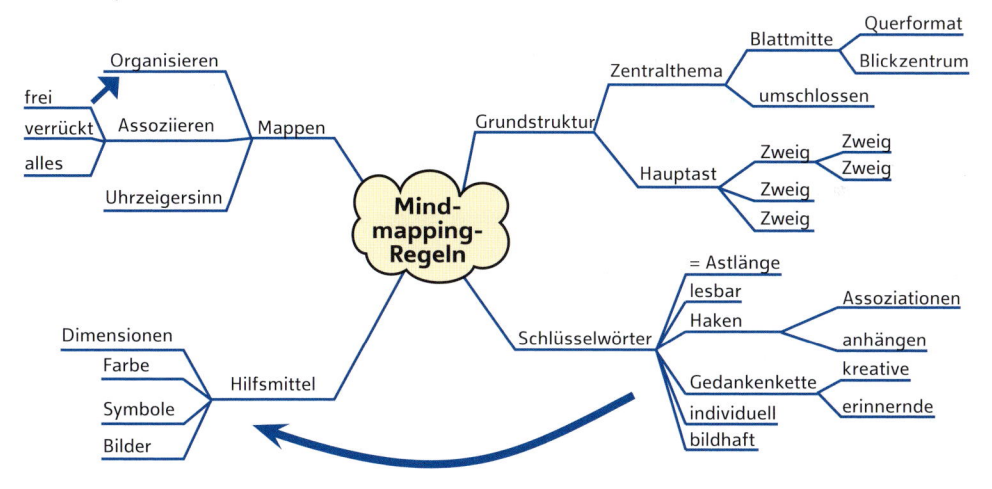

Vorteile

- Ihr zentrales Thema steht auch tatsächlich im Zentrum der Aufzeichnung und nicht als leicht zu verlierende Überschrift am Anfang.
- Der „rote Faden" bleibt durch die Grundstruktur einer Mindmap stets erhalten. Ihre wichtigsten Ideen finden sich in der Nähe des Zentrums, weniger wichtige eher am Rande.

- Die nach allen Seiten offene Struktur einer Mindmap ermöglicht es Ihnen, nahezu beliebig viele Ergänzungen vorzunehmen, ohne dass Ihnen der Überblick verloren geht.
- Durch die Nutzung von Schlüsselworten können sehr viele Ihrer Gedanken in kurzer Zeit auf engstem Raum dargestellt werden.
- Jede Map ist einzigartig. Sie können sich daher leichter und nachhaltiger an die Map erinnern.

Anwendungsbereiche für das Mindmapping

- **Ideensammlung**: *„Was fällt mir/uns alles ein zum Thema x?"*
- **Ermittlung des persönlichen Wissensstandes**: *„Was weiß ich/wissen wir noch zum Thema y?"*
- **Vorbereitung von Referaten**: *„Wie gliedere ich mein Referat? Welcher Aspekt gehört wohin?"*
- **Mitschreiben von Vorträgen**: z. B. von Mitschülern oder Lehrern
- **Unterstützung von Präsentationen**: Mindmaps sind eine sehr gute Hilfe für Vortragende und können auch als visuelle Hilfe für die Zuhörer eingesetzt werden. Hierzu eignen sich insbesondere Mindmaps, die mithilfe entsprechender Software am PC erstellt wurden.
- **Textbearbeitung**: Zusammenfassen und Strukturieren der wichtigsten Inhalte
- **Prüfungsvorbereitung**: Die Methode macht den meisten Menschen einfach Spaß und kann daher die oftmals unangenehme Belastung positiv beeinflussen.
- **Problembearbeitung in Gruppen**: Selbst komplexe Gruppenarbeiten können durch Mindmaps sinnvoll unterstützt werden. Hierbei hat sich ein Stufenschema bewährt, in dem eine sinnvolle Kombination zwischen Einzel- und Gruppenarbeitsphasen angestrebt wird:

Das Team-Modell

Phase		Auftrag
Zielvereinbarung	→	Einigen Sie sich auf ein gemeinsames Ziel bzw. Thema, mit dem alle einverstanden sind.
Einzel-Map	→	Erstellen Sie, jeder für sich, eine Mindmap zum Thema. Lassen Sie dabei Ihren Gedanken freien Lauf.
Map-Ausstellung	→	Sehen Sie sich – ohne zu kritisieren – an, was die anderen Gruppenmitglieder zu dem Thema entwickelt haben.
Crazy-Map	→	Erstellen Sie gemeinsam eine Map, in der alle Ideen ungeordnet erfasst werden.
Orga-Map	→	Erstellen Sie eine zweite Map, in der die Ideen zusammengefasst und geordnet werden.
Präsentation	→	Präsentieren Sie Ihre Arbeitsergebnisse der Klasse.

Zielgerichtet und effektiv lernen und arbeiten – auch mit digitalen Medien 157

Methoden für die Gruppenarbeit einsetzen

- Um Probleme systematisch zu lösen oder Projekte zu bearbeiten, bietet sich Ihnen die Nutzung eines **Problemlösungsschemas** an, in dem die wesentlichen Schritte systematisch strukturiert werden.
- Je nach Gruppe, Rahmenbedingungen und Zweck der Gruppenarbeit bieten Ihnen das **Brainstorming**, der **Morphologische Kasten** und das **Mindmapping** eine hilfreiche methodische Unterstützung.

1. Erläutern Sie, warum es gerade für Gruppenarbeiten sinnvoll ist, bei der Problemlösung planvoll vorzugehen.

2. Entwickeln Sie – in Einzel-, Partner- oder Gruppenarbeit – eine Mindmap zum Thema „Die Ausbildung im Groß- und Außenhandel" und halten Sie anhand Ihrer Map einen Kurzvortrag zu diesem Thema in der Klasse.

4.3 Methoden und Medien zur Informationsbeschaffung und zum Lernen anwenden

Petra Jäger und ihre Gruppe haben anfängliche Probleme gelöst und eine Planung für die Präsentation der Ausbildung im Groß- und Außenhandel entworfen. Sie wollen sich dabei auf die Ausbildung, aber auch auf die Aufstiegsmöglichkeiten im Groß- und Außenhandel am Beispiel der Primus GmbH konzentrieren. Hierzu können außer den innerbetrieblichen Informationsquellen Artikel aus Fachzeitschriften und natürlich das Internet genutzt werden. Schnell ist eine riesige Menge an Material gesammelt. Petra meint dazu etwas ratlos: *„Wie sollen wir diesen Berg an Informationen denn jetzt bewältigen?"*

ARBEITSAUFTRÄGE
◆ Beschreiben Sie Ihre Vorgehensweise, um die wichtigsten Informationen aus einem Fachartikel herauszufiltern.
◆ Stellen Sie Vor- und Nachteile der Informationssuche im Internet gegenüber.

● Techniken zur aktiven Bearbeitung von Sachtexten

Im Gegensatz zu Texten, die Sie in Ihrer Freizeit lesen, wie z. B. Zeitschriften, Romane oder Gedichte, kommt es bei der Arbeit mit **Sachtexten** darauf an, dass Sie die wesentlichen **Informationen** herausfiltern. Bei ausformulierten Sätzen ist der Großteil der Texte jedoch ohne **Informationsgehalt** und daher nicht erinnerungswürdig. Daher kommt der **Reduktion** (= Verringerung auf das Wesentliche) eine entscheidende Bedeutung zu. Zur **Textreduktion** gibt es eine Vielzahl von **Techniken**, die – richtig angewandt – im Ergebnis zu einer effektiveren **Textverarbeitung** und zu einer nachhaltigen **Informationsspeicherung** führen.

Grundtechniken

Zu den Grundtechniken der Textarbeit gehören das Markieren, das Unterstreichen und das Herausschreiben von Schlüsselworten. So einfach und vertraut diese Techniken scheinbar sind, so häufig werden sie falsch eingesetzt, z. B. wenn Sie ganze Sätze oder gar Absätze markieren oder unterstreichen. Stattdessen sollten Sie nur die Worte markieren, unterstreichen oder herausschreiben, die im Hinblick auf das zu lösende Problem oder die zu bearbeitende Fragestellung einen hohen Informationsgehalt haben. Solche Worte sind in aller Regel Substantive und Verben. Wenn Sie sich auf die Markierung der wesentlichen Substantive nach dem Grundsatz „Weniger ist mehr" beschränken, werden diese Worte zu Schlüsselworten, mit denen Sie die damit verbundene Information aus dem Gedächtnis „aufschließen" können. Zu umfangreiche Markierungen bieten Ihrem Auge und Ihrem Gedächtnis hingegen keinerlei Entlastung, sodass Sie ganze Textpassagen mehrmals lesen müssen, was unnötig Zeit kostet und zudem ziemlich langweilig ist.

Das Exzerpt

Ein Exzerpt ist eine umfangreichere Möglichkeit des Herausschreibens von Wesentlichem. Es ist ein schriftlicher, mit dem **Sachtext** übereinstimmender **Auszug**. Hier werden nicht nur einzelne Wörter, sondern die wesentlichen Aussagen, Erklärungen oder Meinungen erfasst. Es geht dabei nicht um eine Kommentierung des Sachtextes, sondern um seine möglichst präzise **Wiedergabe**. Gleichwohl gilt auch hier der Grundsatz, dass Sie nur die Stellen herausschreiben sollen, die im Hinblick auf die zu bearbeitende Aufgabe von Belang sind.

Texterfassung mit dem Mindmapping

Das bereits dargestellte Mindmapping können Sie auch bei der Texterfassung nutzen.

Wollen Sie, ähnlich wie beim Exzerpt, den **Inhalt** und die **Struktur** des Textes möglichst präzise erfassen, so bietet es sich an, die Struktur des Textes auch in die Mindmap zu „übersetzen", indem Sie **Kapitelüberschriften** als **Hauptäste** verwenden und die Schlüsselwörter des Textes in die Map übernehmen.

Wenn der Text Ihnen nur als **Anregung** zur Entwicklung **eigener Gedanken** nutzen soll, sollten Sie auch eigene Schlüsselworte in der Map verwenden und eine eigene Struktur entwickeln.

In beiden Fällen hat die Mindmap den **Vorteil**, dass durch die konsequente Verwendung und **Vernetzung** von Schlüsselwörtern eine **große Menge** an **Informationen** auf sehr geringem Raum abgebildet wird. Zudem müssen Sie als Ersteller einer Mindmap einen **fremden Text** in ein **eigenes Bild** überführen. Diese **kreative Eigenleistung** fördert Ihre Lernleistung und den Erinnerungswert in hohem Maße, sodass Sie oftmals den Inhalt eines Sachtextes mithilfe einer Mindmap nach Wochen und Monaten noch reproduzieren können.

Zielgerichtet und effektiv lernen und arbeiten – auch mit digitalen Medien

● Informationsgewinnung im Internet

○ Informationen finden

Damit Sie sich im World Wide Web (www) bewegen („surfen") können, brauchen Sie neben der notwendigen Hardware und einem Internetprovider ein spezielles Programm: einen sog. Webbrowser. „Mozilla Firefox", „Microsoft Edge" und „Google Chrome" sind sehr weit verbreitet. Die Programme sind sich in Bedienung und Funktionsumfang recht ähnlich. Beispielhaft soll hier die „Firefox"-Oberfläche vorgestellt werden.

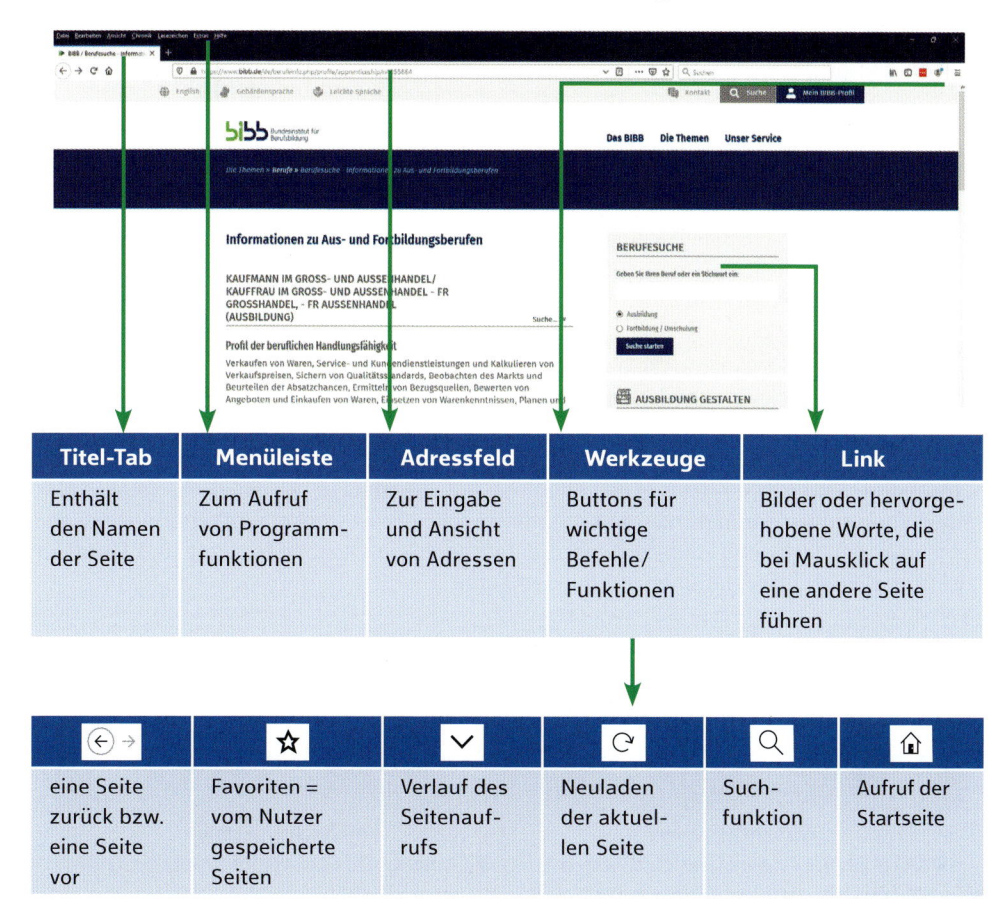

Titel-Tab	Menüleiste	Adressfeld	Werkzeuge	Link
Enthält den Namen der Seite	Zum Aufruf von Programmfunktionen	Zur Eingabe und Ansicht von Adressen	Buttons für wichtige Befehle/ Funktionen	Bilder oder hervorgehobene Worte, die bei Mausklick auf eine andere Seite führen

eine Seite zurück bzw. eine Seite vor	Favoriten = vom Nutzer gespeicherte Seiten	Verlauf des Seitenaufrufs	Neuladen der aktuellen Seite	Suchfunktion	Aufruf der Startseite

○ Informationssuche mit Suchmaschinen

Suchmaschinen sind spezielle Systeme im Netz, die Ihnen helfen, Informationen zu einem vom Benutzer bestimmten Stichwort zu finden.

Hier die Adressen einiger Suchmaschinen:

Suchmaschinen	Adressen	Suchmaschinen	Adressen
Google	www.google.de	StartPage	www.startpage.com
Bing	www.bing.com	DuckDuckGo	www.duckduckgo.com

Suchmaschinen sind recht ähnlich aufgebaut.

Beispiel Das folgende Beispiel zeigt die Eingabemaske der Suchmaschine StartPage. Die eingegebenen Suchbegriffe sind „Großhandel" und „Weiterbildung".

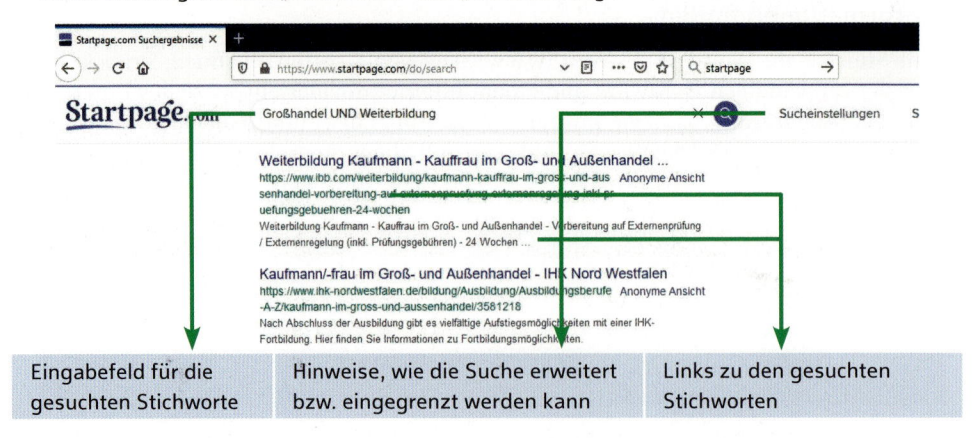

Eingabefeld für die gesuchten Stichworte	Hinweise, wie die Suche erweitert bzw. eingegrenzt werden kann	Links zu den gesuchten Stichworten

○ Informationsauswahl

Die Qualität und Glaubwürdigkeit von Informationen aus dem Internet sind überaus unterschiedlich. Nicht alle Internetseiten sind seriös und es gibt keine Kontrollinstanz für Veröffentlichungen im Internet. Man wird daher auch auf unbewusste oder bewusste Fehlinformationen treffen, die zuweilen mit betrügerischen Absichten verbunden sind. Wie eine Seite in ihrer Aufmachung zu beurteilen ist, hängt vom jeweiligen Nutzer und dessen Interessen (z. B. nüchterne Informationen, Anschauung über Bilder, Unterhaltung über Animationen etc.) ab. Dennoch gibt es einige Prüfkriterien, anhand derer man die Seriosität einer Seite und damit auch die Glaubwürdigkeit und Güte der dort hinterlegten Informationen abschätzen kann:

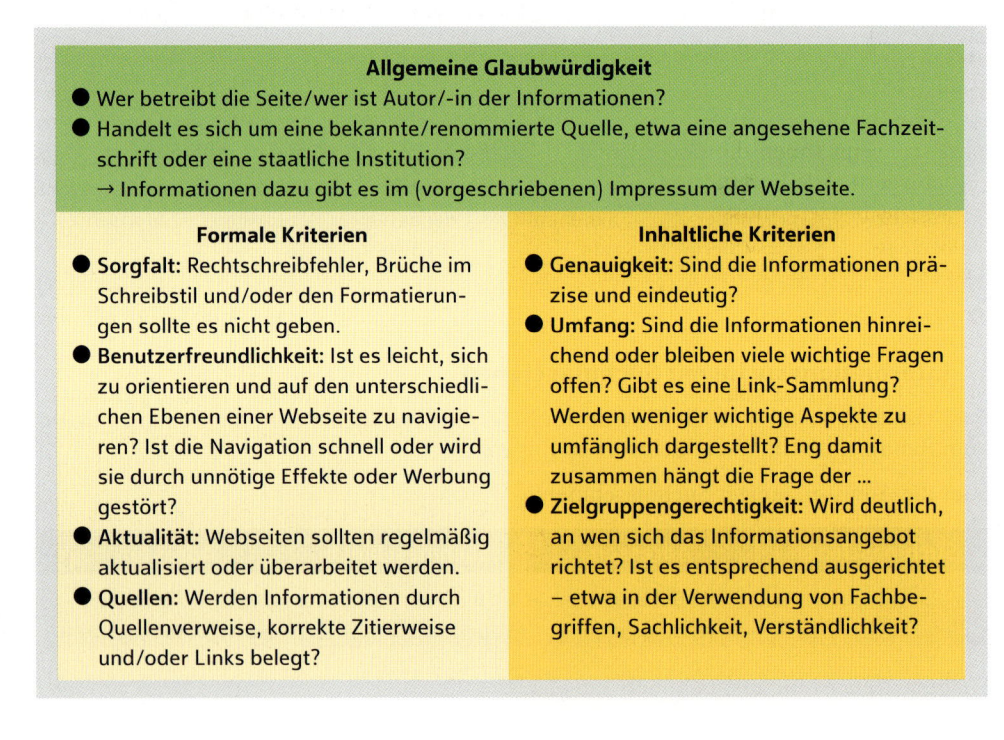

Allgemeine Glaubwürdigkeit
- Wer betreibt die Seite/wer ist Autor/-in der Informationen?
- Handelt es sich um eine bekannte/renommierte Quelle, etwa eine angesehene Fachzeitschrift oder eine staatliche Institution?
→ Informationen dazu gibt es im (vorgeschriebenen) Impressum der Webseite.

Formale Kriterien
- **Sorgfalt:** Rechtschreibfehler, Brüche im Schreibstil und/oder den Formatierungen sollte es nicht geben.
- **Benutzerfreundlichkeit:** Ist es leicht, sich zu orientieren und auf den unterschiedlichen Ebenen einer Webseite zu navigieren? Ist die Navigation schnell oder wird sie durch unnötige Effekte oder Werbung gestört?
- **Aktualität:** Webseiten sollten regelmäßig aktualisiert oder überarbeitet werden.
- **Quellen:** Werden Informationen durch Quellenverweise, korrekte Zitierweise und/oder Links belegt?

Inhaltliche Kriterien
- **Genauigkeit:** Sind die Informationen präzise und eindeutig?
- **Umfang:** Sind die Informationen hinreichend oder bleiben viele wichtige Fragen offen? Gibt es eine Link-Sammlung? Werden weniger wichtige Aspekte zu umfänglich dargestellt? Eng damit zusammen hängt die Frage der ...
- **Zielgruppengerechtigkeit:** Wird deutlich, an wen sich das Informationsangebot richtet? Ist es entsprechend ausgerichtet – etwa in der Verwendung von Fachbegriffen, Sachlichkeit, Verständlichkeit?

Techniken zur vertiefenden Wiederholung von Lerninhalten

Die Lernkartei

Die Lernkartei basiert auf dem Prinzip der vertiefenden Wiederholung.

- **Schritt 1**: Der zu lernende Stoff wird zerlegt, indem Sie auf der Vorderseite jeder Karteikarte eine Frage, Aufgabe oder Vokabel etc. formulieren. Die Rückseite enthält die Antwort, Lösung oder Übersetzung. Wichtig: pro Karte nur eine Frage/Aufgabe.

  Beispiel Zur Vorbereitung eines Tests zum Thema „Lernen im dualen System" arbeitet Nicole Höver mit der Lernkartei: Auf der Vorderseite einer Karte steht: „Über welche sechs Bereiche enthält die Ausbildungsordnung Regelungen?" Auf der Rückseite steht: „Ausbildungsdauer, Ausbildungsberufsbild, Ausbildungsrahmenplan, betrieblicher Ausbildungsplan, Ausbildungsnachweis, Prüfungen".

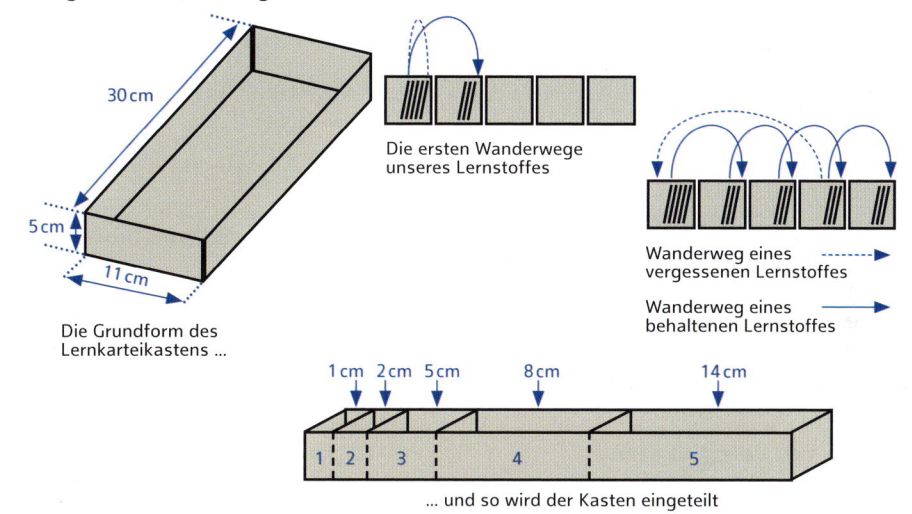

- **Schritt 2**: Es beginnt Ihr Übungs- bzw. Kontrollprozess. Sie lesen die Vorderseite der ersten Karte. Wenn Sie die Lösung wissen, wandert die Karte in Abteilung 2 der Lernkartei. Ist dies nicht der Fall, bleibt die Karte in Abteilung 1. Sie darf erst weiterwandern, wenn Ihnen die Lösung bekannt ist. Ziel ist es, alle Karten in Abteilung 5 zu befördern. Alle Karten werden auf diese Weise zumindest fünfmal wiederholt; Karten, die „nachsitzen" mussten, noch entsprechend häufiger.

Die Lernkartei hat vielfältige **Vorteile**:

- Die **Lerngeschwindigkeit** und die Anzahl der Wiederholungen werden durch Sie selbst bestimmt.

- Den **Lernprozess** können Sie beliebig oft unterbrechen und wieder aufnehmen.

- Die Lernkartei bietet Ihnen eine permanente, unmittelbare und sichtbare **Lernkontrolle** über Ihren aktuellen Wissensstand.

- Die Methode erscheint überaus geeignet zur **Vorbereitung auf Prüfungen**, bei denen die Reproduktion von Wissensinhalten im Vordergrund steht.

> **PRAXISTIPP** Das Lernen nach dem Prinzip der Lernkartei (vertiefende Wiederholung) wird sehr gut in entsprechenden Apps abgebildet. Recherchieren Sie im Netz z. B. zu Karteikarten und App und probieren Sie es aus.

Das Lernplakat

Lernplakate sind selbst erstellte, einprägsame **Darstellungen der wesentlichen Inhalte** aus einem Lerngebiet. Sie dienen Ihnen zur vertiefenden Wiederholung, z. B. bei der Vorbereitung auf eine Klassenarbeit oder andere Prüfungen.

Erstellung von Lernplakaten

In jedem guten Lehrbuch finden Sie heutzutage brauchbare Übersichten zu den wichtigsten Lerninhalten. Diese können Sie auch für ein Lernplakat nutzen. Einprägsamer sind aber in jedem Fall **selbst erstellte Übersichten**, da Sie bei der Erstellung bereits den größten Teil lernen werden.

Für Lernplakate nutzt man oft **große Blätter** (DIN A3 und größer) und dicke farbige Stifte, sodass die Informationen auf dem Plakat auch aus einiger Entfernung lesbar sind.

Lernplakate sind im Prinzip große **Spickzettel**, bei deren Erstellung ja auch sehr viel gelernt wird. Für Pfuschzettel und Lernplakat gilt gleichermaßen:

- Wichtige Stichwörter (Schlüsselwörter) oder kurze Sätze sind ganzen Textpassagen vorzuziehen.
- Wenn möglich, ganz auf Text verzichten, denn: „Ein Bild sagt mehr als tausend Worte."
- Die Verwendung möglichst vieler Bilder, Grafiken, Diagramme und Symbole dient auch der Darstellung von Zusammenhängen.
- Wenn Text eingesetzt wird, dann sollte er gut lesbar sein.

Nutzung von Lernplakaten

Lernplakate dienen Ihnen zur vertiefenden Wiederholung. Daher ist es sinnvoll, sie an Orten aufzuhängen, an denen Sie sich oft aufhalten und wo Sie keiner anderen Tätigkeit nachgehen, bei der man eine hohe Konzentration benötigt (z. B. über dem Spülbecken, Innenseite der Toilettentür, Pausenraum). So können Sie das Plakat immer wieder und im Grunde beiläufig betrachten und sich einprägen.

> **PRAXISTIPP** Sie sollten sich die Informationen auf dem Plakat nicht nur anschauen, sondern sich immer wieder selbst (oder auch anderen) die Schlüsselwörter und deren Zusammenhänge klarmachen. So wird das höchste Lernergebnis erzielt.

Methoden zur Informationsbeschaffung und zum Lernen anwenden

- Zur aktiven **Bearbeitung von Sachtexten** stehen Ihnen zahlreiche Methoden zur Verfügung: neben den **Grundtechniken** z. B. das **Exzerpt** und das **Mindmapping**. Durch alle Methoden können Sie die wesentlichen Informationen eines Textes besser herausfiltern und nachhaltiger erinnern.
- Das **Internet** ist für Sie eine schier unerschöpfliche Quelle bei der Suche nach Informationen. Der zielgerichtete Einsatz von **Suchmaschinen** ist dabei eine unverzichtbare Voraussetzung.
- Zur vertiefenden Wiederholung von Lerninhalten und insbesondere zum Faktenlernen stellen die **Lernkartei** und das **Lernplakat** effektive Methoden dar.

Zielgerichtet und effektiv lernen und arbeiten – auch mit digitalen Medien

1. Fertigen Sie eine Mindmap zum Thema „Kundenorientierung" (vgl. S. 86) an.

2. Finden Sie im Internet Informationen zu Unternehmen des Groß- und Außenhandels Ihrer Branche (suchen Sie deren Adressen mit einer Suchmaschine). Beurteilen Sie die Seiten hinsichtlich Informationswert und Übersichtlichkeit.

Groß- und Außen-handelsunternehmen (Internetadresse)	Informationen, die auf der Seite gegeben werden	Meine Beurteilung der Seite (mit Begründung)

4.4 Professionelle Präsentationen planen, durchführen und auswerten

Nach drei Wochen haben Petra Jäger und ihre Gruppe alle benötigten Informationen gesammelt und bearbeitet. Nun gilt es, die erste Präsentation vorzubereiten, die von allen mit etwas Nervosität erwartet wird. Die Gruppe kann dabei auf eine Vielzahl von Medien und Materialien zurückgreifen. *„Wir sollten alles mit ‚PowerPoint' machen"*, meint Andreas Brandt, der sich mit dem Programm auch gut auskennt. Petra erwidert: *„Schön und gut – lasst uns aber bitte noch zuvor andere Möglichkeiten prüfen. Ich denke, allein durch ‚PowerPoint' ist der Erfolg unserer Präsentation noch nicht gesichert."*

ARBEISTAUFTRAG
♦ Sammeln Sie in der Gruppe Merkmale einer gelungenen Präsentation.

● Präsentationsvorbereitung

Jede Präsentation kann in drei Phasen gegliedert werden:

Einstieg → **Hauptteil** → **Schluss**

Jede dieser Phasen erfüllt bestimmte wichtige Funktionen und bedarf daher einer intensiven Planung.

○ Wirkungsvoller Einstieg

Jeder Mensch benötigt zu Beginn einer Präsentation ein wenig Zeit, um **Konzentration** aufzubauen. Außerdem ist es für den Zuhörer angenehm, wenn er weiß, mit wem er oder sie es zu tun hat und was inhaltlich von der Präsentation zu erwarten ist. Gelingt es Ihnen dann noch, durch eine interessante **Leitfrage** oder eine lustige Bemerkung eine **positive Stimmung** und **Interesse** herzustellen, ist ein idealer Einstieg für die Zuhörer und die Präsentatoren geschaffen.

○ Klarer Hauptteil

Der **zielgerichteten Auswahl** der **Präsentationsinhalte** kommt eine Schlüsselstellung zu. Oftmals fällt es schwer, mühsam erarbeitetes Material oder Informationen in der Präsentation nicht einzusetzen. Dieser Verzicht ist jedoch unumgänglich, um die **Aufnahmefähigkeit** der Zuhörer nicht zu überfordern. Stattdessen sollten Sie **ausgewählte Inhalte** so aufbereiten, dass dem Zuhörer ein klares Bild vermittelt wird und der Zusammenhang zwischen den Präsentationsteilen deutlich bleibt.

○ Runder Schluss

Damit Ihre Zuhörer am Ende der Präsentation noch eine **Gedächtnisstütze** und den **Gesamtzusammenhang** verdeutlicht bekommen, empfiehlt sich zur Abrundung eine **Zusammenfassung** der wesentlichen Inhalte. Zudem können Sie offene **Fragen**, die möglicherweise noch in der Zukunft geklärt werden sollen, darstellen und damit zu einem Gespräch ermuntern. Schließlich ist es eine Geste des Anstandes, sich bei den Zuhörern für ihre Aufmerksamkeit zu bedanken.

> **PRAXISTIPP** Bereiten Sie Präsentationen sorgfältig vor. Das steigert die Qualität und gibt Ihnen Sicherheit.

● Tipps für die Durchführung einer Präsentation

Jede Präsentation und insbesondere solche Präsentationen, die vor einem fremden Publikum stattfinden, sind psychologisch schwer zu bewältigende Situationen, bei denen sich wohl keiner von mehr oder weniger großer Nervosität und „**Lampenfieber**" freisprechen kann. Neben einer sorgfältigen Vorbereitung sollten Sie bei der Durchführung der Präsentation einige Hinweise beachten, die für die Zuhörer und für Sie selbst eine erhebliche **Entlastung** und damit eine **Entspannung** herbeiführen können.

○ Eröffnung einer Präsentation

Bereits vor der eigentlichen Eröffnung einer Präsentation können Sie zu ihrem Gelingen beitragen, indem Sie sich dem Anlass und der Zielgruppe entsprechend angemessen kleiden, wobei Sie darauf achten sollten, dass Sie sich in „Ihrer Haut" wohlfühlen. Gerade wenn Sie als Team präsentieren, ist es leicht, sich z.B. mit ein paar lustigen Bemerkungen vor einer Präsentation **positiv einzustimmen**. Aus einer **entspannten Stimmung** heraus gelingt eher ein **souveräner Start**, denn bekanntlich sind die ersten Sekunden eines Vortrags die schwersten. Daher wird auch empfohlen, zu Beginn eines Vortrages zunächst einmal **Blickkontakt** zu einem vertrauten und/oder sympathischen Menschen im Publikum aufzunehmen, bevor man dann den Blick schweifen lässt. Schließlich sollten Sie die Präsentation **pünktlich** beginnen.

Beispiel Vor der ersten Präsentation trifft sich Petras Gruppe, um alles vorzubereiten. Als sie eine Viertelstunde vor dem Beginn alles erledigt haben, reißt Andreas noch ein paar Witze, sodass Petra, die die Präsentation eröffnet, immer noch lächelnd vor das Publikum tritt. Dort sitzen auch die restlichen Gruppenmitglieder, um Petra den Einstieg zu erleichtern.

○ Hilfen für einen gelungenen Vortrag

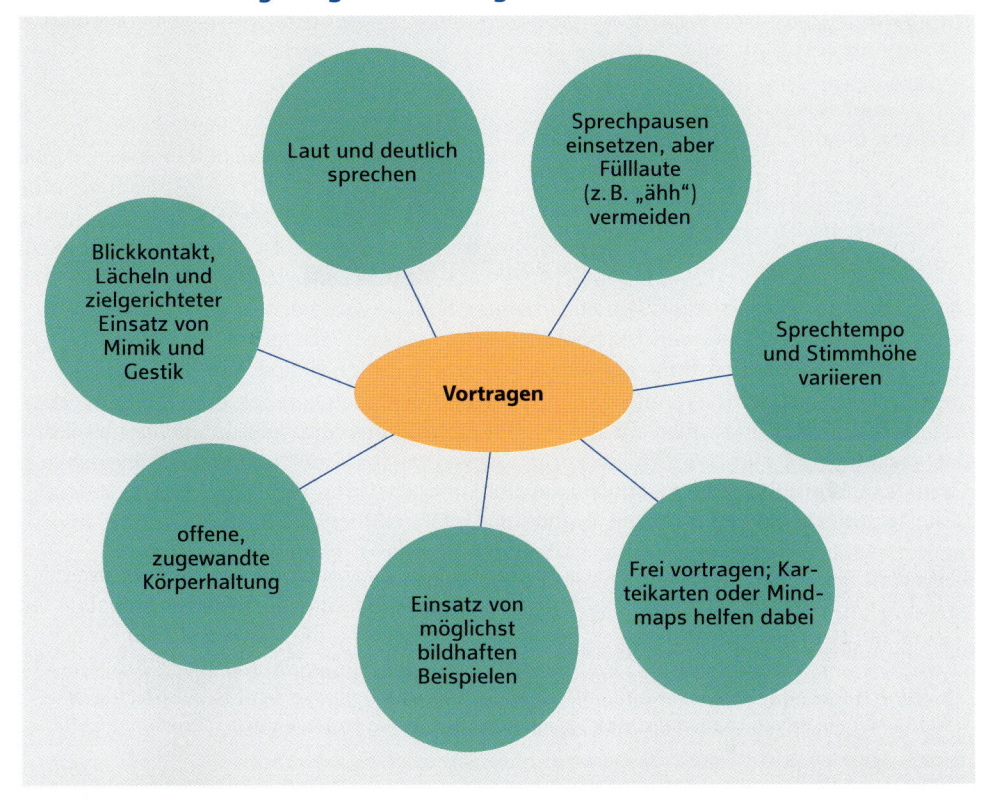

Rund um **Vortragen**:
- Laut und deutlich sprechen
- Sprechpausen einsetzen, aber Fülllaute (z. B. „ähh") vermeiden
- Sprechtempo und Stimmhöhe variieren
- Frei vortragen; Karteikarten oder Mindmaps helfen dabei
- Einsatz von möglichst bildhaften Beispielen
- offene, zugewandte Körperhaltung
- Blickkontakt, Lächeln und zielgerichteter Einsatz von Mimik und Gestik

Beispiel Viele Redensarten wie „Ein Lächeln ist der kürzeste Weg zwischen zwei Menschen" oder „Ein freundliches Gesicht schlägt man nicht" weisen auf den enormen Effekt einer sympathischen Ausstrahlung hin.

○ Sinnvoller Medieneinsatz

Für Visualisierungen stehen eine Vielzahl geeigneter Medien zur Verfügung. Dadurch kommt der zielgerichteten Auswahl und dem professionellen Einsatz eines bestimmten Mediums eine Schlüsselstellung zu. Setzt man das falsche Medium ein oder begeht man „handwerkliche" Fehler bei dessen Einsatz, wird eine Präsentation nicht unterstützt, sondern gestört. Das Gleiche gilt, wenn Visualisierungen derart übertrieben werden (sog. „Medienzauber"), dass die eigentlichen Inhalte der Präsentation verblassen und die Zuhörer in ihrer Konzentration eher abgelenkt als unterstützt werden.

Die folgenden Hinweise sollen daher den richtigen Einsatz unterschiedlicher Medien vereinfachen. Für alle eingesetzten Medien gilt, dass der Blickkontakt zu den Zuhörern stets erhalten bleiben sollte. Wenn sich der/die Vortragende dem Medium zuwendet – sei es eine Projektionsfläche, ein Flipchart oder eine Pinnwand –, ist er oder sie schlecht zu verstehen und verliert den Kontakt zum Publikum.

PRAXISTIPP Bei Präsentationen über einen **Beamer** oder ein interaktives Display besteht die Gefahr, dass sämtliche Informationen auf den Bildschirm gebracht werden und der/die Vortragende letztlich eine Vielzahl an Folien vorliest. Um eine solche ermüdende „Folienflut" zu vermeiden, empfiehlt es sich, nur ausgewählte Inhalte in knapper Form darzustellen. Diese Informationen sollen das Zuhören erleichtern und dem oder der Vortragenden Stichworte vorgeben.

Visualisieren mit Notebook und Beamer

- ideal einsetzbar bei vielen Teilnehmern

Beachte

- wenige Informationen auf die Folie/den Bildschirm
- ausreichende Schriftgröße sichern und Bilder einsetzen
- zu den Zuhörern sprechen, nicht zur Projektion

Es gibt mittlerweile fast grenzenlose **technische Möglichkeiten**, Visualisierungen an einer Projektionsfläche oder einem interaktiven Display zusätzlich anzureichern. Einzelne Informationen können auf unterschiedliche Weise ein- und ausgeblendet werden, visuelle und auditive Effekte sorgen zuweilen für eine besondere Lenkung der Aufmerksamkeit und für eine eindrucksvolle Hervorhebung von Inhalten. Die **Vorteile** dieser technischen Möglichkeiten sind immens. Oft gibt es aber auch **Nachteile**: Insbesondere wenn die visuellen und auditiven Effekte übertrieben werden, leidet die Konzentration des Publikums im Hinblick auf die Präsentationsinhalte. Insofern sollten sie sehr sorgfältig und zielgerichtet ausgewählt werden.

Beispiel Andreas Brandt, Experte für PowerPoint, hält in der Klasse ein Referat zum „System der dualen Berufsausbildung" und zeigt dabei, welche Möglichkeiten das Programm bietet. Die Klasse ist aufgrund der zahlreichen Effekte begeistert. Als die Lehrerin im Anschluss an das Referat einige inhaltliche Fragen stellt, zeigt sich, dass kaum jemand etwas mitgenommen hat.

PRAXISTIPP Nutzen Sie technische Effekte nur dann, wenn Sie sicher sind, dass der Inhalt Ihrer Präsentation unterstützt und nicht in den Hintergrund gedrängt wird.

○ Urheberrechtsschutz

Präsentationen werden häufig mit Bildern angereichert. Dadurch kann auf lange Texte verzichtet werden, die Präsentation wird anschaulich, kurzweilig und oft auch etwas lustig, was den Zuhörern entgegen kommt. Nur allzu oft werden Bilder und auch Texte aus dem Internet eingesetzt, die jedoch dem Urheberschutz unterliegen und deren Einsatz ohne Genehmigung nicht rechtens ist. Es ist daher darauf zu achten, lizenzfreie und urheberrechtlich unbedenkliche Bilder einzusetzen, die auch im Internet zu finden sind.

● Auswertung einer Präsentation

Größere Präsentationen, die z. B. von einer Gruppe durchgeführt werden, können im Vorfeld durchaus einmal geprobt werden, um die Bewährung des vorbereiteten Ablaufs, den zeitlichen Umfang einzelner Präsentationsteile oder auch die Eignung der eingesetzten Medien zu testen.

Unabhängig davon, ob Sie einen „Probelauf" oder den „Ernstfall" durchführen, sollten Sie jede Präsentation ausführlich auswerten, um sich **Stärken** bewusst zu machen und **Schwächen** in Zukunft beheben zu können. Das folgende Beispiel zeigt mögliche Leitfragen für eine solche Auswertung:

Beispiel

Leitfragen	Bewertung in Schulnoten				
	1	2	3	4	5
• Wurde die Zielsetzung erreicht?					
• Hat sich der Ablauf bewährt?					
• Wie war die Güte der einzelnen Phasen?					
– Einstieg					
– Hauptteil					
– Schluss					
• Wie sicher haben die einzelnen Vortragenden gewirkt?					
– Petra					
– Andreas					
– Nicole					
• War die Abstimmung zwischen den Vortragenden harmonisch?					
• Haben sich die eingesetzten Medien bewährt?					

Damit eine Auswertung ergiebig verläuft, kann eine solche Bewertung nur Ausgangspunkt einer intensiveren Auseinandersetzung sein. Insbesondere das Feedback an die einzelnen Vortragenden sollte den bereits vorgestellten Feedback-Regeln folgen.

Professionelle Präsentationen planen, durchführen und auswerten

- Für die erfolgreiche Gestaltung einer Präsentation kommt deren gründlicher **Vorbereitung** eine Schlüsselstellung zu.
- Die Beachtung bewährter **Tipps für die Durchführung einer Präsentation** kann Ihr „Lampenfieber" mildern und wesentlich zum Erfolg beitragen.
- Präsentationen sollten stets durch geeignete **Visualisierungen** angereichert werden. Dabei sollten die einzelnen **Präsentationsmedien** (Flipchart, Pinnwand, PC und Beamer usw.) zielgerichtet ausgewählt und professionell genutzt werden.
- Jeder Präsentation sollte eine ausführliche **Auswertung** folgen. Nur auf diese Weise können Stärken und Schwächen genutzt und zukünftige Präsentationen verbessert werden.

---

1. Erläutern Sie die Bedeutung einer intensiven Vorbereitung von Präsentationen und beschreiben Sie deren Hauptbestandteile.

2. Stellen Sie vier Aspekte dar, mit denen die Wirkung eines Vortrages erhöht werden kann.

3. Erstellen Sie zum Thema „Visualisierung" eine Folie und halten Sie mit der Folie einen kleinen Vortrag zum Thema. Holen Sie sich dann ein Feedback zum Medieneinsatz von Ihren Mitschülern.

4.5 Rollenspiele als Vorbereitung auf die Praxis nutzen

Nach ihrer ersten Präsentation auf der Ausbildungsmesse sind Petra und ihre Gruppe insgesamt zufrieden. Die Rückmeldung, die sie bekommen haben, war hervorragend. Besonders gelobt wurde die professionelle Visualisierung der vorgetragenen Inhalte. Zwei große Schulen aus der Region haben sogar angefragt, ob die Präsentation an den Schulen wiederholt werden kann. Frau Schlüter bemängelt jedoch, dass der Vortrag insgesamt zu lang gewesen sei. Die Zuhörer wirkten zum Schluss unkonzentriert und wurden unruhig. *„Beim nächsten Mal brauchen wir noch was Knackiges außer dem Vortrag!"*, schlägt Petra daher vor. *„Gute Idee!"*, meint Andreas, *„Wie wär's mit einem Rollenspiel, in dem wir zeigen, wie z.B. ein Verkaufsgespräch mit einem Kunden abläuft? Das ist doch was richtig Anschauliches aus der Praxis und viel besser, als immer nur darüber zu reden!"*

ARBEITSAUFTRÄGE
- Tauschen Sie in der Kleingruppe Ihre Erfahrungen mit Rollenspielen aus. Erstellen Sie darauf aufbauend eine Liste mit fünf Regeln, die bei Rollenspielen unbedingt eingehalten werden sollten.
- Erläutern Sie, was Sie mithilfe des Rollenspiels lernen können.

Grundsätzlich können Rollenspiele unterschiedliche **Ziele** verfolgen:

- Im Rahmen von **Präsentationen** dienen sie der **Veranschaulichung** von Situationen aus dem Berufsalltag. Hier werden tatsächlich erlebte Situationen nachgestellt.

- Rollenspiele können auch Ausgangspunkt sein, um ein **Problem** darzustellen und nach **alternativen Verhaltensweisen** zu suchen.

  Beispiel Andreas hatte Ärger mit einem Kunden, der ihn als Auszubildenden nicht ernst nehmen wollte und einen erfahreneren Mitarbeiter verlangt hatte. Das hat Andreas geärgert. Er stellt in der Klasse das Gespräch mit einem Mitschüler nach. Anschließend sammelt und diskutiert die Klasse Möglichkeiten, wie man sich in einer solchen Situation verhalten könnte.

- Das **häufigste** Ziel eines Rollenspiels ist das **Hineinschlüpfen in eine Rolle**, in der man **neue Verhaltensweisen** erprobt, übt und lernt, die entweder vorgegeben oder im Vorfeld selbst bzw. in Gruppen erarbeitet werden.

  Beispiel Nach langen Diskussionen in der Klasse ist man sich einig, dass in der Konfliktsituation mit dem Kunden verschiedene Verhaltensalternativen möglich gewesen wären. Andreas und andere Schüler erproben in Rollenspielen die Alternativen und werten diese anschließend aus Verkäufer- und Kundensicht aus.

● Vorbereitung von Rollenspielen

Wenn es darum geht, **neue Verhaltensweisen** zu erlernen, sollten Sie Rollenspiele in jedem Fall **vorbereiten**. Spontan vorgetragene Rollenspiele sind zwar oft näher am eigenen bisherigen Verhalten, aber um etwas Neues zu erproben, müssen Sie sich auf eine Situation in Ruhe einstellen und sich z. B. überlegen, was Sie Ihrem Gegenüber sagen und wie Sie sich dabei verhalten werden. Die **Vorbereitung** sollten Sie aber **nicht übertreiben**, damit Ihr Verhalten und das gesamte Rollenspiel nicht zu unnatürlich wirken. So ist ausdrücklich davor zu warnen, Texte auswendig zu lernen oder gar ganze „Drehbücher" zu schreiben.

> **PRAXISTIPP** Geben Sie Feedback, um anderen zu helfen, ihre Stärken zu erkennen und sich selbst weiterzuentwickeln.

● Durchführung von Rollenspielen

Die Durchführung von Rollenspielen ist für die **Spieler** immer eine anspruchsvolle Aufgabe, die gerade zu Beginn von einiger **Nervosität** begleitet wird. Dabei ist es selbstverständlich, dass auch einmal **Fehler** passieren oder es zu ungewollt **lustigen Szenen** kommt. Diese Fehler sind nicht schlimm und können sogar dazu dienen, die Situation aufzulockern, sodass es später leichter fällt, das Rollenspiel durchzuführen.

> **PRAXISTIPP** Bei Rollenspielen dürfen Fehler gemacht werden und es darf auch ruhig einmal herzlich gelacht werden. Nehmen Sie sich Zeit und wiederholen Sie eine Szene, wenn nötig.

Um die Situation für die Spieler nicht unnötig zu erschweren, sollten die **Beobachter** des Rollenspieles absolut ruhig sein und sich auf ihre Aufgabe konzentrieren. Sie sollten sich mithilfe des Beobachtungsbogens **Notizen** machen und die Situation möglichst genau wahrnehmen. Dies ist eine anspruchsvolle Aufgabe, da der **Inhalt** des Rollenspiels sowie die **Körpersprache** und das **Sprachverhalten** zu beobachten sind. Zur besseren Auswertung eines Rollenspiels ist ein Mitschnitt mit einer Kamera oder auch einem Handy sinnvoll. Die Aufzeichnung kann dann auf einen Beamer oder ein Display übertragen und ausgewertet werden. Gerade beim Handyeinsatz ist unbedingt darauf zu achten, dass die Aufzeichnung nicht im Internet landet und nach der Auswertung gelöscht wird. Werden entsprechende Absprachen eingehalten sind dies **ideale Voraussetzungen** für Spieler und Beobachter. Sollten diese Voraussetzungen nicht erfüllt sein, wird ein **Stuhlkreis** oder -**halbkreis** gebildet und von den Beobachtern besetzt. Das Rollenspiel selbst findet dann innerhalb des Kreises statt.

● Auswertung von Rollenspielen

Rollenspiele sind sehr ergiebige **Lernanlässe**, wenn sie **professionell ausgewertet** werden. Dabei sollte klar sein, dass **Rollenspiele**, wie der Name schon sagt, **nicht** die **Realität** bzw. das tatsächliche Verhalten der **Spieler** im Berufsalltag genau wiedergeben.

Dennoch sind die Spieler bei der Durchführung und Auswertung **persönlich betroffen** und verdienen daher grundsätzlich **Anerkennung**.

Durch Rollenspiele werden

- richtige Verhaltensweisen trainiert,
- fehlerhafte Verhaltensweisen deutlich gemacht,
- Verhaltensmöglichkeiten verschiedener Art ausprobiert,
- Maßstäbe zur Beurteilung verkäuferischen Könnens gesetzt.

○ Feedback

Feedback-Geben bedeutet eine **Rückmeldung** zu geben. Man schaut auf eine möglichst kurz zurückliegende Situation, schildert möglichst **konkret** und genau seine **Wahrnehmungen** und wie das Wahrgenommene auf einen selbst **gewirkt** hat. Bei der Auswertung von Rollenspielen bewährt sich die folgende **Schrittfolge**:

Zunächst sollten sich die einzelnen **Mitspieler** des Rollenspiels äußern dürfen. Sie berichten, wie sie die Situation erlebt haben, was leichtgefallen ist und was unter Umständen schwer oder störend war. Dabei ist es auch durchaus gewünscht, dass die Spieler berichten, wie sie sich in einzelnen Momenten gefühlt haben.	Die **Beobachter** sollten zunächst die **positiven Aspekte** hervorheben und erst dann auf Dinge zu sprechen kommen, die sie als verbesserungswürdig empfinden. Die **Spieler** sollten in dieser Phase **Rechtfertigungen vermeiden**, da die Beobachter nur ihre persönliche Meinung zum Ausdruck bringen.
Wenn ausreichend Zeit vorhanden ist, sollten ein bis zwei **Alternativen** mit anderen Spielern **erprobt** werden. Der Kreislauf beginnt anschließend mit dem Feedback der Spieler von Neuem. Besonders interessant ist der **Vergleich** der beiden Rollenspiele zur gleichen Situation.	Gemeinsam können dann verschiedene **alternative Verhaltensweisen** gesammelt und diskutiert werden. Da in der Realität die Wirkung von unterschiedlichem Verhalten nie eindeutig vorhersehbar ist, gibt es auch hier kein „richtig" oder „falsch".

Zentrale Grafik: 1 Feedback Spieler → 2 Feedback Beobachter → 3 Diskussion und Entwicklung von Alternativen → 4 Erproben einer Alternative im Rollenspiel

Damit das Feedback zum **Gewinn** für die Spieler und die Beobachter wird, ist es unbedingt erforderlich, Feedback-Regeln zu beachten.

Rollenspiele als Vorbereitung auf die Praxis nutzen

- Rollenspiele sind hervorragend geeignet, um neue **Verhaltensweisen** zu erproben und zu üben. Für das Erlernen von besonderen Gesprächen sind Rollenspiele unverzichtbar.

- Sie können Rollenspiele spontan und ohne lange Vorbereitung durchführen oder mithilfe von **Rollenkarten** planen. Ein **Beobachtungsbogen** kann Grundlage einer **Auswertung** sein.

- Bei der Durchführung von Rollenspielen sind **Spieler** und **Beobachter** aktiv. Das Rollenspiel wird im Idealfall für eine bessere Auswertung aufgezeichnet. Die Aufzeichnung bleibt im Raum und wird nach der Auswertung gelöscht.

- Bei der **Auswertung** des Rollenspiels lernen Sie besonders viel. Dabei sind unbedingt **Feedback-Regeln** zu beachten.

1. Rollenspiel: Begrüßungs-Standbilder
  a) Bilden Sie in der Klasse Dreier-Gruppen.
  b) Schreiben Sie die nachfolgenden Situationen auf große Karteikarten und „verlosen" Sie die Karten unter den Dreier-Gruppen. Die Gruppen müssen geheim halten, welche Situation sie gezogen haben.

(1) A und B sind gut befreundet und treffen sich zufällig auf der Straße.
(2) A ist berühmt, B ist ein Fan.
(3) A und B sind Kollegen, haben aber ein äußerst unterkühltes Verhältnis.
(4) A ist verliebt in B, B weiß das aber noch nicht.
(5) A trifft seine Chefin B beim Stadtfest.
(7) A ist ein Konkurrent von B, der immer wieder unfaire Mittel einsetzt.

  c) Die Rollen werden in den Dreier-Gruppen verteilt: Rolle A, Rolle B und der dritte der Gruppe ist „Regisseur". Der „Regisseur" stellt die zwei anderen in ein „Standbild", welches das Verhältnis der zwei Personen auf der Karte widerspiegelt.
  d) Die Standbilder werden nacheinander mit einer Kamera aufgezeichnet oder in der Klasse aufgeführt.
  e) Die Klasse gibt dann ihre Meinung ab, welche Szene von der jeweiligen Gruppe dargestellt wird. Das Ergebnis wird an der Tafel festgehalten.
  f) Die Gruppe löst auf, ob die Mehrheit der Klasse das Standbild richtig gedeutet hat. Es wird geklärt, woran die Beobachter ihre Einschätzung festgemacht haben.

2. Rollenspiel: Die Marionette
  a) Gehen Sie paarweise zusammen. Ein Spieler spielt die Marionette, der andere den Puppenspieler. Die Rollen werden nach ca. 2zwei Minuten getauscht.
  b) Puppenspieler und Marionette stehen sich gegenüber. Stellen Sie sich vor, Sie wären durch Fäden verbunden: Von der Hand des Puppenspielers läuft ein Faden zu dem Körperteil der Marionette, das der Puppenspieler mit seinem Blick anschaut. Der Puppenspieler tut so, als zöge er am Faden, und die Marionette reagiert mit der entsprechenden Bewegung.
  c) Variante: Die „widerspenstige" Marionette macht genau das Gegenteil von dem, was der Puppenspieler möchte. Anstatt den Arm zu heben, lässt sie ihn sinken usw.

Wiederholung zu Lernfeld 1

Übungsaufgaben

1. Bringen Sie Ihren Ausbildungsvertrag in den Unterricht mit.
   a) In Ihrem Ausbildungsvertrag ist eine Probezeit vorgesehen. Diskutieren Sie den Sinn einer solchen Regelung.
   b) Überlegen Sie, warum die Dauer der Probezeit auf höchstens vier Monate begrenzt ist.
   c) Sind in Ihrem Ausbildungsvertrag Ausbildungsmaßnahmen außerhalb der Ausbildungsstätte vorgesehen? Falls dies nicht der Fall ist, erkundigen Sie sich bei Auszubildenden anderer Ausbildungsberufe, ob es bei ihnen solche Ausbildungsmaßnahmen gibt.
   d) Bekommen alle Schülerinnen und Schüler Ihrer Klasse die gleiche Ausbildungsvergütung? Überlegen Sie, warum es zu Unterschieden kommen kann.
   e) Stellen Sie anhand eines Kalenders fest, wie viele Tage Urlaub Sie mit Ihrem Urlaubsanspruch für das kommende Jahr machen können. Benutzen Sie den Urlaub im Zusammenhang mit Feiertagen als sog. „Brückentage". Denken Sie daran, dass Sie den Urlaub in den Schulferien nehmen sollen.

2. Als Nicole Höver am Montagmorgen zur Arbeit kommt, ist Frau Ost nicht da. Herr Schubert aus der Buchhaltung legt ihr einen Haufen Rechnungen auf den Tisch und fordert sie auf, diese nach dem Eingangsdatum zu sortieren. Anschließend soll sie aus dem Lager die Lieferscheine der vergangenen Woche holen und für Herrn Schubert beim Bäcker zwei Brötchen mit Schinken. Nicole ist verärgert. Sie ist doch kein Laufbursche. Und eigentlich ist sie doch in den nächsten drei Monaten in der Abteilung von Frau Ost eingesetzt.
   a) Begründen Sie mithilfe des Berufsbildungsgesetz, ob Nicole die ihr übertragenen Aufgaben ausführen muss.
   b) Wie würden Sie sich anstelle von Nicole verhalten?
   c) Führen Sie das Gespräch zwischen Nicole und Herrn Schubert in Form eines Rollenspiels in der Klasse durch. Zeichnen Sie das Rollenspiel auf Video auf und werten Sie es aus.

3. Beurteilen Sie folgende Sachverhalte vor dem Hintergrund der Regelungen des Berufsbildungsgesetzes (www.gesetze-im-internet.de/bbig_2005):
   a) Eine Auszubildende wird von ihrem Chef aufgefordert, der Frau des Chefs im Haushalt zu helfen.
   b) Der Ausbildungsbetrieb schreibt die Anschaffung eines Fachbuches vor. Der Ausbilder ist der Meinung, die Kosten müssten selbstverständlich vom Auszubildenden getragen werden.
   c) Eine Auszubildende weigert sich, den Ausbildungsnachweis zu führen.
   d) An der Berufsschule werden die Wahlen zum Schülerrat durchgeführt. Petra Jäger ist als Klassensprecherin hierzu eingeladen. Ihr Ausbilder weigert sich, sie dafür freizustellen.
   e) Eine Auszubildende zur Kauffrau für Groß- und Außenhandelsmanagement kündigt fristgerecht, um eine Ausbildung als Goldschmiedin zu beginnen. Ihr Chef ist darüber so erbost, dass er die Ausstellung eines Zeugnisses verweigert.
   f) Petra Jäger erkrankt ernsthaft. Sie macht sich Sorgen, dass der Betrieb die Ausbildungsvergütung kürzen könnte.

4. *„Der Handel ist überflüssig! Er verteuert nur unnütz die Waren. Der Kunde könnte beim Hersteller viel billiger kaufen." – „Ohne den Handel wäre die bedarfsgerechte Versorgung der Volkswirtschaft gefährdet!"*
Sammeln Sie weitere Argumente für und gegen den Handel und führen Sie eine Diskussion zu diesem Thema. Zeichnen sie die Diskussion auf Video auf und werten Sie diese aus.

5. Die innere Organisation des Einkaufs kann funktionsbezogen (Verrichtungsprinzip) oder objektbezogen (Objektprinzip) gegliedert sein.
   a) Erläutern Sie die beiden Organisationsformen des Einkaufs.
   b) Begründen Sie, warum sich ein Großunternehmen für eine Kombination beider Organisationsformen entscheidet.

6. Bei der Warenannahme gibt es Streit zwischen zwei Mitarbeitern. Der eine behauptet, er allein sei zuständig für die Warenprüfung. Der andere behauptet, er sei schon seit zwei Jahren mit der Warenannahme beschäftigt und habe deshalb mehr Erfahrung. Der Abteilungsleiter soll schlichten. Er sagt aber nur: *„Schauen Sie doch einfach in Ihren Stellenbeschreibungen nach."*
   a) Erläutern Sie, was eine Stellenbeschreibung ist. Recherchieren Sie dazu auch im Internet.
   b) Beschreiben Sie, welche Vorteile Stellenbeschreibungen für das Unternehmen und die Mitarbeiter haben.

7. Paul Schneider und Rolf Nettekoven wollen ein Fachgeschäft für Bürobedarf gründen. Beide wollen aktiv im Unternehmen mitarbeiten. Paul Schneider will in das zu gründende Unternehmen 150 000,00 € Bargeld einbringen. Rolf Nettekoven bringt einen Lieferwagen im Wert von 30 000,00 € und ein ihm gehörendes Lagerhaus im Wert von 250 000,00 € in das Unternehmen ein. Sie sollen bei der Planung des zu gründenden Unternehmens mitwirken.
   a) Welche persönlichen Voraussetzungen sollten Schneider und Nettekoven erfüllen, damit ihre Existenzgründung Aussicht auf Erfolg hat?
   b) Fertigen Sie eine Liste der Sachverhalte an, über die sich die Partner vor Gründung des Unternehmens einigen sollten.
   c) Machen Sie einen Vorschlag für eine geeignete Unternehmensform und begründen Sie Ihre Entscheidung.
   d) Angenommen, die beiden Partner gründen eine KG, in der Schneider als Kommanditist und Nettekoven als Komplementär eintreten. Welche Grundsätze müssen bei der Firmierung beachtet werden?
   e) Erstellen Sie eine Liste der Institutionen, bei denen die KG angemeldet werden muss.
   f) Schneider und Nettekoven diskutieren über die Regelung der Gewinnverteilung. Die gesetzliche Regelung kommt für sie nicht infrage, da die Kapitalverzinsung nicht dem Marktzins entspricht. Machen Sie Vorschläge für eine entsprechende Vertragsklausel, die nicht laufend geändert werden muss.
   g) Erläutern Sie die Regelung der Haftung bei der KG.
   h) Am Ende des ersten Geschäftsjahres wird ein Reingewinn in Höhe von 124 000,00 € ausgewiesen. Verteilen Sie den Gewinn
      1. nach der im HGB vorgesehenen Regel,
      2. nach der von Ihnen vorgeschlagenen Regel.
   i) Schneider und Nettekoven planen die Gründung weiterer Filialen. Um das Risiko zu beschränken, wollen sie die KG in eine GmbH umwandeln. Stellen Sie Vor- und Nachteile der Personen- und Kapitalgesellschaften gegenüber.

j) Formulieren Sie einen Gesellschaftsvertrag. Nehmen Sie den Vertrag der Primus GmbH als Vorlage.
k) Erläutern Sie, ab wann die GmbH als juristische Person entsteht.
l) In der Gesellschafterversammlung kommt es zum Streit über die Einstellung eines Prokuristen. Schneider ist dafür, Nettekoven dagegen. Begründen Sie, wie in diesem Fall entschieden wird.

8. Auszug aus dem Gesellschaftsvertrag der Bauer KG:

§ 6 Einlagen der Gesellschafter
Die Gesellschafter verpflichten sich, folgende Einlagen zu leisten:
Andreas Bauer (Komplementär) 1 000 000,00 €
Thomas Doberstein (Kommanditist) 100 000,00 €

§ 7 Ergebnisverteilung
Für die Geschäftsführung erhält der Komplementär vom erzielten Reingewinn vorweg eine Vergütung von 60 000,00 €. Die Verzinsung des eingesetzten Kapitals beträgt 10 %, der Rest wird im Verhältnis der Einlagen verteilt.

a) Im ersten Geschäftsjahr beträgt der Reingewinn 500 000,00 €. Führen Sie die Gewinnverteilung lt. Gesellschaftsvertrag durch.
b) Erläutern Sie die Haftung und die Geschäftsführung und Vertretung in der Bauer KG.
c) Im zweiten Geschäftsjahr macht die Bauer KG Verluste. Erläutern Sie die Verlustverteilung der KG.

9. Steuerberater Schröder beteiligt sich an der Einzelunternehmung von Steffi Spohr. Man einigt sich, dass Schröder Kommanditist wird. Die Gesellschaft nimmt mit Schröders Zustimmung die Geschäfte auf. Die Eintragung in das Handelsregister unterbleibt zunächst.
a) Der Lieferant Ludwig will eine Forderung eintreiben und wendet sich direkt an den vermögenden Schröder. Dieser verweigert die Zahlung mit dem Hinweis, er sei lediglich Kommanditist. Überprüfen Sie, ob der Lieferant im Recht ist.
b) Die Kommanditgesellschaft wird in das Handelsregister eingetragen. Im ersten Jahr der Tätigkeit macht das Unternehmen 100 000,00 € Verlust. Frau Spohr werden 80 000,00 €, Herrn Schröder 20 000,00 € zugeschrieben. Als im zweiten Jahr 50 000,00 € Gewinn anfallen, verlangt Schröder die Auszahlung seines Anteils. Frau Spohr verweigert dies. Begründen Sie, ob sie im Recht ist.
c) Frau Spohr kauft für die KG einen großen Posten Taschenrechner. Schröder ist mit dem Kauf nicht einverstanden. Erläutern Sie, ob Schröder dem Geschäft widersprechen kann.
d) Als Frau Spohr die Geschäftsräume günstig zum Kauf angeboten werden, greift sie im Namen der KG zu. Hätte sie Schröders Zustimmung einholen müssen?
e) Als Schröder widerspricht, ist Frau Spohr der Meinung, der Kaufvertrag sei nichtig. Der Verkäufer besteht jedoch auf Einhaltung. Wie ist die Rechtslage?
f) Aufgrund der anhaltenden Spannungen verlangt Schröder, dass ihm monatlich die Bücher vorgelegt werden. Darüber hinaus will er sich durch unangekündigte Besuche im Ladenlokal vom ordnungsgemäßen Ablauf des Geschäftsbetriebes überzeugen. Ist er hierzu berechtigt?

10. Fertigen Sie für Ihren Ausbildungsbetrieb jeweils zwei Organigramme an. Das eine soll nach dem Funktionsprinzip, das andere nach dem Objektprinzip aufgebaut sein. Präsentieren Sie die Organigramme softwaregestützt.

11. Beantworten Sie mithilfe des BetrVG (www.gesetze-im-internet.de/betrvg/) folgende Fragen:
  a) Der Betrieb hat 180 wahlberechtigte Arbeitnehmer, von denen 60 Männer sind.
     1. Geben Sie an, aus wie vielen Personen der Betriebsrat besteht.
     2. Erläutern Sie, wie er zusammengesetzt sein sollte.
     3. Frau Graumann wird von ihrer besten Freundin als Kandidatin für den Betriebsrat vorgeschlagen. Ist Frau Graumann damit als Kandidatin aufgestellt?
  b) Frau Graumann wird als Betriebsrätin gewählt. Als erste Amtshandlung nimmt sie an einer Besprechung der Geschäftsleitung teil, in der über eine Veränderung der Arbeitszeiten beraten wird. Die Geschäftsleitung will den Arbeitsbeginn morgens von 07:30 Uhr auf 08:00 Uhr verschieben. Frau Graumann ist dagegen. Kann sie die Entscheidung verhindern?
  c) Im Betrieb sind 25 Jugendliche und Auszubildende beschäftigt. Sie wollen eine Jugendauszubildendenvertretung wählen. Erläutern Sie die Voraussetzungen und Rechte einer JAV.

Gebundene Aufgaben zur Prüfungsvorbereitung

1. Wer schließt bei Minderjährigen den Ausbildungsvertrag ab?
  1. Der Auszubildende und sein gesetzlicher Vertreter
  2. Ausbildender und Auszubildender und dessen gesetzlicher Vertreter
  3. IHK, Ausbilder und Erziehungsberechtigte
  4. Ausbilder, Auszubildender und dessen gesetzlicher Vertreter
  5. Der gesetzliche Vertreter

2. Welche tägliche Arbeitszeit darf lt. Jugendarbeitsschutzgesetz bei Jugendlichen nicht überschritten werden?
  1. 9,5 Stunden   2. 9 Stunden   3. 8,5 Stunden   4. 8 Stunden   5. 7,5 Stunden

3. Welche der nachfolgenden Vereinbarungen in einem Berufsausbildungsvertrag ist nichtig?
  1. Der Auszubildende verpflichtet sich, nach Abschluss der Ausbildungszeit nicht bei der Konkurrenz zu arbeiten.
  2. Der Auszubildende verpflichtet sich, Werkzeuge und Maschinen pfleglich zu behandeln.
  3. Der Ausbildende überlässt die Ausbildung einer anderen Person, die persönlich und fachlich dazu geeignet ist.
  4. Die Vertragspartner vereinbaren eine Probezeit von sechs Wochen.
  5. Der Ausbildende will drei Monate vor der Abschlussprüfung mit dem Auszubildenden einen Arbeitsvertrag von drei Jahren abschließen.

4. Welche der unten stehenden Aussagen über den Berufsausbildungsvertrag ist zutreffend? Der Berufsausbildungsvertrag ...
  1. wird zwischen dem Ausbildenden, der zuständigen Industrie- und Handelskammer, dem Auszubildenden und, wenn dieser minderjährig ist, dem gesetzlichen Vertreter abgeschlossen.
  2. muss spätestens während der ersten drei Monate nach Beginn der Ausbildung schriftlich niedergelegt werden.
  3. wird bei der zuständigen Industrie- und Handelskammer in das Verzeichnis der Berufsausbildungsverhältnisse eingetragen.
  4. kann von den Vertragspartnern auch nach der Probezeit unter Einhaltung einer vierwöchigen Kündigungsfrist ohne Angabe von Gründen gekündigt werden.
  5. kann ohne Angabe von Gründen gekündigt werden.

5. In welchen der folgenden Gesetze sind die unten stehenden Vorschriften enthalten?
1. Schwerbehindertengesetz 4. Kündigungsschutzgesetz
2. Jugendarbeitsschutzgesetz 5. Arbeitszeitgesetz
3. Mutterschutzgesetz 6. Betriebsverfassungsgesetz

a) Die ordentliche Kündigung einer schwangeren Frau ist unzulässig.
b) Jugendliche dürfen im Durchschnitt nicht mehr als 40 Stunden wöchentlich beschäftigt werden.
c) Arbeitnehmern müssen bei einer Arbeitszeit von mehr als sechs Stunden eine oder mehrere Ruhepausen von insgesamt mindestens 30 Minuten Dauer gewährt werden.
d) Jugendliche dürfen nur in der Zeit von 07:00 bis 20:00 Uhr beschäftigt werden.
e) Die Kündigung eines Mitglieds einer Jugend- und Auszubildendenvertretung ist unzulässig.

6. Zwei Mitarbeiter haben eine Frage an Andreas Brandt, der z. Zt. in der Lohn- und Gehaltsbuchhaltung eingesetzt ist. Beide haben dasselbe Bruttogehalt. Ihr Nettogehalt sei aber ganz unterschiedlich.

a) Nennen Sie drei mögliche Gründe dafür das trotz eines gleichen Bruttogehaltes das Nettogehalt unterschiedlich sein kann.
b) Erstellen Sie mithilfe der angegebenen Informationen zu den beiden Mitarbeitern die jeweiligen Gehaltsabrechnungen. (Hinweis: Berechnen Sie die Gehaltsabrechnung ohne den Solidaritätsbeitrag)
c) Berechnen Sie den Unterschied zwischen den Nettogehältern der beiden Mitarbeiter.

Mitarbeiter	Herr Klein	Herr Groß
Alter	25 Jahre alt	30 Jahre alt
Bruttogehalt	2 600,00 €	2 600,00 €
Kinder	Keine	2
Steuerklasse	I	III
Kirchenzugehörigkeit	katholisch	aus der Kirche ausgetreten
Krankenversicherung	14,6 % zzgl. 1,1 % Zusatzbeitrag	14,6 % zzgl. 1,1 % Zusatzbeitrag
Lohnsteuerbetrag	308,66 €	85,00 €

7. Ordnen Sie folgende Funktionen des Großhandels den unten stehenden Vorgängen zu:
a) Raumüberbrückung d) Zeitüberbrückung
b) Sortimentsgestaltung e) Markterschließung
c) Lagerhaltung f) Mengenausgleich

1. Ein Kunde legt sich keine eigenen Warenvorräte zu, da er die gewünschte Ware jederzeit kurzfristig beim Großhändler abrufen kann.
2. Ein Großhändler wählt aus der Vielfalt des Angebotes von Herstellern diejenigen Waren aus, die dem Bedarf seiner Kunden entsprechen.
3. Ein Kunde erspart sich eigene Marktuntersuchungen bei Herstellern und bezieht seinen Bedarf bei einem spezialisierten Großhändler.
4. Ein Großhändler testet für einen seiner Lieferer den Absatz eines neuen Produktes.
5. Ein Großhändler bezieht Waren in großen Mengen und verpackt sie in kundengerechten Einheiten.

8. Für eine neu eröffnete Filiale der Primus GmbH ist ein Organisationsplan erstellt worden. Dieser stellt die Aufbauorganisation des Betriebes dar. Welche Information können Sie diesem Plan entnehmen?
   1. Die Planungsstufen für die Unternehmenserweiterung der nächsten zehn Jahre
   2. Den Aufbau des Filialnetzes
   3. Die Ziele der Unternehmung
   4. Die Leistungsfähigkeit der einzelnen Mitarbeiter
   5. Die Zusammenarbeit mit den einzelnen Unternehmen, Organisationen und Behörden
   6. Die Ordnung von Zuständigkeiten

9. Welche der nachfolgenden Aussagen über das Handelsregister ist zutreffend?
   1. Das Handelsregister ist das Verzeichnis aller Kaufleute eines Amtsgerichtsbezirkes.
   2. Die Genossenschaft wird in Abteilung B eingetragen.
   3. Eintragungen, die im Handelsregister rot unterstrichen sind, gelten als gelöscht.
   4. Nur Kaufleute können das Handelsregister einsehen.
   5. Kapitalgesellschaften werden in die Abteilung A eingetragen.

10. Stellen Sie fest, welche der unten stehenden Aussagen
   a) nur auf die GmbH,
   b) nur auf die Kommanditgesellschaft,
   c) sowohl auf die GmbH als auch auf die Kommanditgesellschaft zutreffen.
   1. Das Mindestkapital beträgt 25 000,00 €.
   2. Die Haftung aller Gesellschafter ist auf das Geschäftsvermögen beschränkt.
   3. Die Firma muss ins Handelsregister eingetragen werden.
   4. Die Gewinnverteilung erfolgt in der Form, dass 4 % auf die Kapitaleinlage gezahlt werden und der Rest in einem angemessenen Verhältnis verteilt wird.
   5. Der Gewinn wird im Verhältnis der Geschäftsanteile verteilt.
   6. Geschäftsführung und Vertretung liegen allein beim Komplementär.

11. Geben Sie an, welche der folgenden Unternehmensziele soziale Ziele sind.
   1. Ein Unternehmen bevorzugt Lieferer, die ihre Produkte durch umweltverträgliche Verfahren herstellen.
   2. Ein Unternehmen möchte Gewinn erzielen und seinen Marktanteil erhöhen.
   3. Die Arbeitsbedingungen der Mitarbeiter sollen verbessert werden.
   4. Ein Unternehmen orientiert sich bei seiner Sortimentsgestaltung an den Bedürfnissen der Kunden.
   5. Ein Unternehmen vertreibt ökologisch einwandfreie Produkte.

12. Einige Mitarbeiter der Primus GmbH wollen sich selbstständig machen. Sie beabsichtigen die Gründung einer Bürobedarf-Einzelhandels-GmbH. Ab welchem Zeitpunkt kann die Bürobedarf-Einzelhandels-GmbH rechtswirksame Rechtsgeschäfte unter ihrem Namen abschließen?
   1. Mit Aufnahme der ersten unternehmerischen Tätigkeit wird die Bürobedarf-Einzelhandels-GmbH rechtsfähig und kann unter ihrem Namen Rechtsgeschäfte abschließen.
   2. Der Zeitpunkt der Rechtsfähigkeit der GmbH muss im Gesellschaftsvertrag geregelt werden und wird durch diese Vereinbarung bestimmt.
   3. Der Zeitpunkt des Eintritts der Rechtsfähigkeit der Bürobedarf-Einzelhandels-GmbH wird von den Gesellschaftern durch eine Datumsangabe im Handelsregister festgelegt.
   4. Die Rechtsfähigkeit der Bürobedarf-Einzelhandels-GmbH beginnt mit der Übernahme des Geschäftanteils durch die Gesellschafter.
   5. Mit der Eintragung in das Handelsregister wird die Bürobedarf-Einzelhandels-GmbH rechtsfähig und kann unter ihrem Namen Rechtsgeschäfte abschließen.

13. Im Gesellschaftsvertrag (Satzung) der Bürobedarf-Einzelhandels-GmbH wurde keine Vereinbarung über die Gewinnverteilung getroffen. Stellen Sie fest, wie in diesem Fall ein angefallener Gewinn nach der gesetzlichen Regelung zu verteilen ist.
1. Die drei Gesellschafter A, B und C erhalten den Gewinn zu gleichen Teilen.
2. Die beiden Gesellschafter A und C erhalten den Gewinn zu gleichen Teilen, da der Gesellschafter B bereits ein Gehalt als Geschäftsführer erhält.
3. Die drei Gesellschafter erhalten ihre Kapitalanteile zu 4 % verzinst, der Rest wird nach Köpfen verteilt.
4. Der Gewinn wird im Verhältnis der Kapitalanteile auf die drei Gesellschafter verteilt.
5. Die drei Gesellschafter und der Geschäftsführer D erhalten den Gewinn zu gleichen Teilen.

14. Welche Funktionen haben Handelsbetriebe im Rahmen der Volkswirtschaft?
1. Produktion von Verbrauchs- und Gebrauchsgütern
2. Anlage von Geld und Vermögen
3. Erschließung neuer Rohstoffe
4. Abwicklung von Zahlungsverkehr und Kreditwesen
5. Markterschließung und Raumüberbrückung

15. Im Gesellschaftsvertrag der Bürotec GmbH wurden keine Vereinbarungen über die Gewinnverteilung getroffen. Gesellschafter sind zu gleichen Teilen Abel, Bauer und Cramer. Cramer ist gleichzeitig Geschäftsführer. Stellen sie fest, wie die Gewinnverteilung geregelt wird:
1. Die Gesellschafter und der Geschäftsführer erhalten den Gewinn zu gleichen Teilen.
2. Die drei Gesellschafter erhalten den Gewinn zu gleichen Teilen.
3. Die beiden Gesellschafter Abel und Bauer erhalten den Gewinn zu gleichen Teilen, da Cremer bereits ein Gehalt als Geschäftsführer bezieht.

16. Frau Dohm hat als Mitarbeiterin der Personalabteilung Artvollmacht. Zu Ihren Aufgaben gehören Personaleinstellungen und Entlassungen sowie die Klärung arbeitsrechtlicher Fragen.
Prüfen Sie, für welche Handlungen sie eine Sondervollmacht benötigt
1. Sie stuft einen neuen Mitarbeiter in eine Gehaltsgruppe ein.
2. Sie lädt einen neuen Mitabeiter zu einem Vorstellungsgespräch ein.
3. Sie wertet eine Statistik zum Krankenstand der Mitarbeiter aus.
4. Sie verfasst auf Wunsch einer Mitarbeiterin ein qualifiziertes Arbeitszeugnis.
5. Sie erteilt einem Mitarbeiter Prokura.

LERNFELD 2

Aufträge kundenorientiert bearbeiten

1 Den Verkaufsprozess von Waren und Dienstleistungen kundenorientiert analysieren und unter Berücksichtigung der Unternehmensziele abwickeln

1.1 Anfragen von Neu- und Stammkunden bearbeiten und Angebote erstellen

Der Abteilungsleiter Verkauf/Marketing in der Primus GmbH, Josef Winkler, nimmt allmorgendlich neue Kundenanfragen und -aufträge entgegen. Heute findet er überwiegend Anfragen und Aufträge von Stammkunden und einige Aufträge von Kunden, die bisher noch nicht bei der Primus GmbH eingekauft haben. Bei den Neukunden handelt es sich in einem Fall um einen Auftrag in Höhe von 99 850,00 €, in fünf Fällen um Aufträge zwischen 100,00 und 500,00 €. Zusätzlich liegt eine Anfrage eines ausländischen Kunden vor. Für die Auszubildende Nicole Höver ist heute der erste Tag in der Abteilung Verkauf/Marketing. Damit Nicole einen Einblick in die Arbeitsweise dieser Abteilung bekommt, geht Herr Winkler mit ihr die einzelnen Vorgänge durch.

ARBEITSAUFTRÄGE
- Erläutern Sie die Probleme, die sich für die Primus GmbH in Bezug auf den Neukunden ergeben können, und zeigen Sie Lösungsmöglichkeiten auf.
- Stellen Sie in einer Partnerarbeit Arbeitsschritte für die Auftragsbearbeitung von Stamm- und Neukunden zusammen, wenn die bestellte Ware vorrätig ist.

Sowohl das Unternehmen als auch sein Kunde müssen von einer Geschäftstransaktion profitieren, es muss eine „**Win-win-Situation**" geschaffen werden, in der sich beide Parteien als „Winner" sehen können. **Kundenorientierung** hat zum Ziel, Kundenzufriedenheit zu optimieren und den Wechsel zu Mitbewerbern auszuschließen. Hierbei sind wirtschaftliche Überlegungen anzustellen. So ist der Aufwand (Kosten, Zeit), einen bereits vorhandenen Kunden zufriedenzustellen, i. d. R. geringer als der Aufwand, einen völlig neuen Kunden zu akquirieren.

Vor der eigentlichen Bearbeitung einer Kundenanfrage, eines Kundenauftrages oder der Erstellung eines Angebots durch einen Groß- und Außenhandelsbetrieb erfolgt zuerst eine Überprüfung der **Kreditwürdigkeit** des Kunden, eine Überprüfung der **eigenen Lieferfähigkeit** und der **Lieferwilligkeit** (Wirtschaftlichkeitsprüfung). Bei allen Arbeitsabläufen wird eine integrierte Unternehmenssoftware genutzt

● Überprüfung der Kreditwürdigkeit

Groß- und Außenhandelsunternehmen verkaufen Waren und Dienstleistungen vielfach gegen Rechnung mit einem Zahlungsziel bis zu drei Monaten. Damit gehen sie ein hohes Kreditrisiko ein. Um dieses auszuschließen oder möglichst einzugrenzen, überprüfen sie vor jeder Anfrage und ebenso vor jeder Auftragsannahme die Kreditwürdigkeit (**Bonität oder Güte**) der Kunden.

Jedes Unternehmen benötigt neben Waren auch Dienstleistungen anderer Unternehmen, um seine Ziele zu erreichen. Der Dienstleistungsbeschaffungsprozess dient einer optimalen Versorgung mit **Dienstleistungen**. Bei der Dienstleistungsabnahme ist darauf zu achten, dass die vereinbarten Leistungen in der vereinbarten Qualität auch erbracht worden sind.

Beispiel Versicherungen, Transportleistungen (Spediteure), Steuerberatung (Steuerberater, Wirtschaftsprüfer), Rechtsberatung (Rechtsanwälte, Notare), Gebäudereinigung, Beratung bei Werbemaßnahmen (Werbeagenturen), Geldanlage (Banken), Unternehmensberater, Planung von Büroeinrichtungen, Montage von bürotechnischem Zubehör usw.

○ Neukunden

Bestehen noch keine Geschäftsbeziehungen mit dem Auftraggeber, werden bei größeren Aufträgen (Bestellungen) gewerbliche Auskunfteien oder Kreditschutzorganisationen eingeschaltet. Auskunfteien bieten gegen Entgelt Informationen über Ruf, Sachziel, Vermögens- und Schuldenlage, Liquidität, Zahlungsverhalten, Geschäftsführung an. Heute kann diese Auskunft auf schnellstem Wege aus digitalen Datenbanken der Auskunfteien (z. B. Creditreform, Schimmelpfeng, Bürgel) über das Internet entgeltpflichtig eingeholt werden. Aufgrund der Informationen wird ein **Kreditlimit** festgelegt, das grundsätzlich nicht oder nur nach besonderer Rücksprache mit der Abteilungs- oder Geschäftsleitung überschritten werden darf.

Beispiel Erfassung der Daten des Neukunden Klaus Fischer e. K. Bürobedarf

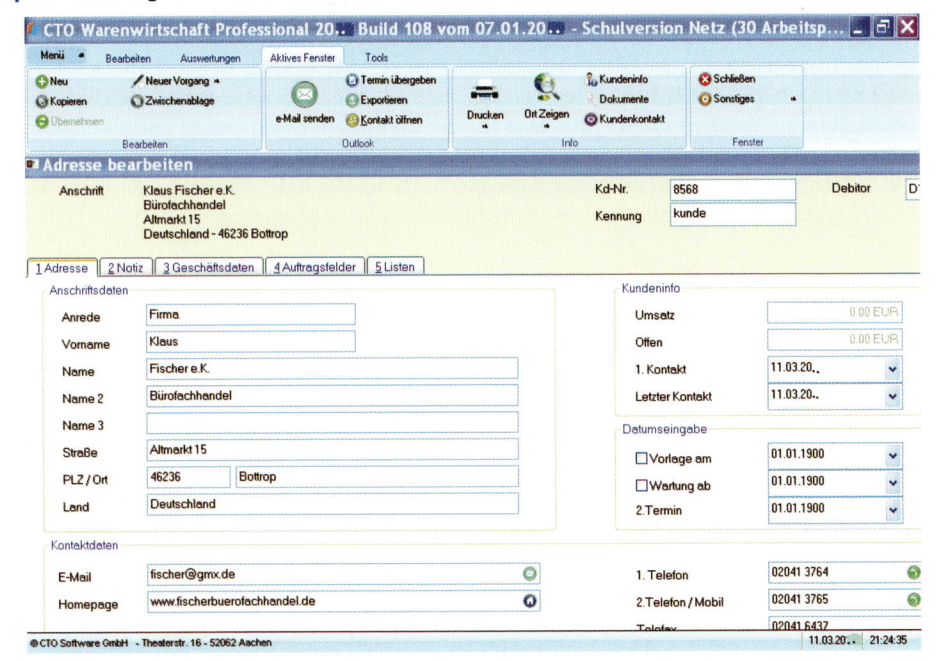

○ Stammkunden

Mit Stammkunden bestehen bereits Geschäftsbeziehungen. Dennoch ist auch hier immer Vorsicht geboten und bei jeder neuen Anfrage und bei jedem neuen Auftrag ist zu überprüfen, ob der Kunde die letzten Rechnungen pünktlich beglichen hat. Diese Informationen kann der Sachbearbeiter der **Kundendatei**, die regelmäßig (täglich, wöchentlich) über das **Warenwirtschaftssystem (WWS)** erstellt wird, oder der **Debitorendatei** entnehmen.

Grundlage für die Erstellung der Kundendatei ist die **Debitorendatei** (vgl. S. 191). Besonders wichtig sind regelmäßige Informationen über die erzielten Umsätze und das Zahlungsverhalten des Kunden (Skontoausnutzung, Zielausnutzung oder -überschreitung, Mahnungen). Ferner kann in der „Offene-Posten-Datei" nachgesehen werden, ob der Kunde bisher seine Rechnungen pünktlich bezahlt hat (vgl. S. 191).

● Überprüfung der Lieferfähigkeit

Ist die Bonitätsprüfung positiv ausgefallen, hat der Sachbearbeiter die eigene Lieferfähigkeit zu überprüfen. Diese ist dann gegeben, wenn die bestellte Ware vorrätig ist und innerhalb der vorgesehenen Lieferzeit geliefert werden kann.

○ Lagervorrat

Die notwendigen Informationen über den Lagervorrat erhält der Sachbearbeiter über Bildschirm, wenn er mithilfe eines Warenwirtschaftssystems (WWS) direkten Zugriff zum Lager hat. Er erfährt, ob die Ware überhaupt im Sortiment geführt wird und ob sie in der gewünschten Menge vorhanden ist. Außerdem ist festzustellen, ob eventuell Warenreservierungen für andere Kunden vorliegen.

Der verfügbare Lagerbestand wird folgendermaßen errechnet:
tatsächlicher Lagerbestand (Buchbestand)
− Reservierungen für bereits vorhandene Kundenaufträge
− Sicherheitsreserve für unvorhersehbare Ereignisse (z. B. Lieferungsverzug)
= verfügbarer Lagerbestand

○ Lieferzeit (vgl. S. 256)

Es ist zu prüfen, ob die Waren bis zum gewünschten Liefertermin zusammengestellt, verpackt und zugestellt werden können.

● Überprüfung der Lieferwilligkeit (Auftragsannahme)

Neben der Kreditwürdigkeit spielen für die Lieferwilligkeit der Umfang der Anfrage und die Größe des Auftrags eine große Rolle. Es ist sicherzustellen, dass der Auftrag letztlich Gewinn bringen muss. Die Umsatzerlöse sollten größer sein als die Kosten (Bezugs-/Einstandspreis der Ware + Handlungskosten), die der Auftrag mit sich bringt.

Beispiel Überprüfung der Lieferfähigkeit des Artikels HP-Laser Jet

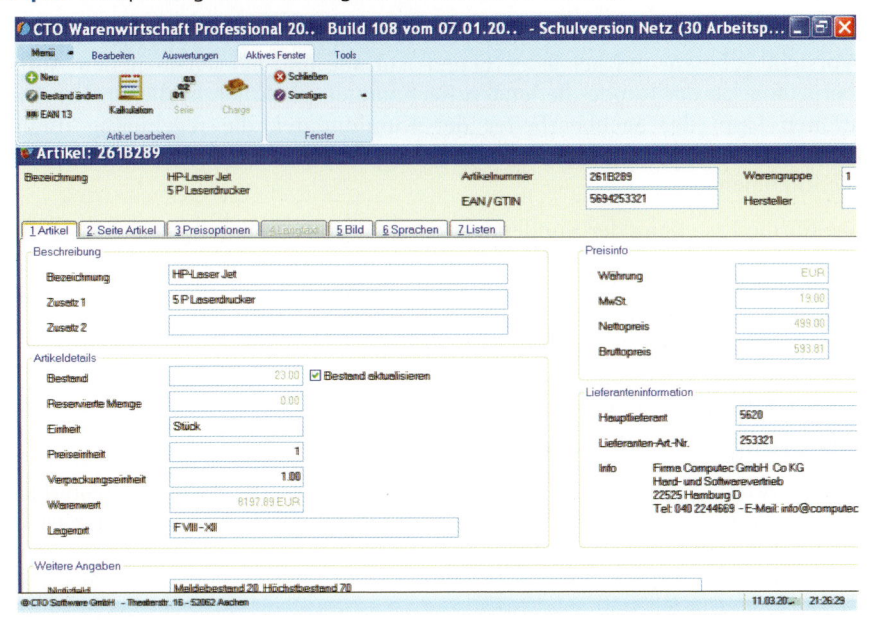

Die Wirtschaftlichkeit ist insbesondere bei größeren Anfragen oder Aufträgen zu überprüfen, wenn der Kunde besondere Nachlässe fordert.

Beispiele In der Primus GmbH wird bei Neukunden grundsätzlich überprüft,
- ob die Einzelbestellmengen je Artikel die Verpackungseinheiten oder Mindestabnahmemengen unterschreiten,
- ob der Auftragswert die für die Auftragsabwicklung kalkulierten Kosten deckt,
- ob die Auftragsabwicklung eine veränderte Logistik hervorruft (Sortiment, Lieferer, Tourenplanung u. a.).

● Angebotserstellung, Auftragsbearbeitung und Auftragserfassung

Sind alle Vorprüfungen positiv ausgefallen, wird ein Angebot erstellt oder der Auftrag abgewickelt.

○ Angebotserstellung und Schriftverkehr

Für die Gestaltung von Geschäftsbriefen, zu denen auch Angebote zählen, gelten die „**Schreib- und Gestaltungsregeln für die Text- und Informationsverarbeitung**" nach **DIN 5008**. Diese Norm legt nicht fest, was zu schreiben ist, sondern wie ein vorgegebener Inhalt dargestellt werden soll. Die DIN 5008 enthält auch Hinweise, die für den privaten Schriftverkehr von Bedeutung sind. Auf S. 185 finden Sie einen Brief, anhand dessen die wichtigsten Regeln erläutert werden.

❶ Der **Briefkopf** ist bei Geschäftsbriefen in der Regel vorgedruckt. Er dient der Werbung und enthält meist Firma und Branche des Unternehmens oder den Absender.

❷ Das **Anschriftfeld** besteht aus einer Zusatz- und Vermerkzone und einer Anschriftzone. Die obersten fünf Zeilen sind die **Zusatz- und Vermerkzone mit integrierter Rücksendeangabe** (Schriftgröße 8 pt). Zusätze und Vermerke können Vorausverfügungen (Nicht nachsenden!), Produkte (Warensendung), Zusatzleistungen (Einschreiben, PRIO) und elektronische Freilassungsvermerke sein. Die Rücksendeangabe steht jeweils in oberster Position dieses Feldes. Die **Anschriftzone** schließt daran an und enthält die Empfängeranschrift mit sechs Zeilen.

5. Zeile: Einzeilige Rücksendeangabe des Absenders 4. Zeile: ggf. gefolgt von Zusatzangaben und Vermerken 3. Zeile: 2. Zeile: 1. Zeile:	Zusatz- und Vermerkzone
1. Zeile: Empfängerbezeichnung 2. Zeile: Empfängerbezeichnung 3. Zeile: Straße mit Hausnummer oder Postfach 4. Zeile: Postleitzahl und Bestimmungsort 5. Zeile: Bestimmungsland 6. Zeile: Leerzeile	Anschriftzone

Bei der **Empfängerbezeichnung** unterscheiden wir Personenanschriften und Anschriften von Unternehmen.

Personenanschriften beginnen immer mit der Anrede „Herrn" oder „Frau". Funktions-, Berufs- oder Amtsbezeichnungen, z. B. Bürgermeister, Studienrat oder Direktor, sind neben die Anrede „Herrn" oder „Frau" zu schreiben. Akademische Grade, wie Dr., Diplom-Kaufmann oder Diplom-Psychologe, stehen vor dem Namen. Die Empfängerbezeichnung soll sinnvoll auf die erste und zweite Zeile des Anschriftfeldes aufgeteilt werden.

Beispiele
Herrn Bürgermeister   Herrn Oberstudienrat
Adolf Grimme   Dipl.-Hdl. Wolfgang Wilke

Bei **Anschriften von Unternehmen** wird das Wort „Firma" weggelassen. Handelt es sich um umfangreiche Anschriften, müssen sie sinnvoll auf mehrere Zeilen verteilt werden.

Beispiele
Herstadt Warenhaus GmbH   Eisenwarenhandlung
Brunostr. 45   Klaus Klein e. K.
45889 Gelsenkirchen   Herrn Wolf
                            Postfach 12 20
                            95448 Bayreuth

❸ **Kommunikationsangaben** (Leitwörter, Bezugszeichen und Kommunikationsmöglichkeiten) werden rechts neben dem Feld für die Anschrift des Empfängers geschrieben – in Form eines Informationsblockes. Die Kommunikationsangaben haben die Aufgabe, den kaufmännischen Schriftverkehr zu erleichtern. Die Gestaltung der Kommunikationsangaben unterliegt innerbetrieblichen Regelungen. Sie enthalten i. d. R. folgende Angaben

„**Ihr Zeichen:**" und „**Ihre Nachricht vom:**" Hier wird auf ein Schreiben des Empfängers Bezug genommen.

Beispiel Die Primus GmbH schreibt an die Herstadt Warenhaus GmbH am 27. August 20.. unter dem Zeichen ho-kl. Wenn die Herstadt Warenhaus GmbH auf dieses Schreiben antwortet, setzt sie ein:

Ihr Zeichen: ho-kl
Ihre Nachricht vom: 27.08.20..

In der Primus GmbH weiß man jetzt sofort, wer den Brief geschrieben hat und wann dies war.

„Unser Zeichen:" und „Unsere Nachricht vom:" Unter „Unser Zeichen:" wird i. d. R. das Zeichen des Verfassers und das Zeichen der Schreibkraft angegeben. Die Art der Abkürzung wird innerbetrieblich geregelt.

Beispiel Herr Holl diktiert einen Brief, geschrieben wird er von Frau Klein. Das Zeichen lautet ho-kl. Unter „Unsere Nachricht vom:" kann auf das Datum eines früheren Briefes Bezug genommen werden.

Kommunikationsangaben: Vorwahlnummer und Telefon- bzw. Faxnummer werden in zwei Blöcken gegliedert.

Beispiele 089 6970441 oder 0203 44536-90

Datum: Das Datum kann in numerischer und alphanumerischer Schreibweise geschrieben werden.

Bei der numerischen Schreibweise erfolgt die Angabe des Datums in Ziffern. Hier sollten Tag und Monat stets zweistellig angegeben werden. Das Datum kann in der Reihenfolge Tag, Monat, Jahr oder in der in Europa üblichen Reihenfolge Jahr, Monat, Tag angegeben werden.

Beispiele 06.09.20.. oder 01.12.20.., 20..-09-06 oder 20..-12-01

Bei der **alphanumerischen** Schreibweise erfolgt die Angabe des Monats in Buchstaben. Tag und Jahr werden in Ziffern geschrieben. Der Tag wird hier einstellig, die Jahreszahl wird immer vierstellig angegeben.

Beispiel 6. September 20.. oder 1. Dezember 20..

❹ Der **Betreff** ist eine kurzgefasste Angabe des Briefinhalts. Er dient der schnelleren Bearbeitung, da man den Brief bereits aufgrund der Angabe im Betreff an die zuständige Abteilung weiterleiten kann. Der Betreff steht zwei Leerzeilen unter dem Informationsblock und endet ohne Satzzeichen. Bei längerem Text wird er sinngemäß auf mehrere Zeilen verteilt und darf durch Fettschrift und/oder Farbe hervorgehoben werden.

Beispiel Angebot von Büromöbeln

❺ **Die Anrede** steht zwei Leerzeilen unter dem Betreff. Sie schließt i. d. R mit einem Komma ab. Ist der Briefempfänger persönlich bekannt, sollte die Anrede eine Namensnennung enthalten. Ist der Empfänger nicht bekannt, lautet die Anrede: Sehr geehrte Damen und Herren,

Beispiele Sehr geehrter Herr Lughausen,   Guten Tag Frau Schulz,

❻ Eine Leerzeile nach der Anrede beginnt der **Brieftext**. Wenn eine Gliederung erforderlich ist, hat diese durch Absätze zu erfolgen. Nach jedem Absatz folgt eine Leerzeile.

❼ Zum **Briefschluss** gehören die Grußformel, die Bezeichnung des Unternehmens, die Angabe des Unterzeichners sowie ggf. ein Anlagevermerk.

Die **Grußformel** ist durch eine Leerzeile vom übrigen Text getrennt.

Nach einer Leerzeile folgt der **Name des Unternehmens**. Längere Angaben können über mehrere Zeilen aufgeteilt werden.

In der Regel erfolgt drei Leerzeilen nach dem Namen des Unternehmens die **Namenswiedergabe des Unterzeichners.**

Beispiel

Mit freundlichen Grüßen	Mit freundlichen Grüßen
Primus GmbH	Primus GmbH
•	•
i. A.	•
•	
Gisela Klein	Sonja Primus

Den Verkaufsprozess unter Berücksichtigung der Unternehmensziele abwickeln 185

Primus GmbH
Büroeinrichtung und Zubehör

Absender: Primus GmbH · Koloniestraße 2 – 4 · 47051 Duisburg

Empfänger:
Krankenhaus GmbH Duisburg
Emsstraße 30 – 40
47169 Duisburg

Informationsblock / Bezugszeichen:

Ihr Zeichen:	st-lo
Ihre Nachricht:	24.02.20..
Unser Zeichen:	ho-kl
Unsere Nachricht:	28.02.20..
Ihr Ansprechpartner:	Gisela Klein
Abteilung:	Gruppenleiterin Sekretariat
Telefon:	0203 4453690
Telefax:	0203 4453698
E-Mail:	gisela.klein@primus-bueroeinrichtung.de
Datum:	10.03.20..

Betreff: Angebot

Anrede: Sehr geehrte Frau Straub,

Einleitung: vielen Dank für Ihr Interesse an unseren Büromöbeln.

Vortrag des Anliegens: Sie teilen uns mit, dass ein Großraumbüro von Ihnen neu ausgestattet werden soll. Zu diesem Zweck senden wir Ihnen unseren neuesten Katalog 20.. zu. In diesem Katalog finden Sie eine Übersicht aller unserer Büromöbeleinrichtungsgegenstände.

Erläuterung des Anliegens: Alle Preise in unserem Katalog sind freibleibend und verstehen sich zuzüglich 19 % Mehrwertsteuer. Ab einem Auftragswert von 5.000,00 € erhalten Sie einen Rabatt über 20 %.

Die Zahlungsbedingungen und Lieferbedingungen können Sie unserem Katalog entnehmen.

Zu Ihrer weiteren Unterstützung berät Sie gerne unser Einrichtungsberater, Herr Helmut Holl. Herr Holl ist sehr kompetent in der Einrichtung solcher Büroräume. Er hat dies bereits in vielen Fällen unter Beweis gestellt.

Teilen Sie uns bitte mit, ob und wann Herr Holl bei Ihnen vorbeikommen kann.

Ausblick auf die Zukunft: Wir hoffen, bald von Ihnen eine positive Nachricht zu erhalten.

Grußformel: Mit freundlichen Grüßen
Primus GmbH

i. A. *Klein*

Klein

Anlagenvermerk:
Anlage
1 Katalog

Primus GmbH, Koloniestraße 2 – 4, 47051 Duisburg
E-Mail: info@primus-bueroeinrichtung.de
Internet: www.primus-bueroeinrichtung.de
Sparkasse Duisburg IBAN DE12 3505 0000 0360 0487 96, BIC DUISDE33XXX
Postbank Dortmund IBAN DE76 4401 0046 0286 7784 31, BIC PBNKDEFF440

Amtsgericht Duisburg, HRB 467-0301
Steuernummer 134/1301/0146
USt-IdNr. DE124659333
Geschäftsführer: Sonja Primus, Markus Müller

Im **Anlagenvermerk** gibt der Absender Auskunft, ob dem Schreiben Anlagen beigefügt sind. Der Anlagevermerk beginnt i. d. R. eine Leerzeile nach der Namenswiedergabe.

Beispiele

Anlage	**Anlagen**	**2 Anlagen**
Ledermuster	1 Fragebogen	Rechnungskopie Nr. 44
	Rechnungskopie Nr. 61	

Der Vorgang der Angebotserstellung kann auch in einer Erfassungsmaske des WWS erfolgen.

Alle Arbeiten im Verkauf, im Lager und im Versand werden von informationswirtschaftlichen Vorgängen begleitet bzw. ausgelöst, wie folgende Skizzierung der Arbeitsschritte bei DV-gestützter Angebotserstellung und Auftragsbearbeitung zeigt:

○ Auftragsbearbeitung und Auftragserfassung

Eingabe der Daten zum Auftrag in die Bildschirmmaske des WWS:

- **Auftragsnummer**: Sie wird im WWS automatisch vergeben oder fortlaufend eingegeben. Mit der Auftragsnummer wird ein unverwechselbarer Code festgelegt. Alle informationswirtschaftlichen Vorgänge, die mit der Bearbeitung dieses Auftrags zusammenhängen, nehmen diese Auftragsnummer als Bezugsgröße auf.
- **Kundennummer**: Mit ihr werden automatisch Name, Anschrift und eventuell eingeräumte Sonderkonditionen aus der Kundendatei abgerufen. Bei DV-gestützter Auftragsbearbeitung werden mit der Eingabe der Kundennummer die Kundenstammdaten mit dem Auftrag verknüpft.
- **Datum**: Tag der Auftragsbearbeitung
- **Artikelnummer** und **Artikelbezeichnung**: Letztere wird im WWS automatisch mit der Eingabe der Artikelnummer aus der Waren-, Artikeldatei oder dem Dienstleistungsprogramm abgerufen.
- **Menge** lt. Auftrag
- **Einzelpreis, Rabatt**
- **Rechenoperationen** (Menge · Einzelpreis − Rabatt, Umsatzsteuer und Gesamtwert des Auftrags) werden durch das Programm durchgeführt.
- eventuell **Liefertermin**
- Ist der Auftrag eines **Neukunden** zu bearbeiten, muss zuerst die Stammdatei des Kunden angelegt werden: Kundennummer, Kundenname, Anschrift, Kreditlimit.

Die **Stammdaten** wie Kundennummer, Artikelnummer usw. können über **einen Matchcode (= Schlüsselbegriff)** gesucht werden, da sie bereits im Programm vorhanden sind und über bestimmte Tastenkombinationen abgerufen werden können. Berechnungen wie „(Menge · Listeneinkaufspreis) − Rabatt, Umsatzsteuer und Gesamtauftragswert" werden vom Programm durchgeführt. Die meisten Softwareprogramme zur Auftragsbearbeitung führen gleichzeitig eine **Lagerbestandsrechnung** durch. Falls der **Lagerbestand zu niedrig** wird, erfolgt automatisch eine Abfrage, ob der Artikel in die **Bestellvorschlagsliste** übernommen werden soll. So kann täglich festgestellt werden, welche Artikel nachbestellt werden müssen (**Bedarfsmeldeschein**). Ferner kann der voraussichtliche Liefertermin beim Lieferer z. B. telefonisch erfragt werden.

Beispiel Bestellvorschlagsliste der Primus GmbH

Primus GmbH	Bestellvorschlagsliste			Datum: 12.09.20..
Nummer	Artikelbezeichnung Zusatz	Lieferer	Bestand Bestell- vorschlag	bereits bestellt am
159B574	Schreibtisch Primo	5621	20 30	0.000
159B590	Bildschirm-Arbeitstisch Primo	5621	10 40	0.000
159B632	Rollcontainer Primo	5621	0.000 60	0.000
381B814	Bürodrehstuhl Modell 1640	5569	0.000 30	0.000

Abschließend erhält der Kunde bei Annahme des Auftrages eine **Auftragsbestätigung** (vgl. S. 274) mit dem voraussichtlichen Liefertermin, die von der DV-gestützten Warenwirtschaftssystemsoftware automatisch ausgedruckt wird.

○ **Bestandskorrektur**

Im WWS wird der Lagerbestand automatisch korrigiert und die bestellte Menge für den Auftrag reserviert.

○ **Lieferschein (= Warenbegleitpapier), Auftragsbestätigung, Ausgangsrechnung (vgl. S. 195, 270)**

Sie werden aufgrund der eingegebenen Daten automatisch durch das Programm erstellt. Alle drei haben jeweils besondere informationswirtschaftliche Bedeutung:

- **Lieferschein**: Er wird an das Lager geleitet oder bei Vernetzung vom Rechner im Lager ausgedruckt. Je nach WWS werden dazu für jede Warenposition und -einheit Klebeetiketten für die Kommissionierung (vgl. S. 194) ausgedruckt.
- **Auftragsbestätigung** (vgl. S. 194): Sie wird dem Kunden zugeschickt.
- **Ausgangsrechnung**: Sie wird an die **Finanzbuchhaltung** weitergeleitet. Nach Überprüfung wird das Original dem Kunden zugeschickt, die Kopie (Durchschrift) wird in der Haupt- und Nebenbuchhaltung (Debitorenbuchhaltung) erfasst. Die Fälligkeitsüberwachung wird über das Fibu-Programm oder das WWS geleistet.

○ **Kommissionierung (vgl. S. 194)**

Mithilfe des Lieferscheins wird die Ware lt. Auftrag im Lager zusammengestellt. Dabei erhält jede Lieferscheinposition und -einheit eine Klebeetikette (Ausgangskontrolle).

Beispiel Kommissionierung bei der Primus GmbH

Versand (Vorbereitung – Durchführung)

Nach dem Kommissionieren wird die Ware versandfertig gemacht. Je nach Waren- und Versandart muss sie witterungs-, stoß- und druckfest verpackt werden. Für die jeweilige Versandart sind Warenbegleitpapiere (z. B. Lieferschein) bzw. Versandpapiere (z. B. Frachtbrief) vorzubereiten.

Auf dem Lieferschein bestätigt der Kunde durch Unterschrift den Empfang der Ware. Eine Durchschrift, der Empfangsschein, kommt an das Groß- bzw. Außenhandelsunternehmen zurück. Im Einzelnen werden die Vorbereitungen zum Versand davon beeinflusst,

- ob die Ware von dem Kunden abgeholt wird,
- ob sie mit eigenen Fahrzeugen gesondert oder im Rahmen einer Tourenplanung ausgeliefert (Werksverkehr) wird oder
- ob Dritte mit der Transportbesorgung (Spediteure) und dem Transport (Frachtführer) beauftragt werden.

Durch eine fachgerechte und kundenorientierte Abwicklung von Aufträgen werden die Interessen des eigenen Unternehmens und die Bedürfnisse der Kunden berücksichtigt. Dies führt langfristig zu einer Bindung der Kunden an das eigene Unternehmen (**Gesichtspunkt der Nachhaltigkeit**).

Beispiel Die Krankenhaus GmbH, Duisburg benötigt für eine neue Abteilung eine Empfangstheke mit Sondermaßen, die bisher von der Primus GmbH nicht geführt wurde. Um den Kunden zu binden, hat die Primus GmbH einen neuen Lieferer ausfindig gemacht, der dem Wunsch des Kunden entsprechend diese Empfangstheke herstellt.

Anfragen von Neu- und Stammkunden bearbeiten und Angebote erstellen

- **Überprüfung der Kreditwürdigkeit** zur Verringerung des Kreditrisikos, zur Feststellung der Liquidität und des Zahlungsverhaltens
  - bei Neukunden mithilfe von gewerblichen Auskunfteien
  - bei Stammkunden über Debitorendatei oder Kundenliste

- **Überprüfung der Lieferfähigkeit**
  - Feststellung, ob die bestellte Ware vorrätig ist (= verfügbarer Lagerbestand)
  - Feststellung, ob die bestellte Ware in der vom Kunden gewünschten Lieferzeit bereitgestellt werden kann

- **Überprüfung der Lieferwilligkeit**: Auftragswert und Kosten der Anfrage und des Auftrages werden gegenübergestellt, um das wirtschaftliche Interesse an der Anfrage und am Auftrag auszuloten.

- **Angebotserstellung und Schriftverkehr**
  Für die Gestaltung von Geschäftsbriefen gelten die „Schreib- und Gestaltungsregeln für die Text- und Informationsverarbeitung" nach **DIN 5008**.
  Ein Geschäftsbrief enthält i. d. R. folgende Gliederungspunkte:
  - Absender
  - Empfänger
  - Kommunikationsangaben
  - Ort, Datum
  - Betreff
  - Anrede
  - Einleitung
  - Vortrag und Begründung des Anliegens
  - Ausblick auf die Zukunft
  - Grußformel
  - evtl. Anlagen-/Verteilvermerk

Den Verkaufsprozess unter Berücksichtigung der Unternehmensziele abwickeln

- **Bearbeitung, Erfassung des Auftrags und Erstellung eines Angebots**
  - Auftragseingabe: Auftragsnummer, Kundennummer, Datum, Artikel, Menge, Einzelpreis, Rabatt
  - bei Neukunden Eingabe von Kundenstammdaten
  - Bestandskorrektur
  - Ausdruck von Lieferschein, Auftragsbestätigung, Ausgangsrechnung
  - Kommissionierung der Ware
  - Verpackung und Versand der Ware
  - Ist der Artikel nicht vorrätig, wird er in einer **Bestellvorschlagsliste** berücksichtigt.
  - **Bei nicht vorrätiger Ware** muss vor der weiteren Auftragsbearbeitung die entsprechende Ware beim Lieferer beschafft werden.

1. Erstellen Sie eine digitale Checkliste zur Auftragsbearbeitung und zur Bearbeitung einer Kundenanfrage in Ihrem Ausbildungsbetrieb
a) bei Neukunden,   b) bei Stammkunden.
Präsentieren Sie diese Checkliste in einem Referat mittels digitaler Hilfsmittel.

2. Ein Neukunde hat einen Auftrag im Gesamtwert von 50 000,00 €, ein anderer Neukunde einen Auftrag in Höhe von 350,00 € erteilt.
   a) Erläutern Sie drei Bedingungen, von denen die Annahme der Aufträge von Neukunden abhängt.
   b) Erläutern Sie die Notwendigkeit und den Gegenstand der Kreditwürdigkeitsprüfungen von Neukunden.

3. Nachdem Sie sich für die Annahme eines Auftrags entschieden haben, sind folgende Arbeiten zu erledigen:
   a) Anlage der Kundenstammdaten eines Neukunden
   b) Erfassung des Auftrags
   c) Kommissionierung des Auftrags
   Erläutern Sie die jeweiligen Arbeiten.

4. Erläutern Sie, was man unter einem Kreditlimit versteht und welche Bedeutung seine Festlegung bei der Auftragsbearbeitung hat.

5. Einem neu eingestellten Verkaufssachbearbeiter der Primus GmbH wird aus Versehen die alte Anweisung der Geschäftsleitung für die Abteilung Verkauf vorgelegt. Darin heißt es: „... alle Anfragen sind so zu bearbeiten, dass der Kunde mit großer Wahrscheinlichkeit einen Auftrag erteilt ..."
Erläutern Sie, welche Probleme bei der Bearbeitung einer Kundenanfrage entstehen könnten, wenn der neu eingestellte Verkaufssachbearbeiter sich nur an dieser Anweisung der Geschäftsführung orientieren könnte und keine weitere Hilfestellung hätte.

6. Erstellen Sie mithilfe der Artikelliste (Verkauf) ein Angebot über fünf Büroeinrichtungsgegenstände und Dienstleistungen Ihrer Wahl. Berücksichtigen Sie die Liefer- und Zahlungsbedingungen der Primus GmbH. Gehen Sie davon aus, dass es sich um einen Kunden handelt, der voraussichtlich eine Großbestellung abgeben wird, machen Sie deshalb einen Rabattvorschlag. Beachten Sie bitte die aktuellen DIN-Normen für Geschäftsbriefe.

7. Geben Sie Gründe an, die für den Einsatz eines digitalen Warenwirtschaftssystems in einem Groß- und Außenhandelsbetrieb sprechen.

8. Erläutern Sie, von welchen Gesichtspunkten die Annahme eines Auftrages abhängt.

9. Erklären Sie den Unterschied zwischen dem tatsächlichen und dem verfügbaren Lagerbestand.

1.2 Auftragsbearbeitung und Angebotserstellung im Warenwirtschaftssystem (WWS) anwenden

Der Auftrag des Neukunden Klaus Fischer e. K. über 49 925,00 € wird nach Überprüfung der Kreditwürdigkeit bearbeitet. Für den Neukunden sollen die Daten in einer Erfassungsmaske eingegeben und danach soll der Auftrag im WWS bearbeitet werden. Herr Winkler beauftragt die Auszubildende Nicole Höver mit der Bearbeitung.

ARBEITSAUFTRÄGE

◆ Bearbeiten Sie die Erfassungsmaske für den Neukunden Klaus Fischer e.K. unter Berücksichtigung folgender Daten:

Klaus Fischer e. K. Bürobedarf
Altmarkt 15   Telefon: 02041 3764   E-Mail: klaus-fischer@t-online.de
46236 Bottrop   Fax: 02041 6437
Bankverbindung: Stadtsparkasse Bottrop
                   IBAN: DE65 4245 1220 0004 7474 70
                   BIC: WELADED1BOT

Artikel

Menge	Artikelnummer	Artikelbezeichnung	Listenverkaufspreis, netto
50	335B927	Laser-Multifunktionsgerät FX 640 TI	240,00 €
50	261B289	HP-Laser Jet 5P Laserdrucker	499,00 €

◆ Bearbeiten Sie den Auftrag mit dem Warenwirtschaftsprogramm von CTO, das Sie im Internet unter www.westermann.de kostenlos herunterladen können (siehe Hinweise im Lehrbuch in der Buchdeckelinnenseite vorne).
◆ Legen Sie sich anschließend eine Checkliste für die digitale Auftragsbearbeitung an.
◆ Erstellen Sie einige digitale Lernkarteien zum Thema „Auftragsbearbeitung im WWS".

● **Erfassung und Aufbereitung von Daten**

Die Aufnahme und Bereitstellung der Daten geschieht digital mithilfe von Computerprogrammen, wobei für jede Aufgabe ein „**Formblatt**" **(Erfassungsmaske)** entwickelt wurde.

Im Zusammenhang mit der Angebotserstellung und der Auftragsbearbeitung bei vorrätiger Ware werden Auftragsdatei, Kundendatei, Debitorendatei, Artikeldatei und eventuell Angebots-/Liefererdatei benötigt, die über gemeinsame Datenfelder miteinander verknüpfbar sind.

Der Umgang mit personenbezogenen Daten ist durch die **Datenschutzgrundverordnung (DSGVO)** geregelt, personenbezogene Daten dürfen nicht unbefugt erhoben verarbeitet oder genutzt werden. Die Unternehmen müssen danach große Vorsicht walten lassen, wenn sie Daten von Kunden und Beschäftigen speichern. Zudem haben die Bürger mehr Rechte zu erfahren, was über sie gespeichert wird.

Jede Datei enthält eine geordnete Sammlung von **Datensätzen**. Darunter sind Informationen über ein spezielles Sachgebiet zu verstehen, z. B. über einzelne Kunden oder einzelne Artikel. Innerhalb der einzelnen Datensätze werden Stamm- und Bewegungsdaten unterschieden.

- **Stammdaten** werden einmalig erfasst, ändern sich über einen längeren Zeitraum nicht und können immer wieder abgerufen werden.
  Beispiele Kundennummer, Kundenanschrift, Artikelnummer, Artikelbezeichnung
- **Bewegungsdaten** treten grundsätzlich einmalig auf und müssen daher jeweils neu erfasst werden.
  Beispiele Daten der Auftragseingabe, Rechnungsnummer, Bestellmenge, Lieferzeit

Die **Datensätze** einer Datei sind vom Aufbau gleich strukturiert in **Datenfelder** und **Zeichen**, deren Anzahl vom Informationsbedarf abhängt.

Neben den Stamm- und Bewegungsdaten lassen sich die Daten nach ihrer **Stellung bei der Verarbeitung** in Ein- und Ausgabedaten unterscheiden.

- **Eingabedaten** sind die Voraussetzung für die weitere Verarbeitung von Daten.
  Beispiele Eingabe des Kundennamens oder der Kundennummer, der Artikelnummer, der Einzelpreise, Mengen
- **Ausgabedaten** sind das Ergebnis der Verarbeitung.
  Beispiele Rechnungsbetrag netto, Rechnungsbetrag brutto, Mehrwertsteuer in Euro

● Aufbau und Inhalt der Kundendatei (Debitorendatei)

Die Kundendatei (vgl. S. 181) besteht aus Datensätzen für jeden einzelnen Kunden. Jeder **Datensatz** enthält spezifische Informationen über einen bestimmten Kunden, die in einzelnen **Datenfeldern** aufgeführt sind und die für unterschiedliche Zwecke abgerufen werden können: Name, Anschrift, Ansprechpartner, Telefon, Fax, E-Mail-Adresse, Kundennummer, Debitorenkonto, Konditionen (Rabatt, Skonto, Zahlungsziel, Kreditlimit), Umsatz, offene Posten, Bankverbindung. Jedes Datenfeld besteht aus **Zeichen** (Ziffern = numerische Daten, Buchstaben = alphabetische Daten, Ziffern und Buchstaben = alphanumerische Daten, Sonderzeichen).

Beispiele
- Das Datenfeld „Datum" besteht aus Ziffern und Sonderzeichen: 16.08.20..
- Die Artikelnummern der Primus GmbH bestehen aus Ziffern und Buchstaben: 159B574 für den Schreibtisch Primo (= alphanumerische Daten).

Will man den Datensatz über einen Kunden nutzen (z. B. bei der Auftragsbearbeitung, bei Feststellung des Umsatzes oder offener Posten), wird er mithilfe der Kundennummer aufgerufen. Die **Kundennummer** ist somit Verbindungsglied zu anderen Dateien. Auf ihr basieren unterschiedlichste Informations- und Auswertungsmöglichkeiten.

● **Aufbau und Inhalt der Artikeldatei**

Die Artikeldatei (vgl. S. 186) besteht aus Datensätzen zu jedem Artikel und jeder Dienstleistung. Spezifische Informationen zum einzelnen Artikel, die in einzelnen Datenfeldern festgelegt sind, sind Artikelnummer, Artikelbezeichnung, Warengruppe, Preise (Einkaufs-, Verkaufspreis), Lieferer, Bestand, Lagerstandort, Rabatt, Umsatzsteuersatz u. a. Bei Aufnahme eines neuen Artikels in das Sortiment kann die Datei erweitert, bei Änderungen der Datenfelder kann sie aktualisiert werden. Zur Nutzung eines Datensatzes zu einem Artikel (z. B. zur Auftragsbearbeitung) kann dieser mithilfe der Artikelnummer abgerufen werden.

● **Aufbau und Inhalt der Auftrags-/Angebotsdatei**

Die Angebots- und die Auftragsdatei bestehen aus den Datensätzen aller bisher angefallenen Angebote und Aufträge des Geschäftsjahres. Jeder einzelne Datensatz besteht aus Datenfeldern, in denen die Informationen für die Einzelauftragsbearbeitung festgelegt sind. Diese Daten legen die Abfolge der Arbeitsschritte bei der Angebotserstellung und bei der Auftragsbearbeitung fest (vgl. S. 186). Verschiedene Arbeitsschritte sind vom Programm automatisch vorgesehen und brauchen nicht über Befehle eingegeben zu werden.

Hierbei können neben den Stamm- und Bewegungsdaten (vgl. S. 191) **Ordnungs-** und **Rechendaten** unterschieden werden.

● **Ordnungsdaten** dienen der kaufmännischen Organisation und Orientierung und legen bestimmte Reihen- oder Zeitfolgen für kaufmännische Vorgänge fest. Ordnungsdaten werden häufig automatisch vom Programm vorgegeben.

  Beispiele
  – Ausgangsrechnungen werden durch die Vorgabe aufsteigender Rechnungsnummern geordnet.
  – Kunden können durch die Vergabe von Kundennummern oder alphabetisch geordnet werden.

● **Rechendaten** sind für automatische Berechnungen im Programm festgelegt.

  Beispiel Das Programm berechnet nach Eingabe von Menge und Einzelpreis einer Auftragsposition den Gesamtpreis.

● **Angebotserstellung und Auftragsbearbeitung durch Verknüpfung der Dateien**

Bei der Angebotserstellung und der Auftragsbearbeitung wird auf Daten zurückgegriffen, die in anderen Dateien (z. B. in der Artikel- und Kundendatei) gespeichert sind. Zur Nutzung werden sie über gemeinsame **Schnittstellen** genutzt. Die Schnittstellen sind Verbindungen der Dateien und damit der Informationsspeicher untereinander. So entsteht ein geschlossenes und digitales **Warenwirtschaftssystem**, dessen Zentrum die **Datenbank** mit allen Daten ist, die von allen Funktionsbereichen genutzt werden kann, wie folgende vereinfachte Darstellung zeigt:

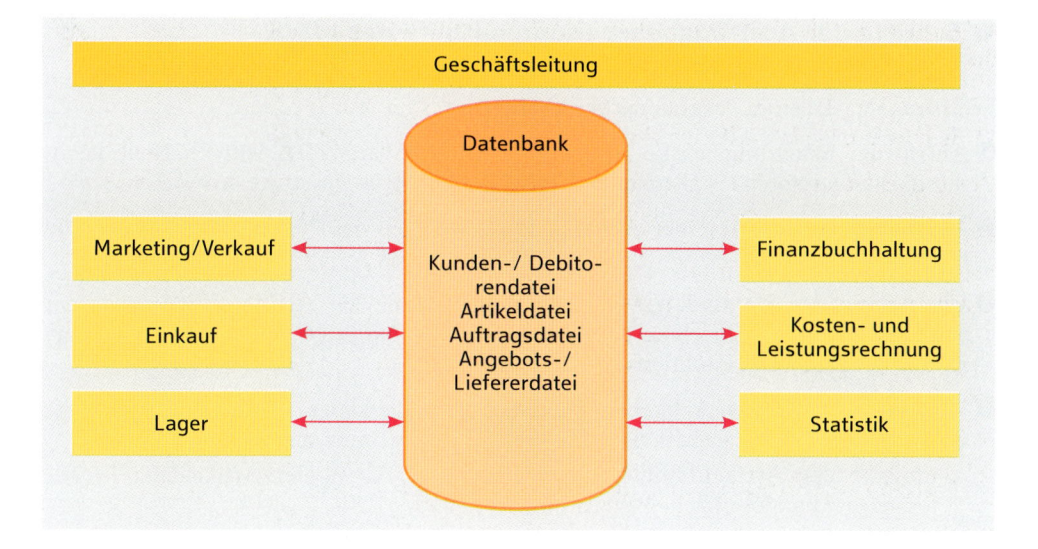

Den Verkaufsprozess unter Berücksichtigung der Unternehmensziele abwickeln

```
                    Geschäftsleitung

                         Datenbank

Marketing/Verkauf  ←→   Kunden-/ Debito-   ←→  Finanzbuchhaltung
                         rendatei
                         Artikeldatei
    Einkauf        ←→    Auftragsdatei      ←→  Kosten- und
                         Angebots-/              Leistungsrechnung
                         Liefererdatei
    Lager          ←→                       ←→  Statistik
```

Die besonderen **Vorteile** der Angebotserstellung und der Auftragsbearbeitung mit einem digitalen Warenwirtschaftssystem bestehen darin, dass die in der Verkaufsabteilung verwendeten Daten vielfach genutzt werden können (Rationalisierung):

- So können sie immer wieder abgerufen und für andere informationswirtschaftliche Vorgänge verwertet werden.

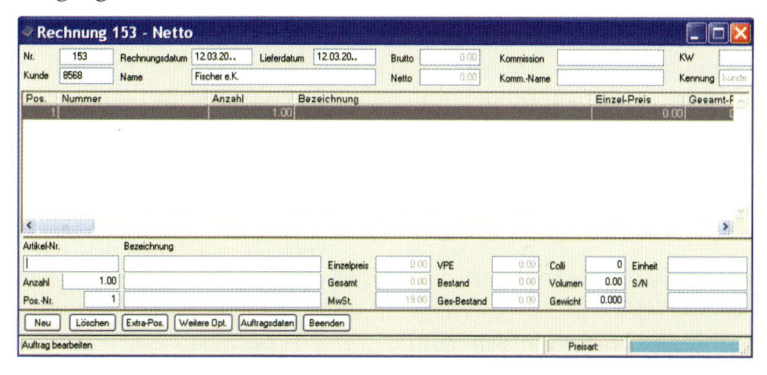

Beispiel Die eingegebenen Daten werden zur Erstellung der Ausgangsrechnung, der Auftragsbestätigung und des Lieferscheins benutzt.

- Von anderen Abteilungen des Unternehmens, die durch die Auftragsbearbeitung berührt werden, können alle Informationen abgerufen oder weitergegeben werden.

Beispiel Vom Lager kann der Kommissionierungsauftrag bzw. der Lieferschein abgerufen werden.

- Alle Mitarbeiter der Verkaufsabteilung, der Einkaufsabteilung und des Lagers können jederzeit den aktualisierten Bestand abrufen. Die erfassten Daten können zur automatischen Erstellung von Belegen genutzt werden.

Beispiel Programmgemäß werden bei der Primus GmbH nach Erfassung des Auftrags Lieferschein, Auftragsbestätigung, Ausgangsrechnung u. a. erstellt.

Die Daten können jederzeit in Tabellen oder Schaubildern nach bestimmten Gesichtspunkten aufbereitet und zum Zwecke der Beurteilung getroffener Entscheidungen oder zur Planung und Steuerung künftiger Vorhaben ausgewertet werden.

● Schritte der Auftragsbearbeitung mithilfe des WWS

Die Arbeitsschritte der Auftragsbearbeitung werden durch die Datenfelder der jeweiligen **Erfassungsmaske** eines Programms vorgegeben.

❶ **Aufruf der Erfassungsmaske „Auftrag"** (bei CTO Warenwirtschaft → „Neue Rechnung" → „Bearbeiten" → „Rechnung Neu").

❷ **Automatische Vergabe einer Auftragsnummer** durch das Programm oder manuelle Eingabe.

❸ **Übernahme der Stammdaten aus der Kundendatei**, die mit der Kundennummer aufgerufen und im Einzelnen durch den Benutzer bestätigt werden müssen (Übernahme der Daten mit Funktionstaste F5).

❹ **Eingabe der bestellten Artikel** bei Nutzung der Artikeldaten, auf die jeweils mithilfe der Artikelnummer zugegriffen wird (Übernahme der Daten mit Funktionstaste F5).
- **Eingabe der Artikelnummer**: Damit erscheint die in der Artikeldatei jeweils festgelegte handelsübliche Bezeichnung.
- **Eingabe der bestellten Menge**: Mit diesem Befehl überprüft das Programm automatisch den vorhandenen Lagerbestand. Über das Programm erfolgt automatisch die Berechnung der einzelnen Positionen ([Menge · Preis] – Rabatt, Rechnungssumme netto, Umsatzsteuer, Rechnungsbetrag brutto). In der Artikeldatei wird automatisch eine Reservierung der Warenmenge lt. Auftrag angezeigt.

❺ **Informationswirtschaftliche Auswertungsmöglichkeiten**: Die bearbeitete Auftragsdatei wird jetzt für die weitere Abwicklung des Auftrags informationswirtschaftlich genutzt, z. B. für die Kommissionierung, für den Versand, für die Fakturierung und Buchung. Dazu sind Informationen an die betroffenen betrieblichen Stellen weiterzuleiten, über die dort Befehle ausgelöst werden. Diese Informationen werden automatisch vom Programm je nach Option der Verwendung durch Verkettung bestimmter Datenfelder aus dem Datensatz des Auftrags hergestellt. Auf diese Weise sind folgende unterschiedlichen Nutzungen möglich: Optionsmöglichkeiten sind Auftragsbestätigung, Lieferschein, Ausgangsrechnung, Kommissionierung mit Etiketten. Alle bereits erfassten Aufträge werden in der **Auftragsverwaltung** abgelegt. So können bei wiederkehrenden Aufträgen der gleichen Kunden diese als Vorlage genutzt und somit schneller erfasst werden. Zudem kann eine optimale Kontrolle aller bereits erfassten Aufträge vorgenommen werden.

- **Auftragsbestätigung**: Das Original wird dem Kunden zugestellt.
- **Lieferschein**: Er dient als Warenbegleitpapier und wird in mehrfacher Ausfertigung erstellt. Auf dem Empfangsschein lässt sich der Überbringer der Ware die mangelfreie Übergabe durch Unterschrift des Kunden bestätigen.
- **Kommissionierungsauftrag**: Anhand des Kommissionierungsauftrags wird die gewünschte Ware im Lager zusammengestellt (vgl. S. 187) und jede Verpackungseinheit mit einer Klebeetikette versehen (Markierungsetikett). Nach der Kommissionierung wird die Ware versandfertig gemacht.

Beispiel Kommissionierungsetikett der Primus GmbH

SR[1] 2553
Auftrag-Nr.: 815   Bereich 1[2]
Behälter 20   AII 15, AIII 8[3]
Klaus Fischer e. K., Bürobedarf
Altmarkt 15
46236 Bottrop
Liefertag 13.09.20..

---
[1] SR = Servicereisender
[2] Bereich, in dem die kommissionierte Ware zum Versand bereitgestellt wird
[3] Lagerplatz, an dem sich die zu kommissionierende Ware befindet

– **Ausgangsrechnung**: Das Original wird dem Kunden zugestellt. Die Zweitschrift geht zur Buchung und zur Überwachung der Fälligkeit in die Finanzbuchhaltung.

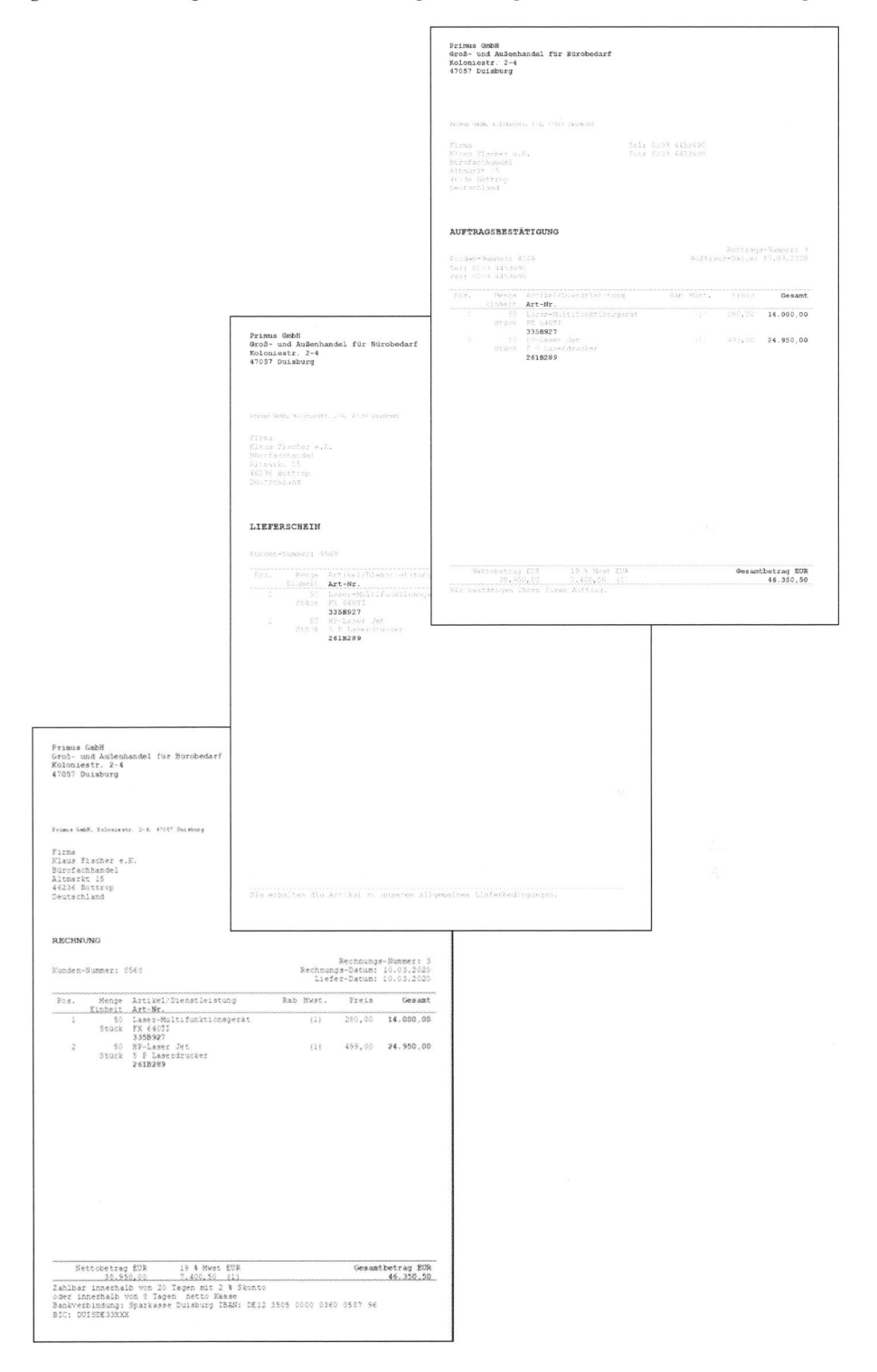

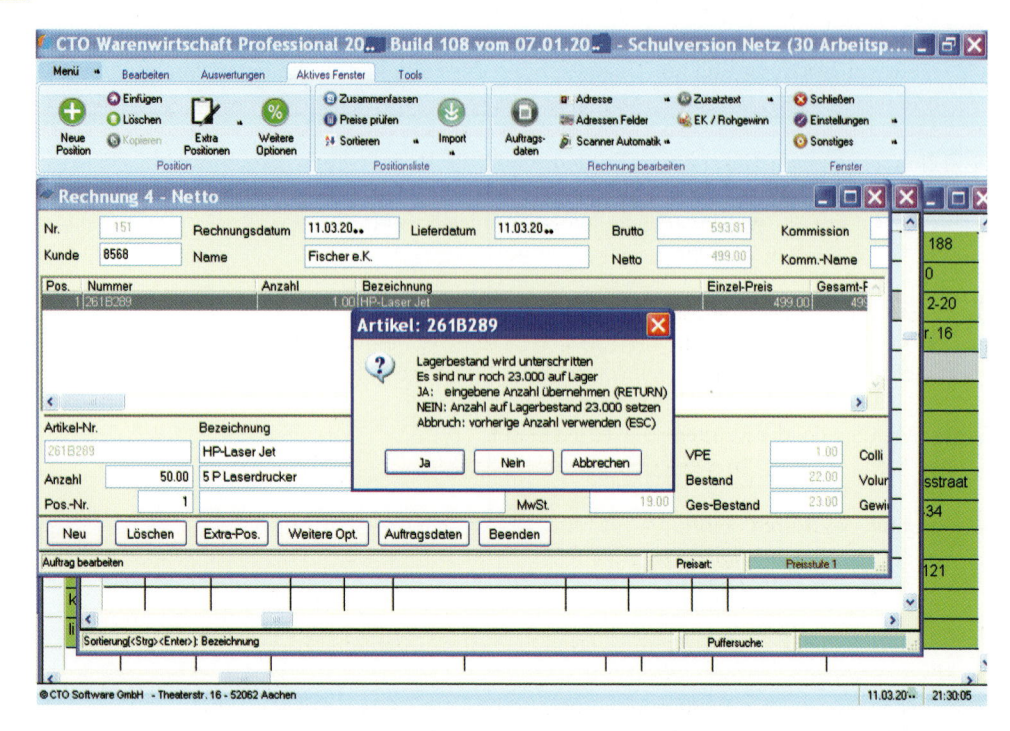

Die Erstellung eines Angebots mit dem Auftragsbearbeitungsprogramm erfolgt in ähnlicher Weise (Aufruf der Erfassungsmaske, Angebot, automatische Vergabe einer Angebotsnummer, Übernahme der Stammdaten aus der Kundendatei, Eingabe der angebotenen Artikel und Ausdruck des Angebots).

Angebotserstellung und Auftragsbearbeitung im Warenwirtschaftssystem (WWS) anwenden

- **Erfassung und Aufbereitung von Daten**
  - **Dateien** sind geordnete Sammlungen von Datensätzen.
  - **Datensätze** enthalten Informationen (Daten) über ein spezielles Sachgebiet.
  - Datensätze sind gegliedert in **Datenfelder** und **Zeichen**.
  - Zu unterscheiden sind **Stamm-** und **Bewegungsdaten**, **Ordnungs-** und **Rechendaten**, **Eingabe-** und **Ausgabedaten**.

- Die **Kundendatei** beinhaltet alle Daten, die im Geschäftsverkehr mit dem Kunden erforderlich sind.

- Die **Artikeldatei** beinhaltet alle Daten, die für kaufmännische Arbeiten in Verbindung mit diesem Artikel erforderlich sind.

- Die **Auftrags-/Angebotsdatei** beinhaltet alle die für die Auftrags-/Angebotsbearbeitung erforderlichen Daten.

- Die **Auftragsbearbeitung/Angebotserstellung** im digitalen WWS erfolgt durch Verknüpfung verschiedener Dateien je nach Programm in unterschiedlichen Arbeitsschritten.

1. a) Erläutern Sie die Bedeutung der Kundennummer und Auftragsnummer im Warenwirtschaftssystem.
b) Stellen Sie Stamm- und Bewegungsdaten bei der Auftragsbearbeitung gegenüber.

2. Zum Zwecke der Geschäftseröffnung erhält die Möbel Import-Export-GmbH, Köln, von der Peter Felder OHG einen Auftrag über 350 000,00 €.
a) Erläutern Sie, welche Arbeiten dieser Auftrag bewirkt.
b) Die Einzelarbeiten sind näher zu erläutern.

3. Erstellen Sie eine Erfassungsmaske für:
a) eine Kundendatei,   b) eine Liefererdatei,   c) eine Artikeldatei
und begründen Sie die Aufnahme der einzelnen Datenfelder.

4. Stellen Sie bei der Kunden- und Artikeldatei
a) Stamm- und   b) Bewegungsdaten gegenüber.

5. Tag für Tag treffen in Ihrem Ausbildungsunternehmen Aufträge ein.
a) Legen Sie eine digitale Checkliste zur Beurteilung der einzelnen Aufträge an.
b) Legen Sie eine digitale Checkliste zur Bearbeitung der Aufträge im WWS an.

6. Erläutern Sie Zeichen, Datenfeld, Datensatz, Datei, Datenbank und WWS.

7. Stellen Sie an einer Ausgangsrechnung Ihres Ausbildungsbetriebes dar:
a) Stamm- und Bewegungsdaten,   b) Ordnungs- und Rechendaten.

8. Die Primus GmbH arbeitet mit einem digitalen Warenwirtschaftssystem. Welche Vorteile bietet dieses System der Primus GmbH?
1. artikelgenaue und aktuelle Informationen, schnelleren Zugriff auf wichtige Daten, Vereinfachung der Arbeitsprozesse
2. artikelgenaue und aktuelle Informationen, schnelleren Zugriff auf wichtige Daten, Vereinfachung der Arbeitsprozesse, Wegfall von Artikelnummern
3. artikelgenaue und aktuelle Informationen, schnelleren Zugriff auf wichtige Daten, Vereinfachung der Arbeitsprozesse, hohe Kapitalbindung
4. artikelgenaue und aktuelle Informationen, schnelleren Zugriff auf wichtige Daten, hohe Kapitalbindung
5. artikelgenaue und aktuelle Informationen, schnelleren Zugriff auf wichtige Daten, Vereinfachung der Arbeitsprozesse, Wegfall von Artikelnummern, hohe Kapitalbindung

9. Entscheiden Sie, in welchem Fall es sich um eine Maßnahme des Datenschutzes im Sinne der Datenschutzgrundverordnung (DSGVO) handelt.
1. Ein Prüfziffernverfahren verhindert die Eingabe einer falschen Artikelnummer.
2. Ein Mitarbeiter sichert Lagerbewegungen auf einem Datenträger mit Schreibschutz.
3. Ein Notstromaggregat verhindert bei Stromausfall den Verlust von Daten im Computer.
4. Ein Mitarbeiter erhält von seinem Unternehmen Auskunft über die zu seiner Person gespeicherten Daten.
5. Ein Programmierer erstellt eine Sicherungskopie von einem neu erstellten Lagerverwaltungsprogramm.

2 Sich über rechtliche Grundlagen von Kaufverträgen informieren

2.1 Rechts- und Geschäftsfähigkeit kennenlernen

Die 15-jährige Petra Kurscheid erhält von ihren Eltern im Monat 50,00 € Taschengeld. In der Verkaufsboutique der Primus GmbH, in der Letztverbraucher einmal pro Woche Waren kaufen können, schließt sie mit dem Auszubildenden Andreas Brandt einen Kaufvertrag für einen Schreibtischstuhl über 350,00 € ab. Petra zahlt den Kaufbetrag von ihrem gesparten Taschengeld. Als ihre Eltern von dem Kaufvertrag erfahren, widerrufen sie bei der Primus GmbH den Vertrag mit der Begründung, dass ihre Tochter noch nicht voll geschäftsfähig sei und folglich auch keine rechtswirksame Willenserklärung abgeben könne.

ARBEITSAUFTRÄGE
- Stellen Sie fest, welche Stufen der Geschäftsfähigkeit unterschieden werden.
- Überprüfen Sie, ob die Primus GmbH den Kaufpreis nach Rückgabe des Schreibtischstuhls herausgeben muss.
- Erläutern Sie natürliche und juristische Person.

Rechtssubjekte im rechtlichen Sinne sind Personen. Das Recht unterscheidet natürliche und juristische Personen.

● Natürliche Personen

Alle Menschen sind natürliche Personen im Sinne des § 1 BGB. Sie sind rechtsfähig und – abgesehen von Ausnahmen – mit dem Erreichen bestimmter Altersstufen beschränkt oder unbeschränkt geschäftsfähig.

- **Rechtsfähigkeit** ist die **Fähigkeit von Personen, Träger von Rechten und Pflichten zu sein.**

    Beispiel Recht, ein Vermögen zu erben; Pflicht, Steuern zu zahlen

    Alle **natürlichen Personen** sind mit Vollendung der Geburt bis zum Tod (§ 1 BGB) rechtsfähig.

    Tiere sind keine Personen und können dadurch auch nicht Träger von Rechten und Pflichten sein.

    Beispiel Die oft erzählte Geschichte, dass ein amerikanischer Millionär sein Vermögen seiner Katze vererbt, ist im deutschen Rechtssystem nicht möglich.

- **Geschäftsfähigkeit** ist die **Fähigkeit von Personen, Rechtsgeschäfte wirksam abschließen** zu können, somit Rechte zu erwerben und Pflichten einzugehen. Der

Gesetzgeber hat wegen der unterschiedlichen Einsichtsfähigkeit in die Rechtsfolgen von Willenserklärungen drei Stufen der Geschäftsfähigkeit vorgesehen.

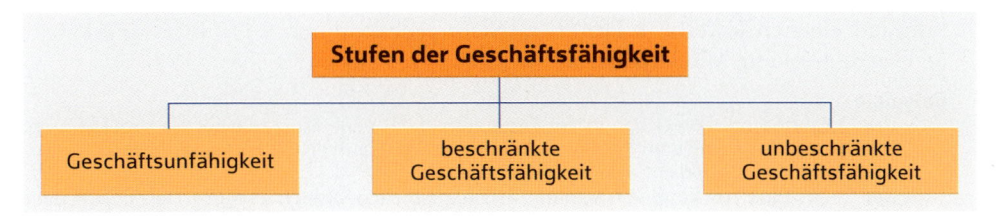

Stufen der Geschäftsfähigkeit
- Geschäftsunfähigkeit
- beschränkte Geschäftsfähigkeit
- unbeschränkte Geschäftsfähigkeit

○ Geschäftsunfähigkeit

Geschäftsunfähig (§ 104 BGB) sind:

- alle natürlichen Personen unter sieben Jahren
- Personen mit andauernder krankhafter Störung der Geistestätigkeit

Die Willenserklärungen geschäftsunfähiger Personen sind unwirksam (nichtig), folglich kann ein Geschäftsunfähiger auch keine rechtswirksamen Verpflichtungen eingehen. Für die Geschäftsunfähigen handelt ein gesetzlicher Vertreter (bei Kindern unter sieben Jahren meistens die Eltern, für alle anderen ein Betreuer; vgl. S. 200).

Beispiele
- Ein fünfjähriges Mädchen „kauft" eine Tüte Bonbons.
- Der 20-jährige Edmund, der geistig behindert ist, „kauft" eine Blu-ray.
- In beiden Fällen ist kein Vertrag zustande gekommen.

Geschäftsunfähige können im Auftrag des gesetzlichen Vertreters für diesen Willenserklärungen überbringen; der Bote ist in diesem Fall Erfüllungsgehilfe des Auftraggebers.

Beispiel Der sechsjährige Klaus wird von seiner Mutter zum Bäcker geschickt, um 20 Brötchen zu kaufen. Die Mutter gibt Klaus abgezähltes Geld mit. Da Klaus im Auftrag der Mutter als Bote handelt, kommt zwischen der Mutter und dem Bäcker ein Kaufvertrag über 20 Brötchen zustande.

○ Beschränkte Geschäftsfähigkeit

Beschränkt geschäftsfähig (§ 106 BGB) sind alle Personen vom vollendeten siebten bis zum vollendeten 18. Lebensjahr.

Beschränkt Geschäftsfähige können Rechtsgeschäfte mit Einwilligung des gesetzlichen Vertreters abschließen. Ihre Rechtsgeschäfte sind bis zur Zustimmung des gesetzlichen Vertreters **schwebend unwirksam**, d.h., ein von einem beschränkt Geschäftsfähigen abgeschlossener Vertrag wird erst durch die nachträgliche Genehmigung des gesetzlichen Vertreters, die auch stillschweigend erfolgen kann, rechtskräftig. Wenn der gesetzliche Vertreter ausdrücklich die Zustimmung verweigert, ist der Vertrag nichtig (§ 108 BGB).

Beispiel Die 16-jährige Angelika kauft einen Blu-ray-Player, ohne dass sie ihre Eltern um Erlaubnis gefragt hat. Als die Eltern vom Kauf des Blu-ray-Players erfahren, erheben sie keine Einwände. Somit ist der Kaufvertrag durch die stillschweigende Billigung der Eltern zustande gekommen.

Die **Zustimmung des gesetzlichen Vertreters ist in folgenden Fällen nicht erforderlich**: Der beschränkt Geschäftsfähige

- bestreitet den Kauf mit Mitteln, die ihm zu diesem Zweck zur freien Verfügung vom gesetzlichen Vertreter überlassen worden sind, wobei man von einem normalerweise üblichen, dem Alter entsprechenden Betrag auszugehen hat (**Bewirkung der Leistung mit eigenen Mitteln, § 110 BGB**). Nicht gedeckt durch § 110 BGB sind Raten- und Kreditgeschäfte Minderjähriger.

    Beispiele
    - Die 15-jährige Julia kauft von ihrem Taschengeld die neue Blu-ray einer Hardrockgruppe. Die Eltern sind von diesem Kauf nicht begeistert. Der Kaufvertrag ist zustande gekommen, auch wenn die Eltern nicht einverstanden sind.
    - Der 17-jährige Peter kauft von seinem Taschengeld ein gebrauchtes Mofa. Da sich aus dem Kauf des Mofas für Peter eine Reihe von Verpflichtungen ergeben (Versicherung, Kraftstoff usw.), ist hier die Zustimmung der Eltern für das Zustandekommen des Kaufvertrages erforderlich.

    PRAXISTIPP Einen Richtwert für die übliche Höhe des Taschengeldes erfahren Sie bei den Jugendämtern.

- erlangt durch das Rechtsgeschäft nur **einen rechtlichen Vorteil** (§ 107 BGB), wie etwa bei einer Schenkung.

    Beispiel Der 13-jährige Frank erhält von seiner Tante ein Geldgeschenk über 1 500,00 €. Die Eltern von Frank lehnen dieses Geschenk der Tante ab, weil sie seit Jahren mit der Tante zerstritten sind. Frank kann das Geld auch gegen den Willen der Eltern annehmen.

- schließt **Geschäfte im Rahmen eines Arbeits- oder Dienstverhältnisses** ab, das der gesetzliche Vertreter genehmigt hat (§ 113 BGB).

    Beispiel Die 17-jährige Diana Schmitz ist noch Schülerin und schließt mit Einwilligung der Eltern für die Sommerferien einen Arbeitsvertrag über vier Wochen mit der Primus GmbH ab. Diana darf jetzt ohne Zustimmung der gesetzlichen Vertreter Arbeitskleidung kaufen oder ein Gehaltskonto bei einem Geldinstitut eröffnen, da sie zur Erfüllung aller sich aus dem Arbeitsverhältnis ergebenden Verpflichtungen ermächtigt worden ist. Nach dem Gesetz gilt diese Regelung nicht für Ausbildungsverhältnisse.

- betreibt den **selbstständigen Betrieb eines Erwerbsgeschäftes (§ 112 BGB)**: Ermächtigt der gesetzliche Vertreter mit Genehmigung des Familiengerichts einen Minderjährigen zum selbstständigen Betrieb eines Erwerbsgeschäftes, so ist der Minderjährige für solche Rechtsgeschäfte unbeschränkt geschäftsfähig, die der Geschäftsbetrieb mit sich bringt. Ausgenommen sind solche Rechtsgeschäfte, zu denen der Vertreter die Genehmigung des Familiengerichtes bedarf.

    Beispiel Ein 17-Jähriger betreibt nach Ermächtigung durch seinen gesetzlichen Vertreter ein Textileinzelhandelsgeschäft und kann so z. B. den Einkauf für das Geschäft tätigen.

Unbeschränkte Geschäftsfähigkeit

Unbeschränkt geschäftsfähig sind **alle natürlichen Personen ab 18 Jahren**, sofern sie nicht zum Personenkreis der Geschäftsunfähigen gehören.

Betreuer

Für volljährige Personen kann vom Familiengericht ein sog. **Betreuer** bestellt werden (§ 1896 BGB). **Voraussetzungen** für die Bestellung des Betreuers sind

- Vorliegen einer psychischen Krankheit oder einer körperlichen, geistigen oder seelischen Behinderung und

- Unfähigkeit zur Besorgung eigener Angelegenheiten und
- Notwendigkeit einer Betreuung.

Der Betreuer ist gesetzlicher Vertreter des Betreuten.

- Der Betreute ist im Regelfall voll geschäftsfähig, d. h., er ist **ohne Einwilligungsvorbehalt** des Betreuers zur Abgabe rechtswirksamer Willenserklärungen berechtigt.

    Beispiel Der 54-jährige Michael Lenz hat einen Schlaganfall erlitten, wodurch er halbseitig gelähmt und dauernd bettlägerig ist. Hieraus ergibt sich die Notwendigkeit der Betreuung. Das Familiengericht bestellt einen Betreuer, der für Herrn Lenz rechtswirksam Willenserklärungen abgeben kann.

- Wenn es für die Abwendung einer erheblichen Gefahr für die Person oder das Vermögen des Betreuten erforderlich ist, kann das Familiengericht anordnen, dass die Willenserklärungen des Betreuten der Einwilligung des Betreuers bedürfen (**Einwilligungsvorbehalt**). In diesem Fall hat der Betreute den **Status eines beschränkt Geschäftsfähigen**.

    Beispiel Der 35-jährige Dieter ist aufgrund jahrelangen übermäßigen Alkoholkonsums und der sich daraus ergebenden Verwirrtheit nicht mehr in der Lage, mit dem ihm zur Verfügung stehenden Geld umzugehen. Sobald er Bargeld in Händen hält, verschenkt er dieses an zufällig vorbeigehende Passanten. Er erhält vom Familiengericht einen Betreuer und darf Rechtsgeschäfte nur noch mit Einwilligung des Betreuers abschließen.

● Juristische Personen

Juristische Personen (§ 21 ff. BGB) werden vom Gesetz wie natürliche, voll geschäftsfähige Personen behandelt. Sie haben volle Handlungsfreiheit, d. h., sie sind rechts- und unbeschränkt geschäftsfähig. Zu den juristischen Personen zählen die juristischen Personen des öffentlichen Rechts und des Privatrechts.

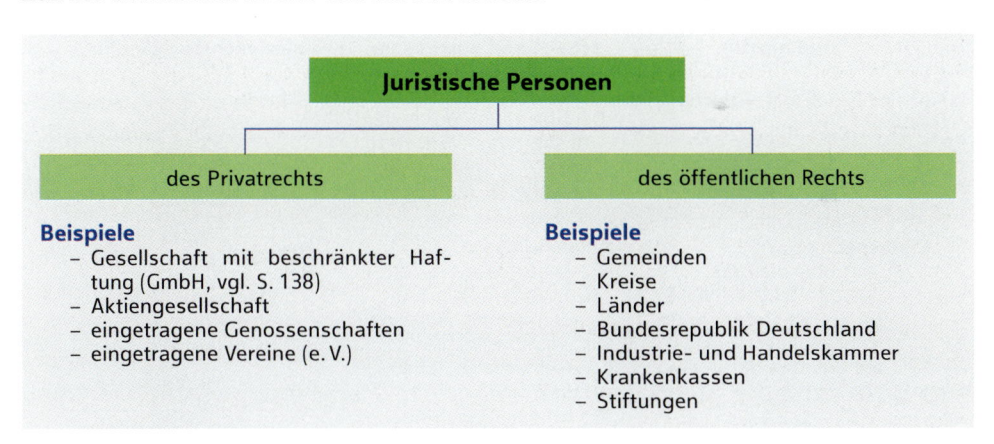

Juristische Personen	
des Privatrechts	**des öffentlichen Rechts**
Beispiele – Gesellschaft mit beschränkter Haftung (GmbH, vgl. S. 138) – Aktiengesellschaft – eingetragene Genossenschaften – eingetragene Vereine (e. V.)	**Beispiele** – Gemeinden – Kreise – Länder – Bundesrepublik Deutschland – Industrie- und Handelskammer – Krankenkassen – Stiftungen

- **Juristische Personen des öffentlichen Rechts** sind z. B. Gemeinden, Kirchen, Rundfunkanstalten (ARD, ZDF) und Ortskrankenkassen. Sie erfüllen öffentliche Aufgaben.

- **Juristische Personen des Privatrechts** sind privatrechtliche Stiftungen (z. B. Stiftung Warentest) und Körperschaften des privaten Rechts (Aktiengesellschaften, rechtsfähige Vereine). Sie verfolgen private Zwecke.

Bei juristischen Personen beginnt die Rechtsfähigkeit mit der Eintragung in das jeweilige Register (z. B. Handels-, Vereinsregister) und endet mit der Löschung aus diesem Register.

Juristische Personen sind immer über ihre **Organe** (z. B. bei der AG durch den Vorstand, bei der GmbH durch Geschäftsführer, vgl. S. 140) geschäftsfähig. Sie handeln durch die Organe, die in der Satzung oder in der jeweiligen Rechtsvorschrift festgelegt sind.

Beispiel Bei der Primus GmbH handeln die Geschäftsführer, Frau Primus und Herr Müller, für die GmbH.

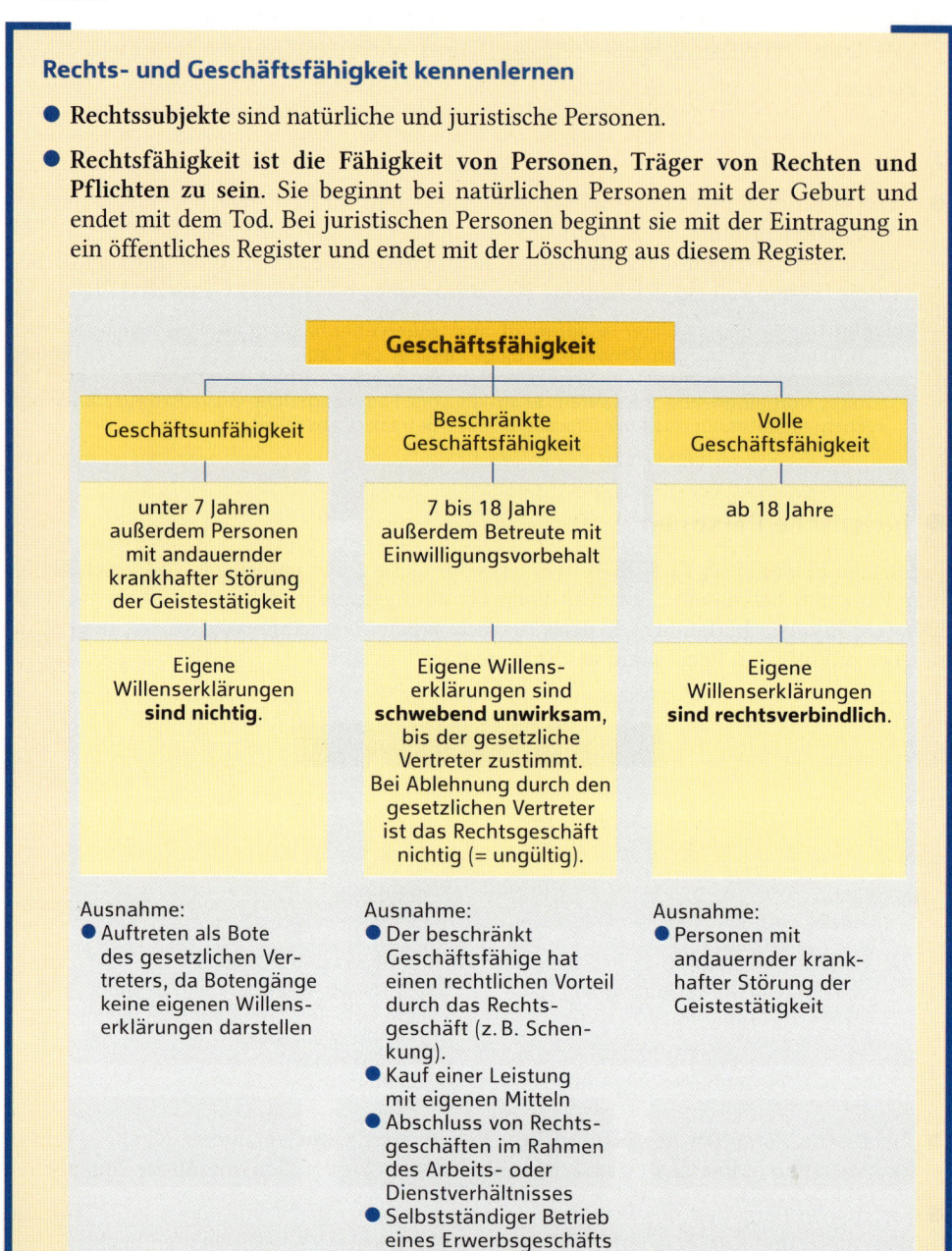

Rechts- und Geschäftsfähigkeit kennenlernen

- **Rechtssubjekte** sind natürliche und juristische Personen.
- **Rechtsfähigkeit ist die Fähigkeit von Personen, Träger von Rechten und Pflichten zu sein.** Sie beginnt bei natürlichen Personen mit der Geburt und endet mit dem Tod. Bei juristischen Personen beginnt sie mit der Eintragung in ein öffentliches Register und endet mit der Löschung aus diesem Register.

Geschäftsfähigkeit

Geschäftsunfähigkeit	Beschränkte Geschäftsfähigkeit	Volle Geschäftsfähigkeit
unter 7 Jahren außerdem Personen mit andauernder krankhafter Störung der Geistestätigkeit	7 bis 18 Jahre außerdem Betreute mit Einwilligungsvorbehalt	ab 18 Jahre
Eigene Willenserklärungen **sind nichtig.**	Eigene Willenserklärungen sind **schwebend unwirksam**, bis der gesetzliche Vertreter zustimmt. Bei Ablehnung durch den gesetzlichen Vertreter ist das Rechtsgeschäft nichtig (= ungültig).	Eigene Willenserklärungen **sind rechtsverbindlich.**
Ausnahme: • Auftreten als Bote des gesetzlichen Vertreters, da Botengänge keine eigenen Willenserklärungen darstellen	Ausnahme: • Der beschränkt Geschäftsfähige hat einen rechtlichen Vorteil durch das Rechtsgeschäft (z. B. Schenkung). • Kauf einer Leistung mit eigenen Mitteln • Abschluss von Rechtsgeschäften im Rahmen des Arbeits- oder Dienstverhältnisses • Selbstständiger Betrieb eines Erwerbsgeschäfts	Ausnahme: • Personen mit andauernder krankhafter Störung der Geistestätigkeit

Sich über rechtliche Grundlagen von Kaufverträgen informieren

1. Die 15-jährige Tina bekommt von ihrem Onkel einen Blu-ray-Player geschenkt. Ihre Eltern verbieten ihr die Annahme des Gerätes, da sie seit Jahren mit dem Onkel zerstritten sind. Begründen Sie, ob Tinas Eltern ihrer Tochter die Annahme des Geschenkes verweigern können.

2. Erläutern Sie, warum unter Umständen auch Erwachsene beschränkt geschäftsfähig oder geschäftsunfähig sein können.

3. Erklären Sie Rechtsfähigkeit.

4. Der sechsjährige Karl kauft ohne Wissen der Eltern im benachbarten Schreibwarengeschäft von seinem Taschengeld ein Malbuch und benutzt dieses. Die Eltern sind mit dem Kauf des Malbuches nicht einverstanden und verlangen vom Einzelhändler die Herausgabe des Kaufpreises. Muss der Einzelhändler unter Beachtung der gesetzlichen Bestimmungen das Buch zurücknehmen und den Kaufpreis erstatten? Nehmen Sie zu den folgenden Aussagen Stellung.
a) Nein, denn das Buch ist bereits bemalt worden und daher nicht mehr verkäuflich.
b) Nein, mit sechs Jahren ist der Junge beschränkt geschäftsfähig. Er kann im Rahmen des Taschengeldes ohne Einwilligung der Erziehungsberechtigten rechtswirksam Rechtsgeschäfte abschließen.
c) Nein, denn die Eltern hätten im Rahmen ihrer Sorgfaltspflicht verhindern müssen, dass das Kind alleine das Schreibwarengeschäft aufsucht.
d) Ja, denn es ist kein Kaufvertrag abgeschlossen worden.
e) Ja, denn erst ab sieben Jahren ist Karl geschäftsfähig.
f) Ja, denn Kinder unter sieben Jahren sind noch nicht rechtsfähig.

5. Die 75-jährige Hermine Bauer hat in ihrem Testament als Alleinerben ihren zehnjährigen Pudel eingesetzt. Begründen Sie, ob man Tieren nach deutschem Recht etwas vererben kann. Recherchieren Sie für weitere Informationen hierzu auch im Internet.

6. Erläutern Sie, welche Rechtssubjekte unterschieden werden.

7. Ein 14-jähriger Junge kauft sich von seinem Taschengeld in einer Tierhandlung einen Hundewelpen. Begründen Sie, ob ein Kaufvertrag zustande gekommen ist.

8. Ordnen Sie die folgenden Aussagen zur Geschäftsfähigkeit den unten stehenden Rechtsgeschäften zu.
1. trotz beschränkter Geschäftsfähigkeit eines Vertragspartners wirksam
2. wegen beschränkter Geschäftsfähigkeit eines Vertragspartners schwebend unwirksam
3. trotz der Geschäftsunfähigkeit eines Kindes wirksam
4. wegen Geschäftsunfähigkeit eines Vertragspartners unwirksam
a) Der 16-jährige Stefan kauft ohne Wissen seiner Eltern von seinen Ersparnissen ein Mofa für 350,00 €.
b) Der Großvater schenkt seinem zwölfjährigen Enkel ohne Einwilligung der Eltern einen Blu-ray-Player.
c) Die sechsjährige Julia kauft ein Spielzeugauto. Sie zahlt mit dem Geld, das ihr ihre Eltern als Taschengeld überlassen haben.
d) Der sechsjährige Robert kauft am Kiosk mit abgezähltem Geld eine Zeitschrift. Der Verkäufer weiß, dass Robert im Auftrag des Vaters handelt.

2.2 Besitz und Eigentum unterscheiden

Die Auszubildende Nicole Höver verleiht ihr Lehrbuch an ihren Klassenkameraden Roland Weiß. Nach einer Woche verlangt Nicole das Buch zurück, da sie es selbst zur Vorbereitung auf eine Klassenarbeit benötigt. Roland lehnt die Herausgabe mit der Begründung ab, er sei noch nicht fertig mit den Aufgaben, die er machen wollte, und außerdem habe Nicole bei der Übergabe des Buches keinen Termin für die Rückgabe genannt.

ARBEITSAUFTRÄGE
- Stellen Sie fest, ob Nicole die sofortige Herausgabe des Buches verlangen kann.
- Erläutern Sie anhand von Beispielen die verschiedenen Arten von Rechtsobjekten.
- Überprüfen Sie, worin der Unterschied zwischen Besitz und Eigentum besteht.

Rechtsobjekte im rechtlichen Sinne sind Sachen und Rechte.

● Sachen und Rechte

Als **Rechtsobjekte** bezeichnet man die Gegenstände des Rechtsverkehrs. Hierbei unterscheidet man **körperliche Rechtsobjekte (Sachen)** und **nicht körperliche Rechtsobjekte (Rechte)**. Sachen werden in unbewegliche (Immobilien) und bewegliche (vertretbare und nicht vertretbare Sachen) unterschieden. **Vertretbare Sachen** sind nach allgemeinen Gat-

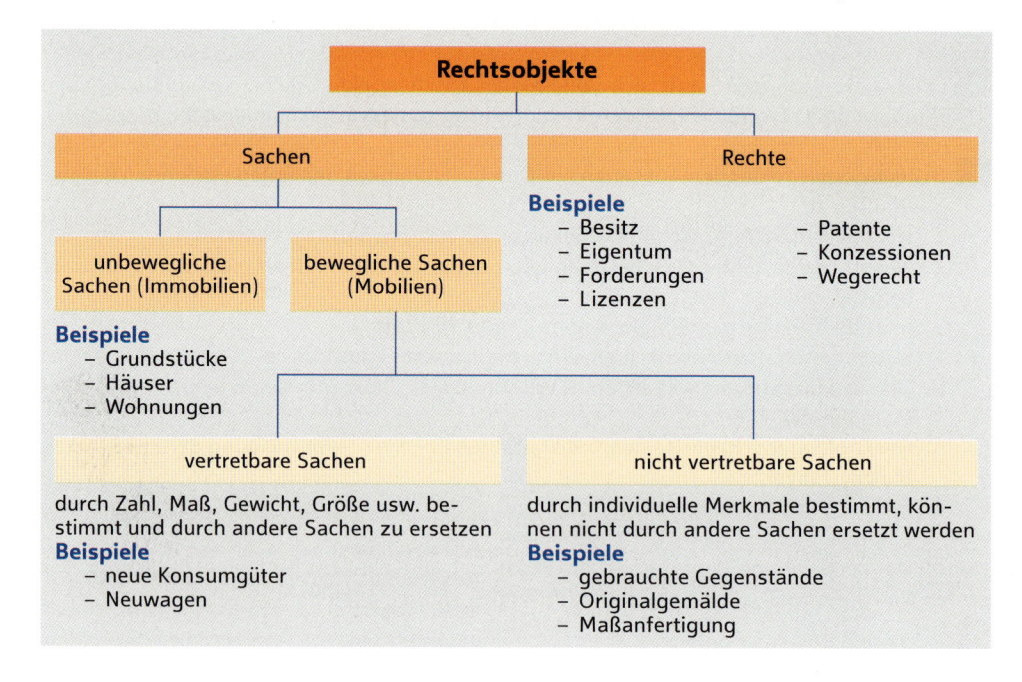

Rechtsobjekte

- **Sachen**
  - **unbewegliche Sachen (Immobilien)**
    - Beispiele:
      - Grundstücke
      - Häuser
      - Wohnungen
  - **bewegliche Sachen (Mobilien)**
    - **vertretbare Sachen**
      - durch Zahl, Maß, Gewicht, Größe usw. bestimmt und durch andere Sachen zu ersetzen
      - Beispiele:
        - neue Konsumgüter
        - Neuwagen
    - **nicht vertretbare Sachen**
      - durch individuelle Merkmale bestimmt, können nicht durch andere Sachen ersetzt werden
      - Beispiele:
        - gebrauchte Gegenstände
        - Originalgemälde
        - Maßanfertigung
- **Rechte**
  - Beispiele:
    - Besitz
    - Eigentum
    - Forderungen
    - Lizenzen
    - Patente
    - Konzessionen
    - Wegerecht

tungsmerkmalen bestimmbar (z. B. Größe, Farbe, Zahl, Gewicht) und somit untereinander austauschbar, **nicht vertretbare Sachen** können nicht durch andere ersetzt werden (z. B. ein Originalbild von Picasso). Im Vertragsleben spielt diese Unterscheidung eine große Rolle, weil in Fällen der Unmöglichkeit der Leistung die vertretbare Sache durch eine artgleiche ausgetauscht werden kann.

Tiere sind keine Sachen, sie werden durch besondere Gesetze geschützt, z. B. Tierschutzgesetz.

> **PRAXISTIPP** Suchen Sie nach Beispielen für Rechtsobjekte in Ihrem Privatbereich.

● Besitz und Eigentum als Rechte

Zu den nicht körperlichen Rechtsobjekten zählen die Rechte Besitz und Eigentum. **Besitz ist die tatsächliche Herrschaft über eine Sache (§ 854 BGB)**: Jemand benutzt eine Sache, die ihm nicht gehört. **Eigentum ist die rechtliche Herrschaft über eine Sache**: Dem Eigentümer gehört die Sache, er kann damit nach Belieben verfahren (§ 903 BGB).

Beispiele	Besitzer ist der	Eigentümer ist der
– Miete eines Autos	Mieter	Vermieter
– Leihe eines Buches	Leiher	Verleiher
– Pacht eines Grundstückes	Pächter	Verpächter
– Kauf einer Blu-ray	Käufer	Käufer

Die **Eigentumsübertragung** ist bei beweglichen und unbeweglichen Sachen unterschiedlich geregelt.

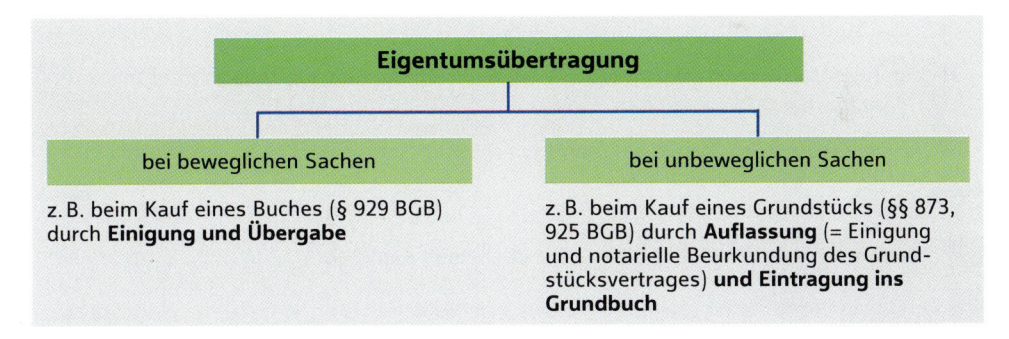

```
                    Eigentumsübertragung
                    /                  \
         bei beweglichen Sachen    bei unbeweglichen Sachen
```

z. B. beim Kauf eines Buches (§ 929 BGB) durch **Einigung und Übergabe**

z. B. beim Kauf eines Grundstücks (§§ 873, 925 BGB) durch **Auflassung** (= Einigung und notarielle Beurkundung des Grundstücksvertrages) **und Eintragung ins Grundbuch**

Beispiel Ein Kunde kauft im Verkaufsstudio der Bürodesign GmbH, einem Lieferer der Primus GmbH, ein Holzregal. Der Verkäufer übergibt dem Kunden das zerlegte Regal. Im Moment der Übergabe ist das Eigentum an dem Regal von der Bürodesign GmbH auf den Kunden übergegangen.

Für den Fall, dass der Verkäufer im Besitz des Gegenstandes bleiben soll, müssen sich Käufer und Verkäufer darüber einigen, dass das Eigentum auf den Käufer übergeht, der Verkäufer aber in unmittelbarem Besitz der Sache bleibt (**Besitzkonstitut**, § 930 BGB).

Beispiel Markus Müller kauft sich bei einem Pferdezüchter in Daun ein Reitpferd. Dieses soll aber in den Stallungen des Züchters zur dortigen Pflege bleiben. Herr Müller ist mittelbarer Besitzer und Eigentümer des Pferdes, der Pferdezüchter ist unmittelbarer Besitzer des Pferdes.

Im Ausnahmefall kann man auch Eigentümer einer Sache werden, die dem Verkäufer nicht gehört. Voraussetzung ist, dass der Käufer in gutem Glauben gehandelt hat (§ 932 BGB). Unter gutgläubig ist zu verstehen, dass man den Verkäufer den Umständen nach für den Eigentümer halten darf.

Beispiel Der Auszubildende Peter Kant hat seit einem halben Jahr ein Surfbrett von einem Bekannten geliehen. Peter bietet seinem Freund Matthias dieses Surfbrett zum Kauf an. Zur Aushandlung des Kaufpreises legt er eine gut gefälschte Kaufquittung vor. Matthias, der nicht wusste, dass das Surfbrett nicht Eigentum von Peter Kant ist, zahlt den gewünschten Kaufpreis und wird Eigentümer des Surfbrettes, da er in gutem Glauben gehandelt hat.

Ein **Dieb kann niemals Eigentümer einer gestohlenen Sache werden**, sondern nur deren Besitzer. An gestohlenen Sachen kann grundsätzlich kein Eigentum erworben werden, selbst wenn der Käufer die gestohlene Sache in gutem Glauben gekauft hat. Normalerweise kann also nur der Eigentümer einer Sache das Eigentum auf eine andere Person übertragen.

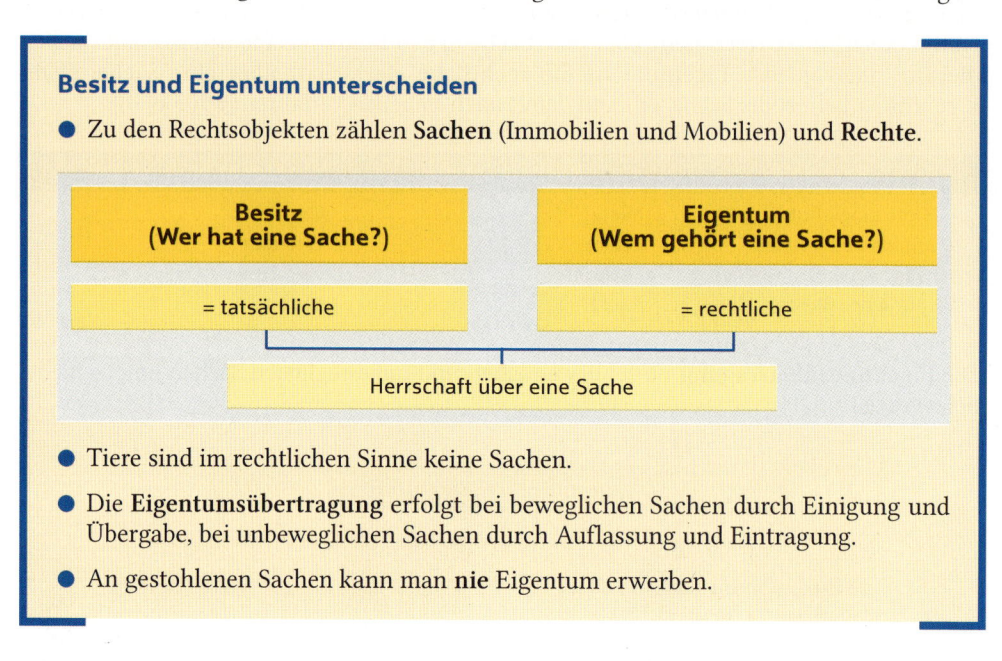

Besitz und Eigentum unterscheiden

- Zu den Rechtsobjekten zählen **Sachen** (Immobilien und Mobilien) und **Rechte**.

Besitz (Wer hat eine Sache?)	**Eigentum** (Wem gehört eine Sache?)
= tatsächliche	= rechtliche

Herrschaft über eine Sache

- Tiere sind im rechtlichen Sinne keine Sachen.
- Die **Eigentumsübertragung** erfolgt bei beweglichen Sachen durch Einigung und Übergabe, bei unbeweglichen Sachen durch Auflassung und Eintragung.
- An gestohlenen Sachen kann man **nie** Eigentum erwerben.

---

1. Erläutern Sie den Unterschied zwischen Besitz und Eigentum.

2. Peter kauft von einem guten Bekannten ein gebrauchtes Fahrrad mit einer eingestanzten Seriennummer. Nach zwei Wochen wird Peter bei einer Polizeikontrolle darauf aufmerksam gemacht, dass das Fahrrad vor zwei Monaten gestohlen wurde. Peter argumentiert, dass er das Fahrrad in gutem Glauben von seinem Bekannten gekauft hat, er sei damit rechtmäßiger Eigentümer des Fahrrades. Begründen Sie, ob Peter recht hat.

3. Erläutern Sie die Eigentumsübertragung bei unbeweglichen Sachen.

4. Die Primus GmbH überlässt einem Abteilungsleiter der Stadtverwaltung Duisburg für drei Tage probeweise einen Schreibtischstuhl. Nach drei Tagen ruft der Abteilungsleiter an und teilt der Primus GmbH mit, dass er den Stuhl kaufen wolle, da ihm dieser sehr gut gefalle. Am nächsten Tag zahlt der Abteilungsleiter den geforderten Kaufpreis.

a) Erläutern Sie die Besitz- und Eigentumsverhältnisse am Stuhl bis zum Anruf des Kunden.
b) Beschreiben Sie, wie in obigem Fall die Eigentumsübertragung stattfindet.
c) Erklären Sie, wann der Kunde Eigentümer des Stuhls wird, wenn er nach drei Tagen mit der Primus GmbH ein Zahlungsziel von 14 Tagen vereinbart.

5. Stellen Sie in den unten stehenden Fällen fest, welche Person
a) nur Eigentümer ist,
b) nur Besitzer ist,
c) Eigentümer und Besitzer ist,
d) weder Eigentümer noch Besitzer ist.
1. Ein Kfz-Händler verkauft im Kundenauftrag einen Pkw an Wilhelm Straub.
2. Die Hans Krämer OHG mietet für ein Jahr von einem Büromaschinenhersteller vier Fotokopierer.
3. Eine Kundin kauft in einem Textilfachgeschäft ein Halstuch. Auf dem Nachhauseweg verliert sie das Halstuch, ein Spaziergänger findet es.
4. Ein Kunde kauft in einem Mediamarkt einen Smart-TV, den der Hersteller dem Einzelhändler zu Vorführzwecken leihweise überlassen hatte.
5. Eine Großhandelskauffrau schließt mit ihrem Nachbarn einen nicht notariell beurkundeten Kaufvertrag über ein Grundstück ab.

6. Erläutern Sie, welche Rechtsobjekte sich unterscheiden lassen, und nennen Sie jeweils drei Beispiele.

2.3 Vertragsfreiheit, Formvorschriften, Nichtigkeit und Anfechtbarkeit von Rechtsgeschäften kennenlernen

Nicole Höver findet an ihrer Ausbildung immer mehr Spaß. Zurzeit wird sie im Verkaufsstudio der Primus GmbH eingesetzt. Jetzt kommt Marco, ein ehemaliger Mitschüler aus dem Gymnasium, in das Verkaufsstudio und möchte einen Tischkopierer im Wert von 799,00 € kaufen. Sie vereinbart mündlich mit ihm, ohne dieses schriftlich festzuhalten, dass Marco acht Monate lang jeden Monat 100,00 € zahlen soll. Sabine Berg hat dieses Gespräch beobachtet und erklärt Nicole, dass dies nicht möglich ist.
In einem weiteren Verkaufsgespräch an diesem Tag bietet Nicole einem anderen Kunden irrtümlich den Bürodrehstuhl Modell 1640 für 149,00 € an, obwohl an dem Bürodrehstuhl ein Preisschild mit 249,00 € hängt. An der Kasse verlangt der Kunde, dass ihm der Bürodrehstuhl für 149,00 € verkauft wird.

ARBEITSAUFTRÄGE
◆ Stellen Sie fest, welche Formvorschriften es in Deutschland für Verträge gibt.
◆ Erläutern Sie, warum Georgios die Vorgehensweise von Nicole beim Ratenkauf nicht akzeptiert.
◆ Klären Sie die Rechtslage, ob die Primus GmbH dem Kunden den Bürodrehstuhl für 149,00 € verkaufen muss.

- Nicole will ihr Auto verkaufen. Zu diesem Zweck schreibt sie auf einen Bierdeckel die Vertragsbedingungen inklusive Verkaufspreis. Sie unterschreibt den Bierdeckel ebenso wie der Käufer. Geben Sie an, ob dieser Vertrag den Formvorschriften entspricht.
- Erstellen Sie zu den Inhalten dieses Kapitels ein digitales Produkt, das Sie Ihren Mitschülern mithilfe geeigneter Medien vorstellen.

Vertragsfreiheit

In Deutschland gilt der Grundsatz der Vertragsfreiheit, d.h., es kann niemand zum Abschluss eines Vertrages gezwungen werden (Abschlussfreiheit). Jeder kann seinen Vertragspartner selbst aussuchen. Ein Kaufmann kann jederzeit den Kaufantrag eines Kunden ablehnen. Außerdem kann der Inhalt der Verträge frei bestimmt werden (Gestaltungsfreiheit), solange dieser nicht gegen bestehende Gesetze verstößt.

Vorteil der Vertragsfreiheit ist, dass die Vertragspartner die Möglichkeiten haben, Verträge so abzufassen, dass sie genau auf den Einzelfall passen. Vertragsfreiheit ist somit Voraussetzung für einen funktionierenden Wettbewerb. **Nachteil der Vertragsfreiheit** ist, dass jeder Vertrag, wenn er nicht gegen bestehende Gesetze verstößt, von den Vertragspartnern eingehalten werden muss.

Beispiel Nicole Höver nimmt an einer Verkaufsfahrt nach Helgoland teil. Diese kostet nur 15,00 €. Während der Überfahrt nach Helgoland nimmt sie auf dem Schiff an einer Verkaufsveranstaltung teil und bestellt für 600,00 € Ware. Als sie die Waren nach vier Wochen zugesandt bekommt, stellt sie fest, dass diese wesentlich teurer als in jedem Einzelhandelsgeschäft sind. Sie muss die Ware trotzdem abnehmen, da sie sich mit dem Vertragsabschluss dazu verpflichtet hat.

In einigen Fällen muss ein Unternehmen kraft Gesetzes einen Vertrag mit einem Antragsteller schließen, sobald diese Person einen Antrag an dieses Unternehmen stellt **(Kontrahierungszwang)**. Dieser **Abschlusszwang** gilt gesetzlich u.a. für die Briefbeförderung der Deutschen Post AG, die Personenbeförderung der Deutschen Bahn AG, die Energieversorgung der Haushalte durch die Gas- und Elektrizitätswerke.

Form der Rechtsgeschäfte

Die meisten Rechtsgeschäfte können formlos abgeschlossen werden **(Formfreiheit)**. Bei einigen Rechtsgeschäften besteht der Gesetzgeber auf der Einhaltung bestehender **Formvorschriften (Formzwang)**. Hier liegen die Grenzen der Vertragsfreiheit. Bei Nichtbeachtung dieser Formvorschriften ist das Rechtsgeschäft **nichtig** (§ 125 BGB), d.h., der Vertrag ist von Anfang an nicht zustande gekommen.

Der Gesetzgeber verfolgt mit dem Formzwang bei bestimmten Rechtsgeschäften das Ziel, die Vertragspartner vor leichtfertigem und übereiltem Handeln zu bewahren und erhöhte Sicherheit und leichte Beweisbarkeit zu gewährleisten.

Viele Verträge werden heutzutage über das **Internet** abgeschlossen. Hierbei kann die schriftliche Form durch die digitale Form ersetzt werden, solange sich aus dem Gesetz nicht etwas anderes ergibt.

Beispiel Bürgschaftserklärungen von Nichtkaufleuten dürfen nur schriftlich verfasst werden.

Formvorschriften

Schriftform
§ 126 BGB
Bestätigung des Vertrages durch eigenhändige Unterschrift

Beispiele
- Mietverträge über eine längere Dauer als ein Jahr
- Bürgschaften unter Privatpersonen
- Ratenkäufe
- Ausbildungsverträge und ihre Kündigung
- handschriftliche Testamente
- Arbeitsverträge und ihre Kündigung

öffentliche Beglaubigung
§ 129 BGB
Niederschrift der Willenserklärung und notarielle oder behördliche Beglaubigung der Unterschrift (Beglaubigung bestätigt nur die Echtheit der Unterschrift)

Beispiele
- Anträge auf Eintragungen ins
  - Grundbuch
  - Handelsregister
  - Vereinsregister
  - Güterrechtsregister
- maschinenschriftliche Testamente

notarielle Beurkundung
§ 128 BGB
Niederschrift und Beurkundung der Echtheit des Vertragsinhalts und der Unterschrift durch einen Notar (Beurkundung bestätigt Inhalt der Willenserklärung und Echtheit der Unterschrift)

Beispiele
- Haus- und Grundstückskäufe und -verkäufe
- Eintragungen von Hypotheken und Grundschulden ins Grundbuch
- Eheverträge
- Beschlüsse der Hauptversammlung einer AG

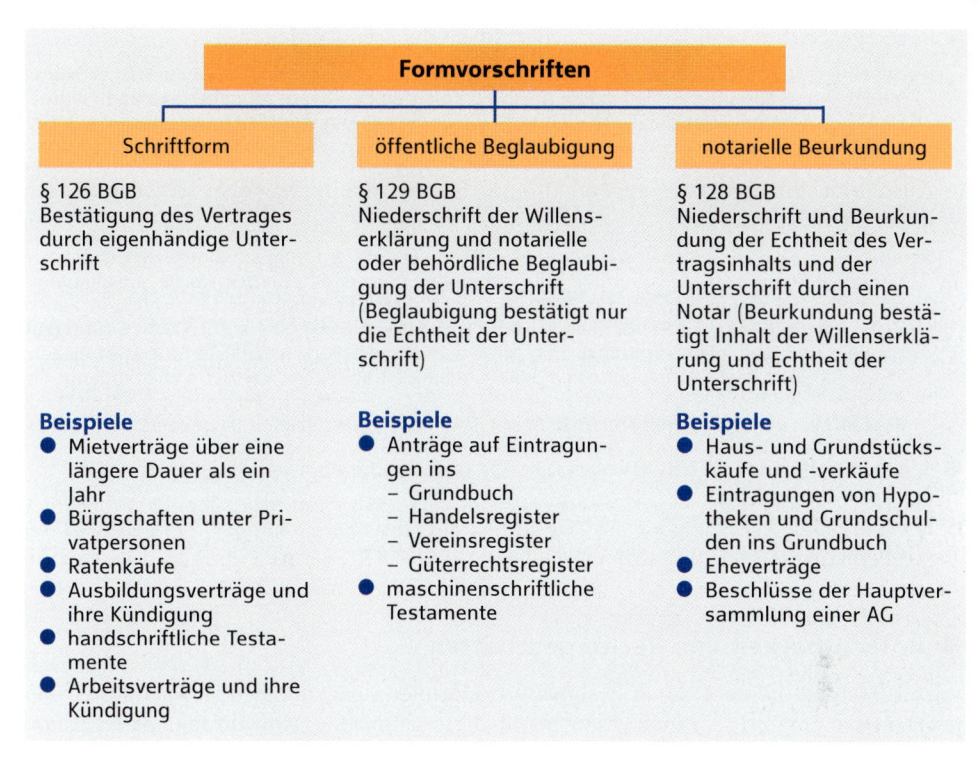

Soll die digitale Form statt der üblichen Schriftform verwendet werden, sind einige **Voraussetzungen** zu berücksichtigen (**Signaturgesetz – SigG**):

- Die Vertragsparteien müssen diese Form ausdrücklich vereinbaren.
- Es ist ein entsprechendes Dokument zu erstellen, das beim Adressaten auf einem geeigneten Speichermedium (z. B. Festplatte) gespeichert werden kann.
- Der Aussteller muss seinen Namen auf einer qualifizierten digitalen Signatur hinzufügen, damit er eindeutig identifiziert werden kann (§ 2 Nr. 3 SigG).

● Nichtigkeit von Verträgen

Rechtsgeschäfte können von Anfang an nichtig (= ungültig) sein, d. h., das Rechtsgeschäft hat keine Rechtsfolgen. Folgende Gründe können **zur Nichtigkeit** von Rechtsgeschäften führen:

- **Geschäfte mit geschäftsunfähigen Personen (§ 105 BGB**, vgl. S. 199)
- **Geschäfte mit beschränkt geschäftsfähigen Personen ohne Zustimmung der Erziehungsberechtigten oder des Betreuers (§ 108 BGB**, vgl. S. 199)
- **Geschäfte, die gegen die guten Sitten verstoßen (§ 138 BGB)**
    Beispiel Ein Einzelhändler verlangt von einer Kundin bei einem Ratenvertrag einen Zinssatz von 50 %. In diesem Fall liegt ein Wucherzins vor, der Vertrag ist nichtig. (Ein Wucherzins liegt vor, wenn der dreifache Marktzins überschritten wird.)
- **Geschäfte, die gegen ein gesetzliches Verbot verstoßen (§ 134 BGB)**
    Beispiel Ein Kaufmann schließt mit einem Dieb einen Vertrag über gestohlene Waren ab.
- **Geschäfte, die gegen gesetzliche Formvorschriften verstoßen (§ 125 BGB)**
    Beispiel Kaufvertrag über ein Grundstück ohne notarielle Beurkundung

- **Scherzgeschäfte:** Verträge, die im Scherz abgeschlossen werden

    Beispiel Ein Fußballanhänger des 1. FC Köln erklärt scherzhaft in einem Gespräch, er würde jedem Fan 50 000,00 € zahlen, wenn der 1. FC Köln den FC Bayern München schlagen würde. Der 1. FC Köln gewinnt das Fußballspiel 2 : 0. Für jedermann war ersichtlich, dass die Erklärung zum Scherz abgegeben wurde. Somit ist das Rechtsgeschäft nichtig.

    Ausnahme: Bei einem Scherzgeschäft muss für jedermann erkennbar sein, dass es sich um einen Scherz handelt.

    Beispiel Der 20-jährige Adrian will seiner 17-jährigen Freundin Ursula auf einem Pferdemarkt in Hannover imponieren. Er verspricht seiner Freundin, dass er es schaffen werde, ein bestimmtes Pferd bei einem Händler für 3 000,00 € zu kaufen. Er schafft es tatsächlich in zähen Verhandlungen mit dem Pferdehändler, den Kaufpreis von 6 000,00 € auf 3 000,00 € runterzuhandeln und besiegelt den Kaufvertrag mit einem Handschlag. Anschließend erklärt er dem Pferdehändler, dass es sich um einen Scherz gehandelt habe. Der Pferdehändler verlangt die Abnahme des Pferdes und Zahlung der 3 000,00 €. Der Pferdehändler konnte nicht ersehen, dass es sich um einen Scherz handelt. Somit ist ein Kaufvertrag zustande gekommen.

- **Scheingeschäfte (§ 117 BGB):** Verträge, die zum Schein abgeschlossen werden

    Beispiel Der Kaufmann Peter Schneller lässt im notariellen Kaufvertrag über ein Grundstück einen geringeren Kaufpreis mit Einwilligung des Verkäufers eintragen, um einen Teil der Grunderwerbsteuer zu sparen. Der Kaufvertrag ist nichtig.

● Anfechtbarkeit von Rechtsgeschäften

Rechtsgeschäfte können durch besondere Erklärungen gegenüber dem Vertragspartner nachträglich ungültig werden. Man nennt diese Erklärung Anfechtung. **Anfechtbare Rechtsgeschäfte sind bis zur Anfechtung gültig.** Folgende Gründe können zur Anfechtung von Rechtsgeschäften führen:

- **Anfechtung wegen Irrtum in der Erklärung (§ 119 BGB)**

    Beispiel Die Gruppenleiterin Verkauf Büroeinrichtung der Primus GmbH, Dorothea Klein, bietet im Verkaufsgespräch einem Kunden irrtümlich den Artikel Bildschirm-Arbeitstisch Primo für 114,50 € statt des tatsächlichen Preises von 214,50 € an.

- **Anfechtung wegen Irrtum in der Übermittlung (§ 120 BGB)**

    Beispiel Herr Hack bietet einem Kunden telefonisch den Artikel Tischkopierer Primus Z-52 für 699,50 € an. Durch die schlechte Telefonverbindung versteht der Kunde aber 599,50 €.

    Ausnahme: Bei einem **Motivirrtum (Irrtum im Beweggrund)** liegt kein Grund zur Anfechtung vor.

    Beispiel Eine Kundin hat in Anbetracht ihrer bevorstehenden Hochzeit einen Kaufvertrag über ein teures Porzellanservice unterschrieben. Zwei Tage später erscheint die Kundin und erklärt, ihr Verlobter hätte die Verlobung gelöst und sie wolle das Porzellanservice nicht mehr haben. Der Kaufvertrag bleibt aber bestehen, da ein Irrtum im Motiv rechtlich unerheblich ist, d. h., für die Verbindlichkeit des Kaufvertrages ist es ohne Bedeutung, aus welchem Grund (= Motiv „Hochzeit") die Kundin das Service bestellt hat.

- **Anfechtung wegen arglistiger Täuschung (§ 123 BGB)**

    Beispiel Der Autohändler Franz Foltz bietet einem Kunden einen ausdrücklich unfallfreien Gebrauchtwagen für 6 000,00 € an. Der Käufer erwirbt den Wagen, stellt aber nach zwei Monaten fest, dass der Wagen einen Unfall hatte. Der Käufer kann den Kaufvertrag anfechten und sein Geld zurückverlangen.

- **Anfechtung wegen widerrechtlicher Drohung (§ 123 BGB)**

    Beispiel Ein Angestellter droht seinem Arbeitgeber mit einer Anzeige beim Ordnungsamt wegen eines Umweltvergehens, falls er seine Forderung nach einer Gehaltserhöhung ablehnt. Wenn sich der Arbeitgeber damit einverstanden erklärt, ist er zwar an die Abmachung gebunden, er kann sie aber anfechten.

Vertragsfreiheit, Form, Nichtigkeit und Anfechtbarkeit von Rechtsgeschäften kennenlernen

- Bei der **Gestaltung** gegenseitiger **Vereinbarungen** sind die Vertragspartner **frei**.
- Niemand kann zum Abschluss eines Vertrages gezwungen werden.
- Jeder kann seinen Vertragspartner selbst aussuchen.
- **Die meisten Rechtsgeschäfte** des täglichen Lebens können **formlos** abgeschlossen werden.

Formvorschriften

schriftlich mit eigenhändiger Unterschrift
- Mietverträge
- Ausbildungsverträge
- Arbeitsverträge
- Kündigungen
- Ratenkäufe

öffentlich beglaubigt durch notarielle oder behördliche Beglaubigung der Unterschrift
Anträge auf Eintragungen in öffentliche Register:
- Handelsregister
- Vereinsregister
- Güterrechtsregister
- Grundbuch

notariell beurkundet (Vertragsinhalt und Unterschrift)
- Grundstückskäufe/-verkäufe
- Hypotheken
- Eheverträge

Rechtsgeschäfte

Nichtigkeit
- Vertrag mit Geschäftsunfähigen
- Vertrag mit beschränkt Geschäftsfähigen ohne Zustimmung der Erziehungsberechtigten oder des Betreuers
- Verstoß gegen die guten Sitten
- Verstoß gegen gesetzliches Verbot
- Verstoß gegen Formvorschriften
- Scherzgeschäfte
- Scheingeschäfte

→ Rechtsgeschäfte sind von Anfang an ungültig.

Anfechtbarkeit
- wegen Irrtum in der Erklärung
- wegen Irrtum in der Übermittlung
- wegen arglistiger Täuschung
- wegen widerrechtlicher Drohung

→ Bis zur Anfechtung sind die Verträge gültig.

---

1. Erläutern Sie den Begriff der Vertragsfreiheit.

2. Die Geschäftsführer Primus und Müller besuchen an einem Mittwochabend gegen 20:00 Uhr ein Restaurant, um den Arbeitstag mit einem schönen Essen zu beschließen. Der Restaurantinhaber erklärt ihnen aber, er wolle nach Hause gehen, um im Fernsehen das erste Halbfinale der Fußballeuropameisterschaft zu sehen. Auf einem Schild im Schaufenster steht jedoch, dass die Küche bis 23:00 Uhr geöffnet sei. Begründen Sie, ob das Restaurant Herrn Müller und Frau Primus noch eine Mahlzeit zubereiten muss.

3. Im Verkaufsstudio der Bürodesign GmbH erscheint der den Mitarbeitern bekannte Chefdesigner des Hauptkonkurrenten Büro 2000 Schmitt OHG als Kunde. Dieser will den gerade neu entwickelten Bürostuhl „Hanseatic" kaufen. Frau Grell, die Verkäuferin, erklärt dem Chefdesigner, dass sie nicht bereit sei, ihm etwas zu verkaufen. Begründen Sie, ob der Kunde einen rechtlichen Anspruch darauf hat, dass ihm die Bürodesign GmbH etwas verkauft.

4. Erläutern Sie an je einem Beispiel den Unterschied zwischen öffentlicher Beglaubigung und notarieller Beurkundung.

5. Welche Formvorschriften sind in den folgenden Fällen vorgeschrieben?
a) Kauf eines gebrauchten Pkw
b) Aufstellung eines handgeschriebenen Testaments
c) Eine Gruppe von 20 Freizeitjoggern beschließt, einen Sportverein zu gründen.
d) Ein Kunde kauft eine Wohnzimmereinrichtung in einem Möbelhaus mit der Vereinbarung einer Ratenzahlung.
e) Die 18-jährige Andrea schließt einen Ausbildungsvertrag mit einem Großhandelsbetrieb ab.
f) Hans Huber schließt mit Theodor Körner einen dreijährigen Mietvertrag für eine Appartementwohnung ab.

6. Der 70-jährige Anton Schmitz möchte ein Testament aufstellen. Geben Sie an, welche Formvorschriften Herr Schmitz beachten muss.

7. Der Großhandelskaufmann Hilbig verkauft an einen guten Bekannten ein Grundstück für ein Wochenendhaus, ohne dass ein Notar in Anspruch genommen und der Verkauf ins Grundbuch eingetragen wird, da beide Vertragspartner die Notargebühren sparen wollen. Begründen Sie, ob ein rechtswirksamer Vertrag zustande gekommen ist.

8. Beurteilen Sie nachfolgende Fälle danach, ob sie rechtsgültig, anfechtbar oder nichtig sind:
a) Der Auszubildende Peter erwirbt in einem Club eine Pistole, obwohl er keinen Waffenschein besitzt.
b) Die fünfjährige Nicole kauft sich in einer Bäckerei ein Stück Kuchen.
c) Der 19-jährige Hermann erwirbt bei einem Bekannten eine neue Hi-Fi-Anlage, die einen Wert von 3 000,00 € hat, für 2 000,00 €.
d) Ein Großhändler bietet einem Kunden telefonisch einen Artikel für 59,00 € an. Der Kunde versteht aber 49,00 €.
e) Der 16-jährige Engelbert erwirbt mit seinem Taschengeld eine Blu-ray. Die Eltern sind mit diesem Kauf nicht einverstanden.
f) Eine Verkäuferin verkauft eine Kunststoffjacke mit dem Hinweis, dass die Jacke aus Leder gefertigt sei.

9. Stellen Sie bei nachstehenden Willenserklärungen fest,
a) ob sie von Anfang an wirksam sind,
b) schwebend unwirksam sind, solange die Zustimmung des gesetzlichen Vertreters fehlt,
c) von Anfang an unwirksam sind.
1. Ein sechsjähriger Junge kauft ein Spielzeugauto. Er zahlt den Kaufpreis mit seinem Taschengeld, das ihm seine Eltern zur freien Verfügung gegeben haben.
2. Ein 14-jähriges Mädchen nimmt gegen den Willen seiner Eltern von seiner Tante ein Geldgeschenk an.

3. Eine 16-Jährige schließt ohne Wissen ihrer Eltern mit einem Großhandelsbetrieb einen Ausbildungsvertrag ab.
4. Ein 18-Jähriger beantragt bei seiner Bank ein Kleindarlehen zur Anschaffung eines Gebrauchtwagens.
5. Ein Elfjähriger kauft von seinem Taschengeld ein gebrauchtes Fahrrad.

10. Erläutern Sie die Bestimmungen des Signaturgesetzes.

2.4 Rechtsgeschäfte, Willenserklärungen und Vertragsarten unterscheiden

Die Primus GmbH benötigt zur Erweiterung ihrer Lagerkapazitäten einen zusätzlichen Lagerraum. Bei Durchsicht der Rubrik „Mietangebote für gewerbliche Lagerräume" in der Rheinischen Post findet die Assistentin der Geschäftsleitung, Svenja Braun, eine passende Anzeige. Svenja Braun besichtigt den Lagerraum unverzüglich. Aus Sorge, dass ihr ein anderer Mieter zuvorkommen könnte, bittet Svenja Braun die Auszubildende Nicole Höver, dem Vermieter per E-Mail mitzuteilen, dass die Primus GmbH den Lagerraum zu den vereinbarten Konditionen mieten möchte. Einen Tag später wird der Mietvertrag mit einer Laufzeit von einem Jahr unterschrieben, wobei eine Miete von 3 250,00 € pro Monat vereinbart wird. Zwei Tage später erhält Frau Braun von einem Immobilienmakler ein wesentlich günstigeres Angebot. Umgehend schreibt sie dem Vermieter, dass sie kein Interesse mehr an dem Lagerraum habe, da ihr ein wesentlich günstigeres Angebot eines anderen Vermieters vorliege. Der Vermieter besteht aber auf der Einhaltung des Mietvertrages.

ARBEITSAUFTRÄGE
- Überprüfen Sie, ob die Primus GmbH von der getroffenen Mietvereinbarung zurücktreten kann, um das günstigere Angebot des Immobilienmaklers anzunehmen.
- Listen Sie auf, welche Verträge Sie bisher in Ihrem Leben abgeschlossen haben.

● Willenserklärungen und Rechtsgeschäfte

Rechtsgeschäfte, z. B. Mietverträge, kommen durch Willenserklärungen einer oder mehrerer Personen zustande. Unter einer **Willenserklärung** versteht man die rechtlich wirksame Äußerung einer geschäftsfähigen Person, durch welche bewusst eine Rechtsfolge herbeigeführt werden soll.

Beispiel

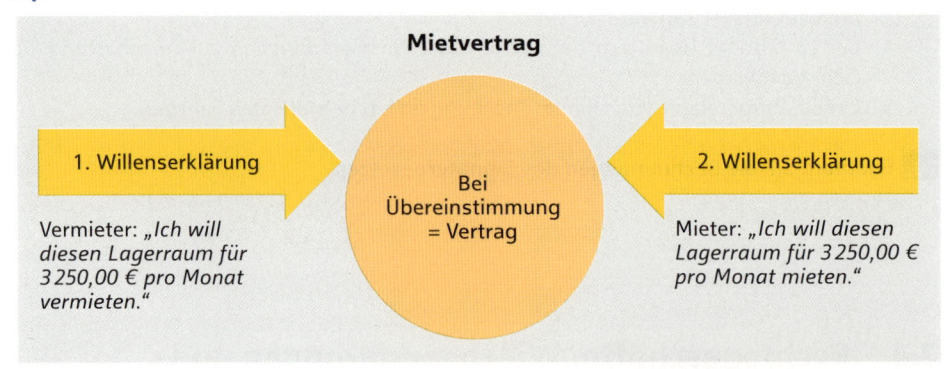

Mietvertrag

1. Willenserklärung → Bei Übereinstimmung = Vertrag ← 2. Willenserklärung

Vermieter: „Ich will diesen Lagerraum für 3 250,00 € pro Monat vermieten."

Mieter: „Ich will diesen Lagerraum für 3 250,00 € pro Monat mieten."

Willenserklärungen können abgegeben werden:

- schriftlich
- mündlich
- durch digitale Medien (z. B. Internet)
- durch bloßes schlüssiges Handeln

   Beispiele Kauf einer Zeitung an einem Zeitungsautomaten, Einsteigen in ein öffentliches Verkehrsmittel

● Arten von Rechtsgeschäften

Man unterscheidet einseitige und zweiseitige **Rechtsgeschäfte**.

○ Einseitige Rechtsgeschäfte

Bei den **einseitigen Rechtsgeschäften** ist die Willenserklärung einer Person erforderlich.

Beispiele Abfassung eines Testaments, Mahnung, Kündigung eines Arbeitsvertrages

Einseitige Rechtsgeschäfte können empfangsbedürftig oder nicht empfangsbedürftig sein. Zu den **nicht empfangsbedürftigen Rechtsgeschäften** zählen die Aufgabe eines Eigentumsanspruchs und das Testament, d. h., die Willenserklärung einer Person ist hier gültig, ohne dass sie einer anderen Person zugegangen sein muss.

Beispiel Als beim Tennisschläger von Andreas Brandt mehrere Saiten reißen, lässt er den Schläger in einem Mülleimer auf dem Tennisplatz zurück. Heinz, der dies sieht, nimmt den Tennisschläger an sich und lässt ihn neu bespannen. Später sieht Andreas den reparierten Schläger und wirft Heinz vor, er habe sich sein Eigentum angeeignet. Er verlangt den Schläger zurück. Heinz lehnt dieses ab, da Andreas in dem Moment seinen Eigentumsanspruch an dem Schläger aufgegeben hat, als er ihn in den Mülleimer geworfen hat.

Zu den **empfangsbedürftigen Rechtsgeschäften** zählen die Kündigung eines Arbeitsvertrages, die Anfechtung und die Mahnung. Die Willenserklärung wird erst dann wirksam, wenn sie einer anderen Person zugeht.

Beispiele Eine Auszubildende möchte innerhalb der Probezeit ihren Ausbildungsvertrag bei der Primus GmbH kündigen. Sie muss dafür Sorge tragen, dass ihrem Arbeitgeber die Kündigung auch tatsächlich zugeht, da es sich um ein empfangsbedürftiges Rechtsgeschäft handelt. Es empfiehlt sich, die Kündigung per Einschreiben zu versenden.

○ Zwei- oder mehrseitige Rechtsgeschäfte

Zwei- oder mehrseitige Rechtsgeschäfte (= Verträge), bei der die Willenserklärungen zweier oder mehrerer Personen erforderlich sind, werden nur durch **übereinstimmende Willenserklärungen** aller beteiligten Personen rechtswirksam (§ 151 BGB).

Alle Verträge haben gemeinsam, dass sie durch **Antrag und Annahme** zustande kommen. Die zuerst abgegebene Willenserklärung heißt Antrag, wobei sie von jedem Vertragspartner ausgehen kann. Die zustimmende Willenserklärung nennt man Annahme. Im Vertragsrecht gilt der Grundsatz: Verträge müssen eingehalten werden.

Folgende zweiseitige Rechtsgeschäfte (= Verträge), die im Wirtschaftsleben eine wichtige Rolle spielen, können unterschieden werden:

Vertragsart	Vertragsgegenstand	Beispiele aus der Praxis	Gesetzliche Regelung
Kaufvertrag	entgeltliche Veräußerung und Kauf von Sachen und Rechten (vgl. S. 268)	Die Primus GmbH verkauft an die Stadtverwaltung Duisburg 20 Schreibtische.	§§ 433–514 BGB
Mietvertrag	entgeltliche Überlassung von Sachen zum Gebrauch (vgl. S. 214)	Die Primus GmbH mietet Büroräume.	§§ 535–580 BGB
Leihvertrag	unentgeltliche Überlassung von beweglichen Sachen oder Grundstücken zum Gebrauch; Rückgabe derselben Sachen	Die Primus GmbH überlässt für zwei Wochen der Herstadt Warenhaus GmbH einen Verpackungsbehälter.	§§ 598–605 BGB
Darlehensvertrag (Kreditvertrag)	entgeltliche oder unentgeltliche Überlassung von vertretbaren Sachen (vgl. S. 204) zum Verbrauch; Rückgabe gleichartiger Sachen	Die Primus GmbH nimmt gegen Zahlung von 9 % Zinsen ein Darlehen für ein Jahr bei der Bank auf. Sonja Primus „leiht" sich bei ihrer Nachbarin zum Backen vier Eier. Am nächsten Tag bringt sie vier andere Eier zurück.	§§ 607–610 BGB
Dienstvertrag	entgeltliche Leistung von Diensten	Die Primus GmbH nimmt die Leistung eines Rechtsanwalts in Anspruch, um gegen einen Kunden auf Zahlung des Kaufpreises zu klagen.	§ 611 BGB
Arbeitsvertrag	entgeltliche Leistung von Arbeitnehmern (vgl. S. 50)	Die Primus GmbH stellt einen neuen Mitarbeiter für das Lager ein.	§§ 611–630 BGB
Werkvertrag	Herstellung eines Werkes gegen Vergütung, zu dem der Besteller das Material liefert	Die Bürodesign GmbH stellt einen Spezialschreibtischstuhl her, zu dem der Käufer den Lederbezugsstoff liefert.	§§ 631–650 BGB

Vertragsart	Vertragsgegenstand	Beispiele aus der Praxis	Gesetzliche Regelung
Werklieferungsvertrag[1] (Lieferung herzustellender beweglicher Sachen)	Herstellung eines Werkes gegen Vergütung, zu dem der Hersteller das Material liefert	Die Bürodesign GmbH stellt Schreibtischstühle aus den von ihr beschafften Materialien her.	§ 433 ff. und § 651 BGB
Versicherungsvertrag	Ersatz des Vermögensschadens bzw. Zahlung eines vereinbarten Betrags nach Eintritt des Versicherungsfalls gegen vorherige Prämienzahlung	Die Primus GmbH versichert das Verwaltungsgebäude gegen Feuer.	§ 1 ff. Gesetz über den Versicherungsvertrag (VVG)

> **PRAXISTIPP** Suchen Sie in Ihrem Ausbildungsbetrieb und zu Hause mögliche Vertragstexte zu den oben angeführten Vertragsarten.

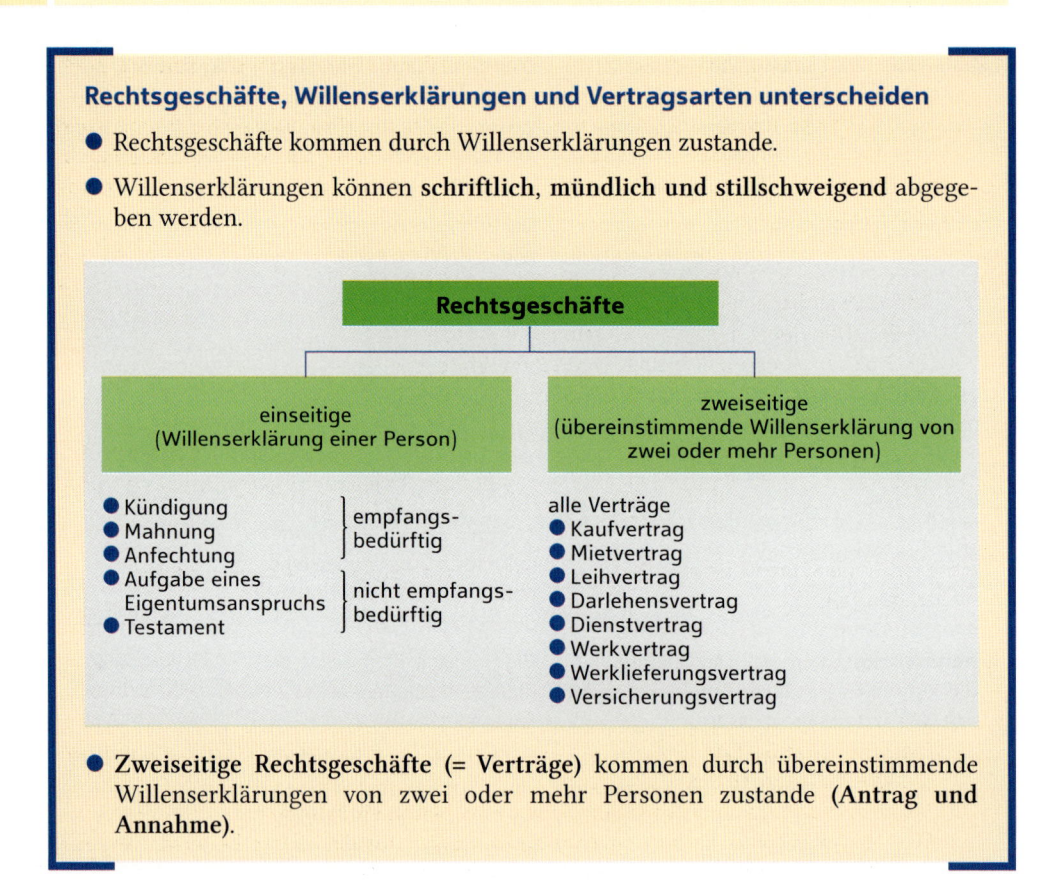

Rechtsgeschäfte, Willenserklärungen und Vertragsarten unterscheiden

- Rechtsgeschäfte kommen durch Willenserklärungen zustande.
- Willenserklärungen können **schriftlich, mündlich und stillschweigend** abgegeben werden.

Rechtsgeschäfte

- **einseitige** (Willenserklärung einer Person)
  - Kündigung ⎱ empfangs-
  - Mahnung ⎰ bedürftig
  - Anfechtung
  - Aufgabe eines Eigentumsanspruchs ⎱ nicht empfangs-
  - Testament ⎰ bedürftig

- **zweiseitige** (übereinstimmende Willenserklärung von zwei oder mehr Personen)
  - alle Verträge
  - Kaufvertrag
  - Mietvertrag
  - Leihvertrag
  - Darlehensvertrag
  - Dienstvertrag
  - Werkvertrag
  - Werklieferungsvertrag
  - Versicherungsvertrag

- **Zweiseitige Rechtsgeschäfte (= Verträge)** kommen durch übereinstimmende Willenserklärungen von zwei oder mehr Personen zustande (**Antrag und Annahme**).

---

[1] Der Begriff „Werklieferungsvertrag" wird im § 651 BGB nicht mehr genannt, wird aber hier weiter verwendet, da sich inhaltlich nichts geändert hat.

1. Beschreiben Sie am Beispiel des Kaufes einer Blu-ray, wie ein Vertrag zustande kommt.

2. Erklären Sie a) Kauf-, b) Dienst-, c) Miet-, d) Werk-, e) Darlehensvertrag.

3. Beurteilen Sie folgende Fälle danach, um welche Vertragsarten es sich handelt:
   a) Karin Weber „leiht" sich für eine Woche gegen Zahlung von 3,50 € in der Mediathek eine Blu-ray.
   b) Ein Küchenmöbelstudio verarbeitet beim Einbau einer Küche Eichenbalken, die der Kunde gestellt hat.
   c) Ein Schneider stellt für eine Kundin ein Hochzeitskleid her und stellt den dazugehörigen Stoff zur Verfügung.
   d) Die Auszubildende Doris erwirbt am Kiosk die neueste Ausgabe der Zeitschrift „Mädchen".

4. Auf welche Art können Willenserklärungen abgegeben werden? Geben Sie jeweils ein Beispiel an.

5. Nennen Sie Beispiele für einseitige Rechtsgeschäfte.

6. Begründen Sie, warum das Testament zu den nicht empfangsbedürftigen Rechtsgeschäften zählt.

7. Edmund Klein besucht den Verbrauchermarkt „Preiskauf". Da er nur wenig Zeit hat, stellt er drei leere Pfandflaschen an der Leergutannahme auf dem Boden ab, da ihm die Warteschlange vor der Annahmestelle zu lang ist. Am nächsten Tag erscheint Edmund Klein wieder bei der Leergutannahme und verlangt die Herausgabe des Pfandbetrages. Begründen Sie, ob Edmund Klein einen Rechtsanspruch auf die Herausgabe des Pfandbetrages hat.

8. Entscheiden Sie, in welchem Fall ein einseitiges Rechtsgeschäft vorliegt.
   1. Ein Großhändler erhält die Kündigung für seine Lagerräume.
   2. Ein Großhändler leiht sich von einem Freund dessen Auto.
   3. Ein Großhändler schenkt seiner Frau einen Wintermantel.
   4. Ein Privatmann verschenkt Obst aus seinem Garten.
   5. Ein Großhändler pachtet ein Grundstück.

9. Formulieren Sie je ein Beispiel aus Ihrer betrieblichen Praxis für die Abgabe einer schriftlichen, mündlichen und einer stillschweigenden Willenserklärung.

10. Überprüfen Sie, um welche Vertragsart es sich in den folgenden Beispielen handelt.
    Vertragsarten:
    1. Kaufvertrag
    2. Mietvertrag
    3. Werkvertrag
    4. Werklieferungsvertrag
    a) Die Primus GmbH beauftragt einen Tischler, aus betriebseigenen Holzbeständen ein neues Regal in der Kantine zu bauen.
    b) Andreas Brandt kauft sich am Schulkiosk zwei belegte Brötchen.
    c) Ein Hersteller für Sicherheitsbekleidung produziert für die Lagerarbeiter der Primus GmbH neue Sicherheitsjacken aus eigenem Spezialmaterial.
    d) Der Förster Kevin Hirsch leiht sich für 20,00 € beim Baumarkt für einen Tag eine Motorsäge.

3 Kundenorientierte Beratungs- und Verkaufsgespräche führen – auch in der Fremdsprache Englisch

Nicole Höver war die vergangenen zwei Tage auf einem Verkaufsseminar, denn sie soll demnächst in der Verkaufsboutique eingesetzt werden. In der Berufsschule trifft sie auf Andreas Brandt. Mit viel Begeisterung berichtet sie vom zurückliegenden Verkaufstraining:

Nicole: „... ich hätte nie gedacht, wie einfach man durch eine gute Bedarfsermittlung und Warenvorlage die Kunden zufriedenstellen kann. Wenn du den Kunden ihren Kundennutzen erläuterst, dann verkaufst du fast wie von selbst. Mit ein bisschen Übung geht das ganz leicht."

Andreas: „Im Moment bin ich auch im Verkauf. In der Bürotechnikabteilung betreue ich einige Kunden. Die wollen aber eigentlich immer nur über den Preis und die Einkaufskonditionen diskutieren. Um Bedarfsermittlung und Kundennutzen geht es dabei überhaupt nicht."

ARBEITSAUFTRÄGE
- Nennen Sie die unterschiedlichen Kundengruppen, welche Nicole und Andreas jeweils im Blick haben.
- Erläutern Sie, worin sich die Verkaufsgespräche mit diesen Kundengruppen grundsätzlich unterscheiden.
- Erstellen Sie eine Tabelle, in der Sie für die einzelnen Phasen des Verkaufsgespräches die Unterschiede zwischen Verkaufsgesprächen mit diesen Kundengruppen herausarbeiten.
- Explain in English why salespersons in the wholesale business should be able to hold sales conversations in English.

Viele Groß- und Außenhändler haben heutzutage ganz **unterschiedliche Kundengruppen**. In den meisten Fällen stellen **gewerbliche Großkunden** die Hauptkundengruppe dar. Immer mehr Groß- und Außenhandelsbetriebe entschließen sich jedoch auch zum Verkauf an **private Endverbraucher**.

Beispiel

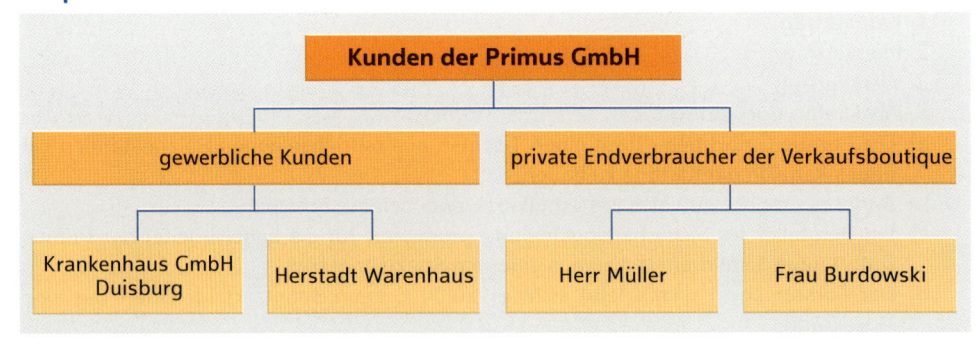

```
                    Kunden der Primus GmbH
                    /                    \
        gewerbliche Kunden      private Endverbraucher der Verkaufsboutique
          /          \                  /              \
Krankenhaus GmbH   Herstadt        Herr Müller      Frau Burdowski
   Duisburg       Warenhaus
```

Kundenorientierte Beratungs- und Verkaufsgespräche führen – auch in der Fremdsprache Englisch

Als Verkäufer in einem Groß- und Außenhandelsbetrieb haben Sie es in Verkaufsgesprächen mit Kunden zu tun, die sich in ihrem Vorwissen, ihren Bedürfnissen und ihrem Verständnis grundlegend unterscheiden. Für das Verkaufsgespräch bedeutet dies, dass Sie sich auf die jeweilige Kundengruppe **einstellen** müssen.

● Kontaktphase

Die gelungene Begrüßung und die Kontaktaufnahme zu Ihren Kunden sind für den erfolgreichen Verlauf Ihrer Verkaufsgespräche von entscheidender Bedeutung. Je **individueller und persönlicher** sich die Kunden von Ihnen angesprochen fühlen, z. B. durch **Höflichkeit, Freundlichkeit und Ehrlichkeit**, desto größer sind die Chancen für Sie, eine **positive Beziehung** zum Kunden aufzubauen und ein erfolgreiches Verkaufsgespräch zu führen. Darum sollten Sie in dieser Phase **Ge**sprächs**be**reitschaft für ein anstehendes Verkaufsgespräch **si**gnalisieren (**Gebesi**).

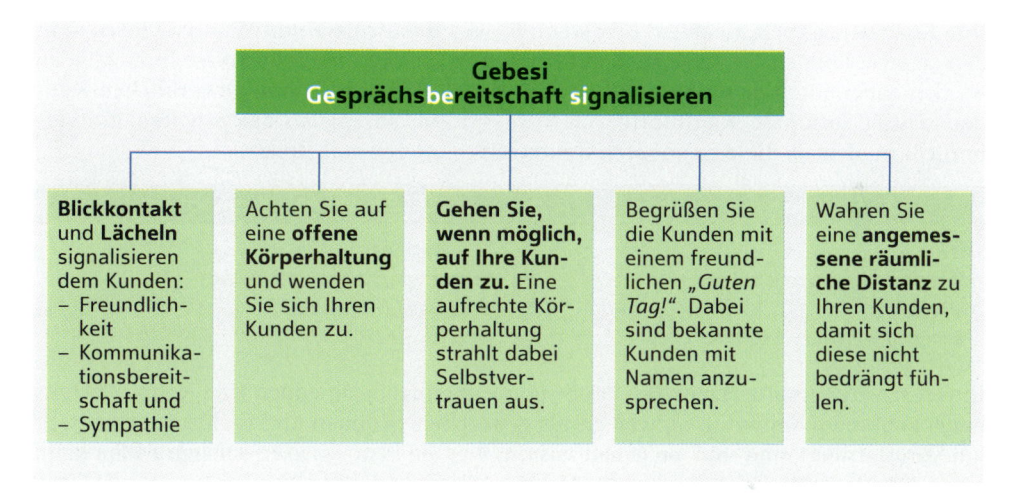

Gebesi — Gesprächsbereitschaft signalisieren

Blickkontakt und Lächeln signalisieren dem Kunden: – Freundlichkeit – Kommunikationsbereitschaft und – Sympathie	Achten Sie auf eine **offene Körperhaltung** und wenden Sie sich Ihren Kunden zu.	Gehen Sie, wenn möglich, auf Ihre Kunden zu. Eine aufrechte Körperhaltung strahlt dabei Selbstvertrauen aus.	Begrüßen Sie die Kunden mit einem freundlichen „Guten Tag!". Dabei sind bekannte Kunden mit Namen anzusprechen.	Wahren Sie eine **angemessene räumliche Distanz** zu Ihren Kunden, damit sich diese nicht bedrängt fühlen.

PRAXISTIPP Insbesondere bei gewerblichen Kunden, die Ihnen bekannt sind, ist ein kurzes persönliches Gespräch eine gute Basis für ein anstehendes Verkaufsgespräch.

○ Opening a sales conversation

In der Kontaktphase werden Sie entweder von Kunden angesprochen oder die Eröffnung des Verkaufsgesprächs wird aktiv durch Sie eingeleitet, indem Sie sich an den Kunden wenden und Stammkunden **(regular/registered customers)** mit ihren Namen ansprechen.

Customer addresses you	Positive and helpful answers
"Hi/Hello/Good morning/afternoon/evening, I am looking for (product)."	"Good morning Mr Frenzel, please tell me what you need it for."
"I'm interested in (product)."	"Please come with me, Madam/Sir, I'm sure I can offer you exactly what you need."
"Do you think you could help me with (product)?"	"Yes, I'd be glad to help you. I'll show you some of our (product), please follow me."

Addressing customers
(A customer is trying out an office chair). *"Good morning, Sir. You seem to be very interested in our new office chair. May I show you its different functions?"*
"Hi Mark, what brings you in to see us again?"
"Welcome back, Mrs Rosorius! It's great to have you here again. How have you been?"

PRAXISTIPP Be nice and always keep in mind to smile!

● Bedarfsermittlung

In der Phase der Bedarfsermittlung wird der Kontakt zu Ihren Kunden im Verkaufsgespräch ausgeweitet. Das Ziel dieser Verkaufsphase besteht darin herauszufinden, was Ihre Kunden wirklich möchten. Erst wenn Sie die Bedürfnisse und Wünsche Ihrer Kunden kennen, können Sie diese auch gut beraten. Wünsche und Bedürfnisse Ihrer Kunden werden dabei durch deren Kaufmotive beeinflusst. Stehen bei Ihren **gewerblichen Kunden häufig rationale Kaufmotive** im Vordergrund, so spielen bei **privaten Endverbrauchern** oftmals die **emotionalen Kaufmotive** eine zentrale Rolle.

Rationale Kaufmotive	Emotionale Kaufmotive
● Preis ● technische Eigenschaften ● Qualität ● Umweltverträglichkeit	● Aussehen ● Prestige, Image und Marke ● Spaß und Erlebnis ● Vertrauen

In vielen Verkaufssituationen des Groß- und Außenhandels nennen Ihre Kunden bereits einen konkreten Kaufwunsch, weil sie als gewerbliche Kunden und Fachleute selbst sehr gut vorinformiert sind und sie genau wissen, was sie benötigen. In solchen Fällen kann eine Bedarfsermittlung weitgehend entfallen. Anders verhält es sich bei privaten Endverbrauchern. Oft haben sie nur eine ungefähre Vorstellung von dem, was sie benötigen.

Beispiel In der Verkaufsboutique der Primus GmbH erkundigt sich eine Kundin nach einem Drucker. Sie weiß nicht, welcher Drucker für sie der richtige ist.

In solchen Situationen müssen Sie aktiv werden und den Bedarf des Kunden ermitteln. Dies können Sie direkt erreichen, indem Sie Fragen stellen, oder indirekt, indem Sie probeweise ein Testangebot unterbreiten.

Direkte Bedarfsermittlung	Indirekte Bedarfsermittlung
Durch **offene Fragen** versucht der Verkäufer, die genauen Wünsche seiner Kunden zu erfahren. Häufig werden offene Fragen mit sog. W-Worten eingeleitet (W-Fragen). **Beispiele** – *„Wie viele Seiten drucken Sie?"* – *„Wer benutzt diesen Drucker?"* – *„Was möchten Sie drucken?"*	Alternativ können Sie dem Kunden auch ein **„Testangebot"** vorlegen und dessen Reaktion beobachten. Dies setzt voraus, dass der Kunde Sie schon mit einem möglichst konkreten Wunsch angesprochen hat. Oftmals signalisieren dann nur kleine nonverbale Zeichen Zustimmung oder Abneigung zum vorgelegten Artikel. **Beispiel** Kunde nickt und greift nach dem vorgestellten Artikel → Zustimmung des Kunden

Kundenorientierte Beratungs- und Verkaufsgespräche führen – auch in der Fremdsprache Englisch

> **PRAXISTIPP**
> ☞ Vermeiden Sie Fragen nach der Preisvorstellung, der Marke und der Farbe. Dies sind sog. „Killerfragen", welche die Artikelauswahl unnötig einschränken.
> ☞ Alternativfragen (z. B. *„Möchten Sie einen Tintenstrahl- oder Laserdrucker?"*) überfordern viele private Kunden, weil sie die Artikelunterschiede allenfalls oberflächlich kennen.

In dieser Phase ist es von besonderer Bedeutung, dass Sie ein **guter Zuhörer** sind:

- Lassen Sie Ihre Kunden aussprechen und **unterbrechen Sie** diese **nicht**.
- Senden Sie **Aufmerksamkeitsreaktionen** (Blickkontakt, Nicken, *„Wirklich?"*).
- **Fragen Sie nach**, wenn Sie etwas nicht verstanden haben oder etwas unklar ist.
- **Merken** Sie sich alle wichtigen Informationen.
- Suchen Sie bereits jetzt nach **Ansatzpunkten** für die anschließende Argumentation.

Durch eine gelungene Bedarfsermittlung erfährt der Verkäufer die Kundenwünsche und kann auf diese in der folgenden Argumentationsphase eingehen, indem er die dafür passenden Verkaufsargumente auswählt. In vielen Fällen gelangen die Kunden dann auch zügiger zu einer Kaufentscheidung.

○ Identifying your customers' needs

Offene Fragen **(open-ended questions)** sind wesentliche Bestandteile einer guten Bedarfsermittlung. Auch im Englischen verwenden Sie hierzu die Fragewörter who, what, when, where, why und how. Dadurch erhalten Sie von den Kunden wichtige Informationen über ihre Bedürfnisse (needs), sodass Sie eine gezielte und erfolgreiche Verkaufsberatung durchführen können.

Situation	Possible questions
Brexit & Johnson, a B2B customer (Business-to-Business/gewerblicher Kunde) of Primus, are interested in the shredder Fellowes PS 50. Nicole Höver knows that the product only has a lower level of performance.	"Well, Mr Farage, how often do you think it will be used in your company?" Depending on the answer, Nicole could offer the customer a more suitable shredder.
A customer is looking for a pair of hiking shoes.	"What do you usually wear them for, Madam? For climbing in the mountains or walking on roads or in the woods?"
Nicole is asked for information on office desks at the Primus stand at the 'Officetec' trade fair.	"Why do you need them, Sir? We have different models in this range, e.g. monitor workstations or more classic office desks."
Another customer is browsing the Primus stand. Nicole reads his name from the badge on his jacket.	"Good afternoon, Mr Turner, my name is Nicole. What project are you working on at the moment that we can help you with?"

Die Angebotsphase

Die Angebotsphase bildet das Zentrum des Verkaufsgespräches. Sowohl gewerbliche als auch private Kunden benötigen in dieser Phase die Unterstützung des Verkaufspersonals.

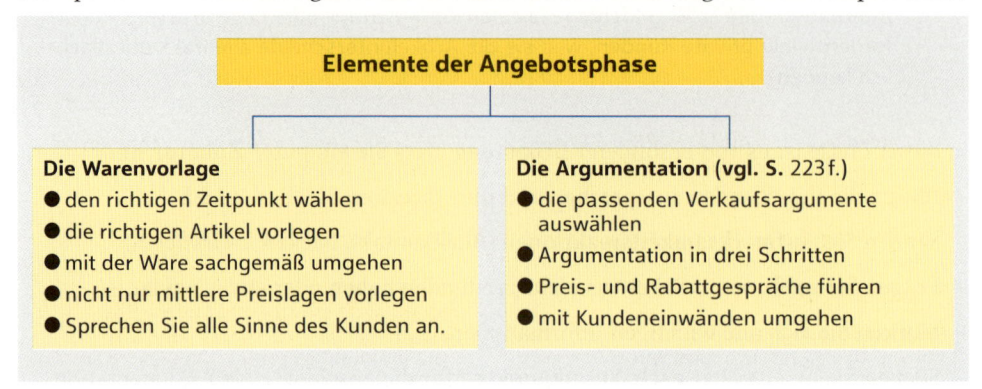

Elemente der Angebotsphase

Die Warenvorlage
- den richtigen Zeitpunkt wählen
- die richtigen Artikel vorlegen
- mit der Ware sachgemäß umgehen
- nicht nur mittlere Preislagen vorlegen
- Sprechen Sie alle Sinne des Kunden an.

Die Argumentation (vgl. S. 223 f.)
- die passenden Verkaufsargumente auswählen
- Argumentation in drei Schritten
- Preis- und Rabattgespräche führen
- mit Kundeneinwänden umgehen

Die Warenvorlage

So verschiedenartig die Verkaufsgespräche sind, die Sie im Groß- und Außenhandel führen, so lassen sich dennoch **bestimmte Grundsätze** für die Warenvorlage ableiten, die Ihnen Hilfe und Orientierung zugleich sein können.

Grundsatz 1 – den richtigen Zeitpunkt wählen

Im Falle einer direkten Bedarfsermittlung sollte diese immer abgeschlossen sein, bevor Sie zur Warenvorlage übergehen. Äußert ein Kunde einen direkten Kaufwunsch, dann legen Sie die Ware unmittelbar vor.

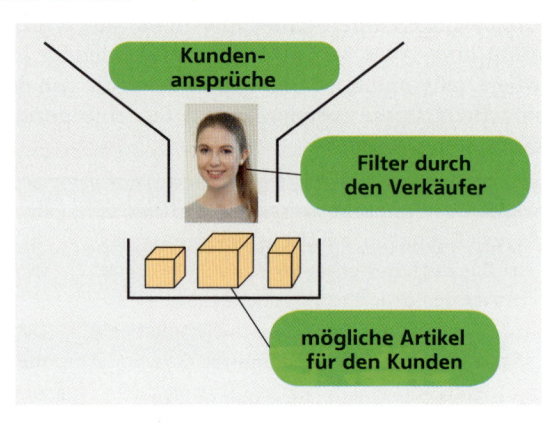

- Kundenansprüche
- Filter durch den Verkäufer
- mögliche Artikel für den Kunden

Grundsatz 2 – die richtigen Artikel vorlegen

Ausgehend von den Kundenansprüchen ist es nun Ihre Aufgabe, aus der Vielzahl der infrage kommenden **Artikel** Ihres Sortiments diejenigen **auszufiltern**, die mit den **Ansprüchen** des **Kunden übereinstimmen**. Dazu müssen Sie die Kundenansprüche mit den Wareneigenschaften abgleichen. Dies setzt voraus, dass Sie sowohl die **Ansprüche** Ihrer Kunden als auch Ihr **Sortiment** und die jeweiligen **Eigenschaften Ihrer Ware** kennen. In den meisten Fällen müssen **nicht mehr als drei Artikel** vorgelegt werden.

Grundsatz 3 – mit der Ware sachgemäß umgehen

Sie sollten die Artikel so vorlegen, dass der **Wert** des Produktes in bestem Licht erscheint. Dabei ist es selbstverständlich, dass nur **einwandfreie und saubere** Artikel vorgelegt werden.

Grundsatz 4 – nicht nur mittlere Preislagen vorlegen

Mit welcher Preislage sollten Sie bei der Warenvorlage beginnen? Dies ist für viele Verkäufer eine schwierige Entscheidung.

Möglichkeit 1	Möglichkeit 2
Sie wählen einen Artikel in der mittleren Preislage.	Sie beziehen auch Artikel der höheren Preislage mit in die Warenvorlage ein.
Begründung: Sie eröffnen sich die Chance, aufgrund der Kundenreaktionen auf untere oder obere Preislagen auszuweichen. **Problem:** Es ist wesentlich leichter, „die Leiter runterzufallen", d. h., sich von einer mittleren Preislage in eine niedrigere Preislage zu begeben als umgekehrt.	1. **Begründung:** Viele Kaufmotive liegen auf der emotionalen Ebene (z. B. Prestige, Neugier auf Neues oder Vertrauen). Für die Befriedigung dieser emotionalen Motive sind die Kunden meist auch bereit, mehr Geld auszugeben. 2. **Begründung:** Groß- und Außenhandelsbetriebe sind in ihrer Sortimentsstruktur dazu gezwungen, ihren Kunden eine Auswahl an Marken und Neuheiten anzubieten. Insbesondere gewerbliche Wiederverkäufer haben Interesse an Artikelneuheiten. Diese sind häufig auf einem höheren Preisniveau angesiedelt.

Grundsatz 5 – Sprechen Sie möglichst alle Sinne des Kunden an!

Geben Sie Ihren Kunden die Möglichkeit, die angepriesenen Artikel „zu begreifen". Für private Endverbraucher gilt: Werden die verschiedenen Sinne der Kunden angesprochen, so wächst der Besitzwunsch schneller und intensiver – der Artikel verkauft sich folglich leichter. Ähnliches gilt auch für Ihre gewerblichen Kunden. Besonders bei der Vorstellung neuer Artikel wollen diese Kunden die Waren intensiv prüfen und sich von deren Qualität und Leistungsfähigkeit überzeugen. Dies geschieht immer dann in überzeugender Form, wenn der Artikel mit möglichst **vielen Sinnen** wahrgenommen werden kann.

Beispiel Der Hersteller Computec GmbH & Co. KG hat einen neu entwickelten Laserdrucker auf den Markt gebracht. In einem Verkaufsgespräch mit dem Bürofachhändler Herbert Blank führt Nicole Höver den Drucker vor.

	Sinne				
	Sehen:	**Hören:**	**Fühlen:**	**Riechen:**	**Schmecken**
	Aussehen des Druckers	Geräusch beim Drucken und Bedienen der Funktionstasten	Gefühl beim Bedienen der Funktionstasten	Funktionsgeruch bei Betrieb des Gerätes	—

○ Die Argumentation

Argumentation im Verkaufsgespräch bedeutet, dass Sie versuchen, Ihren Kunden mithilfe von Verkaufsargumenten von den Vorteilen der angebotenen Artikel zu überzeugen.

Die passenden Verkaufsargumente auswählen

Für jeden Artikel lassen sich **zahlreiche Verkaufsargumente** ableiten. Würden Sie diese alle aufgreifen, müssten Sie viele Wareneigenschaften erläutern, die für die betreffenden Kunden nicht oder nur wenig interessant sind. Dies führt dann zu langen **Monologen**, die Ihre Kunden langweilen und überfordern.

Für Ihre **gewerblichen Kunden** spielen eher kaufmännische Aspekte eine wichtige Rolle.

Beispiele Preis, Handelsspanne, Lieferkonditionen, Garantie und Produktneuheiten

Für die **privaten Endverbraucher** hingegen sind die individuellen Ansprüche in das Zentrum der Argumentation zu stellen. Diese haben Sie sich in der Bedarfsermittlung erschlossen.

Gleichen Sie die Ansprüche Ihrer Kunden, die Sie im Rahmen der Bedarfsermittlung kennengelernt haben, mit den Eigenschaften der Ware ab, die Sie den Kunden vorlegen möchten.

Verkaufsargumentation:
Eigenschaften der Ware — Kundennutzen der Ware — Ansprüche/Kaufmotiv des Kunden

Warenkenntnis — gute Bedarfsermittlung

In die Verkaufsargumentation bringen Sie im Wesentlichen nur die **Eigenschaften der Ware** ein, die sich mit den **Ansprüchen** Ihrer Kunden **überschneiden**.

Argumentation in drei Schritten

Die Kunden kaufen eine Ware wegen des persönlichen oder geschäftlichen Nutzens, den sie aus ihr ziehen (Kundennutzen). Ein Ziel muss es deshalb sein, diesen Nutzen für die Kunden im Rahmen der Verkaufsargumentation deutlich zu machen. Für diese Form der Verkaufsargumentation hat sich ein Vorgehen in drei Schritten bewährt:

1. Schritt Warenmerkmal → **2. Schritt Kundennutzen** → **3. Schritt Erlebnis-/Verwendungsbezug**

Beispiel Nicole Höver und Andreas Brandt beraten jeweils einen Kunden, der sich für den Bandscheiben-Drehstuhl „Steifensand" interessiert. Verwendet Nicole beim **Endverbraucher** den Erlebnisbezug, so bezieht sich Andreas bei einem gewerblichen **Wiederverkäufer auf den Verwendungsbezug**.

Kundenorientierte Beratungs- und Verkaufsgespräche führen – auch in der Fremdsprache Englisch

Artikel	1. Schritt Warenmerkmal	2. Schritt Kundennutzen	3. Schritt Erlebnis-/Verwendungsbezug
	„Dieser Bürostuhl hat eine ergonomisch geformte Rückenlehne,	welche die Wirbelsäule dauerhaft entlastet."	**Erlebnisbezogene Argumentation** von Nicole: „Selbst nach stundenlangem Sitzen werden Sie sich wohlfühlen und ohne Verspannungen aufstehen." **Verwendungsbezogene Argumentation** von Andreas: „Er wird die Aufmerksamkeit Ihrer Kunden auf sich ziehen und Ihr Sortiment ideal ergänzen. Zudem hat er eine ausgezeichnete Handelsspanne."

Preis- und Rabattgespräche führen

Gewerbliche Wiederverkäufer möchten mit dem Weiterverkauf des Artikels eine oftmals vorher festgelegte Handelsspanne erzielen. Deshalb ist die Frage nach Preisen und Rabatten in vielen Verkaufsgesprächen ein **Verhandlungspunkt** und kann zum entscheidenden Faktor für den Kaufabschluss werden.

PRAXISTIPP
☞ Bereiten Sie sich auf den Verkaufstermin mit gewerblichen Kunden vor und klären Sie bereits vorher, wie groß Ihre Verhandlungsspielräume sind
☞ Nicht immer geht es nur um den Preis. Auch besondere Serviceleistungen, Garantien und Zuverlässigkeit können in die Preisverhandlungen eingebracht werden.

How to use sales arguments successfully

Als Verkaufsperson wissen Sie, dass Kunden häufig kein bestimmtes Produkt suchen, sondern eine zuverlässige Lösung für ihr Problem. Nur wenn Sie die Situation Ihrer Kunden richtig erfasst haben, können Sie ein Teil dieser Problemlösung werden. Daher ist eine gründliche Bedarfsermittlung die Basis für eine erfolgreiche und erprobte Verkaufsargumentation in drei Schritten.

Situation Product	1. Step Feature of the product	2. Step Benefit/advantage for the private/B2B customer	3. Step Experience/application for the private/B2B customer
	"This printer has two paper trays which can hold up to 500 sheets each …	… which saves you/ your employees/staff a lot of time, because you don't have to refill the trays so often …	… and you/your employees/ staff will be able to take on even high-volume jobs with confidence."

Situation Product	1. Step Feature of the product	2. Step Benefit/advantage for the private/B2B customer	3. Step Experience/application for the private/B2B customer
	„Dieser Drucker besitzt zwei Papierfächer mit je bis zu 500 Blatt, …	… was Ihnen/Ihren Angestellten/Mitarbeitern viel Zeit erspart, weil man die Fächer nicht so häufig auffüllen muss …	… und Sie/Ihre Angestellten/Mitarbeiter auch umfangreiche Druckaufträge zuverlässig durchführen können."
A B2B customer is looking for new software for his accounting department.	"This cloud based programme …	… helps you to substantially reduce capital costs, as you do not need any new hardware investments.	Moreover, it offers you a competitive edge over your competitors, because it updates automatically and very fast, without you having to spend your time and money on local installations."
	„Dieses Programm läuft in der Cloud …	… und erspart Ihnen beträchtliche Kapitalkosten, da Sie keine neuen Investitionen in Hardware benötigen.	Zudem bietet es Ihnen einen Wettbewerbsvorteil gegenüber Ihrer Konkurrenz, da Aktualisierungen sehr schnell automatisch erfolgen, ohne dass Sie Zeit und Geld für lokale Installationen aufbringen müssen."
	"Our newly developed office chair 'Ergo-Design-Natur' is manufactured from natural materials only.	It is sold with a five-year full guarantee, and since it is 100 % recyclable, we will take it back at our expense at the end of its operating life.	So there is no risk for you at all, and our 'Ergo-Design-Natur' provides for a better and healthier working environment in your offices. You and your staff will enjoy it."
	„Bei der Herstellung unseres neuartigen/ neu entwickelten Bürostuhls 'Ergo-Design-Natur' verwenden wir ausschließlich natürliche Materialien.	Wir bieten eine Vollgarantie von fünf Jahren und da der Stuhl zu 100 % recyclebar ist, nehmen wir ihn am Ende seiner Nutzungsdauer auf unsere Kosten zurück.	Somit besteht für Sie absolut kein Risiko und unser 'Ergo-Design-Natur' sorgt für ein besseres und gesünderes Arbeitsumfeld in Ihren Büroräumen. Sie und Ihre Mitarbeiter werden es genießen."

Kundenorientierte Beratungs- und Verkaufsgespräche führen – auch in der Fremdsprache Englisch

Situation Product	1. Step Feature of the product	2. Step Benefit/advantage for the private/B2B customer	3. Step Experience/application for the private/B2B customer

Um einen erfolgreichen Verkaufsabschluss zu erzielen, sollten Sie es vermeiden, den Preis eines Produktes lediglich ‚nackt' mitzuteilen.

Negativbeispiel: The customer asks you *"What does this monitor cost?"* You reply *"The price is € 750.00."*

Die Preisnennung in einem Verkaufsgespräch erfolgt idealerweise, indem Sie den Preis zwischen den Verkaufsargumenten wie bei einem belegten Brot ‚verpacken' (‚**Sandwich-Methode'**). Damit verbinden Sie den Preis eines Artikels **direkt** mit dem **Nutzen**, den der Kunde bei einem Kauf erzielt.

	"This monitor with its very high 4k or ultra HD resolution …	… only costs € 750.00.	It has outstanding colour accuracy which is ideal for your intended use in graphic designing."
	„Dieser Monitor mit der sehr hohen 4k- oder auch Ultra-HD- Auflösung …	… kostet nur 750,00 €.	Er weist eine herausragende Farbgenauigkeit auf, was für Ihren Einsatzzweck im Grafikdesign ideal ist."

PRAXISTIPP Always remember: Sell benefits – not features! Don't try to sell a steak as a piece of meat, sell its sizzling in the pan!

Mit Kundeneinwänden umgehen

Nicht immer führt das Verkaufsgespräch auf direktem Weg zum Kaufabschluss. Manchmal kommen bei den Kunden **Bedenken** auf, die diese in Form von **Einwänden** ins Verkaufsgespräch einbringen.

Einwände können sich auf bestimmte **Artikeleigenschaften**, das **Unternehmen** oder auf die **Verkaufssituation** beziehen. Sie können aber auch **allgemeiner Art** sein.	**Beispiel** „Der Bildschirm ist sehr klein." **Beispiel** „Bei Ihnen dauert die Lieferung sehr lange." **Beispiel** „Können Sie das nicht einfacher erklären?" **Beispiel** „Haben Sie auch etwas anderes?"

Generell sollten Sie ruhig und gelassen auf Einwände reagieren, diese als Chance begreifen und dennoch zu einem erfolgreichen Verkaufsabschluss gelangen. Im professionellen Umgang mit Einwänden hat es sich bewährt, dem Kunden zunächst Verständnis zu signalisieren, bevor der Einwand entkräftet wird.

Beispiel

Kundeneinwand	1. Schritt: Verständnis signalisieren	2. Schritt: Einwand entkräften
„Der Bildschirm des Notebooks ist sehr klein."	„Da haben Sie völlig recht. Er ist kleiner als bei den meisten anderen Notebooks ..."	„... dafür ist das Gerät auf Reisen wesentlich handlicher und gewährleistet aufgrund seiner besonderen Grafikkarte dennoch ein brillantes Bild."

Responding to customer doubts/objections (Zweifel/Einwände)

Wenn Kunden im Verkaufsgespräch Einwände oder Zweifel zum Ausdruck bringen, sollten Sie nicht ungeduldig oder verärgert reagieren. Sehen Sie dies professionell als ein positives Signal an. Häufig möchten Kunden nur von Ihnen überzeugt werden, dass es auch der passende Artikel für den beabsichtigten Verwendungszweck ist. Nehmen Sie Kundeneinwände ernst und reagieren Sie sachorientiert. Damit sichern Sie sich die Chance, das Verkaufsgespräch zu einem positiven Abschluss zu führen.

Customer doubt/objection	Showing understanding	Resolving the doubt/objection
"Maybe I shouldn't buy this new TV set yet. My old one is still doing a pretty good job."	"I totally understand you. I loved my old TV set so much that I didn't want to replace it, ..."	... but now I simply don't know how I'd live without my new one. There are so many new technical features in this new model that allow you to ... (describing the advantages for the customer)!"
„Vielleicht sollte ich doch nicht dieses neue TV-Gerät kaufen. Mein alter Fernseher läuft noch richtig gut."	„Ich verstehe Sie vollkommen. Ich habe mein altes Gerät auch so geliebt, dass ich es eigentlich nicht ersetzen wollte, ..."	... aber jetzt weiß ich einfach nicht mehr, wie ich ohne den neuen Fernseher leben könnte. Es gibt so viele neue technische Möglichkeiten, die es Ihnen ermöglichen ... (Beschreibung der Vorteile für den Kunden)."
"I'm really worried that we might not be able to implement your software into our complex IT-systems."	"Yes, I can see your point, Mr Steilberg. Implementing new software can be a very hard task."	Thankfully, we have a very highly qualified team that has a lot of experience working with such systems, so that we can assure problem-free handling of the process for you."

Kundenorientierte Beratungs- und Verkaufsgespräche führen – auch in der Fremdsprache Englisch

Customer doubt/objection	Showing understanding	Resolving the doubt/objection
„Ich mache mir wirklich Sorgen, ob wir in der Lage wären, Ihre Software in unser komplexes IT-System einzubinden."	„Ja, ich verstehe, was Sie meinen, Herr Steilberg. Die Einrichtung von neuer Software kann eine sehr schwierige Aufgabe sein.	Zum Glück haben wir ein hochqualifiziertes Team, das eine Menge Erfahrung mit solchen Systemen aufweist, sodass wir Ihnen zusichern können, den Prozess für Sie problemlos durchzuführen."
"The material of this jacket is really thin."	"You are completely right, Ms Flöttmann!	But this jacket is made with a very thin and breathable layer that is windproof."
„Das Material dieser Jacke ist wirklich dünn."	„Da haben Sie völlig recht, Frau Flöttmann!	Aber diese Jacke ist mit einer sehr dünnen und atmungsaktiven Schicht ausgestattet, die winddicht ist."

How to deal with price objections

Preiseinwände (price objections) sind in Verkaufsgesprächen sehr häufig, weil viele Kunden natürlich daran interessiert sind, einen Preisnachlass **(discount)** zu erhalten. Wenn Ihre Handelsspanne **(profit margin)** es erlaubt, können Sie in Abhängigkeit von der Situation (Stammkunde, großer Auftragsumfang, Neukunde usw.) unter Umständen darauf eingehen. Wenn Sie dagegen nur wenig Spielraum haben oder Ihr Unternehmen prinzipiell keine Rabatte gewährt, weil die Preise fair kalkuliert sind, sollten Sie den Kunden von der Wertigkeit Ihrer Produkte überzeugen oder durch andere Zugeständnisse zum Kauf bewegen. Sie können auch versuchen, den Ball zurückzuspielen, um den Kunden zu veranlassen, mehr über seine Motivation zu verraten und dann entsprechend reagieren.

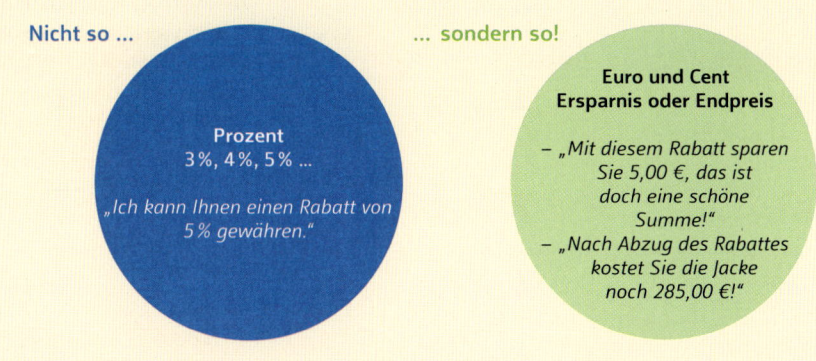

Nicht so ...

Prozent
3 %, 4 %, 5 % ...
„Ich kann Ihnen einen Rabatt von 5 % gewähren."

... sondern so!

Euro und Cent
Ersparnis oder Endpreis
– „Mit diesem Rabatt sparen Sie 5,00 €, das ist doch eine schöne Summe!"
– „Nach Abzug des Rabattes kostet Sie die Jacke noch 285,00 €!"

Price objection	Response	Explanation
"Well, Ms Höver, I'm afraid the price of the items is a little bit over my budget."

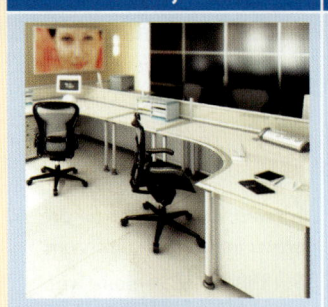

„Nun, Frau Höver, ich fürchte, der Preis für die Artikel liegt ein wenig jenseits meines Budgets." | "OK, Mr Neville, let us see what I can do for you. This is our first business contact and we want to have you as a registered customer. I could grant you a 10 % discount on the workstations which saves you about € 500. How does that sound to you?"

„In Ordnung, Herr Neville, schauen wir einmal, was ich für Sie tun kann. Da dies unser erster Geschäftskontakt ist und wir Sie gerne als Stammkunden gewinnen möchten, könnte ich Ihnen 10 % Rabatt auf die Arbeitstische gewähren, wobei Sie ungefähr 500 € sparen. Wie hört sich das für sie an?" | Nicole hat sich vorher gründlich über die Handelsspannen ihrer Produkte informiert. Die Kalkulation erlaubt es ihr, den Wunsch nach einem Rabatt zu erfüllen und es ist ihr wichtig, einen neuen Stammkunden zu gewinnen. |
| | "Mr Neville, I could offer you a discount if
– we extend the contract to, let us say, 100 items.
– we agree on payment in advance."

„Herr Neville, ich könnte Ihnen einen Rabatt einräumen, wenn
– wir den Auftrag auf, sagen wir, 100 Stück erhöhen.
– wir uns auf Vorauszahlung einigen könnten." | Nicole verbindet die Rabattgewährung mit Bedingungen, die auch vorteilhaft für Primus sind und nicht nur für den Kunden. Kompromisse sind ein wesentlicher Bestandteil der meisten Verhandlungen. Daher ist es sinnvoll, Preisgespräche nicht nur über die einseitige Gewährung von Rabatten zu führen, sondern auch andere Faktoren wie Zahlungs-, Lieferungsbedingungen und Auftragsgrößen zu einzubinden. |

Kundenorientierte Beratungs- und Verkaufsgespräche führen – auch in der Fremdsprache Englisch

Price objection	Response	Explanation
	"Suppose money was no object, Mr Neville. Would our product/service help you to solve your problem?" "Mr Neville, setting price aside, do we have the product/service you want to buy?" „Nehmen wir einmal an, Herr Neville, Geld/der Preis würde keine Rolle spielen. Würde unser/-e Produkt/Dienstleistung Ihnen helfen, Ihr Problem zu lösen?/Haben wir das Produkt/die Dienstleistung, das/die Sie erwerben möchten?"	Nicole versucht, das Gespräch vom Preis auf die Wertigkeit des Produktes/der Dienstleistung und den Nutzen für den Kunden zu lenken. Unter Umständen kann sie den Kunden so ohne Umsatzeinbußen zum Kauf bewegen.
	"Does that mean, Mr Neville, that our prices are too high in comparison to our competitors?" „Heißt das, Herr Neville, dass unsere Preise zu hoch sind im Vergleich zu unseren Mitbewerbern?"	Falls die Preise von Primus tatsächlich höher sind als die der Mitbewerber, kann Nicole die Qualität der Produkte anführen. Falls nicht, erfährt sie mehr über die Gründe des Käufers, den Preis abzulehnen und kann darauf regieren.
	"Do you think our products cost too much, Mr Neville?" „Sie denken, unsere Produkte kosten zu viel, Herr Neville?"	Nicole spielt den Ball an Herrn Neville zurück. Der Kunde soll nun seine Position erläutern und überdenkt dabei eventuell nochmals sein Kaufverhalten.

PRAXISTIPP Discounting has its place in the sales process, but being too willing to grant a discount can drastically reduce or eliminate your profit margins and lower your product's value in the view of the buyer.

Die Abschlussphase

Jedes Verkaufsgespräch ist ein **zielgerichtetes Gespräch**, bei dem Sie den **Kaufabschluss** fest im Blick haben sollten. Häufig signalisieren Ihnen die Kunden durch körpersprachliche oder verbale Signale, dass sie unmittelbar vor der Kaufentscheidung stehen. Als Verkäufer sollten Sie diese **Kaufsignale** erkennen, um dann über entsprechende Hilfestellungen zum Kaufabschluss zu gelangen.

Mögliche Kaufsignale:

- direkt geäußerter Kaufwunsch
- Der Kunde vermittelt den Eindruck, als wäre die Kaufentscheidung bereits gefallen.
  Beispiel Fragen nach Service oder Zahlungsmodalitäten
- Der Kunde beschäftigt sich intensiv mit Details, Zubehör, Ausstattung und Preis.
- Der Kunde formuliert immer öfter Zustimmung und zeigt bereits eine starke Identifizierung mit dem Artikel.
  Beispiel *„Mit dem Drucker kann ich …"*
- Frage nach Bewährung und Referenzen
- Der Kunde sendet körpersprachliche Signale.
  Beispiel Der Kunde greift immer wieder zum Artikel.

Wenn Sie Kaufsignale des Kunden wahrnehmen, können Sie durch **Abschlusstechniken** versuchen, den Kaufabschluss herbeizuführen.

Abschlusstechniken	
Zusammenfassung Die während des Gespräches mit Zustimmung begleiteten Argumente werden noch einmal in konzentrierter Form zusammengefasst. Die stärksten Argumente stehen am Schluss.	**Die Ja-Straße** Die bereits erreichten Positivebenen werden noch einmal genannt und unterstrichen. So wird eine positive Ja-Stimmung erzeugt. **Beispiel** *„Sie wollen doch einen schnellen Drucker?"*
Alternativfrage Zwei positive Alternativen werden zur Wahl gestellt. **Beispiel** *„Möchten Sie die Ware gleich mitnehmen oder sollen wir sie Ihnen liefern?"*	**Ausschluss** Eine Alternative wird durch ein gewolltes „Nein" ausgeschlossen. **Beispiel** *„Sie wollen doch nicht ein Produkt, das …"*

PRAXISTIPP Besonders unentschlossene Kunden erwarten vom Verkäufer eine klare Entscheidungshilfe.

Kundenorientierte Beratungs- und Verkaufsgespräche führen – auch in der Fremdsprache Englisch

○ Closing a sales conversation

Es gibt zahlreiche Abschlusstechniken (**closing techniques**) für ein Verkaufsgespräch, die jedoch nicht immer alle gleichermaßen gut zum Verkaufserfolg führen. Einige sind je nach Verkaufssituation erfolgreicher als andere. Daher sollten Sie verschiedene, erprobte Abschlusstechniken beherrschen, um sie in den unterschiedlichen Gesprächssituationen anwenden zu können.

The summary close	The 'yes'-ladder-/'yes'-street-method
Sum up all the benefits of your product and point out the main value they bring to your customer. **This works** because hearing all the benefits can have a bigger effect than the whole sales conversation before this. **You should not use** it when your conversation has been rather short or you have noticed during the conversation that your main value points didn't seem to have very much of an impact (Wirkung) on your customer.	You ask your customer a series of questions likely to be answered with 'yes'. You begin with questions that are trivial (it is sure the customer says yes). With each following 'yes' you create a pattern before you ask the final question. It is a proven strategy for making clients more comfortable with you, and it can be helpful for new customers who are cautious before buying. "May I assume, Madam, that our product comes up to your expectations (den Erwartungen entspricht)?" "Yes, it does." "Delivery by the end of next month would be OK for you?" "Yes, certainly." "And you want our extended three-year guarantee?" "Yes, that would be fine." "So, would you sign the contract then?" "Yes, let us fill in the order form."

The option close

It is a sales closing technique that has the customer choose between two of your products/services which both are positive for the client.

"We could deliver the goods at the end of this week or the beginning of next. What would you prefer?"

"Well, now that you know everything about our different monitor workstations, which model do you like better, the Primo or the Charm workstation?"

So the customer moves forward in the buying process with less pressure. At the end, he is only choosing between two favourable options.

PRAXISTIPP Never try to push your customer into buying too early.
- Talk about your customer's problems and requirements (Ansprüche): 70 % of your time!
- Explain your solution: 20 % of your time!
- Close the sale: 10 % of your time!

Verkauf und Kundenbetreuung am Telefon (Telefonverkauf)

Viele Kundenkontakte finden im Groß- und Außenhandel ausschließlich über das Telefon statt. Typische Situationen dafür können z. B. sein:

Verkauf	Kundenbetreuung
• Nachbestellungen bekannter Kunden • Kundenbestellungen nach Werbemailings	• Fragen zur Technik und Pflege von Artikeln • Reklamationsabwicklungen • Beschwerdemanagement

Am Telefon werden Ihre **Stimmlage** und die Art und Weise Ihres **Ausdrucks** zu zentralen Erfolgsfaktoren. Durch Ihre **Stimme** können Sie **Freundlichkeit**, **Vertrauen** und **Sicherheit** ausstrahlen.

Sprechen Sie **verbindlich und freundlich**. **Kurze Sätze** helfen dabei.	Sprechen Sie im **mittleren Sprechtempo**, dies drückt Kompetenz und Sicherheit aus.	Nutzen Sie **Betonungen**, um Ihre Nachricht zu unterstützen.

Zum erfolgreichen Telefonieren gehört auch die Fähigkeit des guten **Zuhörens**. Machen Sie das **Zuhören deshalb zu einer aktiven Tätigkeit** und übernehmen Sie die Verantwortung dafür, dass keine Missverständnisse entstehen. Ihre Zuhörleistung wird durch **Zwischenfragen** verbessert. Wenn Sie Zwischenfragen stellen, sind Sie aufmerksamer und fördern das gegenseitige Verstehen.

> **PRAXISTIPP** Gestalten Sie Ihren Arbeitsplatz, um Telefonate effektiv und zeitsparend zu führen:
> ☞ Sorgen Sie für eine gute Erreichbarkeit des Telefons und eine ruhige Umgebung.
> ☞ Statten Sie Ihren Telefonplatz mit Stiften, Kalender, Preislisten und Notizblock aus.

Für erfolgreiche **Verkaufs- und Beratungsgespräche** am Telefon ist der **Gesprächseinstieg** von besonderer Bedeutung – denn der erste Eindruck ist entscheidend. Durch eine gelungene **Gesprächsannahme** und **Begrüßung** kann eine positive und persönliche Beziehung zum Kunden aufgebaut werden. Dazu hat sich das folgende Vorgehen bewährt:

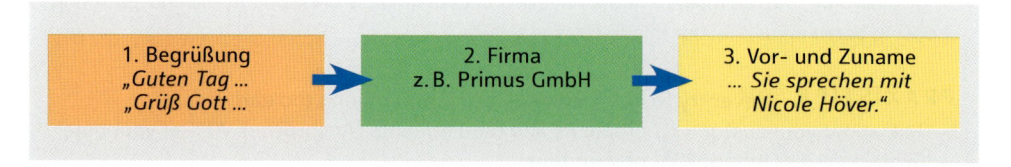

1. Begrüßung „Guten Tag ... „Grüß Gott ...	→	2. Firma z. B. Primus GmbH	→	3. Vor- und Zuname ... Sie sprechen mit Nicole Höver."

Kunden am Telefon richtig zu beraten ist eine Herausforderung. Auch hier ist es wichtig, dass Sie zunächst die **Kundenansprüche** ermitteln. Die offenen **W-Fragen** (vgl. S. 220) helfen auch hier weiter. Informieren Sie den Kunden im Gesprächsverlauf umfassend und stellen Sie den **Kundennutzen** (vgl. S. 224) in das Zentrum Ihrer Argumentation. Wenn

Sie Ihre Kunden auf Zusatzangebote hinweisen, können Sie insbesondere am Telefon ohne großen Mehraufwand den Bestellwert erhöhen.

> **PRAXISTIPP** Besonders bei Bestellungen ist es üblich, wichtige Absprachen wie Menge, Preis und Liefertermin zu wiederholen, um Missverständnisse sofort auszuschalten.

Falls Sie telefonische **Beschwerden** auf die leichte Schulter nehmen und schuldhaftes Fehlverhalten abstreiten, können insbesondere **Reklamationsgespräche** mit dem Verlust des Kunden enden. Wenn Sie **Verständnis zeigen**, Ihr **Bedauern ausdrücken, aktiv zuhören** – ohne zu unterbrechen – und die Bereitschaft zeigen, Fehler wieder gutzumachen, dann werden auch diese schwierigen Telefongespräche zumeist positiv verlaufen.

Kundenorientierte Beratungs- und Verkaufsgespräche führen – auch in der Fremdsprache Englisch

- In der **Kontaktphase** sollten Sie ihre Kunden freundlich begrüßen und Gesprächs**bereitschaft signalisieren** (Gebesi).
- Stammkunden **(regular/registered customers)** werden mit Namen angesprochen.
- Durch die **direkte** oder **indirekte Bedarfsermittlung** können Sie die Kundenansprüche ermitteln. In dieser Phase sollten Sie ein guter Zuhörer sein.
- Bei der **direkten Bedarfsermittlung** sind **offene W-Fragen (open-ended questions)** der Schlüssel zum Erfolg. Im Englischen verwenden Sie die Fragewörter who, what, when, where, why und how. **Alternativ- und Killerfragen** hingegen sind zu vermeiden.
- Die **Angebotsphase** beinhaltet die **Warenvorlage** und die **Argumentation**.
- Bei der **Warenvorlage** sollten Sie die gewünschten **Artikel vorlegen**, mit diesen **sachgemäß umgehen** und möglichst **viele Sinne** Ihrer Kunden ansprechen.
- In der **Argumentation** bringen Sie nur die Wareneigenschaften mit ein, die sich mit den Kundenansprüchen überschneiden.
- **Argumentieren Sie im Dreischritt:**
    1. Warenmerkmal **(feature of the product)**
    2. Kundennutzen **(benefit/advantage for the customer)**
    3. Erlebnis-/Verwendungsbezug **(experience/application for the customer)**. Den Preis einer Ware sollten Sie nach der 'Sandwich-Methode' zwischen den Argumenten einbinden
- Klären Sie vor dem Verkaufsgespräch, wie groß ihre **Preisspielräume** sind.
- Bevor Sie Rabatte **(discounts)** gewähren, versuchen Sie zuerst, den Kunden die Wertigkeit Ihrer Produkte zu verdeutlichen.
- Bei **Einwänden (objections/doubts)** sollten Sie **ruhig und gelassen** bleiben und die Einwände erst dann entkräften, wenn Sie dem Kunden vorher Ihr **Verständnis signalisiert** haben.

- In der **Abschlussphase (closing the sale)** sollten Sie einen Kaufabschluss anstreben. Wenn Sie **Kaufsignale** Ihrer Kunden wahrnehmen, können Sie durch den Einsatz von **Abschlusstechniken (closing techniques/methods)** zum Kaufabschluss gelangen.

- Ihre **Stimm- und Tonlage** sowie Ihre Fähigkeit, **gut zuhören** zu können, sind wichtig für eine erfolgreiche Beratung am **Telefon**.

1. Erläutern Sie die Bedeutung der Kundenbegrüßung im Verkaufsgespräch.

2. Formulieren Sie fünf Merksätze, deren Berücksichtigung zu einer gelungenen Kontaktaufnahme führt.

3. Erstellen Sie für die nachfolgenden Produkte so viele sinnvolle Fragen zur Bedarfsermittlung, wie Ihnen einfallen.
   a) Bohrmaschine
   b) Kaffeemaschine
   c) Smartphone

4. Rollenspiel
   a) Planen Sie Rollenspiele, in denen mit der direkten Bedarfsermittlung die Kundenwünsche für die Produkte aus Aufgabe 3 ermittelt werden.
   b) Erstellen Sie für die Rollenspiele einen Beobachtungsbogen (fünf Kriterien).
   c) Führen Sie die Rollenspiele durch und werten Sie diese aus.

5. Erläutern Sie den Zusammenhang zwischen der direkten Bedarfsermittlung und der Warenvorlage.

6. Suchen Sie sich fünf Artikel aus und notieren Sie, auf welche Weise sie während der Warenvorlage möglichst viele Sinne ansprechen können.

7. Wählen Sie aus Ihrem Ausbildungssortiment **fünf Artikel** aus, die Sie öfter verkaufen. Formulieren Sie in tabellarischer Form für jeden Artikel ein **Warenmerkmal**, den allgemeinen **Kundennutzen** sowie einen möglichen **Erlebnis-/Verwendungsbezug**. Do the same in English for all products.

Artikel Produkt	1. Schritt Warenmerkmal Feature	2. Schritt Kundennutzen Benefit	3. Schritt Erlebnisbezug Experience/application

8. Reagieren Sie in wörtlicher Rede auf die folgenden Einwände, indem Sie wenn möglich die Einwände entkräften, nachdem Sie dem Kunden Ihr Verständnis signalisiert haben. Do the same in English for all examples.
   a) „Dieser Schreibtisch hat aber einen Kratzer an der Seite."
   b) „Dieses TV-Gerät hat einen sehr unangenehmen Pfeifton im Stand-by-Betrieb."

c) *"The maintenance costs (Wartungskosten) of this machine seem to be rather high to me."*
d) *"The product is OK with me, but I would prefer to have it delivered by the end of this month. Delivery in six weeks is too late for us."*

9. Rollenspiel
a) Erstellen Sie einen Beobachtungsbogen für die Auswertung eines Beratungs- und Verkaufsgesprächs am Telefon.
b) Simulieren Sie in der Klasse ein telefonisches Beratungs- und Verkaufsgespräch mit Artikeln aus Ihrem Ausbildungssortiment.

10. Use direct speech to start your sales conversation with a client:
a) A customer asks for your support.
b) You notice a regular customer at your stand at a trade fair.
c) A customer is trying out a product in your sales room.

11. Choose three products out of the range of products of your company. Form suitable questions to find out more about the needs of a customer who wants to buy them.

12. Explain in English how the 'Summary Close' works. Find three examples for a product from the range of products of your company and form suitable phrases for each.

4 Schriftverkehr in der Fremdsprache Englisch anwenden

Nicole Höver hat ihren ersten Tag in der Exportabteilung der Primus GmbH. Der Gruppenleiter Herr Krazek begrüßt sie freundlich und stellt sie der Kollegin Frau Sommer vor. Nachdem er Nicole den Arbeitsplatz gezeigt hat, händigt er ihr einen Ordner aus: „Darin finden Sie jede Menge Material, das Sie bei Ihrer Arbeit unterstützt, z. B. unsere Artikelliste und Textbausteine für den Schriftverkehr auf Englisch. Wir haben auch noch weitere umfassende Informationen für Sie zusammengestellt, die Sie für den Kontakt mit unseren ausländischen Kunden benötigen (vgl. S. 239 ff). Falls das nicht ausreicht, stehen dort im Regal noch einige Lexika. Na dann ..., viel Erfolg in unserer Abteilung."

Kurz darauf erhält Nicole eine **allgemeine Anfrage** (general enquiry; vgl. S. 238) in englischer Sprache, die gerade eingegangen ist.

TASCO

Primus GmbH
Mr Krazek
Koloniestr. 2–4
47057 Duisburg
Germany

21a Brown Street
Manchester M5 3SL
Tel.: 0161 35348-72
Fax: 0161 35348-73
Website: www.tasco.man.uk
VAT No.: 3 4423 4567

Your ref.:   Our ref.: JD   20th December 20..

OFFICE FURNITURE

Dear Mr Krazek

We have seen your advertisement in this week's edition of "Office World" and are very interested in the office furniture that you offer.

We are a leading supermarket chain in the UK and want to equip some of our branch offices with new office furniture.

We would therefore be thankful if you could send us a catalogue and price list of the furniture you deal in. Please let us also have your terms of business.

We look forward to hearing from you soon.

Yours sincerely
TASCO

John Dawson

John Dawson
Purchasing Manager

Frau Sommer bittet Nicole, eine entsprechende Antwort anzufertigen. Nicole ist ratlos. „Wie soll ich das denn machen? Worum geht es denn in dem Brief eigentlich? Wie schreibt man denn überhaupt einen englischen Geschäftsbrief?", überlegt sie. Dann beschließt sie, sich zuerst einmal ihren Ordner näher anzuschauen, um dort eventuell nützliche Informationen zu finden.

ARBEITSAUFTRÄGE

♦ Informieren Sie sich über das Layout eines englischen Geschäftsbriefes und stellen Sie mögliche Unterschiede zu einem Geschäftsbrief aus Deutschland heraus.
♦ Fassen Sie die wesentlichen Inhalte des Briefes, den Nicole erhalten hat, in englischer Sprache zusammen. Erstellen Sie anschließend einen "letter plan".
♦ Fertigen Sie auf dieser Basis ein Antwortschreiben in englischer Sprache an.

Schriftverkehr in der Fremdsprache Englisch anwenden

● Layout (Gestaltung) eines Geschäftsbriefes in englischer Sprache

Die Kommunikation zwischen Unternehmen mit internationalen Handelsbeziehungen ist in den letzten Jahren stetig gewachsen. Die Verwendung moderner Techniken, wie z.B. E-Mail, Mobil- und Internettelefonie (Voice over Internet Protocol/VoIP), E-Mail und Videokonferenzen hat sehr zur beschleunigten Abwicklung globaler Geschäfte beigetragen. Partner, die sich kennen, gehen dabei viel weniger formal miteinander um, als dies noch vor einigen Jahren der Fall war. Dennoch ist auch heutzutage in der fremdsprachlichen Geschäftskorrespondenz die korrekte Anwendung bestimmter Aspekte wie z.B. **Anschrift, Datum, Betreff, Anrede und Grußformel** zu berücksichtigen.

Beispiel Der Musterbrief, den Nicole in ihrem Ordner findet, ist eine **spezielle/bestimmte Anfrage** (**specific enquiry;** vgl. S. 336) und zeigt eine **übliche Form des Layouts**. In der Praxis sind jedoch auch **andere Gestaltungsformen gebräuchlich**, zumal eine ähnlich akzeptierte Empfehlung wie die **deutsche DIN 5008** im Englischen nicht existiert.

Office Unlimited Ltd → **1. Letterhead**

Primus GmbH
Ms Elke Sommer
Koloniestr. 2–4
47057 Duisburg
Germany

223 Business Park
London NW1 3AD
Tel: 0181 7387 8217
Fax: 0181 7388 0625
email: info@officeunlimited.com

VAT No.: 2 5613 7854

→ **2. Inside Address**

Your ref.: ES   Our ref.: WM/JF → **3. Reference Line**

11ᵗʰ June 20.. → **4. Date (in full)**

Dear Ms Sommer → **5. Salutation**

Steifensand Lumbar-Support-Chair → **6. Subject Line**

Many thanks for your catalogue. Enclosed please find our company brochure. As a leading wholesaler of office furniture and equipment we are very interested in your products. Therefore we would like to have further details on your special "Steifensand Lumbar-Support-Chair":

1) How much of a discount can you grant on 250 items?
2) Please state your earliest date of delivery and your terms of payment.

Please send your offer as soon as possible. We look forward to doing business with you in the future.

→ **7. Body of the Letter (Capitalize first letter/ Many)**

Yours sincerely
Office Unlimited Ltd

Jane Fulham

(Jane Fulham)
p. p. William Marks/Purchasing Manager

→ **8. Complimentary Close**

→ **9. Signature Block**

Enc
Company brochure

→ **10. Enclosure(s)**

Wesentliche Bestandteile eines Geschäftsbriefes in englischer Sprache

1. Letterhead sender's name, address, phone & fax numbers, website address	**Briefkopf/Absender** Sie finden hier Informationen über das Unternehmen, wie z. B. Name, Adresse, Telefon, Internetauftritt, E-Mail-Adresse. In britischen Briefen wird häufig auch die Umsatzsteuernummer angegeben: VAT No. 51... (VAT = Value Added Tax = Mehrwertsteuer).
2. Inside address = Addressee's name and address 	**Anschrift/Adressat = Empfänger** Dieser Bereich beinhaltet den Namen und die Anschrift des Empfängers. Fügen Sie den Namen des Landes, in das der Brief geht, unterhalb der Anschrift ein. Die Anrede in der Anschrift lautet für verheiratete Frauen **Mrs** Smith, Männer **Mr** Jones, Frauen (wenn der Familienstand nicht bekannt ist) **Ms** Bright. **Die Anrede "Ms" hat sich in den letzten Jahren durchgesetzt und sollte bei Frauen als Standard verwendet werden.**
3. References Reference line	**Bezugszeichen/Bezugszeichenzeile** Die Platzierung ist an verschiedenen Stellen des Briefes möglich, z. B. unterhalb des Briefkopfes, ober- oder unterhalb der Anschrift. Sie zeigen die Initialen des Verfassers (Dictator), gefolgt von denen der Schreibkraft (Typist). **Our ref/Unser Zeichen** beinhaltet die Ordnungskriterien/Initialen des Absenders. **Your ref/Ihr Zeichen** zeigt in einem Antwortbrief die Ordnungskriterien/Initialen desjenigen, dessen Schreiben beantwortet wird.
4. Date  	**Datum** Verschiedene Schreibweisen sind üblich, z. B. in Großbritannien in der Reihenfolge Tag, Monat, Jahr: 12 January 20.. oder 12th January 20.. Der Monatsname kann auch vorangestellt werden (häufig in amerikanischen Briefen). Ein Komma kann dann vor der Jahreszahl eingefügt werden, ist jedoch nicht verpflichtend: January 12, 20.. oder January 12th 20.. **Achten Sie darauf, den Monatsnamen auf jeden Fall auszuschreiben (date in full), um Missverständnisse zu vermeiden** (12.09.20.. kann auch als 09.12.20.. verstanden werden, da in den USA der Monatsname bei dieser Schreibweise häufig an erster Stelle angegeben wird). Sie sollten zumindest eine übliche Abkürzung verwenden, z. B. August – Aug. Auch das Jahr sollte vollständig angegeben werden: 2021 und nicht 21.
5. Salutation 	**Anrede** Wenn Sie einen Geschäftsbrief oder eine E-Mail schreiben, sollten Sie diese immer an eine bekannte Kontaktperson schicken. Verwenden Sie die Anrede wie in der "inside address" beschrieben, z. B. "Dear Mr Henessy". Allgemein gehaltene Anreden wie z. B. "Dear Sirs", "Dear Sir", "Dear Madam" oder "Dear Sir or Madam" (britisch) oder "Gentlemen:"/ "Ladies and Gentlemen:" (amerikanisch) führen häufig dazu, dass die Schreiben nicht mehr gelesen werden.

Schriftverkehr in der Fremdsprache Englisch anwenden

Wesentliche Bestandteile eines Geschäftsbriefes in englischer Sprache		
6. Subject Line	**Betreffzeile** Üblicherweise befindet sich der Betreff zwischen der Anrede und dem eigentlichen Brieftext. In diesem Fall sollte er unterstrichen sein. Es ist jedoch auch möglich, die Betreffzeile, wie in deutschen Briefen, oberhalb der Anrede einzufügen; sie wird dann nicht unterstrichen, es wird jedoch ein "Re:" vorangestellt.	
7. Body of the Letter	**Brieftext** **Das erste Wort des Brieftextes beginnt immer mit einem Großbuchstaben!**	
8. Complimentary Close	**Grußformel** Im Deutschen entsprechen die Formulierungen dem üblichen „Mit freundlichen Grüßen". Enthält der Brief eine persönliche Anrede wie z. B. "Dear Ms Barnaby", so verwenden Sie "Yours sincerely". Bei Briefen in die USA ist auch eine Umstellung möglich: "Sincerely yours". Die in den USA früher häufig verwendete Formel "Yours truly" ist veraltet. Gleiches gilt für "Yours faithfully" in britischen Geschäftsbriefen. **Der erste Buchstabe der Grußformel wird stets großgeschrieben!**	
9. Signature Block	**Unterschrift** Häufig wird nach der Grußformel der Name des Unternehmens eingefügt. Wenn eine Angestellte im Auftrag ihres Vorgesetzten unterschreibt, wird der Name des Vorgesetzten angegeben und mit einem p. p. versehen (for and on behalf of = für und im Auftrag von). **Dies hat nichts mit dem deutschen ppa. zu tun (Prokura)**. Auch die Position des Vorgesetzten im Unternehmen wird angezeigt: z. B. "Purchasing Manager"/Einkaufsleiter.	
10. Enclosure(s)	**Anlagen** Sie können Abkürzungen benutzen: Enc = Anlage oder Encs = Anlagen. Die Anlagen können auch einzeln angeführt werden, z. B.: **Enc** Catalogue	

PRAXISTIPP Wenn Ihr Ausbildungsunternehmen nicht über Briefvorlagen verfügt, die an internationalen Standards ausgerichtet sind: "Don't worry!" Auch ein nach der DIN 5008 erstellter Brief wird im Ausland verstanden, wenn Sie die grundlegenden Unterschiede im Layout richtig beachten.

● Einen Geschäftsbrief in englischer Sprache beantworten

Wenn man sich in der Fremdsprache nicht sicher fühlt, empfiehlt sich bei der Beantwortung eines Geschäftsbriefes ein planvolles Vorgehen in drei Schritten.

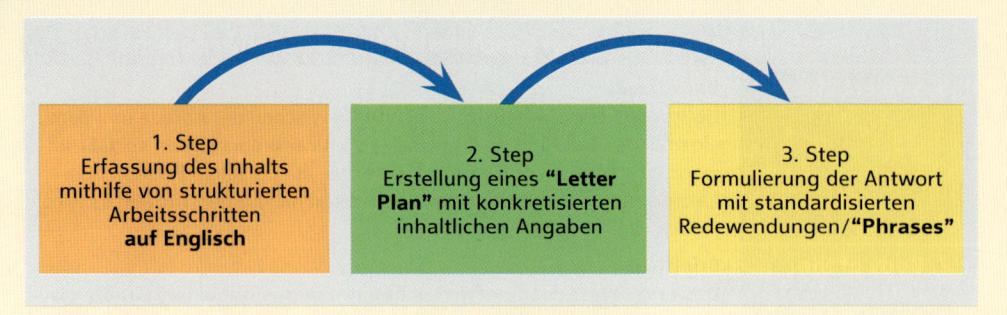

```
┌─────────────────┐      ┌─────────────────┐      ┌─────────────────┐
│    1. Step      │      │    2. Step      │      │    3. Step      │
│ Erfassung des   │      │ Erstellung eines│      │ Formulierung der│
│ Inhalts mithilfe│  →   │  "Letter Plan"  │  →   │ Antwort mit     │
│ von strukturier-│      │ mit konkretisier-│     │ standardisierten│
│ ten Arbeits-    │      │ ten inhaltlichen│      │ Redewendungen/  │
│ schritten       │      │    Angaben      │      │   "Phrases"     │
│  auf Englisch   │      │                 │      │                 │
└─────────────────┘      └─────────────────┘      └─────────────────┘
```

○ First step – Analysing a business letter

Bevor Sie auf einen englischen Geschäftsbrief antworten, sollten Sie diesen mithilfe von **strukturierten Arbeitsschritten** untersuchen, um die wesentlichen Inhalte zu erfassen. Es ist empfehlenswert, dies auf jeden Fall **in der Fremdsprache** zu tun. Sie haben dann bereits **die Gliederung Ihres Antwortbriefes auf Englisch** und ersparen sich die Zeit für eine vorherige Übersetzung ins Deutsche oder eine Zusammenfassung in deutscher Sprache. Dies mag anfänglich schwierig erscheinen, durch Übung und Routine werden Sie die Arbeitsabläufe jedoch zunehmend beschleunigen können.

Die folgende Analyse des Musterbriefes (vgl. S. 239) zum Layout bietet Ihnen ein Beispiel, wie Sie englische Briefe zügig und korrekt beantworten. Sie können auf diese Art selbstverständlich nicht nur bei Anfragen verfahren, sondern die Methode auch auf **weitere Briefformen mit entsprechend unterschiedlichen Inhalten anpassen und übertragen**.

Analysing a business letter

1. **Read the letter carefully and decide what kind of business letter it is (enquiry, offer, order etc.).**
   enquiry (specific)

2. **Who/Where does it come from? Company? Person to be addressed? Country?**
   Office Unlimited Ltd/Jane Fulham/England

3. **What do they want? Discounts? Terms of Business? Catalogue? Leaflet? Offer? Price list? Samples? etc.**
   – Offer for 250 Steifensand Lumbar-Support-Chairs
   – Possible discounts?
   – Earliest date of delivery?
   – Terms of payment?

○ Second step – The letter plan

Bei der Erstellung eines Angebots in englischer Sprache können Sie die oben erstellte Gliederung durch entsprechende Ergänzungen verfeinern. Diese beziehen sich auf den Brieftext/"body of the letter". Bei der Planung Ihres Briefes gehen Sie folgendermaßen vor:

Schriftverkehr in der Fremdsprache Englisch anwenden

Offer letter plan/Body of the letter
1. **Open** your letter by referring to the enquiry of ___?
2. **Answer** the requests by providing the necessary enclosure(s) or **information** wanted.
   We offer (**first, you have to check the following details with your boss!**)
   – 250 chairs
   – 10 % quantity discount
   – delivery by 1 August
   – documents against payment because of first business contact
3. **Close** the letter in a polite way.

> **PRAXISTIPP** The German word *Information(en)* in English is **"information" without an s** at the end.

○ Third Step – Phrases used when writing offers/quotations
Verwenden Sie die angegebenen Redewendungen, um Ihren **"Letter Plan"** in ein sprachlich und inhaltlich einwandfreies Angebot umzusetzen.

> **PRAXISTIPP** Always remember that you are communicating in **their** language!
> **Your English** is certainly better than **their German**! Be confident and keep your letters clear, short and simple!

Opening
Beziehen Sie sich am Briefanfang auf das Ihnen vorliegende Schreiben.

Thank you for	your letter	of ...
We refer to		dated ...
Vielen Dank für	Ihren Brief	vom ...
Wir beziehen uns auf		datiert ...

Enclosing sales literature/Sending samples
Unternehmen, die im Außenhandel tätig sind, verfügen meist über Verkaufsliteratur z. B. Prospekte, Kataloge oder Preislisten in englischer Sprache, die für die Korrespondenz unverzichtbar sind.

Please find enclosed	our	latest	catalogue (of our product range).
Enclosed you will find		current	brochure/leaflet.
			price list.
			terms of business.
We are pleased to send the samples you requested under separate cover.			
Beiliegend finden Sie	unsere(n)	neueste(n)	Katalog (unseres Sortiments).
bitte		aktuelle(n)	Prospekt.
			Preisliste.
			Geschäftsbedingungen.
Wir freuen uns, Ihnen die gewünschten Muster mit getrennter Post zu senden.			

Giving information about ...

Products

Informationen allgemeiner Art werden einem zukünftigen Kunden z. B. anhand von Katalogen zur Verfügung gestellt, damit er sich einen Überblick über das Sortiment und die Preise verschaffen kann. Um spezielle Angebote zu erstellen, die z. B. Angaben über mögliche Rabatte beinhalten, greifen Sie auf interne Informationen zurück.

Beispiel Nicole Höver findet in ihren Unterlagen eine Artikelliste, die sie für die Bearbeitung der Anfrage benötigt.

Artikelliste/List of Items		Büroausstattung/Office Equipment		
Listen-einkaufs-preis (purchasing price) netto (net)/€	Artikelbezeichnung/Item Description		Artikelnr. Item No.	Listen-verkaufs-preis (list price) netto (net)/€
	Deutsch	Englisch		
96,59	Schreibtisch Primo	Primo Office Desk	159B574	212,50
90,68	Bildschirm-Arbeitstisch Primo	Primo Monitor-Workstation	159B590	199,50
108,86	Rollcontainer Primo	Primo Mobile File Cabinet	159B632	239,50
64,77	Unterschrank Primo	Primo Medium Height Cabinet	159B616	142,50
136,14	Schreibtisch Classic	Classic Office Desk	308B049	299,50
58,86	Regalelement Classic	Classic Shelving Unit	308B122	129,50
179,32	Bandscheiben-Drehstuhl Steifensand	Steifensand Lumbar-Support-Chair	120B592	394,50
90,68	Bandscheiben-Drehstuhl Super-Star	Super-Star Lumbar-Support-Chair	162B388	199,50
97,50	Bürodrehstuhl Modell 1640	Model 1640 Office Chair	381B814	214,50
33,86	Aktenvernichter Fellowes PS 50	Fellowes PS 50 Shredder	228B684	74,50
64,77	Bildschirm-Arbeitstisch Charm	Charm Monitor-Workstation	160B994	142,50
72,50	Druckertisch Euratio	Euratio Printer Table	305B094	159,50

PRAXISTIPP Erkundigen Sie sich in Ihrem Ausbildungsbetrieb nach Verkaufsunterlagen in englischer Sprache und nutzen Sie diese, um sich über die entsprechenden englischen Bezeichnungen Ihres Sortiments (range of products/product range) und weitere Details zu informieren. Benutzen Sie im Englischen die Begriffe **"product"** oder **"item"**, wenn Sie das deutsche Wort „Artikel" verwenden wollen. Das englische "article" hat eine stark sprachliche Zuordnung (der, die, das, ein, einer).

Prices (vgl. Incoterms® 2020, S. 381 f.)

Our prices are quoted	DDP London/FOB Hamburg/EXW Duisburg.
Unsere Preise sind angegeben	DDP London/FOB Hamburg/ab Werk Duisburg.

Discounts

We can give you a(n)	trade initial	discount of ... %	on the list price. on the net price.	
We can grant you a(n)	quantity discount of ... %	on orders	worth at least €10,000.00/of at least 500 pieces/of 500 units or more.	

Wir geben Ihnen einen	Händler- Einführungs-	-rabatt von ... %	auf den Listenpreis. auf den Nettopreis.	
Wir gewähren Ihnen einen	Mengenrabatt von ... %	auf/für Aufträge	im Wert von mindestens 10 000,00 €/ von mindestens 500 Stück/von 500 Stück/Einheiten oder mehr.	

PRAXISTIPP Im Englischen wird bei Zahlenangaben anstelle des Kommas ein Punkt gesetzt, anstelle des deutschen Tausendertrennpunktes jedoch ein Komma.

Deutsch: **10.000,00 €**   Englisch: **€10,000.00**

Payment

For first orders	our terms of payment are documents against payment (D/P).
As we have not done business before	payment is to be made by confirmed and irrevocable letter of credit.

Bei Erstaufträgen	lauten unsere Zahlungsbedingungen Kasse gegen Dokumente.
Da wir bisher noch keine Geschäftsbeziehung haben,	soll die Zahlung durch bestätigtes und unwiderrufliches Dokumentenakkreditiv erfolgen.

Delivery

Delivery Shipment	can be	made arranged	immediately within one week	after receipt of order.

Die Lieferung Der Versand	kann	unverzüglich innerhalb einer Woche	nach Auftragserhalt	erfolgen. arrangiert werden.

Closing

Schließen Sie Ihren Brief mit einer freundlichen Redewendung, die einen Ausblick auf eine positive Geschäftsbeziehung eröffnet.

Should you have any questions or need more information,		please feel free to contact us. please don't hesitate to contact us.
We are sure that	our offer the quality of our products	will meet your expectations.
We look forward to	doing business with you receiving your order	soon. in the near future.
Sollten Sie noch weitere Fragen haben oder zusätzliche Informationen benötigen,		nehmen Sie bitte Kontakt mit uns auf. zögern Sie bitte nicht, uns dies mitzuteilen.
Wir sind sicher, dass	unser Angebot die Qualität unserer Artikel	Ihren Erwartungen entspricht.
Wir freuen uns	auf eine zukünftige/baldige Geschäftsbeziehung.	
	darauf, Ihren Auftrag	bald/in Kürze/in naher Zukunft zu erhalten.

PRAXISTIPP Seien Sie nicht erstaunt, wenn Ihr englischer Geschäftspartner Sie bereits nach wenigen Kontakten mit Ihrem Vornamen anspricht oder anschreibt. Sie zählen damit noch lange nicht zu seinen Freunden! Im Englischen geht man viel schneller als im Deutschen zu einem weniger formellen Umgangston über.

Schriftverkehr in der Fremdsprache Englisch anwenden

- Trotz der abnehmenden Formalität in der Korrespondenz ist die korrekte Anwendung bestimmter Aspekte, z. B. Anschrift, Datum, Betreff, Anrede und Grußformel zu beachten.

- Der **Ländername** erscheint in der letzten Zeile der "Inside Address". Der Monatsname und das Jahr sollten bei der Datumsangabe ausgeschrieben werden. Der Betreff befindet sich i. d. R. zwischen Anrede und Brieftext und ist unterstrichen.

- Wichtig ist, dass man Brief oder E-Mail an einen bekannten Ansprechpartner adressiert. Dann wählt man in der "Salutation" bei einem Mann z. B. "Dear Mr Jones", bei einer bekannten Ansprechpartnerin ist die Standardanrede z. B. "Dear Ms Majors".

- Der erste Buchstabe des Brieftextes wird immer großgeschrieben.

- Als **"complimentary close"** verwendet man bei einem bekannten Ansprechpartner "Yours sincerely". In amerikanischen Geschäftsbriefen wird dies häufig auch umgestellt, also "Sincerely yours". Der erste Buchstabe der Grußformel wird stets großgeschrieben.
- **Das englische "p.p."** bedeutet „für und im Auftrag von" und hat nichts mit „Prokura" zu tun.
- Die **Erstellung eines Antwortbriefes** auf einen englischen Brief sollte in drei Schritten erfolgen:

  1. **First step – Analysing a business letter**

     Inhaltliche Erfassung durch strukturierte Arbeitsschritte in der Fremdsprache. Dies liefert die Gliederung für den Antwortbrief.

  2. **Second step – The letter plan**

     Erstellung eines "letter plan" mit konkretisierten Inhalten: "opening"/ "reference", "enclosures"/"information", "closing".

  3. **Third step – Phrases used when writing offers/quotations**
     Ausformulierung durch standardisierte Redewendungen/Textbausteine (phrases).

1. Erstellen Sie eine Liste mit zehn Artikelbezeichnungen Ihres Ausbildungsbetriebes in englischer Sprache.

2. Handlungssituation: In Ihrem Unternehmen arbeitet im Rahmen eines europäischen Austauschs zurzeit ein Auszubildender (trainee) aus Großbritannien. Ihr Vorgesetzter bittet Sie, diesem das Layout eines Geschäftsbriefes in englischer Sprache zu erklären. Bereiten Sie den Vortrag schriftlich vor und erläutern Sie Ihrem Partner die wichtigen Aspekte. Wechseln Sie anschließend die Rollen.

3. Beantworten Sie den Musterbrief zum Layout auf S. 239. Nutzen Sie als Vorlage die auf S. 242 angegebene Strukturhilfe, erstellen Sie danach Ihren **"letter plan"**. Anschließend verwenden Sie geeignete **"phrases"**, um den Brief zu formulieren.

4. Beantworten Sie die folgende spezielle Anfrage/specific enquiry von Tasco:

  – Erstellen Sie zuerst eine **strukturierte Zusammenfassung** des Tasco-Briefes.

  – Danach entwerfen Sie Ihren **"letter plan"**.

  – Dann nutzen Sie geeignete **"phrases"**, um den Brief zu schreiben.

248 LF 2 Aufträge kundenorientiert bearbeiten

TASCO

Primus GmbH
Mr Krazek
Koloniestr. 2–4
47057 Duisburg
Germany

21a Brown Street
Manchester M5 3SL
Tel.: 0161 35348-72
Fax: 0161 35348-73
Website: www.tasco.man.uk
VAT No.: 3 4423 4567

Your ref.:   Our ref.: JW   2nd January 20..

OFFICE FURNITURE

Dear Mr Krazek

We visited your website on the Internet and are particularly interested in the office desks that you offer. We are a well-known supermarket chain in the UK and want to equip many of our branch offices with new office furniture.

We would therefore be thankful if you could quote us your lowest price for **200 Primo office desks**. Could you please also let us have information about your terms of payment and delivery.

We look forward to receiving your quotation in the near future.

Yours sincerely
TASCO

Janice Whitehall

Janice Whitehall
Purchasing Department

Entscheiden Sie sich bei den folgenden Briefen für Artikel Ihrer Wahl. Verwenden Sie entweder die Artikelliste der Primus GmbH auf S. 244 oder Ihre selbst erstellte Liste aus Aufgabe 1. Erstellen Sie Ihr Angebot mit konkreten Preisangaben.

5. **Handlungssituation:** Sie erhalten in Ihrem Ausbildungsbetrieb eine Anfrage der Farnham Wholesaling Corporation, Don Myers, Purchasing Manager, 365 Motown Place, New York, NY 12034, USA, datiert vom 08.03.20.. The company wants a catalogue and specific information about item XXX that they have seen in an advertisement in a magazine.

In Ihrer Antwort (vollständiger Brief mit Briefkopf und Anschrift) legen Sie einen Prospekt des Artikels und die Geschäftsbedingungen bei, den Katalog senden Sie mit getrennter Post. Sie machen darauf aufmerksam, dass auf den o. A. Artikel als Einführungsangebot zurzeit ein Rabatt von 20 % gewährt wird, wenn mehr als 100 Stück abgenommen werden und der Auftrag bis spätestens Ende Mai erteilt wird.

6. Fill in the gaps in the following text using the words given in the box.

delivery	information	prices	payment	offer	natural
equipment	customer	quality	workstations	discounts	variety
wholesaler	enquiry	services	terms	statement	precisely

When receiving an _____, a _____ should try to answer it immediately and _____. An _____ is a _____ from a company that wants to sell its products and _____ on certain terms at certain _____. As you want your _____ to buy your goods, try to advertise your products, e.g., "As a leading dealer for office _____ we can offer you a wide _____ of different _____ made from only _____ materials." You should give detailed _____ about the nature and _____ of your goods, and you should inform the buyer on possible _____. Furthermore, the buyer has to be informed about your _____ of _____ and _____.

7. Name the different parts of the business letter!

Business letter part	Write Here
1. Brexit&Johnson Ltd., 55-65 Mansion Road, Manchester SU 3DP VAT No. 587 434 389 Phone: 061 6759883 Website: https://www.Brexit&Johnson.com E-Mail: info@Brexit&johnson.com	1.
2. a) Ref: BJ/NF b) 13 May 20..	2. a) b)
3. Primus GmbH, 47057 Duisburg, Koloniestr. 2-4	3.
4. Dear Ms Höver	4.
5. Information about your new products	5.
6. We have seen on your website that you have developed a lot of great new products for office communication. We are especially interested in the new earphones. As we have been doing business together very successfully for years, we would like to ask you if you could send us a sample. Please let us know your earliest date of delivery and your possible discounts. We look forward to hearing from you shortly.	6.
7. Yours sincerely	7.
8. Boris Johnson	8.
9. General Manager	9.

5 Kaufverträge mit dem Kunden rechtskräftig abschließen

5.1 Angebote erstellen

Die Primus GmbH holt im Rahmen des Beschaffungsmarketings von verschiedenen Unternehmen schriftliche Angebote für Ansatztische ein. Unter anderem erhält sie ein Angebot der Bürodesign GmbH, Köln. Unter dem Angebot dieses Unternehmens steht u. a.: *„Lieferung, solange der Vorrat reicht".* Nicole Höver bestellt einen Tag nach Erhalt des Angebots 50 Ansatztische „Primo". Nach einer Woche erhält sie von der Bürodesign GmbH folgende Nachricht: *„Leider müssen wir Ihnen mitteilen, dass unser gesamter Lagerbestand an Ansatztischen ‚Primo' bereits verkauft worden ist."* Nicole Höver ruft empört bei der Bürodesign GmbH an und verlangt die Lieferung der bestellten Waren.

ARBEITSAUFTRÄGE
- Stellen Sie fest, welche rechtliche Bedeutung ein Angebot für den Anbietenden hat.
- Überprüfen Sie, ob die Primus GmbH Anspruch auf Lieferung der bestellten Waren hat.
- Prüfen Sie die rechtliche Situation für den Fall, dass die Primus GmbH von der Bürodesign GmbH ohne Bestellung 20 Schreibtischstühle als Sonderangebot zugesandt bekommt.

Ein **Angebot** ist eine an eine **bestimmte Person gerichtete Willenserklärung**, mit der der Anbietende zu erkennen gibt, dass er bestimmte Waren zu bestimmten Bedingungen liefern will. Das Angebot unterliegt ebenso wie die Anfrage **keinen Formvorschriften**. Es kann mündlich, schriftlich, telefonisch oder fernschriftlich (z. B. per E-Mail) abgegeben werden.

Beispiele
- Die Bürodesign GmbH lässt der Primus GmbH ihre Angebote durch persönliche Besuche von Reisenden überbringen.
- Die Flamingowerke AG sendet der Primus GmbH ihre Angebote per E-Mail zu.

Zur Vermeidung von Irrtümern sollte immer die Schriftform gewählt werden. Durch das Internet können Anfragen, Angebote, Bestellungen, Lieferscheine, Rechnungen zwischen Kunden, Lieferanten, Geldinstituten usw. schnell und rationell ausgetauscht werden.

Ein **Angebot** ist nur dann **rechtsverbindlich**, wenn es **an eine bestimmte Person gerichtet ist (§ 145 BGB)**. Das **Ausstellen von Waren** in Schaufenstern, Automaten, Verkaufsräumen, ebenso das Anpreisen von Waren in Prospekten, Katalogen, Postwurfsendungen und Anzeigen in Zeitungen sind im rechtlichen Sinne **kein Angebot**, sondern eine an die

Allgemeinheit gerichtete **Anpreisung**. Diese beinhalten lediglich die Aufforderung an den Kunden, selbst einen Antrag an den Verkäufer zu richten.

● Bindung an das Angebot

Grundsätzlich sind alle Angebote verbindlich. Will der Verkäufer die Bindung des Angebots einschränken oder ausschließen, nimmt er in sein Angebot sog. **Freizeichnungsklauseln** auf.

Freizeichnungsklauseln	Verbindlich	Unverbindlich
solange der Vorrat reicht	Preis, Lieferzeit	Menge
freibleibend	–	alles
ohne Gewähr, ohne Obligo	–	alles
Preise freibleibend	Lieferzeit, Menge	Preis
Lieferzeit freibleibend	Preis, Menge	Lieferzeit

Beinhaltet ein **schriftliches Angebot** keine Freizeichnungsklausel, so ist der Anbietende so lange an sein Angebot gebunden, **wie er unter verkehrsüblichen Umständen mit einer Antwort rechnen kann**, d.h., der Kunde muss auf dem gleichen oder einem schnelleren Weg antworten. Zu berücksichtigen sind hierbei die Beförderungsdauer des Angebots, eine angemessene Überlegungsfrist des Kunden und die Beförderungsdauer der Bestellung.

Beispiele
 – Angebot per Brief: zweimal Postweg in vier Tagen (vom Anbieter zum Empfänger und zurück), ein Tag Bearbeitung, Gültigkeitsdauer höchstens fünf Tage
 – Angebot per E-Mail: ein Tag

Bei einem **mündlichen Angebot** ist der Anbietende **während des Verkaufsgesprächs** an sein Angebot gebunden. Nach Beendigung des Gesprächs ist das mündliche Angebot erloschen. Angebote während eines Telefongespräches gelten ebenfalls nur für die Dauer des Gesprächs.

Der Lieferer ist **nicht mehr an sein Angebot gebunden**, wenn

● das Angebot vom Kunden abgeändert wurde,

Beispiel Statt zum Angebot 1,98 €/Stück für den Primus-Castell Druckbleistift bestellt die Herstadt Warenhaus GmbH den Artikel zu 1,90 €/Stück bei der Primus GmbH.

● das Angebot vom Lieferer rechtzeitig widerrufen wurde; der Widerruf muss aber spätestens gleichzeitig mit dem schriftlichen Angebot beim Kunden eintreffen,

Beispiel Ein Angebot wurde brieflich an den Kunden gesandt; nach einem Tag will der Verkäufer aufgrund eines Irrtums widerrufen, es empfiehlt sich ein Widerruf per Telefon oder E-Mail, damit der Widerruf spätestens mit dem Brief eintrifft.

● zu spät vom Kunden bestellt wurde,

Beispiel Die Herstadt Warenhaus GmbH bestellt nach einem brieflichen Angebot ohne Fristsetzung erst nach drei Wochen bei der Primus GmbH.

● der Kunde das Angebot ablehnt.

Beispiel Die Herstadt Warenhaus GmbH teilt der Primus GmbH per E-Mail mit, dass sie kein Interesse an dem schriftlichen Angebot der Primus GmbH hat.

● Zusendung unbestellter Ware

Erhält ein **Kaufmann** unbestellte Waren eines Lieferers (zweiseitiger Handelskauf), dann liegt ein Angebot des Lieferers vor. Es ist zu überprüfen, ob bereits zwischen dem Lieferer und dem Käufer Geschäftsbeziehungen bestehen.

- Unterhält ein Kaufmann mit einem Lieferer bisher noch **keine Geschäftsbeziehungen**, dann gilt sein **Schweigen** bei Zusendung unbestellter Ware als **Ablehnung des Angebots**. Der Kaufmann ist nur verpflichtet, die unbestellte Ware eine angemessene Zeit aufzubewahren, nicht aber, sie zurückzuschicken.

- Sendet ein Lieferer einem Kaufmann, mit dem er **bereits Geschäftsbeziehungen** pflegt, unbestellte Waren zu und war das Zusenden unbestellter Ware bisher üblich (Handelsbrauch) zwischen den Vertragspartnern, dann gilt das **Stillschweigen** des Kaufmanns als **Annahme des Angebots**. Will der Kaufmann das Angebot nicht annehmen, so ist er verpflichtet, dem Lieferer **unverzüglich** eine Nachricht zukommen zu lassen (§ 362 HGB).

  Beispiel Die Primus GmbH erhält von der Bürodesign GmbH, die seit vielen Jahren die Primus GmbH beliefert, einen Sonderposten Schreibtische zugesandt, ohne dass dieser bestellt worden war. Unterlässt es die Primus GmbH, dem Lieferer unverzüglich Nachricht darüber zu geben, dass sie die Warenlieferung nicht haben möchte, dann muss die Primus GmbH die Waren behalten und bezahlen.

Wenn ein Verkäufer einer **Privatperson** (einseitiger Handelskauf) unbestellte Ware zusendet, gilt das **Schweigen** der Privatperson als **Ablehnung**. Die Privatperson ist weder zur Aufbewahrung der Waren noch zu deren Rücksendung verpflichtet. Wurde die unbestellte Ware als Nachnahme versandt und nimmt die Privatperson diese an, kommt ein Kaufvertrag zustande.

> **PRAXISTIPP** Die Zusendung unbestellter Ware an einen Privatmann verstößt gegen das Gesetz gegen den unlauteren Wettbewerb (UWG).

Beispiel Eine Onlinebuchhandlung sendet Nicole Höver unbestellt ein Buch zum Vorzugspreis von 29,00 €. Nicole ist nicht verpflichtet, das Buch zu bezahlen. Sie muss das Buch auch nicht zurücksenden oder aufbewahren.

Angebote erstellen

- Ein **Angebot** ist eine verbindliche Willenserklärung, Waren zu den angegebenen Bedingungen zu verkaufen. Anpreisungen sind rechtlich unverbindlich.

	Angebot	Anpreisung
Zielgruppe	eine bestimmte Person	die Allgemeinheit
Form	schriftlich mündlich	Katalog, Prospekte Postwurfsendung Zeitungsanzeige Schaufenster
Rechtliche Bedeutung	Antrag	Aufforderung zur Abgabe eines Angebotes
Rechtsfolge	verbindlich	unverbindlich

- **Mündliche Angebote**
  ... sind verbindlich, solange das Gespräch dauert (**Angebote unter Anwesenden**).
- **Schriftliche Angebote**
  ... sind so lange verbindlich, wie der Anbieter unter verkehrsüblichen Umständen mit einem Angebot rechnen kann, z. B. Brief ca. fünf Tage, Fax/E-Mail einen Tag (**Angebote unter Abwesenden**).
- Durch **Freizeichnungsklauseln** werden Angebote ganz oder teilweise unverbindlich.
- Bei **Zusendung unbestellter Ware** gilt Schweigen als Ablehnung. Ausnahme: Der Empfänger ist Kaufmann und steht mit dem Absender in ständiger Geschäftsbeziehung.

1. Erläutern Sie, in welchen Fällen ein Lieferer nicht mehr an sein Angebot gebunden ist.

2. Beschreiben Sie anhand von Beispielen, wie lange ein Lieferer an sein schriftliches Angebot gebunden ist.

3. Erläutern Sie, welche Möglichkeiten ein Lieferer hat, um die Bindung an ein Angebot einzuschränken oder auszuschließen.

4. Erläutern Sie folgende Freizeichnungsklauseln:
   a) solange der Vorrat reicht   c) ohne Obligo
   b) Preis freibleibend   d) freibleibend

5. Die Primus GmbH erhält von der Stadtverwaltung Duisburg eine schriftliche Anfrage bezüglich der Neueinrichtung mehrerer Büroräume für 20 Angestellte. Die Stadtverwaltung Duisburg äußert in ihrem Schreiben konkrete Vorstellungen über die Anzahl der erforderlichen Schreibtische, Drehstühle, Rollcontainer, Unterschränke, Bildschirmarbeitstische und Druckertische. Außerdem bittet die Stadtverwaltung Duisburg darum, mit einem Büroraumplaner der Primus GmbH gemeinsam Vorstellungen zu entwickeln, wie die einzelnen Büroräume am effizientesten gestaltet werden können. Die Büroräume sollen innerhalb von zwei Monaten fertiggestellt sein. Ferner wünscht die Stadtverwaltung Duisburg, dass ihr die Primus GmbH bezüglich der vorhandenen Listenverkaufspreise entgegenkommt. Schreiben Sie mithilfe einer geeigneten Textverarbeitungssoftware das Angebot der Primus GmbH an die Stadtverwaltung Duisburg.

6. Der Primus GmbH liegen mehrere Angebote für Tischkopierer vor. Ein Angebot enthält den Zusatz „freibleibend". Welche rechtliche Bedeutung hat der Zusatz?
   1. Der Lieferer reserviert die Ware bis zur Bestellung für die Primus GmbH.
   2. Das Angebot bleibt für die Primus GmbH bis auf Widerruf durch den Anbieter verbindlich.
   3. Das Angebot bleibt für den Anbieter bis auf Widerruf innerhalb von drei Monaten verbindlich.
   4. Das Angebot muss durch die Primus GmbH schriftlich angenommen werden.
   5. Das gesamte Angebot ist unverbindlich.

5.2 Inhalte von Angeboten untersuchen

Die Primus GmbH hat von verschiedenen Lieferern Angebote über Ansatztische erhalten. Teilweise haben die Lieferer in ihren Angeboten Angaben über Beförderungsentgelte und Verpackungskosten gemacht. Nachdem Nicole Höver die unterschiedlichen Angebote überprüft hat, sagt sie zu Helga Konski, der Abteilungsleiterin Einkauf: *„Wenn ein Lieferer in seinem Angebot keine Angaben über seine Fracht- und Verpackungskosten macht, muss er sie selbst tragen. Daher können wir doch diese Kosten unberücksichtigt lassen, da ..."* „Sie machen es sich *ein bisschen einfach, Frau Höver, es gibt schließlich Gesetze, die so etwas regeln",* unterbricht sie Frau Konski etwas ärgerlich.

ARBEITSAUFTRÄGE
- Finden Sie heraus, wer bei einer Lieferung von Waren die Beförderungs- und Verpackungskosten tragen muss.
- Stellen Sie fest, wann eine Rechnung bezahlt werden muss, wenn im Kaufvertrag keine Regelung darüber getroffen wurde und in der Rechnung hierzu kein Vermerk enthalten ist.
- Überprüfen Sie, welches Gericht bei etwaigen Streitigkeiten zwischen den Vertragspartnern zuständig wäre, wenn im Kaufvertrag keine Regelung darüber getroffen wurde.
- Stellen Sie die gesetzlichen und vertraglichen Regelungen zu den Inhalten des Angebots in Partnerarbeit in einer Übersicht dar und präsentieren Sie Ihre Ergebnisse digital.

Es gibt keine gesetzlichen Vorschriften über den **Inhalt des Angebots**. Dieser sollte jedoch alle wesentlichen Bestimmungen enthalten, die zur reibungslosen Erfüllung des Kaufvertrages erforderlich sind.

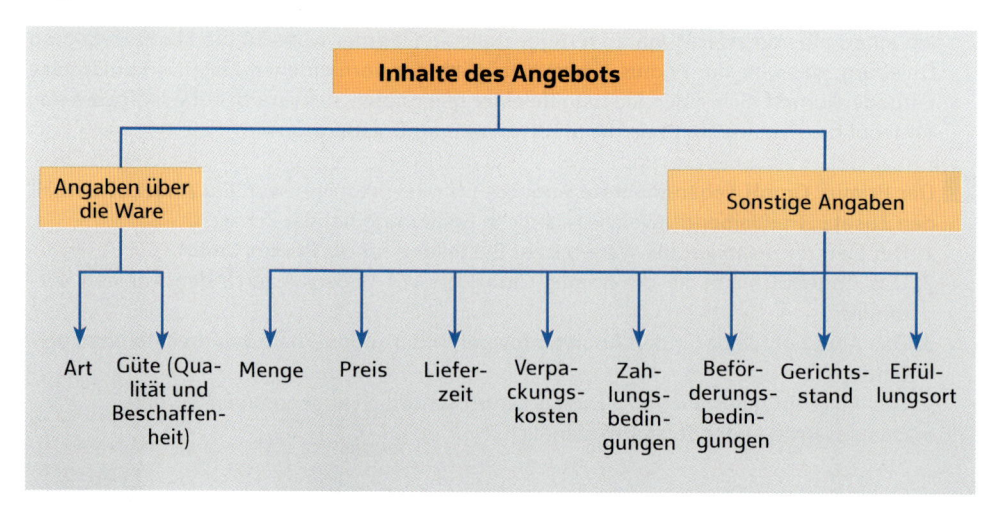

```
                        Inhalte des Angebots
                ┌───────────────┴───────────────┐
        Angaben über                      Sonstige Angaben
         die Ware
    ┌────┬────┬────┐          ┌──────┬──────┬──────┬──────┬──────┐
   Art  Güte Menge Preis   Liefer- Verpa- Zah-  Beför- Gerichts- Erfül-
       (Qua-                 zeit  ckungs- lungs- derungs- stand lungsort
       lität und                   kosten bedin- bedin-
       Beschaffen-                  gungen  gungen
       heit)
```

Um nicht alle Inhaltspunkte immer wieder neu aushandeln zu müssen, verwenden die Lieferer oft vorgedruckte **„Allgemeine Geschäftsbedingungen" (AGB)**. Wenn weder in den AGB noch im Kaufvertrag Regelungen zu bestimmten Einzelheiten getroffen worden sind, gelten die Bestimmungen des BGB (§ 433 ff.) und HGB (§ 343, vgl. S. 272 f.).

Dem Angebot kommt in der kaufmännischen Praxis eine besondere Bedeutung zu. Für den Käufer bildet es eine wichtige Grundlage für seine Einkaufsentscheidung. Für den Verkäufer bietet das Angebot die Möglichkeit, die Leistungen seines Unternehmens positiv darzustellen. Somit kann der Verkäufer durch die Vorgabe seiner Konditionen aktive Marktgestaltung betreiben, wodurch Präferenzen gegenüber Mitbewerbern erzeugt werden können. Werden in einem Angebot bestimmte Punkte nicht geregelt, so gelten die gesetzlichen Regelungen. Bei **Verbrauchsgüterkäufen** (nur Verkäufer ist Kaufmann) gelten die §§ 346 ff. und 474 ff. BGB.

● Art der Ware

Die **Art der Ware** wird durch **handelsübliche Bezeichnungen** festgelegt.

Beispiele Schreibtisch Primo, Smartphone D2 S453, Weißwein Müller Thurgau Knurrberg, Smart-TV Sany 2030, Seminarmarker Primus 270 Boardmarker

● Güte der Ware

Gesetzliche Regelung: Sind **im Angebot des Lieferers keine Angaben** über die Güte der Ware gemacht worden, ist bei Lieferung die **Ware in mittlerer Güte** zu liefern (§ 243 BGB).

Die Güte (Qualität und Beschaffenheit) einer Ware wird bestimmt durch:

- **Muster und Proben**

  Beispiele Stoffbezüge, Tapeten, Papier (Muster), Wein, Waschmittel (Proben)

- **Güteklassen zur Angabe von Warenqualitäten:** Sie geben Auskunft über die **Handelsklassen** (I. Wahl, II. Wahl, DIN-Normen, Auslese), über **Typen** (Weizenmehl Type 405) und **Standards** (Faserlänge von Baumwolle).

- **Marken** werden in Wort und Bild von Herstellern und großen Handelsunternehmen verwendet, um sich von anderen Unternehmen zu unterscheiden (§ 1 Markengesetz).

  Beispiele Persil, Nivea, Mercedes, BMW, adidas

- **Güte-/Prüfzeichen** in Form von Wort-Bild-Marken (grafische oder schriftliche Markierung an Produkten) werden von verschiedenen Verbänden und Organisationen an Hersteller vergeben.

  Beispiele Geprüfte Sicherheit, TÜV-Zeichen

- **Herkunft der Ware:** durch das Anbaugebiet oder Herstellungsland gekennzeichnet

  Beispiele Wein von der Mosel, Holz aus Finnland

- **Jahrgang der Ware**

  Beispiele Antiquitäten, Whiskey, Wein

- **Zusammensetzung der Ware**

  Beispiele Bestandteile bei Farben und Lacken, Fettanteile in Käse und Wurst, Silbergehalt bei Essbestecken

● Menge der Ware

Gesetzliche Regelung: Enthält das Angebot keine Mengenangabe, die sich auf einen bestimmten Preis bezieht, gilt es für jede handelsübliche Menge.

Die Menge einer Ware wird in **gesetzlichen Maßeinheiten** (m, m^2, l, hl, kg), **in Stückzahlen oder in handelsüblichen Mengeneinheiten** (Stück, Dutzend, Sack, Fass, Kiste, Karton, Ballen, Ries) angegeben. Im Außenhandel sind auch andere Maß- und Mengeneinheiten gebräuchlich.

● Preis der Ware

Der Preis einer Ware bezieht sich entweder auf eine **handelsübliche Mengeneinheit oder eine bestimmte Gesamtmenge**. Von entscheidender Bedeutung für die Beurteilung der Vorteilhaftigkeit eines Angebotspreises ist die Berücksichtigung der **Preisnachlässe**.

LF 6

Beispiel Die Primus GmbH hat in ihren AGB folgende Regelung getroffen: „1. Preisgestaltung: Alle Preise sind freibleibende Nettoangaben und verstehen sich zuzüglich der gültigen Mehrwertsteuer." Je nach Höhe der getätigten Umsätze wird vielen Kunden ein Mengenrabatt gewährt. Damit sollen diese Kunden zur Abnahme größerer Mengen veranlasst werden.

● Lieferzeit

- **Gesetzliche Regelung**: Ist im Kaufvertrag keine Regelung über den Zeitpunkt der Lieferung vereinbart worden, **kann der Käufer sofortige Lieferung** verlangen und der Verkäufer kann sie sofort bewirken (§ 271 BGB). Diese gesetzliche Regelung wird als **Tages- oder Sofortkauf** bezeichnet.
- **Vertragliche Regelung**: Durch eine kundengerechte Gestaltung der Lieferzeit (Termin-, Fixkauf, vgl. S. 265) können Kaufentscheidungen von Abnehmern günstig beeinflusst werden.

Beispiel Die Primus GmbH vereinbart mit ihren Kunden flexible Lieferzeiten, so garantiert sie bei einem Bestelleingang bis 12:00 Uhr eine Lieferung dieser Waren am nächsten Werktag. Zudem hat sie in ihren AGB folgende Regelung getroffen: „8. Lieferfrist: Falls der Verkäufer die vereinbarte Lieferfrist nicht einhalten kann, hat der Käufer eine angemessene Nachfrist zu gewähren, ..."

● Verpackungskosten

Gesetzliche Regelung: Ist über die Berechnung der Verpackungskosten zwischen dem Verkäufer und dem Käufer nichts vereinbart worden, **trägt der Käufer die Kosten der Versandverpackung** (§ 448 BGB, § 380 HGB, vgl. S. 349). Das **Gewicht der Versandverpackung** wird als **Tara** (= Verpackungsgewicht) bezeichnet. Man unterscheidet zwischen **tatsächlicher Tara** (wirkliches Gewicht der Verpackung) und **handelsüblicher Tara** (= Prozenttara). Als handelsübliche Tara wird je nach Ware ein bestimmter Prozentsatz des Bruttogewichts festgesetzt. Zieht man vom Bruttogewicht Tara ab, erhält man das **Nettogewicht**:

	Bruttogewicht	(Ware und Verpackung = Rohgewicht oder Gesamtgewicht)
−	**Tara**	(Verpackungsgewicht)
=	**Nettogewicht**	(Reingewicht der Ware)

Vertraglich kann zwischen Lieferer und Käufer Folgendes vereinbart werden:

- **Reingewicht einschließlich Verpackung**: Die Verpackungskosten sind im Preis enthalten, die Verpackung wird nicht berechnet. Der Verkäufer trägt die Verpackungskosten.

    Beispiele Elektrogeräte, Fotokopierpapier, Fliesen, Schuhe

- **Reingewicht ausschließlich** Verpackung: Die Verpackungskosten werden zusätzlich berechnet (gesetzliche Regelung), der Käufer trägt die Verpackungskosten. Die Verpackung kann
    - **Eigentum des Käufers** werden oder
    - vom Lieferer dem Käufer **leihweise** oder **gegen Entgelt** überlassen werden. Bei Rückgabe schreibt der Lieferer die Verpackungskosten ganz oder teilweise gut.

    Beispiele Holzpaletten, faltbare Alubehälter (Collico), Getränkekästen

- **Rohgewicht einschließlich Verpackung (brutto für netto = bfn = b/n)**: Die Verpackung wird wie Ware berechnet, die Verpackung geht in das Eigentum des Käufers über, der Käufer zahlt die Verpackung.

    Beispiele Obst und Gemüse in Kisten und Kartons, Schrauben und Nägel in Plastikkartons

● Zahlungsbedingungen

Gesetzliche Regelung: Geldschulden sind Bringschulden (§ 270 f. BGB), d. h., der Käufer trägt die Kosten und die Gefahr der Geldübermittlung bis zum Verkäufer. Folglich muss der Käufer die Kosten der Zahlung (z. B. Überweisungsentgelte) tragen. Nach einem Urteil des Europäischen Gerichtshofs muss die Zahlung so erfolgen, dass die Gutschrift auf dem Konto des Gläubigers spätestens am Fälligkeitstag erfolgt. Ferner sieht die gesetzliche Regelung **sofortige Bezahlung der Ware bei Lieferung** vor (§ 433 Abs. 2 BGB).

Beispiele Ware gegen Geld, Zug um Zug, netto Kasse, gegen bar, sofort

Folgende **vertragliche Zahlungsbedingungen** können vereinbart werden:

- **Vorauszahlung**: Der Lieferer verlangt bei neuen oder schlecht zahlenden Kunden einen Teil des Rechnungsbetrages oder den gesamten Rechnungsbetrag im Voraus.

    Beispiele Zahlung im Voraus, Lieferung gegen Vorkasse, Zahlung bei Vertragsabschluss/Bestellung

- **Zahlung mit Zahlungsziel** (Ziel- oder Kreditkauf): Der Lieferer gewährt dem Käufer einen kurzfristigen Kredit. Aus Sicherheitsgründen liefert der Verkäufer die Waren i. d. R. unter Eigentumsvorbehalt, d. h., durch die Vereinbarung des Eigentumsvorbehalts im Kaufvertrag **bleibt der Verkäufer bis zur vollständigen Bezahlung** des Kaufpreises **Eigentümer** der Ware. Somit kann der Verkäufer bei Nichtzahlung des Käufers die Ware jederzeit wieder in seinen Besitz zurückführen. Der **Käufer** wird zunächst **nur Besitzer**. Der Eigentumsvorbehalt muss ausdrücklich im Kaufvertrag vereinbart werden, es genügt nicht, dass er bei der Lieferung auf dem Lieferschein vermerkt wird.

    Beispiel Die Primus GmbH hat in ihren AGB folgende Regelungen getroffen: „**2. Zahlungsziel:** Rechnungen sind innerhalb von 30 Tagen zu begleichen. Bei Zahlung innerhalb von zehn Tagen gewähren wir 2 % Skonto." „**13. Eigentumsvorbehalt:** Alle Waren bleiben bis zur vollständigen Bezahlung unser Eigentum."

Beförderungsbedingungen

Gesetzliche Regelung: Warenschulden sind Holschulden (§ 447 Abs. 1 BGB); danach trägt der **Käufer beim Versendungskauf alle entstehenden Beförderungskosten ab der Versandstation**. Die Kosten bis zur Versandstation (z. B. Bahnhof oder Poststelle des Verkäufers) und die Wiege- und Messkosten trägt der Verkäufer. Diese Regelung gilt immer, wenn es sich um einen **Versendungskauf** handelt, d. h., Käufer und Verkäufer haben ihren Geschäftssitz an unterschiedlichen Orten.

Je nach Versandart können **unterschiedliche Versandkosten** anfallen:

- erstes **Rollgeld** für die Anfuhr (Transportkosten vom Betrieb des Verkäufers bis zur Versandstation)
- **Wiege-, Mess-, Verlade- und Entladekosten**
- **Fracht** (Transportkosten von der Versandstation bis zur Empfangsstation)
- zweites **Rollgeld** für die Zu-/Abfuhr (Transportkosten von der Empfangsstation bis zum Geschäfts-, Wohnsitz des Käufers)

    Beispiel Die Primus GmbH hat in ihren AGB folgende Regelung zu den Beförderungsbedingungen vorgegeben: „6. Versandkosten: Versand bis 31,5 kg per Paketdienst (DPD).

Gewicht:	€	Gewicht:	€
0 bis 6 kg	7,50	über 18 bis 31,5 kg	19,00
über 6 bis 12 kg	11,30	über 31,5 kg per Spedition nach Aufwand."	
über 12 bis 18 kg	13,50		

- **Zoll** (vgl. S. 286, 393 f.) im internationalen Handelsverkehr

> **§ 448 BGB – Kosten der Übergabe und vergleichbare Kosten**
> (1) Der Verkäufer trägt die Kosten der Übergabe der Sache, der Käufer die Kosten der Abnahme und der Versendung der Sache nach einem anderen Ort als dem Erfüllungsort.

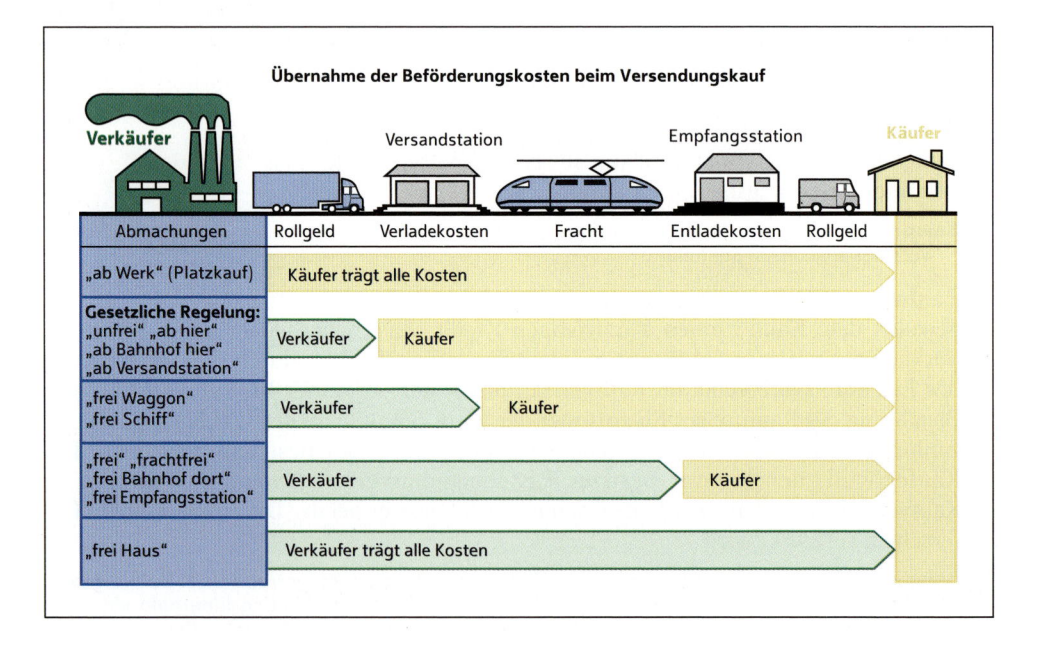

Übernahme der Beförderungskosten beim Versendungskauf

Abmachungen	Rollgeld	Verladekosten	Fracht	Entladekosten	Rollgeld
„ab Werk" (Platzkauf)	Käufer trägt alle Kosten				
Gesetzliche Regelung: „unfrei" „ab hier" „ab Bahnhof hier" „ab Versandstation"	Verkäufer	Käufer			
„frei Waggon" „frei Schiff"	Verkäufer		Käufer		
„frei" „frachtfrei" „frei Bahnhof dort" „frei Empfangsstation"	Verkäufer			Käufer	
„frei Haus"	Verkäufer trägt alle Kosten				

Beim **Platzkauf** (Käufer und Verkäufer wohnen am selben Ort) trägt der Käufer alle Kosten. Die Vertragspartner können die gesetzliche Regelung durch **vertragliche Regelungen** abändern, diese müssen aber im Kaufvertrag vereinbart werden (vgl. AGB der Primus GmbH: 6. Versandkosten, S. 274). Unabhängig von der vertraglichen Regelung wird der Verkäufer die anteiligen Beförderungskosten, die er übernimmt, in seine Verkaufspreise einkalkulieren, sodass der Käufer über den Listeneinkaufspreis in jedem Fall die vom Verkäufer übernommenen Beförderungskosten trägt. Die vertragliche Regelung der Beförderungskosten ist demnach auch eine Maßnahme im Rahmen der Preispolitik. Im Außenhandel sind eine Vielzahl anderer Lieferungsbedingungen (z. B. Incoterms® 2020, vgl. S. 378) gebräuchlich.

> **Beispiel** Die Primus GmbH hat in ihren AGB folgende Regelung getroffen: „**5. Lieferung:** Wir liefern porto- und frachtfrei im Bundesgebiet ab einem Auftragswert von 250,00 € zuzüglich Mehrwertsteuer."

● Erfüllungsort

Der Erfüllungsort ist der Ort, an dem die Vertragspartner ihre Leistungen zu erfüllen haben (§ 269 BGB).

○ Gesetzliche Regelung

Der **Erfüllungsort für die Warenlieferung** ist **der Wohn- oder Geschäftssitz des Verkäufers**. Die Gefahr, dass Ware durch Beschädigung, Verderb, Verlust oder Vernichtung beeinträchtigt wird, geht am Erfüllungsort auf den Käufer über. Somit bestimmt der Erfüllungsort den **Gefahrenübergang**.

> **Beispiel** Bei der Auslieferung einer Ladung Kopierpapier an die Primus GmbH verunglückt der Lkw des Spediteurs ohne Verschulden des Lkw-Fahrers, wobei das Kopierpapier zerstört wird. Es war keine vom Gesetz abweichende vertragliche Regelung getroffen worden, d. h., der Erfüllungsort ist der Geschäftssitz des Verkäufers. Obwohl die Ware nicht geliefert wird, kann der Lieferer von der Primus GmbH trotzdem die Zahlung des Kaufpreises verlangen. Das Transportrisiko kann jedoch durch eine Transportversicherung abgedeckt werden.

Liegt bei der Warenlieferung an den Käufer bei Beschädigung oder Verlust einer Ware ein Verschulden des Verkäufers oder des Frachtführers vor, hat der Schuldige den Schaden zu tragen **(Verschuldensprinzip)**. Ein Verschulden liegt vor, wenn der Verkäufer oder sein Erfüllungsgehilfe vorsätzlich oder fahrlässig gehandelt hat.

> **Beispiel** Eine Warenlieferung wurde wegen mangelhafter Verpackung beschädigt.

Darüber hinaus gelten für den Gefahrenübergang folgende Bestimmungen:

- **Der Käufer holt die Ware ab**: Mit der Übergabe der Ware an den Käufer oder seinen Erfüllungsgehilfen geht die Gefahr auf den Käufer über.

  > **Beispiel** In den Allgemeinen Geschäftsbedingungen der Primus GmbH steht: „**9. Gefahrübergang**: Die Gefahr, trotz Verlustes oder Beschädigung den Preis zahlen zu müssen, geht mit der Übergabe auf den Käufer über."

- **Die Ware wird auf Verlangen des Käufers versandt (Versendungskauf, Schickschuld)**: Die Gefahr geht mit der Auslieferung an den Frachtführer auf den Käufer über.

- Beim **Platzkauf**, d.h., Käufer und Verkäufer haben ihren Geschäftssitz am selben Wohnort, geht die Gefahr mit der Übergabe der verkauften Waren an den Käufer über.
- Bei Lieferung mit werkseigenem Lkw (Werkverkehr) geht die Gefahr mit der Übergabe der Ware an den Käufer über.

Der **Erfüllungsort für die Zahlung** ist der **Wohnsitz des Käufers**, da der Käufer an diesem Ort das Geld bereitzustellen bzw. zugunsten des Gläubigers aufzugeben hat. Da **Geldschulden Bringschulden** sind, hat der Käufer auf seine Gefahr und Kosten das Geld an den Wohn- oder Geschäftssitz des Verkäufers zu schicken. Der Erfüllungsort dient nur noch dem Nachweis, dass das Geld rechtzeitig bereitgestellt wurde.

Beispiel Der Käufer lässt dem Lieferer das Geld durch seine Bank überweisen, dem Lieferer geht das Geld aber nicht zu. Der Lieferer kann weiterhin auf Zahlung bestehen, der Käufer kann aber die Bank haftbar machen.

○ Vertragliche Regelung

Im Kaufvertrag kann zwischen dem Käufer und dem Verkäufer ein vom Gesetz abweichender Erfüllungsort vereinbart werden. Dieser kann der Ort des Käufers, des Verkäufers oder ein anderer Ort sein.

Gilt für den Kauf ein **natürlicher Erfüllungsort** (z. B. Lieferung von Heizöl), geschieht die Erfüllung der Verpflichtung durch Übergabe der an diesen Ort gebrachten Waren an den Kunden **(Bringschuld)**. Der Verkäufer trägt dabei Gefahr und Kosten bis zur Übergabe am Erfüllungsort.

Beispiel Die Primus GmbH hat in ihren AGB folgende Regelung getroffen: „**12. Erfüllungsort/Gerichtsstand:** Der Erfüllungsort und der Gerichtsstand ist in jedem Fall Duisburg."

● Gerichtsstand

○ Gesetzliche Regelung

Bei Streitigkeiten zwischen dem Käufer und dem Verkäufer ist das Gericht zuständig, in dessen Bereich der Erfüllungsort liegt. Da der Erfüllungsort der Wohn- oder Geschäftssitz des Schuldners ist, befindet sich **der Gerichtsstand grundsätzlich an dem für den Wohn- bzw. Geschäftssitz des für den jeweiligen Schuldner zuständigen Amts- bzw. Landgerichts** (Amtsgericht bis zu 5 000,00 € Streitwert, Landgericht bei über 5 000,00 € Streitwert).

- **Das für den Sitz des Verkäufers** zuständige Gericht ist der Gerichtsstand für Streitigkeiten aus der Lieferung **(Warenschuld)**.
- **Das für den Sitz des Käufers** zuständige Gericht ist der Gerichtsstand für Streitigkeiten um die Bezahlung **(Geldschuld)**.

Beispiel Das Bürofachgeschäft Herbert Blank e. K. in Oberhausen erhält von der Primus GmbH, Duisburg, eine Warenlieferung. Der gesetzliche Gerichtsstand für Streitigkeiten aus der Lieferung ist Duisburg, für die Streitigkeiten um die Zahlung Oberhausen.

○ Vertragliche Regelung

Abweichungen von der gesetzlichen Regelung sind **nur beim zweiseitigen Handelskauf (beide Vertragspartner sind Kaufleute) möglich** (§ 29 ZPO). In der Praxis wird meistens der Geschäftssitz des Lieferers als Gerichtsstand für beide Vertragspartner vereinbart, weil der Lieferer seine AGB als Vertragsgrundlage heranzieht und diese meistens den Geschäftssitz des Lieferers als Gerichtsstand vorsehen. Die Vereinbarung eines vertraglichen Gerichtsstandes zwischen einem Kaufmann und einem Nichtkaufmann ist nicht zulässig, um den Nichtkaufmann zu schützen, da seine Geldschulden Bringschulden sind und somit sein Wohnort zum Gerichtsstand wird.

Inhalte von Angeboten untersuchen

- Es gibt **keine konkreten gesetzlichen Vorschriften über den Inhalt** eines Kaufvertrages.
- Ist im Kaufvertrag ein bestimmter Kaufvertragsinhalt nicht angegeben, dann gelten die **Vorschriften des BGB oder HGB**.
- Enthält der Kaufvertrag keine Angaben über die Güte der Ware, muss der Verkäufer **Waren mittlerer Güte liefern**.

Angaben über die Ware		Sonstige Angaben	
Art	Güte	Menge	Preis
wird bestimmt durch handelsübliche Bezeichnungen	wird bestimmt durch Muster und Proben, Güteklassen, Marken und Güte-/Prüfzeichen sowie durch Herkunft, Zusammensetzung und Jahrgang der Ware	wird angegeben in gesetzlichen Maßeinheiten, in Stückzahlen oder in handelsüblichen Bezeichnungen	bezieht sich auf eine handelsübliche Mengeneinheit oder auf eine bestimmte Gesamtmenge
Geldschulden		**Warenschulden**	
… sind **Bringschulden**, d. h., der Käufer muss auf seine Kosten das Geld an den Lieferer schicken.		… sind **Holschulden**, d. h., der Käufer trägt alle entstehenden Beförderungskosten ab der Versandstation (Klauseln: unfrei, ab hier, ab Bahnhof hier = **gesetzliche Regelung**).	

- Bei den **vertraglichen Lieferklauseln** sind zu unterscheiden:
  - Klauseln, nach denen der Verkäufer alle Beförderungskosten trägt (Klauseln: frei Haus, frei Keller, frei Lager), da er sie bereits einkalkuliert hat,
  - Klauseln, nach denen der Käufer alle Beförderungskosten trägt (ab Werk, ab Lager, ab Fabrik),
  - Klauseln, bei denen der Käufer das 2. Rollgeld, der Verkäufer das 1. Rollgeld und die Fracht (Klauseln: frei dort, frei Bahnhof dort, frachtfrei) **zahlt**.

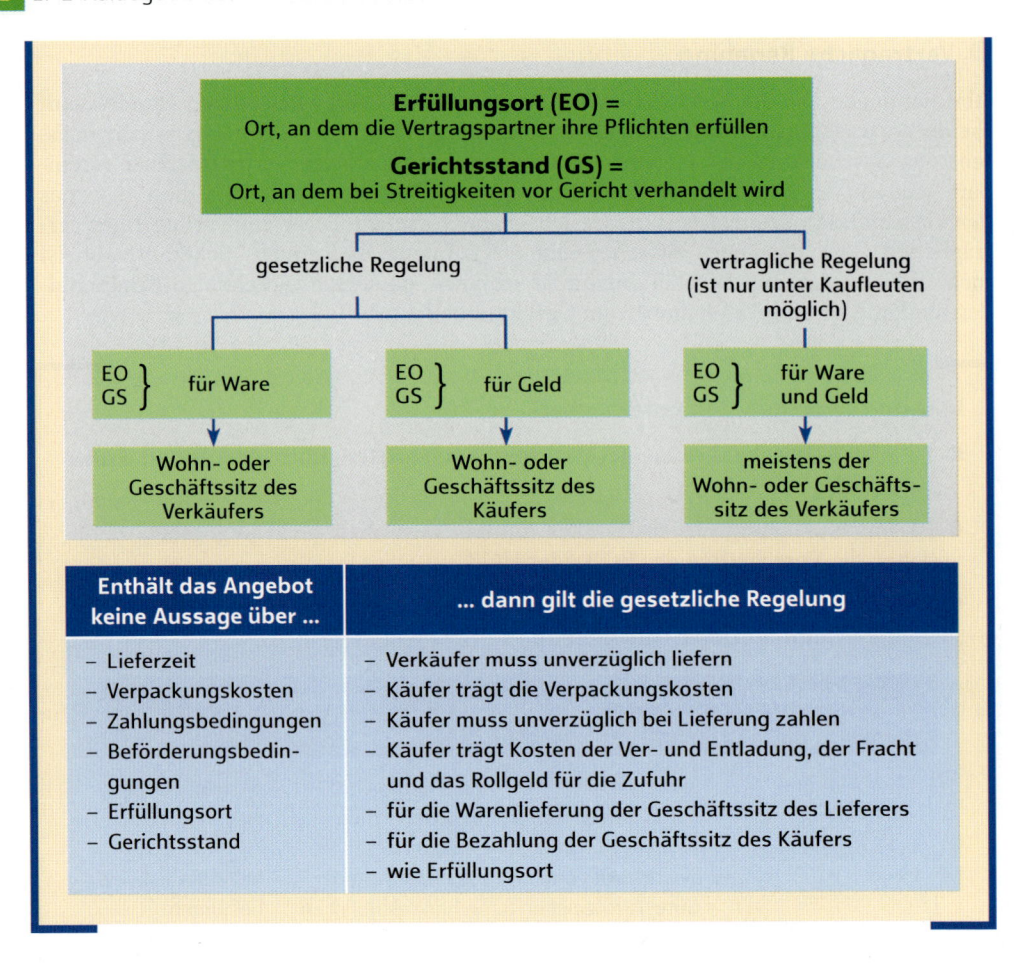

```
                    Erfüllungsort (EO) =
          Ort, an dem die Vertragspartner ihre Pflichten erfüllen
                    Gerichtsstand (GS) =
          Ort, an dem bei Streitigkeiten vor Gericht verhandelt wird
```

| gesetzliche Regelung | | vertragliche Regelung (ist nur unter Kaufleuten möglich) |

EO/GS } für Ware	EO/GS } für Geld	EO/GS } für Ware und Geld
Wohn- oder Geschäftssitz des Verkäufers	Wohn- oder Geschäftssitz des Käufers	meistens der Wohn- oder Geschäftssitz des Verkäufers

Enthält das Angebot keine Aussage über ...	... dann gilt die gesetzliche Regelung
– Lieferzeit	– Verkäufer muss unverzüglich liefern
– Verpackungskosten	– Käufer trägt die Verpackungskosten
– Zahlungsbedingungen	– Käufer muss unverzüglich bei Lieferung zahlen
– Beförderungsbedingungen	– Käufer trägt Kosten der Ver- und Entladung, der Fracht und das Rollgeld für die Zufuhr
– Erfüllungsort	– für die Warenlieferung der Geschäftssitz des Lieferers
– Gerichtsstand	– für die Bezahlung der Geschäftssitz des Käufers
	– wie Erfüllungsort

1. Geben Sie die gesetzlichen Regelungen für den Fall an, dass im Angebot keine Angaben zu der angebotenen Menge und der Güte der Ware gemacht wurden.

2. Erläutern Sie die Aussage: „Geldschulden sind Bringschulden."

3. Erläutern Sie die Klausel „Zug-um-Zug".

4. Die Lieferungsbedingung lautet „frachtfrei". Die Fracht beträgt 40,00 €, die Hausfracht für die An- und Abfuhr je 10,00 €. Ermitteln Sie, wie viel Euro der Käufer für den Transport bezahlen muss.

5. Erklären Sie die Regelung „Warenschulden sind Holschulden".

6. Die Lieferung einer Ware an einen Kunden erfolgt durch die Deutsche Bahn AG. An Kosten entstehen:
Hausfracht (Rollgeld) am Ort des Käufers   10,00 €   Entladekosten   10,00 €
Hausfracht (Rollgeld) am Ort des Lieferers   10,00 €   Verladekosten   10,00 €
Fracht   180,00 €
Welchen Kostenanteil hat der Käufer bei Vereinbarung nachfolgender Lieferungsbedingungen jeweils zu übernehmen?
a) frei Waggon   b) frachtfrei   c) ab Bahnhof hier   d) ab hier   e) frei Bahnhof dort

7. Erläutern Sie, welche Bedeutung der Erfüllungsort hat.

8. Geben Sie an, was man unter Gerichtsstand versteht und wo sich der Gerichtsstand
a) für Warenschulden, b) für Geldschulden befindet.

9. Begründen Sie, warum ein Lieferer bei einem Zielverkauf meistens einen Kauf unter Eigentumsvorbehalt vereinbart.

10. Erläutern Sie, welche Bestimmungen für den Gefahrenübergang bei der Warenlieferung gelten.

11. Sie finden in einem Angebot eines Verkäufers die Angabe „brutto für netto". Wie werden die Kosten für die Verpackung berechnet?
1. Die Verpackung bleibt unberechnet.
2. Die Verpackung wird wie Ware berechnet.
3. Die Verpackung muss zurückgesandt werden, ein Abnutzungsentgelt wird berechnet.
4. Die Verpackung wird leihweise überlassen.
5. Der Verkäufer zahlt die Kosten der Verpackung.
6. Die Verpackung wird gesondert in Rechnung gestellt.

12. Die Primus GmbH überlegt, welche Konditionen sie in folgenden Situationen mit nachfolgenden Kunden vereinbaren soll:
a) Die Otto Schmal & Söhne KG, ein neuer, unbekannter Kunde, bestellt Waren für 92 000,00 €.
b) Die Klöckner-Müller Elektronik AG tätigt eine Bestellung über 345 000,00 €.
c) Das Bürofachgeschäft Herbert Blank e.K. hat in diesem Geschäftsjahr noch vier offene Posten. Der Kunde tätigt eine neue Bestellung über 46 000,00 €.
d) Ein neuer Kunde tätigt eine Bestellung über 345,00 €.
Begründen Sie unter Zuhilfenahme der AGB der Primus GmbH (vgl. S. 274), welche Vereinbarungen die Primus GmbH mit diesen Kunden treffen sollte.

5.3 Besondere Kaufvertragsarten kennenlernen

Nicole Höver vereinbart mit der Krankenhaus GmbH Duisburg den Verkauf von vier Bürostühlen auf Probe. Es wird eine fünftägige Rückgabefrist festgelegt. Die Krankenhaus GmbH will die Stühle in dieser Zeit in ihrer Verwaltung testen. Sie zahlt 300,00 € an. Nach 14 Tagen bringt ein Mitarbeiter des Krankenhauses die vier Stühle zurück zur Primus GmbH. Die Krankenhaus GmbH verlangt ihre Anzahlung zurück, da den Mitarbeitern die Stühle nicht gefallen.

ARBEITSAUFTRÄGE
- Geben Sie Gründe an, warum die Primus GmbH einen Kauf auf Probe mit Kunden vereinbart.
- Überprüfen Sie, ob die Primus GmbH die Stühle zurücknehmen und die Anzahlung zurückzahlen muss.
- Stellen Sie fest, welche Kaufverträge nach Festlegung der Warenart und -güte, nach dem Zeitpunkt der Eigentumsübertragung und nach dem Zeitpunkt der Zahlung unterschieden werden können.

● Arten des Kaufvertrages

Die Annahme eines Kundenauftrages kann auch von rechtlichen und wirtschaftlichen Gesichtspunkten beeinflusst werden. So kann z.B. die Vorgabe eines Liefertermins durch den Kunden die Annahme oder Ablehnung eines Kundenauftrages zur Folge haben. Durch die unterschiedlichen Vereinbarungen zwischen dem Groß- und Außenhändler und seinem Kunden hinsichtlich Art und Güte der Ware, Zeitpunkt der Zahlung, Lieferbedingungen, Zeitpunkt der Eigentumsübertragung usw. ergeben sich **verschiedene Arten von Kaufverträgen**.

○ Unterscheidung nach der Art, Qualität und Beschaffenheit der Ware

- **Kauf auf Probe**: Der Käufer hat ein Rückgaberecht innerhalb einer vereinbarten Frist. Überschreitet der Käufer diese Frist, ist ein Kaufvertrag zwischen dem Verkäufer und dem Käufer zustande gekommen.

    Beispiel Die Krankenhaus GmbH Duisburg darf fünf Tage lang Bürostühle ausprobieren. Bei Nichtgefallen kann sie die Bürostühle innerhalb der Frist zurückgeben.

    Der Käufer wird sich unter wirtschaftlichen Gründen für einen Kauf auf Probe entscheiden, wenn er sich über die Vorteilhaftigkeit des Kaufs noch unsicher ist. Innerhalb der vorgegebenen Frist kann der Käufer die Ware zwanglos ausprobieren und prüfen.

- **Kauf nach Probe (Muster)**: Der Käufer kann die Ware anhand eines Musters oder einer Probe begutachten. Die Probe oder das Muster sind **kostenlos** und Gegenstand des Kaufvertrages, sie ist damit eine zugesicherte Eigenschaft. Wenn dem Käufer die Probe oder das Muster gefallen, bestellt der Käufer. Die dann vom Verkäufer gelieferte Ware muss mit dem Muster oder der Ware übereinstimmen, da die Eigenschaften durch die Probe oder das Muster zugesichert sind.

    Beispiel Die Primus GmbH erhält von der Latex AG Kopierpapier geliefert, das den von den Reisenden vorgelegten Mustern entsprechen muss.

    Der wirtschaftliche Vorteil liegt für den Käufer darin, dass er sich aufgrund der vorliegenden Probe ein genaues Bild über die Eigenschaften der Ware machen kann. Der Vorteil für den Verkäufer besteht darin, dass er es sich ersparen kann, die Waren im Angebot genau zu beschreiben.

- **Kauf zur Probe**: Der Käufer kauft eine kleine Menge, um die Ware zu testen. Sagt die Ware dem Käufer zu, wird er eine größere Menge kaufen. Der Käufer muss die Probe bezahlen.

    Beispiel Die Primus GmbH kauft bei einem Papierhersteller eine kleine Menge Kopierpapier, um es auszuprobieren.

Aus wirtschaftlichen Gründen wird sich der Käufer insbesondere bei der Einführung neuer Waren für einen Kauf zur Probe entscheiden. Sollte dem Käufer die Ware nicht zusagen, so geht er bei der bezogenen kleinen Menge kein großes wirtschaftliches Risiko ein.

- **Spezifikationskauf (Bestimmungskauf):** Bei Vertragsabschluss legen Lieferer und Käufer nur die Menge und die Warenart der Gattungsware fest. Der Käufer kann innerhalb einer festgelegten Frist die zu liefernden Waren nach Farbe, Form oder Maß bestimmen. Versäumt der Käufer eine Bestimmung der Ware innerhalb der Frist, kann der Verkäufer dem Käufer eine Nachfrist setzen und nach Ablauf dieser Frist die genaue Bestimmung der Ware selbst vornehmen. Für den Käufer hat der Bestimmungskauf den Vorteil, dass er künftige Entwicklungen (z. B. Mode, Nachfrageveränderungen) abwarten kann.

    Beispiel Die Primus GmbH behält sich bei der Bestellung von 20 000 Primus-Ordnern A4 vor, die Farben zu einem späteren Zeitpunkt zu bestimmen.

Der Spezifikationskauf hat für den Käufer den wirtschaftlichen Vorteil, dass er auf Modetrends oder Sonderwünsche seiner Kunden sofort reagieren und die Vorteile des Großeinkaufs nutzen kann.

○ Unterscheidung nach der Lieferbedingung

Wenn der Käufer eine Ware verlangt, die nicht vorrätig ist, sollte eine **vertragliche Regelung** über die Lieferzeit vereinbart werden. Hierbei hat der Käufer zwei Möglichkeiten:

- **Terminkauf: Lieferung innerhalb einer bestimmten Frist** (z. B. Lieferung innerhalb von 90 Tagen) oder zu einem bestimmten Zeitpunkt (Termin)

    Beispiel Lieferung am 15. März 20.., Lieferung bis 30. Juni 20..

- **Fixkauf: Lieferung zu einem kalendermäßig festgelegten Zeitpunkt**, wobei die Klauseln „fest", „fix", „genau", „exakt" angegeben werden müssen.

    Beispiel Lieferung am 15. März 20.. fix

    Ein Fixkauf wird vor allem dann vereinbart, wenn für den Käufer die Einhaltung genauer Liefertermine unbedingt notwendig ist.

    Beispiel Die Primus GmbH bestellt bei der Latex AG Kalender, die als Weihnachtsgeschenke für Geschäftsfreunde verwandt werden sollen, zum 30. November fix.

- **Kauf auf Abruf:** Bei diesem Kauf wird der Zeitpunkt der Lieferung bei Abschluss des Kaufvertrages nicht festgelegt, er ist in das Ermessen des Käufers gestellt. Bei Bedarf ruft der Käufer die Ware ab, die als Ganzes oder in Teilmengen geliefert werden kann. Hieraus ergeben sich für den Käufer folgende **Vorteile**:
    - geringere Lagerkosten
    - Lieferung frischerer Waren
    - Ausnutzung von Rabatt durch den Kauf einer großen Menge

    Beispiel Die Primus GmbH hat mit ihrem Lieferer, der Bürotec GmbH, einen Kaufvertrag über 400 Druckertische Euratio abgeschlossen. Durch die große Bestellung konnte ein Mengenrabatt von 20 % in Anspruch genommen werden. Da die Lagerkapazität der Primus GmbH momentan erschöpft ist, wird mit der Bürotec GmbH vereinbart, dass die Druckertische in Teilmengen abgerufen werden können.

○ Unterscheidung nach der Art des Eigentumübergangs

In der kaufmännischen **Praxis sichert der Lieferant** einer Ware, der seinen Abnehmern ein Zahlungsziel gewährt, **seine Forderung durch einen Eigentumsvorbehalt ab** (§ 448 BGB).

Durch die Vereinbarung des Eigentumsvorbehalts im **Kaufvertrag bleibt der Verkäufer bis zur vollständigen Bezahlung** des Kaufpreises **Eigentümer** der Ware. Der **Käufer** wird zunächst **nur Besitzer**. Der Eigentumsvorbehalt muss ausdrücklich im Kaufvertrag vereinbart werden, es genügt nicht, dass er bei der Lieferung auf dem Lieferschein vermerkt wird. Der Eigentumsvorbehalt kann sowohl beim einseitigen als auch beim zweiseitigen Handelskauf vereinbart werden.

Einfacher Eigentumsvorbehalt

Im Kaufvertrag wird folgende Klausel aufgenommen: „**Die Ware bleibt bis zur vollständigen Bezahlung mein/unser Eigentum.**" Man spricht in diesem Fall vom einfachen Eigentumsvorbehalt. Bei Lieferung unter Eigentumsvorbehalt hat der Verkäufer das **Recht**, bei nicht rechtzeitiger Bezahlung oder bei **Nichtzahlung vom Kaufvertrag zurückzutreten und die Herausgabe der Ware zu verlangen**.

Der **Eigentumsvorbehalt erlischt** in dem Moment, in dem der Käufer den Kaufpreis vollständig bezahlt hat.

Der einfache Eigentumsvorbehalt hat für den Verkäufer **folgende Vorteile**:

- Sollte der Käufer seinen Zahlungsverpflichtungen nicht nachkommen, kann der Verkäufer die Herausgabe der Ware verlangen,
- sollte der Käufer ein Insolvenzverfahren anmelden, kann der Verkäufer die Ware aus der Insolvenzmasse aussondern lassen, d. h., die Waren werden dem Verkäufer zurückgegeben,
- sollte die Ware beim Käufer durch einen Vollstreckungsbeamten gepfändet werden, kann der Verkäufer die Freigabe der Ware verlangen (Drittwiderspruchsklage gegen den pfändenden Gläubiger).

Der einfache Eigentumsvorbehalt hat **folgende Nachteile**:

- Die Ware kann an einen gutgläubigen Dritten weiterverkauft werden.

    Beispiel Die Primus GmbH verkauft die von Lieferern unter Eigentumsvorbehalt gelieferten Waren an ihre Kunden weiter. Der Kunde wird Eigentümer der Ware, da er die Waren gutgläubig erworben hat. Der Eigentumsvorbehalt der Lieferer erlischt.

- Die Ware kann verarbeitet, verbraucht, vernichtet oder mit einer unbeweglichen Sache fest verbunden werden.

    Beispiele
    - Eine Kfz-Werkstatt schweißt an den Pkw eines Kunden den vom Hersteller unter Eigentumsvorbehalt gelieferten Kotflügel an. Der Kunde wird Eigentümer des Kotflügels (**Verarbeitung**).
    - Ein Gemüsegroßhändler beliefert die Kantine eines Betriebes mit Gemüse und Kartoffeln unter Eigentumsvorbehalt. Nach einer Woche ist die gesamte Lieferung verbraucht (**Verbrauch**).
    - Ein Unternehmen hat von einem Kfz-Händler einen Pkw unter Eigentumsvorbehalt gekauft. Nach vier Tagen wird der Pkw durch Verschulden eines Mitarbeiters des Unternehmens bei einem Unfall zerstört (**Vernichtung**). Um sich vor diesem Fall zu schützen, verlangt der Ver-

käufer vom Käufer den Abschluss einer Vollkaskoversicherung. Im Schadensfall erhält der Verkäufer Ersatz von der Versicherung.
- Ein Baustoffhändler liefert einem Privatmann, der ein Haus baut, Steine. Die Steine werden in der Außenwand des Rohbaus vermauert (**Verbindung mit einer unbeweglichen Sache**).

In diesen Fällen erlischt der einfache Eigentumsvorbehalt.

Verlängerter Eigentumsvorbehalt

Um sich vor den genannten Nachteilen zu schützen, vereinbart der Lieferer mit seinen Kunden **den verlängerten Eigentumsvorbehalt**, d. h., die beim Weiterverkauf entstehenden Forderungen werden an den Lieferer abgetreten, bei Verarbeitung erwirbt der Lieferer Miteigentum an der hergestellten Sache.

Beispiel Die Herstadt Warenhaus GmbH verkauft von der Primus GmbH unter Eigentumsvorbehalt gelieferte Ware an ihre Kunden weiter. Die Herstadt Warenhaus GmbH hat ihre Kaufpreisforderung gegen ihre Kunden im Voraus an die Primus GmbH abgetreten.

Erweiterter Eigentumsvorbehalt

Eine dritte Form des Eigentumsvorbehalts stellt der **erweiterte Eigentumsvorbehalt** dar. Er liegt dann vor, wenn der Lieferer nicht nur eine Forderung aus einer Warenlieferung absichert, **sondern wenn sämtliche Lieferungen an einen Käufer durch den Eigentumsvorbehalt gesichert werden**. Das Eigentum geht erst mit der Begleichung aller Forderungen des Verkäufers an den Käufer über.

Beispiel Die Primus GmbH hat der Klöckner-Müller Elektronik AG im Laufe des letzten Jahres sieben unterschiedliche Warenlieferungen zukommen lassen. Das Eigentum aller Lieferungen geht erst dann auf die AG über, wenn alle sieben Lieferungen vollständig bezahlt sind.

Besondere Kaufvertragsarten kennenlernen

- Je nach Vereinbarung zwischen dem Großhändler und seinem Kunden ergeben sich **unterschiedliche Arten von Kaufverträgen**:
- **Nach der Art und Güte der Ware** lassen sich folgende Kaufverträge unterscheiden: Kauf auf Probe, Kauf nach Probe, Kauf zur Probe, Spezifikationskauf.
- **Nach der Lieferbedingung** unterscheidet man den Terminkauf, den Fixkauf, den Kauf auf Abruf und das Streckengeschäft.
- Nach der **Eigentumsübertragung** unterscheidet man
  - **Einfacher EV**: erlischt mit vollständiger Zahlung des Kaufpreises.
  - **Verlängerter EV**: Weiterverkauf der Waren möglich, da Abtretung der daraus entstehenden Forderungen.
  - **Erweiterter EV**: Sämtliche Lieferungen an einen Käufer werden durch EV gesichert.

---

1. Erläutern Sie, welchen Vorteil der Käufer
   a) bei einem Kauf nach Probe,
   b) bei einem Kauf auf Probe,
   c) bei einem Spezifikationskauf,
   d) bei einem Kauf auf Abruf hat.

2. Unterscheiden Sie anhand eines Beispiels den Termin- und Fixkauf.

3. Entscheiden und begründen Sie, welche Kaufvertragsart unter wirtschaftlichen Gesichtspunkten sinnvoll ist.
   a) Die Primus GmbH möchte bei ihren Kunden testen, ob ein neuer Artikel in das Sortiment aufgenommen werden soll.
   b) Die Flamingowerke AG macht der Primus GmbH ein äußerst günstiges Angebot einer Ware. Der erforderliche Lagerraum ist zurzeit bei der Primus GmbH nicht vorhanden.
   c) Die Primus GmbH möchte Tischkopierer von verschiedenen Herstellern ausprobieren.
   d) Die Primus GmbH benötigt für eine zeitlich festliegende Sonderaktion eines Kunden Waren von einem Lieferer.
   e) Die Primus GmbH möchte 60 Schreibtische von ihrem Lieferer direkt an den Kunden ausliefern lassen.
   f) Die Papierwerke GmbH möchte ihre Kunden ein neues Kopierpapier ausprobieren lassen.

4. Sie haben für die Primus GmbH per Spediteur 10 000 Pakete Computerpapier bestellt. Ein anderer Lieferant bietet die gleiche Ware bei Abnahme von 20 000 Paketen zu einem wesentlich günstigeren Preis an. Es bestehen keine Bedenken, die Ware abzusetzen. Allerdings ist Ihre Lagerkapazität auf derzeit 15 000 Pakete begrenzt. Was unternehmen Sie, um die angebotenen Einkaufsvorteile des günstigeren Angebotes nutzen zu können?
   1. Sie versuchen, mit dem Lieferer einen Spezifikationskauf zu vereinbaren.
   2. Sie versuchen, mit dem Lieferer einen Kommissionskauf zu vereinbaren.
   3. Sie versuchen, mit dem Lieferer einen Zielkauf zu vereinbaren.
   4. Sie versuchen, mit dem Lieferer einen Stückkauf zu vereinbaren.
   5. Sie versuchen, mit dem Lieferer einen Kauf auf Abruf zu vereinbaren.

5. In einem Kaufvertrag der Primus GmbH mit einem Lieferer wird „Eigentumsvorbehalt" vereinbart. Was besagt diese Vertragsklausel?
   1. Nach Entrichtung des Kaufpreises wird die Primus GmbH nur Besitzer der gelieferten Ware.
   2. Die Primus GmbH bekommt die Ware erst nach Bezahlung geliefert.
   3. Der Eigentumsvorbehalt erlischt bei Lieferung mangelhafter Ware.
   4. Die Primus GmbH wird erst nach vollständiger Bezahlung des Kaufpreises Eigentümer der gelieferten Ware.
   5. Der Lieferer bleibt bis zur Bezahlung des vollen Kaufpreises Besitzer der gelieferten Ware.

6. Die Primus GmbH vereinbart in einem Kaufvertrag die Lieferung von Wanduhren mit Werbeaufdruck an die Bürotec GmbH. Als Liefertermin wird vereinbart: 30. November 20.. fest. Ermitteln Sie, wie man diese Art des Kaufvertrages nach der Bestimmung der Lieferzeit nennt.
   1. Kommissionslauf
   2. Fixkauf
   3. Kauf auf Abruf
   4. Zielkauf
   5. Bestimmungskauf

5.4 Kundenbestellung und Auftragsbestätigung bearbeiten

Die Stadtverwaltung Duisburg bestellt aufgrund eines Angebotes vom 5. Februar 20.. mit nachfolgendem Schreiben bei der Primus GmbH auf der Grundlage eines vorliegenden schriftlichen Angebotes.

Stadtverwaltung Duisburg, Am Buchenbaum 18–22, 47051 Duisburg

Primus GmbH
Groß- und Außenhandel für Bürobedarf
Koloniestr. 2–4
47057 Duisburg

Ihr Zeichen: kl
Ihr Angebot vom: ....-02-05
Unser Zeichen: ba-ka
Unsere Nachricht vom:

Name Baum
Telefon 0203 667531 - 55
Fax 0203 667538
info@stadtverwaltung-duisburg.de
www.stadtverwaltung-duisburg.de

Datum: 08.02.20..

Ihr Angebot vom 05. d. l. M.

Sehr geehrte Frau Klein,

wir danken Ihnen für Ihr Angebot vom 5. Februar 20.. und bestellen zu Ihren Bedingungen

Menge in Stück/ Einheiten	Artikel- nummer	Artikelbezeichnung	Listenpreis pro Stück/ Einheit in €	Rabatt in %
10	159B574	Schreibtisch Primo	212,50	20
10	159B590	Bildschirm-Arbeitstisch Primo	199,50	20
10	159B632	Rollcontainer Primo	239,50	20
10	381B814	Bürodrehstuhl Modell 1640	214,50	20

Eine umgehende Lieferung wird erwünscht.

Mit freundlichen Grüßen

Stadtverwaltung Duisburg

i. A. *Baum*

Nach einer Woche landet die Bestellung am 14.02.20.. auf dem Schreibtisch von Nicole Höver. Da die Primus GmbH am 10.02.20.. die Verkaufspreise um 8% erhöht hat, ist Nicole der Ansicht, dass der Kunde zu spät bestellt hat.

ARBEITSAUFTRÄGE

◆ Begründen Sie, ob die Stadtverwaltung Duisburg auf einer Lieferung zu den alten Preisen bestehen kann.

◆ Erläutern Sie, in welchen Fällen die Auftragsbestätigung für das Zusandekommen von Kaufverträgen erforderlich ist.

● Bestellung

Die Bestellung ist eine **Willenserklärung des Käufers an den Anbieter, eine bestimmte Ware zu den im Angebot angegebenen Bedingungen zu kaufen**. Die Bestellung kann durch den Käufer schriftlich, fernschriftlich, mündlich oder telefonisch abgegeben werden, sie ist an keine Formvorschriften gebunden und für den Besteller immer verbindlich.

Die Bestellung soll folgende **Angaben** enthalten:

- Art und Güte (Qualität und Beschaffenheit) der Waren
- Menge
- Preis und Preisnachlässe
- Lieferungs- und Zahlungsbedingungen
- Lieferzeit

Wird in der Bestellung auf ein ausführliches Angebot Bezug genommen, ist die Wiederholung aller Angaben nicht erforderlich, es reicht dann die genaue Angabe der Ware (z. B. Artikelnummer), der Bestellmenge und des Preises der Ware.

Ein Besteller kann eine **Bestellung widerrufen**, wenn er dem Lieferer eine entsprechende Nachricht vor oder spätestens gleichzeitig mit der Bestellung zukommen lässt.

Beispiel Die Primus GmbH hat irrtümlich in ihrer brieflichen Bestellung 300 Stück statt 30 Stück angegeben. Nach einem Tag bemerkt der Einkaufssachbearbeiter Enrico Zalotti den Irrtum und ruft den Lieferer sofort an, um die Bestellung zu widerrufen. In der Regel dauert die Zustellung eines Briefes etwa zwei bis drei Tage, somit hat die Primus GmbH rechtzeitig vor Eintreffen der Bestellung widerrufen.

Eine Bestellung wird in dem Moment wirksam, in dem sie beim Lieferer eintrifft (§ 130 BGB).

● Auftragsbestätigung (Bestellungsannahme)

Ein Lieferer kann die Bestellung des Käufers mündlich, fernmündlich, schriftlich oder fernschriftlich bestätigen. Die **Auftragsbestätigung (Bestellungsannahme)** ist eine Willenserklärung des Lieferers, mit der er sich bereiterklärt, die bestellte Ware zu den angegebenen Bedingungen zu liefern.

Die Auftragsbestätigung kann für das **Zustandekommen eines Kaufvertrages** in folgenden Fällen **erforderlich** sein:

- **Der Bestellung ist kein Angebot vorausgegangen.**

    Beispiel Die Herstadt Warenhaus GmbH bestellt bei der Primus GmbH Bleistifte und Textmarker, ohne dass der Herstadt Warenhaus GmbH ein Angebot vorlag. Der Kaufvertrag kommt mit der Bestellungsannahme zustande.

    Bei sofortiger Lieferung kann auf eine Bestellungsannahme verzichtet werden, in diesem Fall gilt die Lieferung als Annahme der Bestellung.

- Die Bestellung weicht vom Angebot ab.

  Beispiel Die Herstadt Warenhaus GmbH bestellt 30 000 Textmarker zu 1,10 €/6 Stück, das Angebot des Lieferers lautete über 1,15 €/6 Stück. Erst durch eine Bestellungsannahme über 1,10 €/6 Stück kommt der Kaufvertrag zustande.

- Das Angebot des Lieferers ist freibleibend.

  Beispiel Die Herstadt Warenhaus GmbH bestellt aufgrund eines Angebotes der Primus GmbH, in dem die Klausel „Preise freibleibend" vermerkt war. Erst durch die Bestellungsannahme kommt der Kaufvertrag zustande.

- Die Bindungsfrist an das Angebot ist abgelaufen.

  Beispiel Die Herstadt Warenhaus GmbH bestellt bei der Primus GmbH, aufgrund eines E-Mail-Angebotes nach einer Woche einen Sonderposten Tischkopierer. Erst durch die Bestellungsannahme kommt der Kaufvertrag zustande.

Kundenbestellung und Auftragsbestätigung bearbeiten

- Die Bestellung ist die **Willenserklärung des Käufers, bestimmte Waren zu bestimmten Bedingungen zu kaufen.**
- Die Bestellung ist an **keine Formvorschrift** gebunden und kann **schriftlich, fernschriftlich, mündlich oder telefonisch** erteilt werden.
- Die Bestellung sollte möglichst alle Bedingungen eines Angebotes enthalten, **mindestens jedoch Warenart, Menge, Preis.**
- Der **Widerruf der Bestellung** muss **spätestens gleichzeitig mit der Bestellung** beim Lieferer eintreffen.
- Die **Bestellungsannahme (Auftragsbestätigung) ist in folgenden Fällen erforderlich**, damit ein **Kaufvertrag zustande kommt**: vom Angebot abweichende Bestellung, Bestellung ohne vorliegendes Angebot oder aufgrund eines freibleibenden Angebots, abgelaufene Bindungsfrist an das Angebot.

---

1. Geben Sie an, in welchen der nachfolgenden Fälle eine Bestellungsannahme (Auftragsbestätigung) für das Zustandekommen des Kaufvertrages erforderlich ist.
   a) Der Lieferer macht dem Großhändler ein telefonisches Angebot. Der Großhändler bestellt einen Tag später schriftlich zu den telefonisch vereinbarten Bedingungen.
   b) Der Lieferer macht dem Großhändler ein freibleibendes Angebot per Brief. Der Großhändler bestellt zu den angegebenen Bedingungen per E-Mail.
   c) Der Lieferer bietet dem Großhändler einen Artikel zu 6,80 €/Stück an. Der Großhändler bestellt termingerecht zu 6,60 €/Stück.
   d) Ein Großhändler bestellt aufgrund eines brieflichen Angebots des Lieferers sofort nach Erhalt des Briefes telefonisch zu den angegebenen Bedingungen.

2. Die Primus GmbH hat irrtümlich eine falsche Bestellung per Brief aufgegeben. Erläutern Sie, wie die Primus GmbH sich verhalten soll, um die falsche Bestellung zu widerrufen.

3. Überprüfen Sie, welche Angaben eine Bestellung beinhalten sollte, wenn
   a) der Besteller aufgrund eines ausführlichen Angebots,
   b) ohne Vorliegen eines Angebots bestellt.

4. Erläutern Sie, welche rechtliche Bedeutung eine Bestellung hat.

5. Beschreiben Sie, in welcher Form ein Kaufmann eine Bestellung abgeben kann.

5.5 Allgemeine Geschäftsbedingungen untersuchen

Der Computerfachhandel Martina van den Bosch schließt schriftlich mit der Primus GmbH einen Vertrag über drei Schreibtische, drei Schreibtischstühle und zehn Aktenregale ab. Mündlich verspricht Nicole Höver nach Rücksprache mit der Gruppenleiterin Verkauf Büroeinrichtung, Frau Klein, dass die vollständige Büroeinrichtung in 14 Tagen geliefert wird. Tatsächlich kann die Büroeinrichtung wegen eines Streiks beim Lieferer Bürodesign GmbH erst in sechs Wochen geliefert werden. Als der Kunde van den Bosch nach Ablauf von vier Wochen vom Vertrag zurücktreten will, weist Nicole Höver auf die Allgemeinen Geschäftsbedingungen (AGB) hin, in denen u. a. zu lesen ist: „8. Lieferfrist: Vom Verkäufer nicht zu vertretende Störungen im Geschäftsbetrieb ... verlängern die Lieferzeit entsprechend ... Zum Rücktritt ist der Käufer nur berechtigt, wenn er in diesen Fällen nach Ablauf der vereinbarten Lieferfrist die Lieferung schriftlich anmahnt und diese dann innerhalb von sechs Wochen nach Eingang des Mahnschreibens des Käufers beim Verkäufer nicht an den Käufer erfolgt." Der Kunde van den Bosch war auf die AGB ausdrücklich hingewiesen worden und hatte sie mit dem Kaufvertrag zusammen unterschrieben.

PRIMUS GmbH – Duisburg: Allgemeine Geschäftsbedingungen

1. **Preisgestaltung:** Alle Preise sind frei bleibende Nettoangaben und verstehen sich zuzüglich der gültigen Mehrwertsteuer.
2. **Zahlungsziel:** Rechnungen sind innerhalb von 30 Tagen zu begleichen. Bei Zahlung innerhalb von zehn Tagen gewähren wir 2 % Skonto.
3. **Rückgaberecht:** Alle Artikel, die Sie bestellen, liefern wir zur Ansicht und nehmen sie auf Wunsch innerhalb von sieben Tagen wieder zurück. Voraussetzung ist, dass Sie die Ware unbenutzt in einwandfreiem Zustand in der Originalverpackung frei Haus an uns zurücksenden. Ausgenommen von der Rückgabe sind Artikel, die direkt vom Hersteller geliefert werden.
4. **Sechs-Stunden-Service:** Bei einem Bestelleingang bis 12:00 Uhr gelangen diese Artikel bis 18:00 Uhr zum Versand und sind in der Regel am nächsten Tag bei Ihnen.
5. **Lieferung:** Wir liefern porto- und frachtfrei im Bundesgebiet ab einem Auftragswert von 250,00 € zuzüglich Mehrwertsteuer. Der Mindestauftragswert beträgt 100,00 €. Liegt der Auftragswert darunter, müssen wir aus Kostengründen einen Mindermengenzuschlag von 10,00 € berechnen.
6. **Versandkosten:** Versand bis 31,5 kg per Paketdienst (DPD).

Gewicht:	€
0 bis 6 kg	7,50
über 6 bis 12 kg	11,30
über 12 bis 18 kg	13,90
über 18 bis 31,5 kg	19,00

Über 31,5 kg per Spedition nach Aufwand.
7. **Änderungen:** Mögliche Änderungen im Design bzw. technischen Bereich, die die Qualität der Artikel verbessern, behalten wir uns vor.
8. **Lieferfrist:**
   - Falls der Verkäufer die vereinbarte Lieferfrist nicht einhalten kann, hat der Käufer eine angemessene Nachlieferfrist zu gewähren - beginnend vom Tage des Eingangs der schriftlichen Inverzugsetzung durch den Käufer, oder im Fall kalendermäßig bestimmter Lieferfrist mit deren Ablauf.
   - Vom Verkäufer nicht zu vertretende Störungen im Geschäftsbetrieb, insbesondere Arbeitsausstände und Aussperrungen sowie Fälle höherer Gewalt, die auf einem unvorhersehbaren und unverschuldeten Ereignis beruhen und zu schwer wiegenden Betriebsstörungen sowohl beim Verkäufer als auch bei dessen Lieferanten führen, verlängern die Lieferzeit entsprechend.
   - Zum Rücktritt ist der Käufer nur berechtigt, wenn er in diesen Fällen nach Ablauf der vereinbarten Lieferfrist die Lieferung schriftlich anmahnt und diese dann innerhalb von sechs Wochen nach Eingang des Mahnschreibens des Käufers beim Verkäufer nicht an den Käufer erfolgt. Im Falle kalendermäßig bestimmter Lieferfrist beginnt mit deren Ablauf die Sechs-Wochen-Frist.
9. **Gefahrenübergang:** Die Gefahr, trotz Verlustes oder Beschädigung der Ware den Preis zahlen zu müssen, geht mit der Übergabe der Ware auf den Käufer über.
10. **Gültigkeit:** Für alle Lieferungen gelten unsere Liefer- und Zahlungsbedingungen. Mit diesen Angaben verlieren alle vorhergehenden Angebote ihre Gültigkeit. Bei einer ungültigen Bestimmung der AGB behalten die anderen jedoch ihre Wirksamkeit.
11. **Garantie:** Für alle Waren übernehmen wir eine Mindestgarantie von 36 Monaten, wenn nicht ein längerer Zeitraum angegeben ist. Störungen und Schäden, die auf falscher Bedienung, Gewaltanwendung oder natürlichem Verschleiß beruhen, werden durch die Garantie nicht abgedeckt.
12. **Erfüllungsort/Gerichtsstand:** Der Erfüllungsort und der Gerichtsstand ist in jedem Fall Duisburg.
13. **Eigentumsvorbehalt:** Alle Waren bleiben bis zur vollständigen Bezahlung unser Eigentum.

ARBEITSAUFTRÄGE

- Überprüfen Sie, welche Auswirkungen persönliche Absprachen in einem Kaufvertrag haben.
- Stellen Sie fest, ob der Computerfachhandel Martina van den Bosch vom Kaufvertrag zurücktreten kann.
- Erläutern Sie die wesentlichen Klauseln der AGB, die nur bei einseitigen Handelsgeschäften gelten.

Im Geschäftsleben werden täglich eine Vielzahl von Verträgen abgeschlossen. Zur Vereinfachung bedient man sich **vorgedruckter Vertragsformulare**. Die in diesen vorgedruckten Verträgen aufgeführten Bedingungen, das sog. **„Kleingedruckte"**, bezeichnet man als **Allgemeine Geschäftsbedingungen (AGB)**.

Die Bestimmungen der AGB können vom BGB abweichen. Hieraus ergibt sich ein **Interessenkonflikt** zwischen den **Interessen des Verkäufers** (Zeit-, Kostenersparnis und Besserstellung, als es das BGB vorsieht) und den **Interessen des Käufers**. Um zu verhindern, dass der Käufer unangemessen benachteiligt wird, hat der Gesetzgeber im BGB die Gestaltung rechtsgeschäftlicher Schuldverhältnisse durch Allgemeine Geschäftsbedingungen (§ 305 ff. BGB) erlassen. Die meisten Bestimmungen zu den AGB im BGB gelten für einseitige Handelsgeschäfte, einige auch für zweiseitige Handelsgeschäfte:

● Wirksamkeit von Klauseln bei ein- und zweiseitigen Handelsgeschäften

- **Überraschende und mehrdeutige Klauseln (§ 305c BGB):** Enthalten die AGB überraschende Klauseln, mit denen der Käufer nicht zu rechnen braucht, sind diese unwirksam.

    Beispiel In den AGB der Bürogeräte GmbH ist eine Klausel enthalten, dass der Käufer eines Tischkopierers in den ersten zwei Jahren verpflichtet ist, das Kopierpapier bei der Bürogeräte GmbH zu kaufen. Diese Klausel ist so überraschend, dass sie nicht Bestandteil des Vertrages wird.

- **Vorrang der Individualabrede (§ 305b BGB):** Persönliche Absprachen zwischen dem Verkäufer und dem Käufer haben Vorrang vor den AGB.

    Beispiel Als Liefertermin für Büromöbel wurde zwischen dem Verkäufer und dem Käufer schriftlich der 1. Oktober vereinbart. In den AGB steht jedoch, dass Liefertermine grundsätzlich unverbindlich sind. Als Liefertermin gilt trotzdem der 1. Oktober, da persönliche Absprachen Vorrang vor den AGB haben.

- **Rechtsfolgen bei Nichteinbeziehung und Unwirksamkeit (§ 306 BGB):** Sind einzelne Teile der AGB unwirksam, so bleibt der Vertrag bestehen. Der Inhalt des Vertrages richtet sich dann nach den gesetzlichen Vorschriften. Diese sind meistens die Bestimmungen des BGB.

- **Inhaltskontrolle und Klauselverbote (§ 307 f. BGB):** Bestimmungen in den AGB sind unwirksam, wenn sie den Vertragspartner entgegen dem Gebot von Treu und Glauben unangemessen benachteiligen.

    Beispiel Ein Möbelhersteller liefert eine Ledergarnitur nicht wie vereinbart in Schwarz, sondern in Braun. In den AGB steht: „Modelländerungen vorbehalten". Der Kunde muss aber nur Änderungen hinnehmen, die technisch unvermeidbar oder völlig belanglos sind, so können z. B. Lederbezüge nicht immer in völlig gleichem Farbton hergestellt werden. Eine Ledergarnitur, die in Schwarz bestellt wurde, kann folglich nicht in Braun geliefert werden. Der Verkäufer verstößt gegen das Gebot von Treu und Glauben.

● Wirksamkeit von Klauseln bei einseitigen Handelsgeschäften

- **Einbeziehung in den Vertrag (§ 305 BGB):** Die AGB werden nur dann Bestandteil des Vertrages, wenn der Käufer
    - vor Vertragsabschluss ausdrücklich auf die AGB hingewiesen wird, dieses kann durch einen deutlich sichtbaren Aushang am Orte des Vertragsabschlusses (Geschäftsräume des Unternehmens), durch einen persönlichen Hinweis des Verkäufers oder das Zusenden der AGB geschehen,
    - vom Inhalt der AGB Kenntnis nehmen kann,
    - sein Einverständnis zu den AGB gegeben hat.

    Beispiel Andreas Brandt, Auszubildender der Primus GmbH, verkauft einem Kunden in der Verkaufsboutique einen Schreibtisch „Classic". Andreas hatte den Kunden nicht auf die AGB hingewiesen. Diese sind auf der Rückseite des Lieferscheins aufgedruckt. Bringt der Kunde den Schreibtisch aufgrund eines Materialfehlers zurück, dann gelten die Bestimmungen des BGB.

Primus GmbH – Duisburg:
Allgemeine Geschäftsbedingungen

1. Preisgestaltung:
Alle Preise sind frei bleibende Nettoangaben und verstehen sich zuzüglich der gültigen Mehrwertsteuer.

2. Zahlungsziel:
Rechnungen sind innerhalb von 30 Tagen zu begleichen. Bei Zahlung innerhalb von zehn Tagen gewähren wir 2 % Skonto.

3. Rückgaberecht:
Alle Artikel, die Sie bestellen, liefern wir zur Ansicht und nehmen sie auf Wunsch innerhalb von sieben Tagen wieder zurück. Voraussetzung ist, dass Sie die Ware unbenutzt in einwandfreiem Zustand in der Originalverpackung frei Haus an uns zurücksenden. Ausgenommen von der Rückgabe sind Artikel, die direkt vom Hersteller geliefert werden.

4. Sechs-Stunden-Service:
Bei einem Bestelleingang bis 12:00 Uhr gelangen diese Artikel bis 18:00 Uhr zum Versand und sind i. d. R. am nächsten Tag bei Ihnen.

5. Lieferung:
Wir liefern porto- und frachtfrei im Bundesgebiet ab einem Auftragswert von 250,00 € zuzüglich Mehrwertsteuer. Der Mindestauftragswert beträgt 100,00 €. Liegt der Auftragswert darunter, müssen wir aus Kostengründen einen Mindermengenzuschlag von 10,00 € berechnen.

6. Versandkosten:
Versand bis 31,5 kg per Paketdienst (DPD).

Gewicht:	€
0 bis 6 kg	7,50
über 6 bis 12 kg	11,30
über 12 bis 18 kg	13,90
über 18 bis 31,5 kg	19,00

Über 31,5 kg per Spedition nach Aufwand.

7. Änderungen:
Mögliche Änderungen im Design bzw. technischen Bereich, die die Qualität der Artikel verbessern, behalten wir uns vor.

8. Lieferfrist:
- Falls der Verkäufer die vereinbarte Lieferfrist nicht einhalten kann, hat der Käufer eine angemessene Nachlieferfrist zu gewähren – beginnend vom Tage des Eingangs der schriftlichen Inverzugsetzung durch den Käufer, oder im Fall kalendermäßig bestimmter Lieferfrist mit deren Ablauf.
- Vom Verkäufer nicht zu vertretende Störungen im Geschäftsbetrieb, insbesondere Arbeitsausstände und Aussperrungen sowie Fälle höherer Gewalt, die auf einem unvorhersehbaren und unverschuldeten Ereignis beruhen und zu schwerwiegenden Betriebsstörungen sowohl beim Verkäufer als auch bei dessen Lieferanten führen, verlängern die Lieferzeit entsprechend.
- Zum Rücktritt ist der Käufer nur berechtigt, wenn er in diesen Fällen nach Ablauf der vereinbarten Lieferfrist die Lieferung schriftlich anmahnt und diese dann innerhalb von sechs Wochen nach Eingang des Mahnschreibens des Käufers beim Verkäufer nicht an den Käufer erfolgt. Im Falle kalendermäßig bestimmter Lieferfrist beginnt mit deren Ablauf die Sechs-Wochen-Frist.

9. Gefahrenübergang:
Die Gefahr, trotz Verlustes oder Beschädigung den Preis zahlen zu müssen, geht mit der Übergabe der Ware auf den Käufer über.

10. Gültigkeit:
Für alle Lieferungen gelten unsere Liefer- und Zahlungsbedingungen. Mit diesen Angaben verlieren alle vorhergehenden Angebote ihre Gültigkeit. Bei einer ungültigen Bestimmung der AGB behalten die anderen jedoch ihre Wirksamkeit.

11. Garantie:
Für alle Waren übernehmen wir eine Mindestgarantie von 36 Monaten, wenn nicht ein längerer Zeitraum angegeben ist. Störungen und Schäden, die auf falscher Bedienung, Gewaltanwendung oder natürlichem Verschleiß beruhen, werden durch die Garantie nicht abgedeckt.

12. Erfüllungsort/Gerichtsstand:
Der Erfüllungsort und der Gerichtsstand ist in jedem Fall Duisburg.

13. Eigentumsvorbehalt:
Alle Waren bleiben bis zur vollständigen Bezahlung unser Eigentum.

- **Verbotene und damit unwirksame Klauseln in Kaufverträgen bei einseitigen Handelsgeschäften sind**
  - nachträgliche kurzfristige Preiserhöhung (binnen vier Monaten nach Vertragsabschluss),
  - Verkürzung der gesetzlichen Sachmängelhaftungsfristen **LF 5**
  - Rücktrittsvorbehalte des Verkäufers (der Verkäufer behält sich vor, die versprochene Leistung zu ändern oder von ihr abzuweichen),
  - Ausschluss der Haftung des Verkäufers bei grobem Verschulden,
  - unangemessen lange Lieferfristen,
  - Ausschluss von Reklamationsrechten (der Lieferer darf die gesetzlichen Sachmängelhaftungsrechte des Käufers nicht ausschließen), **LF 5**
  - Beschneidung von Kundenrechten bei verspäteter Lieferung.

Diese Klauseln finden keine Anwendung bei zweiseitigen Handelskäufen, da Kaufleute die Probleme und Nachteile, die in diesen AGB des Vertragspartners stecken, erkennen und sich entsprechend wehren können.

Im Außenhandel können deutsche AGB nicht ohne Weiteres angewendet werden.

PRAXISTIPP Vergleichen Sie die AGB Ihres Ausbildungsbetriebes mit den AGB der Primus GmbH und den Ausbildungsbetrieben Ihrer Mitschüler.

Allgemeine Geschäftsbedingungen untersuchen

- In den AGB legt ein Kaufmann **die grundsätzliche Ausgestaltung der Verträge** für seine Lieferungen fest.
- Durch **§ 305 ff. des BGB zu den AGB** wird ein Käufer vor unseriösen AGB geschützt.
- Grundsätzlich **haben Individualabreden (persönliche Absprachen) Vorrang** vor den AGB.
- Klauseln, die den Käufer entgegen dem **Grundsatz von Treu und Glauben** unangemessen benachteiligen, sind unwirksam.
- Wenn AGB unwirksam werden, richtet sich der Inhalt des Vertrages nach den **gesetzlichen Vorschriften** des BGB.
- **Überraschende und mehrdeutige Klauseln**, mit denen der Käufer nicht zu rechnen braucht, sind unwirksam.

---

1. Begründen Sie, warum Unternehmen ihre Geschäftsbedingungen bereits vorformuliert haben.

2. Erläutern Sie, unter welchen Voraussetzungen bei einseitigen Handelsgeschäften die Allgemeinen Geschäftsbedingungen Bestandteil des Vertrages werden.

3. Erklären Sie, warum persönliche Absprachen zwischen dem Verkäufer und dem Käufer Vorrang vor den Allgemeinen Geschäftsbedingungen haben.

4. Entscheiden und begründen Sie in den folgenden Fällen, ob das BGB verletzt wurde.
   a) Beim Kauf eines Computers verkürzt der Verkäufer in den AGB die Sachmängelhaftungsfrist auf einen Monat, die gesetzlich vorgeschriebene Frist beträgt zwei Jahre.
   b) Zwei Wochen nach Vertragsabschluss teilt der Verkäufer dem Kunden mit, dass die bestellte Ware sich aufgrund einer Preiserhöhung um 20 % verteuert.
   c) In den AGB steht: „Die Lieferfrist beträgt mindestens sechs Wochen." Der Verkäufer hat dem Kunden schriftlich zugesichert: Lieferung in drei Wochen. Welche Lieferfrist ist für den Verkäufer verbindlich?
   d) In den AGB steht: „Die gelieferten Waren bleiben bis zur vollständigen Bezahlung des Kaufpreises Eigentum des Verkäufers."
   e) Im Kaufvertrag über eine Gartenmöbelgarnitur behält sich der Verkäufer vor, dass er statt der bestellten Buchenholzgarnitur Kunststoffmöbel liefern kann.

5. Gerda Schmitz liest nachfolgenden auszugsweise wiedergegebenen AGB-Grundsatz: „... ist auch eine Bestimmung, durch die bei Verträgen über Lieferungen neu hergestellter Sachen die Sachmängelhaftungsansprüche ausgeschlossen werden." Geben Sie an, mit welchem Begriff dieser AGB-Rechtsgrundsatz sinnvoll zu ergänzen ist.
   1. verbindlich   3. wirksam   5. teilweise wirksam
   2. unwirksam   4. unwiderruflich

6. Das Bürofachgeschäft Herbert Blank e.K. hat mit der Primus GmbH am 1. Juni einen Kaufvertrag über die Lieferung zweier Regalelemente „Classic" abgeschlossen.
   a) Die Lieferung sollte in sechs Wochen erfolgen. Geliefert wird aber erst am 15. Oktober. Aus dem Rechnungsbeleg geht hervor, dass der Preis inzwischen um 10 % gestiegen ist. Kann die Primus GmbH einen um 10 % höheren Preis verlangen? (Begründung)
   b) Nachdem die Regalelemente aufgestellt worden sind, stellt Herbert Blank fest, dass der Farbton geringfügig heller als beim Ausstellungsstück ist. Muss Herbert Blank die geringfügige Farbabweichung akzeptieren? (Begründung)

7. Bringen Sie die AGB aus Ihren Betrieben mit und stellen Sie eine Materialsammlung mit den AGB von zehn Unternehmen zusammen. Vergleichen Sie diese AGB mit denen der Primus GmbH. Erstellen Sie mithilfe einer geeigneten Präsentationssoftware ein digitales Produkt, das Sie Ihren Mitschülern vorstellen.

5.6 Finanzierungs- und Dienstleistungsangebote einbinden

In der letzten Zeit hat die Primus GmbH vermehrt festgestellt, dass Kunden Angebote der Primus GmbH abgelehnt haben, da diesen die Verkaufspreise der Primus GmbH zu hoch waren. In einer Besprechung aller Gruppenleiter wird daher überlegt, was die Primus GmbH tun kann, um die Kunden trotzdem zum Kauf der angebotenen Waren und Dienstleistungen zu bewegen. So schlägt Josef Winkler, der Abteilungsleiter Verkauf/Marketing vor, vermehrt den Kunden Finanzierungs- und Dienstleistungsangebote wie Lieferantenkredite, Leasing oder die Planung von Büroräumen anzubieten.

Kaufverträge mit dem Kunden rechtskräftig abschließen

ARBEITSAUFTRÄGE
- Beschreiben Sie, weshalb für einen Kunden einen Lieferantenkredit vorteilhaft sein kann.
- Überprüfen Sie, welche Gegenstände von Unternehmen geleast werden können.
- Stellen Sie die wesentlichen Leasingarten gegenüber.

Ein Unternehmen hat verschiedene Möglichkeiten, seinen Kunden Finanzierungs- und Dienstleistungsangebote zu unterbreiten.

● Lieferantenkredit

Beim Lieferantenkredit räumt der Lieferer seinen Kunden für gelieferte Waren ein **Zahlungsziel** ein. Das bedeutet, dass der Kunde seine Schuld erst zu einem späteren Zeitpunkt bezahlen muss.

Beispiele
- Zahlungsbedingung der Abels, Wirtz & Co. KG „Zahlbar innerhalb von 30 Tagen netto Kasse oder innerhalb von 10 Tagen unter Abzug von 3 % Skonto"
- Die Primus GmbH liefert an die Herstadt Warenhaus GmbH am 30. September Büromöbel über einen Rechnungsbetrag von 13 600,00 €. Als Zahlungsziel ist vermerkt: „Zahlbar in 30 Tagen nach Rechnungserhalt netto Kasse oder innerhalb von 10 Tagen abzüglich 2 % Skonto". Die Herstadt Warenhaus GmbH hat zurzeit kein Barvermögen in dieser Höhe, jedoch wird in sechs Wochen eine größere Ausgangsrechnung fällig. Um den Skontobetrag in Höhe von 272,00 € (2 % von 13 600,00 €) ausnutzen zu können, überlegt die Herstadt Warenhaus GmbH, ob sie den notwendigen Betrag als Kredit bei ihrer Bank aufnehmen soll. Die Bank verlangt 12 % Zinsen.

Lösung: Die Herstadt Warenhaus GmbH braucht erst am 10. Oktober zu zahlen, um den Skonto auszunutzen. Also nimmt sie erst am 10. Tag den erforderlichen Bankkredit für einen Zeitraum von 20 Tagen auf.

Wenn die Herstadt Warenhaus GmbH bei vorzeitiger Zahlung 2 % Skonto von 13 600,00 € abzieht, braucht sie bei ihrer Bank nur noch 13 328,00 € als Kredit aufzunehmen.

$$\text{Zinsen} = \frac{\text{Kapital} \cdot \text{Tage} \cdot \text{Zinssatz}}{100 \cdot 360} = \frac{13\,328 \cdot 20 \cdot 12}{100 \cdot 360} = \underline{88{,}85\ €}$$

Die Kosten des Bankkredits betragen 88,85 €. Somit ergibt sich folgende Ersparnis:

Skonto	272,00 €
− Kosten des Bankkredits	88,85 €
= Ersparnis	183,15 €

Berechnung des effektiven Zinssatzes nach der Zinssatz-Formel:

$$\text{Zinssatz} = \frac{\text{Skontobetrag} \cdot 100 \cdot 360}{\text{verminderter Betrag} \cdot \text{Kreditdauer}} = \frac{272 \cdot 100 \cdot 360}{13\,328 \cdot 20} = \underline{36{,}73\,\%}$$

Der effektive Zinssatz für den Liefererkredit beträgt 36,73 %.

● Leasing

Ein Unternehmen hat die Möglichkeit, benötigte Gegenstände zu leasen (= mieten oder pachten) statt zu kaufen. Beim Leasing werden in einem Leasingvertrag die Nutzungsrechte an Gütern des Anlagevermögens (Grundstücke mit Gebäude, Fahrzeuge, Geschäftsausstattung) für eine bestimmte Zeit vom Leasinggeber auf den Leasingnehmer übertragen, wobei der Leasingnehmer die geleasten Gegenstände in seinem Betrieb einsetzt. Der Leasingnehmer wird Besitzer, der Leasinggeber bleibt Eigentümer der geleasten Gegenstände. Am Ende der vertraglich vereinbarten Leasingdauer kann der Leasingnehmer den geleasten Gegenstand zurückgeben oder zum Restwert kaufen. Das **Leasingentgelt** richtet sich nach der Vertragsdauer und beträgt

- bei dreijähriger Vertragsdauer monatlich etwa 3% des Kaufpreises,
- bei zweijähriger Vertragsdauer monatlich etwa 4% des Kaufpreises.

Motive für Leasing sind:

- Schonung der Eigenkapitaldecke und der Sicherheiten
- Liquiditätsvorsorge
- Ausdehnung des Finanzierungsvolumens
- Einschränkung des Überalterungsrisikos

Leasinggeber kann

- der Hersteller des Anlagegutes, z.B. Maschinen-, Fahrzeughersteller (= **direktes Leasing**),
- oder eine Leasing-Gesellschaft sein, die die Gegenstände vom Hersteller gekauft hat und sie nun im Rahmen des Leasings gegen Entgelt zur Verfügung stellt (= **indirektes Leasing**).

Mieten statt kaufen

Neu geleaste Objekte in Deutschland im Jahr 2017

- Pkw: 58 %
- Busse, Lkw: 17
- Produktionsmaschinen: 13
- Büromaschinen, IT: 4
- Luft-, Schienen-, Wasserfahrzeuge: 2
- Sonstiges: 6

Das waren die Leasingnehmer

- Dienstleister: 38 %
- Industrie: 18
- private Haushalte: 11
- Verkehr, Nachrichtenübermittlung: 10
- Handel: 9
- Baugewerbe: 8
- Landwirtschaft, Energie-, Wasserversorgung, Bergbau: 4
- Staat: 2

Quelle: Bundesverband Deutscher Leasing-Unternehmen © Globus 12827

Leasingverträge können unterschieden werden in:

- **Operating-Leasing**: Bei dieser Form hat der Leasingnehmer das **Recht, den Vertrag jederzeit kurzfristig zu kündigen**, da keine feste Grundleasingzeit vereinbart worden ist. Der Leasinggeber trägt somit das volle Investitionsrisiko. Der Leasingnehmer hat immer die neueste Technologie zur Verfügung. Es handelt sich um Leasingobjekte (Kraftfahrzeuge, Fotokopiergeräte, Büromaschinen), die nach Beendigung des Leasingverhältnisses vom Leasinggeber problemlos erneut anderen Leasingnehmern zur Verfügung gestellt werden können.

- **Financial Leasing (Finanzierungsleasing)**: Hier handelt es sich **um langfristige Verträge, die während der Grundleasingzeit unkündbar** sind. Nach Ablauf der Grundleasingzeit kann der Leasingnehmer entscheiden, ob er den Vertrag verlängern oder einen neuen Vertrag über ein neues Leasingobjekt abschließen will. Er kann das Leasingobjekt auch vom Leasinggeber kaufen. Bei dieser Leasingform trägt der Leasingnehmer das Investitionsrisiko, d.h. das Risiko der wirtschaftlichen Wertminderung durch technischen Fortschritt. Beim Financial Leasing handelt es sich bei den Leasingobjekten i.d.R. um Gegenstände, die häufig eigens für den Leasingnehmer hergestellt worden sind.

Hinsichtlich der **Leasingobjekte** kann man unterscheiden in:

- **Leasing von beweglichen Gegenständen = Mobilien-Leasing**

  Beispiele Maschinen, Computer, Fotokopierer, Regalsysteme, Arbeitskleidung, Fahrzeuge, Telekommunikationsanlagen, Büroausstattung

- Das Leasing einzelner Ausrüstungsgegenstände wird auch als **Equipment-Leasing** bezeichnet.

- **Immobilien-Leasing**

  Beispiele Lagerräume, Verwaltungsgebäude, Grundstücke

  Das Leasing ganzer Betriebsanlagen wird auch als **Plant-Leasing** bezeichnet.

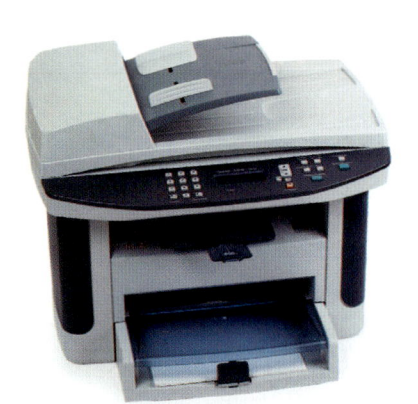

- **Personal-Leasing**: Auch Personal kann durch Arbeitskräftevermittlungen (Zeitarbeit) geleast werden.

Leasing bringt **für den Leasingnehmer folgende Vor- und Nachteile**:

Vorteile	Nachteile
– Geleaste Objekte sind ständig auf dem neuesten Stand der Technik. – Leasingnehmer hat bestimmte monatliche Raten, die genaue Kalkulation ermöglichen. – Verringerung des Kapitalbedarfs – Kreditsicherheiten sind nicht erforderlich. – Leasingkosten können aus den laufend erwirtschafteten Erträgen des Leasingobjekts bezahlt werden. – keine Aktivierung der Leasinggüter in der Bilanz, steuerliche Abzugsfähigkeit der Leasingraten als Betriebskosten	– hohe Fixkostenbelastung des Betriebs durch Leasingraten – Leasing ist i.d.R. teurer als eine Finanzierung des Gegenstandes beim Kauf. Die Leasingrate setzt sich aus Zinsen und einem Entgelt für die Überlassung und Nutzung der Leasinggegenstände zusammen. – Beim Financial-Leasing ist der Leasingnehmer vertraglich lange gebunden.

Vergleich der Kosten bei Leasing und Kreditfinanzierung: Unter der Voraussetzung, dass mit den Leasingobjekten ein zusätzlicher Gewinn erwirtschaftet wird, kann ein Unternehmen mit Leasing seine Anlagegegenstände erneuern oder erweitern, ohne Eigen- oder Fremdkapital in Höhe der Anschaffungskosten bereitstellen zu müssen. Die Leasingraten können als Betriebsausgaben abgesetzt werden, sie mindern somit die Gewerbe-, Einkommen- bzw. Körperschaftsteuer. Es muss aber die laufende Leasingrate entrichtet werden.

Die fixe Belastung durch Leasingkosten ist im Allgemeinen nicht geringer als der Zins und Tilgungsdienst bei einem fremdfinanzierten Investitionsobjekt.

Beispiel Die Anschaffungskosten einer Maschine betragen 300 000,00 € bei einer Nutzungsdauer von sechs Jahren. Steuerliche Gesichtspunkte bleiben unberücksichtigt.

Bedingungen für den Kreditkauf		Bedingungen für Leasing	
Kreditsumme in €:	300 000,00	Grundleasing in Jahren:	4
Kreditlaufzeit in Jahren:	6	Abschlussentgelt in %:	5
Kreditzinsen in %:	9	Leasing-Raten/monatlich in %:	3
Kredittilgung:	Raten	Anschlussleasing/jährlich in €:	4 000,00
Jahr	Ausgaben beim Kreditkauf	Ausgaben beim Leasing	
1	(50 000 + 27 000) = 77 000,00	(15 000 + 108 000) =	123 000,00
2	(50 000 + 22 500) = 72 500,00	(3 · 3000 · 12) =	108 000,00
3	(50 000 + 18 000) = 68 000,00	(3 · 3000 · 12) =	108 000,00
4	(50 000 + 13 500) = 63 500,00	(3 · 3000 · 12) =	108 000,00
5	(50 000 + 9 000) = 59 000,00	Anschlussleasing =	4 000,00
6	(50 000 + 4 500) = 54 500,00	Anschlussleasing =	4 000,00
Summe der Ausgaben	**= 394 500,00**	**Summe der Ausgaben =**	**455 000,00**

● **Dienstleistungsangebote**

Beispiele der Primus GmbH Planung von Büroeinrichtungen, Montage bürotechnischen Zubehörs, Entsorgung von Altmöbeln, Verpackung, Zubehör, Aufbau von Büromöbeln

---

Finanzierungs- und Dienstleistungsangebote einbinden

- Beim **Lieferantenkredit** wird dem Käufer ein Zahlungsziel durch den Lieferer gewährt.
- Beim **Leasing** werden **Güter des Anlagevermögens gemietet**, wobei die Leasinggeber Hersteller oder Leasinggesellschaften sein können.
  - Es können sowohl **Immobilien als auch bewegliche Güter** geleast werden.
  - Beim **Financial-Leasing** werden langfristige Verträge abgeschlossen, der Leasingnehmer hat nach Ablauf der Vertragsdauer ein Kaufrecht des geleasten Gegenstands (Maschinen, Betriebs- und Geschäftsausstattung usw.). Leasinggegenstände werden häufig eigens für den Leasingnehmer angefertigt.
  - Beim **Operating-Leasing** kann der Vertrag jederzeit vom Leasingnehmer gekündigt werden (Fotokopiergeräte, Kfz usw.).
  - **Hauptvorteil** für den Leasingnehmer ist ein **verringerter Kapitalbedarf**, **Hauptnachteil** sind die anfallenden **Kosten**.
- Durch das Angebot von verschiedensten **Dienstleistungen** kann sich ein Unternehmen Wettbewerbsvorteile verschaffen.

---

1. Die Primus GmbH bezieht von der Latex AG Waren im Werte von 34 500,00 €. Die Zahlungsbedingung lautet: „60 Tage netto Kasse, bei Zahlung innerhalb von 14 Tagen von 3 % Skonto." Für einen Kontokorrentkredit der Hausbank wären 7 % effektiver Jahreszins zu entrichten. Die Primus GmbH möchte den Skonto in Anspruch nehmen, muss dafür aber das Kontokorrentkonto in Anspruch nehmen.
a) Ermitteln Sie den Überweisungsbetrag nach Abzug des Skonto.
b) Ermitteln Sie die Zinsen für den in Anspruch genommenen Kontokorrentkredit.

c) Ermitteln Sie den Finanzierungsgewinn, wenn der Skonto unter Inanspruchnahme des Kontokorrentkredits ausgenutzt wird.
d) Ermitteln Sie den Effektivzinssatz für den Skonto.

2. Geben Sie Beispiele an, welche Gegenstände
a) von der Primus GmbH geleast werden könnten,
b) die Primus GmbH von ihren Kunden leasen lassen könnte.

3. Die Geschäftsführer der Primus GmbH überlegen, ob man den Kunden Büromöbel als Leasingobjekte anbieten soll. Sammeln Sie Argumente, mit denen Sie die Kunden der Primus GmbH von der Vorteilhaftigkeit dieser Möglichkeit überzeugen können.

4. Die Primus GmbH will einen neuen Mittelklasse-Pkw für den Außendienst anschaffen. Besorgen Sie sich bei Autohändlern Leasingangebote für Pkw und vergleichen Sie diese in einer Übersicht miteinander.

5. Erläutern Sie die Unterschiede
a) zwischen direktem und indirektem Leasing,
b) zwischen Mobilien- und Immobilien-Leasing,
c) zwischen Operating- und Financial-Leasing.

6. Ein Groß- und Außenhändler hat eine Rechnung über 8 640,00 € zu begleichen. Die Zahlungsbedingungen lauten: „Zahlbar innerhalb von 30 Tagen netto Kasse oder innerhalb von 10 Tagen unter Abzug von 2 % Skonto". Um Skonto in Anspruch nehmen zu können, nimmt der Groß- und Außenhändler bei einer Bank für 20 Tage einen Kredit auf. Die Bank berechnet 10 % Zinsen.
a) Wie viel Euro beträgt der Skontoertrag?
b) Wie viel Euro beträgt der erforderliche Bankkredit?
c) Wie viel Euro beträgt der Zinsaufwand für den Bankkredit?
d) Welchem Jahreszinssatz entspricht der Skontosatz?

6 Besonderheiten bei Verkaufsprozessen mit ausländischen Kunden beachten

6.1 Ausfuhrverfahren kennenlernen und unterscheiden

Mittagspause. Petra Jäger kommt von der Postfiliale zurück: *„Ich habe gerade noch ein Päckchen nach Istanbul geschickt. Deutsche Süßigkeiten für meine türkischen Freunde. Das geht ganz einfach. Ich musste nur einen zweiten kleinen Zettel ausfüllen und auf das Paket kleben."*
Elke Sommer, Sachbearbeiterin im Export, erklärt: *„Das ist die Zollinhaltser-*

klärung CN 22, die für diesen kleinen Privatversand ausreicht. Bei unseren Exporten geht es aber völlig anders zur Sache. Da muss dem Zoll jedes Mal sehr ausführlich und genau erklärt werden, was wohin versendet werden soll. Und später brauchen wir einen Nachweis darüber, dass die Ware auch tatsächlich ins Ausland gelangt ist. Der ist wichtig für unsere Umsatzsteueranmeldung."

Petra Jäger ist erstaunt: „Das klingt kompliziert. Hoffentlich begreife ich das alles."

Elke Sommer beruhigt sie: „Die Ausfuhr von Waren bedeutet viele Formalitäten. Schauen Sie mal: Da ist gerade ein Exportauftrag von Glowna Ltd. aus Russland im System. 200 Multifunktionsdrucker sollen nach Kaliningrad. Früher waren dafür noch unzählige Papierformulare auszufüllen, zu versenden und zu empfangen. Heute läuft alles elektronisch und blitzschnell über die ATLAS-Schnittstelle unseres Warenwirtschaftssystems. Außerdem können wir auch auf externe Dienstleister zurückgreifen, die uns beim Ausfuhrverfahren unterstützen. Wollen Sie sich das mal genauer ansehen? Sie werden staunen."

ARBEITSAUFTRÄGE
- Erklären Sie, wozu das Ausfuhrverfahren dient und wer darin „Ausführer" sein kann.
- Erklären Sie, nach welchen Kriterien bestimmt wird, welches Ausfuhrverfahren jeweils infrage kommt.
- Erklären Sie, auf welchen Wegen eine Ausfuhrerklärung gestellt werden kann.

● Das Ausfuhrverfahren als Zollverfahren

Werden Waren aus einem EU-Land ein Drittland exportiert, unterliegt dieser Vorgang über das **Ausfuhrverfahren** der Überwachung durch die Zollbehörden. Rechtsgrundlage für dieses **Zollverfahren** ist der gemeinsame Zollkodex der Europäischen Union **UZK (Unionszollkodex)** VO (EU) Nr. 952/2013.

Durch die Überwachung der Warenausfuhr soll zunächst sichergestellt werden, dass keine illegalen Waren exportiert werden oder gegen andere Bestimmungen der **Ausfuhrkontrolle** verstoßen wird (vgl. S. 289 ff.)

Darüber hinaus erfassen die Zollbehörden über das Ausfuhrverfahren die Daten aus dem grenzüberschreitenden Warenverkehr für die **Außenhandelsstatistik** des Statistischen Bundesamts.

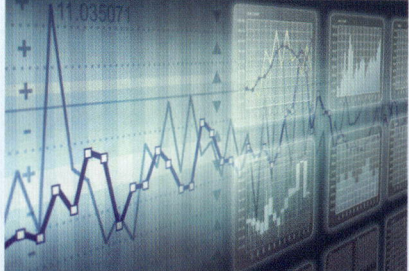

Beispiel Die Primus GmbH ermittelt für die Multifunktionsdrucker, die nach Russland ausgeführt werden sollen, die Warennummer aus dem Warenverzeichnis für die Außenhandelsstatistik und übernimmt diese in die Ausfuhranmeldung (s. u.). Über den Datenaustausch zwischen der Bundesfinanzverwaltung (Zoll) und dem Statistischen Bundesamt wird die Ausfuhr bei Ausgang der Ware aus der EU statistisch erfasst.

Eine wichtige Aufgabe übernimmt das Ausfuhrverfahren auch im Rahmen der **Erhebung von Steuern und Abgaben** als Nachweis darüber, dass die Ware auch tatsächlich das Zollgebiet der EU verlassen hat (vgl. S. 482 ff. Umsatzsteuer).

● Außenwirtschaftlicher und zollrechtlicher Ausführer

Wer Waren exportiert, ist als Vertragspartner des Warenempfängers im Drittland **außenwirtschaftlicher Ausführer**. Er ist insbesondere für die Einhaltung der Vorschriften zur Ausfuhrkontrolle (vgl. S. 289 ff.) verantwortlich und haftbar.

> **§ 2 AWG – Begriffsbestimmungen**
> (2) Ausführer ist jede natürliche oder juristische Person oder Personengesellschaft, die zum Zeitpunkt der Ausfuhr Vertragspartner des Empfängers in einem Drittland ist und
> 1. über die Lieferung von Waren aus dem Inland in ein Drittland bestimmt oder
> 2. im Fall von Software oder Technologie über deren Übertragung aus dem Inland in ein Drittland einschließlich ihrer Bereitstellung auf elektronischem Weg in einem Drittland bestimmt.

Der **zollrechtliche Ausführer** meldet die Ausfuhr bei den Zollbehörden an und stellt diesen alle notwendigen Dokumente und Daten fristgerecht zur Verfügung. Nur ihm werden z. B. die Ausfuhrnachweise (s. o.) von den Zollbehörden zugestellt.

> **Art. 1 Nr. 19 Unionszollkodex (UZK)**
> „Ausführer" ist
> a) die im Zollgebiet der Union ansässige Person, die zum Zeitpunkt der Annahme der Anmeldung Vertragspartner des Empfängers im Drittland ist und die befugt ist, über das Verbringen der Waren an einen Bestimmungsort außerhalb des Zollgebiets der Union zu bestimmen;
> [...]
> c) in anderen Fällen die im Zollgebiet der Union ansässige Person, die befugt ist, über das Verbringen der Waren an einen Bestimmungsort außerhalb des Zollgebiets der Union zu bestimmen.

Der zollrechtliche Ausführer **muss** seinen **Sitz im Zollgebiet der Europäischen Union** haben. Oft ist er **Vertragspartner des Empfängers** im Drittland (Art. 1 Nr. 19 a UZK). Außenwirtschaftlicher Ausführer und zollrechtlicher Ausführer können damit identisch sein.

Beispiel Die Primus GmbH hat mit Glowna Ltd. Kaliningrad/Russland ein Exportgeschäft abgeschlossen. Darin wurde vereinbart, dass die Primus GmbH als Verkäufer für die gesamte Abwicklung der Warenlieferung bis einschließlich Bestimmungshafen Kaliningrad verantwortlich ist. Mit dem Sitz innerhalb des EU-Zollgebiets (Duisburg) und als Lieferant der Ware - Vertragspartner des Empfängers im Drittland - kann die Primus GmbH zollrechtlicher Ausführer gemäß Art 1 Nr. 19 a UZK werden.

Oftmals sehen die Vertragsbedingungen aber keine besondere Beteiligung des Exporteurs an der Steuerung bzw. Abwicklung der Lieferung vor, weil die Vertragsparteien Lieferung ab Werk vereinbart haben. Der Exporteur ist zwar Vertragspartner, aber hier nicht befugt, über die weitere Verbringung der Waren zu bestimmen. Daher müssen auch **Dritte**, die nicht Vertragspartner sind, als zollrechtlicher Ausführer beauftragt werden können, z. B. **Zollagenten** und **Speditionsunternehmen**. Diese Möglichkeit wird durch Art 1, Nr. 19 c UZK eröffnet.

Beispiel Ein Exportgeschäft mit Glowna Ltd. sieht vor, dass die Primus GmbH dem Exporteur die Ware lediglich am Duisburger Lager zur Verfügung stellt und dann nichts mehr mit der weiteren Abwicklung zu tun hat. Glowna Ltd. kann aber mit ihrem Firmensitz außerhalb des Zollgebiets der EU (Russland) nicht zollrechtlicher Ausführer werden. Daher beauftragt das russische Unternehmen die Intrada Spedition GmbH, Duisburg, mit der Durchführung des Ausfuhrverfahrens. Die Intrada GmbH ist befugt, die Ware an den Bestimmungsort zu verbringen (Art 1 Nr. 19 c UZK) und kann damit zollrechtlicher Ausführer werden.

Intrada GmbH
International freight forwarder and customs agent
47119 Duisburg
Germany

Complete customs services processing in export and import

You may contact us as you wish, either by phone, email or via our ATLAS® – supported platform Intrada-Customs. Network your ERP system with our digital interface. We automatically transfer all order data to our system. We inform you online and in real time about the status of your customs procedure, 24 hours a day. Guaranteed.

● **Ausfuhranmeldung: einstufiges und zweistufiges Ausfuhrverfahren**

Das Ausfuhrverfahren wird durch eine förmliche **Ausfuhranmeldung** des zollrechtlichen Ausführers eröffnet. Diese ist in der gesamten EU ausschließlich in elektronischer Form in das **Automated Export System (AES)** der Zollverwaltungen möglich, das in Deutschland **ATLAS®-Ausfuhr** heißt.

Um die Ausfuhr von **Kleinsendungen** zu vereinfachen, ist eine Ausfuhranmeldung erst ab einer Wertgrenze über 1 000,00 EUR und/oder über 1000 kg notwendig, sofern die Ausfuhr genehmigungsfrei ist (vgl. S. 290). Kleinsendungen können somit einfach mündlich angemeldet werden.

Bei einem Warenwert bis 3 000,00 EUR kann die Ausfuhranmeldung unmittelbar bei der **Ausgangszollstelle (= Zollstelle an der EU-Außengrenze)** erfolgen **(einstufiges Verfahren)**.

Bei Warenwerten über 3 000,00 EUR erfolgt eine Vorabfertigung an der **Ausfuhrzollstelle = Zollstelle des Firmensitzes des zollrechtlichen Ausführers**. Die **Ausgangszollstelle** setzt dann an der EU-Außengrenze das Ausfuhrverfahren fort, indem sie den Ausgang der Exportwaren aus dem Zollgebiet der EU freigibt, überwacht und dem zollrechtlichen Ausführer elektronisch bestätigt (zweistufiges Verfahren).

Beispiel 1. Die Primus GmbH teilt dem Zollamt in Duisburg-Ruhrort als **Ausfuhrzollstelle** mit, dass 200 Multifunktionsdrucker nach Kaliningrad/Russland ausgeführt werden sollen und zur zollamtlichen Abfertigung bereitstehen. Dazu versendet sie aus ihrem Warenwirtschaftssystem die elektronische Zollanmeldung über ATLAS®-Ausfuhr. 2. Die Ausfuhrzollstelle überprüft die Anmeldung bzw. die Zulässigkeit der Ausfuhr, überlässt der Primus GmbH – ggf. nach Beschau – die Waren zur Ausfuhr und stellt das Ausfuhrbegleitdokument (ABD) mit einer eindeutigen Movement Reference Number (MRN) als PDF-Datei aus. 3. Das ABD wird von der Primus GmbH ausgedruckt und der Lieferung beigelegt. 4. Die **Ausgangszollstelle** in Lübeck-Travemünde ruft das Verfahren in ATLAS®-Ausfuhr über die MRN auf und prüft, ob der Inhalt der ABD mit der Ware identisch ist. 5. Sie gibt die Waren für den Ausgang aus der EU frei, beendet das Ausfuhrverfahren, 6. sendet den Ausgangsvermerk (AGV) über ATLAS-Ausfuhr an die Ausfuhrzollstelle, 7. die diesen an die Primus GmbH weiterleitet. In der Primus GmbH wird der AGV ausgedruckt und aufbewahrt.

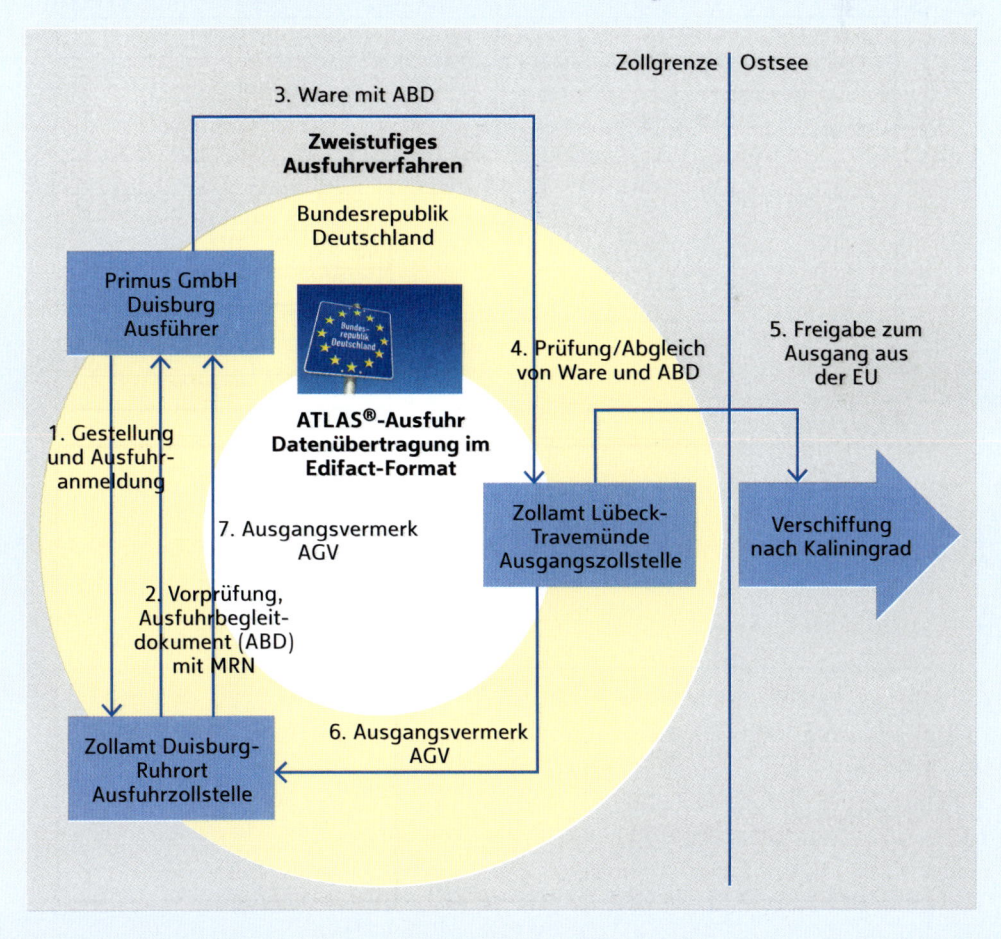

● Rationalisierung bei der Abwicklung von Zollverfahren

Kurze Lieferzeiten spielen im internationalen Warenverkehr eine immer größere Rolle. Deshalb sollen Zollverfahren möglichst zeitsparend abgewickelt werden. Zwei wesentliche Instrumente dazu stellen **vereinfachte Zollverfahren** und der Einsatz **IT-gestützter Zollabwicklung** dar:

Beispiel ABD: Ausfuhranmeldung für das Exportgeschäft mit der Glowna Ltd.

Ausfuhrbegleitdokument

EUROPÄISCHE GEMEINSCHAFT

A — 2 Versender/Ausführer Nr. DE2293951
Primus GmbH
Koloniestraße 2–4
47057 Duisburg

1 VERFAHREN: EX
MRN 06DE405500000394E4
3 Vordrucke 1 | 1
4 Ladelisten
5 Positionen 1
7 Bezugsnummer 198-0188786-RUS

8 Empfänger
Glowna Ltd.
Moskowsky Prospekt 320
236006 Kaliningrad/Obl.
Russische Förderation

11 Handelsland RU
15 Versendungs-/Ausfuhrland DE
15 Vers./Ausf.L.Code
17 Bestimm.L.Code 075
17 Bestimmungsland Russland

20 Lieferbedingung: CIF | Kaliningrad
22 Währung u. in Rech. gestellter Gesamtbetr. 900 | 51.300,00
24 Art des Geschäfts A A

18 Kennzeichen und Staatszugehörigkeit des Beförderungsmittels beim Abgang
19 Ctr. 004
21 Kennzeichen und Staatszugehörigkeit des grenzüberschreitenden aktiven Beförderungsmittel RU

25 Verkehrszweig an der Grenze 1
26 Inländischer Verkehrszweig 3
27 Ladeort Travemünde
29 Ausgangszollstelle 6334

31 Packstücke und Warenbezeichnung
200 MULTIFUNKTIONSDRUCKER PRIMUS T50

32 Positions-Nr.
33 Warennummer 85172100
34 Ursprungsland Code 05
35 Rohmasse (kg) 958
37 VERFAHREN 1000 | 0
38 Eigenmasse (kg) 820

46 Statistischer Wert 72 032,11

D PRÜFUNG DURCH DIE ZOLLSTELLE
Art. 796b Abs. 2 ZK-DVO (neu)

A Ausfuhrzollstelle
Zollamt Duisburg

Die Nutzung **vereinfachter Zollverfahren** ist nur möglich, wenn die Zollbehörde sie vorher dem Wirtschaftsbeteiligten (vgl. S. 249, z. B. Außenhändler, Produzenten) bewilligt hat. Zollanmeldungen können dann unvollständig abgegeben werden, d. h.

- ohne die eigentlich notwendigen Transport- und Zolldokumente oder
- als Handelsrechnung mit formlosem Antrag auf Überführung in ein Zollverfahren.

Die fehlenden Angaben bzw. Unterlagen vereinfachter Zollanmeldungen werden im Betrieb gesammelt und dann z. B. monatlich als ergänzende Zollanmeldung mit allen Unterlagen nachgereicht. Dieses Verfahren entkoppelt das zeitintensive Erstellen bzw. Beschaffen von Zolldokumenten vom Termindruck der Lieferung. Vereinfachte Zollverfahren werden jedoch nur **personengebunden zuverlässigen Wirtschaftsbeteiligten**[1] bewilligt.

Beispiel Der Primus GmbH als juristischer Person wurde von der Zollbehörde ein vereinfachtes Zollverfahren genehmigt, da sie als seriöses, zahlungsfähiges Unternehmen bekannt ist, das stets die zollrechtlichen Bestimmungen beachtet. Wird die Primus GmbH durch ein anderes Unternehmen aufgekauft (Gesamtrechtsnachfolge), erlischt automatisch die Bewilligung.

Die **IT-gestützte Zollabwicklung** erfolgt größtenteils beleglos: Alle Daten aus dem Einheitspapier werden mittels einer zertifizierten Software an das Automatisierte Tarif- und Lokale Zoll-Abwicklungs-System **(ATLAS®)** der Zollverwaltung gesendet. Im Groß- und Außenhandel übliche Warenwirtschaftssysteme haben meist eine ATLAS®-Schnittstelle. Jeder ATLAS-Teilnehmer muss eine **EORI**-Nummer (Economic Operators' Registration and Identification) beantragen, über die er sich im Zollverfahren ausweist und identifiziert werden kann. Die rechtlich notwendige Unterschrift des Zollanmelders wird ersetzt durch die Beteiligten-Identifizierungs-Nummer **(BIN)**. Der Zollanmelder hat gegenüber der Zollbehörde alle für die Zollabwicklung notwendigen Unterlagen bereitzuhalten, muss sie aber meist nicht einreichen. Die Annahme der Anmeldung und der Abgabenbescheid werden dem Anmelder von der Zollbehörde ebenfalls über ATLAS® mitgeteilt.

Kleineren Unternehmen, die keine spezielle Software für den Zugang zu ATLAS® anschaffen wollen, steht die Internet-Ausfuhr-Anmeldung-Plus (IAA-Plus) als kostenfreies Portal der Bundesfinanzverwaltung zur Verfügung. Statt der BIN wird hier für die Authentifizierung des Anmelders dessen Registrierung beim Elster-Onlineportal der Finanzverwaltung verwendet.

● Nachweis für Umsatzsteuerbefreiung

Ausfuhren, also Lieferungen in Drittländer, sind umsatzsteuerbefreit. Der **elektronische Ausgangsvermerk (AGV)** der Ausgangszollstelle ist der zentrale **Belegnachweis** für das Groß- und Außenhandelsunternehmen, dass die Ware tatsächlich das Zollgebiet der EU verlassen hat und in ein Drittland gelangt ist. Der AGV ist als Steuerbeleg 10 Jahre aufzubewahren.

Beispiel Die Primus GmbH hat nach Beendigung des Ausfuhrverfahrens von der Ausgangsstelle Lübeck-Travemünde den AGV zugesandt bekommen. Der Rechnungsbetrag der Ausfuhrlieferung an Glowna Ltd. von 24 300,00 EUR wird als steuerfreier Umsatz in der Umsatzsteuervoranmeldung eingesetzt:

---

[1] *Die Europäische Kommission hat den EU-weiten Rechtsstatus „zugelassener Wirtschaftsbeteiligter" (Auhorized Economic Operator – AEO) eingeführt, der im Zollverfahren Anspruch auf Erleichterungen und Vereinfachungen hat.*

I. Anmeldung der Umsatzsteuer-Vorauszahlung

	Bemessungsgrundlage ohne Umsatzsteuer	Steuer	
Lieferungen und sonstige Leistungen (einschließlich unentgeltlicher Wertabgaben)	volle EUR	EUR	Ct
Steuerfreie Umsätze mit Vorsteuerabzug			
Innergemeinschaftliche Lieferungen (§ 4 Nr. 1 Buchst. b UStG)			
an Abnehmer **mit** USt-IdNr. 41			
neuer Fahrzeuge an Abnehmer **ohne** USt-IdNr. 44			
neuer Fahrzeuge außerhalb eines Unternehmens (§ 2a UStG) 49			
Weitere steuerfreie Umsätze mit Vorsteuerabzug (z. B. Ausfuhrlieferungen, Umsätze nach § 4 Nr. 2 bis 7 UStG) 43	24 300,00		
Steuerfreie Umsätze ohne Vorsteuerabzug (z. B. Umsätze nach § 4 Nr. 8 bis 28 UStG) 48			
Steuerpflichtige Umsätze (Lieferungen und sonstige Leistungen einschl. unentgeltlicher Wertabgaben)			
zum Steuersatz von 19 % 81			
zum Steuersatz von 7 % 86			

Besonderheiten bei Verkaufsprozessen mit ausländischen Kunden beachten

- Das Ausfuhrverfahren dient als **Zollverfahren** zur Überwachung der Warenausfuhr. Es ist im Unionszollkodex (UZK) für alle Mitgliedsstaaten der EU geregelt.

- Der **zollrechtliche Ausführer** trägt im Ausfuhrverfahren die zollrechtlichen Rechte und Pflichten. Er muss seinen Sitz in der EU haben, Vertragspartner aus dem Exportgeschäft sein oder ein berechtigter Dritter (z. B. Speditionsunternehmen).

- Die **Ausfuhranmeldung** ist über ATLAS®-Ausfuhr in elektronischer Form zu stellen.

- Bei **Kleinsendungen** bis 1 000,00 EUR muss keine Ausfuhranmeldung abgegeben werden. Es reicht die mündliche Anmeldung.

- Im Normalfall läuft das Ausfuhrverfahren zweistufig ab, indem die **Ausfuhrzollstelle** am Ort des Exporteurs das **Ausfuhrbegleitdokument (ABD)** erstellt und die Ware zur Ausfuhr freigibt, die **Ausgangszollstelle** den Ausgang der Ware aus der EU überwacht und über den **Ausgangsvermerk (AGV)** bestätigt.

- Beim **einstufigen Verfahren** entfällt die Vorprüfung durch die Ausfuhrzollstelle. Es gilt für Waren bis zu einem Wert von 3 000,00 EUR. Die Ausfuhranmeldung wird direkt an die Ausgangszollstelle adressiert.

- Der Ausgangsvermerk (AGV) ist der zentrale Belegnachweis für die **Umsatzsteuerbefreiung** des Umsatzes aus einem Ausfuhrgeschäft.

---

1. Die Primus GmbH liefert Büroartikel im Wert von 15 000,00 EUR an die Bozok Group Ltd., Istanbul. Nach dem Exportvertrag ist die Primus GmbH für die Lieferung bis zum Flughafen Sabiha Gökçen verantwortlich.
   a) Erklären Sie, wer außenwirtschaftlicher Ausführer ist.
   b) Erklärern Sie, wer in diesem Fall zollrechtlicher Ausführer sein kann und wer nicht.

2. Überprüfen Sie, welche Ausgangszollstelle für Ihren Ausbildungsbetrieb zuständig ist. Erläutern Sie, welche Funktion die Ausgangszollstelle beim Ausfuhrverfahren hat.

Besonderheiten bei Verkaufsprozessen mit ausländischen Kunden beachten | 289

3. Die Primus GmbH möchte 200 Multifunktionskopiergeräte nach Russland ausführen.
   a) Ermitteln Sie für den zu liefernden Artikel „Multifunktionskopiergerät" die Warennummer lt. Außenhandelsstatistik.
   b) Erklären Sie, welcher Arbeitsaufwand bzw. welche möglichen Probleme mit dieser Recherche verbunden sein können.
   c) Erläutern Sie Möglichkeiten, diesen Arbeitsaufwand für den zollrechtlichen Ausführer zu vermindern.

4. Die Geschäftsführung der Primus GmbH muss abwägen, ob sie die Zollabwicklung zukünftig von einem Zollagenten bzw. Spediteur oder von den eigenen Mitarbeitern bearbeiten lassen möchte. Erläutern Sie mögliche Kriterien, die bei dieser Entscheidung eine Rolle spielen.

5. Aus der Bundesrepublik Deutschland werden jährlich (2020) ca. 12 Mio. Kleinsendungen ausgeführt. Erklären Sie vor diesem Hintergrund, warum es dem Ausführer freigestellt ist, für Kleinsendungen eine Ausfuhranmeldung abzugeben.

6. Die Zollstellen der Europäischen Union sind über das Automated Export System (AES) miteinander vernetzt.
   a) Erläutern Sie, welche möglichen Vorteile für den zollrechtlichen Ausführer mit dieser Vernetzung verbunden sind.
   b) Erklären Sie in diesem Zusammenhang die Bedeutung der EORI-Nummer.

6.2 Vorschriften und Verfahren der Ausfuhrkontrolle beachten

Herr Winkler, der Abteilungsleiter Verkauf/Marketing der Primus GmbH, ist unsicher: *„Herr Krazek, stehen eigentlich irgendwelche der technischen Geräte, die wir exportieren, in der Ausfuhrliste der AWV? Gestern im Fernsehen kam eine Reportage über einen deutschen Unternehmer, der einige Hundert Stahlbohrer über Umwege nach Syrien geliefert hat. Angeblich für den Landmaschinenbau, tatsächlich wurden aber damit Kriegswaffen repariert. Zwei Jahre Gefängnis hat er bekommen, die 200 000,00 € aus dem Geschäft hat der Staat einkassiert."* „Herr Winkler, gegen Syrien besteht ein Waffenembargo. Außerdem wusste der Hersteller bestimmt, dass mit seinen Bohrern Kriegswaffen repariert werden sollten. Dafür hat er jetzt seine Strafe", entgegnet Miroslav Krazek, Gruppenleiter Export. *„Da haben Sie recht, aber was ist mit der Ausfuhrliste?"*, will Herr Winkler wissen. Herr Krazek beruhigt ihn: „In der Ausfuhrliste sind tatsächlich verschiedene Geräte aus dem IT-Bereich aufgeführt, auch Mobilfunkgeräte oder Rechner. Aber unsere Güter haben ja keinen doppelten Verwendungszweck. Ich meine, da sind wir auf der sicheren Seite."

ARBEITSAUFTRÄGE
- Erläutern Sie die Bedeutung der Ausfuhrliste für die Abwicklung von Exportgeschäften.
- Erläutern Sie den Begriff des „doppelten Verwendungszwecks".
- Stellen Sie fest, wo die Primus GmbH weiter gehende Informationen über die Ausfuhrkontrolle erhalten könnte.

● Ausfuhrbeschränkungen: Verbote und Genehmigungspflichten

Wie die Einfuhr von Waren ist die Ausfuhr (Lieferung in ein Drittland) grundsätzlich liberalisiert, also ohne Einschränkung möglich. Die Freiheit, Exportverträge abzuschließen und Waren ins Ausland zu liefern, findet aber dann ihre Grenze, wenn höhere Schutzgüter gefährdet werden können – z. B. die äußere oder innere Sicherheit der Bundesrepublik Deutschland oder die Gesundheit ihrer Bevölkerung. Deshalb gibt es gesetzliche Beschränkungen **(Ausfuhrkontrolle)** in Form von **Ausfuhrverboten** oder **Ausfuhrgenehmigungspflichten.**

EU-Verordnungen und das deutsche **Außenwirtschaftsgesetz (AWG)** bilden die Rechtsgrundlage für die mit der Ausfuhrkontrolle verbundenen Beschränkungen.

> **§ 4 AWG – Beschränkungen und Handlungspflichten zum Schutz der öffentlichen Sicherheit und der auswärtigen Interessen**
> (1) Im Außenwirtschaftsverkehr können durch Rechtsverordnung Rechtsgeschäfte und Handlungen beschränkt oder Handlungspflichten angeordnet werden, um
> 1. die wesentlichen Sicherheitsinteressen der Bundesrepublik Deutschland zu gewährleisten,
> 2. eine Störung des friedlichen Zusammenlebens der Völker zu verhüten,
> 3. eine erhebliche Störung der auswärtigen Beziehungen der Bundesrepublik Deutschland zu verhüten,
> 4. die öffentliche Ordnung oder Sicherheit der Bundesrepublik Deutschland […] zu gewährleisten oder
> 5. einer Gefährdung der Deckung des lebenswichtigen Bedarfs im Inland oder in Teilen des Inlands entgegenzuwirken und dadurch […] die Gesundheit und das Leben von Menschen zu schützen.
> […]

Mit einer unkontrollierten Lieferung von Waffen ins Ausland könnten Deutschland und seine Bündnispartner eben durch diese Waffen von außen bedroht werden. Andererseits könnten durch Waffenexporte in Krisengebiete die dort herrschenden Konflikte verstärkt oder zu Menschenrechtsverletzungen wie Unterdrückung und Folter eingesetzt werden. Daher unterliegt insbesondere der Export von Waffen und waffenfähigem Material besonderen Beschränkungen.

Beispiel Waffenhersteller soll 3,7 Millionen EUR Strafe wegen illegaler Waffenlieferungen zahlen

Das Verfahren […] wegen umstrittener Waffentransporte nach Mexiko geht vor den Bundesgerichtshof. […] In dem Verfahren ging es um die Frage, wie in den Jahren 2006 bis 2009 mehr als 4500 Sturmgewehre […] sowie Maschinenpistolen und Zubehör im Wert von rund 4,1 Millionen Euro in Unruheregionen in Mexiko landen konnten, obwohl sie dorthin nicht hätten geliefert werden dürfen.

Zwei frühere Mitarbeiter waren zu Bewährungsstrafen verurteilt worden. Das Gericht hatte es als erwiesen angesehen, dass sich ein früherer Vertriebsleiter an der bandenmäßigen Ausfuhr von Waffen aufgrund von erschlichenen Genehmigungen beteiligt hat. Eine ehemalige Sachbearbeiterin habe sich der Beihilfe schuldig gemacht.

Beide Strafen wurden zur Bewährung ausgesetzt. Die Staatsanwaltschaft hatte ursprünglich Haftstrafen von mehr als zwei Jahren gefordert. Drei weitere Angeklagte – zwei ehemalige Geschäftsführer und ein früherer Vertriebsleiter – waren freigesprochen worden.

Quelle: © dpa/jci; In: Ludwigsburger Kreiszeitung, 28.02.2019.

Ausfuhrbeschränkungen können auch angeordnet werden, wenn die Ausfuhr von Gütern, z. B. in Krisenzeiten, zu einem Mangel im Inland führen könnte.

Beispiel Zu Beginn der Corona-Pandemie beschloss der gemeinsame Krisenstab der Bundesregierung im Frühjahr 2020 ein sofortiges Ausfuhrverbot für Schutzmasken, -kleidung und -handschuhe, damit diese Waren nicht aus dem Inlandsmarkt abfließen. Das Bundesministerium für Wirtschaft und Energie erließ daraufhin am 12.03.2020 eine Anordnung:

**Bundesministerium
für Wirtschaft und Energie
Anordnung
von Beschränkungen im Außenwirtschaftsverkehr
mit bestimmten Gütern**
Vom 12. März 2020

Hiermit ordne ich im Einvernehmen mit dem Auswärtigen Amt und dem Bundesministerium der Finanzen auf der Grundlage des § 6 Absatz 1 Satz 1 in Verbindung mit § 4 Absatz 1 Nummer 5 des Außenwirtschaftsgesetzes (AWG) an: […]

I.

Die Ausfuhr und die Verbringung der folgenden Güter ist untersagt:

> Schutzbrillen/Visiere […]
> Gesichtsschutzschilde […]
> Mund-Nasen-Schutz-Produkte […]
> FFP2-Masken […]
> FFP3-Masken […]
> Schutzkittel […]
> Schutzanzüge […]
> Handschuhe […]

Begründung
Mit dieser Anordnung wird einer Gefährdung der Deckung des lebenswichtigen Bedarfs im Inland entgegengewirkt und dadurch in Einklang mit Artikel 36 des Vertrags über die Arbeitsweise der Europäischen Union die Gesundheit und das Leben von Menschen geschützt (§ 6 Absatz 1 Satz 1 in Verbindung mit § 4 Absatz 1 Nummer 5 AWG). […]

Die konkreten Durchführungsbestimmungen zum AWG werden durch die **Außenwirtschaftsverordnung (AWV)** mit der **Ausfuhrliste** als Anhang geregelt.

> **§ 8 AWV – Genehmigungserfordernisse für die Ausfuhr von Gütern des Teils I der Ausfuhrliste**
> (1) Die Ausfuhr der folgenden Güter bedarf der Genehmigung:
> [...] der in Teil I Abschnitt A [...] und B der Ausfuhrliste genannten Güter. [...]

Teil I der Ausfuhrliste nennt in den **Abschnitten A und B** Waren, die

- eindeutig militärischen Zwecken dienen (A: z. B. Waffen, Munition, militärische Ausrüstung – zusätzliche Verbote oder Genehmigungspflichten nach dem Kriegswaffenkontrollgesetz [KWKG]),
- sowohl militärischen als auch zivilen Zwecken dienen können („Dual Use"; B: gemeinsame Warenliste der EU zu Gütern mit doppeltem Verwendungszweck: z. B. kerntechnische Materialien, Elektronik, Telekommunikation, Laser, Antriebssysteme und Raumfahrzeuge). In der EU gibt es für diese Güter mit der Dual-Use-Verordnung (Verordnung (EG) Nr. 428/2009) einheitliche Regeln zur Ausfuhrkontrolle, die in den Abschnitt B der deutschen Ausfuhrliste übernommen wurden.

Beispiel Digitale Mobilfunkgeräte können nicht nur der zivilen, sondern auch der militärischen Kommunikation dienen, wenn sie über **besondere Leistungsmerkmale** verfügen, z. B. Unanfälligkeit gegen starke Störstrahlen, Verschlüsselung von Daten, Unterwassertauglichkeit. Ihre Ausfuhr ist dann genehmigungspflichtig (Quelle: Vgl. Amtsblatt der EU unter www.bafa.de/DE/Aussenwirtschaft/Ausfuhrkontrolle/Gueterlisten/gueterlisten_node.html).

Die Ausfuhrliste kann auch anzeigen, dass Lieferungen von **bestimmten Waren** in genannte **Bestimmungsländer** genehmigungspflichtig oder verboten sind. Besteht beispielsweise gegen ein Land ein **Embargo** (span.: Arrest, Sperre), soll es in Bezug auf eine Gruppe von Waren bzw. Warenempfängern **(Teilembargo)** oder gar vollständig **(Totalembargo)** vom Außenhandel abgeschnitten werden.

Beispiele Ausfuhren aus der EU nach Nordkorea sind aufgrund der Nordkorea-Embargo-Verordnung (EG) Nr. 329/2007 entweder untersagt oder nur über Ausfuhrgenehmigungen möglich. So bestimmt die deutsche Ausfuhrliste, Abschnitt B, die Genehmigungspflicht der Ausfuhr von „Lastkraftwagen mit Allradantrieb und einer Nutzlast größer als 1000 kg, wenn das Bestimmungsland Nordkorea ist." (Quelle: bafa.de)

Alle Exporte nach Russland von Ausrüstungsgegenständen im Energiebereich sind aufgrund von EU-Handelsbeschränkungen wegen der Ukraine-Krise genehmigungspflichtig.

Bei Ausfuhren in Embargoländer oder andere als problematisch eingestufte Länder (z. B. Krieg führende Länder, Diktaturen) kann darüber hinaus Genehmigungspflicht auch dann bestehen, wenn die zu liefernde Ware nicht in der Ausfuhrliste erfasst ist.

Teil II listet Waren pflanzlichen Ursprungs auf, die zur Überwachung von EU-Qualitätsnormen oder aufgrund internationaler Übereinkommen einer Ausfuhrkontrolle unterworfen werden.

Ist eine Ware der gewerblichen Wirtschaft in der Ausfuhrliste aufgeführt, darf sie erst **nach Genehmigung durch das Bundesamt für Wirtschaft und Ausfuhrkontrolle (BAFA)**, Eschborn, ausgeführt werden. Diese Behörde ist auch für die Genehmigung von Waffenexporten zuständig. Bei genehmigungspflichtigen landwirtschaftlichen Waren muss das **Bundesamt für Ernährung und Forstwirtschaft** eine **Ausfuhrlizenz** ausstellen.

● EU-Verordnungen zur Bekämpfung des Terrorismus

Als Reaktion auf die Anschläge des 11. September 2001 wurde die Außenwirtschaftskontrolle in der EU erweitert: Ging es bislang um bestimmte Güter oder Länder, die besonderer Kontrolle unterlagen, sind es jetzt länderunabhängig agierende Personen oder Gruppen, auf die sich das Interesse richtet. Alle Waren und Dienstleistungen können damit von einem Ausfuhrverbot betroffen sein. Die Verordnung (EG) Nr. 881/2002 nennt in umfangreichen Listen Namen von Organisationen und Personen, mit denen wirtschaftliche Kontakte aller Art verboten sind. Diese Verbote sind nach wie vor gültig. Ein Verstoß wird gemäß § 34 Abs. 4 AWG als Embargoverstoß gewertet und mit einer möglicherweise mehrjährigen Freiheitsstrafe geahndet. Darüber hinaus droht die Wegnahme des Umsatzes und eine Einstufung als unzuverlässiges Unternehmen, was den Ausschluss von internationalen Geschäften bedeuten kann. Jedes Unternehmen muss – insbesondere bei Geschäften mit Ländern außerhalb der EU (Drittländern) – mit zumutbaren und geeigneten Maßnahmen feststellen, ob der Name eines Lieferanten, Abnehmers oder Vermittlers in einer der im Internet veröffentlichten Listen[1] enthalten ist.

● Interne Prüfung zur Ausfuhrkontrolle

Unternehmen des Groß- und Außenhandels, die Waren, Technologie oder Software in Drittländer exportieren, müssen daher stets darüber informiert sein, ob ihr geplantes bzw. bereits abgeschlossenes Exportgeschäft von einem Verbot oder einer Genehmigungspflicht betroffen ist. Sie sind selbst dafür verantwortlich, die geltenden Beschränkungen für Exportgeschäfte zu beachten. Dies verlangt vom Groß- und Außenhandelsunternehmen doppelte Sachkenntnis: Einmal in Bezug auf die Vorschriften der Ausfuhrkontrolle, zum anderen über die technischen Merkmale des Exportguts (Gehört genau die betreffende Ware zur Gruppe der von der Ausfuhrkontrolle erfassten Güter?)

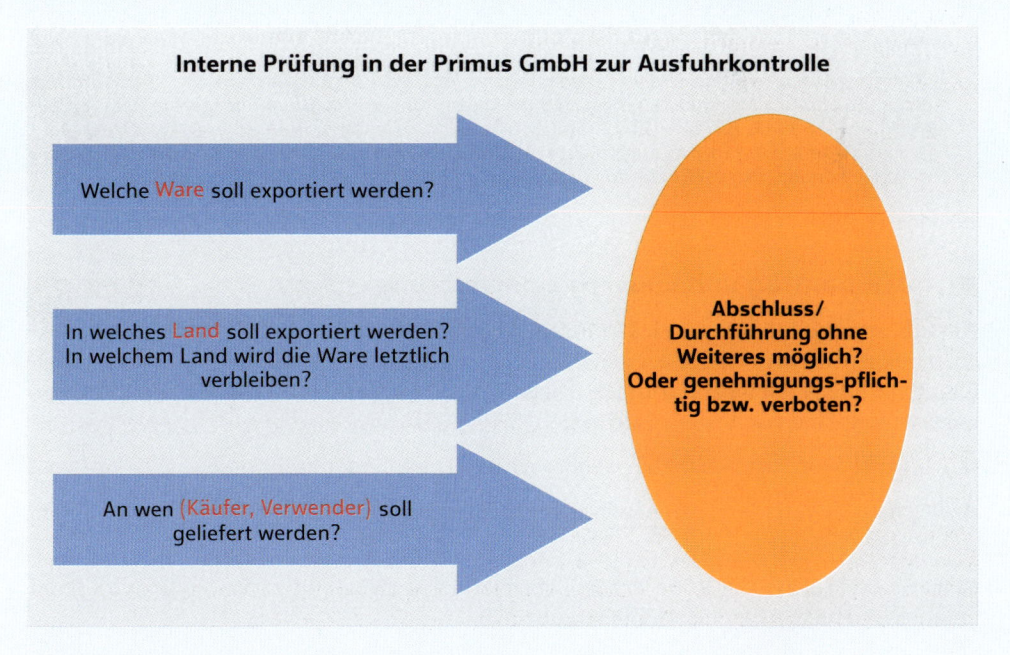

Interne Prüfung in der Primus GmbH zur Ausfuhrkontrolle

- Welche Ware soll exportiert werden?
- In welches Land soll exportiert werden? In welchem Land wird die Ware letztlich verbleiben?
- An wen (Käufer, Verwender) soll geliefert werden?

→ Abschluss/Durchführung ohne Weiteres möglich? Oder genehmigungs-pflichtig bzw. verboten?

---

[1] https://eur-lex.europa.eu/eli/reg/2002/881/oj

Um mit möglichen Ausfuhrbeschränkungen rechtssicher umgehen zu können, ist das Groß- und Außenhandelsunternehmen auf verlässliche, gut zugängliche Informationsquellen angewiesen. Ansprechpartner ist das **Bundesamt für Wirtschaft und Ausfuhrkontrolle (BAFA)** als Genehmigungsbehörde. Das BAFA hält ein umfassendes Informationsangebot auf seiner Homepage bafa.de bereit.

Eine erste Prüfung, ob die zu exportierende Ware in der Ausfuhrliste steht, d. h. auf jeden Fall Ausfuhrbeschränkungen unterliegt, gelingt mit dem **Umschlüsselungsverzeichnis** des BAFA. Mit diesem kann man anhand der **Warennummer der Außenhandelsstatistik** überprüfen, ob der betreffenden Ware eine **Warennummer in der Ausfuhrliste** zugeordnet wurde, sie also dort als kritisches Gut erfasst ist.

Beispiel Miroslav Krazek überprüft, ob die Multifunktionsdrucker, die an Glowna Ltd. in Kaliningrad/Russland geliefert werden sollen, von der Ausfuhrliste erfasst werden:

Warennummern der Außenhandelsstatistik	Umschlüsselungsverzeichnis
Abschnitt XVI, Kapitel 84, Unterposition 8443 8443 andere Drucker, Kopierer und Fernkopierer, auch miteinander kombiniert; Teile davon 8443 39 00 Maschinen, die nur eine der Funktionen Kopieren oder Übertragen von Fernkopien ausführen und die an eine automatische Datenverarbeitungsmaschine oder ein Netzwerk angeschlossen werden können Quelle: www.destatis.de	Maschinen, Apparate und Geräte zum Drucken mittels Druckplatten, Druckformzylinder und anderen Druckformen [...]; andere Drucker, Kopiergeräte und Fernkopierer, auch miteinander kombiniert; Teile oder Zubehör für diese Maschinen, Apparate oder Geräte: **Warennummer Außenhandelsstatistik** **Güterliste Ausfuhrliste** **8443 39 00 Fernschreiber und Faxgeräte** **5A002** Nicht von der Ausfuhrliste erfasst sind jedoch alle Fernschreiber und Faxgeräte, die nicht für den Anschluss an Verschlüsselungsmodule vorgesehen sind. Quelle: www.bafa.de

„Bingo, tatsächlich stehen Drucker, Kopierer und Faxgeräte in der Ausfuhrliste. Das hätte ich nicht gedacht. Aber Moment, ich muss genauer lesen: Unsere Multifunktionsgeräte gehören zur Warennummer 8443, nicht zu 8443 39 00, das sind nur Geräte mit einer Funktion: Druck oder Fax. Nur diese stehen in der Ausfuhrliste. Und auch nur dann, wenn sie die Nachrichten verschlüsseln können. Das ist beides bei uns nicht der Fall. Trotzdem, ganz schön kniffelig."

● Ausfuhrantrag und Endverbleibserklärung

Ausfuhranträge müssen in elektronischer Form beim BAFA gestellt werden. Auf gleichem Wege sind dem BAFA bei genehmigungspflichtigen Ausfuhren vom Antragsteller/Exporteur **Endverbleibserklärungen** einzureichen. Darin erklärt der Warenempfänger im Bestimmungsland nochmals ausdrücklich,

- wofür die Ware tatsächlich verwendet wird (z. B. zivil oder militärisch)
- welchem Sektor der Warenempfänger zuzuordnen ist (z. B. privates Unternehmen, Behörde, Militär)
- in welchem Land die Ware tatsächlich **letztlich** verbleibt bzw. verwendet wird (zum Ausschluss eines möglichen Embargolands)

Endverbleibserklärungen müssen vom Warenempfänger handschriftlich unterzeichnet sein. An die Echtheit des Dokuments werden hohe Anforderungen gestellt. Daher sind die Originale vom Antragsteller/Ausführer für eine mögliche Prüfung durch das BAFA aufzubewahren.

Beispiel Glowna Ltd., Kaliningrad/Russland, erklärt als Warenempfänger, dass die zu liefernden Waren nicht für Zwecke verwendet werden, die von der deutschen Ausfuhrkontrolle erfasst werden. Darüber hinaus wird angezeigt, dass der letzte Verwender in der Handelskette (Glowna Ltd. selbst bzw. der endgültige Empfänger der Ware) zivil ist, also nicht dem militärischen Sektor angehört. Einen Scan dieses Dokuments fügt der Exporteur seinem Ausfuhrantrag an das BAFA hinzu und bewahrt das Original sicher auf:

EUC for the export to Russia of items related to Annex of Reg. (EU) No. 833/2014

Please use original, officially headed paper of end-user

Glowna Ltd.
Moskowsky Prospekt 320
23006 Kaliningrad
Tel. 007 4012 6233841-0
Fax: 007 6233841-42
E-Mail: info@glowna.kaliningrad.ru

END-USE CERTIFICATE (EUC)
FOR PRESENTATION TO THE EXPORT CONTROL AUTHORITIES
OF THE FEDERAL REPUBLIC OF GERMANY

Section D – End-use

Intended end-use of goods (**section B**)

We (I) certify that the goods (**section B**) and any replica thereof

will not be used, in their entirety or in part, in connection with

- any nuclear explosive activity,
- the development, production, handling, operation, maintenance, storage, detection, identification or dissemination of chemical, biological or radiological weapons or the development, production, maintenance or storage of missiles/other systems capable such weapons or
- the development, production, handling, operation, maintenance or storage of cluster munitions or anti-personnel mines or
- human right violations

Yes ☒ No ☐

The end-user is part of armed forces or internal security forces

Yes ☐ No ☒

The above-mentioned items and any replica will be used for civil purposes only

Yes ☒ No ☐

● Genehmigungspflicht und Ausfuhranmeldung

Über die **Ausfuhranmeldung**, die der Exporteur ausstellt und bei der zuständigen **Zollstelle** einreicht oder durch seinen Spediteur einreichen lässt, wird auch geprüft, ob genehmigungspflichtige Waren exportiert werden sollen. Ist dies der Fall, muss der Ausfuhranmeldung eine **Ausfuhrgenehmigung** des BAFA oder die **Ausfuhrlizenz** des Bundesamtes für Ernährung und Forstwirtschaft beigefügt werden.

Vorschriften und Verfahren der Ausfuhrkontrolle beachten

- Ausfuhren in Drittländer sind **grundsätzlich** ohne Einschränkung möglich.
- **Ausnahmen** werden durch EU-Verordnungen, das deutsche Außenwirtschaftsgesetz (AWG) und die Außenwirtschaftsverordnung (AWV) geregelt.
- Die **Ausfuhrliste** enthält als Anlage zur AWV in **Teil I** Waffen, Munition, militärische Ausrüstung und Güter mit doppeltem Verwendungszweck, **Teil II** listet Waren pflanzlichen Ursprungs auf.
- Steht eine Ware **in der Ausfuhrliste**, darf sie nicht ohne Genehmigung des zuständigen Bundesamts oder -ministeriums ausgeführt werden.
- Die Ausfuhr nicht gelisteter Waren kann im Rahmen von Handelsbeschränkungen gegenüber Drittländern genehmigungspflichtig oder gar verboten (Embargo) sein.
- Die **Verordnung (EG) 881/2002** verbietet den Geschäftskontakt mit den in einer Liste namentlich genannten Personen aus dem terroristischen Milieu. Zuwiderhandlung wird als Embargoverstoß gewertet und mit Freiheitsentzug bestraft.
- Groß- und Außenhandelsunternehmen müssen **intern prüfen**, ob **Ware**, **Bestimmungsland** oder **Empfänger** von der Ausfuhrkontrolle erfasst werden.
- Das **Bundesamt für Wirtschaft und Ausfuhrkontrolle (BAFA)** informiert über Ausfuhrverbote und Genehmigungspflichten, z.B. mit dem **Umschlüsselungsverzeichnis**.
- **Ausfuhranträge** sind beim BAFA in elektronischer Form einzureichen.
- **Endverbleibserklärungen** sind handschriftlich unterschriebene ausdrückliche Bestätigungen des Empfängers vor allem über den **tatsächlichen Verwendungszweck** und den **tatsächlichen Verwendungsort** (=Endverbleib) der Lieferung.
- Die Ausfuhrgenehmigung ist der **Ausfuhranmeldung** beizufügen.

1. Erläutern Sie, aufgrund welcher Merkmale ein Ausfuhrgeschäft genehmigungspflichtig oder gar verboten sein könnte.

2. Rufen Sie die Homepage des Bundesamtes für Wirtschaft und Ausfuhrkontrolle (www.bafa.de) auf und suchen Sie nach den aktuellen länderbezogenen Embargos. Stellen Sie eine Übersicht der möglichen Gründe für das jeweilige Embargo zusammen. Nehmen Sie dazu in Ihrer Klasse ggf. eine Aufgabenteilung nach Ländern vor. Erläutern Sie in diesem Zusammenhang die Grundsätze der europäischen bzw. deutschen Ausfuhrkontrolle.

3. Die Mitarbeiter der Kröger & Bach KG sind sich aufgrund einer Anfrage aus einem Land des Nahen Ostens nicht sicher, ob ein geplantes Ausfuhrgeschäft genehmigungspflichtig sein könnte:

a) Erläutern Sie, welche Folgen aus ungenügenden Informationen resultieren könnten.
b) Nennen Sie mögliche Informationsquellen.

4. Die deutsche Stahlhandel AG hat einen Spezialstahl entwickelt, der unter die Waren der Ausfuhrliste Teil C fällt. Von einer brasilianischen Handelsgesellschaft erhält die Stahlhandel AG eine Anfrage über 200 Rohre aus dem betreffenden Material mit 120 mm Durchmesser à 5000 mm Länge.
a) Erklären Sie, um welche Art Waren es sich handelt.
b) Begründen Sie, ob eine genehmigungsfreie oder -pflichtige Ausfuhr vorliegt.

5. a) Begründen Sie, inwiefern Unternehmen gefährdet sind, denen Fehler bei der Umsetzung der Verordnung (EG) 881/2002 unterlaufen.
b) Erläutern Sie mögliche Maßnahmen, die Unternehmen ergreifen können, um die Anforderungen der Antiterrorismusverordnung zu erfüllen.
c) Weisen Sie auf die Probleme hin, die mit der Umsetzung der Verordnung im Außenhandelsbetrieb verbunden sein können.

6. Erklären Sie am Beispiel des Zeitungsartikels aus der Ludwigsburger Kreiszeitung (S. 291) zum Gerichtsverfahren gegen den Waffenproduzenten die Bedeutung der Endverbleibserklärung. Recherchieren Sie dies im vollständigen Text des Berichts.

Wiederholung zu Lernfeld 2

Übungsaufgaben

1. Die 17-jährige Auszubildende Edith Schiefen, die mit Zustimmung ihres Vaters einen Ausbildungsvertrag mit der Primus GmbH abgeschlossen hat, beabsichtigt, die Ausbildungsstelle zu wechseln und das derzeitige Ausbildungsverhältnis zu kündigen. Ihr Vater ist als gesetzlicher Vertreter von Edith dagegen.
a) Erläutern Sie Dienst- und Ausbildungsvertrag.
b) Beschreiben Sie, wodurch sich die Kündigung und das Testament unterscheiden.
c) Begründen Sie, ob Edith den Ausbildungsvertrag ohne Zustimmung des Erziehungsberechtigten kündigen kann.
d) Geben Sie an, ob Edith einen neuen Ausbildungsvertrag ohne Zustimmung des Erziehungsberechtigten abschließen kann.

2. Der Landwirt Alois Schindler verkauft ein Grundstück an die Klaus Siebert GmbH für 200000,00 €. Im notariellen Vertrag geben beide Vertragspartner als Kaufpreis nur 120000,00 € an, um Grunderwerbsteuern zu sparen. Der Eigentumsübergang wird im Grundbuch eingetragen.
a) Begründen Sie, ob ein Kaufvertrag über das Grundstück zustande gekommen ist.
b) Geben Sie an, wer Eigentümer des Grundstückes ist.
c) Erläutern Sie die Formvorschriften beim Kauf und Verkauf von Grundstücken und Gebäuden.
d) Die GmbH überweist nach Vertragsabschluss nur 120000,00 € an den Landwirt. Sie weigert sich, die mündlich vereinbarten weiteren 80000,00 € zu zahlen. Begründen Sie, ob die GmbH die 80000,00 € noch zahlen muss.
e) Führen Sie einige Beispiele für die Nichtigkeit von Verträgen an.

3. Die Primus GmbH hat bei der Computec GmbH & Co. KG schriftlich Laserdrucker bestellt. Nach einer Woche bemerkt die Primus GmbH, dass die falschen Laserdrucker bestellt wurden. Daher widerruft sie per Fax die Bestellung. Die Computec GmbH & Co. KG reagiert aber nicht auf diesen Widerruf. Nach drei weiteren Tagen liefert die Computec GmbH & Co. KG die Ware.

a) Begründen Sie, ob ein Kaufvertrag zwischen der Primus GmbH und der Computec GmbH & Co. KG zustande gekommen ist.
b) Beschreiben Sie, welche Auswirkung der Widerruf der Primus GmbH auf den Kaufvertrag hat.
c) Erläutern Sie, wie die Rechtslage ist, wenn die Primus GmbH einen Tag nach der brieflichen Bestellung per Fax widerrufen hätte.

4. Der Möbelgroßhändler Hans Kruse, Steinmetzstraße 17, 23556 Lübeck, hat von Willibald Holberg, Friesenstraße 16 – 24, 81825 München, Hersteller von rustikalen Holzmöbeln, ein Angebot erhalten:
– fünf altdeutsche Schränke Nr. 660005392 zu je 3 600,00 €
– fünf Bauernschränke Nr. 360004765 zu je 1 290,00 €
– sechs Wohnzimmertische Rembrandt Nr. 560006453 zu je 1 590,00 €
– vier Küchentische Gent Nr. 330006512 zu je 830,00 €
Lieferzeit sieben Wochen; frachtfrei; Zahlungsbedingung: zwei Wochen nach Rechnungserhalt mit 2 % Skonto. Schreiben Sie die Bestellung des Großhändlers am PC.

5. Handlungssituation: Sie beantworten eine Anfrage von Claudia Chewingberg, C. Smith Consulting Service Ltd, 24 Menneroad, London SW1 9YF, GB, datiert vom 10.11.20.. .
The company wants to have an offer for 125 of item XXX and 300 of item YYY. Prices should be stated DDP London. Furthermore, they want to know the earliest date of delivery and terms of payment.
In Ihrer Antwort (vollständiger Brief mit Briefkopf und Anschrift) gewähren Sie als Einführungsangebot 10 % Nachlass für Artikel XXX und 25 % Mengenrabatt für Artikel YYY auf die Listenpreise. Frühester Liefertermin ist der 15. Januar, Zahlungsbedingung ist wegen Erstkontakt „Kasse gegen Dokumente".

Gebundene Aufgaben zur Prüfungsvorbereitung

1. Stellen Sie bei den nachfolgenden Sachverhalten fest, ob sie
a) einen einseitigen Handelskauf,   c) einen bürgerlichen Kauf
b) einen zweiseitigen Handelskauf,   darstellen.
1. Die Bürodesign GmbH kauft bei einem Großhändler Büromaterialien.
2. Die Kantinenleiterin eines Industriebetriebes kauft bei einem Großhändler 100 Zentner Kartoffeln.
3. Der Geschäftsführer einer GmbH kauft für seinen Sohn in einem Sportfachgeschäft ein Paar Skier.
4. Ein Angestellter der Bürodesign GmbH verkauft an eine Arbeitskollegin ein gebrauchtes Motorrad.
5. Die Verkäuferin eines Verbrauchermarktes kauft für ihren Ehemann in einem Münzgeschäft zwei Silbermünzen als Geburtstagsgeschenk.

2. Stellen Sie bei den nachfolgenden Fällen fest, um welche der folgenden Vertragsarten (A) es sich handelt und welche der nachstehenden Vertragsformen (B) vorgeschrieben sind.
Vertragsarten (A)   Vertragsformen (B):
a) Kaufvertrag   e) Formfreiheit
b) Mietvertrag   f) Schriftform
c) Dienstvertrag   g) öffentliche Beglaubigung
d) Werkvertrag   h) notarielle Beurkundung
1. Herr Schmitz verpflichtet sich, Herrn Berger ein Grundstück gegen Entgelt zu übereignen.
2. Die Primus GmbH nimmt die Leistung eines Steuerberaters in Anspruch.
3. Frau Jansen verpflichtet sich, eine bewegliche Sache Herrn Englert auf Dauer gegen Entgelt zu übereignen.

Wiederholung zu Lernfeld 2 – Gebundene Aufgaben zur Prüfungsvorbereitung 299

3. Bei welcher der nachstehenden Vertragsarten handelt es sich um kein zweiseitiges Rechtsgeschäft?
1. Berufsausbildungsvertrag
2. Kaufvertrag
3. Mietvertrag
4. Testament
5. Kündigung eines Ausbildungsvertrages

4. Es gibt unterschiedliche Kaufarten: Ordnen Sie die aufgeführten Kaufarten den Aussagen zu.
- a) Stückkauf
- b) Bestimmungs-/Spezifikationskauf
- c) Ramschkauf
- d) Kauf zur Probe
- e) Kauf nach Probe
- f) Fixkauf
- g) Terminkauf
- h) Gattungskauf

1. Ein Unternehmen kauft zwölf Stück eines neuen Artikels ein. Es gibt dabei dem Verkäufer zu erkennen, dass es bei entsprechendem Absatz des Artikels nachbestellen will.
2. Die Primus GmbH fertigt für einen körperbehinderten Angestellten einen besonderen Bürostuhl an.
3. Ein Unternehmen kauft aus der Insolvenzmasse den gesamten Restbestand an Waren auf.
4. Ein Unternehmen bestellt einen Artikel, Lieferung bis zum 6. März.
5. Ein Unternehmen, das von einem Großhändler ein Warenmuster erhielt, bestellt diesen Artikel.
6. Ein Unternehmen kauft eine genau festgelegte Gesamtmenge an Waren ein mit dem Recht, die Form, die Farbe und die Größen bis zu einem vereinbarten Termin festzulegen.
7. Kaufgegenstand ist eine nicht vertretbare Sache.

5. Stellen Sie fest, ob nachfolgende Rechtssubjekte
- a) natürliche
- b) juristische Personen sind.

1. Stadtsparkasse Siegburg GmbH
2. Möbeleinzelhandel Josef Klein e. K.
3. Warenhaus AG
4. Frau Primus von der Primus GmbH
5. Sportverein e. V. München
6. Dr. Hans Wolf, Steuerberater

6. Der Auszubildende Klaus ist 17 Jahre alt. Er möchte einen Smart-TV für 1 000,00 € kaufen. In welchem Fall wird der Kaufvertrag sofort rechtswirksam?
1. Er schließt den Kaufvertrag schriftlich ab.
2. Er bezahlt den Kaufpreis sofort bar.
3. Er vereinbart mit dem Verkäufer eine monatliche Abzahlung von 100,00 €.
4. Er unterschreibt den Kaufvertrag und leistet eine Anzahlung.
5. Er weist vor Abschluss des Kaufvertrages die Einwilligung seiner Eltern nach.

7. Stellen Sie fest, ob bei nachstehenden Tatbeständen ein Vertrag
1. schwebend unwirksam,
2. anfechtbar,
3. nichtig,
4. wirksam (gültig) ist.
- a) Ein Vertrag kam durch widerrechtliche Drohung zustande.
- b) Ein Vertrag verstößt gegen gesetzliche Formvorschriften.
- c) Beim Kauf eines Smart-TVs wurde die Willenserklärung von einer beschränkt geschäftsfähigen Person abgegeben.
- d) Ein Vertrag kam durch arglistige Täuschung zustande.
- e) Ein Elfjähriger kauft von seinem Taschengeld eine Blu-ray für ein Playstationspiel.

f) Ein 14-jähriges Mädchen nimmt von seinem Onkel ein Geldgeschenk an.
g) Eine 16-jährige Schülerin schließt mit einem Industriebetrieb ohne Wissen der Eltern einen Ausbildungsvertrag ab.
h) Ein sechsjähriger Junge kauft ein Spielzeugauto. Er zahlt den Kaufpreis mit Mitteln, die ihm von den Eltern zur freien Verfügung überlassen wurden.
i) Ein 18-jähriger Auszubildender beantragt ein Darlehen zur Anschaffung eines gebrauchten Pkw.

8. Der Gesetzgeber hat mit der Festlegung von Formvorschriften für bestimmte Rechtsgeschäfte bei eventuellen Streitigkeiten für Rechtssicherheit gesorgt. Prüfen Sie, bei welchem Rechtsgeschäft keine gesetzlichen Formvorschriften beachtet werden müssen.
1. Sie kündigen Ihren Arbeitsvertrag, um eine besser bezahlte Arbeitsstelle anzunehmen.
2. Sie wollen eine Familie gründen und verfassen ein Testament, um Erbstreitigkeiten vorzubeugen.
3. Für den geplanten Bau eines Eigenheimes erwerben Sie ein Grundstück.
4. Sie übernehmen für den Kredit eines Verwandten eine Bürgschaft.
5. In Erwartung von Familienzuwachs kaufen Sie einen geräumigen Neuwagen.

9. Sie tätigen zwei Rechtsgeschäfte. Ordnen Sie jedem Rechtsgeschäft eine Vertragsart zu.
1. Kaufvertrag   4. Dienstvertrag
2. Darlehensvertrag   5. Leihvertrag
3. Versicherungsvertrag   6. Mietvertrag

a) Sie leihen sich bei einem Freund 2 000,00 € für drei Monate. Ihr Freund verzichtet auf Zinsen.
b) Im Urlaub leihen Sie sich für 400,00 € pro Woche einen Kleinwagen.
c) Sie erwerben von einem Freund ein gebrauchtes Fahrrad und zahlen einen Preis von 1,00 €.

10. Welche Aussage über Besitz und Eigentum ist richtig?
1. Eigentumsübertragung ist immer mit der Übergabe der Sache verbunden.
2. Eigentum ist die tatsächliche Gewalt über eine Sache, Besitz die rechtliche Gewalt über eine Sache.
3. Der gutgläubige Käufer erwirbt i. d. R. das Eigentumsrecht an gestohlenen Waren.
4. Die Eigentumsübertragung an beweglichen Sachen erfolgt i. d. R. durch Einigung und Übergabe.
5. Bei unbeweglichen Sachen erfolgt die Eigentumsübertragung durch die Einigung zwischen Käufer und Verkäufer.

11. Für die Personalabteilung der Herstadt Warenhaus GmbH sollen neue Drehstühle angeschafft werden. Der Einkaufssachbearbeiter der Herstadt Warenhaus GmbH findet in der Tageszeitung eine Anzeige der Primus GmbH zu Bürostühlen, in der ein bestimmter Bürostuhl mit Armlehnen, Fußkreuz, höhenverstellbar, mit PVC-Rollen zu einem Aktionspreis von 299,00 € angeboten wird. Prüfen Sie diese Anzeige auf ihre Rechtswirksamkeit.
1. Die Anzeige bindet den Anbieter ab Erscheinungsdatum der Anzeige für einen Monat.
2. Die Anzeige ist im rechtlichen Sinn kein Angebot.
3. Die Anzeige gilt rechtlich nur für die jeweiligen Zeitungsabonnenten.
4. Die Anzeige gilt rechtlich als Antrag zum Abschluss eines Kaufvertrages.
5. Die Anzeige bindet den Anbieter, auf Bestellung innerhalb von zwei Wochen unverzüglich zu liefern.

12. Bei welcher Stelle ist eine Ausfuhrgenehmigung zu beantragen?
1. Grenzzollamt   3. Ausfuhrzollstelle   5. Ausgangszollstelle
2. Bundeskriminalamt   4. Bundesausfuhramt

LERNFELD 3

Beschaffungsprozesse durchführen

1 Bedeutung der Beschaffung für den betrieblichen Leistungsprozess kennenlernen

1.1 Beschaffungsobjekte unterscheiden und Güterbeschaffungsmarketing anwenden

In der Primus GmbH findet eine Besprechung der Geschäftsleitung mit den Abteilungen Einkauf und Verkauf/Marketing statt. Auch der Auszubildende Andreas Brandt nimmt an dieser Besprechung teil. Es wird heftig darüber diskutiert, welche Artikel der Warengruppen „Bürotechnik" und „Verbrauch" für das nächste Jahr bestellt werden sollen. Alle Teilnehmer haben einen Berg von Listen und Tabellen vor sich und führen Berechnungen durch, bisweilen werden auf einem Computerterminal Daten abgerufen. Andreas Brandt denkt sich: *„Was wollen die nur mit den alten Zahlen vom laufenden Geschäftsjahr? Es sollen doch Waren für das nächste Jahr bestellt werden. Da nutzen uns doch die Umsatzzahlen der Vergangenheit überhaupt nichts."*

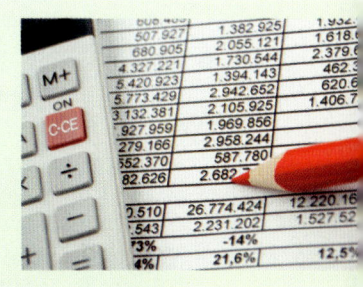

ARBEITSAUFTRÄGE
- Stellen Sie fest, warum es sinnvoll ist, Verkaufsdaten der Vormonate bei der Beschaffungsplanung zu verwenden.
- Erläutern Sie, welche Entscheidungskriterien für den Absatzplan eines Produkts oder einer Dienstleistung benötigt werden.
- Unterscheiden Sie die unterschiedlichen Beschaffungsobjekte.

● **Beschaffungsobjekte**

Zum Beschaffungsprozess im Unternehmen gehören im weitesten Sinne alle Tätigkeiten, die sich auf die Beschaffung und termingerechte Bereitstellung der benötigten Werkstoffe, Handelswaren, Mitarbeiter, Finanzmittel, Dienstleistungen, Betriebsmittel und Informationen beziehen. Hierzu gehört eine genaue Kenntnis der einzelnen Teilmärkte, die durch **Beschaffungsmarktforschung** erreicht werden kann. `LF 6`

- **Handelswaren:** Dies sind Güter, die unverändert weiterveräußert werden.
  Beispiele der Primus GmbH Drucker, Anrufbeantworter, Ordner, Briefablage, Textmarker, Druckbleistifte

- **Werkstoffe:** Sie werden zur Herstellung der Sachleistungen benötigt.
  - **Rohstoffe** (Hauptbestandteile von Produkten)
  - **Hilfsstoffe** (Nebenbestandteile von Produkten)
  - **Betriebsstoffe** (keine Bestandteile von Produkten)

- **Finanzmittel**: Zur Beschaffung von Maschinen, Fahrzeugen, Büroausstattung usw. sowie zum Kauf von Grundstücken für Lager- und Verwaltungsgebäude und zu deren Erhaltung werden finanzielle Mittel benötigt, die auf dem Kapitalmarkt beschafft werden müssen. Hiermit beschäftigt sich der **Finanzmittelbeschaffungsprozess**.

    Beispiele Kredite, Darlehen, Hypotheken

- **Dienstleistungen**: Jedes Unternehmen benötigt Dienstleistungen anderer Unternehmen, um seine Ziele zu erreichen. Der **Dienstleistungsbeschaffungsprozess** dient einer optimalen Versorgung mit Dienstleistungen. Bei der **Dienstleistungsabnahme** ist darauf zu achten, dass die vereinbarten Leistungen in der vereinbarten Qualität auch erbracht worden sind.

    Beispiele Versicherungen, Transportleistungen (Spediteure), Steuerberatung (Steuerberater, Wirtschaftsprüfer), Rechtsberatung (Rechtsanwälte, Notare), Gebäudereinigung, Beratung bei Werbemaßnahmen (Werbeagenturen), Geldanlage (Banken), Unternehmensberater, Planung von Büroeinrichtungen, Montage von bürotechnischem Zubehör usw.

- **Betriebsmittel**: Um Leistungen erbringen zu können, werden in Unternehmen Betriebsmittel benötigt. Ihre Beschaffung ist Aufgabe des **Güterbeschaffungsprozesses**.

    - **Fuhrpark**: Der Fuhrpark eines Betriebs umfasst alle Fahrzeuge für den Personen- und Güterverkehr.

        Beispiele Lkw, Pkw, Gabelstapler und Hubwagen für den innerbetrieblichen Transport

    - **Betriebs- und Geschäftsausstattung**: Hierzu zählen Büro- und Lagereinrichtungen.

        Beispiele Computer, Schreibtische, Bürostühle, Lagereinrichtung

    - **Grundstücke, Gebäude**:

        Beispiele Lagerhallen, Parkplatz für Lkw

- **Arbeitskräfte**: Für alle Abteilungen des Unternehmens müssen entsprechend ausgebildete Mitarbeiter auf dem Arbeitsmarkt beschafft werden. Hierzu gehören auch geeignete Nachwuchskräfte. Diese Maßnahmen gehören zum **Personalbeschaffungsprozess**.

    Beispiele Facharbeiter für das Lager, Fach- und Hilfskräfte für die kaufmännische Verwaltung, Mitarbeiter im Verkauf, Führungskräfte usw.

- **Informationen**: Aktuelle und schnell verfügbare Informationen sind für Unternehmen ein wichtiger Wettbewerbsfaktor. Sie sind Basis für alle Entscheidungen in einem Unternehmen. Informationen, die nicht intern vorliegen, z.B. durch Aufzeichnungen des Rechnungswesens, müssen kostengünstig und kurzfristig beschaffbar sein, um auf Veränderungen der Marktsituationen rechtzeitig reagieren zu können. Der **Informationsbeschaffungsprozess** nimmt deshalb in Unternehmen eine zunehmend wichtige Stellung ein.

● Güterbeschaffungsmarketing

Das Beschaffungsmarketing im engeren Sinne bezieht sich auf die **Güterbeschaffung**. Sie ist meist in einer Abteilung (z.B. Beschaffung, Einkauf) zusammengefasst, die nach **Beschaffungsobjekten** in Arbeitsgruppen untergliedert ist (vgl. S. 104ff.). Der Vorteil besteht darin, dass die Mitarbeiter sich in den einzelnen Arbeitsgruppen auf bestimmte

Beschaffungsobjekte spezialisieren können. Sie haben einerseits fundierte Kenntnisse in ihrem Materialbereich und andererseits spezialisierte Marktkenntnisse.

Grundlage des Güterbeschaffungsprozesses ist der **Absatzplan** eines Unternehmens. Hierin wird festgelegt, wie viel und welche Waren oder Dienstleistungen zu welchen Preisen in den Planperioden (Monat, Quartal, Jahr) beschafft, produziert und verkauft werden sollen. Er basiert auf den Entscheidungen des Absatzmarketings.

Beispiel Absatzplan für das 2. Quartal 20.. der Primus GmbH, Produktionsprogramm: Büroeinrichtung

Produkt	Geplanter Absatz in Stück	Auf Lager (Stück)	Zu beschaffen oder zu produzieren (Stück)
Schreibtisch „Primo"	250	20	230
Schreibtisch „Classic"	350	50	300
usw.			

Aus dem Absatzplan lässt sich ableiten, welche Werkstoffe, Dienstleistungen oder Handelswaren beschafft, produziert und angeboten werden müssen, um das Absatzziel zu erreichen.

Aus den Beschaffungsplänen für einzelne Güter, Warengruppen und Dienstleistungen ist der gesamte Bedarf an Gütern abzuleiten, der für die jeweilige Planungsperiode entsteht. Die Beschaffungspläne sind Grundlage für die Finanzbedarfspläne. Hierin wird festgelegt, welcher Finanzmittelbedarf für die Planungsperiode entsteht. So wird sichergestellt, dass zum Beschaffungstermin die erforderlichen Mittel zur Bezahlung bereitstehen.

Beschaffungsobjekte unterscheiden und Güterbeschaffungsmarketing anwenden

- **Der Beschaffungsprozess** im weiteren Sinne umfasst die Versorgung eines Unternehmens mit allen erforderlichen **Gütern und Dienstleistungen** (Beschaffungsobjekte).
  - Handelswaren
  - Arbeitskräfte
  - Finanzmittel
  - Dienstleistungen
  - Betriebsmittel
  - Informationen

- Der **Beschaffungsprozess im engeren Sinne** (Güterbeschaffungsmarketing) umfasst in einem Unternehmen die Waren- und Dienstleistungsbeschaffung.

- **Grundlage** des Beschaffungsprozesses ist der **Absatzplan**. Hieraus ergibt sich der Bedarf an Waren und Dienstleistungen.

---

1. Erläutern Sie, weshalb der Absatzplan eines Unternehmens Grundlage des Beschaffungsprozesses ist.

2. Ein Unternehmen möchte seine Entscheidungsbasis für den Beschaffungsprozess verbessern und eine Liefer- und Angebotsdatei aufbauen. Erstellen Sie hierzu eine Liste aller benötigten Datenfelder.

3. Beschreiben Sie anhand Ihres Ausbildungsunternehmens, welche Objekte beschafft werden müssen.

1.2 Das vorhandene Sortiment analysieren und Vorschläge für Sortimentsveränderungen unterbreiten

Das Management der Primus GmbH hat entschlossen, sich auf die Warengruppen „Bürotechnik" und „Büroeinrichtung" zu spezialisieren. Die bisherigen Waren dieser Warengruppen sollen weiterhin verkauft werden, jedoch sollen zusätzlich neue Waren angeboten werden, die ökologischen und ergonomischen[1] Anforderungen besonders entsprechen. Damit soll dem Bedürfnis der Kunden zur Verbesserung ihrer Arbeitsplätze entgegengekommen werden. Herr Müller sagt dazu: *„Eine neue Produktlinie wird geboren, eine alte stirbt. So ist das Leben!"* Nicole Höver, die das Protokoll in der Sitzung der Abteilungsleiter führt, nimmt an der Sitzung teil.

ARBEITSAUFTRÄGE
- Beschreiben Sie, welche Einflussgrößen die Primus GmbH bei ihrer Sortimentsgestaltung berücksichtigen muss.
- Interpretieren Sie die Aussage von Herrn Müller und erläutern Sie in diesem Zusammenhang die Produktentwicklung.

● Einflussgrößen der Sortimentsbildung und -anpassung
○ Wirtschaftliche Aspekte

Unternehmen haben nur dann längerfristig Erfolg, wenn sie sich stetig darum bemühen, die Attraktivität ihrer Produkte am Markt zu erhöhen. Verspricht sich ein Unternehmen gute Erfolgschancen mit einem neuen Produkt bzw. einer Warengruppe oder Dienstleistungen, so bedarf es einer genauen Planung, bevor das Produkt in das Sortiment aufgenommen wird.

Im Hinblick auf eine Kunden- und Wettbewerbsorientierung spielen verschiedene Faktoren, wie z.B. die Ergonomie von Büromöbeln, eine wichtige Rolle.

LF 10 Positiver Deckungsbeitrag und Gewinnaussichten

Durch die Berechnung von Deckungsbeitrag und Gewinnschwelle kann ein Unternehmen vorab ermitteln, ob sich die Aufnahme des neuen Produkts, der neuen Warengruppe oder einer Dienstleistung lohnt. Der Deckungsbeitrag ist die Differenz zwischen dem

---

[1] Ergonomie ist die Lehre von der menschengerechten Gestaltung von Arbeitsplätzen. So müssen z. B. Arbeitsstühle gesundheitlichen Gefahren (Haltungsschäden) am Arbeitsplatz vorbeugen. Sie müssen sich den individuellen Bedürfnissen des einzelnen Mitarbeiters anpassen lassen, d. h., sie müssen in Höhe und Neigung verstellbar sein, sichere Rollen und atmungsaktive Bezüge haben, die Sitz- und Rückenmuskulatur unterstützen usw.

geplanten Erlös und den direkt zurechenbaren variablen Kosten. Er soll Fixkosten, variable Gemeinkosten und Gewinn decken.

Beispiel Die Primus GmbH plant den Verkauf von Sitzbällen in der Warengruppe Büroeinrichtung. Der Listenverkaufspreis netto darf aufgrund einer entsprechenden Marktforschung nicht höher als 11,74 € sein. Als direkt zurechenbare variable Kosten (z. B. Bezugs-/Einstandspreis) können 5,34 € angesetzt werden. Insgesamt fallen Fixkosten in Höhe von 50 000,00 € an. Der Deckungsbeitrag beträgt somit 6,40 €.

Verkaufspreis:	11,74 €
– variable Kosten:	5,34 €
= Deckungsbeitrag:	6,40 €

Nach Berechnung des Deckungsbeitrags muss ermittelt werden, ob und wann durch das künftige Produkt bzw. die künftige Warengruppe oder die künftige Dienstleistung ein **Gewinnbeitrag** erwirtschaftet werden kann. Zu diesem Zweck muss analysiert werden, ab welcher Menge die gesamten Kosten gedeckt sind. Dort, wo die Erlöse gleich den Kosten sind, liegt die **Gewinnschwelle**. Ein Unternehmer hat daher Interesse daran, zu erfahren, wie viel Stück er verkaufen muss, bis er diesen Punkt **(Break-even-Point)** erreicht hat. Da die **fixen Kosten** von jedem verkauften Stück getragen werden, muss deren Wirkung auf den Preis genau bedacht werden.

Beispiel (Fortsetzung zum obigen Beispiel)
Ermittlung des Break-even-Points (Gewinnschwelle):
Erlöse (E) = Gesamtkosten (KG)
11,74x = 50 000 + 5,34x
6,40x = 50 000
x = 7 812,5 (ab 7 813 verkauften Einheiten kann ein Gewinn erzielt werden)

Die Marktforschung (vgl. S. 333) muss nun klären, ob die errechnete Menge (oder mehr) abgesetzt werden kann und damit ein Gewinnbeitrag durch die Aufnahme des neuen Produkts erzielt wird.

Auswahl der Lieferer

Die Liefererauswahl spielt eine wesentliche Rolle für die Wirtschaftlichkeit der Sortimentspolitik. Neben der quantitativen Ermittlung des preiswertesten Angebots durch Preiskalkulation sollte der Einkäufer auch auf Qualität, Mindestbestellmengen, Lieferbedingungen, Liefertermine, Zuverlässigkeit, Service, die Kreditgewährung des Lieferers und ökologische Gesichtspunkte achten.

Beispiel Sabine Rost, zuständig für den Einkauf „Bürotechnik/-einrichtung" bei der Primus GmbH, liegen zwei Angebote von Lieferern für Sitzbälle vor, die in der Preiskalkulation einen gleichlautenden Bezugs-/Einstandspreis ergeben. Während ein Lieferer die Rücknahme der Verpackung garantiert, macht der andere Lieferer dazu keine Angaben. Sabine Rost schlägt vor, den erstgenannten Lieferer zu wählen.

Produktpolitik des Herstellers

Die **Produktpolitik** umfasst alle Entscheidungen, die im Zusammenhang mit dem Produkt stehen und die darauf gerichtet sind, neue Produkte zu entwickeln **(Produktinnovation)**, Produkte zu verändern **(Produktvariation)** oder Produkte aus dem Markt zu nehmen **(Produktelimination)**. Der Groß- und Außenhändler ist mit seinem Sortiment von der Produktpolitik der Hersteller abhängig. Er muss durch seine Marktforschung und Liefererauswahl sicherstellen, dass die Sortimentswünsche seiner Kunden erfüllt werden können, oder er muss Einfluss auf die Produktpolitik seiner Hersteller nehmen.

Beispiel Die Modellux GmbH & Co. KG fragt bei der Primus GmbH an, ob sie Zeta Matpost Papier, eine hochwertige Papiersorte mit Wasserzeichen, führt. Diese Papiersorte hat die Primus GmbH mangels Nachfrage bisher nicht im Sortiment. Auch der Lieferer für Papierwaren aller Art, die Papierwerke Iserlohn GmbH, stellt die gewünschte Papiersorte nicht her. Wenn die Primus GmbH die Wünsche des Kunden erfüllen will, muss sie im Rahmen der Beschaffungsmarktforschung einen Lieferer für die gewünschte Papiersorte finden.

○ Rechtliche Aspekte

Neben wirtschaftlichen Überlegungen spielen auch rechtliche Aspekte bei der Sortimentsgestaltung von Unternehmungen eine Rolle. Jede Groß- und Außenhandlung muss sich genau informieren, welche vorhandenen oder zukünftigen Gesetze ihre Warengruppen betreffen. Sie sollte diese bei der Sortimentsbildung berücksichtigen.

Beispiel Für die Primus GmbH spielt die „EG-Richtlinie über die Mindestvorschriften bezüglich der Sicherheit und des Gesundheitsschutzes bei der Arbeit an Bildschirmgeräten" eine wichtige Rolle bei der Sortimentsgestaltung. Danach müssen Bürodrehstühle z. B. eine Sitzfläche von 42 bis 53 cm^2 haben, in der Höhe verstellbar sein, die Rückenlehnen sollen bis zu den Schulterblättern reichen und eine Höhe von 36 bis 40 cm aufweisen.

Produkte oder Warengruppen, die nicht den aktuellen Gesetzen entsprechen, müssen aus dem Sortiment eliminiert werden (vgl. S. 313).

○ Aspekte der Umweltverträglichkeit und Nachhaltigkeit bei der Sortimentsgestaltung

Das **Umweltbewusstsein** in der Gesellschaft hat sich in den letzten drei Jahrzehnten verändert. Die Verbraucher werden zunehmend kritischer und verlangen Waren, die umweltfreundlich sind und deren Verpackung die Umwelt nicht oder nur in geringem Maße belastet. Groß- und Außenhandelsbetriebe müssen auf diese Entwicklung reagieren, wenn sie langfristig erfolgreich sein wollen.

Lange galt, dass Ökologie und Ökonomie sich ausschließen. Dies ist heute nicht mehr der Fall. Nur wer unter Berücksichtigung der Umwelt produziert und anbietet, kann sich auf Dauer am Markt halten.

Wesentliche Einflussgrößen bei der Verbesserung der Umweltverträglichkeit von Produkten, die sowohl von der Industrie als auch vom Handel zu beobachten sind, sind:

EU-Öko-Audit: Seit rund 30 Jahren versucht man in Deutschland, Umweltbelastungen gezielt zu verringern. Nationale Alleingänge sind jedoch im Zeichen des zusammenwachsenden Europa nicht mehr gefragt. Die Europäische Union hat eine **Öko-Audit-Verordnung** erlassen, mit der der Wirtschaft ein ökologisches Programm auf freiwilliger Basis verordnet werden soll. Unternehmen, die sich beteiligen wollen, können ein **Öko-Audit-Zertifikat** erwerben und müssen dann permanent ihre Umweltschutz-Auflagen prüfen und verbessern. Die Einhaltung wird von unabhängigen Prüfern, z. B. vom TÜV, kontrolliert.

Umweltgesetze: Neben dem freiwilligen „EU-Öko-Audit" gibt es eine Reihe von Gesetzen, die den betrieblichen Umweltschutz garantieren sollen. Das **Kreislaufwirtschaftsgesetz** legt hierzu Rahmenbedingungen und Ziele für einen Übergang von der Abfall- bzw. Durchlaufwirtschaft zu einer Kreislaufwirtschaft fest – Ziel ist ein Kreislauf der Stoffe und damit ein sparsamer Verbrauch von Rohstoffen. Aber nicht nur Waren müssen ökologisch vertretbar sein, auch deren Verpackung muss recyclingfähig oder wiederverwendbar sein. Hierzu hat der Gesetzgeber mit dem Erlass des **Verpackungsgesetzes** weitere Rahmenbedingungen geschaffen.

Weitere **Gesetze zur Umweltvorsorge** sind beispielsweise:

- Das **Gesetz über die Umweltverträglichkeitsprüfung (UVPG)**, das sicherzustellen versucht, dass Auswirkungen auf die Umwelt frühzeitig und umfassend ermittelt, bewertet und beschrieben werden können.

- Das **Bundes-Immissionsschutzgesetz (BImSchG)**, das Rechtsgrundlagen über die Vermeidung von Umweltbelastungen durch Abgase, Lärmbelästigung und Abwasserbelastung liefert.

Nachfrageverhalten und Verantwortung des Unternehmens: Im Gegensatz zur gängigen Umweltpolitik, die durch Gesetze nur eine nachträgliche Umweltreparatur leisten kann, schließt das Verhalten vieler Nachfrager und das ökologische Verständnis einiger Unternehmungen bereits den Produktionsprozess mit ein. Eine solche Sichtweise umfasst den Ablauf von der Produktion über die Nutzung bis hin zur Entsorgung. Ökologisches Denken ist hier die Grundlage für Kauf und Verkauf. Ein derartiges Nachfrageverhalten und eine entsprechende unternehmerische Verantwortung beeinflussen alle Entscheidungen hinsichtlich des Sortiments, indem Groß- und Außenhandelsunternehmen solche Produkte bevorzugen, die umweltverträglich sind.

Umweltgerechtes Wirtschaften (Nachhaltigkeit) setzt ein ausgeprägtes Umweltbewusstsein bei allen am Wirtschaftsprozess Beteiligten voraus. Hierzu zählen u. a.

- der verantwortungsvolle und sparsame Umgang mit allen Rohstoffen, Materialien und der Energie,

- das Recycling (= Wiedergewinnung) von Rohstoffen,

- die Verringerung des Müllaufkommens und dessen fachgerechte Entsorgung,

- der Schutz der Gesundheit der Menschen und aller Tier- und Pflanzenarten,

- die Minimierung der Belastungen von Luft, Wasser und Böden.

> **Beispiel** Die Primus GmbH hat in ihrer Unternehmensphilosophie folgenden Grundsatz aufgeführt: „In diesem Jahrhundert werden nur die Unternehmen überleben, die zwei Voraussetzungen erfüllen: ökologische Produkte und damit eine besondere Zustimmung der Menschen."

Im Rahmen der Sortimentspolitik haben Groß- und Außenhandelsbetriebe eine Fülle von Möglichkeiten, um wirksam zum **Umweltschutz** beizutragen und dem Prinzip der **Umweltverträglichkeit** gerecht zu werden.

Beispiele
- Vermeidung von überflüssigem und aufwendigem Verpackungsmaterial bei Waren
- Verwendung umweltfreundlicher Verpackungsmaterialien bei Waren (Mehrweg- statt Einwegflaschen, rückstandsfrei vernichtbare Papier- oder Pappverpackungen statt Plastikverpackungen)
- Auslistungen von Waren, die umweltschädlich sind oder bei deren Produktion Umweltschäden entstehen (Spraydosen mit ozonschichtgefährdenden Treibgasen, Plastiktüten mit dioxinhaltigen Rückständen)
- Aufnahme von umweltfreundlichen Waren in das Sortiment
- Produkte aus ökologisch kontrolliertem Anbau

- Produkte aus ökologisch kontrollierter Tierhaltung
- Produkte aus regionaler Produktion, da durch kurze Transportwege geringerer Energieeinsatz erforderlich ist
- Produkte, die Wasser und Energie sparen
- Produkte, die wiederverwertbar bzw. leicht zu entsorgen sind
- Produkte, die nur einen geringen Schadstoffanteil aufweisen

Um dem Verbraucher **Produktinformationen** zu geben und den Einkauf zu erleichtern, gibt es in bestimmten Branchen besondere **Umweltzeichen**.

LF 6

- **Blauer Engel:** Produkte sollen gefördert werden, die umweltverträglicher, gebrauchstauglicher und gesundheitsschonender sind als vergleichbare Waren.

- **Europäisches Umweltzeichen (Euro-Blume):** Auf europäischer Ebene sollen umweltfreundliche Produkte gefördert werden. In Deutschland erfolgt die Vergabe durch die RAL gGmbH (**Ecolabel**).

- **Textilkennzeichnung:** Mit dem **Oeko-Tex-Kennzeichen** soll bescheinigt werden, dass die Ware keine gesundheitlich bedenklichen Schadstoffkonzentrationen enthält.

- **Kennzeichen über Materialeigenschaften:** Diese Zeichen werden von Herstellern auf ihren Waren angebracht, um zu verdeutlichen, dass

    - das Produkt aus wiederverwertbarem Kunststoff (Polypropylen) besteht,

        Beispiele Joghurtbecher, Milchdöschen, Süßwarenverpackungen

    - ein Produkt grundsätzlich wiederverwertbar ist.

        Beispiele Milchverpackungen, Kunststoffbehälter bei Klebern

- **Stiftung Warentest:** Hersteller verwenden dieses Zeichen, wenn sie mit ihrem Produkt im Test der Stiftung Warentest besonders gut abgeschnitten haben bzw. bewertet worden sind. Die Stiftung Warentest prüft in vergleichenden Untersuchungen Produkte u. a. auf Funktion, technische Kriterien, Haltbarkeit, Sicherheit und Umweltaspekte.

- **Kennzeichen des ökologischen Ackerbaus:** Diese Zeichen werden von Anbauverbänden vergeben, um dem Verbraucher Hinweise auf Produkte aus ökologischem Anbau zu geben. So gibt es das **Bio-Siegel**, das vom Bundesminister für Verbraucherschutz eingeführt wurde und das für Produkte vergeben wird, die nach gültigen EU-Rechtsvorschriften für den ökologischen Landbau erzeugt bzw. hergestellt und kontrolliert werden. Die **EU-Öko-Verordnung** mit dem EU-Bio-Siegel, das die gleichen Standards wie das deutsche Bio-Siegel enthält, stellt in diesem Zusammenhang hohe Anforderungen:

    - Verbot der Bestrahlung von Öko-Lebensmitteln

    - Verzicht auf chemisch-synthetische Pflanzenschutzmittel

    - Verzicht auf leicht lösliche mineralische Dünger (= Kunstdünger)

    - abwechslungsreiche Fruchtfolge

    - Verpflichtung zur artgerechten Tierhaltung

    - Fütterung mit ökologisch produzierten Futtermitteln ohne Zusatz von Antibiotika

    - Verbot gentechnisch veränderter Organismen

- **Sozialsiegel:** Diese sind Kennzeichen, die gesellschaftliches Engagement von Unternehmen und ihre Verantwortung für die Belange von Entwicklungsländern zum Ausdruck bringen.

  Beispiele
  - Fairtrade: Kennzeichnung für Produkte aus Entwicklungsländern, um den fairen Handel mit diesen Ländern zu fördern (Kaffee, Tee, Kakao, Bananen, Honig), Kriterien: Zahlung fairer Löhne, Verbot von ausbeuterischer Kinderarbeit, umweltverträgliche Produktion
  - Teppiche, bei deren Herstellung auf Kinderarbeit verzichtet wurde
  - Kosmetika, zu deren Erprobung keine Tierversuche angewendet wurden

  Das Siegel für fairen Handel

> **PRAXISTIPP** Unter www.fairtrade.de können Sie sich eingehend z. B. über Organisationen, Kontrollen und Siegel informieren.

- ## Analyse des vorhandenen Sortiments

Handelsunternehmen (Groß- und Außenhandel) entwickeln i. d. R. keine eigenen Produkte; sie beschaffen Waren, um sie unverändert an ihre Kunden zu verkaufen. Die Gesamtheit der angebotenen Waren wird als **Sortiment** bezeichnet. Ein Sortiment kann aus verschiedenen **Warenbereichen** (Lebensmittel, Kleidung, Bürobedarf, Schmuck usw.) bestehen. Die **Sorte** ist die kleinste Einheit des Sortiments. Sorten, die sich nur nach Farbe, Größe, Gewicht unterscheiden, werden zu **Artikeln** zusammengefasst. Ähnliche Artikel bilden eine **Warengruppe** (Bürotechnik, Büroeinrichtung, Verbrauch, Organisation).

Beispiel Die Primus GmbH bietet den Artikel Bandscheiben-Drehstuhl „Super-Star" in den Sorten anthrazit und braun an. Im Sortiment werden Bandscheiben-Drehstühle der Warengruppe Büroeinrichtung zugeordnet, zu der auch Schreibtische, Rollcontainer, Schränke und Regalelemente zählen.

- ### Sortimentsaufbau

Ein Handelsunternehmen unterscheidet zwischen Kern-, Rand-, Rahmen-, Probe- und Auslaufsortiment.

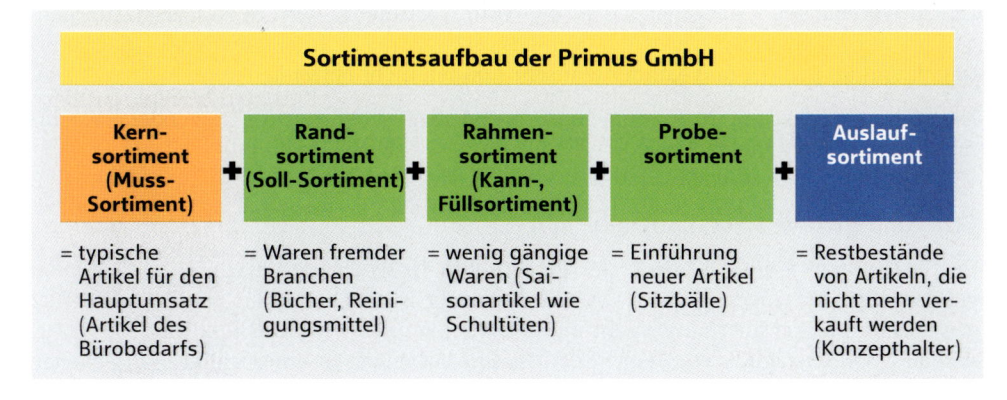

Sortimentsaufbau der Primus GmbH				
Kern- sortiment (Muss- Sortiment)	Rand- sortiment (Soll-Sortiment)	Rahmen- sortiment (Kann-, Füllsortiment)	Probe- sortiment	Auslauf- sortiment
= typische Artikel für den Hauptumsatz (Artikel des Bürobedarfs)	= Waren fremder Branchen (Bücher, Reinigungsmittel)	= wenig gängige Waren (Saisonartikel wie Schultüten)	= Einführung neuer Artikel (Sitzbälle)	= Restbestände von Artikeln, die nicht mehr verkauft werden (Konzepthalter)

Sortimentsumfang

Der Sortimentsumfang wird danach bemessen, wie viele Artikel und Warengruppen angeboten werden.

Begriffe	Erläuterungen	Beispiele
Sortimentstiefe		
– flaches Sortiment	wenige Artikel einer Warengruppe	Die Primus GmbH bietet in der Warengruppe Verbrauch drei Sorten Papier an.
– tiefes Sortiment	viele Artikel einer Warengruppe	Ein Papiergroßhandel handelt mit über 4 000 Papiersorten.
Sortimentsbreite		
– schmales Sortiment	nur eine oder wenige Warengruppen	Die Primus GmbH als Groß- und Außenhandel für Bürobedarf (Fachgroßhandel) bietet vier Warengruppen an: Bürotechnik, Büroeinrichtung, Verbrauch, Organisation.
– breites Sortiment	viele Warengruppen	Eine Sortimentsgroßhandlung mit Textilien, Lebensmitteln, Elektro usw. führt in jedem Bereich verschiedene Warengruppen.

Sortimentskontrolle und sortimentspolitische Entscheidungen

Sortimentskontrolle

Ein Handelsunternehmen muss sein Sortiment so gestalten, dass es für seine Kunden bedarfsgerecht ist. Ein zu umfangreiches Warenangebot (**Übersortiment**) verursacht eine hohe Kapitalbindung, denn die Ware muss bezahlt und gelagert werden. Das Sortiment enthält schwer verkäufliche Waren (Ladenhüter). Im Rahmen der Sortimentspflege werden unrentable Artikel aus dem Sortiment gestrichen (**Sortimentsbereinigung**), um Platz für neue Artikel zu schaffen.

Beispiel Die Primus GmbH hatte in ihrer Warengruppe „Organisation" u. a. Zeitschriftenhalter angeboten. Da dieser Artikel ein halbes Jahr nicht mehr nachgefragt wurde, beschließt die Geschäftsleitung, ihn aus dem Sortiment zu nehmen.

Ist das Warenangebot dauerhaft zu gering (**Untersortiment**), wird es zu Umsatzrückgängen kommen. Es werden Waren von Kunden verlangt, die nicht geführt werden. Das Sortiment enthält Lücken und Kundenwünsche können nicht befriedigt werden.

Kontrollmethoden, mit denen eine Groß- und Außenhandlung ein Unter- oder Übersortiment feststellen kann, sind:

Fehl- und Nichtverkaufskontrolle

Ein Fehlverkauf liegt vor, wenn der gewünschte Artikel normalerweise im Sortiment geführt wird, im Augenblick jedoch nicht vorrätig ist. Nichtverkauf bedeutet, dass der gewünschte Artikel überhaupt nicht im Sortiment geführt wird. Die Fehl- und die Nichtverkäufe sollten täglich von den Verkaufssachbearbeitern in einer dafür vorgesehenen Liste erfasst werden (Artikel, Artikel-Nr., Größe, Anzahl usw.). Werden sehr viele Nichtverkäufe ermittelt, ist zu prüfen, ob das Sortiment noch dem Kundenkreis (Zielgruppe) entspricht.

Renner-Penner-Liste

Die Renner-Penner-Liste gibt Auskunft über „Renner" (gut verkaufbare Ware) und „Penner" (schlecht verkaufbare Ware = Langsamdreher, Schleicher). Diese Liste, die regelmäßig erstellt werden sollte, gibt Aufschluss über tatsächliche Verkaufszahlen eines Artikels in einem bestimmten Zeitraum.

Beispiel für Rennerlisten

Primus GmbH					
Rennerliste (Auszug) nach Absatz: 20. Woche					
Artikelnummer	Bezeichnung	Warengruppe	Verkaufspreis netto (in €)	Absatz in Stück	Wochenumsatz netto (in €)
125B568	Briefumschlag DIN A5 50 Stück	3	0,38	2 100	798,00
125B569	Kugelschreiber Primus	3	1,02	1 430	1 458,60
125B570	Block Notizzettel	3	0,98	925	906,50
125B571	Tesafilm 3 Stück	3	1,15	83	95,45
125B572	Stempelkissen	3	2,04	7	14,28

Primus GmbH					
Rennerliste (Auszug) nach Umsatz: 20. Woche					
Artikelnummer	Bezeichnung	Warengruppe	Verkaufspreis netto (in €)	Absatz in Stück	Wochenumsatz netto (in €)
125B569	Kugelschreiber Primus	3	1,02	1 430	1 458,60
125B570	Block Notizzettel	3	0,98	925	906,50
125B568	Briefumschlag DIN A5 50 Stück	3	0,38	2 100	798,00
125B571	Tesafilm 3 Stück	3	1,15	83	95,45
125B572	Stempelkissen	3	2,04	7	14,28

ABC-Analyse

Die ABC-Analyse ist u. a. ein Verfahren, die Waren nach Wichtigkeit zu strukturieren. Hier werden die angebotenen Waren hinsichtlich ihres Anteils am Umsatz bezogen auf die Artikelzahl in drei Gruppen (A-, B-, C-Gruppe) eingeteilt.

Güterart	Anteil am Umsatz	Anteil an der Artikelzahl
A-Güter	ca. 75 % des Umsatzes	ca. 15 % der Artikel
B-Güter	ca. 20 % des Umsatzes	ca. 35 % der Artikel
C-Güter	ca. 5 % des Umsatzes	ca. 50 % der Artikel

Durch die ABC-Analyse kann eine Grundlage für eine wirtschaftliche Unterscheidung von Gütern gelegt werden. In der Regel rechtfertigen vor allem die A-Güter aufwendige und genaue Planungs- und Organisationsarbeiten.

Kennzahlenkontrolle

Hier werden mithilfe quantitativer Größen (z. B. Umsatz, Absatz, Umschlagshäufigkeit, Lagerdauer) Sortimentsvergleiche durchgeführt.

> **Beispiel** Die Primus GmbH erreicht mit ihrem Sortiment einen Jahresumsatz von ca. 3,5 Mio. €. Die durchschnittliche Lagerdauer der Artikel liegt zwischen 4 und 20 Tagen. Der Konkurrenzbetrieb Otto Rompf GmbH Bürobedarf hat bei einer höheren durchschnittlichen Lagerdauer (6 bis 30 Tage) eine geringe Umsatzhöhe (3 Mio. €/Jahr). Im Rahmen der Wettbewerbsorientierung muss die Primus GmbH zurzeit keine Verbesserungen vornehmen.

Deckungsbeitragsrechnung

LF 6 Mit der Deckungsbeitragsrechnung wird ermittelt, ob und in welcher Höhe eine Warengruppe, ein Artikel oder eine Sorte zur Fixkostendeckung beiträgt (vgl. S. 330). Aufgrund dieses Ergebnisses werden problematische Warengruppen sichtbar und es können gezielte Maßnahmen ergriffen werden.

○ Sortimentspolitische Entscheidungen

Um sein Sortiment den veränderten Marktbedingungen (u. a. technische, modische, jahreszeitliche Nachfrageänderung) anzupassen, stehen dem Groß- und Außenhändler folgende Maßnahmen zur Sortimentsgestaltung zur Verfügung:

- **Sortimentserweiterung**: Bisher nicht geführte Warengruppen werden in das Sortiment aufgenommen (**Diversifikation**) bzw. bereits vorhandene Warengruppen werden vertieft (**Differenzierung**).

  > **Beispiel** Die Primus GmbH ergänzt ihr Sortiment um die Warengruppe „EDV" (Diversifikation) und die Warengruppe „Büroeinrichtung" um die Sorte „Sitzbälle" (Differenzierung).

- **Sortimentsvariation**: Der Sortimentsumfang bleibt erhalten. Es findet lediglich ein Austausch der Warengruppen, einiger Sorten oder einzelner Artikel statt. Dies gilt vor allem für modeorientierte Sortimente. Bei sich wandelnden Kundenansprüchen erfolgt eine Niveauanpassung. Dieses kann eine **qualitative Hebung (Trading-up)** oder **Senkung (Trading-down)** des Sortiments bedeuten.

  > **Beispiel** Die Primus GmbH hebt im Bereich „Verbrauch" ihr Sortimentsniveau, indem sie in Zukunft neben ihren preiswerten Handelsmarken Markenartikel namhafter Hersteller führt (Trading-up). Gleichzeitig lässt sie von einem Hersteller, der den Kunden gegenüber anonym bleibt, einen preiswerten Bürodrehstuhl fertigen, der als „No-Name-Produkt" verkauft wird (Trading-down).

  - **Markenartikel** tragen die Marke des Herstellers und sind von stets gleichbleibender Qualität und einheitlicher Aufmachung. Sie haben einen hohen Bekanntheitsgrad, sprechen große Verbrauchergruppen an, garantieren gleichbleibende überregionale Versorgung und fachkundigen Händlerservice. Der Hersteller übernimmt die Aufgabe der Werbung für das Produkt.

  - **Handelsmarken** sind gesondert gefertigte Produkte für nur einen oder wenige Händler. Der Hersteller bleibt für den Kunden anonym. Dem Händler fällt die Aufgabe zu, für Handelsmarken zu werben. Aufgrund einer überwiegend regionalen Marktpräsenz der Handelsmarken wird die Marktbedeutung der Markenartikel selten erreicht.

- **Eigenmarken** werden vom Handelsbetrieb selbst produziert.
- **Sortimentsbereinigung**: Artikel, Sorten oder Warengruppen werden aus dem Sortiment entfernt.

    Beispiel Die Primus GmbH führt ab sofort nicht mehr Karteikästen aus Kunststoff, da diese nicht mehr nachgefragt werden.

- **Die Produktmodifikation (Relaunch):** Wichtigster Ansatzpunkt für eine **Produktmodifikation (Relaunch)** sind die Daten der Produktlebenszyklusanalyse. Hat der Gesamtumsatz seinen Wendepunkt erreicht und wird die Umsatzveränderungsrate negativ, muss das Produkt verändert (modifiziert) werden, um es in den Augen der Verbraucher weiterhin attraktiv erscheinen zu lassen.

Bevor Maßnahmen im Rahmen eines Produktrelaunch ergriffen werden, müssen sorgfältig die **Ursachen** der negativen Umsatzentwicklung erforscht werden. Die Entwicklung des eigenen Produktes ist dabei immer vor dem Hintergrund des Gesamtmarktes zu sehen. Ist die Entwicklung des Marktes insgesamt negativ, ist ein Umsatzrückgang weniger dramatisch, als wenn sich der Gesamtmarkt positiv entwickelt und nur das eigene Produkt einen Umsatzrückgang zu verzeichnen hat.

- ## Geschäftsgrafiken zur Sortimentsdisposition

Sortimentspolitische Entscheidungen sind im Groß- und Außenhandel ein wichtiger Bestandteil des wirtschaftlichen Erfolges. Um diese zu erleichtern, sollte das vorhandene Datenmaterial vom Rechnungswesen und Controlling möglichst verständlich aufbereitet werden. Für viele Menschen ist es leichter, Zahlenmaterial zu verstehen, das in Tabellen oder Schaubildern aufbereitet wurde. Das liegt auch daran, dass das Auge bildhafte Informationen schneller aufnimmt als Text. Es ist daher sinnvoll, nach Möglichkeit alle wesentlichen Informationen mit Tabellen und Schaubildern zu ergänzen.

Tabellen

Eine Tabelle besteht aus einem **Textteil** (Überschrift, Kopf, Vorspalte) und dem **Zahlenteil**. Häufig sind Tabellen die Grundlage für Schaubilder. Um die Übersichtlichkeit von Tabellen zu gewährleisten, können

- große Datenmengen in Teilmengen zerlegt werden,
- Informationen durch Vergleichsgrößen relativiert werden,
- Werte in Einheiten von Tausend Euro oder Millionen Euro ausgewiesen werden,
- Nachkommastellen durch sinnvolles Auf- und Abrunden entfallen.

Beispiel Vergleich von Absatzzahlen der Primus GmbH in Stück in einer Woche

	Lasermultifunktionsgerät FX 640TI	Schreibtisch Primo	Tischkopierer Primus Z-52
Montag	6	2	1
Dienstag	7	3	0
Mittwoch	5	4	0
Donnerstag	6	4	0

	Lasermultifunktionsgerät FX 640TI	Schreibtisch Primo	Tischkopierer Primus Z-52
Freitag	8	3	1
Samstag	7	4	0

○ Schaubilder

Als Schaubilder bezeichnete **Grafiken**, **Charts** oder **Diagramme** ermöglichen dem Empfänger eine Verarbeitung mit nur geringen gedanklichen Anstrengungen. Damit sind Bildinformationen gut geeignet, einer Informationsüberlastung entgegenzuwirken.

Die verschiedenen Schaubilder eignen sich in unterschiedlicher Weise zur Darstellung von Daten:

Linien- oder Kurvendiagramm

Diese auch als „line charts" bezeichneten Grafiken kommen vorzugsweise zur Anwendung, wenn viele zeitabhängige Daten dargestellt bzw. zwei oder mehr Datenreihen verglichen werden sollen. Als Ergänzung sind Flächendiagramme („area charts") geeignet, um eine Gesamtgröße und deren Zusammensetzung (Struktur) über einen Zeitraum sichtbar zu machen.

Beispiel Herr Zimmer, Controller bei der Primus GmbH, vergleicht wöchentlich die geplanten Absatzzahlen mit den tatsächlichen Zahlen, um auf starke Abweichungen frühzeitig reagieren zu können.

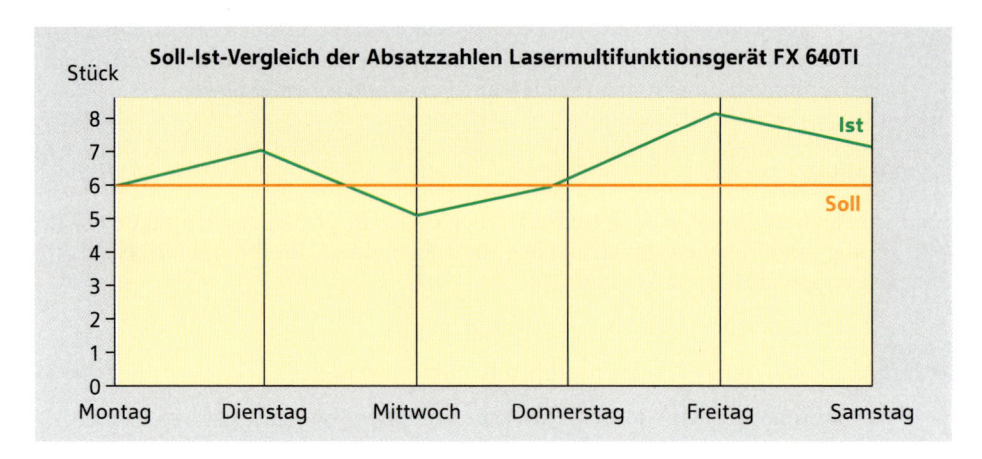

Soll-Ist-Vergleich der Absatzzahlen Lasermultifunktionsgerät FX 640TI

Säulendiagramm

Rechtecke in Säulendiagrammen („column charts") zeigen Veränderungen über einen bestimmten Zeitraum oder ziehen Vergleiche zwischen zwei oder mehr in Beziehung stehenden Größen.

Beispiel Frau Primus und Herr Müller erhalten wöchentlich eine Übersicht über die Absatz- und Umsatzentwicklung der Warengruppen und Artikel.

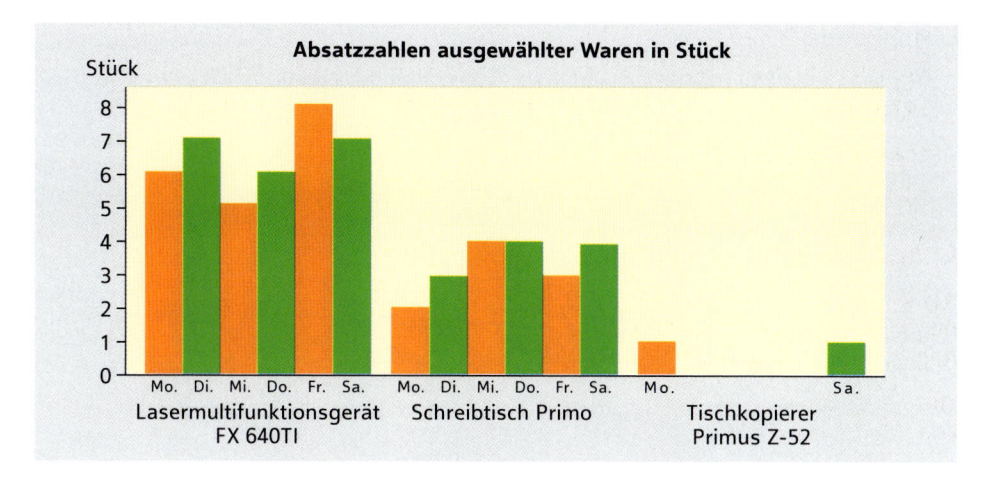

Bedeutung der Beschaffung für den betrieblichen Leistungsprozess kennenlernen

Absatzzahlen ausgewählter Waren in Stück

Balkendiagramm

Rechtecke in Balkendiagrammen („bar charts") zeigen wie im Säulendiagramm Werte zu einem Zeitpunkt oder ziehen Vergleiche zwischen zwei oder mehr in Beziehung stehenden Größen. Dieser Grafiktyp ist gut geeignet für umfangreiche Gegenüberstellungen.

Beispiel Wöchentliche Absatzentwicklung Lasermultifunktionsgerät FX 640TI, Schreibtisch Primo und Tischkopierer Z-52

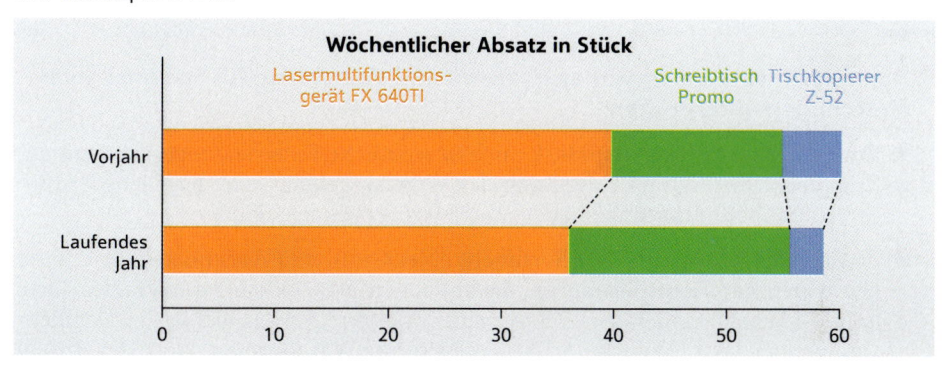

Kreisdiagramm

Diese auch als Tortendiagramm („pie charts") bezeichneten Grafiken machen Anteile von Teilkomponenten sichtbar.

Beispiel Umsatzanteile der Warengruppen Bürotechnik, Büroeinrichtung, Verbrauch und Organisation am Gesamtumsatz der Primus GmbH

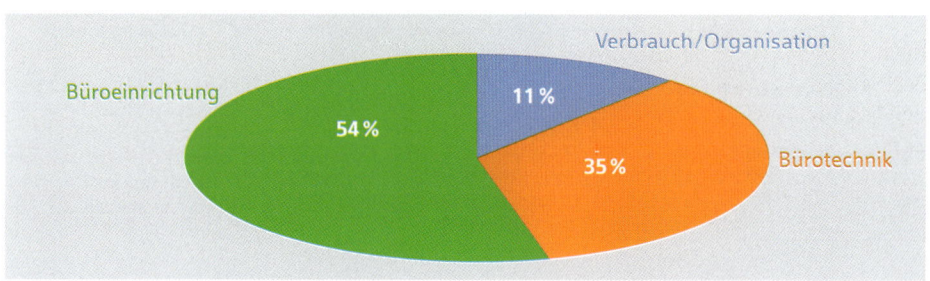

Kartogramm

Für die regionale, überregionale, nationale oder internationale Verteilung der Kunden eignet sich das Kartogramm.

Beispiel

Das vorhandene Sortiment analysieren und Vorschläge für Sortimentsveränderungen unterbreiten

- **Produkt- und Sortimentspolitik** umfasst sämtliche Entscheidungen, die mit der Zusammensetzung und Gestaltung des Warenangebotes und der Dienstleistungen eines Groß- und Außenhandelsbetriebes verbunden sind.

- **Aufbau des Sortiments:** Das **Sortiment** eines Groß- und Außenhändlers umfasst alle Waren und Dienstleistungen, die auf dem Markt verkauft werden. Die **Sorte** ist die kleinste Einheit eines Sortiments. Mehrere Sorten werden zu **Artikeln** zusammengefasst. Ähnliche Artikel ergeben eine **Warengruppe**. Nach der Anzahl der Artikel und Warengruppen kann der **Sortimentsumfang** beschrieben werden. Die **Sortimentsbreite** beschreibt die Anzahl der im Sortiment vertretenen Warengruppen, die **Sortimentstiefe** die Anzahl der Artikel und Sorten innerhalb einer Warengruppe. Während alle für das Unternehmen typischen Waren, die der Kunde erwartet, dem **Kernsortiment** zugerechnet werden, zählen ergänzende Waren fremder Branchen zum **Randsortiment**.

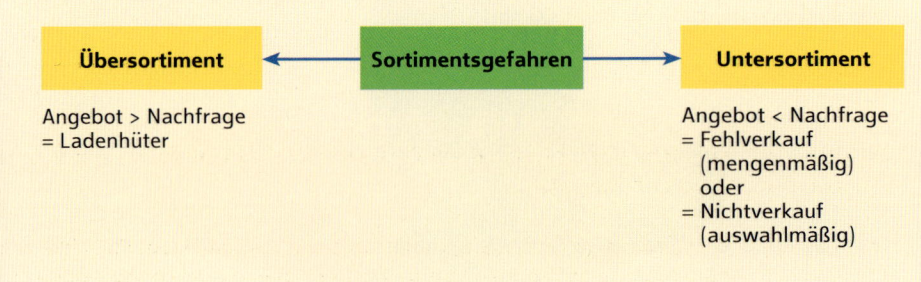

Übersortiment	← Sortimentsgefahren →	**Untersortiment**
Angebot > Nachfrage = Ladenhüter		Angebot < Nachfrage = Fehlverkauf (mengenmäßig) oder = Nichtverkauf (auswahlmäßig)

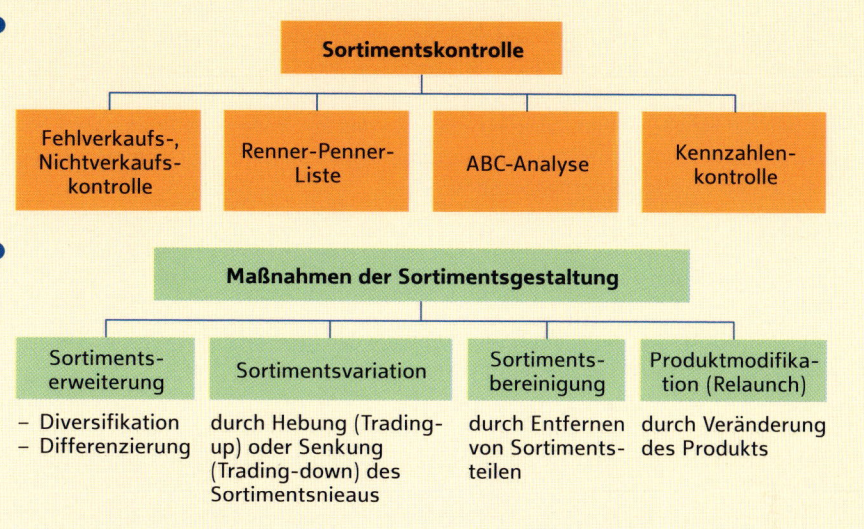

- **Normalsortiment** (Idealsortiment) entspricht in der Zusammenstellung der Waren und Dienstleistungen den Ansprüchen der Zielgruppe:
  Angebot = Nachfrage = Idealsortiment.

- **Sortimentskontrolle**
  - Fehlverkaufs-, Nichtverkaufskontrolle
  - Renner-Penner-Liste
  - ABC-Analyse
  - Kennzahlenkontrolle

- **Maßnahmen der Sortimentsgestaltung**
  - **Sortimentserweiterung**
    - Diversifikation
    - Differenzierung
  - **Sortimentsvariation**: durch Hebung (Trading-up) oder Senkung (Trading-down) des Sortimentsniveaus
  - **Sortimentsbereinigung**: durch Entfernen von Sortimentsteilen
  - **Produktmodifikation (Relaunch)**: durch Veränderung des Produkts

- **Umweltverträglichkeit**: Groß- und Außenhandelsbetriebe können durch ihre Sortimentspolitik einen wesentlichen Beitrag zum Umweltschutz leisten.

- **Gesetze zur Umweltvorsorge**: Gesetz über die Umweltverträglichkeitsprüfung, Bundes-Immissionsschutzgesetz

- **Umwelt- und Sozialzeichen**:
  - **Blauer Engel**: Förderung von Waren mit besseren Umwelteigenschaften
  - **Europäisches Umweltzeichen**: Förderung umweltfreundlicher Produkte und Dienstleistungen in Europa
  - **Textilkennzeichnung**: Bescheinigung, dass Ware keine gesundheitlich bedenklichen Schadstoffe enthält
  - **Kennzeichen über Materialeigenschaften**
  - **Stiftung Warentest**: Vergleich von Produkten unterschiedlicher Hersteller
  - **Kennzeichen des ökologischen Ackerbaus**
  - **Sozialzeichen**: Kennzeichen, die gesellschaftliches Engagement von Unternehmen und ihre Verantwortung für die Interessen von Entwicklungsländern herausstellen

- **Grafiken zur Unterstützung der Sortimentspolitik**: Tabellen und Schaubilder ermöglichen eine übersichtliche Darstellung aller gewonnenen Daten. Arten von Schaubilder: **Linien-** oder **Flächendiagramm**, **Balkendiagramm**, **Kreisdiagramm**, **Kartogramm**.

1. Beschreiben Sie, welche Einflussgrößen ein Groß- und Außenhändler bei seiner Sortimentsbildung berücksichtigen muss.

2. Machen Sie für die Bürodesign GmbH, einem Hersteller von Büromöbeln, Vorschläge zur Produktentwicklung ihrer neuen Produktlinie für ökologisch und ergonomisch orientierte Büromöbel.

a) Finden Sie fünf schlagkräftige Namen für diese Produktlinie.
b) Machen Sie Vorschläge für die Verpackung der Produkte.
c) Begründen Sie, welche Materialien für Bürostühle, Schreibtische und Büroschränke verwendet werden sollen.
d) Machen Sie begründete Vorschläge für die Farbgebung der einzelnen Produkte. Schreiben Sie die Ergebnisse auf Plakate und diskutieren Sie Ihre Arbeitsergebnisse untereinander.

3. Überlegen Sie Möglichkeiten, wie die Gedanken des Recyclings von Produkten und deren umweltverträglicher Entsorgung im Bürobedarfsgroßhandel bereits bei der Produktbeschaffung berücksichtigt werden können.

4. Erkundigen Sie sich bei der Industrie- und Handelskammer nach Richtlinien und Hilfsmitteln für die Beteiligung am EU-Öko-Audit für Ihr Unternehmen.

5. Geben Sie aus Ihrer persönlichen Erfahrung Beispiele für breite und schmale sowie flache und tiefe Sortimente bei Handelsunternehmen an.

6. Erläutern Sie, weshalb ein Handelsunternehmen sowohl Über- als auch Untersortimente vermeiden muss, und geben Sie an, welche Hilfsmittel die Marktforschung bietet.

7. Beschreiben Sie den Aufbau des Sortiments Ihres Ausbildungsbetriebes.

2 Den Beschaffungsbedarf ermitteln und das Sortiment gestalten

2.1 Mengenplanung, Zeitplanung und Beschaffungsstrategien entwickeln

Nicole Höver, Auszubildende bei der Primus GmbH, diskutiert mit ihrem Klassenkameraden Lukas Breuer, Auszubildender bei der Kröger & Bach KG.

Lukas: *„Jede Woche muss ich neue Bestellvordrucke ausfüllen. Wir sollten unseren gesamten Quartalsbedarf z. B. bei der Warengruppe ‚Heimwerker' am besten auf einmal bestellen, dann fielen alle Arbeiten nur einmal an, nämlich Waren annehmen, prüfen, einlagern usw. Wir brauchten dann auch nur eine einzige Bestellung pro Quartal zu bearbeiten, das würde Kosten sparen."*

Nicole: *„Ich war gerade erst auf einem Seminar in unserem Unternehmen, in dem auf die Bedeutung der Verkaufsdatenanalyse hingewiesen wurde. Wie willst du denn auf eine Veränderung der*

Kundenwünsche reagieren, wenn du die Waren für eine so lange Zeit im Voraus kaufen willst? Zudem hätten wir riesige Lagerkosten. Deshalb ist es besser, wenn wir unseren Bedarf auf mehrere Bestellungen verteilen, mal ganz abgesehen von den modischen Überlegungen, die ich z. B. bei der Warengruppe ‚Büroeinrichtung' anstellen muss, da der Geschmack sich hier sehr schnell verändert und ständig technische Neuerungen auf den Markt kommen."

ARBEITSAUFTRÄGE

- Überprüfen Sie, welche Informationen Groß- und Außenhändler über ihre Waren für die Zeit- und Mengenplanung benötigen.
- Erläutern Sie das Bestellpunkt- und Bestellrhythmusverfahren. Erstellen Sie hierzu ein Lernplakat (vgl. S. 162) und präsentieren Sie Ihre Ergebnisse mithilfe digitaler Medien in einer geeigneten Weise.
- Erklären Sie den Zusammenhang zwischen Bestellmenge und Lagerkosten.
- Erläutern Sie die Voraussetzungen und den Ablauf der Just-in-time-Belieferung.

● Informationsbedarf

In Groß- und Außenhandelsunternehmen spielt die Beschaffung von Waren und Dienstleistungen eine große Rolle. Aus diesem Grund sollte der Bedarf an Waren für einen bestimmten Termin und eine bestimmte Periode möglichst genau ermittelt werden. Hierzu benötigt die Beschaffungsabteilung für ihre Planungen Informationen über die zu beschaffenden Waren (**Bedarfsinformationen**) und über die möglichen Lieferer (**Angebotsinformationen**).

Angebotsinformationen		
Informationen über die Lieferer werden benötigt für	**Fragen**	**Erläuterungen**
Bedarfsplanung	Was und wie viel wird benötigt?	Hierbei sind Qualität, Ausführung, Größe, Farbe, Mengen der Waren in einer Periode zu berücksichtigen.
Mengenplanung	Wie viel soll bestellt werden?	Hierzu muss der geplante Absatz bekannt sein. Die verfügbare Lagerkapazität muss berücksichtigt werden. Es wird auch geklärt, in welcher Abfolge (nach-)bestellt werden soll.
Zeitplanung	Wann soll bestellt werden?	Entscheidend ist, wann die Waren im Verkauf benötigt werden. Hiervon hängt ab, wann bestellt wird. Zu beachten sind die Lagerfähigkeit der Waren, die Liefer- und Transportzeiten sowie Preisentwicklungen auf dem Beschaffungsmarkt.
Preisplanung	Wie hoch soll der Preis sein?	Nicht immer ist der Lieferer mit dem niedrigsten Preis auch der günstigste. Alle übrigen Gesichtspunkte (Konditionen, Zuverlässigkeit, Liefertermin usw.) müssen in die Entscheidung einbezogen werden.

LF 3 Beschaffungsprozesse durchführen

Angebotsinformationen		
Ermittlung der Bezugsquellen	Bei welchen Lieferern kann beschafft werden?	Im Rahmen der Beschaffungsmarktforschung sind geeignete Lieferer ausfindig zu machen.
Auswahl der Lieferer	Bei welchem Lieferer soll beschafft werden?	Hier sind u. a. Preise, Konditionen, Zuverlässigkeit der Lieferer zu vergleichen.

● Bedarfsplanung

Die Bedarfsplanung legt die für den Verkauf benötigten Waren nach Art, Qualität, Menge und Zeitraum fest. Die Menge an Waren, die zu einem bestimmten Zeitpunkt oder für eine bestimmte Periode benötigt wird, wird **Bedarf** genannt. Die genaue Bedarfsermittlung ist aus folgenden Gründen erforderlich:

- Wird eine zu **geringe Warenmenge** beschafft, kann die Verkaufsbereitschaft gestört werden.

LF 11
- Wird eine zu **große Warenmenge** beschafft, wäre die Kapitalbindung (Zins- und Lagerkosten) unnötig hoch.

Die Planung der Beschaffung von Waren und Dienstleistungen muss sich also am festzustellenden **Bedarf des Absatzplanes** orientieren. Hierbei sind drei Leitfragen zu berücksichtigen:

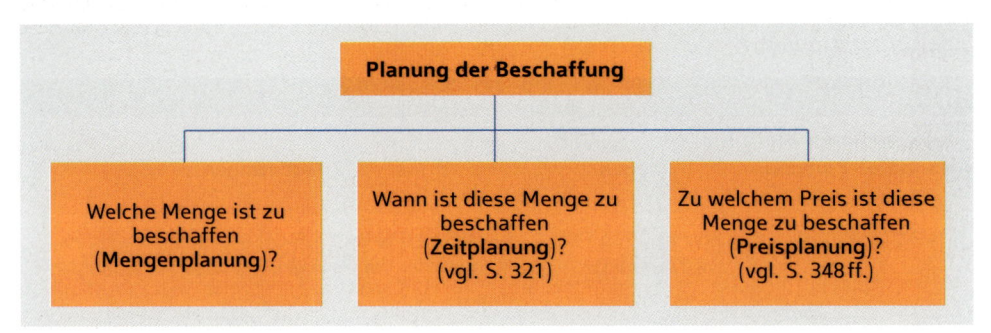

```
                    Planung der Beschaffung
         ┌─────────────────┼─────────────────┐
   Welche Menge ist zu   Wann ist diese Menge zu   Zu welchem Preis ist diese
       beschaffen            beschaffen              Menge zu beschaffen
    (Mengenplanung)?       (Zeitplanung)?           (Preisplanung)?
                           (vgl. S. 321)             (vgl. S. 348 ff.)
```

● Mengenplanung

Die Mengenplanung für die zu beschaffenden Waren und Dienstleistungen ist vom Absatzplan abhängig. Aus dem Absatzplan ist die Menge der zu beschaffenden Waren ersichtlich. Diese Gesamtmenge einer zu einem bestimmten Zeitpunkt oder innerhalb einer bestimmten Periode zu beschaffenden Ware ist die Bedarfsmenge, die bei einem Lieferer bestellt werden muss (**Bestellmenge**).

Bei jeder Bestellung muss entschieden werden, wie viel und wie oft bestellt werden soll. Je **größer die Bestellmengen** sind, desto mehr Kapital wird gebunden und desto höhere Lagerkosten werden verursacht. Andererseits ermöglichen große Bestellungen das Ausnutzen von Preis- und Kostenvorteilen.

Beispiele
- Bei größeren Bestellmengen sind oft Mengenrabatte zu erhalten.

– Größere Bestellmengen verringern Transportkosten, da nicht so häufig angeliefert werden muss (ökologischer Aspekt).

Kleinere Bestellmengen binden wenig Kapital und führen zu niedrigen Lagerkosten. Sie verursachen aber höhere Beschaffungskosten.

○ Beschaffungskosten

Unter **Bestellkosten** oder **Beschaffungskosten** werden alle Sach- und Personalkosten verstanden, die durch eine Bestellung (Beschaffung) von Waren verursacht werden. Hierzu zählen die Kosten für die Anfragen, Angebotsvergleiche, Vertragsverhandlungen usw. Diese Kosten können nicht immer genau einem Artikel oder einer Warengruppe zugerechnet werden. Hier sind Erfahrungs- und Schätzwerte die Basis.

Beispiel Bei der Kröger & Bach KG sind sechs Einkäufer beschäftigt. Sie bearbeiten in einem Jahr 7500 Bestellungen (einschließlich der Nachbestellungen). Die sechs Mitarbeiter verursachen 175 000,00 € Personalkosten (einschließlich aller Nebenkosten). An Sachkosten (Büromaterial usw.) entstehen weitere 15 000,00 €. Die 7500 Bestellungen verursachen also insgesamt 190 000,00 € Kosten in einem Jahr. Somit kostet eine Bestellung rund 25,00 €.

Diese Berechnung ist sehr grob und kann das Prinzip der **Kostenermittlung für Bestellungen** nur oberflächlich erklären, denn der Arbeitsaufwand bei der Warenprüfung im Lager muss ebenfalls berücksichtigt werden. Ferner entstehen im Rechnungswesen bei jeder Bestellung Arbeiten (Buchung der Verbindlichkeiten, Veranlassen der Bezahlung des Rechnungsbetrages usw.), die ebenfalls Kosten verursachen, jedoch nicht von dem Bestellwert abhängig sind (**bestellfixe Kosten**).

Beispiel Das Schreiben einer Bestellung, die Buchung einer Verbindlichkeit, die Überweisung des Rechnungsbetrages an den Lieferer kosten im Durchschnitt immer gleich viel, egal ob eine Bestellung über 15 000,00 € oder 1,50 € ausgeführt wird.

○ Saison- oder Stapelwaren

Die Bestimmung des Bedarfszeitpunkts hängt auch davon ab, ob **Saisonwaren** oder **Stapelwaren** beschafft werden sollen.

Beispiele Saisonwaren: Frischobst, Gemüse, modische Textilien; Stapelwaren: Schreibwaren, Hausrat

Bei Saisonwaren liefern die Statistiken über den Ein- und Verkauf aus der Vergangenheit wichtige Informationen für den Bestellzeitpunkt. Für einen Groß- und Außenhändler ist es wichtig, Saisonwaren rechtzeitig vor Saisonbeginn auf Lager zu haben.

Bei Stapelwaren hingegen ist der Abverkauf regelmäßig über das ganze Jahr verteilt. Somit können die Bestellzeitpunkte aus der Beschaffungsplanung des Vorjahres übernommen werden.

● Zeitplanung

Der **Zeitpunkt für eine Warenbestellung** hängt von vielen Faktoren ab. Grundlage für die Entscheidung über den **Bestellzeitpunkt** ist der Termin, zu dem die Ware im Lager oder Verkaufsraum zur Verfügung stehen muss. Von diesem Termin aus muss rückwärts gerechnet werden. Zu berücksichtigen sind:

- **Bestelldauer innerhalb des Hauses** (die Zeit von der Bedarfsfeststellung, z. B. im Verkaufsraum oder Lager bei Standardartikeln, über die Bedarfsmeldung an die Beschaffungsabteilung, ggf. Angebotseinholung und -auswertung bei neuen Artikeln, bis zum Schreiben und Versand der Bestellung)
- **Bearbeitung der Bestellung beim Lieferer** (Zeit für den Postweg der Bestellung, Posteingang und -bearbeitung beim Lieferer, Auftragsprüfung, ggf. Produktionszeit, Verpacken der Ware usw.)

LF 12
- **Lieferzeit** (Versand der Ware durch die Deutsche Post DHL, die Deutsche Bahn AG, Spediteur usw.)
- **Warenannahme, -prüfung und -lagerung** (beim Groß- und Außenhändler)

Außerdem ist bei der Festlegung des Bestellzeitpunktes die **Lagerfähigkeit** von Waren zu berücksichtigen (Verderb, Schwund, Modewechsel usw.), ebenso die freie **Lagerkapazität** beim Eintreffen der Ware (wichtig bei Saisonware). Bei Waren, die auf dem Beschaffungsmarkt häufigen **Preisänderungen** unterliegen, ist es ratsam, zu Zeiten niedriger Preise zu bestellen und die Ware vorübergehend einzulagern. Allerdings müssen die Preisvorteile gegen die höheren Lagerkosten und die längere Kapitalbindung abgewogen werden.

● Beschaffungsstrategien bei der Zeitplanung

Es lassen sich folgende Beschaffungsstrategien von Waren unterscheiden:

Beschaffungsstrategien	Merkmale	Vorteile
Einzelbeschaffung nach einem Kundenauftrag **Beispiele** Büromöbel, Küchen	Waren werden erst zum Zeitpunkt der Bestellung durch einen Kunden beschafft. Die Notwendigkeit der Beschaffung erfolgt durch den Absatz. Die Lagerung hat keine oder nur eine geringe Bedeutung.	– Lagerkosten werden minimiert. – Unternehmen hat eine bessere Übersicht sowie Kontrolle über die vorhandenen Waren. – Die Beschaffung ist flexibel. – Es befinden sich weniger Waren auf Lager.
Vorratsbeschaffung **Beispiele** Konserven, Toilettenpapier, Heimwerkerbedarf	Es besteht keine Übereinstimmung zwischen den Beschaffungsmengen und den Verkaufsmengen. Die beschafften Waren werden erst einmal auf Lager genommen.	– Preisvorteile können ausgenutzt werden. – Die Transportkosten verringern sich. – Für den Verkauf sind immer genügend Waren vorrätig. – Bestellkosten vermindern sich, da nicht so oft bestellt wird.
Verkaufssynchrone Beschaffung **Beispiele** Waren bei einem Elektro-, Baustoffgroßhändler	Die Beschaffung der Waren erfolgt im gleichen Rhythmus wie der Verkauf. Dies erfordert eine ständige Lieferbereitschaft des Lieferers.	– Lagerkosten verringern sich. – Beschaffung ist flexibel. – Kapitalbindungskosten verringern sich.

Den Beschaffungsbedarf ermitteln und das Sortiment gestalten

○ Bestellverfahren bei Vorratsbeschaffung

Wenn die Beschaffung der Waren zeitlich vor dem Verkauf erfolgt, liegt eine Vorratsbeschaffung (verkaufsorientierte Disposition) vor. Für die Festlegung des Bestellzeitpunktes stehen zwei Verfahren zur Verfügung:

Bestellpunktverfahren

Beim Bestellpunktverfahren werden die Waren aufgrund einer **vorgegebenen Meldemenge** bestellt, d. h., der Lagerbestand wird automatisch nach jeder Entnahme überprüft und bei Erreichung eines festgelegten Meldebestandes gibt das Lager eine Bedarfsmeldung an den Einkauf. Durch den Einsatz des computergesteuerten Warenwirtschaftssystems wird der Bestellvorgang automatisch bei Erreichen des Meldebestandes ausgelöst. Der Mindestbestand (eiserner Bestand, eiserne Reserve) wird aus Sicherheitsgründen für die einzelnen Waren festgelegt und soll möglichst nie angegriffen werden. Er soll die Verkaufsbereitschaft sichern, wenn durch unvorhergesehene Ereignisse der Vorrat nicht ausreicht, um den Verkauf fortzuführen. Somit gilt für die Ermittlung des Meldebestandes folgende Formel:

> **Meldebestand = (Tagesabsatz · Beschaffungs- oder Lieferzeit) + Mindestbestand**

Beispiel Von dem Artikel „Primus Ordner A4" werden von der Primus GmbH täglich durchschnittlich 200 Stück verkauft. Die Beschaffungszeit beträgt acht Tage, der Mindestbestand 1 000 Stück. Wie viel Stück beträgt der Meldebestand?
Lösung: Meldebestand = (Tagesabsatz · Beschaffungs- oder Lieferzeit) + Mindestbestand
Meldebestand = (200 · 8) + 1 000   Meldebestand = **2 600 Stück**

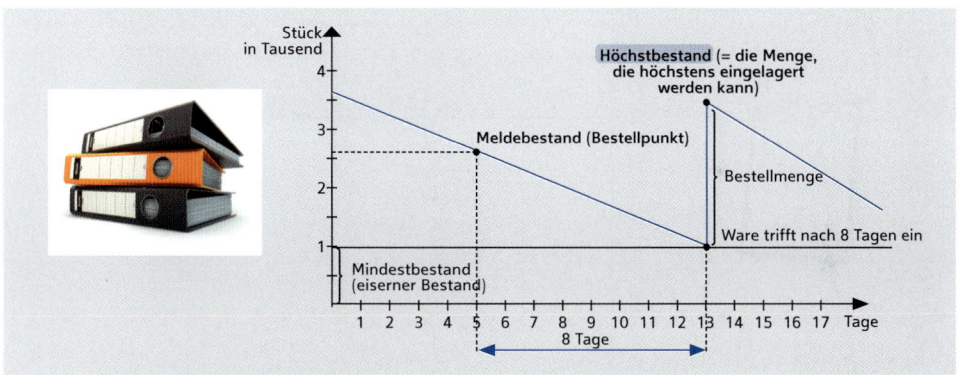

Der Meldebestand setzt sich aus dem Bedarf in der Beschaffungs-/Lieferzeit und dem Mindestbestand (eiserner Bestand) zusammen. Wird der Meldebestand von 2 600 Stück erreicht, wird die Ware bestellt. Die Ware trifft nach acht Tagen mit Erreichen des Mindestbestandes ein. An diesem Tag wird durch die Lieferung der Höchstbestand der Ware erreicht.

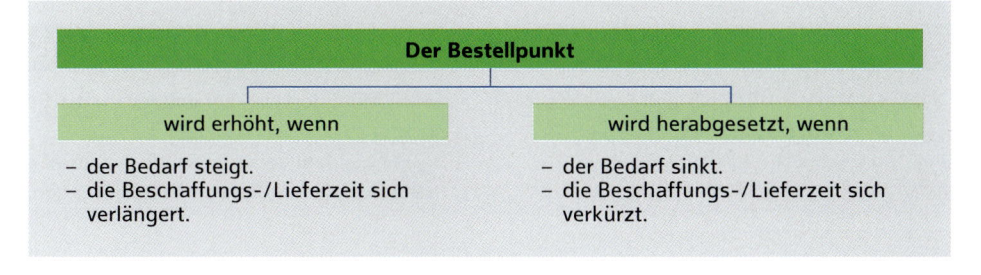

Der Bestellpunkt	
wird erhöht, wenn	wird herabgesetzt, wenn
– der Bedarf steigt. – die Beschaffungs-/Lieferzeit sich verlängert.	– der Bedarf sinkt. – die Beschaffungs-/Lieferzeit sich verkürzt.

Neben den genannten Gründen können weitere **Gründe für den Zeitpunkt der Bestellung** von Bedeutung sein:

- Es werden kurzfristige Preiserhöhungen erwartet.
- Bestimmte Sondertermine müssen berücksichtigt werden.

Beispiele Messetermine, Erntezeitpunkte bei Obst, Gemüse, Wein

Vorteile des Bestellpunktverfahrens	Nachteile des Bestellpunktverfahrens
– Niedrigere Mindestbestände sind aufgrund ständiger Bestandskontrolle möglich. – Somit können niedrigere Lagerkosten erreicht werden.	– Rabatte können unter Umständen wegen zu geringer Bestellung nicht genutzt werden. – Es werden nur die Artikel mit Lagerbewegungen erfasst.

Bestellrhythmusverfahren

Beim Bestellrhythmusverfahren **(Bestellung zu bestimmten, vorher festgelegten Terminen)** wiederholen sich die festen Liefertermine periodisch. Die periodische Festlegung der Termine kann mithilfe der vorher zu ermittelnden optimalen Bestellmenge vorgenommen werden. Dieses Verfahren ist dann besonders geeignet, wenn ein gleichbleibender Verkauf vorliegt.

Beispiel Für den Artikel „Magister Flipchart-Tafel" beträgt der Jahresbedarf in der Primus GmbH 1 200 Stück, der Mindestbestand 50 Stück und die optimale Bestellmenge 300 Stück. Somit ergeben sich pro Jahr vier Bestellungen (1 200 : 300 = 4), der zeitliche Abstand zwischen den Bestellungen ist für diesen Artikel drei Monate.

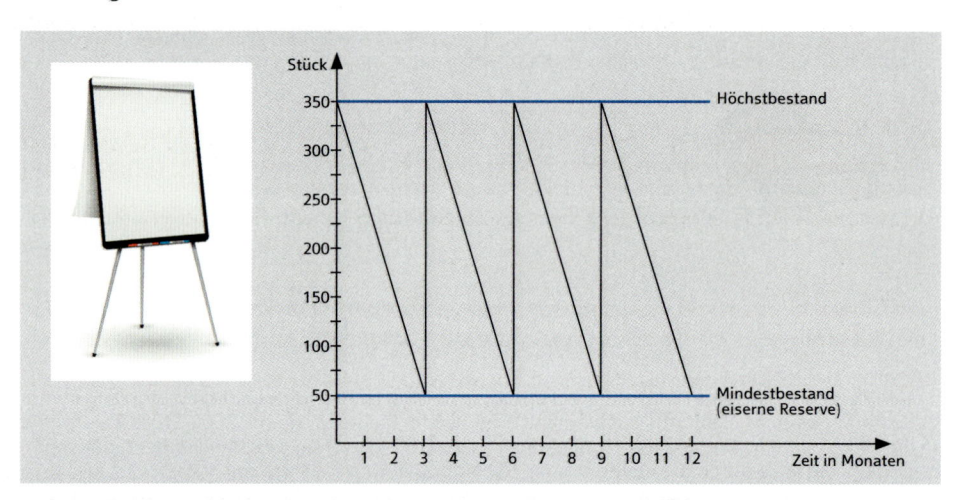

Vorteile des Bestellrhythmusverfahrens	Nachteile des Bestellrhythmusverfahrens
Vereinfachung des Bestell- und Bestandsüberwachungssystems	– Bei rückläufigem Verkauf entstehen Überbestände. – Bei steigendem Verkauf reichen die Vorratsmengen nicht aus. Folge: Absatzstörungen.

○ Verkaufssynchrone Beschaffung („Just-in-time-Lieferung", vgl. S. 329)

Just in time (gerade zur rechten Zeit) bedeutet, dass alle Waren genau zu dem Zeitpunkt bereitgestellt werden sollen, an dem der Verkauf erfolgt. Die einzelnen Waren werden erst dann geliefert, wenn sie im Verkauf benötigt werden. Somit liegen zwischen der Lieferung und dem Verkauf der Waren nur wenige Tage. Dieses erfordert aber, genaue Lieferzeitpunkte mit dem Lieferer zu vereinbaren, die exakt eingehalten werden müssen. Somit können Waren täglich angeliefert werden. Für den Fall einer verspäteten Lieferung werden i. d. R. hohe Konventionalstrafen vereinbart.

Der Käufer wälzt bei diesem Verfahren das Lagerrisiko (Zins-, Lagerkosten) auf den Lieferer ab. Die verkaufssynchrone Beschaffung setzt eine starke Marktstellung des Käufers und eine relative Abhängigkeit des Lieferers voraus.

Voraussetzungen der Just-in-time-Belieferung

Um die Just-in-time-Belieferung einführen zu können, sind folgende **Voraussetzungen** erforderlich:

- ständige Lieferbereitschaft der beteiligten Lieferanten
- eine genaue Abstimmung der Produktions- und Lieferpläne zwischen Lieferer, Spediteur (Frachtführer) und Groß- und Außenhändler
- der Einsatz moderner Kommunikationstechniken, die den überbetrieblichen Datenaustausch mittels digitaler Medien ermöglichen
- der permanente Informationsaustausch zwischen allen am Just-in-time-Konzept beteiligten Betrieben
- DV-gestützte Auftragsbearbeitung und Lagerorganisation
- feste Kooperationsverträge zwischen allen Beteiligten, in denen die Mengen, die Termine, aber auch die Strafen **(Konventionalstrafen)** bei Vertragsbruch enthalten sind
- ein flexibles Transportsystem, das einen ununterbrochenen Warenfluss ermöglicht.

Ablauf der Just-in-time-Belieferung

Der **Ablauf** der Just-in-time-Belieferung könnte im Idealfall so erfolgen:

- Die Abverkaufsdaten werden nach Artikeln und Lieferanten an der Kasse oder im Warenausgangslager des Groß-/Außenhandels erfasst und an das Warenwirtschaftssystem (vgl. S. 362) weitergegeben. Voraussetzung hierfür ist die Kennzeichnung der Artikel mit dem GTIN-Code oder EAN-Code und die Erfassung der Artikel an der Scanner-Kasse oder am Ausgangsterminal des Groß-/Außenhändlers (vgl. S. 369).
- Die Scanner-Kasse oder das Ausgangsterminal geben die Daten an den Zentralrechner des Lieferers weiter. Bei Erreichung der definierten Bestellmenge druckt der Rechner einen Bestellvorschlag aus oder nimmt mit dem Zentralrechner des Herstellers Kontakt auf, um die Bestellung direkt zu veranlassen.
- Der Zentralrechner des Herstellers veranlasst die Kommissionierung der Waren, arbeitet den Tourenplan aus und veranlasst die Lieferung.
- Der Hersteller veranlasst die Lieferung an den Groß-/Außenhändler.

Folgen der Just-in-time-Belieferung

Durch die Einführung der Just-in-time-Belieferung werden die **Kosten der Lagerhaltung** für ein Groß-/Außenhandelsunternehmen durch die Reduzierung der Lagerbestände und der Lagerdauer von Waren deutlich verringert. Somit entfällt das Lagerrisiko des Verderbs und Schwunds. Die Lagerkosten werden somit auf den Zulieferer (= vorgelagerte Produktionsstufe) verschoben, der seinerseits die Lagerkosten in seinen Preisen berücksichtigen muss. Diesen Vorteilen stehen als wesentliche **Nachteile** gegenüber: **Absatzstörungen** (verspätete Lieferung), eine starke Zunahme der Fahrten und Leerfahrten (rollende Lager) und eine damit verbundene **Belastung der Umwelt** durch Schadstoffemissionen, Energieverbrauch, Lärmbelästigung und Landschaftsverbrauch durch Straßenbau und somit eine **Zunahme der volkswirtschaftlichen Kosten (= externe Kosten)**. Die Einrichtung von Güterverkehrszentren und die Verlagerung der Transporte auf Schienen- und Wasserwege können diese Nachteile nur z. T. ausgleichen.

Mengen-, Zeitplanung und Beschaffungsstrategien entwickeln

- Die **Beschaffungsplanung** umfasst Art, Menge und Termine für die Bestellung von Waren und Dienstleistungen.

- **Größere Bestellmengen** binden viel Kapital und verursachen hohe Lagerkosten, kleinere Bestellmengen verursachen höhere Beschaffungskosten. Beschaffungs- und Lagerkosten entwickeln sich gegenläufig.

- Der **Bestellzeitpunkt** hängt davon ab, wann die bestellten Waren im Verkauf oder im Lager benötigt werden. Zu beachten sind:
  - Bestelldauer im Unternehmen
  - (= Zeit von der Bedarfsfeststellung bis zur Bestellung)
  - Bearbeitungs- und Produktionszeit beim Lieferer
  - Lieferzeit
  - Warenannahme, -prüfung und -lagerung

- Der Bestand, bei dessen Erreichen das Lager meldet, dass bestellt werden muss, wird **Meldebestand** genannt.
  Meldebestand = Mindestbestand + (Beschaffungszeit · Tagesabsatz)

- Wird die Bestellung bei Erreichen des Meldebestandes ausgelöst, spricht man vom **Bestellpunktverfahren (Vorratsbeschaffung)**.

- Wird die Bestellung in bestimmten Zeitabständen (d. h. unabhängig vom aktuellen Bestand) ausgelöst, spricht man vom **Bestellrhythmusverfahren (Vorratsbeschaffung)**.

- Bei der **verkaufssynchronen Beschaffung (Just-in-time-Belieferung)** erfolgt der Eingang der Waren zum Zeitpunkt des Bedarfs im Verkauf oder im Lager.

- Ursache des Ausbaus der Just-in-time-Belieferung ist die **Notwendigkeit der Reduzierung der Lagerkosten** (zunehmender **Kostendruck**) in Unternehmen.

- **Folgen der Just-in-time-Belieferung** sind eine Verlagerung der Lager auf die Straße und damit verbunden ökologische Belastungen.

---

1. Erläutern Sie die Aussage: „Beschaffungskosten und Lagerkosten entwickeln sich gegenläufig."

2. In einem Großhandelsunternehmen werden täglich 20 Stück eines Artikels verkauft. Die Beschaffungszeit beträgt 14 Tage. Als Mindestbestand soll ein Fünf-Tagevorrat bereitgehalten werden. Die Bestellmenge beträgt 400 Stück.
a) Berechnen Sie den Mindestbestand.
b) Berechnen Sie den Meldebestand.
c) Bestimmen Sie den Bestellrhythmus mithilfe einer geeigneten Grafiksoftware.

3. In einem Großhandelsunternehmen beträgt der Tagesabsatz für einen Artikel 140 Stück, die Beschaffungs-/Lieferzeit beträgt 14 Werktage und der Mindestbestand 420 Stück.
a) Ermitteln Sie den Meldebestand. Der Höchstbestand beträgt 3 500 Stück.
b) Begründen Sie die Notwendigkeit eines Mindestbestandes.
c) Stellen Sie den Zusammenhang grafisch dar.
d) Erläutern Sie die Vor- und Nachteile des Bestellpunktverfahrens.
e) Begründen Sie die Veränderung des Meldebestandes, wenn
   1. der Tagesabsatz sich auf 200 Stück erhöht,
   2. die Beschaffungszeit sich bei einem Tagesabsatz von 140 Stück auf sieben Tage verkürzt.

4. Unterscheiden Sie Bestellpunkt-, Bestellrhythmusverfahren und verkaufssynchrone Beschaffung (Just-in-time-Belieferung) und stellen Sie deren Unterschiede in einer digitalen Übersicht dar.

5. Stellen Sie den Ablauf einer Just-in-time-Belieferung anhand eines Beispiels dar und erläutern Sie die Auswirkungen der Just-in-time-Belieferung für die Umwelt.

6. Von einem Artikel werden täglich 25 Stück verkauft. Der Mindestbestand beträgt 120 Stück, die Lieferzeit 12 Tage. Um wie viel Stück kann der Meldebestand gesenkt werden, wenn die Lieferzeit nur noch acht Tage beträgt?

7. In einem Großhandelsunternehmen werden täglich 240 Stück eines Artikels verkauft. Die Lieferzeit beträgt fünf Tage. Als Mindestbestand wurden 200 Stück festgelegt. Ermitteln Sie den Meldebestand.

8. In einem Großhandelsunternehmen soll der Mindestlagerbestand eines Artikels das Fünffache des durchschnittlichen Tagesumsatzes betragen. Täglich werden von diesem Artikel durchschnittlich 25 Stück verkauft. Die Lieferzeit beträgt vier Tage.
a) Berechnen Sie den Mindestlagerbestand.
b) Berechnen Sie den Meldebestand.
c) Begründen Sie, warum der Mindestlagerbestand meistens das Vielfache eines Tagesumsatzes ist.

9. Erläutern Sie, welche Informationen ein Groß- und Außenhandelsunternehmen bei der Beschaffung von Waren
a) hinsichtlich der Bedarfsplanung,
b) hinsichtlich der Mengenplanung,
c) hinsichtlich der Zeitplanung,
d) hinsichtlich der Preisplanung,
e) hinsichtlich der Ermittlung der Bezugsplanung,
f) hinsichtlich der Auswahl der Lieferer
benötigt.

2.2 Beschaffungsprozesse kontrollieren

Auch Helga Konski hat als Abteilungsleiterin des Einkaufs der Primus GmbH die Aufgabe, Controlling-Funktionen zu übernehmen. Um ihre Mitarbeiter direkt einbeziehen zu können, lädt sie die gesamte Abteilung zu einem zweitägigen Treffen in ein Seminarhotel ein. Folgende Tagesordnung soll den „roten Faden" der Veranstaltung legen:
„Controlling im Einkauf" oder „Wie können wir effizienter arbeiten?"
1. „Was können wir im Einkauf kontrollieren?"
2. Zielfestlegung, Tagesgestaltung
3. Teamarbeit zu verschiedenen Bereichen: Entwicklung von Controlling-Instrumenten
4. Präsentation der Teamarbeiten
5. Festlegung eines Controlling-Instrumentariums für den Einkauf

Nachdem Nicole Höver die Einladung und die Tagesordnung gelesen hat, fragt sie in der Mittagspause Andreas Brandt: *„Müssen wir uns in Zukunft gegenseitig kontrollieren oder wie soll ich das Thema der Veranstaltung verstehen?"*

ARBEITSAUFTRÄGE
- Erläutern Sie, welche Instrumente der Einkauf im Rahmen eines funktionsorientierten Controlling zur Verfügung hat.
- Veranschaulichen Sie den Unterschied zwischen „Controlling" und „Kontrolle" im Einkauf.
- Erarbeiten Sie einen möglichen Vorschlag für ein sinnvolles Beschaffungscontrolling für die Primus GmbH.

Während das deutsche Wort „Kontrolle" für Aufsicht, Überwachung oder Prüfung steht, ist mit dem englischen Wort „Controlling" die Führung, Leitung, Steuerung, Regelung und das Kontrollieren gemeint, um zu einer bestmöglichen Erreichung der Unternehmensziele zu gelangen. Controlling bedeutet also nicht allein „kontrollieren".

Bei jeder Bestellung muss entschieden werden, bei wem was, wie viel und wie oft bestellt werden soll. Neben der reinen Mengenplanung sind sowohl Sicherheits- als auch Kostengesichtspunkte zu berücksichtigen.

● ABC-Analyse von Lieferern und Waren

Aufgrund der Erkenntnis, dass in den meisten Fällen eine relativ kleine Anzahl von Waren den Hauptteil des Wareneinsatzes repräsentiert, kann abgeleitet werden, dass diese Waren auch bei einer relativ geringen Anzahl von Lieferern bezogen werden. Für die Analyse von Waren kann die ABC-Analyse ein Instrument zur Ermittlung von Gütern sein, denen bei der Beschaffung besondere Aufmerksamkeit geschenkt werden muss. Sie klassifiziert die Beschaffungsobjekte eines Unternehmens nach deren mengen- und wertmäßiger Struktur. Die Mengen und Werte der in die ABC-Analyse einbezogenen Güter stehen dabei erfahrungsgemäß in folgendem Verhältnis:

A-Güter	geringer Mengenanteil (ca. 10 %), hoher Wertanteil (ca. 70 %)
B-Güter	Mittelstellung bei Menge (ca. 20 %) und Wert (ca. 25 %)
C-Güter	hoher Mengenanteil (ca. 70 %), geringer Wertanteil (ca. 5 %)

Beispiel ABC-Analyse der Warengruppe Organisation bei der Primus GmbH

Artikel-Nr.	Preis/Stück in €	Jahresbedarf/ Stück	Jahresbedarf/ in €	Rang	Gruppe
182 B 238	192,25	330	63 442,50	1	A
119 B 263	1,00	763	763,00	7	C
118 B 364	0,79	966	763,14	6	C
200 B 071	4,49	153	686,97	10	C
310 B 615	3,74	204	762,96	9	C
138 B 859	5,88	130	764,40	5	C
240 B 804	32,25	237	7 643,25	4	B
194 B 340	3,74	204	762,96	8	C
296 B 673	22,50	429	9 652,50	3	B
128 B 579	24,00	442	10 608,00	2	B

Aus dieser Tabelle kann z. B. abgeleitet werden, dass die Drehsäule für Aktenordner (182B238) bereits 66,2 % des Beschaffungswertes bei nur 8,6 % des Mengenanteiles ausmacht. Die B-Güter sind Güter mit den Rängen 2 bis 4; sie vereinigen 29,1 % des Beschaffungswertes auf sich. Die C-Güter sind lediglich mit 4,7 % vertreten.

Mit der ABC-Analyse ist es möglich, das Wesentliche vom Unwesentlichen zu trennen, eine Beschaffungsstrategie zu entwickeln und Schwächen aufzudecken.

Beispiel Die Primus GmbH hat für ihren Einkauf folgende Beschaffungsrichtlinien formuliert:
- **A-Güter:** umsatzstarke Waren, die bedarfsgesteuert werden (JIT-Belieferung), kleine Bestellmengen und Sicherheitsbestände, hohe Bestellhäufigkeit, permanente Inventur
- **B-Güter:** situative Disposition
- **C-Güter:** großzügige Festlegung der Bestellmengen und Sicherheitsbestände

Durch die Erkenntnis der ABC-Analyse der Waren können auch die Liefererstrukturen im Hinblick auf die Senkung von Beschaffungskosten (vgl. S. 329) untersucht werden.

Beispiel Die Primus GmbH stellt fest, dass 75 % des Auftragsvolumens sich auf fünf Lieferer beziehen, jedoch nur 5 % auf eine Reihe von „Kleinlieferern". Um die Beschaffungskosten zu minimieren, wird untersucht, ob die Anzahl dieser Lieferer reduziert werden kann.

● Bestellmengen und -häufigkeit

○ Bestellmenge

Um bei gegebener Lieferbereitschaft die Lagermengen gering zu halten, kann unter Absenkung sowohl der Bestellmenge als auch des Sicherheitsbestandes die Bestellhäufigkeit bis hin zur Just-in-time-Belieferung erhöht werden. Je größer die Bestellmengen sind, desto mehr Kapital wird gebunden und desto höhere Lagerkosten werden verursacht. Andererseits ermöglichen große Bestellungen das Ausnutzen von Preis- und Kostenvorteilen. Kleinere Bestellmengen binden wenig Kapital und führen zu niedrigen Lagerkosten. Sie verursachen aber höhere Beschaffungskosten.

Bei der Bestellmengenplanung wird der **Zielkonflikt der Beschaffung** sehr deutlich. Jeder Bestellvorgang verursacht Bestellkosten: Transportkosten, Aufwendungen für Kommunikation, Gehälter der Sachbearbeiter. Diese Kosten sind unabhängig von der jeweiligen Bestellmenge **(Fixkosten)**. Nach Eingang der Ware in der Groß-/Außenhandlung verursacht diese Lagerkosten. Je höher die bestellte Menge ist, desto höher sind die Lagerhaltungskosten.

○ Bestellhäufigkeit

Der Zeitpunkt für eine Beschaffung hängt von vielen Faktoren ab. Wird zu früh bestellt, muss mit entsprechenden Kosten gelagert werden. Wird zu spät bestellt, können dagegen Fehlmengenkosten aufgrund der mangelnden Lieferbereitschaft entstehen. Grundlage für die Entscheidung über den Bestellzeitpunkt ist der Termin, an dem das Gut zur Verfügung stehen muss. Er sollte so gewählt sein, dass mit den noch vorhandenen Waren die Beschaffungszeit überbrückt werden kann, ohne dass der Sicherheitsbestand (Mindestbestand) angegriffen werden muss.

Um Lagerkosten zu minimieren, kann der Lieferer die Güter bedarfsgerecht anliefern. Es wird nur die Menge geliefert, die voraussichtlich verkauft wird **(Just-in-time-Belieferung**, vgl. S. 326). Die Lieferung und der Verkauf der Ware sind so eng aufeinander abgestimmt, dass (fast) keine Lagerhaltung notwendig ist. Ohne Lagerbestände entfällt jedoch auch die Eingangskontrolle des Groß-/Außenhändlers; es muss absoluter Verlass auf die Lieferer hinsichtlich der Qualität, aber auch hinsichtlich Lieferfähigkeit und Pünktlichkeit sein. Um hier sicherzugehen, konzentrieren sich Unternehmen bei Just-in-time-Belieferung häufig auf einen oder wenige Lieferer.

○ Optimale Bestellmenge

Beschaffungskosten und Lagerkosten entwickeln sich gegenläufig. Je häufiger nachbestellt wird, desto geringer sind der Lagerbestand und die Lagerkosten. Je seltener nachbestellt wird, desto geringer sind die Beschaffungskosten. Die Bestellmenge, bei der die Summe beider Kostenarten (Beschaffungskosten und Lagerkosten) am geringsten ist (Minimum der Kosten), **heißt optimale Bestellmenge**. Hieraus lässt sich die **optimale Bestellhäufigkeit** ableiten.

Beispiel Bei der Primus GmbH werden pro Jahr etwa 240 000 „Primus Textmarker" eingekauft. Je Textmarker entstehen an Lagerkosten etwa 0,02 €. Jede Bestellung verursacht 75,00 € Kosten. Die Einkäuferin, Frau Zolling, könnte einerseits den gesamten Jahresbedarf auf einmal bestellen und auf Lager nehmen. Sie könnte auch kleinere Mengen bestellen (im Extremfall täglich). Um die Summe beider Kosten bei unterschiedlichen Bestellhäufigkeiten zu bestimmen, erstellt sie eine Tabelle. Sie berechnet für jede Anzahl von Bestellungen die Bestellkosten, die Lagerkosten und die Summe der Kosten. Bei den Lagerkosten berücksichtigt sie, dass durchschnittlich nur die Hälfte der Bestellmenge auf Lager liegt. Um Zeit zu sparen, bedient sie sich der Hilfe eines Computers und einer Tabellenkalkulationssoftware.

Optimale Bestellmenge und -häufigkeit	
Kosten für eine Bestellung in €:	75,00
Lagerkosten je Stück in €:	0,02
Jahresbedarf in Stück:	240 000

Anzahl der Bestellungen	Bestellung in Stück	Lagerbestand in Stück	Lagerkosten in €	Bestell-kosten in €	Gesamt-kosten in €
1	240 000	120 000	2 400,00	75,00	2 475,00
2	120 000	60 000	1 200,00	150,00	1 350,00
3	80 000	40 000	800,00	225,00	1 025,00
4	60 000	30 000	600,00	300,00	900,00
5	48 000	24 000	480,00	375,00	855,00
6	40 000	20 000	400,00	450,00	850,00
7	34 287	17 143	342,86	525,00	867,86
8	30 000	15 000	300,00	600,00	900,00
9	26 667	13 333	266,67	675,00	941,67
10	24 000	12 000	240,00	750,00	990,00
11	21 818	10 909	218,18	825,00	1 043,18
12	20 000	10 000	200,00	900,00	1 100,00

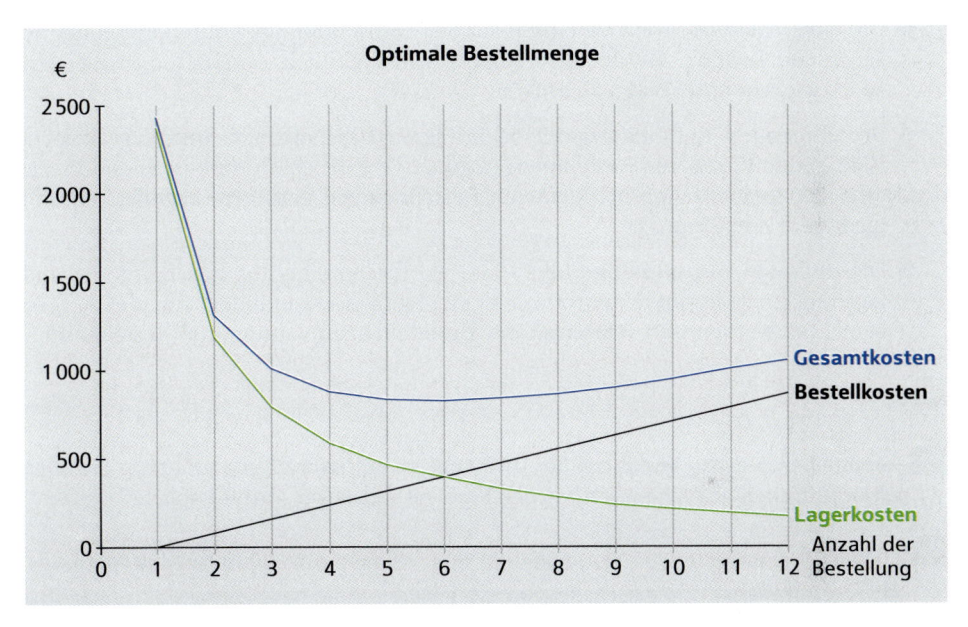

Optimale Bestellmenge

Das Minimum der Gesamtkosten ergibt sich bei sechs Bestellungen pro Jahr, d. h., Frau Zolling sollte alle zwei Monate 40 000 Textmarker bestellen.

In der Praxis kann die optimale Bestellmenge aus folgenden Gründen häufig nicht verwirklicht werden:

- Der Lieferer schreibt Mindestabnahmemengen vor.

  Beispiel Primus Ordner A4 werden nur bei einer Mindestabnahme von 100 Stück geliefert.

- Die Güter werden nur in festen Verpackungseinheiten geliefert.

  Beispiel Recycling-Briefumschläge C 6 werden nur in 1 000er-Einheiten geliefert.

- Die Güter sind nur beschränkt lagerfähig.

  Beispiel Lebensmittel für die Betriebskantine

- Die Güter unterliegen starken Preisschwankungen.

  Beispiel Computerpapier A4 wird eingekauft und gelagert, wenn der Marktpreis niedrig ist.

Häufig ist es nicht wirtschaftlich, für jedes Beschaffungsgut die optimale Bestellmenge zu berechnen, selbst wenn Computerhilfe in Anspruch genommen werden kann. Der Arbeitsaufwand steht oft nicht in einem wirtschaftlichen Verhältnis zur möglichen Kosteneinsparung.

Beispiel In der Verwaltung werden bei der Primus GmbH Druckbleistifte verwendet. Dieses Verbrauchsmaterial ist preiswert und wird je nach Bedarf unter Ausnutzung von Mengenrabatt eingekauft. Der Aufwand, die optimale Bestellmenge zu ermitteln, würde den Kostenvorteil des Mengenrabattes aufzehren.

In jedem Unternehmen ist die optimale Bestellmenge zumindest für alle A-Teile zu errechnen, um die fixen Beschaffungskosten und die Lagerhaltungskosten zu minimieren. Durch eine Berücksichtigung der optimalen Bestellmenge kann ein Unternehmen Kosten im Einkauf und Lager systematisch senken.

Beschaffungsprozesse kontrollieren

- Die **ABC-Analyse** ist ein Verfahren zur Schwerpunktbildung durch Einteilung in A-, B- und C-Güter. Mit der ABC-Analyse ist es möglich, Beschaffungsstrategien zu entwickeln und Kosten zu senken.

- **Bestellmengen** und **-häufigkeit** beeinflussen Beschaffungs- und Lagerkosten. Während mit größeren Bestellmengen günstigere Beschaffungskosten und Preise erreicht werden, fallen bei kleineren Bestellmengen geringere Lagerkosten und niedrigere Zinsen an.

- Die **optimale Bestellmenge** liegt dort, wo die Summe aus Beschaffungs- und Lagerkosten (Gesamtkosten) minimal ist. Sie sollte zumindest für alle A-Teile berechnet werden und Grundlage für Bestellmengenplanung und Bestellhäufigkeit sein.

1. Beschreiben Sie das Verfahren der ABC-Analyse von Waren und erläutern Sie, welche wirtschaftlichen Aussagen sich aus den Ergebnissen dieser Analyse ableiten lassen.

2. Erstellen Sie aus den folgenden Angaben eine ABC-Analyse und werten Sie diese aus.

Artikel	Bestellmenge in Stück	Einzelpreis in €	Artikel	Bestellmenge in Stück	Einzelpreis in €
1	2 400	9,00	6	350	16,00
2	1 100	12,00	7	2 000	61,00
3	1 400	18,00	8	900	90,00
4	150	122,00	9	550	4,00
5	5 200	0,20	10	600	59,00

3. Controller und Einkaufsleiter haben für alle Artikel Bestellmengen über die optimale Bestellmengenrechnung und den Bestellzeitraum festgelegt und im Warenwirtschaftsprogramm gespeichert.
  a) Erläutern Sie mögliche Vor- und Nachteile dieser Bestellmengenfestlegung.
  b) Entwickeln Sie Vorschläge für folgende Abweichungen:
   1. Wahrnehmung von Sonderangeboten mit festgelegten Abnahmemengen, die über der optimalen Bestellmenge liegen.
   2. Bestellzeitpunkt deckt sich nicht mit vorgegebener Lieferzeit.

2.3 Bezugsquellen ermitteln und Angebote einholen

Die Stadtverwaltung Duisburg teilt der Primus GmbH per E-Mail mit, dass sie zusätzlich zu 30 Schreibtischen „Primo", die bereits geliefert worden sind, 15 Ansatztische, das sind Verlängerungstische für Schreibtische, benötigt. Bisher führt die Primus GmbH in ihrem Sortiment keine Ansatztische. Nicole Höver wird damit beauftragt, geeignete Lieferer für diese Ansatztische zu finden.

ARBEITSAUFTRÄGE
- Beschreiben Sie die Möglichkeiten der Ermittlung von Bezugsquellen.
- Erläutern Sie die rechtliche Bedeutung einer Anfrage.

● Bezugsquellenermittlung

Der Ermittlung und Auswahl der Lieferer kommt eine entscheidende Bedeutung zu. Von ihr hängt die Gesamtsituation des Unternehmens ab. Um Bezugsquellen (Lieferer) für benötigte Waren zu erhalten, stehen dem Groß- und Außenhändler interne (innerbetriebliche) und externe (außerbetriebliche) Informationsmöglichkeiten zur Verfügung.

○ Interne Informationsquellen

Beispiel Artikeldatei der Primus GmbH

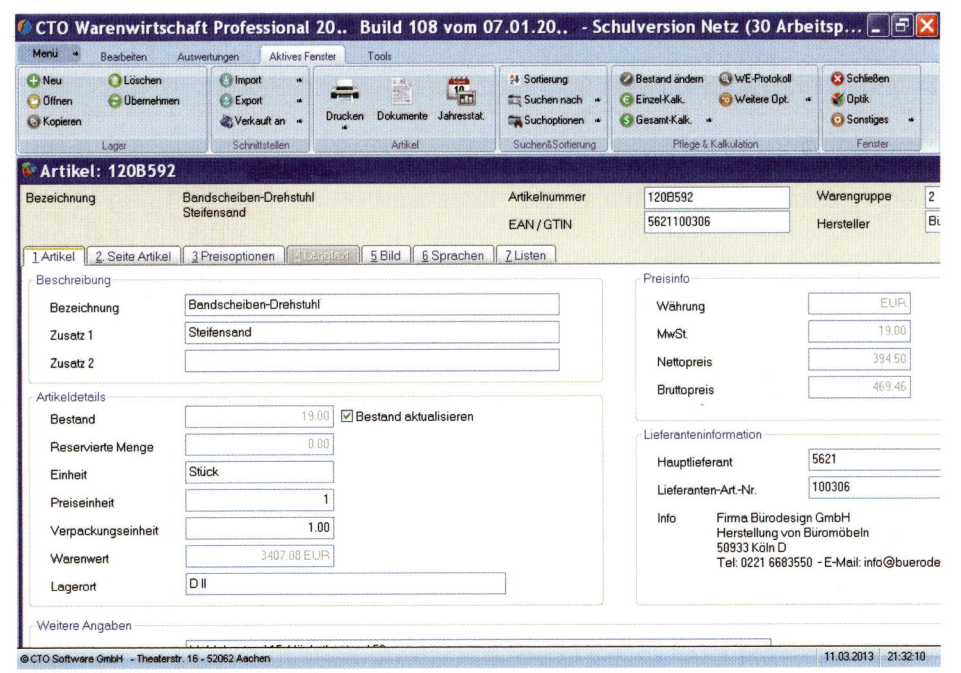

Informationen von eigenen Lieferern werden meist gesammelt. Je nach Größe, Informationsbedarf und Organisationsgrad eines Betriebes sind diese Daten in Dateien, Ordnern, Listen usw. aufbewahrt. Zunehmend werden aber natürlich auch die Möglichkeiten einer digitalen Datensammlung und -auswertung genutzt. In einer **Liefererdatei, Angebots-, Waren- oder Bestelldatei** werden alle Angaben über Lieferer mit Namen, Anschriften, Sortimenten, Preisen und Konditionen und Unterlagen von Vertreterbesuchen gespeichert. Die Bezugsquelleninformationen können nach bestimmten Merkmalen erfasst und abgerufen oder geändert werden. So stehen bei Bedarf gezielt Bezugsquellen zur Verfügung.

Beispiel In der Primus GmbH fällt der Stammlieferant für Hängeregister, Artikelnummer 240B804, aus. Kurzfristig müssen Hängeregister bestellt werden, um die Kundennachfrage zu decken. Enrico Zalotti ist Einkaufsdisponent bei der Primus GmbH. An seinem Computer ruft er die Lieferer- und Angebotsdatei auf. Er gibt als Suchkriterium „Hängeregister" ein. Sofort erscheint auf dem Bildschirm eine Liste, die alle Bürobedarfshersteller zeigt, bei denen bereits einmal Hängeregister bestellt wurden. Zusätzlich erscheinen Daten von Lieferern, die bisher nur Angebote abgegeben haben. Nun kann Herr Zalotti kurzfristig (Telefon, E-Mail) bei diesen Lieferern anfragen, ob und zu welchen Bedingungen Hängeregister geliefert werden können.

Bezugsquellendatei (Warendatei)		Artikel: Hängeregister (Einheit: 50)			Artikelnummer: 240B804
Mögliche Lieferer	Angebot durch / am	Ablage	Bestellung	Preis pro Einheit	Erfahrungen
Papierwerke Iserlohn GmbH Müller & Co., Iserlohn	B 05.02. E 28.02.	P	10.02. 05.03. 20.03.	13,95 € 14,00 € 14,00 €	pünktlich mittl. Qualität
Flamingowerke AG, Hamm	P Juli Vorj. E 19.03.	F		14,50 €	
Latex AG, Berlin	E 20.03.	L		17,78 €	
Vereinigte Papierwerke, Nürnberg	E 20.03.	V		11,76 €	

B = Brief E = E-Mail K = Katalog P = Prospekt V = Vertreter

○ Externe Informationsquellen

Liegen intern keine Informationen über Bezugsquellen vor, so muss man sich betriebsfremder Quellen bedienen, die aber nicht immer kostenlos sind. Wenn ein Groß-/Außenhändler ein Unternehmen gründet oder wenn er ein völlig neues Produkt in ein vorhandenes Sortiment aufnehmen möchte, kann er selten auf interne Informationsquellen zurückgreifen. Er bedient sich betriebsfremder Quellen. Hierzu gibt es viele Möglichkeiten:

Beispiele
- Auswerten von Anzeigen in Fachzeitschriften
- Besuch von Messen, Ausstellungen
- Gespräche mit Handelsvertretern oder Reisenden
- Bezugsquellennachweise, Branchenadressbücher, Messekataloge
- Informationen von Banken, Fachverbänden, Industrie- und Handelskammern, Konsulaten
- digitale Datenbanken von Kreditinstituten, Kammern und öffentliche digitale Datenbanken, Internet

Alle Informationsquellen müssen sorgfältig ausgewertet werden. Sind **Bezugsquellen** bekannt, können gezielt Angebote, Warenproben, Muster usw. angefordert werden. Die Angebote werden verglichen und eine Bestellung von Waren kann erfolgen.

Eine besondere Stellung bei externen Informationsquellen nehmen digitale **Datenbanken** ein. Ein Interessent für bestimmte Lieferer oder Waren kann im Internet auf diese Datensammlungen direkt zugreifen **(Onlinerecherche)**. Er kann diese Datenrecherche aber auch bei Banken, Kammern oder speziellen Datenbankbetreibern (Informationsbroker) gegen Honorar in Auftrag geben. Alle Informationsquellen müssen sorgfältig ausgewertet werden. Sind Bezugsquellen bekannt, können gezielt Angebote (vgl. S. 250), Warenproben, Muster usw. angefordert werden.

Durch die laufende Beobachtung der Entwicklungstendenzen auf den jeweiligen Beschaffungsmärkten wird es dem Einkäufer ermöglicht, das Marktgeschehen im Zeitablauf zu beobachten. Dadurch können jahreszeitlich bedingte Schwankungen (z. B. bei landwirtschaftlichen Produkten) oder konjunkturell bedingte Veränderungen (z. B. Hochkonjunktur mit steigenden Preisen und umgekehrt) erkannt werden.

Zunehmende Bedeutung gewinnt im Rahmen des **E-Business** das **E-Procurement**, d. h. der Einkauf über das Internet mittels **Internetrecherche**. Der Onlineeinkauf wird interessant, wenn er zu Rationalisierung und Kosteneinsparung führt.

Beispiel Nicole Höver sucht für die Primus GmbH im Internet Lieferer für Schrauben.

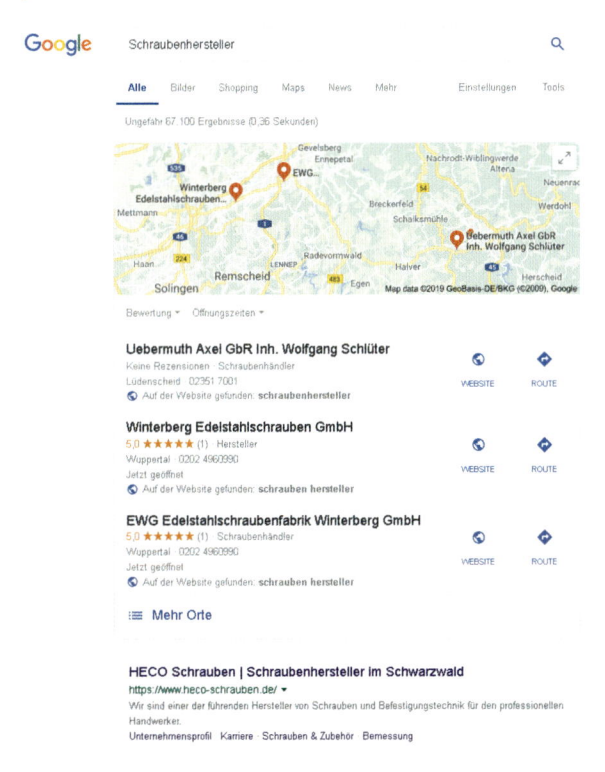

Google und das Google-Logo sind eingetragene Marken von Google Inc., Verwendung mit Genehmigung.

● Die Anfrage

Bevor ein Kunde einen Kaufvertrag mit einem Lieferer abschließt, informiert er sich **über Preis, Güte, Mengeneinheiten** usw. eines oder mehrerer Artikel. Diese Anfrage ist für Kunden und Lieferer unverbindlich, d. h. ohne rechtliche Wirkung.

Die Anfrage ist **formfrei**. Sie kann schriftlich, mündlich, telefonisch oder fernschriftlich (Fax, E-Mail) erfolgen. Käufer und Verkäufer sind nicht verpflichtet, aufgrund einer Anfrage einen Kaufvertrag abzuschließen.

Mit der Anfrage können

- neue Geschäftsbeziehungen angebahnt oder
- Lieferer zur Abgabe eines Angebotes aufgefordert werden.

Allgemeine Anfrage

Wenn ein Kunde in seiner Anfrage nur um einen Katalog, eine Preisliste, ein Warenmuster oder um einen Vertreterbesuch bittet, so spricht man von einer allgemeinen Anfrage. Hierzu zählt auch die Bitte um Zusendung von Prospekten, Informationsmaterialien oder Übersichten des gesamten Lieferprogrammes.

Bestimmte Anfrage

Bei einer bestimmten Anfrage möchte ein Kunde vom Verkäufer konkrete Angaben über bestimmte Waren und Konditionen (Liefer- und Zahlungsbedingungen) erhalten, so z. B. Angaben über Güte (Qualität und Beschaffenheit) der Produkte, Mindestabnahmemengen, Preis, Lieferzeit, Recyclingfähigkeit der Produkte und der Verpackung.

Beispiel

Fax an:	Papierwerke Iserlohn GmbH Müller & Co. 58636 Iserlohn Abteilung Verkauf I Herrn Kern	**Ihre Fax-Nr.:** **Datum:**	02371 3342-32 18.03.20..
von:	Primus GmbH Groß- und Außenhandel für Bürobedarf 47057 Duisburg Abteilung Einkauf: Verbrauchsmaterial/Büroorganisation Frau Jäger	**Unsere Fax-Nr.:** **Unser Zeichen:**	0203 44536-98 zo-jä

Anfrage nach Hängeregistern, Ihre Bestell-Nummer 145260

Sehr geehrter Herr Kern,

wir benötigen bis zum 31. März d. J. Hängeregister und bitten Sie um ein kurzfristiges Angebot über 2 000 Stück einschließlich Ihrer Lieferungs-, Zahlungsbedingungen sowie der Qualität der Ware.

Bitte berücksichtigen Sie, dass wir im Laufe eines Jahres einen größeren Bedarf haben.

Mit freundlichen Grüßen

Ausschreibungen als besondere Form der Anfrage bei der Einholung von Angeboten

Eine besondere Form der Anfrage stellt die **Ausschreibung (Invitation to Tender)** dar. Mit einer Ausschreibung (vgl. S. 364) wird eine bestimmte Lieferantengruppe öffentlich aufgefordert, ein Lieferungs- und/oder Leistungsangebot innerhalb einer vorgegebenen

Frist abzugeben. Hierzu wird die Ausschreibung normalerweise in der Tage-, Fach- und Branchenpresse in Amtsblättern oder im Internet veröffentlicht. Hierbei unterscheidet man zwischen offenen und geschlossenen Ausschreibungen. Bei den offenen Ausschreibungen kann sich grundsätzlich jedes Unternehmen um den Auftrag bemühen. Dahingegen ist bei geschlossenen Ausschreibungen nur eine begrenzte Gruppe von potenziellen Bietern zugelassen.

Die **Ausschreibungsbedingungen** werden in einem **Lastenheft** festgelegt. Das Lastenheft enthält i. d. R. Angaben über die Ware oder Leistung, den Lieferort und Liefertermin sowie die Art und Höhe der Sicherungsleistungen wie z. B. Lieferungs- und Sachmängelhaftungsgarantien.

Beispiel Internationale Ausschreibung einer Wirtschaftsschule in Wien über 800 Schulstühle und 400 Schultische

Interessenten an einer Ausschreibung können die **Ausschreibungsunterlagen** verlangen, die konkrete Angaben zu dem Ausschreibungsgenstand und dem Ausschreibungsverfahren enthalten.

Bezugsquellen ermitteln und Angebote einholen

- Zur Bezugsquellenermittlung bedient sich der Groß-/Außenhändler **innerbetrieblicher** (Angebots-, Liefererdatei, Unterlagen von Vertreterbesuchen, Ein- und Verkaufsmengenstatistiken, Lagerdatei) und **außerbetrieblicher Informationen** (Messen, Fachzeitschriften, Verbände, spezielle digitale Datenbanken, Internet, Adressenverzeichnisse).
- Durch eine **Anfrage** kann sich ein Kunde Informationsmaterial über bestimmte Waren beschaffen.
  - Bei der **unbestimmten Anfrage** bittet der Kunde um einen Katalog, einen Vertreterbesuch, eine Preisliste oder ein Muster.
  - Bei der **bestimmten Anfrage** wünscht der Kunde konkrete Informationen zu bestimmten Artikeln, z. B. Menge, Preise, Liefer- und Zahlungsbedingungen, Lieferzeit usw.
  - Jede **Anfrage** ist **formfrei und rechtlich unverbindlich**.
- Die **Ausschreibung** ist eine spezielle Anfrage, mit der eine bestimmte Lieferantengruppe öffentlich aufgefordert wird, eine Lieferungs- und Leistungsangebot innerhalb einer bestimmten Frist abzugeben.

---

1. Die Primus GmbH will einen neuen Artikel in ihr Sortiment aufnehmen. Erläutern Sie, wie geeignete Lieferer für diesen Artikel ermittelt werden können.

2. Nennen Sie die Vor- und Nachteile von internen Informationsquellen für die Bezugsquellenermittlung.

3. Suchen Sie im Internet nach möglichen Lieferern von Aktenordnern.

4. Beschreiben die den Zweck einer Anfrage.

5. Die Primus GmbH erhält von dem Kunden Krankenhaus GmbH Duisburg eine schriftliche Anfrage bezüglich der Neueinrichtung eines Büroraumes für zehn Angestellte. Der Kunde äußert in seinem Schreiben konkrete Vorstellungen über die Anzahl der erforderlichen Schreibtische, Drehstühle usw. Außerdem bittet er um einen Vertreterbesuch.

a) Stellen Sie fest, um welche Art der Anfrage es sich handelt.
b) Geben Sie an, ob die Anfrage für den Kunden eine rechtliche Bedeutung hat.
c) Erläutern Sie, welche Inhaltspunkte das Antwortschreiben der Primus GmbH haben sollte.

6. Erläutern Sie an einem Beispiel, wie sich die allgemeine und die bestimmte Anfrage unterscheiden.

7. Welche der unten stehenden Aussagen im Zusammenhang mit der Anfrage ist zutreffend?
1. Eine Anfrage ist keine empfangsbedürftige Willenserklärung.
2. Die mündliche Anfrage eines Käufers ist rechtlich bindend.
3. Ein Angebot muss in einer bestimmten Form abgefasst sein.
4. Eine schriftliche Anfrage ist für den Anfragenden rechtlich immer unverbindlich.
5. Ein Verkäufer ist immer verpflichtet, eine Anfrage eines Kunden sofort zu beantworten.

8. Nennen Sie die Vorteile einer telefonischen Anfrage.

9. Nicole Höver soll für die Primus GmbH Ansatztische für Drucker beschaffen. Nicole sendet u. a. eine Anfrage an die Bürodesign GmbH.
a) Erklären Sie, welche rechtliche Wirkung diese Anfrage für die Primus GmbH hat.
b) Erläutern Sie, welche kaufmännische Absicht die Primus GmbH mit dieser Anfrage verfolgt.

10. Erläutern Sie die Besonderheiten einer Ausschreibung.

2.4 Rechnerische Grundlagen der Preisplanung berücksichtigen

2.4.1 Verteilungsrechnen anwenden

Durch den gemeinsamen Einkauf von Waren aus Singapur sind der Kröger & Bach KG mit zwei weiteren Unternehmen Transportkosten entstanden. Die gesamten Transportkosten betragen 85 000,00 €. Diese Kosten sollen zur Hälfte nach dem Wert der Waren verteilt werden. Die Kröger & Bach KG hat Waren im Wert von 945 000,00 € erhalten, das zweite Unternehmen im Wert von 445 000,00 € und das dritte Unternehmen im Wert von 735 000,00 €. Die zweite Hälfte der Transportkosten soll nach dem entstandenen Gewicht im Verhältnis auf die Unternehmen verteilt werden: 2/5 für die Kröger & Bach KG, 1/10 für das zweite Unternehmen und der Rest für das dritte Unternehmen. Die

Den Beschaffungsbedarf ermitteln und das Sortiment gestalten

Abteilungsleiterin Einkauf bei Kröger & Bach, Nicole Chamberlain, beauftragt den Auszubildenden Lukas Breuer damit, die Verteilung der Transportkosten auf die drei Unternehmen vorzunehmen.

ARBEITSAUFTRÄGE
- Ermitteln Sie, welchen Anteil die Kröger & Bach KG an den Transportkosten hat, die nach dem Wert der Ware verteilt werden.
- Ermitteln Sie, welchen Anteil die Kröger & Bach KG an den Transportkosten hat, die nach den Bruchteilen verteilt wird.
- Ermitteln Sie den gesamten Anteil, den die Kröger & Bach KG an den Transportkosten tragen muss.

Im Groß- und Außenhandelsunternehmen kommt es häufig vor, dass Mengen oder Geldbeträge nach einem zu errechnenden oder vorgegebenen Verhältnis zu verteilen sind, so z. B.

- Kostenanteile verschiedener Warengruppen, Abteilungen, Filialen,
- der Anteil eines Verkäufers oder Handlungsreisenden an der Jahreserfolgsprämie,
- der Anteil eines Teilhabers am Jahresgewinn,
- der Anteil von Waren an den **Frachtkosten**, um den Bezugs-/Einstandspreis einer Ware zu berechnen. **LF 12**

● Verteilung nach ganzen Anteilen mit vorgegebenem Verteilungsschlüssel

Die Verteilungssumme wird nach einem bestimmten Verteilungsschlüssel verteilt. Es muss der Wert eines Anteils berechnet werden, um die einzelnen Verteilungsanteile ermitteln zu können.

Beispiel Die Miete von 60 000,00 € für die Lagerfläche von 1 200 m² soll im Verhältnis von 6 : 4 : 1 : 1 auf die vier Warengruppen der Primus GmbH (WG 1 Bürotechnik, WG 2 Büroeinrichtung, WG 3 Verbrauch und WG 4 Organisation) verteilt werden.

Lösung

Warengruppe	Anteile (Verteilungsschlüssel)	Wert je Anteil in €	Verteilungsanteile in €
1 Bürotechnik	② 6	5 000,00	⑤ 30 000,00
2 Büroeinrichtung	4	5 000,00	20 000,00
3 Verbrauch	1	5 000,00	5 000,00
4 Organisation	1	5 000,00	5 000,00
	③ 12 Teile	=	⑥ 60 000,00
	④ 1 Teil	=	5 000,00

Auf Warengruppe 1 entfallen 30 000,00 €, auf Warengruppe 2 20 000,00 €, auf Warengruppe 3 5 000,00 € und auf Warengruppe 4 5 000,00 € Miete.

● Verteilung ohne vorgegebenen Verteilungsschlüssel

Wenn kein Verteilungsschlüssel vorgegeben ist, dann muss das Verhältnis der Anteile (= Verteilungsschlüssel) ermittelt werden. Daraus ist dann der Wert eines Anteils zu berechnen, damit die einzelnen Verteilungsanteile bestimmt werden können.

Beispiel Die Energiekosten von 54 000,00 € werden nach Verbrauch aufgrund besonderer Zähler wie folgt verteilt:

Abteilung	Verbrauch in kWh
Einkauf	125 000
Verkauf/Marketing	75 000
Verwaltung/Ausbild.	520 000

Lösung

①
Abteilungen	Verbrauch (Verteilungsgrundlage)	Anteile (Verteilungsschlüssel)	Wert je Anteil in €	Verteilungsanteile in €
Einkauf	125 000	② 25	④ 375,00	9 375,00
Verkauf/Marketing	75 000	15	375,00	5 625,00
Verwaltung/Ausbild.	520 000	104	375,00	39 000,00
		③ 144 Teile =		⑥ 54 000,00
		④ 1 Teil =		375,00

Auf die Abteilung Einkauf entfallen 9 375,00 €, auf die Abteilung Verkauf/Marketing 5 625,00 € und auf die Abteilung Verwaltung/Ausbildung 39 000,00 € Energiekosten.

● Verteilung nach Bruchteilen

Ist das Verteilungsverhältnis in Brüchen angegeben, muss der Hauptnenner ermittelt werden, wobei die dazugehörigen Zähler das Verteilungsverhältnis (= Verteilungsschlüssel) ergeben.

Beispiel Die Werbungskosten von 75 000,00 € sollen aufgrund einer Absprache zwischen Herrn Winkler (Verkauf/Marketing) und den anderen Abteilungsleitern verteilt werden:
Warengruppe 1: 3/10, Warengruppe 2: 1/3, Warengruppe 3: 1/6, Warengruppe 4: 1/5

①
Abteilungen	Bruchteil (Verteilungsgrundlage)	Anteile (Verteilungsschlüssel)	Wert je Anteil in €	Verteilungsanteile in €
Warengruppe 1	3/10 = 9/30	② 9	④ 2 500,00	⑤ 22 500,00
Warengruppe 2	1/3 = 10/30	10	2 500,00	25 000,00
Warengruppe 3	1/6 = 5/30	5	2 500,00	12 500,00
Warengruppe 4	1/5 = 6/30	6	2 500,00	15 000,00
		③ 30 Teile =		⑥ 75 000,00
		④ 1 Teil =		2 500,00

Auf Warengruppe 1 entfallen 22 500,00 €, auf Warengruppe 2 25 000,00 €, auf Warengruppe 3 12 500,00 € und auf Warengruppe 4 15 000,00 € Miete.

> **Lösungsweg**
> ① Stellen Sie die Verteilungstabelle auf.
> ② Ermitteln Sie die Verteilungsschlüssel (durch Kürzen oder Erweitern).
> ③ Ermitteln Sie die Summe der Anteile.
> ④ Ermitteln Sie den Wert je Anteil, indem Sie die Verteilungssumme durch die Summe der Anteile dividieren.
> ⑤ Ermitteln Sie die Verteilungsanteile, indem Sie die Anteile mit dem Wert je Anteil multiplizieren.

Den Beschaffungsbedarf ermitteln und das Sortiment gestalten

⑥ Machen Sie die Probe, indem Sie die Verteilungsanteile addieren. Das Ergebnis muss mit der Verteilungssumme übereinstimmen.

Verteilungsrechnen anwenden

- Mithilfe des Verteilungsrechnens werden Prämien, Kosten, Gewinne usw. auf einzelne Personen, Betriebe, Waren, Abteilungen usw. verteilt.

Verteilung nach ganzen Anteilen	Verteilung nach Bruchteilen
• mit vorgegebenem Verteilungsschlüssel $$\text{Anteil} = \frac{\text{Verteilungssumme} \cdot \text{Anteile}}{\text{Anteile insgesamt}}$$ • ohne vorgegebenen Verteilungsschlüssel $$\text{Anteil} = \frac{\text{Verteilungssumme} \cdot \text{Anteile}}{\text{ermittelte Anteile}}$$	$$\text{Anteil} = \frac{\text{Verteilungssumme} \cdot \text{Anteil je Einheit}}{\text{ermittelte Anteile}}$$

1. Zum 50-jährigen Geschäftsjubiläum setzt der Inhaber eine Prämie in Höhe von 4 000,00 € aus. Die Prämie soll unter den Mitarbeitern nach der Dauer der Betriebszugehörigkeit verteilt werden.
Wie viel Euro erhält jeder Mitarbeiter, wenn folgender Verteilungsschlüssel gilt:
A vier Jahre, B drei Jahre, C sieben Jahre, D sechs Jahre?

2. Die Heizkosten eines Lagergebäudes von insgesamt 14 400,00 € sollen auf die drei vorhandenen Lagerräume nach der Fläche (m²) dieser Räume aufgeteilt werden. Lager A 200 m², B 240 m², C 280 m². Berechnen Sie die anteiligen Heizkosten für jeden Lagerraum.

3. Die Transportkosten in Höhe von 24 000,00 € werden auf die Warengruppen A, B und C im Verhältnis 2 : 3 : 5 verteilt.
Wie viel Euro hat jede Warengruppe zu tragen?

4. In einem Bürohaus sind fünf Abteilungen mit einer Bürofläche von 625 m², 525 m², 475 m², 450 m² und 300 m².
Die raumbedingten Kosten eines Geschäftsjahres belaufen sich auf 19 475,00 € und sind im Verhältnis zu den Büroflächen auf die fünf Abteilungen umzulegen.
Wie viel Euro entfallen auf jede Abteilung?

5. Ein Großhandelsbetrieb hat drei Filialen. Die Jahresbetriebskosten der Filialen betragen 60 060,00 €. Folgende Filialumsätze sind gegeben:
Filiale I 560 000,00 €, Filiale II 840 000,00 €, Filiale III 280 000,00 €
Verteilen Sie die Betriebskosten im Verhältnis der Umsatzziffern auf die Filialen.

6. An einem Gelegenheitsgeschäft beteiligen sich vier Großhandelskaufleute: A mit 120 000,00 €, B mit 144 000,00 €, C mit 72 000,00 € und D mit 84 000,00 €. Der Gewinn beträgt insgesamt 120 050,00 €.
Wie viel Gewinn erhält jeder anteilig?

7. Durch den gemeinsamen Einkauf von Waren erhalten drei Lebensmittelgroßhändler einen Bonus von 85 000,00 € auf der Grundlage folgender Umsätze: A bezog für 945 000,00 €, B für 445 000,00 € und C für 735 000,00 € Ware.
Wie viel Euro Bonus erhält jeder Großhändler?

8. Ein Großhändler verteilt eine Treueprämie von 3 465,00 € an seine Mitarbeiter. Berechnungsgrundlage ist die jeweilige Dauer der Betriebszugehörigkeit. Betriebszugehörigkeit der Mitarbeiter: A 18 Jahre, B 4 Jahre, C 6 Jahre.
a) In welchem Verhältnis (kleinste ganze Zahlen) wird die Summe aufgeteilt?
b) Wie viel Euro erhalten die Mitarbeiter A, B und C?

9. Drei Großhändler betreiben gemeinsam einen Messestand. Die anfallenden Kosten werden folgendermaßen verteilt:
A zahlt 1/3, B 2/5 und C den Rest in Höhe von 7 480,00 €. Ermitteln Sie
a) die Gesamtkosten für die Messe,
b) die Anteile von A und B an den Gesamtkosten.

10. Ein Textilgroßhändler verteilt eine bestimmte Summe an seine vier Mitarbeiter. A erhält 1/6, B 2/5, C 1/4 und D den Rest über 1 122,00 €.
Wie viel Euro erhielten die Mitarbeiter A, B und C?

11. Ein Frachtführer hat für vier Unternehmungen eine Sammelladung übernommen. Unternehmung A ist mit 1/3, B ist mit 1/4, C ist mit 1/5, D ist mit dem Rest an der Sammelladung beteiligt. Die Frachtrechnung lautet über 1 800,00 €. Wie viel Euro hat die Unternehmung D zu zahlen?

12. Die Stromkosten einer Unternehmung sind auf vier Bereiche (A, B, C und D) zu verteilen. Die Gesamtkosten betragen 2 940,00 € und werden im Verhältnis A = 1, B = 1,5, C = 1,7, D = 1,8 verteilt.
Ermitteln Sie
a) die Kosten, die auf den Bereich C entfallen,
b) um wie viel Euro der Anteil des Bereichs D den Anteil des Bereichs B übersteigt.

13. Vier Großhändler beziehen aufgrund eines Sonderangebotes Waren in Höhe von 26 040,00 €. Hiervon übernimmt A 1/3, B 1/12, C 1/6 und D den Rest.
Wie viel Euro muss jeder bezahlen?

2.4.2 Prozentrechnen anwenden

Die Primus GmbH begleicht zwei Rechnungen unter Abzug von Skonto innerhalb von 20 Tagen.
1. Rechnung: Rechnungsbetrag 3 200,00 €, Skonto 96,00 €
2. Rechnung: Rechnungsbetrag 8 800,00 €, Skonto 220,00 €
Frau Konski, Abteilungsleiterin Einkauf, bittet Nicole Höver, den Skontoabzug in Prozent für jede Rechnung zu ermitteln.

Den Beschaffungsbedarf ermitteln und das Sortiment gestalten

ARBEITSAUFTRÄGE
- Ermitteln Sie, bei welchem Rechnungsbetrag prozentual ein höherer Skonto abgezogen wurde.
- Ermitteln Sie den Skontobetrag, wenn der Skonto jeweils nur 2 % beträgt.

Das **Prozentrechnen** ist eine Hundertrechnung, d.h., man nimmt bei ihr die Zahl 100 als Vergleichs- oder Bezugsgröße, z. B. 3 % = drei von hundert (lateinisch pro centum) oder $^3/_{100}$. Es ist üblich, für Prozent abgekürzt v. H. „vom Hundert", meistens jedoch % zu schreiben.

Bei der **Promillerechnung** ist die Vergleichszahl 1 000 (v. T. = vom Tausend – lateinisch pro mille – oder ‰).

Die Regeln der Prozentrechnung sind auf die Promillerechnung zu übertragen, so sind z. B. 3 ‰ = drei von tausend oder $^3/_{1000}$.

● Größen der Prozentrechnung

Mithilfe der **Prozentrechnung** werden gegebene absolute Zahlen vergleichbar gemacht. Bei der Prozentrechnung wird mit drei Größen gerechnet: Prozentsatz, Grundwert und Prozentwert.

Grundwert	Prozentwert (bzw. Promillewert)	Prozentsatz (bzw. Promillesatz)
der Wert, der mit der Vergleichszahl 100 (bzw. 1 000) verglichen wird. Er entspricht immer 100 % (bzw. 1 000 ‰).	Bruchteil vom Grundwert, er ergibt sich durch Bezug des Prozentsatzes (Promillesatzes) auf den Grundwert.	gibt die Anzahl der Anteile von 100 (bzw. 1 000) an.

Zwei Größen müssen immer gegeben sein, um die dritte Größe mithilfe des Dreisatzes berechnen zu können.

● Berechnen des Prozentsatzes

Der Prozentsatz gibt an, wie viel Teile auf hundert entfallen. Um den Prozentsatz berechnen zu können, müssen der Grundwert und der Prozentwert gegeben sein.

Beispiel vgl. Handlungssituation S. 342

Lösung

	1. Rechnung	2. Rechnung	
① Bedingungssatz:	3 200,00 € = 100 %	8 800,00 € = 100 %	**Grundwert**
② Fragesatz:	96,00 € = x %	220,00 € = x %	**Prozentwert**
③ Bruchsatz:	$x = \frac{100 \cdot 96}{3200}$ $x = 3\%$	$x = \frac{100 \cdot 220}{8800}$ $x = 2,5\%$	**Prozentsatz**

Beim 1. Rechnungsbetrag wurde ein höherer Skonto (3 %) als beim 2. Rechnungsbetrag (2,5 %) abgezogen.

Hieraus lässt sich folgende Formel für die Berechnung des Prozentsatzes ableiten:

$$\text{Prozentsatz} = \frac{100 \cdot \text{Prozentwert}}{\text{Grundwert}} \quad \text{oder} \quad \frac{\text{Prozentwert}}{1\% \text{ des Grundwertes}}$$

In der Promillerechnung lautet die Formel:

$$\text{Promillesatz} = \frac{1\,000 \cdot \text{Promillewert}}{\text{Grundwert}} \quad \text{oder} \quad \frac{\text{Promillewert}}{1\,‰ \text{ des Grundwertes}}$$

Lösungsweg

① Stellen Sie den Bedingungssatz auf, wobei der Grundwert in Prozent (= 100%) bzw. in Promille (1 000 ‰) immer rechts steht.
② Bilden Sie den Fragesatz, wobei der Prozentsatz (bzw. Promillesatz) als gesuchte Größe x rechts steht.
③ Stellen Sie den Bruchsatz auf, wobei Sie die oben stehenden Formeln zur Berechnung des Prozent- bzw. Promillesatzes anwenden können.
⑥ Machen Sie die Probe, indem Sie die Verteilungsanteile addieren. Das Ergebnis muss mit der Verteilungssumme übereinstimmen.

● Berechnen des Prozentwertes

Um den Prozentwert berechnen zu können, müssen der Grundwert und der Prozentsatz gegeben sein. Der Grundwert ist mit 100% anzusetzen.

Beispiel Die Primus GmbH überweist an die Bürodesign GmbH eine Eingangsrechnung über 46 000,00 € innerhalb von 14 Tagen unter Abzug von 2% Skonto. Ermitteln Sie den Skonto in Euro.

Lösung

① Bedingungssatz: 100 % = 46 000,00 €
② Fragesatz: 2 % =   x
③ Bruchsatz: $x = \frac{2 \cdot 46\,000}{100}$ $x = 920{,}00\ €$

Der Skonto beträgt 920,00 €.

Hieraus lässt sich folgende Formel für die Berechnung des Prozentwertes ableiten:

$$\text{Prozentwert} = \frac{\text{Grundwert} \cdot \text{Prozentsatz}}{100} \quad \text{oder} \quad 1\% \text{ des Grundwertes} \cdot \text{Prozentsatz}$$

In der Promillerechnung lautet die Formel:

$$\text{Promillewert} = \frac{\text{Grundwert} \cdot \text{Promillesatz}}{1\,000} \quad \text{oder} \quad 1\,‰ \text{ des Grundwertes} \cdot \text{Promillesatz}$$

Lösungsweg

① Stellen Sie den Bedingungssatz auf, wobei der Grundwert (Euro, Meter, Kilogramm usw.) immer rechts steht.
② Bilden Sie den Fragesatz, wobei der Prozentwert (bzw. Promillewert) = x rechts steht.
③ Stellen Sie den Bruchsatz auf, wobei Sie die oben stehenden Formeln zur Berechnung des Prozent- bzw. Promillewertes anwenden können.

Den Beschaffungsbedarf ermitteln und das Sortiment gestalten 345

○ **Ausnutzen von Rechenvorteilen mithilfe von bequemen Prozentsätzen**

Manche Prozentsätze erlauben es, dass mit bequemen Teilern gerechnet werden kann. Ist der Prozentsatz ein bequemer Teiler von 100, so ist er auch der gleiche bequeme Teiler des Grundwertes.

Beispiel Die Verbindlichkeiten gegenüber Banken, die bei der Primus GmbH bisher 1 000 000,00 € betragen haben, sollen im kommenden Jahr um 20 % gesenkt werden. Um wie viel Euro sollen die Verbindlichkeiten gegenüber Banken damit reduziert werden?

Lösung mit der Formel des Prozentwertes

$$\text{Prozentwert} = \frac{\text{Grundwert} \cdot \text{Prozentsatz}}{100}$$

$$x = \frac{1\,000\,000 \cdot 20}{100}$$

$$x = \underline{200\,000{,}00\ \text{€}}$$

Lösung mit dem bequemen Teiler

20 % sind $\frac{20}{100} = \frac{1}{5}$

Damit ergibt sich, dass 20 % fünfmal in hundert enthalten sind. Folglich kann man auch rechnen:

$1\,000\,000 : 5 = \underline{200\,000{,}00\ \text{€}}$

Hieraus kann man auch die Formel ableiten:

> **Prozentwert** = Grundwert : bequemer Teiler

> Die bequemen Prozentsätze führen zu einer Vereinfachung der Rechnung, indem man den Grundwert durch den bequemen Teiler dividiert.

Folgende Prozentsätze ergeben u. a. bequeme Teiler:

Prozentsatz		Bequemer Teiler		Prozentsatz		Bequemer Teiler	
1 %	2 1/2 %	100	40	6 1/4 %	16 2/3 %	16	6
1 1/4 %	3 1/3 %	80	30	6 2/3 %	20 %	15	5
1 1/3 %	4 %	75	25	8 1/3 %	25 %	12	4
1 2/3 %	4 1/6 %	60	24	10 %	33 1/3 %	10	3
2 %	5 %	50	20	12 1/2 %	50 %	8	2

● **Berechnen des Grundwertes**

Der Grundwert entspricht immer 100 %. Er ist der Wert, auf den man sich beim Prozentrechnen bezieht. Um den Grundwert berechnen zu können, müssen der Prozentsatz und der Prozentwert bekannt sein.

Beispiel Ermitteln Sie den Rechnungsbetrag, wenn der Skonto 3 % = 1 246,80 € beträgt.

Lösung

① Bedingungssatz: 3 % (Prozentsatz) = 1 246,80 €   (Prozentwert)
② Fragesatz: 100 % = x   (Grundwert)
③ Bruchsatz: $x = \frac{1\,246{,}80 \cdot 100}{3}$ $x = \underline{41\,560{,}00\ \text{€}}$

Hieraus lässt sich folgende Formel für die Berechnung des Grundwertes ableiten:

$$\text{Grundwert} = \frac{\text{Prozentwert} \cdot 100}{\text{Prozentsatz}}$$

In der Promillerechnung lautet die Formel:

$$\text{Grundwert} = \frac{\text{Promillewert} \cdot 1\,000}{\text{Promillesatz}}$$

Lösungsweg
① Stellen Sie den Bedingungssatz auf, wobei der Prozentwert (bzw. Promillewert) rechts steht.
② Bilden Sie den Fragesatz, wobei der gesuchte Grundwert (x) rechts steht.
③ Stellen Sie den Bruchsatz auf, wobei Sie die oben stehenden Formeln zur Berechnung des Grundwertes anwenden können.

Prozentrechnen anwenden

Beim Prozentrechnen werden absolute Zahlen durch **Bezug auf 100** vergleichbar gemacht.

- **Größen der Prozentrechnung**

Prozentsatz	Prozentwert	Grundwert
gibt die Anzahl der Anteile von 100 an.	ergibt sich durch den Bezug des Prozentsatzes auf den Grundwert.	ist immer 100 %.
$\text{Prozentsatz} = \dfrac{100 \cdot \text{Prozentwert}}{\text{Grundwert}}$	$\text{Prozentwert} = \dfrac{\text{Grundwert} \cdot \text{Prozentsatz}}{100}$	$\text{Grundwert} = \dfrac{\text{Prozentwert} \cdot 100}{\text{Prozentsatz}}$

1. In einem Großhandelsbetrieb werden die Preise für Textilien herabgesetzt:
Um wie viel Prozent wurden die Preise herabgesetzt?

Artikel	Alter Preis in €	Neuer Preis in €
Pullover	82,00	59,00
Herrenanzüge	368,00	198,00
Sweatshirts	29,00	17,00
Schlafanzüge	58,80	37,90
Herrenhemden	49,00	29,00

2. Wie viel Prozent betrug der Preisnachlass, den ein Einzelhandelsgeschäft von einem Großhändler gewährt bekommt:

Artikel	Listenpreis in €	Preisnachlass in €
Damenhalbschuh	69,00	19,00
Sandalette	58,00	15,00
Herrenlackschuh	84,00	24,00
Kinderschuh	49,00	7,50

Den Beschaffungsbedarf ermitteln und das Sortiment gestalten

3. Der Rechnungspreis eines PC beträgt 3 500,00 €, der Barzahlungspreis nach Abzug von Skonto 3 395,00 €.
Wie viel Prozent Skonto sind abgezogen worden?

4. Ein Großhandelsbetrieb zählt für folgende Versicherungen nachfolgende Prämien:

	Versicherungssumme	Jahresprämie
a) Glasversicherung	10 000,00 €	180,00 €
b) Hausratversicherung	80 000,00 €	112,00 €
c) Feuerversicherung	197 000,00 €	137,90 €

Ermitteln Sie, wie hoch der Promillewert der jeweiligen Versicherung ist.

5. Ein Großhändler gewährt einem Einzelhandelsgeschäft für fehlerhafte Ware einen Nachlass über 15 %. Der Rechnungsbetrag belief sich auf 690,00 €.
Wie viel Euro sind zu überweisen?

6. Berechnen Sie den Prozentwert:
a) 3 % von 6 145,20 €
b) 8 % von 8 448,00 €
c) 17 % von 16 983,00 €
d) 25 % von 10 750,00 €
e) $6^2/_3$ % von 3 150,00 €
f) $8^1/_3$ % von 4 152,00 €

7. Berechnen Sie den Promillewert:
a) 3 ‰ von 750,00 €
b) 5 ‰ von 2 950,00 €
c) 8 ‰ von 968,00 €

8. Die Zahlungsbedingungen auf einer Rechnung über 2 664,00 € lauten: „Zahlbar innerhalb 14 Tagen mit 3 % Skonto oder in 30 Tagen netto Kasse".
Wie viel Euro Skonto dürfen in Abzug gebracht werden?

9. Ein Kunde überweist der Primus GmbH eine Ausgangsrechnung über den Rechnungsbetrag von 5 355,00 €, wobei der Kunde vom Rechnungsbetrag 3 % Skonto abgezogen hat.
Ermitteln Sie
a) den Überweisungsbetrag,
b) die im Rechnungsbetrag enthaltene Umsatzsteuer, wenn der Umsatzsteuersatz 19 % beträgt.

10. Wie hoch ist die Versicherungssumme, wenn nachstehende Prämien gezahlt werden:

Prämie in €	Prämiensatz	Prämie in €	Prämiensatz
a) 91,10	0,4 ‰	c) 54,20	0,8 ‰
b) 145,50	1,5 ‰	d) 291,50	2,65 ‰

11. Wie hoch ist der Rechnungsbetrag, wenn der Skonto
a) 1,5 % = 49,00 €,   d) 2 % = 31,96 €,
b) $2^1/_4$ % = 22,23 €,   e) 2,5 % = 176,63 €,
c) 3 % = 124,68 €,   f) $^3/_4$ % = 6,00 €
betrug?

2.5 Bezugskalkulation durchführen

Neben den bereits bestellten Schreibtischen, Bildschirm-Arbeitstischen, Rollcontainern und Bürodrehstühlen benötigt die Stadtverwaltung Duisburg diverses Büromaterial. Aus diesem Grunde bestellt die Primus GmbH Büromaterial bei ihrem Lieferanten, der Giesen & Co. OHG. Zwei Tage nach der Lieferung der bestellten Waren erhält die Primus GmbH folgende Rechnung:

Giesen & Co. OHG
Herstellung von Kleingeräten für Schulungsbedarf

Giesen & Co. OHG, Quarzstraße 98, 51371 Leverkusen

Giesen & Co. OHG
Quarzstraße 98
51371 Leverkusen
Telefon: 0214 7667-54
Telefax: 0214 7667-34

E-Mail: info@giesen.de
Web: www.giesen.de

Primus GmbH
Koloniestraße 2–4
47057 Duisburg

Rechnung

Kunden-Nr.	Rechnungs-Nr.	Datum	Blatt
53427	6781/97	20.08.20..	1

Pos.	Artikel-Nr.	Artikelbezeichnung	Menge	Bruttogewicht in kg	Einzelpreis in €	Gesamtpreis in €
1	420115	Primus Heftzange B 36	600	50	3,74	2 244,00
2	420108	Primus Textmarker 6 St.	2 800	90	1,15	3 220,00
3	420100	Primus Bleistifte 12 St.	4 000	70	1,38	5 520,00
						10 984,00
		– 10 % Rabatt				−1 098,40

Warenwert netto	Verpackung	Fracht	Versicherung	Entgelt netto	USt. in %	USt. in €	Gesamtbetrag
9 885,60	21,00	84,00	494,28	10 484,88	19	1 992,13	12 477,01

SEB Leverkusen   IBAN: DE12 3701 0011 0674 5638 70   Erfüllungsort und Gerichtsstand:
BIC: ESSEDESF372   Leverkusen

Zahlung: 7 Tage mit 2 % Skonto vom Warenwert oder in 20 Tagen netto Kasse
Lieferung: ab Werk Leverkusen per Lkw

USt-IdNr.: DE897653116
Steuernummer: 230/9864/9123
Handelsregister Leverkusen HRA 2256

Herr Schubert, Gruppenleiter Rechnungswesen, beauftragt die Auszubildende Nicole Höver festzustellen, wie viel jeweils eine Heftzange, ein Päckchen Textmarker und ein Päckchen Bleistifte die Primus GmbH tatsächlich kostet. Nicole denkt: „Was soll ich denn noch rechnen, es steht doch auf der Rechnung, was jeweils ein Stück kostet!"

ARBEITSAUFTRÄGE

◆ Überprüfen Sie, ob Nicole mit ihrer Ansicht recht hat.
◆ Ermitteln Sie den Zieleinkaufspreis für die gesamte Warenlieferung.
◆ Ermitteln Sie den Zieleinkaufspreis für eine Heftzange, ein Päckchen Textmarker und ein Päckchen Bleistifte.
◆ Ermitteln Sie mithilfe einer geeigneten Tabellenkalkulationssoftware den Bezugs-/Einstandspreis für eine Heftzange, ein Päckchen Textmarker und ein Päckchen Bleistifte.

Kalkulieren heißt Preise berechnen. Unternehmen müssen wissen, zu welchem **Bezugspreis (Einstandspreis)** sie ihre Waren einkaufen **(Bezugskalkulation)**, weil diese Werte Grundlage für die Bemessung des Verkaufspreises sind.

Waren sollen so preisgünstig wie möglich eingekauft werden. Folglich hat die Beschaffungsabteilung die Aufgabe,

● den günstigen Einkaufszeitpunkt zu ermitteln,

● die optimale Bestellmenge festzulegen (vgl. S. 330),

● Skonto auszunutzen und

● auf günstige Lieferungs- und Zahlungsbedingungen zu achten.

Insbesondere bei festen Einkaufsbudgets sind für Waren **Preisobergrenzen** festzulegen. Diese Preisobergrenzen dienen als Orientierungshilfe für die Verhandlungen mit den Lieferern. Die Einkaufsabteilung ist daran gebunden und versucht, die gewünschten Preise bei den Lieferern durchzusetzen. Der für den Einkauf entscheidende Preis ist der **Bezugs- oder Einstandspreis**. Er wird durch die Bezugskalkulation ermittelt.

Zur Ermittlung des Bezugspreises (Einstandspreises) von Handelswaren benutzt man folgendes **Kalkulationsschema**:

```
                    Bruttomenge
                  - Tara (= Gewichtsabzüge)
                    Nettomenge · Preis je Einheit
```

Listeneinkaufspreis	= Listeneinkaufspreis
	– Liefererrabatt
Zieleinkaufspreis	Zieleinkaufspreis
	– Liefererskonto
Bareinkaufspreis	Bareinkaufspreis
	+ Bezugskosten
Bezugspreis (Einstandspreis)	Bezugspreis (Einstandspreis)

Die für den Bezug von Ware infrage kommenden Lieferer haben i. d. R. unterschiedliche Preise. Um Angebote miteinander vergleichen zu können, müssen ihre Preise vergleichbar gemacht werden. Es muss der Bezugs- oder Einstandspreis für jede Ware ermittelt werden (vgl. S. 350).

In der **Bezugskalkulation** geht man vom **Listeneinkaufspreis** (= Preis, den der Lieferer lt. Preisliste verlangt) aus. Bei der Bezugskalkulation werden die einzelnen Mengen- und Wertabzüge (Rabatt/Skonto) stufenweise berechnet.

Die **Umsatzsteuer**, die der Lieferer in Rechnung stellt, geht nicht in die Kalkulation ein, weil sie vom Unternehmen als absetzbare Vorsteuer gegenüber dem Finanzamt geltend gemacht werden kann. Sie ist somit kein Kostenbestandteil.

● Die einfache Bezugskalkulation

Bei der einfachen Bezugskalkulation wird nur eine Ware bezogen. Die Bezugskosten fallen nur für diese Ware an.

○ Kalkulation des Bareinkaufspreises

Um den Bareinkaufspreis ermitteln zu können, muss ein Unternehmen die Nettomenge (Bruttomenge − Tara) und den Listeneinkaufspreis errechnen, aus dem man durch Abzug von Liefererrabatt und Liefererskonto den Bareinkaufspreis ermittelt. Zur Ermittlung des Bareinkaufspreises sind je nach Vereinbarung mit dem Lieferer **Gewichts-** und **Preisabzüge** zu berücksichtigen.

- **Gewichtsabzüge:** Bei der Gewichtsermittlung ist zwischen dem **Brutto-** oder **Rohgewicht** (Ware mit Verpackung), **Tara** oder **Verpackungsgewicht** und **Netto-** oder **Reingewicht** (Ware ohne Verpackung) zu unterscheiden.
- **Nachlässe:** Bei den Nachlässen unterscheidet man zwischen **Rabatt (Preisnachlass)** und **Skonto (Nachlass auf den Rechnungsbetrag für vorzeitige Zahlung)**.
- **Ermittlung des Bareinkaufspreises:** Ziel dieser Einkaufskalkulation ist die Ermittlung des Bareinkaufspreises, also des Preises, den der Käufer am Ort des Verkäufers tatsächlich zu zahlen hat. Der Bareinkaufspreis ergibt sich aus dem Listeneinkaufspreis, vermindert um Rabatt und Skonto.

Bei der Ermittlung des Bareinkaufspreises ist zuerst der Rabatt vom Listeneinkaufspreis zu subtrahieren, denn der vom Lieferer gewährte Rabatt beeinflusst den Einkaufspreis. Danach wird vom Zieleinkaufspreis der Skonto berechnet, den das Unternehmen dann abziehen kann, wenn es den Rechnungsbetrag vorzeitig ausgleicht.

○ Kalkulation des Bezugspreises (Einstandspreis)

Grundsätzlich sind Warenschulden Holschulden, d.h., der Käufer hat neben dem Transportrisiko auch noch die Kosten des Transports zu tragen. Daher entstehen dem Unternehmen beim Einkauf der meisten Waren Bezugskosten. Die zu tragenden Bezugskosten sind aus der Rechnung und den Beförderungspapieren zu ersehen. Vielfach sind jedoch die Bezugskosten vom Lieferer in den Verkaufspreis einkalkuliert, dann bekommt der Käufer die Ware frei Haus angeboten.

Zu den **Bezugskosten** zählen im Einzelnen:

Verpackungskosten, Verlade- und Wiegekosten, Rollgeld, Fracht, Transportversicherung, Zölle, Einkaufsprovision.

Der Bezugs-/Einstandspreis wird berechnet, indem man zum Bareinkaufspreis die Bezugskosten addiert (vgl. S. 351).

Den Beschaffungsbedarf ermitteln und das Sortiment gestalten | 351

Beispiel Die Primus GmbH bezieht eine Warensendung mit dem Bruttogewicht von 320 kg. Die Tara beträgt 2,5 %, der Listeneinkaufspreis 7,32 € je kg. Der Lieferer gewährt 5 % Rabatt und 2 % Skonto. Die Fracht beträgt 91,20 €, das Rollgeld 11,20 €. Für Verpackung werden 26,74 € berechnet. Berechnen Sie den Bezugspreis (Einstandspreis) für die gesamte Lieferung und je kg.

Lösung

① Bruttogewicht 320 kg
  − Tara 2,5 % 8 kg
  Nettogewicht 312 kg · 7,32 € = 2 283,84 €
  Listeneinkaufspreis 2 283,84 €
  − Liefererrabatt 5 % 114,19 €
  Zieleinkaufspreis 2 169,65 €
  − Liefererskonto 2 % 43,39 €
② Bareinkaufspreis 2 126,26 €
  + Bezugskosten
    Fracht 91,20 €
    Rollgeld 11,20 €
    Verpackung 26,74 € 129,14 €
③ **Bezugspreis der Lieferung** **2 255,40 €**
  (Einstandspreis)

④ 2 255,40 € : 312 kg = **7,23 €**

Der Bezugs-/Einstandspreis beträgt **7,23 € je kg**.

Lösungsweg

① Stellen Sie das Kalkulationsschema auf.
  Berechnen Sie
② das Nettogewicht, indem Sie vom Bruttogewicht die Tara abziehen,
③ den Listeneinkaufspreis: Nettogewicht · Preis je Einheit,
④ den Zieleinkaufspreis, indem Sie den Liefererrabatt vom Listeneinkaufspreis abziehen,
⑤ den Bareinkaufspreis der Lieferung, indem Sie den Liefererskonto vom Zieleinkaufspreis abziehen,
⑥ den Bezugspreis (Einstandspreis) der Lieferung, indem Sie die Bezugskosten ermitteln und zum Bareinkaufspreis addieren,
⑦ den Bezugspreis (Einstandspreis) je Einheit, indem Sie den Bezugspreis der Lieferung durch die Nettomenge dividieren.

	A	B	C	D	E	F	G
1	Bezugskalkulation (Angebotsvergleich)						
2	Beim Angebotsvergleich werden die Daten verschiedener Lieferer verglichen, um das preisgünstigste						
3	Angebot zu ermitteln.						
4			Bürodesign GmbH		Bürotec GmbH		Schmitt & Co. KG, Büromöbel	
5	Kalkulationsschema						
6		%	€	%	€	%	€
7	Listenpreis		200,00		194,00		215,00
8	- Liefererrabatt	15,0	30,00	10,0	19,40	25,0	53,75
9	= Zieleinkaufspreis		170,00		174,60		161,25
10	- Liefererskonto	2,0	3,40	2,0	3,49	0,0	0,00
11	= Bareinkaufspreis		166,60		171,11		161,25
12	+ Bezugskosten		2,00		0,00		5,00
13	= Bezugspreis		168,60		171,11		166,25
14							
15	Der Block B7:C13 wurde mit Eingaben und Formeln erstellt und anschließend auf die Blocks D7:E13 bzw.						
16	F7:G13 kopiert. Bei Bedarf sind weitere Lieferer durch Kopieren in zusätzlichen Spalten zu berücksichtigen.						
17	Eingaben in C7, E7, G7, B8, D8, F8, B10, D10, F10, C12, E12, G12.						
18	Ausgabe in C8 durch die Formel =C7*B8/100, in C9 durch die Formel =C7-C8, in C10 durch die Formel = C9*B10/100						
19	Ausgabe in C11 durch die Formel =C9-C10, in C13 durch die Formel =C11+C12						

Die zusammengesetzte Bezugskalkulation (Verteilung von Wert- und Gewichtsspesen)

Bei der zusammengesetzten Bezugskalkulation werden mehrere Waren in einer Sendung bezogen. Beim Bezug mehrerer Waren in einer Sendung werden dem Unternehmen **Bezugskosten** in Rechnung gestellt, die dann auf die einzelnen Waren zu verteilen sind, um den Bezugs-/Einstandspreis je Ware zu ermitteln.

Die Bezugskosten unterteilt man hierbei nach der Berechnungs- und Verteilungsgrundlage in **Gewichtsspesen** (Fracht, Verladekosten, Rollgeld) und **Wertspesen** (Versicherungen, Bankspesen, Wertzölle, Provisionen).

> - Unter den **Gewichtsspesen** versteht man alle Bezugskosten, die nach dem Bruttogewicht der einzelnen Waren verteilt werden.
> - Zu den **Wertspesen** zählt man solche Bezugskosten, die nach dem Wert (= Zieleinkaufspreis) der einzelnen Waren verteilt werden.
> - Grundlage für die **Verteilung der Gewichtsspesen** ist das Bruttogewicht, während die **Wertspesen nach dem Wert der einzelnen Waren** verteilt werden.

Beispiel Die Primus GmbH bezieht in einer Lieferung der Papierwerke Iserlohn GmbH zwei verschiedene Waren in einer Sendung:

Ware I, Bruttogewicht 160 kg, 5 % Tara, Listeneinkaufspreis 420,00 €
Ware II, Bruttogewicht 140 kg, 5 % Tara, Listeneinkaufspreis 360,00 €

Die Papierwerke Iserlohn GmbH gewährt 10 % Rabatt und 3 % Skonto. An Bezugskosten für diese Warenlieferung entstehen für Fracht 22,00 €, Rollgeld 8,00 € und Transportversicherung 13,00 €.

Berechnen Sie den Bezugs-/Einstandspreis für jede Ware und je Kilogramm.

a) Wie viel Bezugsspesen entfallen auf jede Ware?
b) Wie viel Euro kostet 1 kg von jeder Ware einschließlich Bezugsspesen?

Lösung a) Verteilung der Gewichts- und Wertspesen

① WARE	Bruttogewicht in kg	Gewichtsspesen Anteile (Verteilungsschlüssel) ②	Wert je Anteil in €	Anteil insgesamt in € ⑤	Wertspesen Zieleinkaufspreis in €	Anteile (Verteilungsschlüssel) ②	Wert je Anteil in €	Anteil insgesamt in € ⑤
I	160	8	2,00	16,00	378,00	7	1,00	7,00
II	140	7	2,00	14,00	324,00	6	1,00	6,00
		③ 15	=	⑥ 30,00		③ 13	=	⑥ 13,00
		1	=	x		1	=	x
		④ x	=	2,00 €		④ x	=	1,00 €

Den Beschaffungsbedarf ermitteln und das Sortiment gestalten

Lösungsweg

Gewichtsspesen	Lösungsweg	Wertspesen
Verteilungsgrundlage bilden die Gesamtgewichte (Bruttogewichte) der Waren.	Stellen Sie die Verteilungstabelle auf.	Verteilungsgrundlage bilden die Zieleinkaufspreise der Waren (Listeneinkaufspreis – Rabatt).
weitestgehende Kürzung der Gewichte, z. B. 160 : 20 = 8 140 : 20 = 7	Ermitteln Sie den Verteilungsschlüssel.	Kürzung der Zieleinkaufspreise der Warengruppe, z. B. 378 : 54 = 7 324 : 54 = 6

Danach stimmen der Lösungsweg für Gewichts- und Wertspesen überein.
Ermitteln Sie die Summe der Anteile.

Ermitteln Sie den Wert je Anteil, indem Sie die Verteilungssumme durch die Summe der Anteile dividieren.

Ermitteln Sie den Spesenanteil jeder Warengruppe, indem Sie die Anteile mit dem Wert je Anteil multiplizieren.

Führen Sie die Kontrolle durch, indem Sie die Spesenanteile jeder Warengruppe addieren.

Lösung b) Berechnung der Bezugspreise (Einstandspreise)

①		Ware I	Ware II
	Listeneinkaufspreis	420,00 €	360,00 €
	– Rabatt 10 %	42,00 €	36,00 €
	Zieleinkaufspreis	378,00 €	324,00 €
	– Skonto 3 %	11,34 €	9,72 €
②	Bareinkaufspreis	366,66 €	314,28 €
	+ Gewichtsspesen	16,00 €	14,00 €
	+ Wertspesen	7,00 €	6,00 €
	Bezugs-/Einstandspreis der Waren insgesamt	389,66 €	334,28 €
④	Bezugs-/Einstandspreis je kg	389,66 : 152 = 2,56 €	334,28 : 133 = 2,51 €

Der Bezugs-/Einstandspreis je kg der Ware I beträgt 2,56 € und der Ware II 2,51 €.

Lösungsweg
① Stellen Sie das Kalkulationsschema auf.
② Berechnen Sie den Bareinkaufspreis mit den angegebenen Prozentsätzen.
③ Berechnen Sie den Bezugspreis (Einstandspreis) der Lieferung, indem Sie die anteiligen Bezugskosten zum Bareinkaufspreis addieren.
④ Berechnen Sie den Bezugs-/Einstandspreis je Einheit, indem Sie den Bezugs-/Einstandspreis der Lieferung durch die Nettomenge dividieren.

Bezugskalkulation durchführen

Einfache Bezugskalkulation	Schema zur Ermittlung des Bezugs- oder Einstandspreises	Zusammengesetzte Bezugskalkulation
• **Bezugskosten** entfallen auf einen Artikel. • **Bezugskosten:** Verpackungs-, Verlade-, Wiegekosten, Rollgeld, Fracht, Transportversicherung, Zölle, Einkaufsprovision	Listeneinkaufspreis − Rabatt ―――――― Zieleinkaufspreis − Skonto ―――――― Bareinkaufspreis + Bezugskosten ―――――― Bezugs-/Einstandspreis	• Bezugskosten entfallen auf mehrere Artikel. • Nach der Kostenverursachung sind die Bezugskosten in Wert- und Gewichtsspesen zu unterteilen. • Wertspesen werden entsprechend dem Wert der Ware verteilt. • Gewichtsspesen werden nach dem Gewicht der Ware verteilt.

1. Eine Warensendung hat ein Rohgewicht von 2 500 kg. Die Tara beträgt 246 kg. Der Listeneinkaufspreis beträgt 0,70 € je kg des Nettogewichtes. Der Lieferer gewährt 12,5 % Rabatt und 2 % Skonto. Die Bezugskosten betragen 5,00 € je 100 kg.
Berechnen Sie den Bezugs-/Einstandspreis für die gesamte Lieferung und je kg.

2. Ein Großhändler bezieht eine Ware im Bruttogewicht von 1 060 kg. Die Verpackung wiegt 75 kg. Der Lieferer berechnet 2,85 € je kg Nettogewicht und gewährt 10 % Rabatt und 3 % Skonto. Die Fracht beträgt 5,20 € für 100 kg.
Berechnen Sie den Bezugs-/Einstandspreis für die Warensendung und je kg.

3. Der Listeneinkaufspreis einer Ware beträgt 700,00 €, der Zieleinkaufspreis 560,00 €, der Bezugs-/Einstandspreis einschließlich 30,00 € Bezugskosten 578,80 €.
Berechnen Sie
a) den Rabatt in Prozent, b) den Bareinkaufspreis in Euro, c) den Skonto in Prozent.

4. Der Zieleinkaufspreis einer Ware beträgt nach Abzug von 5 % Rabatt 13 300,00 €. Außerdem werden dem Großhändler 2 % Skonto gewährt und 1 766,00 € Bezugskosten berechnet. Berechnen Sie
a) den Listeneinkaufspreis, b) den Bareinkaufspreis, c) den Bezugs-/Einstandspreis.

5. Beim Einkauf einer Ware erhielt ein Großhändler 12,5 % Mengenrabatt; das entsprach 17,50 €. Darüber hinaus zog der Großhändler 2,5 % Skonto ab. Ermitteln Sie
a) den Listeneinkaufspreis, b) den Zieleinkaufspreis, c) den Bareinkaufspreis.

6. Ein Großhändler bezieht 320 Stück einer Ware zum Listeneinkaufspreis von 5,00 € je Stück. Der Lieferer gewährt 20 % Rabatt. Da der Großhändler innerhalb von zehn Tagen zahlt, zieht er 2,5 % Skonto ab. Der Bezugspreis (Einstandspreis) für die gesamte Sendung beträgt 1 300,00 €.
a) Wie viel Euro beträgt der Zieleinkaufspreis für die Sendung?
b) Wie viel Euro beträgt der Bareinkaufspreis für die Sendung?
c) Wie viel Cent Bezugskosten entfallen auf ein Stück der Ware?

Den Beschaffungsbedarf ermitteln und das Sortiment gestalten

7. Ein Großhändler will 150 Stück eines Artikels einkaufen. Er erhält folgende Angebote:

Angebot	Preis je Stück	Zahlungsbedingungen	Rabatt	Frachtkosten
1	260,00 €	2 % Skonto bei Zahlung innerhalb von zehn Tagen, 30 Tage ohne Abzug	–	frei Haus
2	268,00 €	30 Tage Ziel	4 % bei Abnahme von mindestens 100 Stück	frei Haus
3	256,00 €	2,5 % Skonto bei Zahlung innerhalb von zehn Tagen, 30 Tage ohne Abzug	–	2,00 € je Stück

Ermitteln Sie den Bezugs-/Einstandspreis je Stück netto unter Ausnutzung des Skontos für diese drei Angebote.

8. Die Schneider Bauwaren OHG bezieht in einer Warensendung:
Ware I, brutto 3 500 kg, Tara 4 %, zu 700,00 € je 100 kg netto
Ware II, brutto 1 500 kg, Tara 4 %, zu 900,00 € je 100 kg netto
Der Lieferer gewährt 25 % Sonderrabatt und 2,5 % Skonto. Die Gewichtsspesen betragen 250,00 € und die Wertspesen 266,00 €.
Über wie viel Euro lautet der Bezugs-/Einstandspreis für 1 kg jeder Ware?

9. Ein Gemüsegroßhändler erhält in einer Warenlieferung zwei Sorten Obst:
Sorte I 300 kg, Kilopreis 1,50 €   Sorte II 225 kg, Kilopreis 1,20 €
Die Frachtkosten betragen 300,00 €, das Rollgeld 109,50 €,
die Einkaufsprovision 57,60 €.
Der Lieferer gewährt 2 % Skonto.
Berechnen Sie den Bezugs-/Einstandspreis jeder Sorte insgesamt und je kg.

10. Ein Großhändler erhält drei Sorten Waren in einer Warenlieferung:
Sorte I 250 Stück zu 13,00 €/Stück, brutto   600 kg
Sorte II 400 Stück zu 22,00 €/Stück, brutto 1 500 kg
Sorte III 600 Stück zu 30,00 €/Stück, brutto 5 400 kg
Der Lieferer gewährt 20 % Treuerabatt und 2,5 % Skonto. Die Transportversicherung beträgt 404,00 €, die Maklerprovision 197,00 €, die Frachtkosten belaufen sich auf 225,00 €.
Berechnen Sie den Bezugs-/Einstandspreis für jede Sorte insgesamt und je Stück.

11. Eine Unternehmung bezieht vier verschiedene Artikel in einer Lieferung, und zwar
Artikel A 260 kg zu 12,50 € je kg,   Artikel C 460 kg zu 11,00 € je kg,
Artikel B 340 kg zu 14,50 € je kg,   Artikel D 480 kg zu 9,50 € je kg.
Die Bezugskosten betragen: Fracht 150,00 €, Rollgeld 36,34 €,
Transportversicherung 890,00 €.
Der Lieferer gewährt 20 % Rabatt und 2,5 % Skonto.
a) Ermitteln Sie den Warenwert der gesamten Lieferung.
b) Wie viel Euro der Gewichtsspesen entfallen auf Artikel C?
c) Wie viel Euro der Versicherungsprämie entfallen auf Artikel D?
d) Ermitteln Sie den Bezugs-/Einstandspreis für ein kg des Artikels B.

2.6 Angebote vergleichen

Nicole Höver legt Helga Konski, der Abteilungsleiterin Bürotechnik/-einrichtung, folgende Übersicht für Ansatztische vor, von denen 40 Stück für einen neuen Kunden benötigt werden. Ferner sollen die Ansatztische zu den Schreibtischen Primo, die mit einer Buchenfurnierplatte versehen sind, passen:

Lieferer	Bürodesign GmbH	Bürotec GmbH	Schmitt & Co. KG Büromöbel
Listeneinkaufspreis	200,00 €	194,00 €	215,00 €
Rabatt	15 %	10 %	25 %
Skonto	14 Tage 2 %	10 Tage 2 %	–
Lieferzeit	30 Tage	40 Tage	30 Tage
Lieferbedingungen	Lieferpauschale 80,00 €	bis Auftragswert 1 000,00 €: 50,00 €, sonst frei Haus	unfrei
Verpackungsrücknahme	ja	ja	nein
Recyclingfähigkeit	ja	ja	ja
Mindestabnahme in Stück	30	40	50
Qualität	Stahlkonstruktion, Oberfläche Buche	Stahlkonstruktion, Oberfläche Kunststoff	Stahlkonstruktion, Oberfläche Glasplatte

Das Rollgeld für die An- und Abfuhr beträgt je 30,00 €, die Fracht 220,00 €. Nicole Höver schlägt Frau Konski vor, die Ansatztische beim Lieferer Schmitt & Co. KG zu bestellen. Frau Konski widerspricht ihr energisch mit der Begründung, der Preis alleine sei nicht ausschlaggebend für die Wahl eines Lieferers.

ARBEITSAUFTRÄGE
- Überlegen Sie, welche Gründe Frau Konski haben könnte, Nicole Höver zu widersprechen.
- Erläutern Sie, welche Gesichtspunkte bei einem Angebotsvergleich zu berücksichtigen sind.
- Stellen Sie fest, welche Kriterien in Ihrem Ausbildungsbetrieb für eine Einkaufsentscheidung von Bedeutung sind, und stellen Sie diese Ihren Mitschülern in einem Vortrag mit geeigneten digitalen Visualisierungsmitteln vor.

Die Beschaffungsabteilung eines Groß-/Außenhandelsbetriebes hat i. d. R. mehrere Angebote unterschiedlicher Lieferer zur Auswahl. Der zuständige Einkäufer hat die Aufgabe, denjenigen Anbieter aus den vorhandenen auszuwählen, der das günstigste Angebot abgibt. Zu diesem Zweck führt er einen Angebotsvergleich durch. Dabei achtet der Einkäufer nicht nur auf Qualität, Preise, Mindestbestellmengen, Lieferbedingungen und Liefertermine, sondern auch auf die Zuverlässigkeit, den Service und die Kreditgewährung des Lieferers sowie auf ökologische Gesichtspunkte.

Den Beschaffungsbedarf ermitteln und das Sortiment gestalten

● Entscheidungskriterien

● **Preisvergleich/Mindestbestellmengen/Lieferbedingungen:** Die angebotenen Preise sind auf eine einheitliche Basis zu bringen, wobei die gewährten Preisnachlässe (Rabatte, Bonus) und Skonto zu berücksichtigen sind. Ebenfalls sind die Bezugskosten (Fracht, Rollgeld und Mindestbestellmengen) zu berücksichtigen.

Beispiel In der Primus GmbH werden folgende Bezugs-/Einstandspreise für Ansatztische ermittelt:

Konditionen/ Lieferer	Bürodesign GmbH	Bürotec GmbH	Schmitt & Co. KG Büromöbel
Stückzahl (Mindestbestellmenge)	30	40	50
Preis je Stück in €	200,00	194,00	215,00
Listeneinkaufspreis in € − Rabatt in €	200,00 15 % 30,00	194,00 10 % 19,40	215,00 25 % 53,75
= Zieleinkaufspreis in € − Skonto in €	170,00 2 % 3,40	174,60 2 % 3,49	161,25 –
= Bareinkaufspreis in € + Bezugskosten in €	166,60 2,00 (80 : 40)	171,11 –	161,25 5,00 (250 : 50)
= Bezugspreis in €	168,60	171,11	166,25

Wäre nur der Bezugs-/Einstandspreis ausschlaggebend, hätte der Lieferer Schmitt & Co. KG Büromöbel das günstigste Angebot abgegeben. Allerdings verlangt der Lieferer eine Mindestabnahme von 50 Stück.

● **Qualitätsvergleich:** Nicht das billigste Angebot ist automatisch das beste. Es sind die Ansprüche des Unternehmens, die Ansprüche, die sich aus der Ware ergeben und die Ansprüche der Kunden zu berücksichtigen.

Beispiel Der Lieferer Bürodesign GmbH bietet Buche als Oberflächenmaterial für den Ansatztisch an, was vom Material her zu den Schreibtischen Primo passend wäre, während der Lieferer Bürotec GmbH Kunststoff und der Lieferer Schmitt & Co. KG Büromöbel eine Glasplatte als Oberfläche anbietet.

● **Terminvergleich:** Insbesondere wenn die schnelle Belieferung eine große Rolle spielt, ist die Lieferzeit ein wesentliches Kriterium für die Auswahl des Lieferers. Dies ist dann besonders wichtig, wenn Waren für bestimmte Saisongeschäfte (z. B. Weihnachten, Ostern, Karneval) oder terminierte Kundenaufträge eingekauft werden.

● **Zuverlässigkeit des Lieferers:** Wenn bestimmte Lieferer in der Vergangenheit unzuverlässig gearbeitet haben, sollte auch dieser Aspekt berücksichtigt werden. Umgekehrt kann besonders zuverlässigen Lieferern selbst bei geringfügig höheren Preisen der Vorzug gegeben werden.

● **Kreditgewährung:** Einige Lieferer bieten großzügige Zahlungsziele an, sodass selbst bei höheren Bezugs-/Einstandspreisen diesem Lieferer ein Auftrag erteilt werden kann, da bei Ausnutzung des Zahlungszieles der für die Bezahlung des Rechnungsbetrages erforderliche Geldbetrag kurzfristig anderweitig zur Verfügung steht.

● **Service des Lieferers:** Der Service kann ein entscheidendes Auswahlkriterium für die Wahl des Lieferers sein.

Beispiele Ersatzteilgarantie, Rücknahme von Verpackungsmaterial, Kulanz

- **Ökologische Gesichtspunkte**: Sie treten in zunehmendem Maße in den Vordergrund. So sollten Transport-, Verpackungsgesichtspunkte, die Recyclingfähigkeit der Produkte und der Verpackung sowie die bei der Herstellung oder Verwendung von Produkten sich ergebenden Umweltbelastungen unter diesem Aspekt beachtet werden.

   Beispiel Die Primus GmbH bezieht einen Großteil ihrer Waren per Bahntransport, um die umweltschädigenden Belastungen des Güterkraftverkehrs zu vermeiden. Ebenfalls vereinbart sie mit allen Lieferern eine recyclinggerechte Entsorgung der Verpackungen. Bei der Auswahl von Lieferern werden solche bevorzugt, die umweltverträgliche Produktionsverfahren einsetzen und Produkte aus schadstoffarmen Materialien liefern.

- **Gewichtung der Kriterien**

Der gute Ruf eines Groß- und Außenhändlers hängt in erheblichem Maße von der Qualität der angebotenen Waren ab. Deshalb muss bereits der Einkäufer großen Wert auf die Güte der zu beschaffenden Waren legen. Der Preis allein kann nicht ausschlaggebend sein. Infolgedessen müssen eine Reihe weiterer **Kriterien für die Beschaffungsentscheidung** herangezogen werden.

Sämtliche Entscheidungskriterien müssen für jeden Lieferer erfasst und in eine Übersicht gebracht werden. Einige dieser Daten können dem Warenwirtschaftssystem entnommen werden.

Beispiel

Kriterien	Bürodesign GmbH	Bürotec GmbH	Schmitt & Co. KG Büromöbel
Bezugspreis in €	168,60	171,11	166,25
Zahlungsbedingungen	innerhalb von 14 Tagen 2% Skonto oder 30 Tage Ziel	innerhalb von 10 Tagen 2% Skonto oder 20 Tage Ziel	innerhalb von 15 Tagen
Lieferzeiten	30 Tage	40 Tage	30 Tage
Qualität	Stahlkonstruktion, Oberfläche Buche	Stahlkonstruktion, Oberfläche Kunststoff	Stahlkonstruktion, Oberfläche Glasplatte
Zuverlässigkeit	sehr gut	gut	befriedigend
Service	sehr gut	gut	sehr gut
Mindestabnahmemenge (Stück)	30	40	50
Übernahme Lieferrisiko	Besteller	Lieferer	Besteller
Verpackungsentsorgung	Lieferer	Besteller	Lieferer

Aus dieser Aufstellung ist noch keine endgültige Beschaffungsentscheidung ableitbar, da die Kriterien für eine Auswahlentscheidung nicht gleich wichtig sind.

Die einzelnen **Bewertungskriterien** sind gemäß ihrer Bedeutung im Einzelfall zu **gewichten**. So kann es in einigen Fällen sein, dass der Bezugs-/Einstandspreis im Vergleich zu der Qualität weniger wichtig ist, in anderen Fällen kann der Bezugs-/Einstandspreis das wichtigste Kriterium sein. Eine Gewichtung kann dadurch erfolgen, dass jedem Kriterium ein bestimmter prozentualer Anteil an der Gesamtbedeutung zugeordnet wird. Dieser Anteil gibt die Punktzahl an, die je Kriterium auf die einzelnen Lieferer zu verteilen ist. Durch diese Punktvergabe (**Nutzwertanalyse**) können die Leistungen der Lieferer gemessen und verglichen werden. Vom Kunden als besonders wichtig betrachtete Kriterien müssen vom Lieferer erfüllt werden. Ansonsten scheidet der Lieferer, der diese Kriterien nicht erfüllt, von vornherein aus. Den Zuschlag erhält der Lieferer mit der höchsten gewichteten Notensumme.

Beispiel Nutzwertanalyse der Primus GmbH

Kriterien	Bedeutung in Prozent	Bürodesign GmbH	Bürotec GmbH	Schmitt & Co. KG Büromöbel
Bezugs-/Einstandspreis	20	6	5	9
Zahlungsbedingungen	10	5	3	2
Lieferzeiten	10	4	2	4
Qualität	25	12	7	6
Zuverlässigkeit	10	5	3	2
Service	5	2	1	2
Mindestabnahmemenge	5	3	2	0
Übernahme Lieferrisiko	5	0	5	0
Verpackungsentsorgung	10	5	0	5
Summe	**100**	**42**	**28**	**30**

Die höchste Punktzahl erreicht der Lieferer Bürodesign GmbH, die niedrigste Bürotec GmbH. Folglich ist die Bürodesign GmbH als Lieferer auszuwählen.

Angebote vergleichen

- Bei der **Auswahl von Lieferern** sind folgende **Kriterien** zu untersuchen:
    - Listeneinkaufspreis
    - Preisnachlässe
    - Zahlungsbedingungen
    - Lieferbedingungen
    - Flexibilität des Lieferers
    - Bezugskosten
    - Mindestbestellmengen
    - Qualität, Ausstattung der Ware
    - Zuverlässigkeit des Lieferers
    - ökologische Gesichtspunkte

- Der **Bezugs- oder Einstandspreis** einer Ware ergibt sich aus folgendem Schema:

       Listeneinkaufspreis
    – Rabatt
    = Zieleinkaufspreis
    – Skonto
    = Bareinkaufspreis
    + Bezugskosten
    = **Bezugs-/Einstandspreis**

> • Eine **Bewertung der Lieferer (Nutzwertanalyse)** erfolgt über ein Schema, in dem alle Beschaffungskriterien aufgelistet und in ihrer Bedeutung gewichtet sind. Bei jedem Lieferer und jedem Kriterium werden entsprechende Punkte vergeben. Der Lieferer mit der höchsten Punktzahl erhält den Auftrag.

1. Die Primus GmbH will von einem bestimmten Artikel 4 000 Stück bestellen. Hierzu liegen ihr drei Angebote vor. Geben Sie an, für welchen Lieferer sich die Primus GmbH entscheiden soll, und begründen Sie Ihre Antwort.
Rollgeld für An- und Abfuhr je 30,00 € und für die Fracht 180,00 €.
1. **Angebot:** 3,00 €/Stück einschließlich Verpackung, unfrei, 15 % Rabatt bei Abnahme von mindestens 3 000 Stück, Zahlung innerhalb von 10 Tagen mit 2 % Skonto oder in 30 Tagen netto Kasse, Lieferfrist 20 Tage, Zuverlässigkeit gut, Service gut, Mindestabnahme 2 000 Stück, Verpackungsentsorgung (Lieferer)
2. **Angebot:** 2,80 €/Stück zuzüglich 0,10 €/Stück für Verpackung, frachtfrei, 10 % Mengenrabatt, Lieferung in 14 Tagen, Zahlung innerhalb von 14 Tagen mit 3 % Skonto oder in 40 Tagen netto Kasse, Lieferfrist 30 Tage, Zuverlässigkeit sehr gut, Service sehr gut, Mindestabnahme keine, Verpackungsentsorgung (Besteller)
3. **Angebot:** 2,70 €/Stück einschließlich Verpackung, ab Werk, 5 % Wiederverkäuferrabatt, Lieferung in acht Tagen, Zahlung sofort netto Kasse, Lieferfrist 25 Tage, Zuverlässigkeit befriedigend, Service gut, Mindestabnahme 4 000 Stück, Verpackungsentsorgung (Besteller)

2. Ein Großhändler benötigt 1 200 Stück einer Ware. Es liegen drei Angebote verschiedener Lieferer vor. Ermitteln Sie den günstigsten Lieferer (Begründung).
Angebot Lieferer Klein: Karton mit 12 Stück zu 78,00 € einschließlich Verpackung, Mengenrabatt ab 5 Kartons 4 %, ab 10 Kartons 10 %, ab 20 Kartons 15 %, Beförderungskosten 2 % vom Warenwert, Lieferzeit 8 Tage, Zahlungsbedingung: 2 % Skonto bei Zahlung innerhalb von acht Tagen oder 30 Tage netto Kasse.
Angebot Lieferer Stefer: Karton mit 6 Stück zu 36,00 €, Verpackung 0,20 € je Karton, Mengenrabatt 10 %, frei Haus, Lieferzeit drei Tage, Zahlungsbedingung: 3 % Skonto bei Zahlung innerhalb von 10 Tagen oder 40 Tage netto Kasse.
Angebot Lieferer Schmitt-Blass: Stück 5,50 €, Verpackungskosten 0,40 € je Stück, ab Werk (Rollgeld für An- und Abfuhr je 30,00 €, Fracht 80,00 €), Lieferzeit: ein Tag, Zahlungsbedingung: 2 % Skonto bei Zahlung innerhalb von acht Tagen oder 20 Tage netto Kasse.

3. Begründen Sie, warum unter Umständen ein Groß-/Außenhändler einen Lieferer bevorzugt, der höhere Bezugspreise als andere Lieferer hat.

4. Welche Angabe brauchen Sie beim Vergleich der Angebote von Lieferanten nicht zu berücksichtigen?
1. Kosten für die Be- und Entladung
2. Berechnung des Lieferers für Verpackungsmaterial
3. Transportversicherung für den Wareneinkauf
4. Umsatzsteuer
5. Kosten für die Anfuhr der Ware durch den Spediteur

5. Einer Einkaufsabteilung liegen mehrere Angebote für einen Artikel vor. Es sind zu berücksichtigen: Anfuhrkosten 10,00 €, Frachtkosten 20,00 €, Zufuhrkosten 15,00 €.
Angebot A: Listeneinkaufspreis 92,50 €, Lieferung frei dort, bei Zahlung innerhalb von 10 Tagen 2 % Skonto, 5 % Rabatt.

Angebot B: Listeneinkaufspreis 84,00 €, Lieferung ab Werk, zahlbar innerhalb von 10 Tagen.

Angebot C: Listeneinkaufspreis 75,00 €, Lieferung ab hier, Zahlung innerhalb von 10 Tagen.

Ermitteln Sie den jeweiligen Bezugs-/Einstandspreis unter Berücksichtigung der angegebenen Konditionen.

2.7 Beschaffungsprozesse steuern

2.7.1 Bestellvorschlag überprüfen und elektronische Plattformen nutzen

Die Primus GmbH bestellt aufgrund eines Angebotes vom 12. September 20.. mit nachfolgendem Schreiben bei der Computec GmbH & Co. KG Waren aus der Warengruppe Bürotechnik auf der Grundlage eines vorliegenden Angebotes.

Primus GmbH · Koloniestraße 2 – 4 · 47051 Duisburg

Computec GmbH & Co. KG
Volksparkstr. 12 – 20
22525 Hamburg

Ihr Zeichen:	st-gi
Ihre Nachricht vom:	01.04.20..
Unser Zeichen:	ko-bu
Unsere Nachricht vom:	19.03.20..
Ihre Ansprechpartnerin:	Helga Konski
Abteilung:	Abteilungsleiterin Einkauf
Telefon:	0203 4453690
Fax:	0203 4453698
E-Mail:	helga.konski@primus-bueroeinrichtung.de
Datum:	20.04.20..

Bestellung

Sehr geehrte Damen und Herren,

aufgrund Ihres Angebotes vom 1. April .. bestellen wir

10 LED-Monitor 27", 68,6 cm Primus T30	Best.-Nr. 237060	zu je	249,58 €
50 Smartphone D2 S453	Best.-Nr. 237061	zu je	213,93 €
20 USB-Stick 4er-Pack 16 GB TI-5028	Best.-Nr. 253390	zu je	16,25 €
30 HP-Laser Jet 3001 Laserdrucker	Best.-Nr. 263321	zu je	220,00 €
40 Tischkopierer Primus Z-52	Best.-Nr. 263391	zu je	582,92 €

einschließlich Verpackung, abzüglich 20 % Rabatt.

Die Lieferung soll bis zum 20. Mai.. unfrei erfolgen.

Unsere Zahlung wird innerhalb von 14 Tagen netto geleistet.

Wir erwarten Ihre termingerechte Lieferung.

Mit freundlichen Grüßen

Primus GmbH

i. A. *Konski*

Konski
Abteilungsleiterin Einkauf

Nach einer Woche landet eine briefliche Antwort von der Computec GmbH & Co. KG auf dem Schreibtisch von Nicole Höver, in dem die Computec GmbH & Co. KG erklärt, sie könne die bestellten Waren nur noch zu einem um 10 % höheren Preis liefern, da die Zulieferer der Rohstoffe die Preise erhöht hätten. Außerdem habe die Primus GmbH zu spät bestellt, da seit dem Angebot bereits zwei Wochen vergangen seien.

ARBEITSAUFTRÄGE
- Begründen Sie, ob die Primus GmbH auf einer Lieferung zu den alten Preisen bestehen kann.
- Erläutern Sie, in welchen Fällen die Auftragsbestätigung für das Zustandekommen von Kaufverträgen erforderlich ist.

● Bestellvorschlag

Bei einer Bestellung muss unterschieden werden zwischen

- der **Nachbestellung** (Artikel wird bereits im Sortiment geführt) und
- der **erstmaligen Beschaffung** von neu ins Sortiment aufgenommener Ware.

Digitales Bestellwesen: Digitale Warenwirtschaftssysteme haben für Nachbestellungen in ihren Programmen **automatische Bestellsysteme** eingearbeitet. Sobald der Meldebestand einer Ware unterschritten wird, veranlasst das Programm aufgrund vorgegebener Dispositionsanweisungen und bestehender Onlineverbindungen automatisch die Bestellung beim entsprechenden Lieferer. Da bestimmte Sortimente starken saisonalen Schwankungen unterliegen können, werden automatische Bestellsysteme im Rahmen der digitalen Warenwirtschaftssysteme relativ selten angewandt. Bei Streckengeschäften hingegen spielt das automatische Bestellsystem eine große Rolle.

Beispiel Die Primus GmbH hat für die Warengruppe „Büroeinrichtung" in ihrem WWS ein automatisches Bestellsystem eingearbeitet. Sobald der Mindestbestand für einen Artikel unterschritten ist, wird vom WWS automatisch ein Bestellvorschlag ausgedruckt, der dem entsprechenden Lieferer nach Überprüfung durch den zuständigen Einkäufer per E-Mail zugesandt wird.

Die meisten Warenwirtschaftsprogramme bieten **Bestellvorschlagssysteme** an. Bei diesen Programmen wird bei Unterschreitung des Meldebestandes eines Artikels nicht automatisch eine Bestellung ausgelöst, sondern die Bestellung wird in einer **Bestellvorschlagsliste** erfasst, die jeden Tag ausgewertet werden kann. Nach Überprüfung durch den Einkaufssachbearbeiter erfolgt die Bestellung beim entsprechenden Lieferer.

Warenwirtschaftssysteme bieten die Möglichkeit, **automatische Bestellvorschläge** (vgl. S. 186) unter Angabe der Artikel, Mengen, Lieferer usw. zu erstellen. Das Programm greift dabei auf alle verfügbaren Daten der Artikel-, Lager- und Liefererdatei zurück.

Beispiel Automatischer Bestellvorschlag bei der Primus GmbH

Errechneter Bestellvorschlag		Mindestbestand: 20			Höchstbestand: 50	
Bestellvorschlag-Nr. 125						Datum 20.09.20..
Artikel-Nr. Bestell-Nr.	Artikelbe-zeichnung	Lieferer-Nr. Lieferer	Bestell-menge	Ra-batt	Listen-einkaufs-preis	Bestell-wert
159B574 100201	Schreibtisch Primo	5621 Bürodesign GmbH	30	20 %	96,59 €	2 318,16 €
159B590 100202	Bildschirm-Arbeitstisch Primo	5621 Bürodesign GmbH	40	20 %	90,68 €	2 901,76 €

Vor der erstmaligen Beschaffung von neu ins Sortiment aufzunehmenden Waren müssen zuerst geeignete Lieferer gefunden werden (vgl. S. 333).

Neben der Bestellung von Waren sind auch Dienstleistungen ökonomischer Güter, die beauftragt werden müssen. Dienstleistungen haben zwei wesentliche Unterschiede zu Waren.

- Dienstleistungen sind nicht lagerfähig und können nicht auf Vorrat produziert werden.
- Meistens gibt es eine Gleichzeitigkeit von Produktion und Konsum.

● Elektronische Marktplätze im Beschaffungsprozess

Unter **Electronic Procurement (E-Procurement = elektronischer Einkauf)** versteht man die Beschaffung aller Arten von Materialien über das Internet. Dies kann

- über **geschlossene Netze** zwischen Lieferanten und Kunden,
- in Form von **offenen Versteigerungen (Auktionen)** auf Internetmarktplätzen geschehen.

○ Elektronischer Einkauf über das Internet (Onlinebestellung)

Unternehmen gehen immer mehr dazu über, das Internet zur papierlosen Abwicklung von Geschäftsprozessen zu nutzen. Hierbei gliedert sich der Einkauf und der **Verkauf über das Internet** in das E-Procurement mit den Bereichen Business-to-Business (B2B) und E-Commerce (B2C), den Geschäftsverkehr zwischen den Unternehmern und den Verbrauchern.

Beispiel Möglichkeiten des E-Business bei der Primus GmbH:

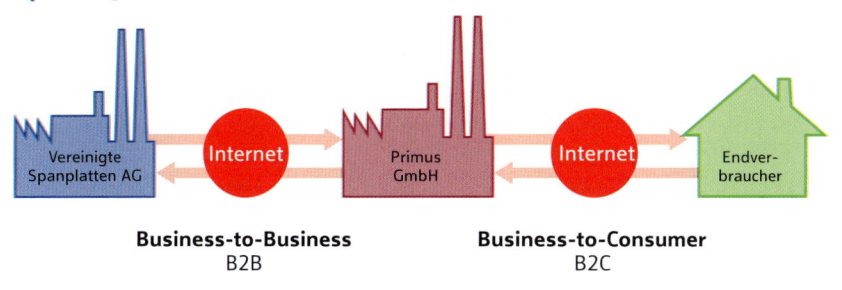

Vereinigte Spanplatten AG → Internet → Primus GmbH → Internet → Endverbraucher

Business-to-Business B2B   **Business-to-Consumer** B2C

Um eine kostengünstige Beschaffung von Werkstoffen (Roh-, Hilfs-, Betriebsstoffen, Handelswaren) zu erreichen, vereinbaren Unternehmen mit ihren Mitbewerbern, im Internet einen **gemeinsamen Handelsplatz** einzurichten und zu nutzen.

Beispiele
- In der Automobilindustrie in Deutschland entstand über eine solche Vereinbarung ein elektronischer Megamarktplatz für die Zulieferbetriebe der Automobilhersteller.
- Die Primus GmbH hat mit ihren Lieferern für Spanplatten, Sperrholz, Furnierholz eine Vereinbarung getroffen, bei Bedarf über das Internet eine Ausschreibung zu machen, an der alle betroffenen Lieferer teilnehmen können.

Bestimmte Softwareunternehmen bieten hierzu entsprechende Portale an, die von den Unternehmen genutzt werden können. Diese Marktplätze im Internet (**Onlinemarktplätze**) verschaffen den Unternehmen die Möglichkeit, wegen der schnellen Reaktionsmöglichkeit kurzfristige Bestellungen vorzunehmen, da eine weitgehende Preistransparenz vorliegt. Somit erübrigen sich viele Arbeitsschritte, die beim bisherigen Beschaffungsvorgang erforderlich waren. Die Einkaufsdisponenten werden somit in die Lage versetzt, Angebote unmittelbar miteinander vergleichbar zu machen. Ferner können sich die Einkäufer zusammenschließen (**Powershopping**), um bessere Konditionen (z. B. Rabatte) zu erlangen. Eine andere Möglichkeit besteht darin, Auktionen durchzuführen, in denen die Lieferbetriebe mit ihren Angeboten in Konkurrenz treten. Hierbei schreiben Unternehmen auf Webseiten ihren Bedarf aus und laden ausgewählte Lieferanten zu **Onlineauktionen** ein. Die Bieter schalten sich dann zu einem festgelegten Zeitpunkt im Netz zusammen und können sich von einem gegebenen Preis aus online abwärts unterbieten. Der günstigste Anbieter bekommt den Zuschlag (**reverse auction** = umgekehrte Versteigerung). Es ist dabei aber zu beachten, dass eine unmissverständliche Beschreibung der auszuschreibenden Materialien und die genaue Festlegung der Lieferungs- und Zahlungsbedingungen erfolgen, um später keine unangenehmen Überraschungen zu erleben.

Durch die Beschaffung über die Internetplattform kommt es normalerweise zu einer nachhaltigen Kostenminimierung. Die sich daraus ergebenden Bezugspreisvorteile bei der Beschaffung können dazu führen, dass die Produkte und Dienstleistungen preiswerter werden. Dies führt zu einer verstärkten internationalen Wettbewerbsfähigkeit dieser Unternehmen.

○ Rechtliche Aspekte des E-Commerce

Grundsätzlich gelten im E-Commerce die gleichen rechtlichen Bestimmungen (z. B. Kaufvertragsrecht) wie im nicht elektronischen Geschäftsleben auch. Probleme treten jedoch auf, wenn ausländische Geschäftspartner miteinander agieren. Hier sind vertragliche Regelungen erforderlich. Speziell für Privatkunden gilt ab dem Jahr 2002 in Deutschland § 312c BGB (Fernabsatzverträge). Dieses Gesetz sichert dem Verbraucher diverse Rechte, z. B. Rückgabe von Waren binnen zwei Wochen, Widerrufsrecht, Informations- und Aufklärungspflicht für Anbieter.

Elektronische Dokumente mit **digitaler Signatur** gelten als rechtlich vollwertige Alternative zu Papier und Briefpost. Damit ist es erlaubt, Dokumente per E-Mail zu versenden, für die Gesetz oder Vertrag die Schriftform verlangen. Bisher stellte die digitale Signatur nur sicher, dass die elektronische Post vor Gericht als Beweis anerkannt wurde. In bestimmten Streitfällen ging dagegen nichts ohne Papier, Unterschrift und Briefpost. Das **Signaturgesetz** (SigG) regelt die Grundlagen für elektronische Unterschriften. Damit sollen elektronische Dokumente mit gleicher Rechtswirkung wie solche aus Papier verschickt werden können. Dies erleichtert den Abschluss von Verträgen auf elektronischem Weg und den Handel über das Internet.

Den Beschaffungsbedarf ermitteln und das Sortiment gestalten

Bestellvorschlag überprüfen und elektronische Plattformen nutzen

- Computergestützte Warenwirtschaftssysteme haben für Nachbestellungen **automatische Bestellsysteme** (Einkäufer muss nicht mehr eingreifen) **und automatische Bestellvorschläge** eingearbeitet (**Bestellvorschlagsliste**, die endgültige Bestellentscheidung bleibt beim Einkäufer).

- **Rechtliche Aspekte des E-Commerce:** gleiche Rechtslage wie bei konventionellen Geschäften, Probleme der Abstimmung mit Auslandsrecht, Schutzrecht für Verbraucher: § 312c BGB Fernabsatzverträge
    - **Elektronischer Einkauf über das Internet:** Unternehmen vereinbaren mit ihren Lieferanten einen gemeinsamen Handelsplatz im Internet (**Onlinemarktplatz**).
    - Einkäufer verschiedener Unternehmen können sich zusammenschließen (**Powershopping**).
    - **Onlineauktionen:** Bieter schalten sich zu einem festgelegten Zeitpunkt zusammen und können von einem gegebenen Preis aus online abwärts bieten.

1. Beschreiben Sie das computergestützte Bestellvorschlagswesen Ihres Ausbildungsbetriebs mithilfe eines Warenwirtschaftssystems.

2. Erläutern Sie, was man E-Procurement versteht.

3. Beschreiben Sie, wie der elektronische Einkauf über das Internet abgewickelt wird. Bringen Sie hierzu auch eigene Erfahrungen mit ein.

4. Recherchieren Sie im Internet, was man unter Powershopping versteht.

5. Erläutern Sie die Vorteile für Unternehmen, die für die Beschaffung von Waren über eine Internetplattform entstehen.

2.8.2 Artikelgenaue Erfassung von Ein- und Verkäufen im Warenwirtschaftssystem (WWS) anwenden

Bei der Primus GmbH trifft heute ein Auftrag der Stadtverwaltung Duisburg per E-Mail ein:

Menge in Stück/ Einheiten	Artikel- nummer	Artikelbezeichnung	Einzelpreis pro Stück bzw. Einheit in €	Rabatt in %
30	159B574	Schreibtisch Primo	212,50	20
30	159B590	Bildschirm-Arbeitstisch Primo	199,50	20
30	159B632	Rollcontainer Primo	239,50	20
30	381B814	Bürodrehstuhl Modell 1640	214,50	20

Nicole Höver soll diesen Auftrag bearbeiten. Bei Überprüfung des vorhandenen Lagerbestandes im Warenwirtschaftssystem stellt Nicole fest, dass sich zurzeit nur 20 Schreibtische Primo und 10 Bildschirm-Arbeitstische Primo am Lager befinden. Die Artikel Rollcontainer Primo und Bürodrehstühle Modell 1640 sind nicht vorrätig.

Nicole Höver hat den Auftrag der Stadtverwaltung Duisburg nicht in das Warenwirtschaftssystem eingegeben, da Nicole der Ansicht ist, dass vor der Erfassung des Auftrags die bestellten Waren erst noch bei den Lieferern beschafft werden müssen. Daher bestellt sie telefonisch bei den entsprechenden Lieferern die von der Stadtverwaltung Duisburg bestellten Waren. Nachmittags erzählt sie stolz Herrn Winkler, dem Abteilungsleiter Verkauf/Marketing von dem getätigten Verkauf an die Stadtverwaltung. *„Wieso haben Sie den Auftrag denn nicht in unser Warenwirtschaftssystem eingegeben? Dann wäre die Bestellung automatisch in unserer Bestellvorschlagsliste erschienen. So bringen Sie unser ganzes Warenwirtschaftssystem durcheinander"*, stöhnt Herr Winkler. *„Das hat man davon, dass man sich für das Unternehmen einsetzt"*, denkt Nicole enttäuscht.

ARBEITSAUFTRÄGE
◆ Beurteilen Sie die Vorgehensweise von Nicole Höver.
◆ Erläutern Sie, wie Nicole sich hätte besser verhalten sollen.
◆ Beschreiben Sie die Vorteile einer digitalen Warenwirtschaft.
◆ Stellen Sie die verschiedenen Möglichkeiten der Verkaufsdatenerfassung in einem Warenwirtschaftssystem dar.

Jeder Groß- und Außenhändler betreibt Warenwirtschaft, da er Waren bei seinen Lieferanten einkauft, lagert und an seine Kunden weiterverkauft. Dabei umfasst die Warenwirtschaft sowohl die physische Warenbewegung (Warenfluss) als auch die Bearbeitung und Auswertung der dabei anfallenden Daten (Datenfluss). Da heutzutage in den meisten Groß- und Einzelhandelsbetrieben die Warenwirtschaft digital betrieben wird, spricht man von einem **Warenwirtschaftssystem** (WWS, vgl. S. 181). Dabei muss das digitale WWS auf die Besonderheiten der Warenwirtschaft einer Groß-/Außenhandlung je nach Branche und Größe abgestimmt sein. Dies gilt sowohl für die **Hardware (technische Bauelemente) als auch für die anzuwendende Software (Programme zur Steuerung der Warenwirtschaft).**

WWS sind somit **Verfahren**

- zur Erfassung und Verarbeitung von Warenbewegungsdaten,
- zur Aufbereitung dieser Daten zum Zwecke der Planung, Kontrolle und Steuerung des mengen- und wertmäßigen Warenflusses.

Das WWS bildet also die Grundlage betriebswirtschaftlich wichtiger Entscheidungen bei der Anpassung an die sich rasch ändernden Marktverhältnisse (Änderung der Kundenbedürfnisse, starker Konkurrenzdruck, neue Produkte). Dies setzt eine artikelgenaue und lückenlose Erfassung und Aufbereitung aller benötigten Informationen voraus. Von der Bestellung der Ware bis zum Verkauf lassen sich somit an den Stationen des Warenflusses

(Bestellung, Wareneingang, Lagerung, Warenverkauf) alle relevanten Daten nach Menge und Wert erfassen.

Der Einsatz eines digitalen WWS erfordert wie jede EDV-Anwendung das Vorhandensein von Hard- und Software. Die Hardware muss entsprechend dem Datenvolumen und den Auswertungswünschen des Groß-/Außenhändlers entsprechend gekauft oder geleast werden. Die Software muss erworben werden, wobei Softwarehäuser branchenspezifische Software anbieten.

Eine wesentliche Voraussetzung für die Nutzung eines digitalen WWS ist zum einen die Vergabe von **Artikelnummern** für jeden im Sortiment enthaltenen Artikel und zum anderen der Aufbau einer **Artikelstammdatei** (Preise und Mengeneinheiten der Artikel, Rabatte, Lagerbestände). Ebenfalls sollten die Lieferer und Lieferzeiten (**Liefererdatei**) und Kundendaten (**Kundendatei**) bereits im WWS enthalten sein. Das Ziel dieser Vorgehensweise ist die vollständige und artikelgenaue Erfassung aller Verkäufe zu dem Zeitpunkt, an dem die Verkäufe getätigt werden. Die dabei entstehenden Verkaufsdaten für bestimmte Artikel und Kunden stehen damit sofort u. a. als Grundlage für sortimentspolitische Entscheidungen zur Verfügung.

Die meisten Warenwirtschaftsprogramme sind aufgrund ihrer **dialoggeführten Benutzeroberfläche** relativ einfach zu bedienen. Über bestimmte Funktionstasten kann innerhalb der **Erfassungsmaske** nach bereits abgelegten Vorgängen gesucht oder ein neuer Vorgang angelegt werden. Zuerst wird i. d. R. vom Programm eine **Auftragsnummer** vergeben, danach werden die Kundennummer und Basisinformationen über den Kunden (**Stammdaten** wie Anschrift, Ansprechpartner usw.) eingegeben. Falls die Kundennummer nicht bekannt ist, kann sie ebenfalls über die Funktionstaste abgerufen werden. Die vorhandenen Kundendaten können übernommen oder je nach Bedarf beliebig verändert werden. Stammdaten neuer Kunden können direkt über die Erfassungsmaske eingegeben werden.

LF 9

Beispiel Auftragserfassungsmaske in der Primus GmbH

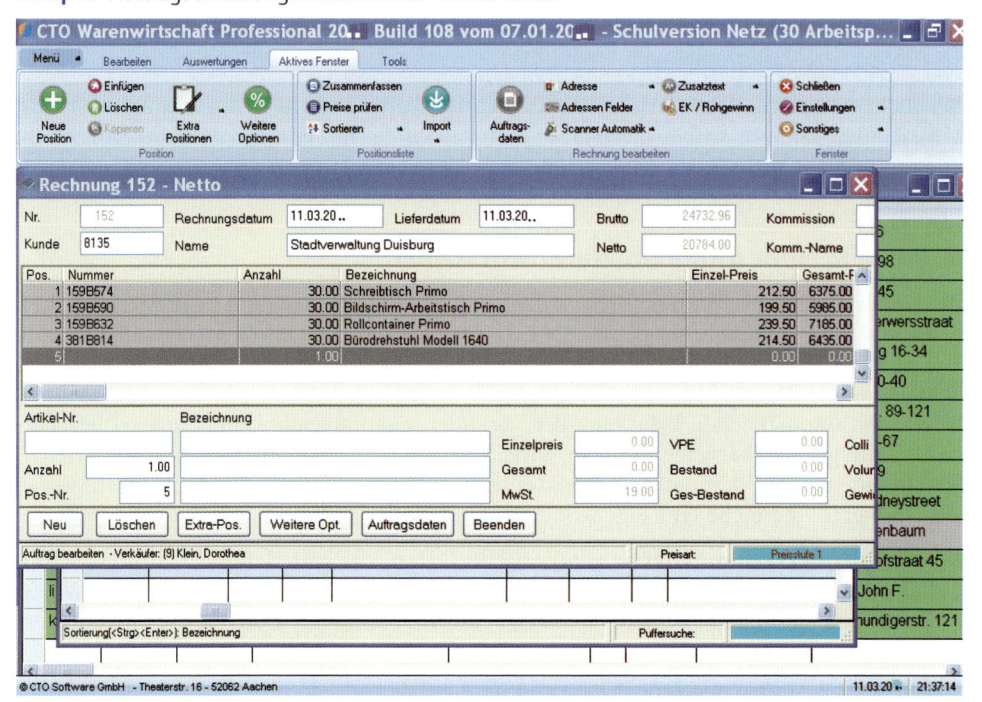

Wenn dem Kundenauftrag ein Angebot des Groß-/Außenhändlers vorausgegangen ist, können alle dazugehörigen Daten aus der Angebots-/Liefererdatei in die Auftragserfassung übernommen werden. Durch diesen Vorgang ist die Bestellung des Kunden im Warenwirtschaftsprogramm erfasst. Dabei wird das Angebot im Warenwirtschaftsprogramm in einen Bestellbeleg umgewandelt.

Das Warenwirtschaftsprogramm veranlasst nach der Ermittlung des Auftragswerts automatisch

- eine **Kreditlimitprüfung**, d.h., das Programm zeigt ab einem vorgegebenen Kreditlimit an, wie viele offene Posten in welcher Höhe noch ausstehen,
- eine **Verfügbarkeitsprüfung**, d.h., das Programm überprüft, wie viele Waren noch am Lager sind.

Anschließend werden alle erfassten Aufträge im **Auftragseingangsbuch** festgehalten. Somit kann zu jeder Zeit der momentane Auftragsbestand nach Artikel-, Kunden-, Lieferernummer, Artikelbezeichnung, Menge usw. abgefragt werden.

Beispiel Digitales Auftragseingangsbuch der Primus GmbH

Auftragseingangsbuch							Datum: 12.09.20..
Auftrag	Datum	Kunden-Nr.	Artikel-Nr.	Artikelbezeichnung	Lieferer-Nr.	Menge	Wert in € (o. USt.)
08156	12.09.	8156	159B574	Schreibtisch Primo	5621	30	6 375,00
08156	12.09.	8156	159B590	Bildschirm-Arbeitstisch Primo	5621	30	5 985,00
08157	12.09.	8142	251B926	Kopierpapier X-Offit	5666	1 000	6 450,00
08158	12.09.	8155	194B340	Primus-Heftzange	5610	500	3 740,00
						Gesamtwert	22 550,00

Bei nicht vorrätiger Ware erfolgt die Bestellung beim jeweiligen Lieferanten per Fax, E-Mail oder Telefon, wobei diese Bestellung ebenfalls im Warenwirtschaftsprogramm erfasst wird (vgl. S. 181).

● Vorteile einer digitalen Warenwirtschaft

Bei einem Sortiment von nur 5 000 Artikeln mit nur 20 Informationen je Artikel wären bereits mehrere Aktenordner gefüllt. Da z.B. der Lagerbestand eines Artikels sich ständig ändert, wäre eine Bestandsliste bereits unmittelbar nach dem Schreiben nicht mehr auf dem neuesten Stand. Mit einem digitalen Warenwirtschaftssystem kann blitzschnell wegen der automatischen Erfassung der Veränderungen auf alle Daten zugegriffen werden. Planung und Überwachung aller wirtschaftlichen Tätigkeiten werden somit erleichtert. In einem WWS können folgende Teilbereiche (Teilsysteme) gebildet werden, wobei jeder dieser Teilbereiche eine eigene kleine **Datenbank** darstellt:

- **Beschaffungssystem**: Hierzu gehören alle Daten, die mit der Beschaffung zu tun haben. Bei einem Kundenauftrag von nicht vorrätiger Ware kann durch das WWS-Programm automatisch eine Bestellung beim entsprechenden Lieferer veranlasst werden (vgl. S. 363).

  Beispiele Bestellmengen, Angebotsvergleiche, Auswahl der Lieferer

- **Wareneingangssystem:** Hierzu gehören alle Daten, die bei den Arbeiten im Wareneingang anfallen.

  Beispiele Prüfung der Waren (Menge, Qualität), Verteilung der Waren im Lager

- **Lagersystem:** Es umfasst alle erforderlichen Daten und Dateien, die zur Kontrolle und Steuerung der Lagerbestände und Lagerplätze benötigt werden.

  Beispiele Berechnung der notwendigen Lagerkennziffern, Lagerbestandsführung und -kontrolle, Erfassung der Wareneingänge und -ausgänge im Lager

- **Warenverkaufssystem:** Dies ist das zentrale Teilsystem eines WWS, denn hier werden alle Verkaufsdaten erfasst und bis zu ihrer Auswertung gespeichert. Hier erfolgt insbesondere die artikelgenaue und tägliche Erfassung von Bestandsveränderungen.

● Hardwaregeräte bei der artikelgenauen Erfassung von Warenverkäufen in einem WWS

Mithilfe eines WWS kann eine Fülle von Informationen gewonnen und ausgewertet werden, so z.B. Umsatz- und Absatzstatistiken, Entwicklung der Kundenzahlen, Umsatz je m^2 Verkaufsfläche usw.

Zur artikelgenauen Erfassung werden im Groß-/Außenhandel **Scanner, Lesepistolen und mobile Datenterminals** eingesetzt, diese Geräte können ebenfalls bei der Durchführung einer Inventur zum Einsatz kommen. Wenn die Artikelauszeichnung in computerlesbarer Form vorliegt, z.B. der **GTIN-Code** (Global Trade Item Nummer = weltweite Artikel-Identnummer) oder der **EAN-Code** (Balkencode, „Zebrastreifen", europäische Artikelnummerierung), können durch die Abfolge von Strichen (Balken) mit einem **mobilen Datenerfassungsgerät** (MDE) oder mit einem **Scanner** die Daten erfasst werden. Weitere Hardwaregeräte in einem WWS sind Bildschirm, Tastatur, Drucker, Blu-ray-Laufwerk, Festplatte und Maus.

Beispiele

Stationärer Scanner   Mobiler Scanner   Lesepistole

Hardware einer DV-Anlage

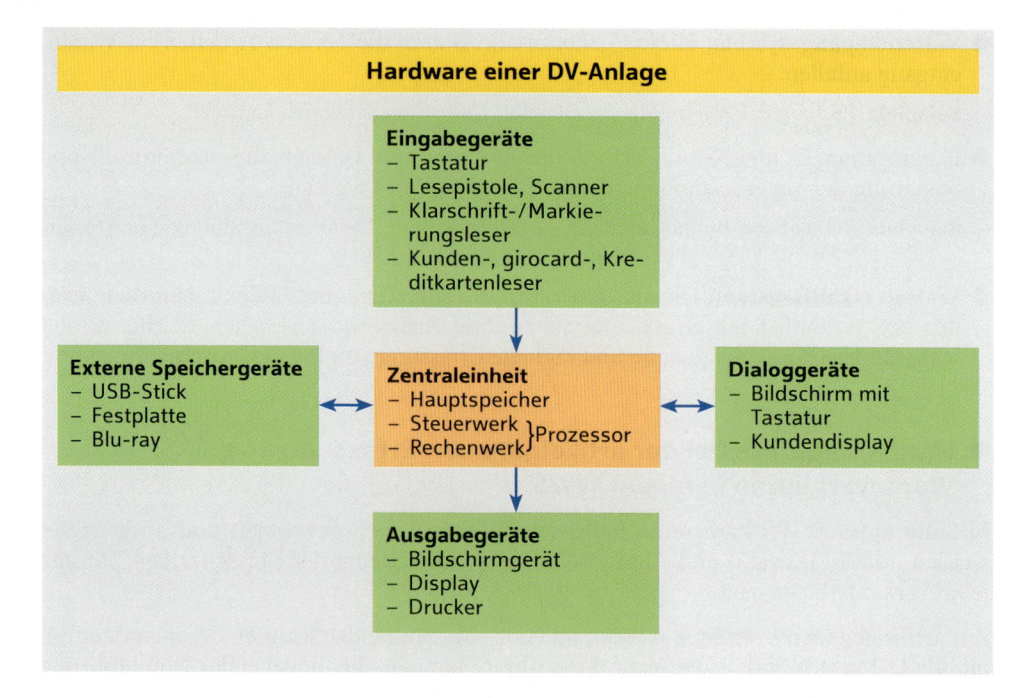

Eingabegeräte
- Tastatur
- Lesepistole, Scanner
- Klarschrift-/Markierungsleser
- Kunden-, girocard-, Kreditkartenleser

Externe Speichergeräte
- USB-Stick
- Festplatte
- Blu-ray

Zentraleinheit
- Hauptspeicher
- Steuerwerk } Prozessor
- Rechenwerk

Dialoggeräte
- Bildschirm mit Tastatur
- Kundendisplay

Ausgabegeräte
- Bildschirmgerät
- Display
- Drucker

● **Verkaufsdatenerfassung in einem WWS**

Durch die ständige Verkaufsdatenerfassung mithilfe eines Warenwirtschaftsprogramms wird die Einführung eines WWS ermöglicht.

Ein WWS ist ein Informationssystem, in dem alle erforderlichen Daten erfasst, gespeichert und zur Auswertung bereitgestellt werden. Somit ermöglicht das Warenwirtschaftssystem

- ● die **artikelgenaue Erfassung** der wert- und mengenmäßigen **Warenbewegungen**,
- ● die **optimale Planung und Steuerung der Warenbestände**,
- ● die **Kontrolle und Verwertung aller Daten** eines Betriebes über Lieferer, Kunden, Mitarbeiter und Waren.

Bei der Verkaufsdatenerfassung werden Daten von Waren, Kunden und Mitarbeitern im WWS erfasst, gespeichert und verarbeitet. Die Daten von Waren sind in maschinenlesbarer Form an den Waren selbst oder auf dem Lagerregal befestigt (Aufkleber, Aufdrucke, Etiketten usw.). Beim Warenausgang werden diese Daten maschinell erfasst. Für die maschinelle Verkaufsdatenerfassung gibt es je nach Darstellung der Daten unterschiedliche Verfahren:

○ **Bar-, Balkencodes**

Die Artikeldaten sind in einem Code dargestellt, der aus senkrechten Strichen besteht.

Für einen großen Teil der Konsumgüter werden bereits vom Hersteller Artikelkennzeichen auf der Ware angebracht. Die bekannteste Form ist der **EAN-Balkencode** (Europäische-Artikel-Nummer) und neuerdings der **GTIN-Code** (globale Artikelnummerierung).

Meist ist unter dem Balkencode der GTIN-Code oder die EAN in Normalschrift dargestellt, damit sie auch manuell eingegeben werden kann. Der GTIN-Code/EAN-Code ist genormt. Es ist aber möglich, dass Groß-/Außenhändler oder Hersteller einen **betriebseigenen Balkencode** einsetzen.

Die Artikelnummer ist beim EAN-Code 13-stellig, für besonders kleine Artikel wurde ein 8-stelliges Kurzsymbol geschaffen. Die ersten beiden Stellen des 13-stelligen EAN-Code kennzeichnen das **Hersteller**land. Die nächsten fünf Stellen weisen auf den **Hersteller** des Produktes hin. Die folgenden fünf Stellen bilden die individuelle **Artikelnummer**. Diese Nummer kann der Hersteller/Lieferer selbst auswählen. Die letzte Stelle ist eine **Prüfziffer**.

Balkencodes werden mit Scannern (vgl. S. 369) maschinell gelesen. Der Lesevorgang, also die Verkaufsdatenerfassung, wird als **Scanning** bezeichnet.

Im Gegensatz zum EAN-13-Code ermöglicht der GTIN-14-Code zahlreiche warenbegleitende Zusatzinformationen wie Mindesthaltbarkeitsdatum, Verfallsdatum, Herstellungsdatum usw.

Länderkennzeichen	Bundeseinheitliche Betriebsnummer „bbn"	Individuelle Artikelnummer des Herstellers	Prüfziffer
4 0	0 6 6 8 8	6 0 3 0 1	0
Bundesrepublik Deutschland	Bürodesign GmbH Stolberger Str. 188 50933 Köln	Schreibtisch Primo	99 % Sicherheit

○ RFID-Technologie (Funketikett)

Die RFID-Technologie (**Radio Frequency Identifikation**) ist in der Lage, Daten berührungslos bis zu einer Reichweite von etwa 100 Metern zu übermitteln. Ein **Computerchip mit einer Miniantenne (Transponder)** wird beispielsweise als Etikett auf einem Artikel angebracht. Sobald der RFID-Chip das Funksignal an der Kasse empfängt, übermittelt er automatisch und drahtlos über Radiofrequenzen die gespeicherten Daten an die Kasse. Dieser Chip erfordert keine Batterien, da er seine Energie allein aus den Funkwellen gewinnt, die RFID-Lesegeräte aussenden. Auf diesem Chip können wesentlich mehr Informationen als bei einem EAN-/GTIN-Etikett gespeichert werden.

Vorteile der RFID-Technologie:

- Jederzeit lässt sich feststellen, welche Waren sich wo befinden, somit wird die gesamte **Logistikkette** in einem Groß- und Außenhandelsunternehmen **transparent**.
- Regale mit eingebauten RFID-Lesesystemen können sich melden, wenn z. B. das Haltbarkeitsdatum von Waren abgelaufen ist, wenn Waren an einem falschen Platz abgestellt werden usw.
- Waren mit RFID-Chips können auch als **elektronische Artikelsicherung** genutzt werden, da nicht bezahlte Waren an elektronischen Schleusen am Ausgang Alarm auslösen können.

Nachteile der RFID-Technologie:

- Die RFID-Chips sind zurzeit noch relativ teuer. (Im Durchschnitt müssen Groß- und Außenhändler mit Kosten von 3–8 Cent pro RFID-Tag rechnen; Stand: 2020).

- Bei Lesen des RFID-Chips an der Kasse können deren Daten z. B. mit personenbezogenen Daten bei Kartenzahlung verknüpft werden (Datenschutzproblem).

Beispiel Verkaufsdatenerfassung in einem Cash-and-carry-Großhandelsunternehmen

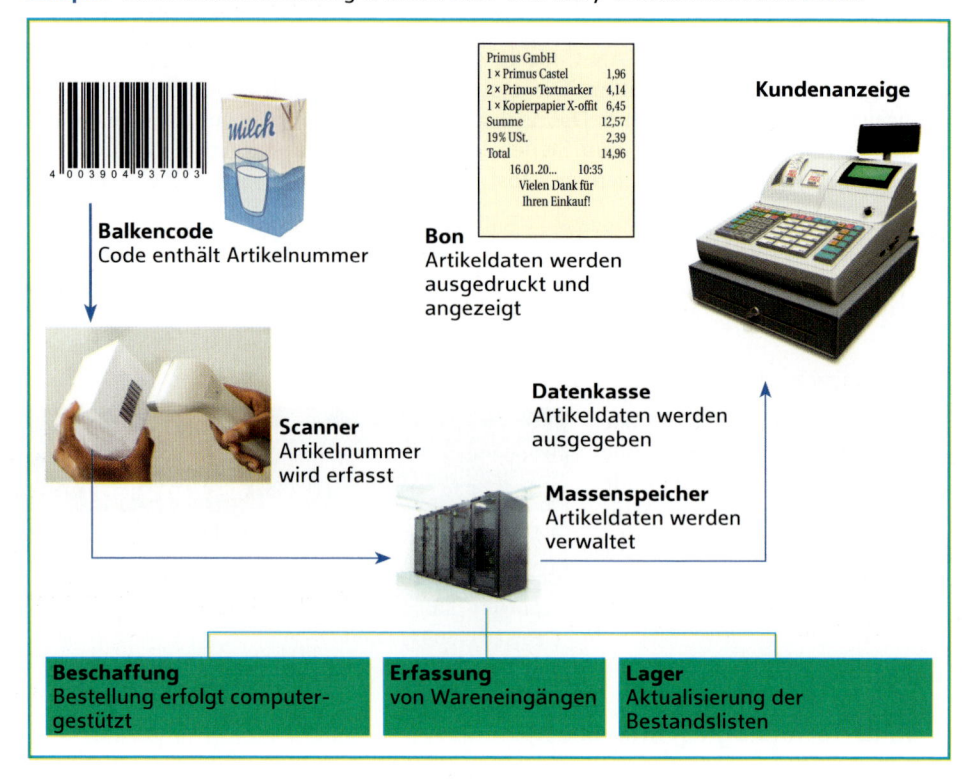

Balkencode
Code enthält Artikelnummer

Bon
Artikeldaten werden ausgedruckt und angezeigt

Kundenanzeige

Scanner
Artikelnummer wird erfasst

Datenkasse
Artikeldaten werden ausgegeben

Massenspeicher
Artikeldaten werden verwaltet

Beschaffung
Bestellung erfolgt computergestützt

Erfassung
von Wareneingängen

Lager
Aktualisierung der Bestandslisten

○ Intelligente Regale

Die RFID-Technologie ermöglicht eine **berührungslose Übertragung von Produktinformationen**. Das Herzstück von RFID ist ein winziger Computerchip mit Antenne (Funketikett), der auf der Transport- und Produktverpackung angebracht werden kann. Lesegeräte in den intelligenten Regalen gewährleisten, dass stets genug Vorrat vorhanden ist. Das Regal „sieht", wann Ware entnommen oder Ware aufgefüllt wird, und sendet automatisch die Informationen an das zentrale WWS. Somit kann das Personal im Regal Ware sofort wieder auffüllen, wenn es erforderlich ist. Das Regal erkennt auch sofort, wenn jemand ein falsches Produkt eingestellt hat.

Artikelgenaue Erfassung von Ein- und Verkäufen im Warenwirtschaftssystem (WWS) anwenden

- Die Warenwirtschaft umfasst die **Warenbewegung** von der Beschaffung bis zum Absatz, sie stellt Daten zur wirtschaftlichen Auswertung bereit.
- Das Warenwirtschaftsprogramm veranlasst nach Erfassung des Auftrages und der Ermittlung des Auftragswertes eine **Kreditlimitüberprüfung** (wie viele offene Posten hat der Kunde noch?) und eine **Verfügbarkeitsprüfung der Waren**.

- Mit einem digitalen WWS werden **die Planung und Überwachung aller wirtschaftlichen Tätigkeiten** von der Beschaffung über den Wareneingang bis zum Warenverkauf erleichtert. Ferner wird durch das WWS-Programm bei einem Kundenauftrag von nicht vorrätiger Ware automatisch eine Bestellung beim entsprechenden Lieferer veranlasst.
- **Hardwaregeräte in einem WWS** sind u. a. Scanner, Lesestifte, Klarschrift- und Markierungsleser, mobile Datenerfassungsgeräte, Dialoggeräte, Bildschirm, Tastatur.
- **Verfahren der maschinellen Verkaufsdatenerfassung**: Bar-, Balkencodes (EAN/GTIN-Balkencode), Funketikett (RFID-Technologie).
- Das **digitale WWS** ermöglicht einem Groß- und Außenhandelsunternehmen
    - die **artikelgenaue Erfassung** der wert- und mengenmäßigen Warenbewegungen,
    - die **optimale Planung und Steuerung der Warenbestände**,
    - die **Kontrolle und Verwertung aller Daten** eines Betriebes über Lieferer, Kunden, Mitarbeiter und Waren.

1. Erläutern Sie, was man unter einem digitalen Warenwirtschaftssystem in einem Groß-/Außenhandelsunternehmen versteht.

2. Geben Sie an, welche Voraussetzungen für die Nutzung eines digitalen WWS erfüllt sein müssen.

3. Beschreiben Sie die Teilsysteme in einem WWS.

4. Nennen Sie die Hardware, die in einem WWS eingesetzt werden kann.

5. Erklären Sie den Aufbau eines GTIN-Codes oder EAN-Codes.

6. Die Primus GmbH überlegt, ob sie mit einigen ihrer Kunden in einen Datenverbund eintreten soll. Die Datenbank der Primus GmbH soll mit dem WWS der Kunden über Datenleitungen gekoppelt werden.
   a) Überlegen Sie, welche Arbeitsabläufe dadurch rationalisiert werden können.
   b) Beschreiben Sie, wie diese Arbeitsabläufe durch den digitalen Datenbankverbund aussehen können.
   c) Beschreiben Sie, welchen Einfluss diese Maßnahme auf die Arbeit der Mitarbeiter der Primus GmbH haben könnte.

7. Die Primus GmbH arbeitet mit einem digitalen Warenwirtschaftssystem. Welche Vorteile bietet dieses System der Primus GmbH?
   1. Artikelgenaue und aktuelle Informationen, schnelleren Zugriff auf wichtige Daten, Vereinfachung der Arbeitsprozesse.
   2. Artikelgenaue und aktuelle Informationen, schnelleren Zugriff auf wichtige Daten, hohe Kapitalbindung.
   3. Artikelgenaue und aktuelle Informationen, schnelleren Zugriff auf wichtige Daten, Vereinfachung der Arbeitsprozesse, Wegfall von Artikelnummern.

4. Artikelgenaue und aktuelle Informationen, schnelleren Zugriff auf wichtige Daten, Vereinfachung der Arbeitsprozesse, Wegfall von Artikelnummern, hohe Kapitalbindung.
5. Artikelgenaue und aktuelle Informationen, schnelleren Zugriff auf wichtige Daten, Vereinfachung der Arbeitsprozesse, hohe Kapitalbindung.

3 Beschaffungsvorgänge aus der EU und Drittländern bearbeiten

3.1 Bezugsquellen im Außenhandel ermitteln

Marc Cremer, Gruppenleiter Einkauf/Import bei der Primus GmbH, erklärt Nicole Höver den Auftrag, den sie gerade bearbeitet: „Wir möchten zukünftig Bürostühle anbieten, deren Schwinggestell aus Holz ist. Für diesen Artikel soll Frau Rost, Sachbearbeiterin Bürotechnik/-einrichtung nach inländischen Bezugsquellen suchen. Ich stelle eine Liste von skandinavischen Lieferern zusammen. Zum Beispiel habe ich vor ein paar Wochen ein Unternehmen aus Oslo gefunden, die Scanda Møbelfabrikk. Wir haben inzwischen einen Mustersessel geschickt bekommen, sehr vielversprechend. Mit Scanda werden wir wohl stärker ins Geschäft kommen." „Okay, aber wie kommen Sie so schnell an die Namen und Anschriften der Unternehmen?", will Nicole wissen. „Muss man da im Internet ‚Büromöbel aus Norwegen' als Suchbegriff eingeben?" Herr Cremer ermuntert sie: „Das wäre zumindest einen Versuch wert, Frau Höver."

ARBEITSAUFTRÄGE
◆ Überprüfen Sie, welche Vorteile die Primus GmbH durch eine Beschaffung im Ausland haben könnte.
◆ Stellen Sie fest, welche Informationsquellen Nicole Höver bei ihrer Suche nach ausländischen Lieferern nutzen kann.

● **Kriterien der Bezugsquellenermittlung im Außenhandelsgeschäft**

Im Zeitalter des „Global Sourcing" möchten Groß- und Außenhändler von den betriebswirtschaftlichen Vorteilen der internationalen Arbeitsteilung profitieren. Sie beschaffen ihre Waren systematisch auf internationalen Märkten, was durch die rasant gewachsenen Verkehrs- und Kommunikationsinfrastrukturen zu vergleichsweise geringen Kosten möglich ist. Bei der Auswahl ausländischer Bezugsquellen können – wie im Binnenhandel – unterschiedliche Kriterien eine Rolle spielen (vgl. S. 337). Die Suche wird sich zunächst auf **diejenigen Länder** konzentrieren, von denen die ==vorteilhaftesten Bedingungen== bzw. **geringsten Risiken** für das Außenhandelsgeschäft erwartet werden können (= günstiges Länderprofil).

Diese Länderbedingungen allein bieten jedoch noch keine Gewähr dafür, dass ein bestimmtes Unternehmen im Lieferland geeignet ist. Wie im Binnenhandel sind **unternehmensspezifische Informationen** über den Lieferanten einzuholen.

Kriterien	Beispiele
Preisvorteile der Ware	niedrigere Bezugs-/Einstandspreise für Produkte aus Niedriglohnländern oder Ländern mit schwacher Währung; Zollvergünstigungen für Waren aus Entwicklungsländern oder anderen Präferenzgebieten
Qualitätsvorteile der Ware	Einhaltung internationaler Qualitätsstandards bei Rohstoffauswahl und Produktion; Produktions- oder Gestaltungs-Know-how (z. B. italienisches oder skandinavisches Design)
Seriosität und Zuverlässigkeit von Lieferanten	Vertragstreue bei der Zusicherung von Wareneigenschaften und Lieferterminen. Beachtung von Urheberrechten, Patenten und eingetragenen Designs
Rechtssicherheit	Anerkennung internationaler Rechtsvorschriften durch das Lieferland; Amtshilfe der Gerichte des Lieferlands bei der Durchsetzung von Ansprüchen ausländischer Vertragspartner
Infrastruktur/Lieferzeiten	guter Ausbau der Transportwege, -einrichtungen und der Telekommunikation, leistungsfähige Logistikpartner mit günstiger Transporthäufigkeit und -dauer
Politisches Klima	innere und äußere Stabilität des Lieferlandes

● Besonderheiten bei der Informationsbeschaffung

Zwischen dem inländischen Unternehmen und möglichen Lieferern im Ausland sind meist große Entfernungen zu überbrücken.

Deshalb ist es wichtig, im Inland **schnell** und **kostengünstig** auf **aktuelle Informationen** über ausländische Bezugsquellen zugreifen zu können. Dies ist besonders wichtig, wenn Erfahrungen mit Lieferern aus dem betreffenden Land fehlen. So kann der Umfang kostspieliger Recherchen im Ausland vermindert werden.

Bereits zur ersten Auswertung ausländischer Informationen ist es notwendig, die jeweilige **Landes- oder Korrespondenzsprache** zu beherrschen.

Beispiel Die Primus GmbH korrespondiert mit ausländischen Kunden und Lieferern meist in Englisch. Deshalb bilden sich die Im- und Exportmitarbeiter der Primus GmbH regelmäßig in Wirtschaftsenglisch fort.

● Informationsquellen für den Außenhandel

Für die Bezugsquellenermittlung bei Außenhandelsgeschäften stehen **zusätzliche betriebsexterne Informationsquellen** zur Verfügung. Diese können **auch bei allen weiteren Fragen** zur Anbahnung und Abwicklung von Außenhandelsgeschäften der Im- oder Exportseite herangezogen werden.

Informationsquelle	Erläuterung
B2B-Onlinehandelsplattformen	Lieferanten können in weltweit ca. 1500 Handelsplattformen bzw. -portalen ihr Unternehmensprofil für internationale Geschäftskunden anlegen und Waren und Dienstleistungen anbieten. Handelsplattformen sind oft auf Angebote aus bestimmten Auslandsmärkten spezialisiert: europages.de (Europa), alibaba.com (China), tiu.ru (Russland, Ukraine, Belarus)
Germany Trade & Invest Bonn	Wirtschaftsförderungsgesellschaft der Bundesrepublik Deutschland mit Sitz in Berlin und weiterer Niederlassung in Bonn mit 45 Auslandkorrespondenten und ca. 300 Mitarbeitern in Köln. Die **Germany Trade & Invest** veröffentlicht aktuelle Informationen über den Außenhandel (z. B. Länderberichte, Geschäftswünsche). Kostenpflichtige und freie Informationsdienste: – schriftliche und telefonische Direktauskunft – Datenbankrecherche über das Internet Homepage: www.gtai.de; viele Links zu weiteren Informationsquellen aus dem Außenhandel
ixpos.de	Außenwirtschaftsportal des Bundeswirtschaftsministerium im Internet, in dem alle Serviceangebote und Dienstleistungen zur Förderung von Export und Außenhandel zusammengestellt sind
Fachverbände	z. B. Außenhandelsverbände, international über Dachverbände organisiert (z. B. BGA: Bundesverband Großhandel, Außenhandel, Dienstleistungen e. V.). Sie helfen ihren Mitgliedsunternehmen bei der Anbahnung internationaler Geschäftskontakte.
IHK	Auslandsabteilungen der Industrie- und Handelskammern verfügen über ausländische Geschäftsadressen
Deutsche Auslandshandelskammern	Sitz in allen wichtigen Außenhandelsländern der Bundesrepublik Deutschland. Sie verfügen über Geschäftsadressen und haben besondere „Vor-Ort-Kenntnisse" des jeweiligen Auslandsmarktes (kostenpflichtige Serviceleistungen). Internetkontakt über die AHK-Homepage: www.ahk.de
Handelsinformationszentren	z. B. japanische Außenhandelszentrale, Düsseldorf; Korea Trade Center, Frankfurt a. M. Sie vermitteln Geschäftskontakte in das vertretene Land.
Fachverlage	Adressbücher/Länderberichte können bei Fachverbänden, Banken und Handelskammern eingesehen werden und sind über den Buchhandel erhältlich.

Beschaffungsvorgänge aus der EU und Drittländern bearbeiten

Beispiel Nicole Höver suchte die Bezugsquelle für die gewünschten Bürostühle z. B. über eine internationale B2B-Handelsplattform und erhielt folgenden Treffer:

> Scanda Møbelfabrikk A/S (Hersteller/Fabrikant) ist ein Unternehmen, das 1980 gegründet wurde und in der Branche Laden- und Büroeinrichtungen tätig ist. Es ist ebenfalls in den Branchen Küchen – Mobiliar, Tische und Stühle, Wohnmöbel präsent. Es hat seinen Sitz in Oslo, Norwegen.
>
> Unternehmen kontaktieren:
>
> Scanda Møbelfabrikk A/S, N-0230 Oslo, info@scanda.com +47 224709-99

Nach der Kontaktaufnahme erhielt die Primus GmbH von der Scanda Møbelfabrikk A/S folgendes Angebot (Auszug):

> **Offer**
>
> Chairs for offices, conference and lecture rooms. Backrest are made of plywood with new wool covers. Available in 30 colours. These chairs are stackable and can be connected in rows. Incoterm CIF Rotterdam. Unit price if you buy 200 (20ft container) 124,95 €, if you buy 400 (40ft container) 109,95 EUR. We grant a 10 % discount on the list price for your first order.

● Erhöhter Informationsbedarf

Aufgrund der besonderen Informationsquellen ist es relativ einfach, Kontakt zu ausländischen Anbietern zu bekommen. Allerdings sollten gerade bei Erstgeschäften weiter gehende Informationen über deren Leistungsfähigkeit und Zuverlässigkeit beschafft werden. Auch kann es erforderlich sein, persönliche Eindrücke vor Ort zu gewinnen, z. B. durch Besuche von Fachmessen oder direkt beim ausländischen Lieferanten.

Beispiel Marc Cremer lässt sich von der Scanda Møbelfabrikk A/S über deren Exporterfahrungen berichten und überlegt, bei der deutsch-norwegischen Handelskammer in Oslo eine Unternehmensauskunft einzuholen. Auch merkt er sich vor, den Stand des Herstellers auf der nächsten Büromöbelmesse in Köln zu besuchen.

> **Bezugsquellen im Außenhandel ermitteln**
>
> - Die Entscheidung, in welchem Land man nach Bezugsquellen sucht, ist von bestimmten **Kriterien** abhängig, z. B. Preis-, Qualitätsvorteile der Waren, Zuverlässigkeit der Lieferer, Rechtssicherheit, Infrastruktur, politisches und soziales Klima.
>
> - Auf Informationen über ausländische Bezugsquellen muss vom Inland ohne große Umstände **schnell und kostengünstig zugegriffen** werden können.
>
> - Die **Beherrschung der jeweiligen Landes- oder Korrespondenzsprache** ist meist Voraussetzung für die Nutzung ausländischer Informationsquellen.
>
> - Für die Ermittlung ausländischer Bezugsquellen gibt es **besondere Informationsquellen**: Bundesstelle für Außenhandelsinformation, Fachverbände, Industrie- und Handelskammern, Außenhandelskammern, ausländische Handelsinformationszentren, Fachverlage.

- Im Außenhandelsgeschäft besteht, insbesondere bei Erstgeschäften, **ein erhöhter Informationsbedarf**. Deshalb werden über mögliche Handelspartner meistens **weiter gehende Informationen** eingeholt.

1. Ermitteln Sie, welche Informationsquellen Ihr Ausbildungsbetrieb (oder einer Ihrer Handelspartner) bei der Ermittlung ausländischer Bezugsquellen nutzt.

2. Erläutern Sie, welche Kosten bei der Ermittlung ausländischer Bezugsquellen höher ausfallen können als bei einer Bezugsquellenermittlung im Inland.

3. Sehen Sie sich die Information (S. 381) über die Scanda Møbelfabrikk A/S in Norwegen an. Welche weiteren Informationen würden Sie aus Sicht der Primus GmbH bei dem Hersteller anfordern, um seine Eignung als neue Bezugsquelle beurteilen zu können? Formulieren Sie einen Fax- oder E-Mail-Text, der möglichst genaue Angaben enthält (Korrespondenzsprache Englisch).

4. Nicole Höver soll für den Import von Büroartikeln aus Fernost verstärkt in b2b-Handelsplattformen recherchieren. Herr Krazek rät ihr dringend, nur Händler in die engere Wahl zu nehmen, von deren Seriosität man ausgehen könne. Außerdem solle sie die Einrichtungen der Handelsplattformen zum Käuferschutz nutzen.
  a) Erläutern Sie, auf welche Händlermerkmale Nicole bei ihrer Bezugsquellenermittlung in internationalen Handelsplattformen achten sollte.
  b) Erklären Sie, was Herr Krazek mit „Einrichtungen zum Käuferschutz" meint.

3.2 Bezugspreise im Außenhandel kalkulieren

3.2.1 Incoterms® 2020 als Kalkulationsgrundlage anwenden

„Na, was macht der Norwegen-Import", fragt Miroslav Krazek, Gruppenleiter Export der Primus GmbH, seinen Kollegen Marc Cremer, der mit Nicole Höver am Schreibtisch sitzt. „Alles unter Dach und Fach, wir haben mit Scanda A/S CIF Rotterdam vereinbart." Miroslav Krazek hakt nach: „Wieso nicht gleich DDP Duisburg, rechnete sich das nicht?" „Nein, unsere Spedition hat ein gutes Angebot gemacht für den Rest der Abwicklung, das ist insgesamt günstiger."

ARBEITSAUFTRÄGE
- Erläutern Sie die angesprochenen Vertragsklauseln und zeigen Sie, welche Rechte und Pflichten sich daraus für die Primus GmbH und ihre Handelspartner ergeben.
- Erläutern Sie, welche Auswirkung die Wahl der Vertragsklausel CIF Rotterdam auf die Bezugskalkulation der Primus GmbH als Importeur hat.

● Bezugskosten bei Außenhandelsgeschäften

Aus Sicht des **Importeurs** sind Versandkosten bereits im **Bareinkaufspreis** der Ware enthalten, wenn der Exporteur einen Teil oder sämtliche Kosten bis zum Eintreffen der Lieferung am Bestimmungsort zu tragen hat und diese Kosten in den Verkaufspreis einkalkuliert.

Versandkosten, die dem Importeur darüber hinaus in Rechnung gestellt werden, sind -wie im Binnenhandel- als **Bezugskosten** bei der **Kalkulation des Bezugspreises** zu berücksichtigen (vgl. Bezugskalkulation S. 350 ff.). Im Vergleich zu Inlandsgeschäften gibt es jedoch einige Besonderheiten:

Bezugskosten	Besonderheiten bei der Bezugskalkulation im Importgeschäft
Fracht- und Umschlagskosten	Die Ware ist im internationalen Handel zumeist auf langen Strecken unterwegs. Oft wird die Ladung mehrfach zwischen verschiedenen Verkehrsträgern umgeschlagen, wodurch **Fracht- und Umschlagskosten** vergleichsweise **höher** sind als bei entsprechenden Inlandsgeschäften.
Transportversicherung	Aufgrund des Transports über lange Strecken (s.o.) besteht bei Außenhandelsgeschäften ein **höheres Transportrisiko** mit Beschädigung oder Verlust der Ware. Je nach Vereinbarung trägt der Importeur die Gefahr für die gesamte Strecke oder nur für einen Streckenabschnitt. Zur Abdeckung seines Teils des Risikos schließt er eine **Transportversicherung** ab. Oftmals entscheidet sich der Importeur aber zur Risikominderung für eine eigene **vollständige Deckung „von Haus zu Haus"**, selbst wenn der Exporteur bereits eine Versicherung für einen Streckenabschnitt abgeschlossen hat. Dadurch erhöht sich der Anteil der Transportversicherung an den Bezugskosten.
Kosten im Zusammenhang mit Ausfuhr-/Einfuhr bzw. Zollabfertigung	Im Gegensatz zum Binnenhandel ist der Außenhandel auch **grenzüberschreitender Handel zwischen verschiedenen Zollgebieten**. Die damit notwendigen **Ausfuhr- und Einfuhrverfahren** können unterschiedliche Kosten verursachen: Speditionsunternehmen oder Zollagenten übernehmen gegen **Entgelt** die **Zollformalitäten**, außerdem können **Einfuhrabgaben**, z. B. Zölle, anfallen.

Wie werden diese Versandkosten nun zwischen den internationalen Vertragspartnern aufgeteilt? Im Laufe der Zeit haben sich an den Handelsplätzen der Welt dazu jeweils eigene nationale bzw. regionale Handelsbräuche und -gepflogenheiten entwickelt, die im internationalen Handel dann aufeinandertrafen und miteinander kollidierten. Deshalb wurde es zunehmend wichtig, **allgemein akzeptierte Handelsbräuche für den internationalen Handel** zu entwickeln:

Beispiel Die Lieferung Bürostühle der Scanda A/S wird (1) im Container per Lkw vom Lager des Exporteurs zum Hafen in Oslo transportiert, (2) dort zollamtlich abgefertigt (Ausfuhr aus Norwegen) und (3) auf ein Containerschiff umgeladen. (4) Von Oslo aus wird die Ware zum Hafen Rotterdam verschifft, (5) dort zollamtlich abgefertigt (Einfuhr in die EU), (6) auf einen Lkw umgeladen und (7) der Primus GmbH (Importeur) in Duisburg zugestellt. Über die Verteilung der dadurch verursachten Kosten müssen Exporteur und Importeur Vereinbarungen treffen.

LF 3 Beschaffungsprozesse durchführen

Ablauf eines Außenhandelsgeschäfts:

1. Anfuhr zum Verschiffungshafen Oslo
2. Ausfuhranmeldung, zollamtliche Abfertigung
3. Umladen im Verschiffungshafen Oslo
4. Verschiffung
5. Einfuhranmeldung, Zahlung von Einfuhrabgaben (mit Zahlungsfrist)
6. Umladen im Bestimmungshafen Rotterdam
7. Zufuhr nach Duisburg

Transportversicherung

Exporteur: Scanda A/S, Oslo
Wer hat davon welche Kosten zu tragen?
Importeur: Primus GmbH Duisburg

Im Außenhandel wird eine **klare Kostenteilung** zwischen den Vertragspartnern durch die Anwendung der **Incoterms® 2020** erreicht (International Commercial Terms, Fassung 2020). Dies sind Klauseln, die bestimmte **Rechte und Pflichten der Kaufvertragspartner** im Außenhandelsgeschäft eindeutig festlegen. Als **Handelsbrauch** sind sie kein Gesetz, sondern eine Empfehlung der Internationalen Industrie- und Handelskammer in Paris an die Vertragspartner. Deshalb muss ihre Geltung ausdrücklich im Vertrag vereinbart werden.

LF 7

Beispiel Mit der Vereinbarung „CIF Rotterdam, Incoterms® 2020" (vgl. S. 387) bestimmten die Vertragspartner, dass die Scanda A/S als Exporteur den versicherten Versand bis zum Bestimmungshafen Rotterdam trägt, die Primus GmbH als Importeur sämtliche Kosten ab Zustellung vom Bestimmungshafen nach Duisburg.
Die Primus GmbH beauftragt für den versicherten Transport von Rotterdam nach Duisburg die ortsansässige Spedition Intrada GmbH, die als weitere Dienstleistung auch sämtliche Zollformalitäten im Bestimmungshafen erledigt.
Das Schema zur Bezugskalkulation von Importgeschäften ist im Warenwirtschaftssystem der Primus GmbH hinterlegt:

Anbieter	Scanda A/S
Vorläufige Artikelnummer	7731 5284
Artikelname	Bürostuhl Trulleborg
HS Code	94039030
Incoterm	CIF Rotterdam
Einheit	Stück
Anzahl	200
	Betrag Währung
Listeneinkaufspreis Stück	124,95 EUR
Listeneinkaufspreis Auftrag	24 990,00 EUR
– Rabatt 10 %	2 499,00 EUR
Zieleinkaufspreis	22 491,00 EUR
– Skonto	0,00 EUR
Bareinkaufspreis	22 491,00 EUR
Bezugskosten:	
Sonstige Bezugskosten Ausland	0,00 EUR
Rollgeld Anfuhr: Lkw Hafen Oslo	0,00 EUR
Versicherung Anfuhr	0,00 EUR
Umschlagsentgelt Hafen Oslo	0,00 EUR
Fracht: Schiffstransport Oslo-Rotterdam	0,00 EUR
Versicherung Hauptlauf	0,00 EUR

Umschlagsentgelt Hafen Rotterdam	260,00 EUR
Rollgeld Zufuhr: Lkw Rotterdam-Duisburg	625,00 EUR
Versicherung Zufuhr	89,00 EUR
Alternativ: Haus-zu-Haus-Police, volle Deckung	0,00 EUR
Ausfuhrabwicklung	0,00 EUR
Einfuhrabwicklung	56,00 EUR
Zollwert	0,00 EUR
Zoll (Zollsatz 0,00 %)	0,00 EUR
Akkreditivkosten	0,00 EUR
Finanzierungskosten	0,00 EUR
Sonstige Bezugskosten Inland	0,00 EUR
Bezugspreis Lieferung lt. Angebot	**23 521,00 EUR**
Bezugspreis Stück	**117,605 EUR**

● Incoterms® 2020[1]

LF 7

Liefer- und Abnahmebedingungen werden bei Außenhandelsgeschäften sehr unterschiedlich gestaltet. Aus diesem Grund gibt es **elf Incoterms®**, die auf die verschiedenen Möglichkeiten von Lieferbedingungen zugeschnitten sind. Incoterms® können auch im EU-Binnenhandel sowie bei Inlandsgeschäften verwendet werden. Die Vereinbarungen über die Abwicklung von Aus- und Einfuhr werden dann nicht angewendet.

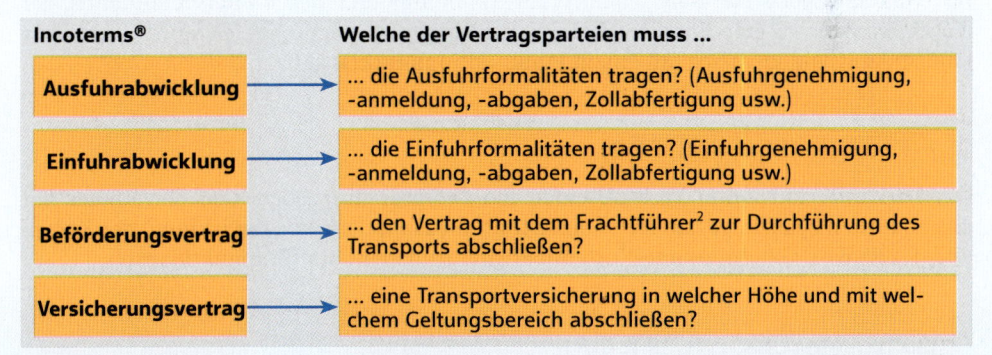

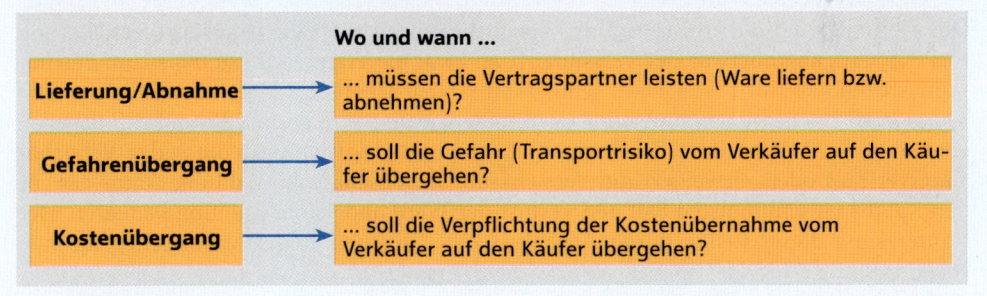

Incoterms®	Welche der Vertragsparteien muss ...
Ausfuhrabwicklung	... die Ausfuhrformalitäten tragen? (Ausfuhrgenehmigung, -anmeldung, -abgaben, Zollabfertigung usw.)
Einfuhrabwicklung	... die Einfuhrformalitäten tragen? (Einfuhrgenehmigung, -anmeldung, -abgaben, Zollabfertigung usw.)
Beförderungsvertrag	... den Vertrag mit dem Frachtführer[2] zur Durchführung des Transports abschließen?
Versicherungsvertrag	... eine Transportversicherung in welcher Höhe und mit welchem Geltungsbereich abschließen?

	Wo und wann ...
Lieferung/Abnahme	... müssen die Vertragspartner leisten (Ware liefern bzw. abnehmen)?
Gefahrenübergang	... soll die Gefahr (Transportrisiko) vom Verkäufer auf den Käufer übergehen?
Kostenübergang	... soll die Verpflichtung der Kostenübernahme vom Verkäufer auf den Käufer übergehen?

[1] „Incoterms®" ist eine eingetragene Marke der Internationalen Handelskammer (ICC). Incoterms®2020 ist einschließlich aller seiner Teile urheberrechtlich geschützt. Die ICC ist Inhaberin der Urheberrechte an den Incoterms®2020. Bei den vorliegenden Ausführungen handelt es sich um inhaltliche Interpretationen zu den von der ICC herausgegebenen Lieferbedingungen durch die Autoren. Diese sind für den Inhalt, Formulierungen und Grafiken in dieser Veröffentlichung verantwortlich. Für die Nutzung der Incoterms® in einem Vertrag empfiehlt sich die Bezugnahme auf den Originaltext des Regelwerks. Dieser kann über ICC Germany unter www.iccgermany.de und www.incoterms2020.de bezogen werden.
[2] Nach den Incoterms® ist Frachtführer, wer sich durch Beförderungsvertrag verpflichtet, den Transport (Straße, Schiene, Luft, Binnengewässer, See) durchzuführen oder durchführen zu lassen.

Die Incoterms® sind in **vier Gruppen E-F-C-D** eingeteilt. Aus der **Sicht des Verkäufers** enthalten die Klauseln **zunehmende Verpflichtungen (vereinfachte Darstellung):**

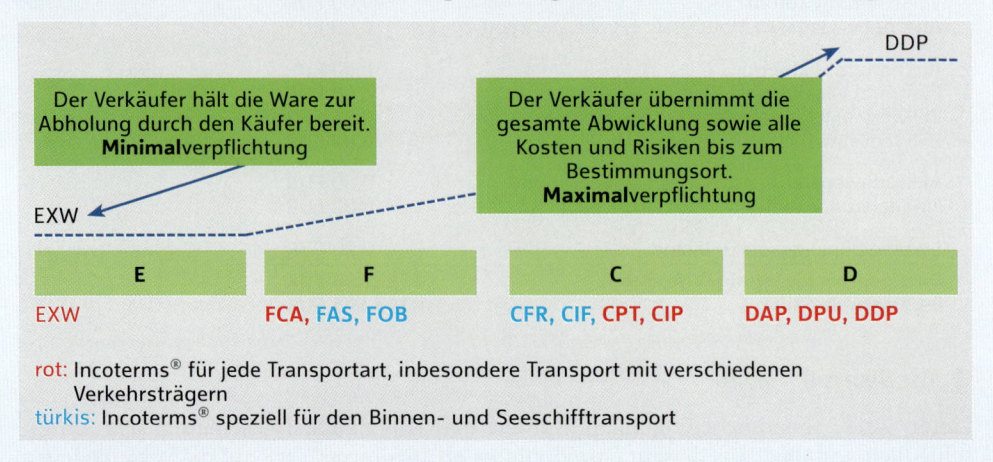

```
                                                                              DDP
    ┌─────────────────────────┐   ┌─────────────────────────┐                ↗
    │ Der Verkäufer hält die  │   │ Der Verkäufer übernimmt │
    │ Ware zur Abholung durch │   │ die gesamte Abwicklung  │
    │ den Käufer bereit.      │   │ sowie alle Kosten und   │
    │ Minimalverpflichtung    │   │ Risiken bis zum         │
    └─────────────────────────┘   │ Bestimmungsort.         │
                                  │ Maximalverpflichtung    │
EXW ←                             └─────────────────────────┘

      ┌──────┐      ┌──────┐      ┌──────┐      ┌──────┐
      │  E   │      │  F   │      │  C   │      │  D   │
      └──────┘      └──────┘      └──────┘      └──────┘
       EXW          FCA, FAS,     CFR, CIF,     DAP, DPU, DDP
                    FOB           CPT, CIP
```

rot: Incoterms® für jede Transportart, inbesondere Transport mit verschiedenen Verkehrsträgern
türkis: Incoterms® speziell für den Binnen- und Seeschifftransport

○ E-Klausel (EXW/ex works, ab Werk)

Der Verkäufer muss die Ware lediglich zur Abholung durch den Käufer bereithalten, der die weitere Abwicklung mit allen Kosten und Risiken zu tragen hat. Gefahren- und Kostenübergang sind identisch (an einem Punkt = **Einpunktklausel**).

○ F-Klauseln (FCA, FAS, FOB)

Der Verkäufer muss die Ware an einen Frachtführer übergeben, den der Käufer auf eigene Kosten beauftragt hat. Der Käufer trägt die Hauptlast der Abwicklung, der Kosten und des Risikos. Gefahren- und Kostenübergang sind identisch (Einpunktklausel).

○ C-Klauseln (CFR, CIF, CPT, CIP)

Der Verkäufer muss den Frachtführer beauftragen und ggf. eine Transportversicherung (bei CIF, CIP) abschließen. Der Verkäufer trägt zwar die Transportkosten bis zum Bestimmungshafen bzw. -ort, die Gefahr jedoch nur bis zur Übergabe an den Frachtführer. Das Transportrisiko liegt somit aufseiten des Kunden, auch wenn er bei CIF und CIP dagegen versichert wird. Unterlässt der Verkäufer vertragswidrig den Abschluss des Versicherungsvertrags oder verweigert die Versicherungsgesellschaft die Zahlung, kann das für den Käufer im schlimmsten Fall den Verlust der Ware und seiner Zahlung bedeuten. Der Käufer kann dieses Risiko durch Abschluss einer eigenen Transportversicherung ausschalten.

Die Orte/Zeitpunkte des Gefahren- und Kostenübergangs sind bei CIF und CIP **nicht** identisch (an zwei Punkten = **Zweipunktklausel**).

Beschaffungsvorgänge aus der EU und Drittländern bearbeiten

	FCA free carrier frei Frachtführer (benannter Ort)	FOB free on board frei an Bord (benannter Verschiffungshafen)
Beispiele	„FCA Intercargo Düsseldorf"	„FOB Travemünde"
Ausfuhrabwicklung	Verkäufer	Verkäufer
Einfuhrabwicklung	Käufer	Käufer
Beförderungsvertrag	Käufer – jede Transportart – Der Käufer informiert den Verkäufer über notwendige Einzelheiten. (Name des Frachtführers, Übergabetermin usw.)	Käufer – Schiffstransport – (Reeder, Schiffsnamen, Ladeplatz, Liefertermin usw.)
Versicherungsvertrag	nicht geregelt	
Lieferung/Abnahme	Übergabe der Ware an den Frachtführer in Düsseldorf	An-Bord-Lieferung auf das benannte Schiff in Travemünde
Gefahren- und Kostenübergang	Übergabe der Ware an den Frachtführer in Düsseldorf	Transportgut (Ware) ist im Verschiffungshafen auf dem Schiff abgesetzt worden.

	CIF cost, insurance, freight Kosten, Versicherung und Fracht (benannter Bestimmungshafen)	CIP carriage and insurance paid frachtfrei versichert (benannter Bestimmungsort)
Beispiele	„CIF Hamburg"	„CIP Port Duisburg", Heavy Lift Terminal
Ausfuhrabwicklung	Verkäufer	Verkäufer
Einfuhrabwicklung	Käufer	Käufer
Beförderungsvertrag	Verkäufer – Schiffstransport – Der Verkäufer informiert den Käufer über notwendige Einzelheiten. (Name des Schiffs, Liefertermin usw.)	Verkäufer – jede Transportart – (Name des Beauftragten, Liefertermin usw.)
Versicherungsvertrag	Der Verkäufer schließt auf eigene Kosten zugunsten des Käufers eine Transportversicherung ab gemäß International Cargo Clauses C (Mindestversicherungsschutz)	Cargo Clauses A (All Risk – höchste Deckung)
Lieferung	An-Bord-Lieferung im Verschiffungshafen	Übergabe an den Frachtführer
Abnahme	im Bestimmungshafen	am Bestimmungsort
Gefahrenübergang	Transportgut (Ware) ist im Verschiffungshafen auf dem Schiff abgesetzt worden.	Übergabe an den Frachtführer
Kostenübergang	im Bestimmungshafen, ... wenn die entladene Ware dem Käufer zur Verfügung gestellt wird	am Bestimmungsort, ...

D-Klauseln (DAP, DPU, DDP)

Der Verkäufer trägt Kosten und Gefahren bis zum vereinbarten Ort beim Käufer (Lieferort Grenze/Bestimmungshafen oder Bestimmungsort im Einfuhrland). Die Orte/Zeitpunkte des Gefahren- und Kostenübergangs sind identisch (Einpunktklausel).

	DAP delivered at place geliefert (benannter Bestimmungsort)	DDP delivered duty paid geliefert verzollt (benannter Bestimmungsort)
Beispiele	„DAP Containerterminal Buchardkai, Hamburg", „DAP Koloniestraße 2-4, Duisburg"	„DDP Koloniestraße 2-4, Duisburg"
Ausfuhrabwicklung	Verkäufer	Verkäufer
Einfuhrabwicklung	Käufer	Verkäufer
Beförderungsvertrag	Verkäufer – jede Transportart – Der Käufer informiert den Verkäufer über notwendige Einzelheiten. (Name des Frachtführers, Liefertermin usw.)	Verkäufer – jede Transportart – (Name des Frachtführers, Liefertermin usw.)
Versicherungsvertrag	nicht geregelt	
Lieferung/ Abnahme, Gefahren- und Kostenübergang	am benannten Bestimmungsort, wenn die Ware dort angekommen und dem Käufer entladebereit freigegeben wird	am Bestimmungsort Duisburg, sobald die Ware dem Käufer entladebereit freigegeben wird

Incoterms® 2020 als Kalkulationsgrundlage anwenden

- Die **Incoterms® regeln**, sofern sie **Vertragsbestandteil** sind, als international anerkannter Handelsbrauch **die Lieferbedingungen**: Ausfuhr-, Einfuhrabwicklung, Beförderungs-, Versicherungsvertrag, Lieferung und Abnahme, Gefahren- und Kostenübergang.

Ausgewählte Incoterms®			
EXW (ab Werk)	FCA (frei Frachtführer)	CIF (Kosten, Versicherung, Fracht)	DAP (geliefert benannter Ort)
	FOB (frei an Bord)	CIP (frachtfrei versichert)	DDP (geliefert verzollt)

Bezugskalkulation bei Importgeschäften

- Preisnachlässe des Exporteurs
      Rechnungsbetrag (netto einschl. Exportverpackung)
  – Rabatte
  = Zieleinkaufspreis
  – Skonto
  = Bareinkaufspreis

● Incoterms® 2020: Kostenteilung zwischen Exporteur und Importeur

	1. Anfuhr	2. Ausfuhrabwicklung Ausfuhrabgaben Zollbehörde im Ausland	3. Umladen Verschiffungshafen Abflughafen Startbahnhof Lkw HUB	4. Haupt-transport	5. Einfuhrabwicklung Einfuhrabgaben Zollbehörde in der EU	6. Umladen Bestimmungshafen Zielflughafen Zielbahnhof Lkw HUB	7. Zufuhr
EXW							
FCA							
FOB							
CIF							
CIP							
DAP¹							
DDP							

¹ DAP - hier mit Bestimmungsort am Sitz des Käufers. Mögl. Alternative vgl. S. 384

---

1. Für einen Import verschiedener Büroartikel aus den USA (20 ft-Container) liegen der Primus GmbH zwei Angebote mit unterschiedlichen Lieferbedingungen für New-York – Duisburg vor: DDP Duisburg und CIF Antwerpen.
   a) Nennen Sie die jeweils möglichen beteiligten Verkehrsträger.
   b) Erklären Sie, welche einzelnen Bezugskosten die Primus GmbH ermitteln müsste, um in der Bezugskalkulation beide Angebote quantitativ miteinander vergleichen zu können.

2. Die Primus GmbH importiert Waren aus Oslo/Norwegen. Die Rechnungsstellung erfolgt in Euro. Folgende Kosten fallen an:

Rollgeld Vorlauf Lkw Hafen Oslo	390,00 EUR
Versicherung Vorlauf	200,00 EUR
Umschlagsentgelt Hafen Oslo	250,00 EUR
Fracht Hauptlauf Schiff Oslo-Hamburg	1 720,00 EUR
Versicherung Hauptlauf	370,00 EUR
Umschlagsentgelt Hafen Hamburg	260,00 EUR
Rollgeld Nachlauf Lkw Hamburg-Duisburg	1 050,50 EUR
Versicherung Nachlauf	190,00 EUR
Alternativ: Haus-zu-Haus-Police, volle Deckung	700,00 EUR
Ausfuhrabwicklung	95,00 EUR
Einfuhrabwicklung	115,00 €

Berechnen Sie den Gesamtbetrag, den die Primus GmbH bei den folgenden Lieferbedingungen übernimmt: **EXW** Oslo, **FOB** Oslo, **CIP** Hamburg, **DPU** Duisburg. Sofern nicht bereits durch Incoterms® geregelt, soll der Vertragspartner, der das Transportmittel besorgt, den Transportversicherungsvertrag auf eigene Rechnung abschließen. Setzen Sie dazu die Tabellenkalkulation ein.

3. Die Primus GmbH möchte nachhaltig gefertigte Massivholzschreibtische von der Springer Möbel AG, Bern/Schweiz importieren. Der Erstauftrag soll 30 Stück betragen. Die Lieferung erfolgt über die Kombination Vorlauf: Lkw, Hauptlauf: Bahntransport Bern/Duisburg, Nachlauf: Lkw. Die Rechnungsstellung erfolgt in Euro. Die Lieferung ist zollfrei. Dazu liegen Ihnen drei Angebote vor:

	Naturholzmöbel Springer Möbel AG Hersteller	Möbelvertrieb AG Luzern	International Krueger AG Zürich
Lieferbedingung	EXW Bern	CIP Duisburg	DDP Duisburg
Angebotspreis	44 280,00 EUR	44 500,00 EUR	44 983,00 EUR
Rabatt	5 %	0	–
Zahlungsbedingungen	2 % Skonto, 30 Tage netto Kasse	2 % Skonto, 30 Tage netto Kasse	Vorkasse

Es fallen folgende Kosten an:

Rollgeld Vorlauf Lkw Lieferant-Bahnterminal Bern	330,00 EUR
Versicherung Vorlauf	99,00 EUR
Umschlagsentgelt Bahnterminal Bern	178,00 EUR
Hauptlauf Bahnfracht Bern/Duisburg	1 985,00 EUR
Versicherung Hauptlauf	127,00 EUR
Umschlagsentgelt Bahnterminal Duisburg	120,00 EUR
Rollgeld Nachlauf Lkw Bahnterminal Duisburg – Primus GmbH	189,00 EUR
Versicherung Nachlauf	67,00 EUR
Alternativ: Haus-zu-Haus-Police, volle Deckung	233,00 EUR
Ausfuhrabwicklung	78,00 EUR
Einfuhrabwicklung	56,00 EUR
Zoll	0,00 EUR

Eine Transportversicherung ist für den Streckenabschnitt abzuschließen, für den die Gefahr zu tragen ist, es sei denn, in den Incoterms® ist etwas abweichend davon geregelt.
Ermitteln Sie den Bezugspreis für den Auftrag und pro Stück. Nutzen Sie dazu die Tabellenkalkulation.

4. Die Primus GmbH hat bei Importgeschäften die Möglichkeit, trotz bereits bestehender Transportversicherungen für einzelne Streckenabschnitte eine eigene Transportversicherung mit voller Deckung und „Haus-zu-Haus"-Geltung abzuschließen (vgl. Aufgabe 3). Erläutern Sie mögliche Gründe, die die Primus GmbH zum Abschluss dieser Versicherung veranlassen könnten.

3.2.2 Von und in Fremdwährungen umrechnen (Währungsrechnen) LF 7

Helga Konski, die Abteilungsleiterin Einkauf, spricht ihre Auszubildende an: *„Frau Höver, Sie hatten doch vor drei Wochen das Angebot der Scanda A/S aus Oslo für den Bürostuhl Trulleborg besorgt."* „Ja, ich erinnere mich", entgegnet Nicole Höver, *„124,95 EUR Listenpreis CIF Rotterdam."* Frau Konski berichtet: *„Ich habe dort noch einmal angerufen und die gültige Preisliste angefordert, da stehen die Preise in Norwegischen Kronen (NOK), sowohl für das Inland und auch für den Export. Danach würde der Trulleborg 1267,00 NOK kosten. Seit ein paar Wochen hat die Norwegische Krone deutlich an Wert verloren. Wahrscheinlich ist es besser, wir vereinbaren Zahlung in Norwegischer Krone, nicht in Euro. Der Kurs vor drei Wochen war der Kurs 10,1290, jetzt liegt er bei 11,2300. Rechnen Sie das doch bitte mal durch."* Nicole ist erschrocken, als sie den Auftrag erhält, da sie bisher noch nichts mit der Umrechnung von Auslandswährung zu tun hatte. *„Der Kurs ist doch jetzt höher als vor drei Wochen – und die Norwegische Krone hat an Wert verloren … Müsste der Kurs da nicht jetzt niedriger sein? Verstehe ich so nicht."*

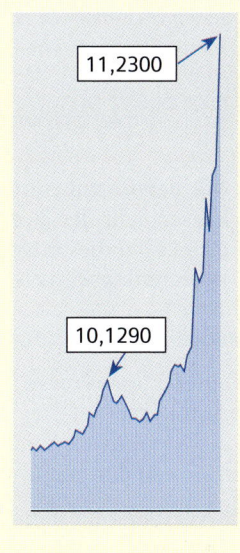

ARBEITSAUFTRÄGE
- Rechnen Sie den CIF-Preis des Bürostuhls für beide genannten Zeitpunkte von Norwegischen Kronen in Euro um. Berechnen Sie die Differenz beider Preise für den gesamten Auftragswert (Listenpreis) in Euro. Um wie viel Prozent hat sich der Preis verändert?
- Erläutern Sie die Unterschiede zwischen Sorten und Devisen, Geld- und Briefkurs.

● Umrechnung von Währungen beim Ein- und Verkauf

- Werden Waren im Ausland (Fremdwährungsländer) beschafft, müssen die Bezugs-, Einstandspreise in Euro ermittelt werden, um den **Angebotsvergleich** zu ermöglichen. Dies erfordert die **Umrechnung von Fremdwährung in Euro**.

- Bei Geschäften mit ausländischen Kunden **ist für Angebote auf Fremdwährungsbasis** die **Umrechnung von Euro in Fremdwährung** notwendig.

● Grundbegriffe bei der Umrechnung von Währungen

Währung ist die Geldordnung eines Landes oder einer Ländergruppe (Europäische Währungsunion = EWU). Die einzelnen Währungen werden nach den **Währungseinheiten** (z. B. Dollar, norwegische Kronen, japanische Yen) und nach dem **Geltungsbereich** unterschieden.

Fremdwährungen lassen sich unterscheiden in **Sorten** (Münzen, Banknoten) und **Devisen** (Überweisungen). Der Wert einer Währung im Vergleich zu einer anderen (= **Außenwert**) zeigt sich im **Wechselkurs**. Dieser kann auf zwei Arten angegeben werden:

Preisnotierung	Mengennotierung (= Kehrwert der Preisnotierung)
Preis in Inlandswährung für eine bestimmte Anzahl (z. B. 1, 100) von Fremdwährungseinheiten	Menge der Fremdwährung für eine bestimmte Anzahl (z. B. 1, 100) inländischer Währungseinheiten
Beispiel Kurs 0,8754 für USD/EUR 1,00 USD = 0,8754 EUR	**Beispiel** Kurs 1,1423 für EUR/USD 1,00 EUR = 1,1423 USD

> **Mit der Einführung des Euro** ist in der Bundesrepublik Deutschland bei Devisenkursen **von der Preis- zur Mengennotierung** übergegangen worden. Gehandeltes Objekt bei dieser Notierung ist der **Euro**, während **in Fremdwährung gezahlt** wird. Berechnungsbasis ist **1 Euro (EUR)**.

Bei den Kursnotierungen sind **Kassa-** und **Terminkurse** zu unterscheiden:

Während **Kassakurse** für sofort verfügbare Devisen **(Kassadevisen)** gelten, beziehen sich **Terminkurse** auf Devisen, die erst später verfügbar sind **(Termindevisen)**. Gegenüber dem Kassakurs enthält der Terminkurs regelmäßig einen Zu- oder Abschlag, der vom Zinsniveau des Fremdwährungslandes und der erwarteten Kursentwicklung abhängt.

Die Kurshöhe für den Ankauf und Verkauf ist unterschiedlich. Man unterscheidet:

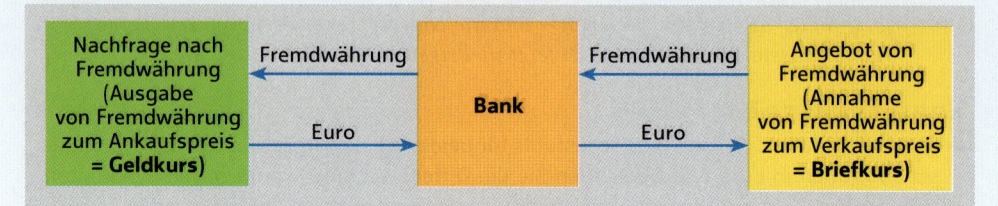

```
Nachfrage nach          ← Fremdwährung ─         ← Fremdwährung ─    Angebot von
Fremdwährung                              Bank                       Fremdwährung
(Ausgabe                                                             (Annahme
von Fremdwährung        ─ Euro →                 ─ Euro →            von Fremdwährung
zum Ankaufspreis                                                     zum Verkaufspreis
= Geldkurs)                                                          = Briefkurs)
```

Beispiel Ankaufspreis der Bank für 1,00 EUR: 1,57 CHF

Beispiel Verkaufspreis der Bank für 1,00 EUR: 1,6220 CHF

Kassakurse ausgewählter Währungen					
Kurstabelle Mengennotierung Wert eines Euro in Fremdwährung		**Überweisungen**		**Banknoten, Münzen (Bargeldzahlung)**	
Land	Internationale Kurzform	Devisen (Kassakurse)		Sorten[1]: Preise am Bankschalter	
		Geld	Brief	Geld	Brief
Australien	AUD	1,7779	1,8279	1,6356	1,8952
China	CNH, CNY	7,6330	0,4202	9,0109	6,3617
Japan	JPY	117,0000	117,4800	0,6182	1,1004
Kanada	CAD	1,5272	1,5392	1,4641	1,6108
Norwegen	NOK	11,2300	11,2780	10,7488	12,1151
Polen	PLN	4,5157	4,6557	4,0389	5,0190
Schweiz	CHF	1,0526	1,0566	1,0230	1,0914
USA	USD	1,0771	1,0831	1,0490	1,1192
Vereinigtes Königreich	GBP	0,87825	0,88225	0,8441	0,9072

---
[1] Von den Banken wird bei Sorten noch vielfach an der gewohnten Preisangabe festgehalten (1,00 USD kostet ... EUR). Die obige Kurstabelle legt zur besseren Übersichtlichkeit und Vergleichbarkeit jedoch insgesamt die Mengennotierung zugrunde. Gehandelte Währung ist der Euro, während in Fremdwährung gezahlt wird.

Seit dem 1. Januar 2002 ist der Euro als Bargeld in den Teilnehmerstaaten Belgien, Deutschland, Estland, Finnland, Frankreich, Griechenland, Irland, Italien, Luxemburg, Lettland, Litauen, Malta, Niederlande, Österreich, Portugal, Slowakei, Slowenien, Spanien und Republik Zypern eingeführt und ausgegeben worden.

● Umrechnung von Fremdwährung in Euro

Bei der Umrechnung von einer Fremdwährung in Euro kann der einfache Dreisatz mit geradem (direktem) Verhältnis angewandt werden.

Beispiel Die Primus GmbH erhält von der ACME Systems Ltd., Shanghai, China, ein Angebot über 300 Multifunktionskopierer zu je 702,00 CNH, Geldkurs 1 EUR = 7,6330 CNH. Wie hoch ist der Rechnungsbetrag in Euro, wenn man diesen Kurs zugrunde legt?

Lösung

Rechnungssatz in CNH:	300 · 702,00 =	210 600,00 CNH
1. Bedingungssatz	7,6330 CNH =	1,00 EUR
2. Fragesatz	210 600,00 CNH =	x EUR
3. Bruchsatz	$x = \dfrac{1 \cdot 210600,00}{7,6330}$	x = 27 590,73 EUR

Lösungshinweis: Je mehr Norwegische Kronen desto mehr Euro, also liegt ein einfacher Dreisatz mit geradem Verhältnis vor.

> **Lösungsweg**
>
> Wenden Sie die Dreisatzrechnung an, indem Sie den Bedingungs-, Frage- und Bruchsatz aufstellen – beim Währungsrechnen liegt immer ein einfacher Dreisatz mit geradem (direktem) Verhältnis vor – oder benutzen Sie die Formel:
>
> $$\text{Euro-Betrag} = \frac{\text{Fremdwährungsbetrag}}{\text{Kurs}}$$

● Umrechnung von Euro in Fremdwährung

Auch bei der Umrechnung von Euro in eine Fremdwährung kann der einfache Dreisatz mit geradem (direktem) Verhältnis verwendet werden.

Beispiel Die Primus GmbH macht der Bürobedarfsgroßhandlung Carl Wägli, Schweiz, ein Angebot über verschiedene Büromöbel. Der Verkaufspreis liegt bei 30 000,00 EUR und soll für das Angebot in Schweizer Franken umgerechnet werden. Briefkurs 1,00 EUR = 1,5392 CHF. Wie hoch ist der Angebotspreis in Schweizer Franken, wenn dieser Kurs zugrunde gelegt wird?

Lösung

1. Bedingungssatz	1,00 EUR =	1,5392 CHF
2. Fragesatz	30 000,00 EUR =	x CHF
3. Bruchsatz	$x = \dfrac{30000,00 \cdot 1,5392}{1}$	x = 31 578,00 CHF

Lösungshinweis: Mehr Euro sind mehr Schweizer Franken, also liegt ein einfacher Dreisatz mit geradem Verhältnis vor.

> **Lösungsweg**
>
> Wenden Sie die Dreisatzrechnung an, indem Sie den Bedingungs-, Frage- und Bruchsatz aufstellen, oder benutzen Sie die Formel:
>
> $$\text{Fremdwährungsbetrag} = \text{Euro-Betrag} \cdot \text{Kurs}$$

Kursvergleich

Durch den **Vergleich** in- und ausländischer Währungskurse soll ermittelt werden, ob der Umtausch von Geldbeträgen im Einzelfall **im Inland oder im Land der Fremdwährung günstiger** ist.

Um die Kurse vergleichen zu können, ist zunächst zu prüfen:

- Ist der Kurs im Fremdwährungsland preis- oder mengennotiert? (Bei ausländischer Mengennotierung muss die Notierung zunächst auf 1,00 EUR umgerechnet werden.)
- Welcher Kurs (Geld- oder Briefkurs) wird beim Umtausch zugrunde gelegt?

Umtausch von …	Deutschland (EWU) Mengennotierung Euro/…	Land der Fremdwährung	
		Mengennotierung …/Euro	Preisnotierung Euro/…
Euro in Fremdwährung	Geld (Ankauf)	Brief (Verkauf)	Geld (Ankauf)
Fremdwährung in Euro	Brief (Verkauf)	Geld (Ankauf)	Brief (Verkauf)

Umtausch von Euro in Fremdwährung

Beispiel Marc Cremer will nach England reisen. Er überlegt, ob er in Duisburg oder erst in London 500,00 EUR in Britische Pfund (GBP) umtauschen soll.

Kursvergleichsrechnungen sind sinnvoll, wenn bei Auslandsaufenthalten Bargeldbeträge mitgeführt werden müssen, z. B. als Reisekasse oder für größere Barzahlungen. So kann von internationalen Kursunterschieden profitiert werden.

Beispiel

Land	Die Bank …	Kursnotierung	Berechnung
D	… kauft Euro gegen Britische Pfund.	Geldkurs EUR/GBP 0,8441	1,00 EUR = 0,8441 GBP 500,00 EUR = x GBP $x = \dfrac{500 \cdot 0{,}8441}{1}$ x = **422,05 GBP**
GB	… verkauft Britische Pfund gegen Euro.	Briefkurs GBP/EUR mengennotiert 1,1598	1,1598 EUR = 1,00 GBP 500,00 EUR = x GBP $x = \dfrac{1 \cdot 500}{1{,}1598}$ x = **431,11 GBP**

Der Umtausch der 500,00 EUR in Britische Pfund in Großbritannien ist in diesem Beispiel um 9,06 GBP günstiger.

Von und in Fremdwährungen umrechnen (Währungsrechnen)

- **Währung** ist die Geldordnung eines Landes oder einer Ländergruppe.
- Der **Außenwert** einer Währung drückt sich im Wechselkurs aus.
- Mithilfe der **Kurse** werden
  - Inlandswährungen in Fremdwährungen sowie
  - Fremdwährungen in Inlandswährungen umgerechnet.

Beschaffungsvorgänge aus der EU und Drittländern bearbeiten | 391

- **Kurs:**
  - **Preisnotierung:** Preis in Inlandswährung (Euro) für eine bestimmte Anzahl (z. B. 1, 100) fremder Währungseinheiten
  - **Mengennotierung:** Menge der Fremdwährung für eine bestimmte Anzahl inländischer Währungseinheiten (z. B. 1,00 EUR)
  - **Sortenkurse** für Banknoten und Münzen
  - **Devisenkurse** für Überweisungen
  - **Kassakurse** für sofort verfügbare Devisen
  - **Terminkurse** für später verfügbare Devisen
  - **Umtauschkurse der Banken**
    - **Geldkurs:** niedrigerer Ankaufskurs der Banken
    - **Briefkurs:** höherer Verkaufskurs der Banken
- **Formeln für die Umrechnung von Währungen:**

$$\text{Euro-Betrag} = \frac{\text{Fremdwährungsbetrag}}{\text{Kurs}} \qquad \text{Fremdwährungsbetrag} = \text{Euro-Betrag} \cdot \text{Kurs}$$

Verwenden Sie für alle Aufgaben zum Währungsrechnen, die keine Kursangabe enthalten, die Wechselkurse aus der Tabelle S. 388.

1. Ein deutscher Importeur bezieht Ware aus dem Ausland, die er in US-Dollar bezahlen muss.
Kurs zum Zeitpunkt der Bestellung 1,0527
Kurs zum Zeitpunkt der Lieferung und Rechnungserstellung 1,0341
Die Rechnung lautet über 27 500,00 USD. Ermitteln Sie in Euro
a) den vom Importeur zu zahlenden Betrag,
b) den Mehrpreis durch die Kursdifferenz.

2. Die Primus GmbH kalkuliert im kommenden Quartal ein 13.3 Zoll Tablet der ACME Systems Ltd., Shanghai, China, mit einem FOB-Bareinkaufspreis von 295,00 EUR. Die Rechnungsstellung erfolgt in CNH, es wird von einem durchschnittlichen Kurs 1 EUR = 7,6520 CNH ausgegangen. Mit welchem Listeneinkaufspreis in CNH wird gerechnet, wenn der Lieferant üblicherweise 8 % Rabatt und 2 % Skonto gewährt?

3. Die Primus GmbH nimmt mit in- und ausländischen Konkurrenten an einer internationalen Ausschreibung zur Möblierung eines Hotelneubaus in Tschechien teil. Der Auftrag hat aus Sicht der Primus GmbH eine Größenordnung von rund 100 000,00 EUR, das Angebot ist in US-Dollar abzugeben. Bis zur Auftragsvergabe werden 60 Tage vergehen, die Abwicklung bis zur Zahlung wird nochmals 90 Tage dauern. Erläutern Sie, welche Probleme die Primus GmbH bei der Bestimmung des Angebotspreises hat.

4. Der Einkäufer eines Großhandelsunternehmens kehrt von einer Geschäftsreise durch verschiedene europäische Länder und die USA zurück. Er lässt bei seiner Bank in München folgende nicht verbrauchte Sorten umwechseln: 30,00 GBP, 190,00 NOK, 80,00 CHF und 80,00 USD. Welchen Euro-Betrag schreibt ihm die Bank gut?

5. Für eine Reise nach Norwegen tauscht Josef Winkler in Deutschland 1 500,00 EUR in norwegische Kronen um. Wie viel Norwegische Kronen zahlt seine Bank aus?

6. Eine Rechnung aus Japan über 120 000 Yen soll durch kostenfreie Banküberweisung beglichen werden.
a) Welchen Kurs legt das Geldinstitut der Abrechnung zugrunde?
b) Mit welchem Betrag wird das Bankkonto des Zahlers belastet?

7. Ein kanadischer Lieferer bietet einem Großhändler in Essen 60 Stück einer Ware für 48 000,00 CAD an (bis Flughafen Düsseldorf einschl. Fracht und Verzollung). Es werden 20 % Rabatt gewährt, Auslieferung erfolgt über einen Düsseldorfer Spediteur, der 375,00 EUR netto berechnet. Kurs für EUR/CAD 1,5758.
Berechnen Sie
a) den Zieleinkaufspreis in Kanadischen Dollar für die gesamte Warenlieferung,
b) den Zieleinkaufspreis in Euro für die gesamte Warenlieferung,
c) den Bezugs-/Einstandspreis je Stück in Euro.

8. Marc Cremer beendet je einen Auslandsaufenthalt (1. in den USA, 2. in Norwegen). Er hat noch ausländische Zahlungsmittel übrig:

	Betrag	Kurs im Ausland	Geld (Ankauf)	Brief (Verkauf)	Kurs in D	Geld (Ankauf)	Brief (Verkauf)
1.	500,00 USD	USA: USD/EUR	0,8760	0,9250	EUR/USD	1,0900	1,1500
2.	2500,00 NOK	N: EUR/NOK	8,6050	8,7050	EUR/NOK	8,6500	8,7500

a) Nennen Sie die Art der jeweiligen Kursnotierung.
b) Berechnen Sie, in welchem Land der Umtausch jeweils günstiger ist.

9. Ermitteln Sie das kostengünstigste Angebot für eine Bestellmenge von 100 kg.

Anbieter (Land)	Listenein-kaufspreis/kg	Kurs	Lieferer-rabatt	Liefe-rerskonto	Fracht	Verpackung
Huber (A)	13,95 EUR	–	10 %	3 %	100,00 EUR	14,00 EUR
Smith (GB)	8,78 GBP	0,6752	15 %	–	169,00 GBP	24,00 GBP
Holm (N)	95,32 NOK	8,6654	5 %	2 %	3 033,00 NOK	173,00 NOK
Nötzli (CH)	20,30 CHF	1,5862	10 %	2 %	397,00 CHF	40,00 CHF

10. Ein Großhändler benötigt 10 Tonnen Kakao und hat von einem niederländischen Außenhändler folgendes Angebot vorliegen:
Listeneinkaufspreis 1 650,00 USD/Tonne, 20 % Mengenrabatt bei Mindestabnahme von 5 Tonnen, 3 % Skonto bei Zahlung innerhalb von 30 Tagen, Bezugskosten: 120,00 USD je Tonne. Ermitteln Sie
a) den Bezugs-/Einstandspreis pro Kilogramm in US-Dollar,
b) den Bezugs-/Einstandspreis pro Kilogramm in Euro,
c) die Kontobelastung des Kreditinstituts für die Überweisung in US-Dollar (ohne Kosten der Überweisung), Kurs EUR/USD 1,0855.

11. Eine Rechnung aus den USA über 6 860,00 USD soll durch kostenfreie Banküberweisung beglichen werden.
Kurse: Geld 1,0771 Brief: 1,0831
a) Welchen Kurs legt das Geldinstitut der Abrechnung zugrunde?
b) Mit welchem Betrag wird das Bankkonto des Zahlers belastet?

3.2.3 Einfuhrabgaben kennenlernen und berechnen

Sonja Primus nimmt in Düsseldorf an einer Tagung zum Thema „Der neue Protektionismus – Zölle auf dem Vormarsch?" teil. Dort trifft sie auf Lutz Kröger, den Geschäftsführer der Kröger & Bach KG. „Herr Kröger, bei unserem Sortiment fallen momentan praktisch keine Zölle mehr an. Wenn das jetzt wieder losgehen sollte, hätten wir dadurch nur Nachteile." Herr Kröger entgegnet: „Mit Zöllen haben wir im Betrieb schon mehr zu tun. Wir importieren Textilien und Elektrowerkzeuge. Aber die Zollsätze sind da auch niedrig. Wir haben ab nächste Woche einen tollen Bohrhammer im Sortiment, den Kong Craft DIY 123. Ich glaube, da liegt der Zollsatz unter 3%. Klar, das ist natürlich auch Geld bei dem Preiswettbewerb. Aber trotzdem. Unser Geschäft hat sich wirklich sehr gut entwickelt. Wäre schade drum."

ARBEITSAUFTRÄGE
- Erläutern Sie, welche Abgaben bei der Einfuhr von Waren anfallen.
- Erläutern Sie, welche Auswirkungen Einfuhrabgaben auf die Bezugskalkulation haben.
- Stellen Sie fest, wie die Kröger & Bach KG als Importeur vorab feststellen kann, welcher Zollsatz für den genannten Bohrhammer zu entrichten ist.

● Zölle auf Lieferungen aus Nicht-EU-Mitgliedsstaaten

Im Warenverkehr zwischen den EU-Mitgliedsländern werden keine Zölle erhoben. Nach außen stellt die EU als **Zollunion** ein gemeinschaftliches **Zollgebiet** dar, das von der **Zollgrenze** (Außengrenze zu den Drittländern) umschlossen wird. Wareneinfuhren in das Zollgebiet werden nach einheitlichen **Zolltarifen** verzollt. Zollgebiet sind die EU-Länder mit Ausnahme der **Zollfreigebiete**[1], z. B. Freihäfen. In diesen können Drittlandswaren zollfrei umgeschlagen, gelagert oder bearbeitet werden.

Einfuhrzölle sind öffentliche Abgaben auf zollpflichtige Waren, die in das Zollgebiet eingeführt werden. Die Erhebung von Einfuhrzöllen dient einerseits dem Schutz der inländischen Wirtschaft vor ausländischer Konkurrenz, da der Preis der eingeführten Ware verteuert wird.

Beispiel Antidumpingzölle der EU auf Computer-Hardware bestimmter Ursprungsländer in Südostasien.

Andererseits dienen Zölle als **Steuern** der **Finanzierung öffentlicher Haushalte**.

Beispiel Die in den EU-Mitgliedsstaaten erhobenen Einfuhrzölle fließen dem Haushalt der Gemeinschaft (EU) zu.

Seit dem Ende des Zweiten Weltkriegs wurden die Handelshemmnisse – und damit die Zölle – stetig abgebaut. Das Welthandelsabkommen **GATT** von 1947 (General Agreement

---
[1] Bezeichnung nach EG-Recht: Freizonen

of Tariffs and Trade, 1994 letztmalig novelliert) ermöglichte gezielte Zollreduzierungen. So wurden z. B. zwischen der EU und zahlreichen Drittländern **Zollpräferenzen** vereinbart, die verminderte Zollsätze oder den „Nullzollsatz" (Zollfreiheit) für den Warenverkehr vorsehen.

Beispiel Im Warenverkehr der EU innerhalb des **EWR**[1] sowie mit der Schweiz (**EFTA**[2]) ist der Nullzollsatz für **Ursprungswaren** die Regel. Die Waren müssen ihren Ursprung in dem durch den Nullzollsatz begünstigten Land haben, dort also entweder vollständig oder in wesentlichem Anteil produziert worden sein. Zollpräferenzen gelten z. B. auch für Ursprungswaren aus Entwicklungsländern.

Die Ziele des GATT werden seit dem 1. Januar 1995 von der **WTO (World Trading Organization)**, der 164 Mitgliedsländer (2020) angehören, weiterverfolgt.

Beispiel Nach dem **Information Technology Agreement (ITA)** von 1996 wurden zum 1. Januar 2000 von 55 WTO-Mitgliedern die Einfuhrzölle auf Produkte der Informationstechnik abgeschafft. Knapp 90 % des Welthandelsvolumens mit Computerhard- und -software sind von dieser Liberalisierung betroffen.

Nach dieser langen Periode des internationalen Abbaus von Zöllen kommt es seit der zweiten Hälfte des letzten Jahrzehnts verstärkt zu protektionistischen Maßnahmen von Staaten, die mit der Einführung oder Erhöhung von Zöllen wirtschaftspolitische Ziele verfolgen bzw. damit gegen eigene vermeintliche Benachteiligungen im internationalen Handel vorgehen.

Beispiel Handelsstreit USA – EU
– 2018: Strafzölle der USA auf Stahl und Aluminium aus der EU
– 2018: Ausgleichszölle der EU auf traditionelle USA-Waren (z. B. Jeans, Whisky, Motorräder)
– 2019: Strafzölle der USA auf Käse, Kaffee, Werkzeuge und andere Waren aus der EU

Zölle werden bei fast allen Waren als **Prozentsatz vom Zollwert (Wertzoll)** berechnet. Der Zollwert entspricht im Allgemeinen dem Einstandspreis bis **zur Einfuhrgrenze** (EU) einschließlich Transportversicherung (= **Transaktionswert**).

Beispiele
– Rechnungsbetrag CIF Hamburg ./. Skonto = Transaktionswert
– Rechnungsbetrag FOB Manila ./. Skonto + Fracht + Versicherung = Transaktionswert

Spezifische Zölle berechnet man z. B. auf Grundlage des Zollgewichts (Kaffee), der Länge (Filme) oder der Stückzahl. **Mischzölle** werden bei Zollgut mit stark schwankenden Preisen vom Zollwert und einer weiteren Grundlage bemessen (z. B. 10 % Wertzoll, jedoch mindestens 1,00 € Gewichtszoll pro kg Ware).

Einfuhrzölle erhöhen den Bezugspreis der Importware. Für die Kalkulation des Bezugspreises ist es daher notwendig, vorab den Zollsatz zu kennen, der auf die zu importierende Ware angewendet wird. Dazu sucht man zunächst den **HS-Code** der Ware: Das **Harmonisierte System (HS)** ist ein internationales standardisiertes **Warenverzeichnis** (Nomenklatur), das zur Einstufung aller Handelsgüter von der **Weltzollorganisation (WZO)** entwickelt worden ist. Dessen sechsstellige Codes werden im Europäischen Zolltarif zur Zolltarifnummer **TARIC**[3] auf bis zu elf Stellen erweitert. In den Stellen 7–11 sind

---

[1] EWR: Europäischer Wirtschaftsraum der EU-Staaten mit den EFTA-Ländern Island, Liechtenstein, Norwegen, gegründet zum 1. Januar 1994. Vereinbarung zwischen den Beitrittsländern über weitgehenden Wegfall von Zöllen und Einfuhrbeschränkungen.
[2] European Free Trade Association: Europäische Freihandelszone: Die Mitgliedsländer Island, Liechtenstein, Norwegen und Schweiz haben sich auf einen gegenseitigen Abbau von Zöllen und Handelsbeschränkungen geeinigt. Die EFTA ist keine Zollunion, d. h., die Mitgliedsländer behalten ihre nationalen Außenzölle bei. Die Schweiz ist dem EWR nicht beigetreten.
[3] TARIC: Tarif Intégré des Communautés Européennes – Integrierter Tarif der Europäischen Gemeinschaften

Zollsätze und sonstige Einfuhrvorschriften codiert. Den gültigen Zolltarif kann man über den HS-Code bzw. die TARIC-Nummer online bei den Zollbehörden (z. B. über auskunft.ezt-online.de) ermitteln. Wer auf Nummer sicher gehen will, kann darüber hinaus eine förmliche Zolltarifauskunft einholen.

Beispiel Josef Hop-Singh, Gruppenleiter in der Kröger & Bach KG und zuständig für den Einkauf China, hat für den neuen Bohrhammer „Kong Kraft DIY 123" den HS-Code 8467 21 91 (elektropneumatische Bohrmaschinen) ermittelt. Über die Onlineauskunft des Zolls erhält er folgende Tarifinformation:

TARIC-Information [Anzeigen]

Das Referenzdatum ist 05-04-2020
Letzte Aktualisierung: 03-04-2020

Geographisches Gebiet: China – CN
Warencode: 84672191
Massnahmeart:
Laufende Nummer:
Measure publication start date must be after:
Measure publication start date must be before:
Rechtsgrundlage

ABSCHNITT XVI	MASCHINEN, APPARATE, MECHANISCHE GERÄTE UND ELEKTROTECHNISCHE WAREN, TEILE DAVON; TON-AUFNAHME- ODER TONWIEDERGABEGERÄTE, FERNSEH-BILD- UND -TONAUFZEICHNUNGSGERÄTE ODER FERNSEH-BILD- UND -TONWIEDERGABEGERÄTE, TEILE UND ZUBEHÖR FÜR DIESE GERÄTE
KAPITEL 84	KERNREAKTOREN, KESSEL, MASCHINEN, APPARATE UND MECHANISCHE GERÄTE; TEILE DAVON
8467	Pneumatische, hydraulische oder von eingebautem Motor (elektrisch oder nicht elektrisch) betriebene Werkzeuge, von Hand zu führen: (TN702) (TN701)
	– mit eingebautem Elektromotor:
8467 21	– – Bohrmaschinen aller Art:
8467 21 10	– – – zum Betrieb ohne externe Energiequelle
	– – – andere:
8467 21 91 ▼	– – – – elektropneumatische

ERGA OMNES (ERGA OMNES 1011)
↪ Drittlandszollsatz (01-01-2002 -) : **2.70 %**

R2031/01

● Verbrauchsteuern

Neben Zollabgaben können bei der Einfuhr auch Verbrauchsteuern fällig werden. Ihre Erhebung obliegt in der EU ausschließlich der Zollverwaltung (sowohl bei der Einfuhr als auch bei der Erzeugung im Inland). Die Abgabe wird vom Steuerschuldner selbst berechnet (Selbstbemessungsabgabe).

Verbrauchsteuern sind **indirekte Steuern** und mit Ausnahme der Biersteuer (Ländersteuer) und der Getränkesteuer (Gemeindesteuer) Bundessteuern. Die Verbrauchsteuern fallen an

- bei der Herstellung verbrauchsteuerpflichtiger Waren im Inland,
- beim Import verbrauchsteuerpflichtiger Waren in der Gemeinschaft der EU.

Steuerpflichtig ist somit der betreffende Herstellungsbetrieb oder Importeur. Die Steuerschuld entsteht mit dem Übergang der Waren in den freien Verkehr. Hersteller und/oder Importeur sind verpflichtet, besondere Steuerbücher zu führen und in diese alle diejenigen Waren einzutragen, für die eine Steuerschuld entstanden ist. Eine Anmeldung der betreffenden Waren an die Steuerbehörde ist monatlich abzugeben.

Gegenstand der Besteuerung sind vor allem Waren des Massenkonsums. Die Verbrauchsteuer belastet somit den Verbrauch oder Gebrauch bestimmter Güter.

Beispiele Kaffee-, Tabak-, Branntwein-, Mineralöl-, Strom-, Einfuhrumsatz-, Schaumweinsteuer

Bemessungsgrundlagen können sein: die Menge (Branntwein, Bier); das Gewicht (Kaffee); der Verkaufspreis (Tabak, Zigaretten).

Verbrauchsteuereinnahmen ab 2012 (in Milliarden €)							
	2012	2013	2014	2015	2016	2017	2018
Energiesteuer (ehem. Mineralölsteuer)	39,3	39,4	39,8	39,6	40,1	41,0	40,8
Stromsteuer	7,0	7,0	6,6	6,6	6,6	6,9	6,9
Kernbrennstoffsteuer	1,6	1,3	0,7	1,4	0,4	-7,3*	-0,0004*
Tabaksteuer	14,1	13,8	14,6	14,9	14,2	14,4	14,4
Branntweinsteuer	2,1	2,1	2,1	2,1	2,1	2,1	2,1
Biersteuer	0,7	0,7	0,7	0,7	0,7	0,7	0,7
Schaumwein-/Zwischenerzeugnissteuer	0,4	0,4	0,4	0,4	0,4	0,4	0,4
Kaffeesteuer	1,1	1,0	1,0	1,0	1,0	1,1	1,0
Alkopopsteuer	0,002	0,002	0,002	0,002	0,002	0,002	0,002
Insgesamt	66,3	65,7	65,9	66,3	65,5	59,3	66,3

* Erstattung der seit 2011 erhobenen Steuer nach BVerfG-Urteil vom 13.04.2011

● **Umsatzsteuer im Außenhandel**

Mit der Verwirklichung des EU-Binnenmarktes ist beim Warenverkehr mit Ländern außerhalb der EU (= **Drittländer**) umsatzsteuerrechtlich anders zu verfahren als beim Warenverkehr im **EU-Binnenmarkt**.

○ **Warenverkehr mit Drittländern (Extrahandel)**

Lieferung	... in ein Drittland	... aus einem Drittland
Bezeichnung	Ausfuhr	Einfuhr
Umsatzsteuerrechtliche Behandlung	umsatzsteuerfrei	umsatzsteuerpflichtig (Einfuhrumsatzsteuer – EUSt. – 19% bzw. 7%)
Rechtsgrundlage (D)	§§ 4 (1a), 6 (1) UStG	§ 1 (1) Nr. 4 UStG

Die **Umsatzsteuerbefreiung** von Ausfuhrlieferungen ist ein **Mittel der Exportförderung**. Das ausführende Unternehmen lässt sich von der Grenzzollstelle die Warenausfuhr bestätigen. Es hat damit einen Nachweis, dass die betreffende Lieferung umsatzsteuerbefreit ist.

Dagegen wird auf Einfuhren aus Drittländern in das deutsche Zollgebiet (EU) **Einfuhrumsatzsteuer** erhoben, um die importierten Waren mit der **gleichen Umsatzsteuerhöhe** zu belasten wie die im Inland erzeugten. Die Einfuhrumsatzsteuer wird von den Zollbehörden erhoben. Ihre **Bemessungsgrundlage** ist die Summe aus dem **Zollwert** (vgl. S. 396) und dem darauf erhobenen **Zollbetrag** und den **Beförderungskosten innerhalb der EU**. Die gezahlte Einfuhrumsatzsteuer ist als **Vorsteuer** abzugsfähig.

Der Regelsteuersatz der Einfuhrumsatzsteuer entspricht dem der Mehrwertsteuer. Er beträgt 19% des Einfuhrumsatzsteuerwertes (Bemessungsgrundlage) und ermäßigt sich bei bestimmten Waren auf 7% (z.B. Lebensmitteln, Büchern, Zeitungen, Kunstgegenständen).

Ihr Aufkommen betrug 2018 59,4 Mrd. € (2017: 55,9 Mrd €)

Beispiel Die Kröger&Bach KG erhält aus Shanghai/China die erste Lieferung - 650 Bohrhämmer Kong Craft DIY 123 - per Seefracht/Rotterdam

Netto-Rechnungsbetrag am 20. Mai 20.. einschließlich Fracht und Versicherung (CIF Rotterdam)	30 000,00 USD
– möglicher Skontoabzug	600,00 USD
Bareinkaufspreis	29 400,00 USD
Angemeldeter Zollwert: Kurs EUR/USD am 20. Mai: 1,0821	
29 400,00 : 1,0821 =	27 169,39 €
2,7 % Zollabgabe =	733,57 €
Beförderungskosten innerhalb der EU	420,00 €
Bemessungsgrundlage EUSt.	27 902,96 €
19 % EUSt.	5 301,56 €

Nachträgliche Veränderungen der Bemessungsgrundlage (z.B. Devisenkursänderung oder kein Skontoabzug beim Rechnungsausgleich) bleiben unberücksichtigt.

○ **Warenverkehr mit EU-Mitgliedsländern (Intrahandel, innergemeinschaftlicher Erwerb)**

Für den **Warenverkehr zwischen Unternehmen** gelten folgende Regelungen:

Lieferung	... in einen EU-Mitgliedsstaat	... aus einem EU-Mitgliedsstaat
Bezeichnung	innergemeinschaftliche Lieferung	innergemeinschaftlicher Erwerb
Umsatzsteuerrechtliche Behandlung	– Umsatzsteuerpflicht des Erwerbers (Erwerbssteuer) im Bestimmungsland in der Höhe des dort geltenden USt-Satzes – Umsatzsteuerbefreiung des Lieferers im Lieferland	
Rechtsgrundlage (D)	§§ 4 (1b), 6a UStG	§§ 1 (1) Nr. 5, 1a UStG

Da es im Intrahandel keine Grenzkontrollen mehr gibt, wird ein Kontrollinstrument benötigt, um die Entrichtung der Umsatzsteuer zu überwachen: So erhält **jedes Unternehmen** in der EU auf Antrag eine **Umsatzsteuer-Identifikationsnummer** (USt-IdNr., vgl. S. 440) Die **USt-IdNr.** für deutsche Unternehmen erteilt das Bundesamt für Finanzen – Außenstelle Saarlouis. Unternehmen dürfen nur dann umsatzsteuerbefreit an gewerbliche Kunden in anderen EU-Staaten liefern, wenn in der Rechnung die USt-IdNr. des Kunden aufgeführt ist. Vierteljährlich meldet der Lieferer die Lieferungen mit Nennung der jeweiligen USt-IdNr. an die für seinen Geschäftssitz zuständige Finanzbehörde. Mittels eines Datenaustauschsystems kann überprüft werden, ob die genannten Käufer im Erwerbsland ihre Umsatzsteuer (Erwerbssteuer) bezahlt haben.

Beispiel Jansen BV, NL-Venlo, liefert an die Primus GmbH Etikettendrucker frei Haus, Rechnungsbetrag netto 4 500,00 €. Die niederländische Bezeichnung der USt-IdNr. ist „Omzetbelasting-Nr.".

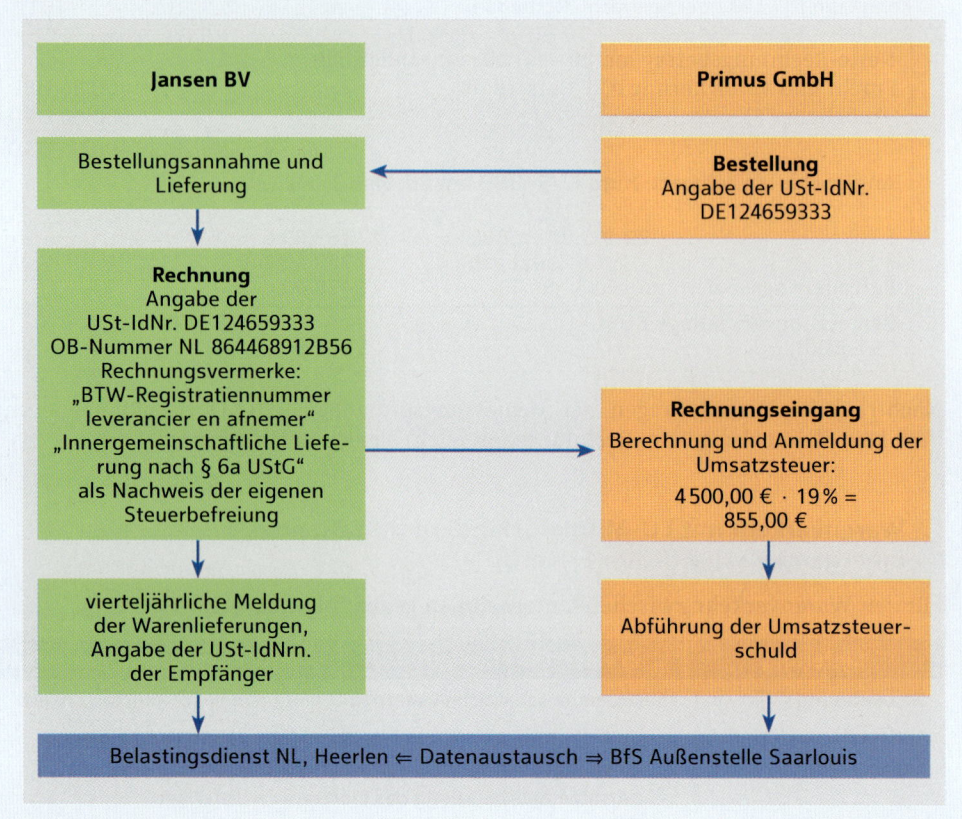

```
┌─────────────────────────────┐      ┌─────────────────────────────┐
│        Jansen BV            │      │        Primus GmbH          │
└─────────────────────────────┘      └─────────────────────────────┘

   Bestellungsannahme und      ◄──        Bestellung
        Lieferung                          Angabe der USt-IdNr.
                                           DE124659333

         Rechnung
         Angabe der
    USt-IdNr. DE124659333
  OB-Nummer NL 864468912B56
    Rechnungsvermerke:
    „BTW-Registratiennummer
     leverancier en afnemer"    ──►     Rechnungseingang
    „Innergemeinschaftliche           Berechnung und Anmeldung der
     Lieferung nach § 6a UStG"              Umsatzsteuer:
     als Nachweis der eigenen          4 500,00 € · 19 % =
         Steuerbefreiung                    855,00 €

    vierteljährliche Meldung
     der Warenlieferungen,            Abführung der Umsatzsteuer-
     Angabe der USt-IdNrn.                     schuld
         der Empfänger

  Belastingsdienst NL, Heerlen ⇐ Datenaustausch ⇒ BfS Außenstelle Saarlouis
```

Einfuhrabgaben kennenlernen und berechnen

- Die EU ist eine **Zollunion** (gemeinschaftliches Zollgebiet, einheitliche Zolltarife).

- **Zollgebiet** sind die EU-Länder, ausgenommen die **Zollfreigebiete** (Freizonen).

- **Einfuhrzölle** sind öffentliche Abgaben, die bei der Einfuhr auf zollpflichtige Waren erhoben werden.

- Zölle werden meist als **Wertzölle**, daneben als **spezifische** oder **Mischzölle** erhoben. Der **Zollwert** bemisst sich im Allgemeinen nach dem **Transaktionswert**.

- Zwischen der EU und zahlreichen Drittländern (z. B. EWR-Staaten) wurden **Zollpräferenzen** (verminderter oder Nullzollsatz) vereinbart.

- **Verbrauchsteuern** sind **indirekte Steuern**, die auf Waren des Massenkonsums erhoben werden.

- **Umsatzsteuer im Warenverkehr der EU mit Drittländern (Extrahandel)**
  - Ausfuhr: Warenlieferungen in Drittländer sind von der Umsatzsteuer befreit.
  - Einfuhr: Warenlieferungen aus Drittländern unterliegen der Einfuhrumsatzsteuer von 19 bzw. 7 % (EUSt.).

Beschaffungsvorgänge aus der EU und Drittländern bearbeiten

> • Im **innergemeinschaftlichen Warenverkehr der EU (Intrahandel)** gilt für Umsätze zwischen Unternehmen das **Bestimmungslandprinzip**, d. h., der Umsatz ist im Land des Erwerbs nach dem dort geltenden USt-Satz zu versteuern. Über die Umsatzsteuer-Identifikationsnummer der Unternehmen kontrollieren die Finanzbehörden, ob die USt. (**Erwerbssteuer**) ordnungsgemäß abgeführt wird.

1. Ziel des GATT bzw. der WTO ist der freie Welthandel mit dem Abbau sämtlicher Handelsschranken. In Deutschland ist die Wareneinfuhr weitgehend liberalisiert. Dennoch werden z. T. erhebliche Einfuhrzölle erhoben. Erklären Sie diesen Widerspruch.

2. Erläutern Sie, wann Verbrauchsteuern anfallen und wer der Steuerpflichtige ist.

3. Ein deutscher Importeur erhält eine Warenlieferung von einem Schweizer Exporteur. Der Importeur übernimmt die Einfuhr. Bei der Zollanmeldung erfährt er, dass nicht der Präferenzzollsatz (hier: Nullzollsatz), sondern der hohe Drittlandszollsatz angewandt wird. „Da habe ich beim Vertragsabschluss wohl nicht aufgepasst."
a) Erläutern Sie, welcher Fehler dem Importeur unterlaufen sein wird.
b) Geben Sie an, wie der Fehler hätte vermieden werden können.

4. Berechnen Sie Zollwert, Zollabgabe und Einfuhrumsatzsteuer (EUSt-Satz 19 %) einer Warenlieferung Vancouver – Hamburg, Rechnungspreis FOB Vancouver: 37 000,00 CAD, 2 % Skonto. Der deutsche Importeur trägt weitere Kosten:
– Seefracht bis Hamburg   2 900,00 CAD
– Einzelpolice Seeversicherung   320,00 CAD
– Transport Hamburg – Berlin   950,00 €
Der Zollsatz beträgt 5 %, Kurs EUR/CAD 1,4545.

5. Die Primus GmbH erhält am 25. Mai 20.. von Silverman & Smith Co. Ltd. eine Lieferung Computerhardware, Warenwert 35 000,00 USD. Bedingungen: „FOB Melbourne, payment 30 days after receipt of invoice." Bei Sofortzahlung werden 3 % Skonto gewährt. Der Spediteur rechnet für die Seefracht Melbourne – Rotterdam 1 800,00 USD ab, die Transportversicherung kostet 500,00 USD. Für den Transport Rotterdam – Duisburg sind 290,00 EUR zu zahlen. Der Zollsatz beträgt 3,2 % vom Zollwert. Kurs EUR/USD bei Rechnungseingang am 24. Mai 20.. 1,0988.
a) Berechnen Sie den Zollwert, die Zollabgabe und die Einfuhrumsatzsteuer.
b) Das Zahlungsziel wird aufgrund einer Unachtsamkeit voll ausgenutzt, sodass kein Skonto abgezogen werden kann. EUR/USD-Kurs zum Zeitpunkt der Zahlung: 1,1176. Erläutern Sie, ob sich dadurch die einmal berechnete EUSt. ändert.

6. Die Primus GmbH erhält aus Antwerpen/Belgien per E-Mail eine Warenbestellung über Büromöbel im Nettowarenwert von 8 500,00 €, Lieferung frei Haus (Antwerpen). Der Besteller Pierre Henz, zu dem bisher noch kein Geschäftskontakt bestand, hat in der E-Mail seine USt-IdNr. angegeben.
a) Überprüfen Sie, welche Informationen über den Besteller die Primus GmbH durch die Angaben der USt-IdNr. erhält.
b) Erläutern Sie, welche Konsequenzen dies für die umsatzsteuerrechtliche Behandlung der Lieferung hat.

c) Zeigen Sie die umsatzsteuerliche Abwicklung zwischen der Primus GmbH und dem Antwerpener Kunden in einer Ablaufskizze (USt-Satz in Belgien 21 %, weitere Informationen siehe unter d).
d) Entwickeln Sie am PC ein Rechnungsformular der Primus GmbH für belgische Kunden. (USt-IdNr.: Numéro T.V. A. BE (10 Ziffern), Rechnungsvermerk: Livraison intracommunautaire exonérée T.V. A.).

3.3 Mit einem Lieferer in der Fremdsprache Englisch kommunizieren

Nach einer Besprechung, die den ganzen Vormittag andauerte, ruft Simone Eckardt, die Gruppenleiterin Einkauf für den Bereich Singapur in der Kröger & Bach KG, ihre E-Mails ab. Sie öffnet eine Mitteilung aus der Niederlassung Singapur und ist verärgert.

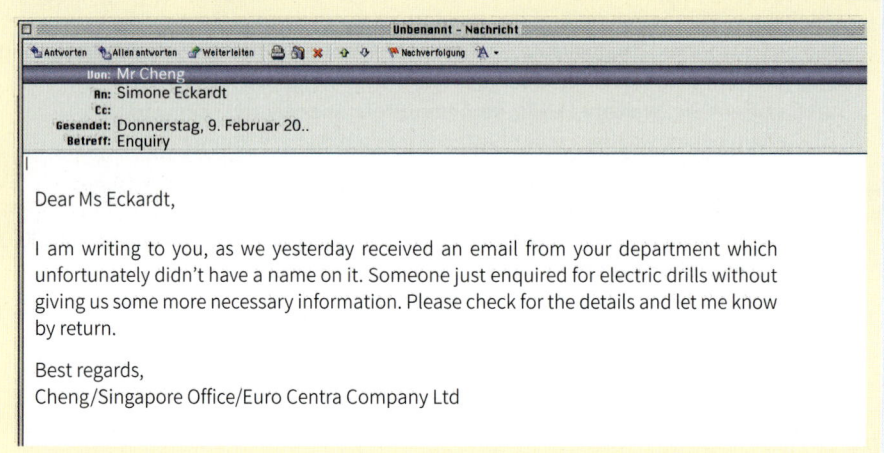

Von: Mr Cheng
An: Simone Eckardt
Cc:
Gesendet: Donnerstag, 9. Februar 20..
Betreff: Enquiry

Dear Ms Eckardt,

I am writing to you, as we yesterday received an email from your department which unfortunately didn't have a name on it. Someone just enquired for electric drills without giving us some more necessary information. Please check for the details and let me know by return.

Best regards,
Cheng/Singapore Office/Euro Centra Company Ltd

Simone ruft Lukas Breuer zu sich. *„Lukas, ich habe Sie gestern gebeten, die Anfrage unseres Kunden DODI nach Singapur weiterzuleiten. Falls Sie es noch nicht wissen: DODI ist als Discounter einer unserer Großkunden, zu dem wir ausgezeichnete Beziehungen pflegen. Sie haben gestern nicht besonders sorgfältig gearbeitet. Also, schreiben Sie anhand der Anfrage von DODI eine neue E-Mail nach Singapur, aber dieses Mal komplett!"* Lukas ist zerknirscht: *„Okay, mach' ich, tut mir leid. Ich könnte aber doch auch anrufen, das ginge ja schneller."* – *„Das können Sie ja mal versuchen, Lukas"*, lacht Simone und verlässt das Büro. Lukas schaut ihr irritiert nach, dann wirft er einen Blick auf die Anfrage von DODI: *„6 000 Schlagbohrmaschinen mit Schnellspannfutter im stabilen Plastikkoffer, mittlere Qualität, Verkauf unter der Marke ‚KONG', Farbe schwarz, Liefertermin spätestens Ende Juli."* Dann macht er sich an die Arbeit ...

ARBEITSAUFTRÄGE
- Erläutern Sie auf Englisch, warum Simone Eckardt verärgert ist.
- Beurteilen Sie auf Englisch den Vorschlag von Lukas, in Singapur anzurufen.
- Erstellen Sie eine E-Mail-Anfrage für die Bohrmaschinen in englischer Sprache.
- Entwerfen Sie in englischer Sprache den Verlauf eines Telefongesprächs zwischen Lukas und Mr Cheng.

Beschaffungsvorgänge aus der EU und Drittländern bearbeiten

● Eine Anfrage (enquiry) in der Fremdsprache Englisch erstellen

Groß- und Außenhandelsunternehmen greifen i. d. R. beim Einkauf auf bekannte Geschäftspartner zurück, mit denen sie regelmäßig zusammenarbeiten. Die Beschaffung eines Artikels, der über die bestehenden Kontakte nicht erhältlich ist, erfordert die Recherche nach geeigneten Lieferanten über verschiedene Informationswege.

Beispiel Mögliche Bezugsquellen für neue Lieferanten sind z. B. Banken, die Handelskammer (chamber of commerce), Geschäftspartner (business partners), Messen (trade fairs), Botschaften und Konsulate (embassies and consulates), Anzeigen in Fachzeitschriften (advertisements in trade journals/magazines) und natürlich das Internet.

○ Allgemeine und spezielle Anfrage

Je nachdem, welche Informationen bei der Beschaffung benötigt werden, unterscheidet man **allgemeine (general)** und **spezielle/bestimmte (specific)** Anfragen (vgl. S. 336). Allgemeine Anfragen werden häufig bei einem ersten Geschäftskontakt versandt, mit zunehmender Geschäftsverbindung findet ein Wechsel zu speziellen Anfragen statt, was auch gilt, wenn klare Vorstellungen über den zu beschaffenden Artikel bestehen. Mögliche Inhalte der beiden Anfrageformen sind:

General Enquiry		Specific Enquiry	
– What products do you offer? – catalogue, sales material – samples – price list – representative – terms of payment and delivery	– Welche Artikel bieten Sie an? – Katalog, Verkaufsunterlagen – Muster – Preisliste – Vertreter – Zahlungs- und Lieferungsbedingungen	– information about a particular product or service – technical data (i. e. size, colour, weight) – date of delivery – price and discounts – terms of payment and delivery	– Informationen über eine(n) besondere(n) Artikel oder Dienstleistung – technische Daten (z. B. Größe, Farbe, Gewicht) – Lieferdatum – Preise und Nachlässe – Zahlungs- und Lieferungsbedingungen

PRAXISTIPP Achten Sie auf die richtige englische Schreibweise des deutschen Wortes „Katalog": "catalogue"!

Um den Beschaffungsprozess zu beschleunigen, werden Anfragen zunehmend per E-Mail verschickt. Der herkömmliche Briefversand per Post wird im Englischen mittlerweile als "snail-mail" bezeichnet (snail = Schnecke).

Wenn Sie eine Anfrage erstellen, greifen Sie auf die **Empfehlungen zum Layout** eines Geschäftsbriefes in englischer Sprache zurück (vgl. S. 239 ff), die **auch für E-Mails gelten**, selbst wenn diese häufig weniger formell sind und die Gestaltung bestimmter Bereiche, z. B. Adressfeld, Datum, Betreff und Anlagen, durch die entsprechende E-Mail-Software vorgegeben ist. Das erste Wort des Mailtextes beginnt stets mit einem Großbuchstaben.

○ Enquiry – the letter plan

Bei einer Anfrage können Sie nicht, wie z.B. bei einem Angebot, auf einen Brief in englischer Sprache reagieren. Da Ihnen diese Vorlage für Ihre Antwort fehlt, ist es wichtig, einen allgemeinen "letter plan" zur Strukturierung Ihrer Anfrage zu erstellen (vgl. hierzu auch die Anfrage auf S. 239). Bei der Planung Ihres Briefes verfahren Sie wie folgt:

Enquiry letter plan/body of the letter

Opening	1. Inform about your source of address.
	2. Describe your own company.
Giving particulars	3. Say what you need: – information – offer for services or goods
	4. Ask for: – sample – brochure, catalogue – representative
	5. Ask for information about: – prices and discounts – Incoterms® – terms of payment – time of delivery
Closing	6. Give references about your company.
	7. Close your letter in a polite way.

Der aufgeführte "letter plan" ist umfassend. Je nach Bedarf und Stand der Geschäftsbeziehung sollten Sie die Inhalte Ihrer Anfrage entsprechend anpassen.

Beispiel Bei einer bestehenden Geschäftsverbindung ist es nicht mehr notwendig, dass Sie Angaben über das eigene Unternehmen machen, auf Referenzen von Geschäftspartnern verweisen oder darüber informieren, aus welcher Quelle Sie die Adresse des Empfängers haben.

○ Phrases used when writing enquiries

Verwenden Sie die folgenden Redewendungen, um Ihren **"letter plan"** in eine sprachlich und inhaltlich einwandfreie Anfrage umzusetzen.

Opening

Beziehen Sie sich auf Ihre Informationsquelle für die Adresse oder den Namen des Empfängers und stellen Sie bei einem ersten Geschäftskontakt kurz Ihr Unternehmen vor (letter plan 1., 2.).

We refer to your	advertisement for (product)	in the latest issue of (magazine).
		in the (newspaper/magazine) dated/of ...
We have been given	your address/name by	the Munich chamber of commerce.
We have obtained		from our mutual business partners (name of a company)
		the British consulate in Berlin.
We have visited your website and are particularly interested in the sturdy plastic cases that you offer.		
Wir beziehen uns auf Ihre	Anzeige für (Artikel)	in der letzten Ausgabe der (Zeitschrift).
		in der (Zeitung/Zeitschrift) datiert/vom ...
Wir haben Ihre(n)	der IHK in München	erhalten.
Adresse/Namen von	unseren gemeinsamen Geschäftspartnern (Unternehmen)/dem britischen Konsulat in Berlin	
Wir haben Ihre Internetseite/Homepage besucht und interessieren uns besonders für die stabilen Plastikkoffer, die Sie anbieten.		

We are a(n)	growing/leading wholesaler of	car accessories.
	expanding importer of	DIY products.
We are looking for new suppliers of		
Wir sind ein	wachsender/führender Großhändler für	Autozubehör.
	expandierender Importeur für	Heimwerkerartikel.
Wir suchen neue Lieferanten für		

Giving particulars

Teilen Sie dem Empfänger die Einzelheiten Ihrer Anfrage mit (letter plan 3., 4., 5.).

We would be thankful/grateful	if you could	quote us	your	lowest price for 6,000 impact drills with quick clamping drill chuck.
		send us	your current latest	catalogue. price list.
Please let us have			information about your	terms of business. terms of payment and delivery. discounts. earliest delivery date.
				some samples of your (product).
Could you please arrange for your representative's/agent's visit?				

Wir wären Ihnen dankbar/verbunden,	wenn Sie uns Ihre(n)	niedrigsten Preis für 6.000 Schlagbohrmaschinen mit Schnellspannfutter mitteilen/anbieten könnten.	
		aktuelle(n) neueste(n)	Katalog Preisliste	zusenden könnten.
Bitte lassen Sie uns	Informationen über Ihre(n)	Geschäftsbedingungen Zahlungs- und Lieferungsbedingungen Nachlässe frühesten Liefertermin		zukommen.
		einige Muster des/von (Artikel)		
Könnten Sie bitte den Besuch Ihres Vertreters/Agenten arrangieren?				

Closing

Beenden Sie Ihre Anfrage höflich mit einem Ausblick auf zukünftige Geschäftsbeziehungen. Bei Bedarf verweisen Sie auf Referenzen anderer Unternehmen (letter plan 6., 7.).

Should you require references, please contact ...			
We	look forward to	receiving your quotation/offer	soon. in the near future. as soon as possible.
	hope to	hear from you	

Sollten Sie Referenzen benötigen, wenden Sie sich bitte an ...			
Wir	freuen uns darauf,	Ihr Angebot	bald in naher Zukunft so bald wie möglich	zu erhalten.
	hoffen,		bald in naher Zukunft so bald wie möglich	von Ihnen zu hören.

● Telefonieren in der Fremdsprache Englisch

Im Rahmen der Globalisierung werden geschäftliche Telefonate zunehmend auf Englisch geführt. Doch selbst für Menschen, die Englisch gut beherrschen, stellen solche Gespräche oftmals eine schwierige Situation dar. Häufig nimmt man unvorbereitet den Hörer ab, der Gesprächspartner besitzt möglicherweise einen starken Akzent, technische Störungen beinträchtigen die Sprachqualität und das Fehlen jeglicher körpersprachlicher Signale wie Gestik und Mimik können die Kommunikation in erheblicher Weise beeinträchtigen.

Um diese Nachteile auszugleichen, ist es hilfreich, typische Redewendungen und Gesprächsabläufe zu trainieren, die Sie dabei unterstützen, erfolgreich Telefonate in englischer Sprache zu führen.

PRAXISTIPP Lächeln Sie am Telefon, dann lächelt auch Ihre Stimme! Ihr Tonfall verändert sich, Sie wirken entspannt, klingen freundlicher und werden besser verstanden.

○ Giving your name

Sie haben verschiedene Möglichkeiten, sich am Telefon zu melden. Diese unterscheiden sich ein wenig, je nachdem, ob Sie selbst anrufen oder ein Gespräch entgegennehmen. Oft erkennen Sie auch im Telefondisplay, ob Sie einen Anruf aus dem Ausland erhalten. Sie sollten sich darauf einstellen und sich auf Englisch melden.

You call	You are being called
My name is Paul Frenzel from (company) ...	Paul Frenzel speaking.
This is Elmar Wächter (speaking) from (company) ...	Wächter here.
I'm Jörn Friese from (company), good morning.	256453, Jörn Friese.
It's Karin (Odry) here ... (you use your first name, if you know someone)	

PRAXISTIPP "Here speaks ..." oder "Here is ..." sind Übertragungen rein deutscher Formulierungen ins Englische. Verwenden Sie diese **auf keinen Fall!**

○ Communication problems

Beim Telefonieren beeinträchtigen häufig Störungen die Kommunikation. Ursache kann eine schlechte Verbindungsqualität sein oder Ihr Gesprächspartner spricht undeutlich, zu leise, zu schnell oder Sie haben seine Äußerung einfach nicht verstanden. Reagieren Sie mit den folgenden Formulierungen:

I'm sorry, but I didn't catch that, could you repeat it, please? Sorry, but this is a really bad line. Sorry, can you speak up a little bit, please?	Could you please speak more slowly, Mr Cheng? Sorry, could you spell that for me? Sorry, I didn't understand that.

○ Connecting / Taking a message

You call	You are being called
Could I please speak to Ms/Mr … Could you please tell Mr/Ms … that I called and have her/him call me back when she/he comes in? I'd like to leave a message. Could you take a message for me?	Please hold the line. I'll see if Mr/Ms … is in the office. Hold on please, I'll put you through. I'm sorry, he/she is not in/available at the moment. Can I take a message? I'm afraid Ms/Mr … is not here/in today. Would you like to leave a message?

○ Active telephoning

„*Am Telefon müssen die Ohren sehen!*" – Daher sollten Sie sicherstellen, dass sowohl Sie als auch Ihr Gesprächspartner wichtige Inhalte richtig verstanden haben. Eine hilfreiche Methode ist „**aktives Zuhören**". Typische Beispiele für solche Zuhörsignale sind „aha", „richtig" oder eine Wiederholung dessen, was Ihr Gesprächspartner gesagt hat. Sie zeigen dadurch Ihre Aufmerksamkeit und stellen eine angenehme Gesprächsatmosphäre her.

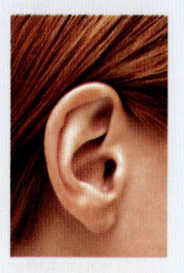

Signals
right   got that   go ahead/on   got you   I see   yeah   yes   OK

Echoing A: *"The goods need to be delivered by the beginning of May."* B: *"By the beginning of May, OK."*	**Getting things clear** A: *"We need delivery by 13 October."* B: *"Sorry, did you say 30 or 13 October?"*
Reading back 1 A: *"My name is Gretzky."* B: *"Let me just read that back to you. So it's G-R-E-T-Z-K-Y."*	**Reading back 2** (Ask your partner to read back!) A: *"My number is 0049221435623. Could you just read that back to me?"*

PRAXISTIPP Bevor Sie Telefonate nach Übersee führen, informieren Sie sich über die dortigen Bürozeiten, z. B. auf www.weltzeit.de.

Beschaffungsvorgänge aus der EU und Drittländern bearbeiten

Beispiel Zeitzonenkarte

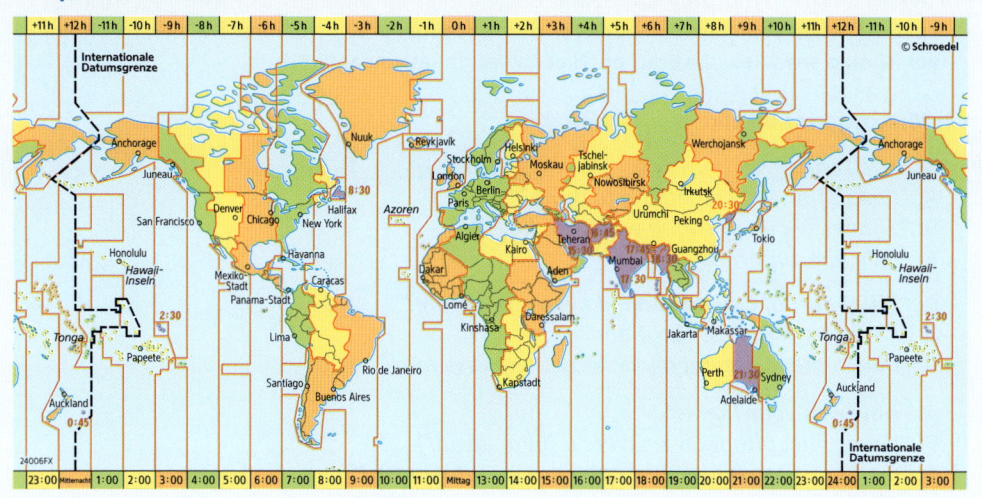

● Persönliche Kontakte in der Fremdsprache Englisch gestalten

Ein persönlicher Kontakt zu ausländischen Geschäftspartnern wird häufig auf Messen hergestellt. Hierbei hängt ein erfolgreicher Abschluss oftmals davon ab, ob Sie neben den rein geschäftlichen Themen auch den sog. "Small Talk" beherrschen.

Beispiel In Großbritannien und auch anderen Ländern ist es üblich, zu Beginn und am Ende einer Verhandlung oder eines Treffens "Small Talk" zu machen. Deutsche nehmen sich oft keine Zeit für dieses "Socializing" und wollen direkt zum Kern des Geschäftes vordringen. Damit erwecken sie den Eindruck, dass sie kein Interesse an ihren Gesprächspartnern haben, und wirken unhöflich.

○ Introducing yourself and others

Es ist üblich, dass Sie sich mit Vor- und Nachnamen vorstellen. Passen Sie sich an, wenn Sie mit dem Vornamen angesprochen werden.

At a stand at a trade fair	
More informal	**More formal**
A: "Good morning, Mr Myers. I'm Hinnerk Brader with Golfballs Ltd." B: "Hello, Mr Brader. Very pleased to meet you." A: "Please, call me Hinnerk." B: "Well, I'm Don." A: "Don, I'd like you to meet my colleague, Iris Eckle." C: "Hello, Don, pleased to meet you." B: "Hello, Iris, nice to meet you, too."	A: "How do you do? I'm Lukas Breuer representing Kröger & Bach in/from Germany." B: "How do you do, Mr Breuer? I'm Nigel Watson with Galaxy Chair Design. Pleased to meet you." A: "Pleased to meet you, too, Mr Watson. Let me introduce you to my supervisor (Vorgesetzter), Ms Simone Eckardt."

PRAXISTIPP You **only** say "How do you do" or "Pleased to meet you" (formal speech), when you meet someone **for the first time**. When you meet the person again, you should say "How are you" or "Nice to see/meet you again".

○ Making small talk

A: "Can I offer you something to drink?"
B: "Thanks, a cup of coffee would be fine."
A: "Milk and sugar?"

A: "What part of Great Britain do you come from?"
B: "I'm from Inverness, Scotland."
A: "That's great. I spent my holiday there last year."

A: "How was your flight?"
B: "It was fine, although we were a bit delayed."
A: "Oh, that's too bad. What hotel are you staying in?"

A: "How do you like the weather in Germany?"
B: "Does it always rain this much?"
A: "Well, you get used to it."

○ Talking business

A: "We could grant you a further discount of 6% on the impact drills."
B: "Well, for 6,000 pieces, I would expect something closer to 10%."
A: "That may be possible, but I'll have to discuss it with my boss."

A (after having talked to his boss): "Good news. We can allow you 8%."
B: "Thank you. Do you think you could confirm that in writing?"
A: "Yes, sure."

A: "We need the goods **by** the end of July at the latest."
B: "If we had one more week to deliver, it would make things easier for us."
A: "I'm afraid that would be too late for our customer."

A: "Well, in my view all the details have been seen to, except the length of the power cord (Stromkabel). We need 2.5 metres for the German market instead of the 2 metres you offered."
B: "No problem, but that will cost an additional €0.50 per unit."
A: "OK, that's all right with me."

PRAXISTIPP Das Wort „bis" bereitet Deutschen regelmäßig Schwierigkeiten in der korrekten englischen Anwendung, da es je nach Sinnzusammenhang entweder mit **"by"** oder **"until"** übersetzt werden muss. Wenn Sie unsicher sind, versuchen Sie Folgendes: Setzen Sie statt „bis" die Formulierung „die ganze Zeit bis" ein. Ist der Satz dann noch richtig bzw. sinnvoll, müssen Sie im Englischen „until" verwenden, macht der Satz keinen Sinn mehr, wählen Sie "by".
Beispiele
– "Please, type this letter **bis?** tomorrow."   „die ganze Zeit bis"   nicht sinnvoll   also **"by"**
– "Normally we have to work **bis?** 5 pm."   „die ganze Zeit bis"   sinnvoll   also **"until"**

Mit einem Lieferer in der Fremdsprache Englisch kommunizieren

- Man unterscheidet allgemeine (**general**) und spezielle/bestimmte (**specific**) Anfragen (**enquiries**).
- Mögliche **Inhalte allgemeiner Anfragen** sind: Informationen über das Sortiment (**product range**), Katalog (**catalogue**), Verkaufsunterlagen (**sales literature**), Muster (**samples**), Preisliste (**price list**), Vertreter (**representative**).
- Mögliche **Inhalte spezieller Anfragen** sind: Informationen über eine(n) besondere(n) Artikel oder Dienstleistung (**particular product or service**), technische Daten (**technical data**), Lieferdatum (**date of delivery**), Preise und Nachlässe (**prices and discounts**), Zahlungs- und Lieferungsbedingungen (**terms of payment and delivery**).
- Für **E-Mails** gilt das gleiche Layout wie bei einem herkömmlichen Brief per "snail-mail", abgesehen von den Bereichen, die durch die Software vorgegeben sind (Adressfeld, Datum, Betreff, Anlagen).
- Die Erstellung einer Anfrage orientiert sich an einem "**letter plan**" mit den Bereichen "**opening**", "**giving particulars**" und "**closing**". Danach werden die Inhalte abhängig von den jeweiligen Anforderungen mithilfe **standardisierter Redewendungen (phrases)** konkretisiert.
- Telefonieren auf Englisch wird durch das Training bestimmter Redewendungen oder Gesprächsabläufe erleichtert. Diese beziehen sich auf die Bereiche "**giving your name**", "**communication problems**", "**connecting/taking a message**" und "**active telephoning**".
- Die Gestaltung persönlicher Kontakte zu ausländischen Geschäftspartnern erfordert viel Fingerspitzengefühl. Dies setzt voraus, dass Sie die Redewendungen zu "**introducing yourself and others**", "**making small talk**" und "**talking business**" beherrschen.

1. Handlungssituation: Sie arbeiten für den bekannten Schmuckgroßhandel SchmuckWeldt e. K., Edbert Straße 79, 45981 Essen, Tel.: 0201 3968001, Webseite: www.schmuckweldt.de. Ihr Unternehmen sucht nach neuen Lieferanten für Piercings. In der aktuellen Ausgabe der Fachzeitschrift "Modern Trend" haben Sie eine Anzeige der "Designer Piercings Ltd. – 23 Brolly Street, York YO1 7EP, United Kingdom" gelesen. Ansprechpartnerin ist Ivana Trump.
Arbeitsauftrag: Erstellen Sie eine Anfrage, in der Sie einen Katalog, eine Preisliste, einige Muster der Piercings und den Besuch eines Vertreters anfordern.

2. Handlungssituation: Ihr Großhandelsunternehmen Traumgeräte GmbH, Königsplatz 73, 53332 Bornheim, E-Mail: traumgeraete@t-online.de, erhält den Auftrag eines Kunden zur Beschaffung von 200 Fernsehgeräten Chingsung 4K100 (OLED Flachbildschirm). Sie besuchen die Homepage von Chingsung und informieren sich.
Arbeitsauftrag: Sie senden eine spezielle Anfrage als E-Mail, in der Sie um Preisangaben, mögliche Nachlässe und die Lieferungs- und Zahlungsbedingungen für die angegebene Menge bitten. Lieferung soll so schnell wie möglich erfolgen. Empfänger: Chingsung, 75 Hua-Zing, Hannam-Dong, Seoul, Yongsan-ku, South Korea, E-Mail: Chingsun@chingsun.co.kr. Ansprechpartner ist Kim Jong.

3. Handlungssituation/Rollenspiel: Sie erhalten in Ihrem Ausbildungsunternehmen einen Anruf aus den USA.

Arbeitsauftrag: Übernehmen Sie mit Ihrem Partner die beiden Gesprächsrollen (Namen nach Wahl). Ersetzen Sie die deutschen Anmerkungen durch geeignete wörtliche Rede in englischer Sprache und führen Sie das Telefongespräch vor. Danach wechseln Sie die Rollen.

Receiver: Ihr Display zeigt, dass der Anruf aus den USA kommt. Melden Sie sich entsprechend.
Caller: "Hello, this is Mr/Ms_____. Could I please speak to Mr Horst Flöttmann?"
Receiver: *Herr Flöttmann ist nicht im Hause. Bieten Sie an, eine Nachricht aufzunehmen.*
Caller: "Yes. Please tell Mr Flöttmann that Mr/Ms_____ called."
Receiver: *Sie haben den Namen nicht verstanden und bitten darum, ihn zu buchstabieren.*
Caller: "Of course ..." (Name nach Wahl)
Receiver: *Sie haben den Namen mitgeschrieben und überprüfen, ob er richtig ist.*
Caller: "That's right and my phone number is ..." (Nummer nach Wahl)
Receiver: *Der Anrufer war zu schnell. Reagieren Sie entsprechend.*
Caller: "No problem, my phone number again is ..." (Nummer nach Wahl)
Receiver: *Überprüfen Sie, ob Sie die Nummer richtig verstanden haben.*
Caller: "That's correct. Please tell Mr Flöttmann to call me back when he has time."
Receiver: *Sie sichern das zu.*
Caller: "Thanks for your help Mr/Ms _____. Goodbye."
Receiver: *Sie verabschieden sich.*

4. Handlungssituation/Rollenspiel: Sie befinden sich auf einer Messe. Der Stand eines britischen Unternehmens weckt Ihr Interesse und Sie beschließen, Informationen über die ausgestellten Artikel einzuholen.

Arbeitsauftrag: Übernehmen Sie mit Ihrem Partner die Rollen von Nicole und Paul. Ersetzen Sie die deutschen Anmerkungen durch wörtliche Rede in englischer Sprache und spielen Sie das Gespräch. Danach wechseln Sie die Rollen. **Variante:** Ersetzen Sie die deutschen Angaben zur Primus GmbH durch Angaben aus Ihrem Ausbildungsunternehmen.

Nicole: *Sie stellen sich vor. Sie sind Nicole Höver von der Primus GmbH aus Deutschland.*
Paul: "Good morning, Ms Höver. I'm Paul Little with Modern Office Ltd. How do you do?"
Nicole: *Sie reagieren entsprechend und freuen sich, Paul kennenzulernen.*
Paul: "Pleased to meet you, too, Ms Höver. What can I do for you?"
Nicole: *Stellen Sie Ihr Unternehmen als Groß-/Außenhändler für Büroausstattung vor. Sie suchen neue Lieferanten, weil Sie Ihr Sortiment erweitern möchten.*
Paul: "That sounds good to us, please let me show you some of our most interesting products."
Nicole: *Ihr Vorgesetzter Miroslav Krazek kommt auf Sie zu. Stellen Sie ihn Paul Little vor.*

Wiederholung zu Lernfeld 3

Übungsaufgaben

1. Eine Unternehmung bezieht vier verschiedene Artikel in einer Lieferung, und zwar
Artikel A 260 kg zu 12,50 € je kg,   Artikel C 460 kg zu 11,00 € je kg,
Artikel B 340 kg zu 14,50 € je kg,   Artikel D 480 kg zu   9,50 € je kg,

Die Bezugskosten betragen:
Fracht 150,00 €, Rollgeld 36,34 €, Transportversicherung 890,00 €

Der Lieferer gewährt 20 % Rabatt und 2,5 % Skonto.
a) Ermitteln Sie den Warenwert der gesamten Lieferung.
b) Wie viel Euro der Gewichtsspesen entfallen auf Artikel C?

c) Wie viel Euro der Versicherungsprämie entfallen auf Artikel D?
d) Ermitteln Sie den Bezugs-/Einstandspreis für ein Kilogramm des Artikels B.

2. Die Primus GmbH beliefert gewerbliche Abnehmer in Mitteleuropa. Das Sortiment der Primus GmbH umfasst neben den Warengruppen Bürotechnik und Büroeinrichtungen auch Büromaterialien aller Art. Als Einkaufssachbearbeiter sind Sie verantwortlich für die Beschaffung und Lagerung von Büromaterialien. Am 14. Juni d. J. liegen Ihnen folgende Daten aus einem schriftlichen Angebot (Auszug) der Latex AG, Herstellung von Büroverbrauchsgütern, vor:

Wir bieten freibleibend an:	
Notizblock in einer Öko-Box, doppelwandiger, unbedruckter Recycling-Karton, Inhalt ca. 700 Blatt Recyclingpapier.	Listeneinkaufspreis 3,20 € je Stück
Frachtkosten:	pauschal 90,00 €
Mindestabnahmemenge:	1 000 Stück
Mengenrabatt:	ab 2 000 Stück 12,5 %, ab 5 000 Stück 15 %
Zahlungsbedingungen:	innerhalb von 60 Tagen netto, innerhalb von 10 Tagen 2 % Skonto

Der Warendatei Ihres Warenwirtschaftssystems entnehmen Sie folgende Informationen zu weiteren möglichen Lieferern von Notizblöcken:

Lieferer	Bezugs-/Einstandspreis	Bemerkungen
Papierwerke Iserlohn GmbH	3,00 € gemäß Angebot vom 30. Mai d. J. Zahlbar innerhalb von 10 Tagen 3 % Skonto oder 30 Tage netto Kasse	pünktlich, bis zu 20 000 Stück Preis- und Lieferbindung bis September d. J.
Flamingowerke AG	3,10 € gemäß Angebot vom 15. Mai d. J., ab 5 000 Stück 15 % Rabatt	Qualitätsmängel, verspätete Lieferung

a) Berechnen Sie den Bezugs-/Einstiegspreis der Latex AG, Berlin, je Stück bei einer Bestellmenge von 9 000 Stück und bei Inanspruchnahme aller Vergünstigungen.
b) Für welche der drei Lieferer entscheiden Sie sich unter Berücksichtigung der Angaben in der Warendatei? Begründen Sie Ihre Entscheidung.
c) Überprüfen Sie, ob durch die Bestellung der Primus GmbH bei der Latex AG ein Kaufvertrag zustande kommt. Begründen Sie Ihre Entscheidung unter Berücksichtigung Ihrer Wahl in b).

3. Die Primus GmbH hat bei der Bürodesign GmbH schriftlich Bürostühle bestellt. Nach einer Woche bemerkt die Primus GmbH, dass die falschen Stühle bestellt wurden. Daher widerruft sie per E-Mail die Bestellung. Die Bürodesign GmbH reagiert aber nicht auf diesen Widerruf. Nach drei weiteren Tagen liefert die Bürodesign GmbH die ursprünglich bestellte Ware.
a) Begründen Sie, ob ein Kaufvertrag zwischen der Primus GmbH und der Bürodesign GmbH zustande gekommen ist.
b) Geben Sie an, welche Auswirkung der Widerruf der Primus GmbH auf den Kaufvertrag hat.
c) Erläutern Sie die Rechtslage, wenn die Primus GmbH einen Tag nach der brieflichen Bestellung per E-Mail widerrufen hätte.

4. Die Primus GmbH in Duisburg liefert an die Modellux GmbH & Co. KG in Münster Waren im Werte von 62 000,00 €. Unterwegs verunglückt der mit der Lieferung beauftragte Spediteur ohne dessen Verschulden. Die Ware wird vollständig zerstört. Erläutern Sie die Rechtslage, wenn
a) über den Erfüllungsort keine Vereinbarung getroffen wurde,
b) der Geschäftssitz der Primus GmbH als Erfüllungsort vertraglich festgelegt wurde,
c) über den Gerichtsstand keine Vereinbarung getroffen wurde.

5. Die Primus GmbH sendet einem Kunden, mit dem sie seit Langem gute Geschäftsbeziehungen pflegt, unaufgefordert einen günstigen Posten Waren zu. Der Kunde reagiert nicht auf diese Warenlieferung.
a) Beurteilen Sie, ob ein Kaufvertrag zustande gekommen ist.
b) Ändert sich die Sachlage, wenn bisher keine Geschäftsbeziehungen zwischen der Primus GmbH und dem Kunden bestanden haben?

6. Ermitteln Sie anhand der nachstehenden Kalkulation eines Artikels
a) den Zieleinkaufspreis, c) den Rabattsatz,
b) den Listeneinkaufspreis, d) den Bezugs-/Einstandspreis.

Listeneinkaufspreis	? €
– … % Rabatt	107,20 €
Zieleinkaufspreis	? €
– 2,5 % Skonto	18,76 €
Bareinkaufspreis	? €
+ Bezugskosten	9,36 €
Bezugs-/Einstandspreis	? €

7. Die Importstahl AG, Pulheim, hat mit der United-Steel-Cooperation, Shanghai, einen Kaufvertrag über 250 Tonnen Stahlrohre abgeschlossen.
HS-Code 73043993
Preis je Tonne: 520 USD (Umrechnungskurs vgl. Tabelle S. 388)
Lieferungsbedingung: CIF Hamburg
Speditionsdienstleistungen (Zollanmeldung, Umladen in Hamburg, Zufuhr nach Pulheim, nicht eingeschlossen: Zollschuld): 4500,00 EUR zzgl. 19% USt.
a) Erläutern Sie die vereinbarte Lieferungsbedingung.
b) Ermitteln Sie den Zollsatz und die Zollschuld.
c) Kalkulieren Sie den Einstandspreis für die Gesamtmenge und pro t.

8. Joachim Kern GmbH, Hersteller von Bauelementen, erhält von der Luschkow Ltd. Bauunternehmung in Sankt Petersburg einen Auftrag zur Lieferung von 1 000 Türelementen aus Kunststoff.
In den bisherigen Verträgen wurden folgende Bedingung vereinbart: FOB Travemünde.
a) Erläutern Sie die Kosten- und Gefahrenaufteilung bei „FOB Travemünde".
b) Die Luschkow Ltd. setzt bei dem vorliegenden Auftrag die Lieferbedingung „DDP Sankt Petersburg" durch. Nennen Sie vier Pflichten, die die Joachim Kern GmbH bei dieser Vereinbarung im Gegensatz zu „FOB Travemünde" hat.

9. Der Wechselkurs EUR/CHF hat sich in den letzten Jahren verändert, Beispielwerte:

	Geld	Brief
2010	1,4878	1,4924
2020	1,0526	1,0566

a) Berechnen Sie, wie viel EUR einem deutschen Importeur für eine Verbindlichkeit über 100.000,00 CHF von seiner Bank belastet werden
   1. im Jahr 2010
   2. im Jahr 2020
b) Berechnen Sie für a) den prozentualen Unterschied zwischen den EUR-Beträgen aus 2010 und 2020.
c) Ein Handelsvertreter mit Wohnort und Lebensmittelpunkt in Deutschland arbeitet für ein Unternehmen in der Schweiz. Seine Provision bekommt er in CHF auf ein Konto in der Schweiz ausgezahlt. Er überweist jedoch einen großen Teil davon auf sein deutsches Girokonto, die Gutschrift erfolgt in EUR. Erläutern Sie, ob sich der Handelsvertreter über die dargestellte Kursentwicklung freuen wird oder nicht.

10. In Deutschland werden von Pkw-Händlern fabrikneue Autos als besonders preisgünstige „EU-Fahrzeuge" bzw. „EU-Reimporte" angeboten.
a) Erläutern Sie an diesem Beispiel die umsatzsteuerrechtliche Behandlung von Umsätzen im Intrahandel.
b) Erläutern Sie am Beispiel von Dänemark und den Niederlanden, welche zusätzlichen Abgaben dort bei der Kfz-Zulassung anfallen (Internetrecherche).
c) Erklären Sie, wodurch der mögliche Preisvorteil von „EU-Fahrzeugen" zustande kommen kann.

11. Handlungssituation/Rollenspiel: Großhändler SchmuckWeldt erhält Besuch von Wesley Koslowski und Mary Pierce, Vertreter der Designer Piercings Ltd., die ihr Sortiment präsentieren. Sie nehmen als Auszubildender an dem Gespräch teil und erhalten von Ihrem Chef die Anweisung, sich um die Gäste zu kümmern.
Arbeitsauftrag: Entwickeln Sie in **Gruppenarbeit** einen Gesprächsverlauf in englischer Sprache für vier Teilnehmer (Besucher und zwei Vertreter von SchmuckWeldt, Namen nach Wahl), der ausschließlich Elemente des „Small Talk" enthält. Wechseln Sie mindestens einmal den Themenbereich Ihres „Small Talk". Spielen Sie das Gespräch vor und wechseln Sie anschließend Ihre Rollen.

12. Handlungssituation/Rollenspiel: Mr Cheng in Singapur erhält die E-Mail von Lukas und ruft frühmorgens im Duisburger Büro von Kröger & Bach an, um noch einige Fragen bezüglich der Schlagbohrmaschinen zu klären.
Arbeitsauftrag: Übernehmen Sie mit Ihrem Partner die Rollen von Lukas und Mr Cheng. Ersetzen Sie die deutschen Anmerkungen durch geeignete wörtliche Rede in englischer Sprache und führen Sie das Telefongespräch vor. Danach wechseln Sie die Rollen.

Lukas: Sie sehen auf dem Display, dass der Anruf aus Singapur kommt und melden sich entsprechend.
Cheng: *Hello, this is Mr Cheng calling from Kröger's Singapore office. I have some questions about your email regarding impact drills.*
Lukas: Mr Cheng spricht sehr schnell und Sie verstehen kaum etwas.
Cheng: *Of course. I'm calling because I have some questions about the email I just received from your office regarding a request for 6,000 impact drills.*
Lukas: Telefonieren Sie aktiv und sagen Sie ihm, dass er fortfahren kann.
Cheng: *How powerful should the drills be and how long should the power cord be?*
Lukas: Sie können die Fragen nicht beantworten und teilen ihm mit, dass Sie mit Ihrer Vorgesetzten sprechen müssen. Sie bitten Mr Cheng, zu warten. Teilen Sie ihm dann mit, dass Ihre Vorgesetzte im Moment nicht da ist. Sie versprechen ihm, innerhalb einer Viertelstunde zurückzurufen oder eine E-Mail zu senden.
Cheng: *That would be fine Mr Breuer. Thank you very much.*
Lukas: Verabschieden Sie sich.

Gebundene Aufgaben zur Prüfungsvorbereitung

1. Welche der unten stehenden Aussagen zu den Aufgaben eines digitalen Warenwirtschaftssystems sind zutreffend?
Ein digitales Warenwirtschaftssystem
1. liefert dem Großhändler Informationen für die Personaleinsatzplanung.
2. reagiert flexibel auf geänderte Kundenwünsche durch automatische Nachdisposition der jetzt neu nachgefragten Ware.
3. unterstützt den Großhändler bei der Auswertung seiner Absatzzahlen.
4. macht den Diebstahl von Waren durch das Personal unmöglich.
5. macht dem Großhändler Vorschläge, welche Artikel er neu ins Sortiment aufnehmen sollte.

2. Durch welche der folgende Angebotsklauseln wird die Verbindlichkeit eines Angebots
a) ausgeschlossen, b) eingeschränkt, c) nicht berührt?
1. Lieferung frei Haus
2. solange der Vorrat reicht
3. Lieferung gegen Barzahlung
4. Zahlung sofort ohne Abzug

3. Welche der folgenden vertraglichen Vereinbarungen treffen auf die unten stehenden Aussagen zu?
a) brutto für netto
b) unfrei
c) ab Werk
d) fix
e) frachtfrei
f) Kauf auf Abruf
g) frei Haus
1. Der Zeitpunkt der Lieferung wird beim Abschluss des Kaufvertrages nicht festgelegt.
2. Die Verpackung wird mitgewogen und wie die Ware berechnet.
3. Der Käufer trägt sämtliche Transportkosten.
4. Der Verkäufer trägt die Kosten für Anfuhr und Fracht bis zum Bestimmungsbahnhof.
5. Die Lieferung hat an oder bis zu einem bestimmten Zeitpunkt zu erfolgen.
6. Der Verkäufer trägt sämtliche Transportkosten.

4. Unten stehend sind jeweils zwei bei der Warenbeschaffung anfallende Arbeiten angegeben. Stellen Sie fest, ob diese Arbeiten
a) in der angegebenen Reihenfolge, b) in umgekehrter Reihenfolge,
c) in beliebiger Reihenfolge ausgeführt werden können.
Arbeiten bei der Warenbeschaffung
1. – Vergleichen der Angebote
   – Bestellen der Ware
2. – Kontrollieren der äußeren Verpackung
   – Kontrollieren der Anschrift und des Absenders
3. – Aushändigen der Empfangsbestätigung an den Frachtführer
   – Prüfen des äußeren Zustands der eingetroffenen Frachtstücke
4. – Ermitteln des Bedarfs
   – Melden des Bedarfs an die Einkaufsabteilung

5. Welche der folgenden Aussagen über die Erfüllung eines Kaufvertrages sind zutreffend?
a) Laut Gesetz sind die Kosten der Übergabe sowie des Messens und Wiegens vom Verkäufer zu tragen.
b) Laut Gesetz sind die Kosten der Warenabnahme- und -versendung nach einem anderen Ort als dem Erfüllungsort vom Käufer zu tragen.

c) Wenn Käufer und Verkäufer an verschiedenen Orten wohnen, hat der Verkäufer lt. Gesetz die Pflicht, das Geld beim Käufer zu holen.
d) Es ist möglich, vertraglich einen anderen Erfüllungsort als den gesetzlichen zu wählen.
e) Der gesetzliche Erfüllungsort für die Warenlieferung ist der Wohnort des Käufers.
f) Laut Gesetz tritt der Gefahrenübergang auf den Käufer mit der Auslieferung der Ware an den Spediteur ein, wenn die Ware auf Verlangen des Käufers an einen anderen Ort als den Erfüllungsort versandt wird.

6. Welche der folgenden Aussagen über den Widerruf eines Angebots trifft zu?
Der Widerruf ...
1. muss spätestens gleichzeitig mit dem Angebot eintreffen.
2. muss vor Eingang des Angebots erfolgen.
3. ist innerhalb von drei Tagen nach Eingang des Angebots möglich.
4. ist nicht möglich.
5. kann nach 14 Tagen erfolgen.

7. Wodurch wird die Sortimentsbildung eines Groß- und Außenhändlers beeinflusst?
1. Jeder Groß- und Außenhändler orientiert sich beim Aufbau seines Sortiments ausschließlich am Sortiment seines größten Mitbewerbers.
2. In das Sortiment eines Groß- und Außenhändlers werden in erster Linie Artikel mit einem hohen Wareneinsatz aufgenommen.
3. Ausschlaggebend für alle im Sortiment erfassten Artikel sind hauptsächlich die Bezugs-/Einstandspreise.
4. Entscheidend für die Sortimentszusammensetzung eines Groß- und Außenhändlers sind u. a. die Bedürfnisse seiner Kunden.
5. Der Groß- und Außenhändler beachtet bei seiner Sortimentsbildung u. a. seine Lagergröße und die Altersstruktur seines Verkaufspersonals.

8. Welche Lieferbedingung gemäß Incoterms® ist für einen Großhändler als Exporteur die kostengünstigste?
1. FOB, weil der Reeder keine Versandkosten trägt
2. DDP, weil der Kunde alle Kosten übernimmt
3. CIF, weil der Kunde die Transportversicherung übernimmt
4. DAT, weil der Kunde alle Kosten und die Verzollung übernimmt
5. EXW, weil der Kunde Kosten und Gefahr für den gesamten Warentransport übernimmt
6. FCA, weil der Kunde sich um alle Transportmittel bemühen muss

9. Welche Kosten übernimmt der Kunde, wenn CIF vereinbart wurde?
1. Die Kosten für die Seeversicherung
2. Die Kosten für die Fracht
3. Die Kosten für das Transportgut bis zur Verladung
4. Die Kosten ab Lager des Verkäufers
5. Die Kosten für die Entladung im Bestimmungshafen

10. Sie führen einen Angebotsvergleich von ausländischen Anbietern durch, deren Angebote auf unterschiedliche Incoterms® abstellen. Welche Klausel beinhaltet auch gleichzeitig die Verzollung der Ware im Einfuhrland?
1. DDP   4. CIF
2. FOB   5. CIP
3. FCA

LERNFELD 4

Werteströme erfassen und dokumentieren

1 Die Aufgaben des betrieblichen Rechnungswesens in Groß- und Außenhandelsbetrieben erfassen

Nach den ersten sechs Monaten ihrer Ausbildung zur Kauffrau für Groß- und Außenhandelsmanagement in der Primus GmbH wechselt Nicole Höver vom Absatz ins Rechnungswesen. Herr Winkler, der Leiter der Abteilung Verkauf/Marketing, begleitet sie zu Herrn Schubert, dem Gruppenleiter des Rechnungswesens: *„Guten Tag, Herr Schubert, ich bringe Ihnen eine Hilfe für die nächsten Monate." – „Danke, mir wurde Frau Höver schon durch den Ausbildungsplan der Personalabteilung angekündigt. Ich will sie sofort mit ihren neuen Kolleginnen und Kollegen bekannt machen, nämlich mit unserer Finanzbuchhalterin, Frau Lapp, und unserer Lohnbuchhalterin, Frau Hahn."* Im Büro nebenan arbeiten Frau Braun, zuständig für die Statistik, und Herr Zimmer, der Leiter der Kosten- und Leistungsrechnung und des Controllings.

Während des Rundgangs durch die Abteilung erzählt Herr Schubert von seiner Arbeit. Er habe das Gefühl, das Nachrichtenzentrum für die Unternehmensleitung und die betrieblichen Abteilungen zu sein. Noch heute wollte Herr Hack, der Gruppenleiter „Bürotechnik", die Umsatzentwicklung des Laserdruckers HP Laser Jet 5 P erfahren, der seit sechs Monaten verkauft wird. Anlässlich eines Auftrages der Computerfachhandlung Martina van den Bosch, Venlo, über 40 000,00 € will Herr Winkler wissen, ob die Firma van den Bosch die bisherigen Lieferungen bezahlt hat. Außerdem will die Geschäftsleitung regelmäßig Kurzberichte über die Entwicklung des Gewinns oder Verlustes und der liquiden Mittel. Herr Schubert stellt abschließend fest: *„Wir sind im Rechnungswesen eine Art digitale Datenbank für die Unternehmungs- und Abteilungsleiter."*

ARBEITSAUFTRÄGE
- Sammeln Sie Ihre betrieblichen Erfahrungen mit dem Rechnungswesen. Vervollständigen Sie dazu nacheinander den folgenden Satz: *„Rechnungswesen ist für mich ..."*
- Beschreiben Sie Aufgaben des Rechnungswesens mit der „Kopfstandmethode", indem Sie gemeinsam den folgenden Satz vervollständigen: *„Wenn die Primus GmbH das Rechnungswesen abschafft, dann ..."*

● **Die Erfassung von Güter- und Geldströmen**

Groß- und Außenhandelsbetriebe kaufen über den **Beschaffungsmarkt Waren** und **Betriebsmittel** (Betriebs- und Geschäftsausstattung, Verpackungsmaterial usw.) und besorgen sich auf dem Arbeitsmarkt **Arbeitskräfte**. Vom **Beschaffungsmarkt** fließt also ein **Strom von Gütern und Dienstleistungen** in den Groß- und Außenhandelsbetrieb.

Auf dem **Absatzmarkt** werden die eingekauften Waren an gewerbliche und private Kunden verkauft. Neben Waren bieten Groß- und Außenhandelsbetriebe oftmals auch **Dienstleistungen** gegen Entgelt an, wie z. B. Montage- und Reparaturleistungen.

Die Beschaffung von Gütern und Dienstleistungen führt zu **Ausgaben**. Über die Erlöse aus dem Verkauf der Waren und Dienstleistungen werden **Einnahmen** erzielt. Damit fließen die für die Beschaffung ausgegebenen finanziellen Mittel wieder in die Unternehmung zurück. Dem **Güterstrom** steht also ein **Geldstrom** gegenüber.

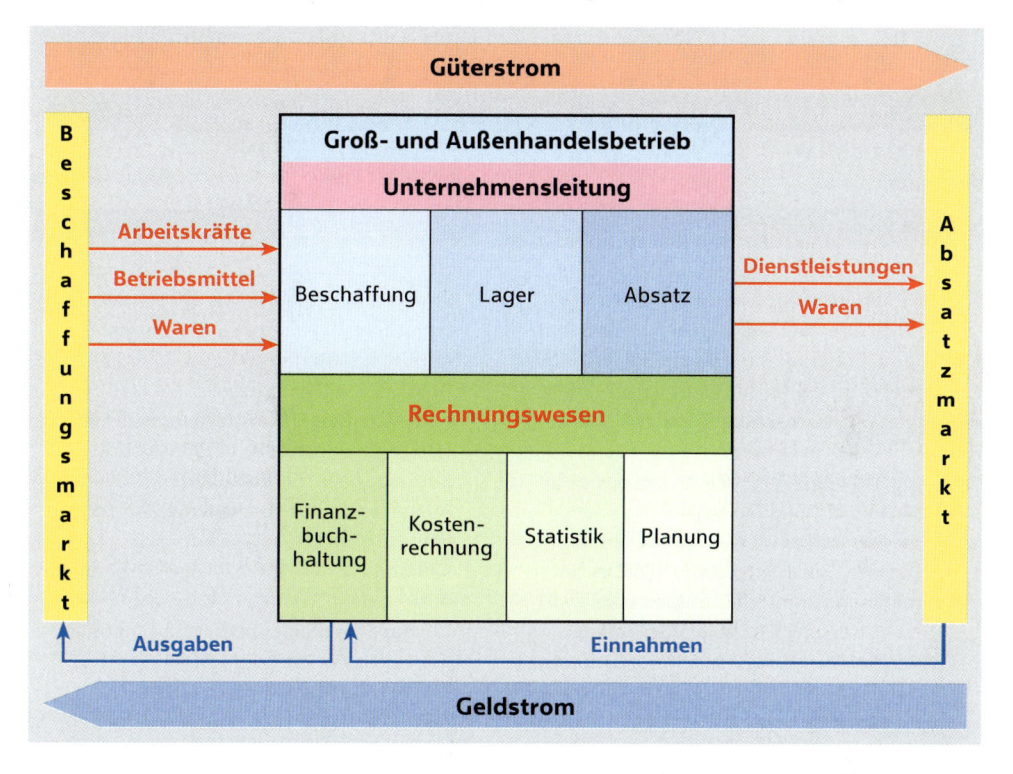

Um Waren und Betriebsmittel beschaffen und nutzen zu können, muss der Groß- und Außenhändler **Kapital** einsetzen. Dies kann eigenes Kapital **(Eigenkapital)** oder aber geliehenes Kapital **(Fremdkapital)** sein.

Es ist das Ziel eines jeden Unternehmens, einen **Überschuss** der Einnahmen gegenüber den Ausgaben zu erzielen: Dies ist eine wesentliche Voraussetzung, damit ein **Gewinn** erwirtschaftet werden kann.

● Die zentrale Aufgabe des betrieblichen Rechnungswesens

Es ist zentrale Aufgabe des betrieblichen Rechnungswesens, alle **Geschäftsprozesse zu erfassen, abzubilden und zu dokumentieren**. Über die Ursachen sowie über die Art und den Umfang der Veränderungen des Vermögens und der Schulden müssen alle Entscheidungsträger im Unternehmen zuverlässige **Informationen** erhalten. Erst dann können sinnvolle Entscheidungen getroffen werden, die das Unternehmen steuern **(Steuerung)**. Ebenso wichtig ist es, ständig zu kontrollieren, ob das Unternehmen wirtschaftlich arbeitet und die Liquidität (Zahlungsbereitschaft) des Unternehmens gesichert ist **(Kontrolle)**.

Zentrale Aufgaben des betrieblichen Rechnungswesens

- Chronologisch, zeitlich und sachlich geordnete Aufzeichnung aller Geschäftsfälle anhand von Belegen
- Ermittlung des Unternehmenserfolges und Erstellung des Jahresabschlusses
- Aufbereitung und Auswertung des vorhandenen Zahlenmaterials
- Überwachung der Zahlungsfähigkeit aufgrund von Zahlungseingängen und Zahlungsverpflichtungen

↓ ↓ ↓ ↓

Steuerung und Kontrolle sämtlicher Unternehmensentscheidungen

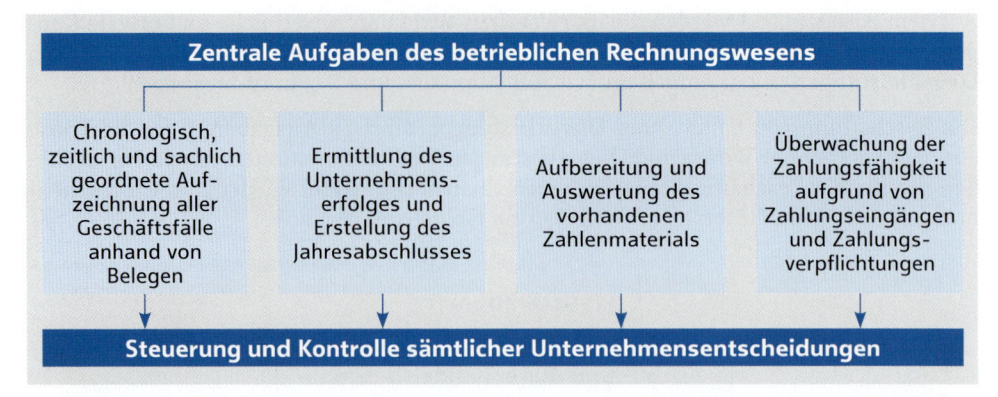

Beispiele

Bereich der Kontrolle	Bereich der Steuerung
– Die Unternehmensleitung der Primus GmbH benötigt einen ständigen Überblick über das **Vermögen** und die **Schulden**. Diese verändern sich im Laufe eines Geschäftsjahres z. B. durch die Aufnahme von Darlehen, Zahlungen von Kunden zum Ausgleich von Ausgangsrechnungen oder durch Zahlungen an Lieferer zum Ausgleich von Eingangsrechnungen. – In der Rechnungswesenabteilung der Primus GmbH wird der **Erfolg des Unternehmens ermittelt**. So wurden im Oktober Waren für 1 150 000,00 € verkauft. Im selben Monat entstanden Aufwendungen für Wareneinkäufe, Gehälter, Büromaterial u. a. in Höhe von 800 000,00 €. Der ermittelte Erfolg, in diesem Fall ein Gewinn, beträgt 350 000,00 €.	– Der Primus GmbH wird von ihrem Lieferanten Bürodesign GmbH ein Sonderposten Stapelstühle günstig angeboten. Die Abteilungsleiterin Einkauf der Primus GmbH erkundigt sich in der Buchhaltung nach dem **Bestand an Zahlungsmitteln**. – Das Rechnungswesen liefert wichtige Informationen zur **Kalkulation der Preise**. Ausgaben für Wareneinkäufe, Gehälter, Miete, Strom etc. müssen über die Verkaufspreise der Waren wieder hereingeholt werden. Deshalb müssen alle Ausgaben dokumentiert und bei der Kalkulation berücksichtigt werden. – Die **Verkaufszahlen** für die einzelnen Artikel des Sortiments werden genau erfasst. Je nach Entwicklung lösen sie **unternehmerische Entscheidungen** aus: Werbemaßnahmen, Herausnahme aus dem Sortiment etc.

● **Die Finanzbuchhaltung als Informationsquelle für unterschiedliche Anspruchsgruppen**

Damit ein Groß- und Außenhandelsunternehmen seine Ziele erreichen kann, muss es Kontakte mit anderen Unternehmen, staatlichen Institutionen und der Öffentlichkeit aufbauen und pflegen. Die zahlreichen Geschäftsbeziehungen haben Einfluss auf die Handlungsspielräume des Unternehmens. Dabei ist es selbstverständlich, dass **Geschäftspartner**, der **Staat** und die **Öffentlichkeit** aus unterschiedlichen Gründen einen Einblick in die wirtschaftliche Lage eines Unternehmens erhalten möchten. Diesen Einblick gewährt das Rechnungswesen.

Die Aufgaben des betrieblichen Rechnungswesens in Groß- und Außenhandelsbetrieben erfassen | **419**

Die wichtigsten Außenbeziehungen der Primus GmbH:

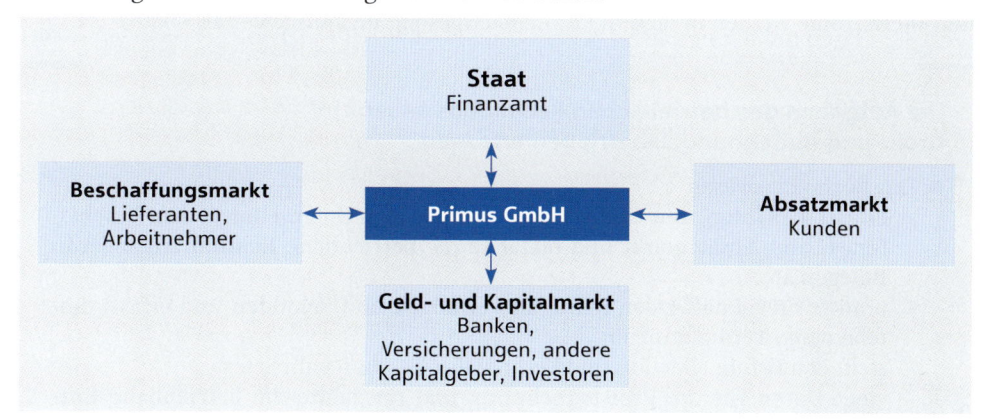

```
                    Staat
                  Finanzamt
                      ↕
Beschaffungsmarkt                    Absatzmarkt
  Lieferanten,   ↔  Primus GmbH  ↔     Kunden
  Arbeitnehmer
                      ↕
             Geld- und Kapitalmarkt
                     Banken,
             Versicherungen, andere
             Kapitalgeber, Investoren
```

Beispiele
– Das Finanzamt fordert genaue Informationen bezüglich der Umsätze und der Gewinnsituation der Primus GmbH, weil davon die zu zahlenden Steuern abhängen.
– Die Banken und Lieferanten möchten als Kreditgeber etwas über die Kreditwürdigkeit der Primus GmbH erfahren.

Wegen der vielfältigen Aufgaben ist das betriebliche Rechnungswesen der meisten Groß- und Außenhandelsbetriebe in weitere Teilgebiete – **Finanzbuchhaltung, Kosten- und Leistungsrechnung (KLR), Statistik und Planung** – aufgegliedert. Diese Teilgebiete des betrieblichen Rechnungswesens sind eng miteinander verknüpft und stehen in einem regen Datenaustausch.

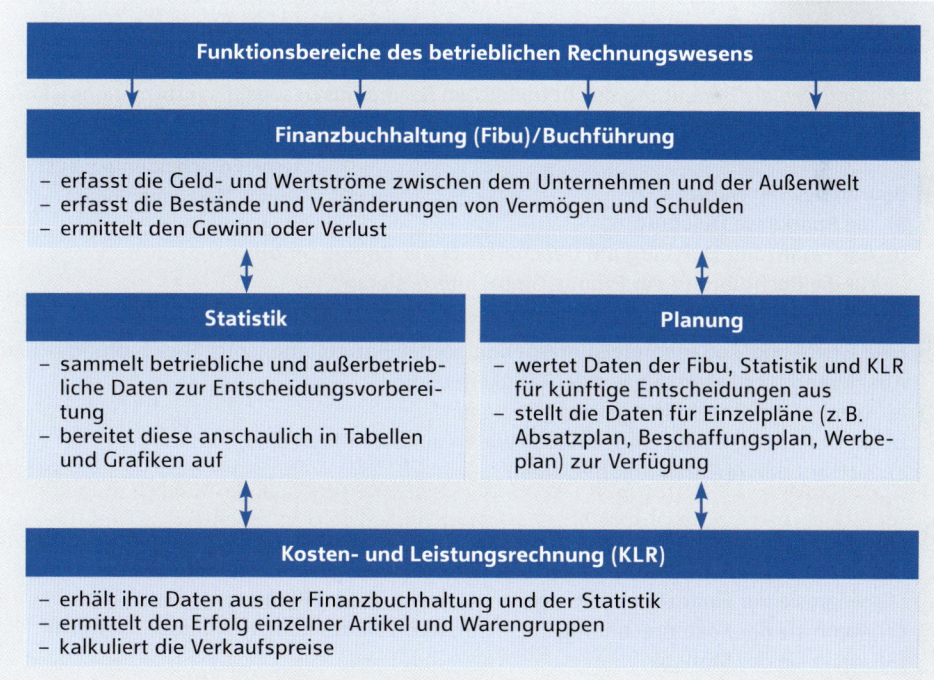

Funktionsbereiche des betrieblichen Rechnungswesens

Finanzbuchhaltung (Fibu)/Buchführung
– erfasst die Geld- und Wertströme zwischen dem Unternehmen und der Außenwelt
– erfasst die Bestände und Veränderungen von Vermögen und Schulden
– ermittelt den Gewinn oder Verlust

Statistik
– sammelt betriebliche und außerbetriebliche Daten zur Entscheidungsvorbereitung
– bereitet diese anschaulich in Tabellen und Grafiken auf

Planung
– wertet Daten der Fibu, Statistik und KLR für künftige Entscheidungen aus
– stellt die Daten für Einzelpläne (z. B. Absatzplan, Beschaffungsplan, Werbeplan) zur Verfügung

Kosten- und Leistungsrechnung (KLR)
– erhält ihre Daten aus der Finanzbuchhaltung und der Statistik
– ermittelt den Erfolg einzelner Artikel und Warengruppen
– kalkuliert die Verkaufspreise

Dieses **Lernfeld** beschäftigt sich im Schwerpunkt mit der **Finanzbuchhaltung**. **Werte und Wertströme** werden in diesem Lernfeld dargestellt und ausgewertet.

Die Aufgaben des betrieblichen Rechnungswesens in Groß- und Außenhandelsbetrieben erfassen

- Das Rechnungswesen
  - erfasst die **Güter- und Geldströme** zwischen dem Unternehmen, dem Beschaffungs- und Absatzmarkt und bildet so die **betriebliche Realität** anhand von **Belegen** ab,
  - ermittelt regelmäßig den **Stand an Vermögen und Schulden** und erfasst laufend deren Veränderungen,
  - stellt den **Erfolg** (Gewinn und Verlust) des Geschäftsjahres fest,
  - stellt **Daten für die Preisberechnung** und für zahlreiche **betriebliche Entscheidungen** bereit.
- Das Rechnungswesen ist ein **Informations-, Kontroll- und Steuerungssystem**.
- Das Rechnungswesen liefert **Informationen für verschiedene Anspruchsgruppen**.
- Das Rechnungswesen ist in die **Aufgabenbereiche** Finanzbuchhaltung, Kosten- und Leistungsrechnung, Statistik und Planung gegliedert.

---

1. Erläutern Sie den Güter- und den Geldstrom zwischen einem Groß- und Außenhandelsbetrieb und dem Beschaffungs- und Absatzmarkt.

2. Erstellen Sie eine Mindmap zu den Aufgaben des Rechnungswesens. Aus der Mindmap soll hervorgehen, dass das Rechnungswesen ein Informationssystem für die Geschäftsleitung, die Abteilungsleiter, die Kreditgeber und die Behörden werden kann.

3. Erläutern Sie die Bedeutung des betrieblichen Rechnungswesens als Informations-, Kontroll- und Steuerungssystem.

4. Begründen Sie, warum sich
  a) die Sparkasse Duisburg,
  b) das Finanzamt Duisburg am Geschäftssitz der Primus GmbH
    für die Buchführung der Primus GmbH interessieren?

5. Eine Groß- und Außenhandelsunternehmung hat Beziehungen zum Beschaffungs- und Absatzmarkt. Erläutern Sie je zwei Tätigkeiten, die
  a) sich auf den Beschaffungsmarkt beziehen,
  b) im Unternehmen mit eingekauften Waren durchzuführen sind,
  c) sich auf den Absatzmarkt beziehen.

6. Ordnen Sie die nachfolgenden Tätigkeiten einer Großhandlung den Aufgabenbereichen des Rechnungswesens zu. Kennzeichnen Sie die jeweilige Aussage mit
  (1), wenn sie der Finanzbuchhaltung,   (4), wenn sie der Planung,
  (2), wenn sie der Kostenrechnung,   (5), wenn sie keinem der Aufgabenbereiche
  (3), wenn sie der Statistik,
    zugeordnet werden kann.

Tätigkeiten:

a) Die Kassenleiterin der Verkaufsboutique ermittelt am Abend eines Verkaufstages den Kassenbestand an Bargeld.
b) Der Geschäftsführer lässt sich von dem Handelsvertreter seines Stofflieferers Informationen über die mögliche Marktentwicklung für das kommende Halbjahr geben.
c) Ein Angestellter ermittelt aufgrund zahlreicher Unterlagen den Verkaufspreis für Bürostühle.
d) Eine Angestellte erstellt ein Kreisdiagramm, aus dem sich die Anteile der verschiedenen Warengruppen am Gesamtumsatz ergeben.
e) Der Geschäftsführer will in drei Monaten eine Filiale in Dresden eröffnen. Daher stellt er in einer Übersicht alle zu erwartenden einmaligen Ausgaben (Investitionen) zusammen.
f) Der Geschäftsführer verlangt vom Buchhalter die Unterlagen zur Erstellung der Steuererklärung.

7. Untersuchen Sie, in welche Aufgabenbereiche das Rechnungswesen in Ihrem Ausbildungsbetrieb gegliedert ist und welche Aufgaben die einzelnen Bereiche dort übernehmen. Stellen Sie Ihre Ergebnisse zusammen und präsentieren Sie diese in einem kurzen Vortrag vor der Klasse.

2 Vermögen und Schulden erfassen und darstellen

2.1 Ein Inventar erstellen

Herr Schubert hat nach der Inventur der Primus GmbH alle Aufnahmelisten ausgedruckt und Frau Lapp übergeben. In vielen Fällen enthalten sie nur handelsübliche Artikel- und Mengenangaben.

„Jetzt geht die Arbeit erst richtig los", meint Frau Lapp an Nicole Höver gerichtet, *„denn jetzt müssen wir Ordnung reinbringen und alle Vermögensteile und Schulden bewerten."*

ARBEITSAUFTRÄGE
◆ Erarbeiten Sie in Gruppen einen Vorschlag zur Gliederung und Bewertung der Vermögensteile und der Schulden.
◆ Stellen Sie Ihre Vorschläge in der Klasse vor und erarbeiten Sie ein gemeinsames Gliederungsschema des Inventars für alle Branchen des Groß- und Außenhandels.

Inventur

Der Kaufmann muss mindestens einmal jährlich seine **Vermögenswerte** nach Art, Menge und Wert aufnehmen sowie seine **Schulden erfassen**. Dazu muss er Zahlungsmittel und Waren zählen und noch nicht bezahlte Rechnungen zusammenstellen. Diese Aufnahme aller Wirtschaftsgüter nach Art und Menge wird als **Inventur** bezeichnet. Neben der mengenmäßigen Erfassung des Vermögens und der Schulden müssen auch deren Werte nach gesetzlichen Vorschriften ermittelt werden. Erst dann kann ein vollständiges Bestandsverzeichnis, das **Inventar**, erstellt werden.

Gliederung des Inventars

Die Ergebnisse der Inventur werden im **Inventar** gegliedert dargestellt. Das Inventar ist ein **Bestandsverzeichnis**, in dem die Vermögensteile und Schulden zum Abschlussstichtag nach Art, Menge und Wert aufgeführt sind. Das Inventar besteht in seiner Grundstruktur aus drei Teilen:

A. Vermögen
  I Anlagevermögen
  II Umlaufvermögen
	Zieht man vom Gesamtwert der Vermögensteile die Summe der betrieblichen Schulden ab, erhält man das **Eigenkapital** (**Reinvermögen**):

B. Schulden
  I Langfristige Schulden
  II Kurzfristige Schulden
	A. Vermögen – B. Schulden = C. Eigenkapital

C. Errechnung des Eigenkapitals (= Reinvermögen)	Das Eigenkapital zeigt somit den Wert der Vermögensteile an, die mit eigenen Mitteln (Eigenkapital) finanziert worden sind.

Vermögen

Im Inventar ist das Vermögen in **Anlage- und Umlaufvermögen** zu gliedern. Zum besseren Verständnis sind in den folgenden Kapiteln alle Vermögenswerte immer in blauer Schriftfarbe dargestellt bzw. blau hinterlegt.

Anlagevermögen

Zum **Anlagevermögen** zählen die Vermögensgegenstände, die dauernd dem Geschäftsbetrieb dienen. Das Anlagevermögen bildet die **Grundlage der Betriebstätigkeit**.

Das Anlagevermögen wird gegliedert in:

Immaterielle Vermögensgegenstände	Sachanlagen	Finanzanlagen
– Lizenzen (Rechte zur Nutzung einer Erfindung) – geschütztes Markenzeichen – Software-Lizenzen – Geschäfts- oder Firmenwert	– Grundstücke und Gebäude – Lagereinrichtung – Fuhrpark – Betriebs- und Geschäftseinrichtung (BuG) – Computeranlagen	– Beteiligungen an anderen Unternehmen – langfristige Darlehensforderungen gegenüber anderen Unternehmen

Umlaufvermögen

Zum **Umlaufvermögen** zählen die Vermögensgegenstände, die am Abschlussstichtag dazu bestimmt sind,
- **veräußert** (Waren) oder
- nur **einmalig genutzt** (Bargeld, Bankguthaben, Forderungen) zu werden.

Es wird folgendermaßen gegliedert:

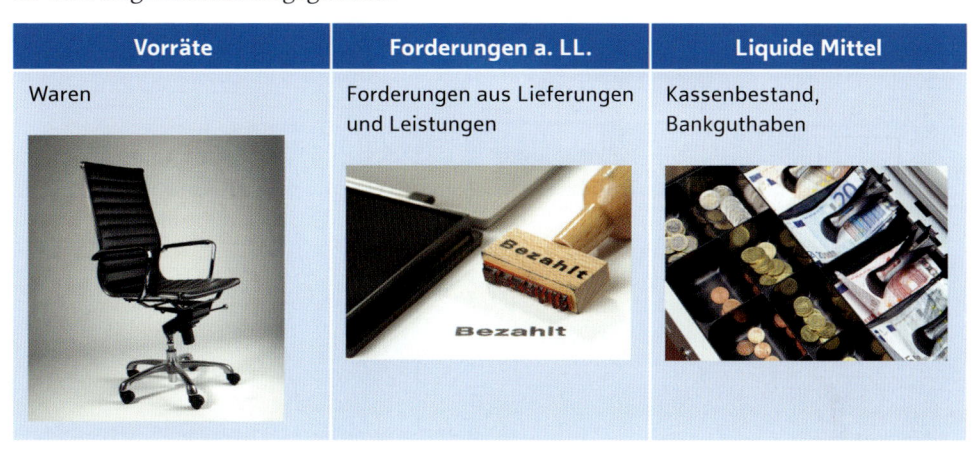

Vorräte	Forderungen a. LL.	Liquide Mittel
Waren	Forderungen aus Lieferungen und Leistungen	Kassenbestand, Bankguthaben

Bei den **Waren** handelt es sich um Handelsartikel, die von fremden Unternehmen (Lieferern) bezogen und ohne wesentliche Veränderung verkauft werden.

Forderungen aus Lieferungen und Leistungen entstehen, wenn der Groß- und Außenhändler Waren gegen Ausgangsrechnung an einen Kunden verkauft und diesem ein **Zahlungsziel** (Bezahlung der Ware zu einem späteren Zeitpunkt – z. B. 14 Tage) gewährt. In der Regel handelt es sich um Großkunden wie Stadtverwaltungen, Krankenhäuser, Schulen usw., denen ein Zahlungsziel gewährt wird. Nach Ablauf des Zahlungsziels hat der Kunde die Ausgangsrechnung zu bezahlen.

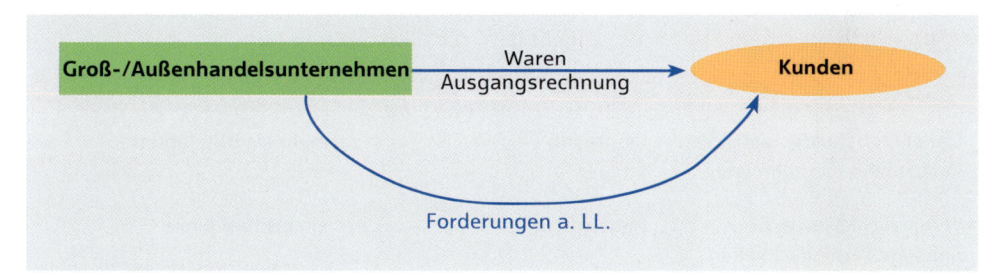

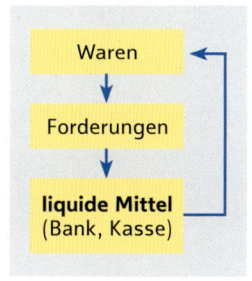

Zu den **liquiden (flüssigen) Mitteln** zählen die Bargeldbestände in der Kasse und das Bankguthaben. Sie können jederzeit zum Einkauf von Waren oder Anlagen (Investitionen) oder zur Tilgung von Schulden eingesetzt werden.

Im Gegensatz zum Anlagevermögen wird das **Umlaufvermögen** durch die betrieblichen Tätigkeiten **ständig verändert und umgewandelt**. Das Umlaufvermögen bildet mit den Waren den eigentlichen **Gewinnträger**.

Anordnung der Vermögensteile

LF 11 Die Gegenstände des Vermögens werden nach zunehmender Geldnähe **(Liquidität)** geordnet:

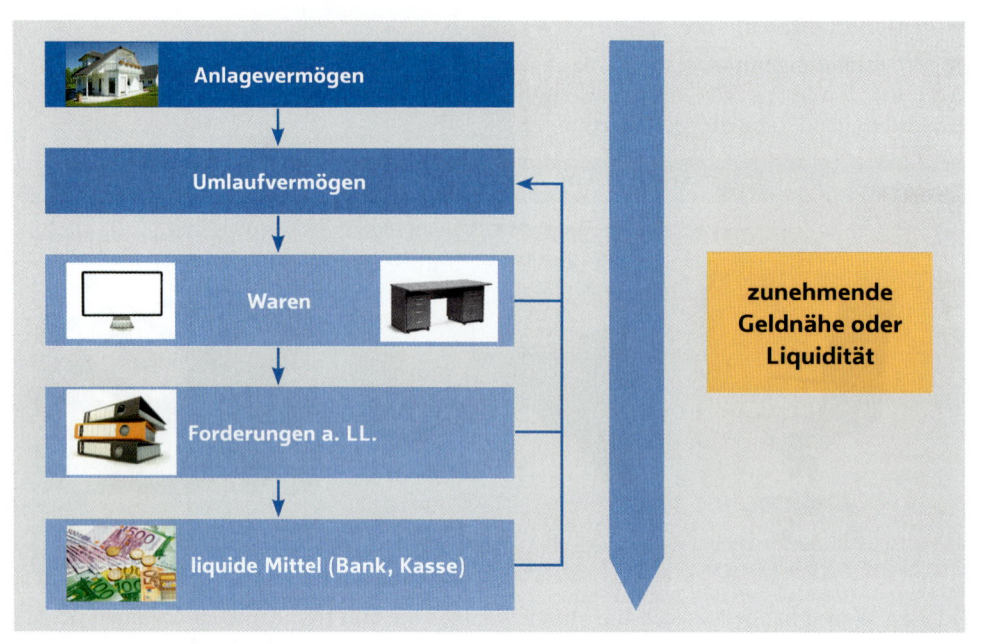

```
Anlagevermögen
      ↓
Umlaufvermögen        ←┐
      ↓                │
    Waren             ─┤     zunehmende
      ↓                │     Geldnähe oder
Forderungen a. LL.    ─┤     Liquidität
      ↓                │
liquide Mittel (Bank, Kasse) ─┘
```

○ **Schulden**

Schulden sind Zahlungsverpflichtungen aufgrund von **Darlehensverträgen** (Verbindlichkeiten gegenüber Banken) oder aufgrund von **Kaufverträgen** (Verbindlichkeiten aus Lieferungen und Leistungen), die der Vertragspartner bereits erfüllt hat. Die verschiedenen Verbindlichkeiten unterscheiden sich durch ihre **Fälligkeit** oder **Restlaufzeit** und die gegebene Sicherheit. Zum besseren Verständnis sind in den folgenden Kapiteln alle Schulden immer in roter Schriftfarbe dargestellt bzw. rot hinterlegt.

Schulden	Fälligkeit	Restlaufzeit von ...
Darlehensschulden mit einer Restlaufzeit von zehn Jahren	langfristig	mehr als fünf Jahren
Verbindlichkeiten a. LL.	mittelfristig	ein bis fünf Jahren
Sonstige Verbindlichkeiten (z. B. Steuerschulden)	kurzfristig	bis zu einem Jahr

Beispiel Inventar der Primus GmbH, Koloniestr. 2–4, 47057 Duisburg, zum 31. Dezember 20..

Art, Menge, Einzelwert	€	€
A. Vermögen		
I. Anlagevermögen		
1. Bebautes Grundstück, Koloniestr. 2–4		400 000,00
2. Gebäude, Koloniestr. 2–4 (Anlage 1)[1]		315 000,00
3. Fuhrpark (Anlage 2)		125 000,00
4. Betriebs- und Geschäftsausstattung (Anlage 3)		110 000,00
II. Umlaufvermögen		
1. Warenbestand		
Bürotechnik (Anlage 4)	64 000,00	
Büroeinrichtung (Anlage 5)	33 500,00	
Verbrauch (Anlage 6)	13 000,00	
Organisation (Anlage 7)	19 500,00	130 000,00
2. Forderungen aus Lieferungen und Leistungen		
Stadtverwaltung, Duisburg	10 800,00	
Klöckner-Müller Elektronik AG, Offenbach	17 100,00	
Herstadt Warenhaus GmbH, Gelsenkirchen	9 900,00	
Herbert Blank e. K., Oberhausen	2 950,00	
Modellux GmbH & Co. KG, Münster	7 550,00	
Krankenhaus GmbH, Duisburg	12 700,00	
Martina van den Bosch, Venlo	9 000,00	70 000,00
3. Kassenbestand		1 200,00
4. Bankguthaben		
Sparkasse Duisburg lt. Kontoauszug (Anlage 8)	80 000,00	
Postbank Dortmund lt. Kontoauszug (Anlage 9)	18 800,00	98 800,00
Summe des Vermögens		**1 250 000,00**
B. Schulden		
I. Langfristige Schulden		
1. Hypothek der Sparkasse Duisburg		
lt. Kontoauszug und Darlehensvertrag (Anlage 10)		500 000,00
II. Kurzfristige Schulden		
1. Verbindlichkeiten aus Lieferungen und		
Leistungen (Anlage 11)		100 000,00
2. Sonstige Verbindlichkeiten (Anlage 12)		50 000,00
Summe der Schulden		**650 000,00**
C. Errechnen des Reinvermögens (Eigenkapital)		
Summe des Vermögens		1 250 000,00
– Summe der Schulden		–650 000,00
Reinvermögen (Eigenkapital)		**600 000,00**

---

[1] *Wegen ihres Umfangs sind die Anlagen hier nicht aufgenommen.*

PRAXISTIPP Inventare mit allen zu ihrem Verständnis erforderlichen Unterlagen dürfen auch auf Bildträgern oder auf anderen Datenträgern (z. B. externe Festplatte, USB-Stick, DVD) angefertigt bzw. aufbewahrt werden, wenn sie bei Bedarf innerhalb angemessener Frist lesbar gemacht werden können (§§ 239 HGB, 147 Abs. 2 AO).

○ Errechnung des Reinvermögens (Eigenkapital)

Die Differenz zwischen Vermögenswerten und Schulden ergibt das **Reinvermögen (Eigenkapital)**.

Beispiel (siehe S. 425)

– Summe der Vermögensteile		1 250 000,00 €
– Summe der Schulden		– 650 000,00 €
= **Reinvermögen (Eigenkapital)**	=	600 000,00 €

Das Reinvermögen zeigt den Wert der Vermögensteile, die mit eigenen Mitteln (**Eigenkapital**) und nicht mit fremden Mitteln (Schulden oder **Fremdkapital**) beschafft worden sind.

● Erfolgsermittlung durch Eigenkapitalvergleich

Das Inventar gibt dem Kaufmann einen Überblick über den **Stand seines Vermögens und seiner Schulden zu einem bestimmten Stichtag**.

Durch Vergleich der Inventare zweier aufeinander folgender Jahre wird die Entwicklung der Bestände an Vermögen und Schulden erkennbar. Die Veränderung des Eigenkapitalbestands, der sich erhöht oder vermindert haben kann, verdeutlicht, mit welchem **Erfolg** ein Unternehmen gearbeitet hat.

Beispiel

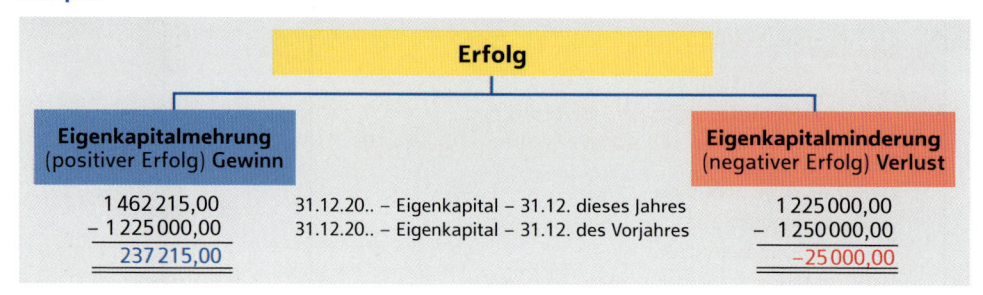

	Erfolg	
Eigenkapitalmehrung (positiver Erfolg) **Gewinn**		**Eigenkapitalminderung** (negativer Erfolg) **Verlust**
1 462 215,00	31.12.20.. – Eigenkapital – 31.12. dieses Jahres	1 225 000,00
– 1 225 000,00	31.12.20.. – Eigenkapital – 31.12. des Vorjahres	– 1 250 000,00
237 215,00		–25 000,00

Ein Inventar erstellen

- **Inventur:** Aufnahme aller Vermögensteile nach Art, Menge und Einzelwerten und aller Schulden zu einem bestimmten Zeitpunkt-
- **Verzeichnis aller Vermögensteile** (Art, Menge, Einzelwerte) und **Schulden** zum Abschlussstichtag
- Errechnung des **Reinvermögens**
- **Erfolgsermittlung** durch Vergleich des Eigenkapitals zweier Jahre

A. Vermögen	Ordnung nach zunehmender Liquidität
I. Anlagevermögen	• Vermögensgegenstände, die dazu bestimmt sind, **dauernd** dem Geschäftsbetrieb zu dienen • Grundlage der Betriebs- und Absatzbereitschaft
II. Umlaufvermögen	• Vermögensgegenstände, die veräußert und nur einmalig genutzt werden • Gewinnträger des Unternehmens
B. Schulden	**Ordnung nach abnehmenden Restlaufzeiten**

1. Verbindlichkeiten gegenüber Kreditinstituten (Darlehensschulden)
2. Verbindlichkeiten aus Lieferungen und Leistungen
	• Fremdkapital
	• nach **Restlaufzeiten** zu gliedern:
	  – langfristige Schulden mit mehr als fünf Jahren
	  – mittelfristige Schulden von einem bis fünf Jahre
	  – kurzfristige Schulden bis zu einem Jahr

C. Errechnung des Reinvermögens	
Vermögen – Schulden = Reinvermögen	• Gegenüberstellung von Vermögen und Schulden • Differenz ist das Reinvermögen, das dem Unternehmen nach Abzug aller Schulden verbleibt (Betriebsvermögen)

• Inventare sind **zehn Jahre** aufzubewahren.

1. Der Lebensmittelgroßhändler Mehmet Berger, Fürth, machte zum 31. Dezember 20.. Inventur. Dabei stellte er folgende Werte fest:

	€	€
Gebäude		450 000,00
Fuhrpark lt. Verzeichnis		600 000,00
Betriebs- und Geschäftsausstattung lt. Verzeichnis		120 000,00
Waren lt. Verzeichnis		75 000,00
Forderungen a. LL.		
Malte Hausmann e. K., Nürnberg	22 100,00	
Tom Sommer e. K., Bamberg	33 950,00	
Peter Dick e. K., München	43 270,00	
Guthaben bei der		
Handelsbank, Fürth	283 185,00	
Sparkasse der Stadt Fürth	117 430,00	
Postbank Nürnberg	62 865,00	
Bargeld		2 487,00
Verbindlichkeiten gegenüber der Bank für Handel und Gewerbe.		118 000,00
Verbindlichkeiten a. LL.		
Schmitz & Co. KG., Aachen	44 600,00	
König AG, Stuttgart	63 200,00	
Ben Linde e. K., Hamburg	55 100,00	

Stellen Sie das Inventar auf.

LF 4 Werteströme erfassen und dokumentieren

2. Welche der folgenden Begriffe ergänzen unten stehende Satzteile zu einer richtigen Aussage?
a) das Anlagevermögen
b) das Umlaufvermögen
c) das Vermögen
d) die Schulden
e) das Reinvermögen

Aussagen:
1. Grundlage der Betriebsbereitschaft bildet …
2. Eigentlicher Gewinnträger der Unternehmung ist …
3. … ist der dem Unternehmer verbleibende Teil des Vermögens, nachdem … abgezogen wurden.
4. Kapital, das der Unternehmung nur befristet überlassen wurde, bezeichnet man als … der Unternehmung.
5. … ist dazu bestimmt, dem Unternehmen dauernd zu dienen.
6. … können als Fremdkapital bezeichnet werden.
7. … wird nach zunehmender Liquidität geordnet.

3. Welche der folgenden Aussagen treffen auf das Inventar zu?
a) Es ist die Aufnahme aller Vermögens- und Schuldenteile durch Zählen, Messen, Wiegen oder Schätzen.
b) Es ist das Verzeichnis der Warenbestände zum Inventurstichtag.
c) Reinvermögen = Vermögen – Schulden
d) Es ist zehn Jahre aufzubewahren.
e) Die Waren werden mit ihren Verkaufspreisen bewertet.

4. Ordnen Sie die unten angegebenen Posten eines Lebensmittelgroßhändlers in einer Tabelle mit folgender Gliederung:

Anlage-vermögen	Umlauf-vermögen	Eigenkapital	Langfristige Schulden	Kurzfristige Schulden

Posten:
1. Vorräte an Fleischkonserven
2. EDV-Anlage
3. Verbindlichkeiten gegenüber einem Lieferer
4. Bankguthaben
5. Darlehen mit zehnjähriger Laufzeit
6. Transportbänder im Lager
7. Geschäftshaus
8. Guthaben bei einem Kunden
9. Verbindlichkeiten gegenüber Banken mit einer Laufzeit bis zu einem Jahr
10. Vorräte an Gewürzen
11. Kassenbestand
12. Regale in den Lagerräumen
13. Gabelstapler
14. Reinvermögen
15. Guthaben bei der Bank
16. Geschäftswagen
17. Geschäftsparkplatz
18. Drucker

5. a) Erläutern Sie den Zusammenhang von Inventur und Inventar.
b) Erklären Sie die Begriffe „körperliche" und „buchmäßige" Bestandsaufnahme.
c) Grenzen Sie Anlage- und Umlaufvermögen voneinander ab.
d) Stellen Sie gegenüber
1. Forderungen a. LL. und Verbindlichkeiten a. LL.,
2. Eigenkapital und Schulden.

6. Der Textilgroßhändler Martin Huber e. K., Stuttgart, stellte zum 31. Dezember 20.. (6a) und 31. Dezember 20(0) (6b) des nächsten Jahres folgende Werte fest:

	a) €	b) €
Waren lt. Verzeichnis	315 000,00	331 000,00
Betriebs- und Geschäftsausstattung lt. Verzeichnis	160 000,00	159 000,00
Darlehensschulden bei der Neckar-Bank	170 000,00	160 000,00
Guthaben bei der Stadtsparkasse, Stuttgart	116 740,00	185 280,00
Forderungen a. LL.		
Jörn Bauer e. K., Stuttgart	40 000,00	30 500,00
Alexander Michels e. K., Ludwigshafen	20 800,00	50 000,00
Klaus Lohmar e. K., Mannheim	30 100,00	30 800,00
Verbindlichkeiten a. LL.		
V. Missel & Co. KG, Heidenheim	60 000,00	80 000,00
P. Schulze AG, Berlin	80 000,00	40 000,00
F. Schmitz GmbH, Krefeld	30 300,00	20 600,00
H. Meyer e. K., Augsburg	30 400,00	30 700,00
Fuhrpark lt. Verzeichnis	440 000,00	430 000,00
Bargeld	8 100,00	9 900,00

a) Stellen Sie die Inventare zu den beiden Zeitpunkten auf.
b) Vergleichen Sie die Inventare der beiden Jahre miteinander.
c) Worauf führen Sie die Veränderungen des Anlage- und Umlaufvermögens und der Schulden zurück?
d) Um welchen Betrag hat sich das Eigenkapital verändert?

7. Stellen Sie in Gruppen jeweils Probleme der Inventurplanung, -durchführung und -auswertung und Möglichkeiten der Lösung zusammen.

8. Suchen Sie im Internet zwei unterschiedliche Erklärfilme zu den Stichworten „Inventur" und „Inventar".
a) Beurteilen Sie die Filme in Bezug auf sachliche Richtigkeit und Vollständigkeit. Machen Sie sich dazu entsprechende Notizen.
b) Entscheiden Sie, welchen Erklärfilm Sie für „lernwirksamer" halten und nennen Sie dafür mögliche Gründe.

Weitere Aufgaben finden Sie unter BuchPlusWeb.

2.2 Die Bilanz aus dem Inventar ableiten

Schon am 15. Januar kann Frau Lapp aus der Finanzbuchhaltung Herrn Schubert das gewünschte Inventar überreichen. Es umfasst 284 Seiten. Nach kurzem Blättern im Inventar sagt Herr Schubert: *„Das ist zwar ein schönes Paket Arbeit, aber im Moment benötige ich für einen Kreditantrag bei der Sparkasse Duisburg eine Bilanz. Erstellen Sie bitte bis Montag die gewünschte Bilanz."* Nicole Höver, die das Gespräch mitbekommen hat, fragt stöhnend: *„Noch mal die ganze Arbeit?"*

ARBEITSAUFTRÄGE
- Begründen Sie das Interesse der Sparkasse Duisburg an der Bilanz der Primus GmbH.
- Stellen Sie in Gruppen zusammen, welche Informationen aus dem Inventar für eine Kreditgewährung durch die Bank wichtig sind.
- Erläutern Sie aus der Sicht des Kreditsachbearbeiters besondere Vorzüge der Bilanz gegenüber dem Inventar.

● Inhalt und Struktur der Bilanz

Eine bessere Übersicht als das Inventar vermittelt die **Bilanz**. Nach § 242 HGB ist sie regelmäßig neben dem Inventar zu erstellen.

§ 242 HGB – Pflicht zur Aufstellung
(1) Der Kaufmann hat zu Beginn seines Handelsgewerbes und für den Schluss eines jeden Geschäftsjahrs einen das Verhältnis seines Vermögens und seiner Schulden darstellenden Abschluss (Eröffnungsbilanz, Bilanz) aufzustellen. [...]

Die Bilanz wird aus dem Inventar abgeleitet:

Inventur → Inventar → Bilanz

- In der Bilanz wird auf jede **mengenmäßige Darstellung** des Vermögens und der Schulden **verzichtet**.
- Sie enthält lediglich die **Gesamtwerte gleichartiger Posten** (z. B. den Gesamtwert der Waren).
- **Vermögen und Kapital** werden in einem **T-Konto** gegenübergestellt.
- Die **Gliederung der Aktiva** in der Bilanz erfolgt von oben nach unten in **steigender Liquidität**. Die Mittel mit der größten Geldnähe stehen ganz unten.
- Bei der **Gliederung der Passiva** in der Bilanz wird die **Laufzeit der Verbindlichkeiten** (Schulden) in den Blick genommen. **Je kurzfristiger** die jeweilige Schuld ist, **desto weiter steht sie unten**.
- Die Bilanz ist unter **Angabe des Datums** und des **Ortes vom Kaufmann zu unterschreiben**.

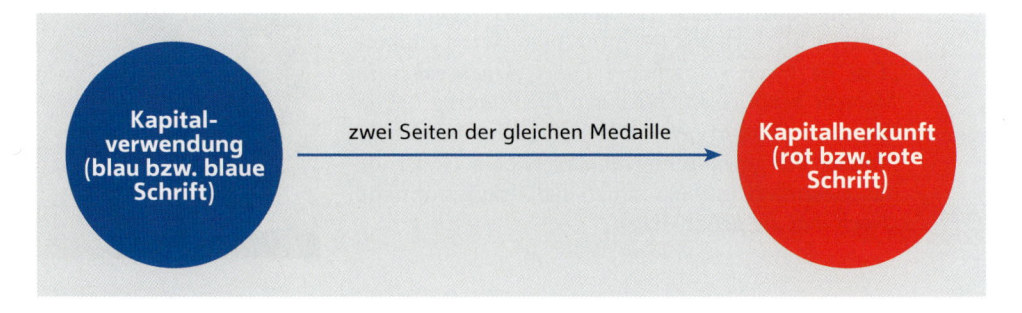

Kapitalverwendung (blau bzw. blaue Schrift) — zwei Seiten der gleichen Medaille — **Kapitalherkunft** (rot bzw. rote Schrift)

Vermögen und Schulden erfassen und darstellen

Vermögen oder **Aktiva**	Bilanz	Kapital oder **Passiva**
Anlagevermögen + Umlaufvermögen = **Vermögen der Unternehmung**		**Eigenkapital** + **Schulden (Fremdkapital)** = **Kapital der Unternehmung**
Diese Seite erfasst die **Formen des Vermögens**, d. h. die Mittelverwendung (**Investierung**).		Diese Seite erfasst die **Quellen des Kapitals**, d. h. die Mittelherkunft (**Finanzierung**).

Beispiel Gegenüberstellung von Vermögen und Kapital in der Bilanz zum Inventar (S. 429)

Aktiva	Bilanz der Primus GmbH zum 31. Dezember 20.. in Euro		Passiva
I. Anlagevermögen		I. Eigenkapital	600 000,00
1. Grundstück mit Bauten	715 000,00	II. Schulden	
2. Fuhrpark	125 000,00	1. Langfristige	
3. Betriebs- und Geschäfts-		Darlehensschulden	500 000,00
ausstattung	110 000,00	2. Kurzfristige	
II. Umlaufvermögen		Verbindlichkeiten a. LL.	100 000,00
1. Warenbestand	130 000,00	3. Sonstige	
2. Forderungen a. LL.	70 000,00	Verbindlichkeiten	50 000,00
3. Kassenbestand	1 200,00		
4. Bankguthaben	98 800,00		
	1 250 000,00		**1 250 000,00**

Duisburg, den 26. Januar 20..   *Sonja Primus*   *Markus Hill*

Die Bilanz einer Unternehmung zeigt in übersichtlicher Form, **woher** das **Kapital** stammt bzw. wie das Vermögen finanziert wurde **(Eigen- und Fremdkapital)** und **wie** es **angelegt** oder **investiert** wurde (Anlage- und Umlaufvermögen).

Die Summe des Vermögens ist gleich der Summe des Kapitals **(Bilanzgleichung)**:

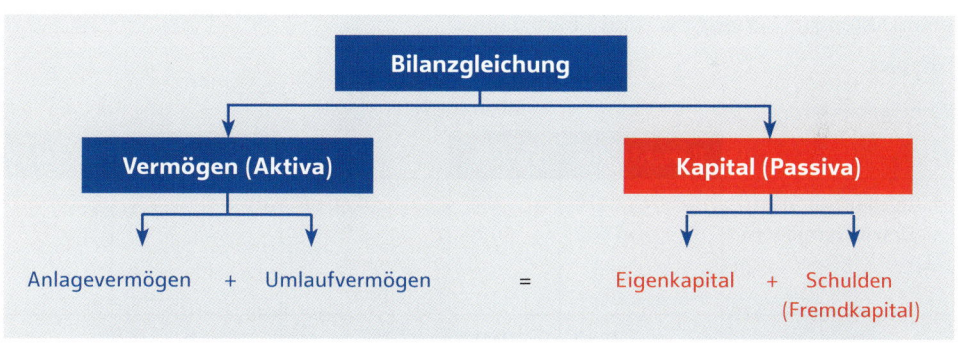

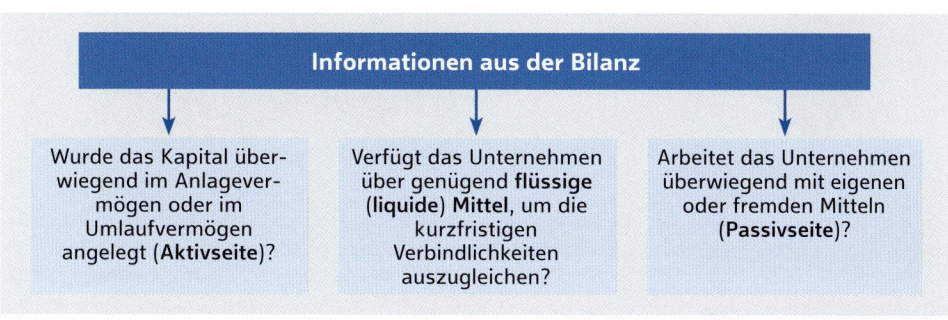

Bilanzgleichung

Vermögen (Aktiva) = **Kapital (Passiva)**

Anlagevermögen + Umlaufvermögen = Eigenkapital + Schulden (Fremdkapital)

Informationen aus der Bilanz

- Wurde das Kapital überwiegend im Anlagevermögen oder im Umlaufvermögen angelegt (**Aktivseite**)?
- Verfügt das Unternehmen über genügend **flüssige** (**liquide**) **Mittel**, um die kurzfristigen Verbindlichkeiten auszugleichen?
- Arbeitet das Unternehmen überwiegend mit eigenen oder fremden Mitteln (**Passivseite**)?

● Inventar und Bilanz – ein Vergleich

Das Inventar und die Bilanz sind Übersichten über das Vermögen und das Kapital einer Unternehmung. Sie unterscheiden sich nur in der Art der Darstellung. Die Unterschiede zeigt folgende Übersicht:

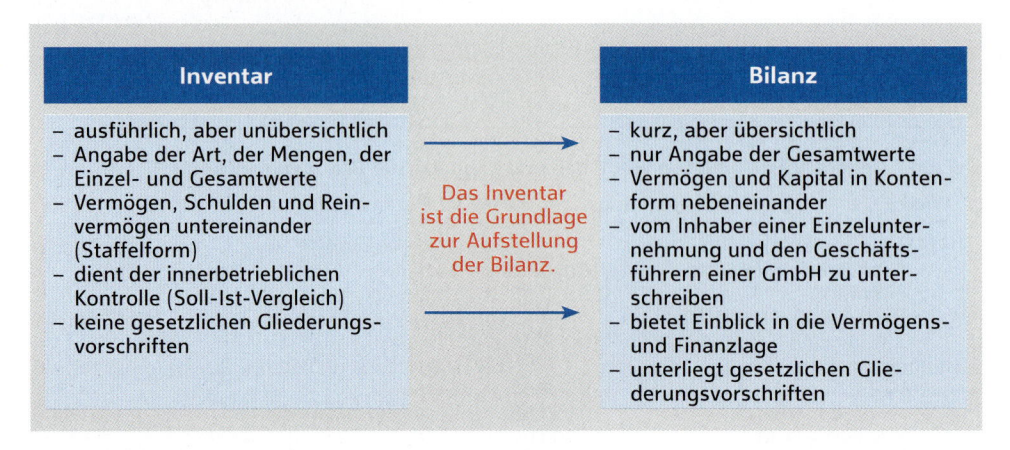

Inventar	Bilanz
– ausführlich, aber unübersichtlich – Angabe der Art, der Mengen, der Einzel- und Gesamtwerte – Vermögen, Schulden und Reinvermögen untereinander (Staffelform) – dient der innerbetrieblichen Kontrolle (Soll-Ist-Vergleich) – keine gesetzlichen Gliederungsvorschriften	– kurz, aber übersichtlich – nur Angabe der Gesamtwerte – Vermögen und Kapital in Kontenform nebeneinander – vom Inhaber einer Einzelunternehmung und den Geschäftsführern einer GmbH zu unterschreiben – bietet Einblick in die Vermögens- und Finanzlage – unterliegt gesetzlichen Gliederungsvorschriften

Das Inventar ist die Grundlage zur Aufstellung der Bilanz.

● Bilanzauswertung

Durch den Vergleich von Bilanzen verschiedener Rechnungsperioden **(Zeitvergleich)** oder durch den Vergleich mit den Bilanzen anderer Betriebe **(Betriebsvergleich)** werden Unterschiede der Vermögens- und Kapitalstruktur sichtbar und **Veränderungs-** und **Entwicklungstendenzen** erkennbar.

Ziel der Vergleiche ist es, negative Entwicklungen bzw. Verschlechterungen rechtzeitig zu erkennen und Verbesserungen einzuleiten. In der Praxis bedient man sich sog. **Bilanzkennzahlen** zur **Vermögens-** und **Finanzlage**.

Beispiel

Vermögen (Aktiva)   Bilanz in T€   Kapital (Passiva)

	Berichtsjahr	Vorjahr		Berichtsjahr	Vorjahr
I. Anlagevermögen	1 170	880	I. Eigenkapital	1 490	1 240
II. Umlaufvermögen[1]	1 000	1 120	II. Schulden (Fremdkapital)[2]	680	760
	2 170	2 000		2 170	2 000

[1] davon liquide Mittel   315   260   [2] davon kurzfristig fällig   285   320

Vermögen und Schulden erfassen und darstellen

○ **Kennzahlen zur Vermögenslage (Aktivseite)**

Die Kennzahlen zur Vermögenslage bezeichnen den Anteil des Anlagevermögens bzw. des Umlaufvermögens am Gesamtvermögen:

	Berichtsjahr	Vorjahr
Anteil des Anlagevermögens = $\dfrac{AV \cdot 100}{Gesamtvermögen}$	$\dfrac{1170 \cdot 100}{2170} = \underline{\underline{53{,}9\,\%}}$	$\dfrac{880 \cdot 100}{2000} = \underline{\underline{44\,\%}}$
Anteil des Umlaufvermögens = $\dfrac{UV \cdot 100}{Gesamtvermögen}$	$\dfrac{1000 \cdot 100}{2170} = \underline{\underline{46{,}1\,\%}}$	$\dfrac{1120 \cdot 100}{2000} = \underline{\underline{56\,\%}}$

Anlagevermögen (AV)	Umlaufvermögen (UV)
– bildet die Grundlage der Betriebsbereitschaft – bindet Kapital langfristig – verursacht fixe Kosten (Instandhaltung, Versicherungen, Zinsen) – kommt zur Sicherung aufgenommener Kredite infrage	– ist mit den Waren der eigentliche Gewinnträger – bindet Kapital überwiegend nur kurzfristig – Durch Verkauf der Waren fließen einkalkulierte Aufwendungen und Gewinne zurück, die zum Zwecke der Wiederbeschaffung, Reinvestition und Schuldentilgung eingesetzt werden können.

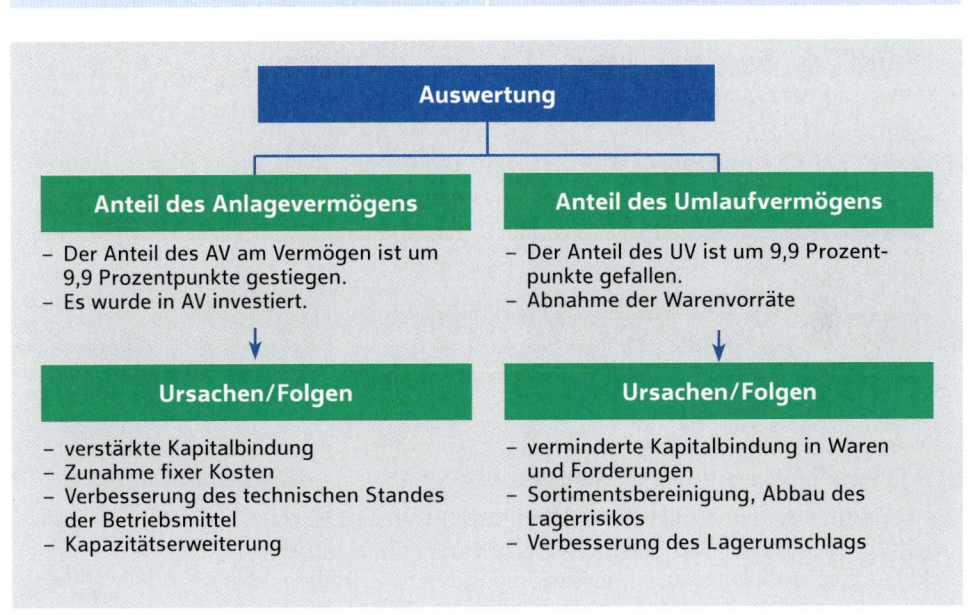

Auswertung

Anteil des Anlagevermögens
– Der Anteil des AV am Vermögen ist um 9,9 Prozentpunkte gestiegen.
– Es wurde in AV investiert.

↓

Ursachen/Folgen
– verstärkte Kapitalbindung
– Zunahme fixer Kosten
– Verbesserung des technischen Standes der Betriebsmittel
– Kapazitätserweiterung

Anteil des Umlaufvermögens
– Der Anteil des UV ist um 9,9 Prozentpunkte gefallen.
– Abnahme der Warenvorräte

↓

Ursachen/Folgen
– verminderte Kapitalbindung in Waren und Forderungen
– Sortimentsbereinigung, Abbau des Lagerrisikos
– Verbesserung des Lagerumschlags

○ **Kennzahlen zur Finanzlage: Eigenkapital- und Fremdkapitalquote**

Durch den getrennten Ausweis von Eigenkapital und Schulden (Fremdkapital) gibt die Passivseite der Bilanz Auskunft über die Herkunft des Kapitals. Entsprechend dieser Gliederung können für die Passivseite der Bilanz die **Eigenkapital- und die Fremdkapitalquote** berechnet werden.

Beispiel

	Berichtsjahr	Vorjahr
Eigenkapitalquote = $\dfrac{\text{Eigenkapital} \cdot 100}{\text{Gesamtkapital}}$	$\dfrac{1490 \cdot 100}{2170} = 68{,}7\%$	$\dfrac{1240 \cdot 100}{2000} = 62\%$
Fremdkapitalquote = $\dfrac{\text{Fremdkapital} \cdot 100}{\text{Gesamtkapital}}$	$\dfrac{680 \cdot 100}{2170} = 31{,}3\%$	$\dfrac{760 \cdot 100}{2000} = 38\%$

Eigenkapital	Fremdkapital (Schulden)
– ist vom Unternehmer oder von Gesellschaftern eingebrachtes bzw. erwirtschaftetes Kapital oder einbehaltenes Kapital aus Gewinnen – unbegrenzte Überlassungsfristen – keine Zinsen, keine Tilgung – erhöht die Kreditwürdigkeit – stärkt die Unabhängigkeit vom Kapitalmarkt	– ist Kapital, das Dritte (Banken und Kreditinstitute) befristet gegen Entgelt (Zinsen) bereitstellen – Zinszahlungen und Tilgungen bedingen ständige Kontrolle und Bevorratung liquider Mittel

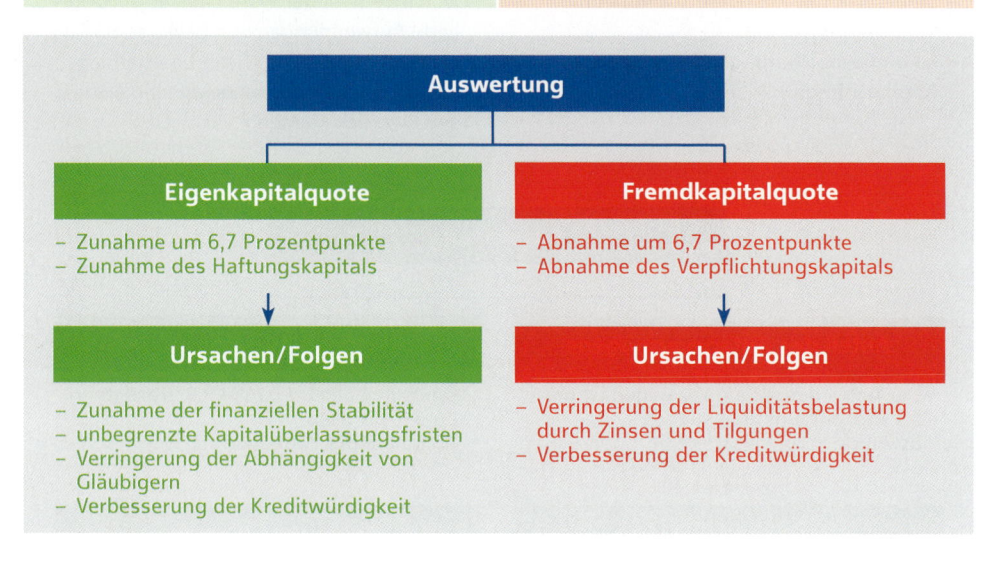

Auswertung

Eigenkapitalquote	Fremdkapitalquote
– Zunahme um 6,7 Prozentpunkte – Zunahme des Haftungskapitals	– Abnahme um 6,7 Prozentpunkte – Abnahme des Verpflichtungskapitals

Ursachen/Folgen	Ursachen/Folgen
– Zunahme der finanziellen Stabilität – unbegrenzte Kapitalüberlassungsfristen – Verringerung der Abhängigkeit von Gläubigern – Verbesserung der Kreditwürdigkeit	– Verringerung der Liquiditätsbelastung durch Zinsen und Tilgungen – Verbesserung der Kreditwürdigkeit

○ **Kennzahl zur Liquidität – Barliquidität**

Die **Liquidität** ist die Fähigkeit und Bereitschaft eines Unternehmens, seinen bestehenden Zahlungsverpflichtungen termingerecht und betragsgenau nachzukommen. Eine unpünktliche Erfüllung von Zahlungsverpflichtungen kann zur Verschlechterung oder gar zum Verlust der **Kreditwürdigkeit** führen. Anhaltende Zahlungsunfähigkeit führt sogar zur **Insolvenz**. Daher sollte ein Unternehmen regelmäßig überprüfen, ob und wie weit der Bestand an liquiden Mitteln in der Kasse und auf dem Bankkonto reicht, um kurzfristige Schulden zurückzuzahlen. Dazu berechnet das Unternehmen die **Barliquidität**. Diese Kennzahl gibt an, mit wie viel Prozent die liquiden Mittel die kurzfristigen Verbindlichkeiten decken.

Beispiel

	Berichtsjahr	Vorjahr
Liquidität (Barliquidität) = $\dfrac{\text{liquide Mittel} \cdot 100}{\text{kurzfristige Verbindlichkeiten}}$	$\dfrac{315 \cdot 100}{285} = 110{,}5\,\%$	$\dfrac{260 \cdot 100}{320} = 81{,}3\,\%$

Auswertung:
- wesentliche Verbesserung der Liquidität um 29,2 Prozentpunkte
- dies vergrößert finanzielle Spielräume
- Kurzfristige Verbindlichkeiten könnten momentan getilgt werden.
- Notwendige Investitionen können mit vorhandenen Mitteln finanziert werden.

Die Bilanz aus dem Inventar ableiten

Art, Menge, Einzelwert	€	€
A. Vermögen		
I. Anlagevermögen		
1. Bebautes Grundstück, Koloniestr. 2–4		400 000,00
2. Gebäude, Koloniestr. 2–4 (Anlage 1)[1]		315 000,00
3. Fuhrpark (Anlage 2)		125 000,00
4. Betriebs- und Geschäftsausstattung (Anlage 3)		110 000,00
II. Umlaufvermögen		
1. Warenbestand		
Bürotechnik (Anlage 4)	64 000,00	
Büroeinrichtung (Anlage 5)	33 500,00	
Verbrauch (Anlage 6)	13 000,00	
Organisation (Anlage 7)	19 500,00	130 000,00
2. Forderungen aus Lieferungen und Leistungen		
Stadtverwaltung, Duisburg	10 800,00	
Klöckner-Müller Elektronik AG, Offenbach	17 100,00	
Herstadt Warenhaus GmbH, Gelsenkirchen	9 900,00	
Herbert Blank e. K., Oberhausen	2 950,00	
Modellux GmbH & Co. KG, Münster	7 550,00	
Krankenhaus GmbH, Duisburg	12 700,00	
Martina van den Bosch, Venlo	9 000,00	70 000,00
3. Kassenbestand		1 200,00
4. Bankguthaben		
Sparkasse Duisburg lt. Kontoauszug (Anlage 8)	80 000,00	
Postbank Dortmund lt. Kontoauszug (Anlage 9)	18 800,00	98 800,00
Summe des Vermögens		1 250 000,00
B. Schulden		
I. Langfristige Schulden		
1. Hypothek der Sparkasse Duisburg		
lt. Kontoauszug und Darlehensvertrag (Anlage 10)		500 000,00
II. Kurzfristige Schulden		
1. Verbindlichkeiten aus Lieferungen und		
Leistungen (Anlage 11)		100 000,00
2. Sonstige Verbindlichkeiten (Anlage 12)		50 000,00
Summe der Schulden		650 000,00
C. Errechnen des Reinvermögens (Eigenkapital)		
Summe des Vermögens		1 250 000,00
– Summe der Schulden		– 650 000,00
Reinvermögen (Eigenkapital)		600 000,00

Aktiva	Bilanz der Primus GmbH zum 31. Dezember 20.. in Euro		Passiva
I. Anlagevermögen		**I. Eigenkapital**	600 000,00
1. Grundstück mit Bauten	715 000,00	**II. Schulden**	
2. Fuhrpark	125 000,00	1. Langfristige Darlehensschulden	500 000,00
3. Betriebs- und Geschäftsausstattung	110 000,00	2. Kurzfristige Verbindlichkeiten a. LL.	100 000,00
II. Umlaufvermögen		Sonstige Verbindlichkeiten	50 000,00
1. Warenbestand	130 000,00		
2. Forderungen a. LL.	70 000,00		
3. Kassenbestand	1 200,00		
4. Bankguthaben	98 800,00		
	1 250 000,00		1 250 000,00

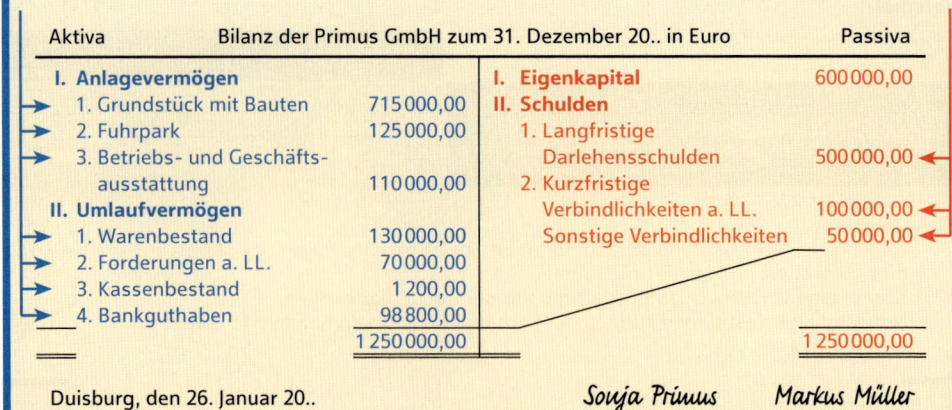

Duisburg, den 26. Januar 20.. *Sonja Primus* *Markus Müller*

- Die Bilanz ist eine **Gegenüberstellung von Vermögen und Kapital** in Kontenform.
- Die Bilanz wird durch **Übernahme der Gesamtwerte gleichartiger Vermögens- und Kapitalteile** aus dem Inventar abgeleitet.
- Die Bilanz zeigt **Kapitalquellen** und **Kapitalverwendung** auf und erteilt Auskunft über das Verhältnis einzelner Vermögens- und Schuldenteile zueinander.
- Inventare und Bilanzen müssen **zehn Jahre** aufbewahrt werden.

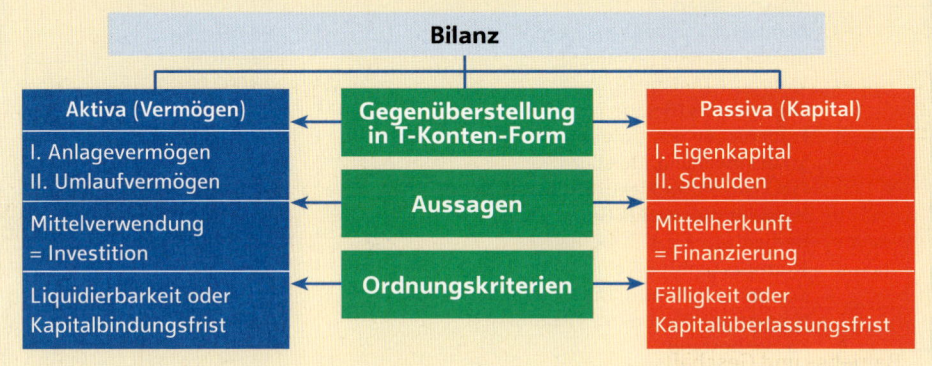

Bilanz

Aktiva (Vermögen)	Gegenüberstellung in T-Konten-Form	Passiva (Kapital)
I. Anlagevermögen II. Umlaufvermögen		I. Eigenkapital II. Schulden
Mittelverwendung = Investition	Aussagen	Mittelherkunft = Finanzierung
Liquidierbarkeit oder Kapitalbindungsfrist	Ordnungskriterien	Fälligkeit oder Kapitalüberlassungsfrist

- Zu der Bilanz eines jeden Geschäftsjahres können Kennziffern zur **Vermögens- und Finanzlage** und zur **Liquidität** berechnet werden.
- Mit diesen Kennziffern können **Unternehmensleitung, Kapitalgeber** und **Investoren Zeit-, Betriebs-** und **Soll-Ist-Vergleiche** durchführen.

1. Stellen Sie nach folgenden Angaben die Bilanz der Fa. Jonas Monz e.K., Stuttgart, zum
2. 31. Dezember 20(0) auf.
Tag der Fertigstellung: 15. Januar 20(+1)

	1. €	2. €
Betriebs- und Geschäftsausstattung	186 000,00	318 000,00
Warenbestand	117 000,00	132 000,00
Forderungen a. LL.	81 800,00	75 500,00
Bankguthaben	92 000,00	104 400,00
Kassenbestand	1 800,00	4 600,00

Verbindlichkeiten gegenüber Banken	–	143 000,00
Verbindlichkeiten a. LL.	92 100,00	96 400,00

3. Die Möbelgroßhandlung Michael Lewen e. K., Mainz, machte am 31. Dezember 20(0)
4. (Aufgabe 3. und am 31. Dezember des folgenden Jahres (Aufgabe 4) Inventur.

	3.	4.
Sie stellte folgende Werte fest:	€	€
Betriebs- und Geschäftsausstattung lt. Verzeichnis	188 500,00	167 650,00
Warenbestand lt. Verzeichnis...	119 360,00	117 920,00
Forderungen a. LL.		
Verena Berg e. K., Wiesbaden..	11 850,00	11 970,00
Achmed Maas e. K., Bingen	12 370,00	–
Thomas Schorn e. K., Mainz	13 640,00	13 640,00
Liam Feld e. K., Mainz	–	21 760,00
Bankguthaben Sparkasse Mainz	76 060,00	96 230,00
Kassenbestand	1 750,00	2 810,00
Verbindlichkeiten a. LL.		
K. Huber AG, Stuttgart	22 670,00	30 720,00
E. Klein GmbH, Berlin	33 620,00	20 100,00
F. Merz OHG, Frankfurt	14 100,00	8 530,00

a) Stellen Sie Inventar und Bilanz für beide Zeitpunkte auf. Tag der Fertigstellung:
   Aufgabe 3. – 15. Februar 20..
   Aufgabe 4. – 28. Februar 20.. des folgenden Jahres
b) Ermitteln Sie den Erfolg durch Eigenkapitalvergleich.

5. Aus dem Inventar zum 31. Dezember 20(0) der Möbelgroßhandlung Julian Klein e. K.,
6. Siegburg, gehen folgende Gesamtwerte hervor

	5.	6.
	€	€
Bankguthaben	570 000,00	434 280,00
Darlehensschulden, Restlaufzeit vier Jahre	500 000,00	720 000,00
Forderungen a. LL.	900 000,00	253 800,00
Technische Anlagen..	150 000,00	600 000,00
Warenbestand	1 600 000,00	1 126 220,00
Verbindlichkeiten a. LL.	1 170 000,00	1 080 000,00
Betriebs- und Geschäftsausstattung......................................	60 000,00	141 000,00
Kasse..	7 000,00	42 300,00
Grundstücke mit Gebäuden...	1 670 000,00	338 400,00
Hypothekenschulden, Restlaufzeit acht Jahre	600 000,00	–
Fuhrpark..	700 000,00	564 000,00
Eigenkapital	?	1 700 000,00

Stellen Sie eine ordnungsgemäße Bilanz zum 31. Dezember 20.. auf. Tag der Fertigstellung:
Aufgabe 5. – 14. Januar 20..
Aufgabe 6. – 15. Februar 20..

7. Die Bilanz einer Unternehmung weist am Ende des Geschäftsjahres folgende Werte aus:
   Anlagevermögen ....   4 800 000,00 €   Eigenkapital ....   5 600 000,00 €
   Umlaufvermögen..........   3 200 000,00 €   Schulden ....   2 400 000,00 €
   Wie viel Prozent der Bilanzsumme beträgt
   a) das Anlagevermögen,   c) das Eigenkapital,
   b) das Umlaufvermögen,   d) das Fremdkapital (Schulden)?

8. Aufgrund der Inventur zum 31. Dezember 20.. werden folgende Vermögens- und Schuldenwerte ermittelt:

	€		€
Waren	860 000,00	Grundstücke mit Gebäuden	720 000,00
Kassenbestand	3 600,00	Betriebs- und Geschäfts-	
Bankguthaben	321 400,00	ausstattung	360 000,00
Darlehensschulden	1 500 000,00	Fuhrpark	120 000,00
Verbindlichkeiten a. LL.	350 000,00	Forderungen a. LL.	115 000,00

Ermitteln Sie
a) die Bilanzsumme,
b) das Eigenkapital,
c) den Anteil des Umlaufvermögens am Gesamtvermögen,
d) die Barliquidität (Ergebnis auf vollen Prozentsatz kaufmännisch runden),
e) den Anteil des Fremdkapitals am Gesamtkapital.

Weitere Aufgaben finden Sie unter BuchPlusWeb.

3 Belege identifizieren und Abläufe zur buchhalterischen Erfassung planen

Frau Lapp, die Buchhalterin der Primus GmbH, kommt am Montagmorgen zu Nicole Höver ins Büro.
„Guten Morgen Frau Höver, nun haben Sie ja bereits die ersten Tage bei mir hinter sich. Was nehmen Sie denn bislang aus der Arbeit in der Buchhaltung mit?" Nicole antwortet: *„Den Zusammenhang zwischen Inventur, Inventar und Bilanz habe ich jetzt verstanden. Und ich weiß, dass man aus der Bilanz einige wichtige Informationen herauslesen kann." „Das ist ja schon einiges"*, lobt Frau Lapp. *„Was hat Ihnen denn bislang Schwierigkeiten bereitet?" „Na ja"*, meint Nicole nachdenklich, *„bei der Inventur gab es ja schon einiges an rechtlichen Vorschriften zu beachten und ich kann mir vorstellen, da gibt es noch einiges mehr ..."*
„In der Tat", lacht Frau Lapp, *„der Gesetzgeber regelt in der Finanzbuchhaltung einiges. Das geht ja auch kaum anders. Über die wesentlichen Dinge sollten Sie sich einen Überblick verschaffen – aber bevor Sie das tun, bitte ich Sie, diesen Stapel von Belegen zu sortieren."*

ARBEITSAUFTRÄGE
♦ Erarbeiten Sie einen Vorschlag, wie Nicole die Belege am sinnvollsten sortiert.
♦ Erläutern Sie den Sinn gesetzlicher Vorschriften in der Finanzbuchhaltung. Gehen Sie dabei besonders auf die Grundsätze ordnungsgemäßer Buchführung (GoB) ein.

● Buchführungspflicht

Nach Handelsrecht ist ein Kaufmann zur Buchführung verpflichtet. Kaufmann ist, wer ein Handelsgewerbe betreibt (§ 1 Abs. 1 HGB).

§ 238 HGB – Buchführungspflicht
(1) Jeder Kaufmann ist verpflichtet, Bücher zu führen und in diesen seine Handelsgeschäfte und die Lage seines Vermögens nach den Grundsätzen ordnungsmäßiger Buchführung ersichtlich zu machen. [...]

Der Kaufmann ist grundsätzlich verpflichtet, seine Vermögenslage jeweils zum Ende eines Geschäftsjahres darzustellen. Dafür muss er einen **Jahresabschluss** erstellen (§ 242 HGB).

Das **Geschäftsjahr** darf gemäß § 240 Abs. 2 Satz 2 HGB zwölf Monate nicht überschreiten. Es muss jedoch nicht mit dem Kalender übereinstimmen, wenn wichtige Gründe vorliegen.

Kleingewerbetreibende wie Blumengeschäfte, Kioske oder Lottoannahmestellen sind von der Buchführungspflicht nach Handelsrecht ausgenommen, soweit ihr Gewerbe keinen in kaufmännischer Weise eingerichteten Geschäftsbetrieb benötigt (§ 1 Abs. 2 HGB). Sie gelten als **Nichtkaufleute**. Gleiches gilt auch für freie Berufe (Ärzte, Rechtsanwälte, Steuerberater u. a.).

Dem **Steuerrecht** folgend will die Finanzverwaltung **als Bemessungsgrundlage für die Steuern** die Geschäftserfolge des Kaufmanns erkennen können. Daher fordert das Steuerrecht im § 140 Abgabenordnung (AO) auch die vom Handelsrecht (HGB) auferlegten Buchführungspflichten. Laut HGB werden Einzelkaufleute von der handelsrechtlichen Pflicht zur Buchführung sowie zur Inventar- und Jahresabschlusserstellung befreit, wenn sie an zwei aufeinanderfolgenden Abschlussstichtagen

- nicht mehr als 600 000,00 € Umsatzerlöse und
- nicht mehr als 60 000,00 € Jahresüberschuss

ausweisen (§ 241a HGB).

● Grundsätze ordnungsgemäßer Buchführung (GoB)

Für die Ordnungsmäßigkeit der Buchführung gilt folgender **grundlegender Beurteilungsmaßstab**: Die Buchführung muss so gestaltet und geordnet sein, dass **sowohl der Unternehmer** als auch ein **sachverständiger Dritter** sich ohne große Schwierigkeiten und in angemessener Zeit einen Überblick über die Geschäftsfälle und über die Vermögenslage und Schulden des Unternehmens verschaffen können (§ 238 Abs. 1 HGB).

Beispiel Bei einer Betriebsprüfung muss ein Mitarbeiter des Finanzamtes sich problemlos in die Buchführung der Primus GmbH einarbeiten können und alle Inhalte verstehen können.

Weitere **wichtige Grundsätze**, die bei der Führung der Handelsbücher und bei der Aufstellung des Jahresabschlusses beachtet werden müssen, zeigt die folgende Übersicht.

Grundsätze	Erklärung
Die Buchführung muss wahr und vollständig sein.	Alle **Geschäftsfälle** müssen erfasst werden. Die **Beleginhalte** und Buchungen müssen die **tatsächlichen Vorgänge** widerspiegeln.
Buchungen müssen zeitnah durchgeführt werden.	**Kasseneinnahmen** und -ausgaben sollen **täglich**, Kreditgeschäfte eines Monats bis zum Ablauf des folgenden Monats erfasst werden. Die dazu vorliegenden **Belege** sollten **fortlaufend nummeriert** werden.
Sprache und Schriftzeichen	Die **Bücher** können **in jeder lebenden Sprache**, die ins Deutsche übertragen werden kann, geführt werden. Die Verwendung von Abkürzungen, Ziffern, Buchstaben oder Symbolen ist statthaft, wenn deren Bedeutung festgelegt worden ist.
Änderungen, Berichtigungen	**Änderungen** und **Berichtigungen** sind so durchzuführen, dass der ursprüngliche Inhalt und die **späteren Änderungen** erkennbar bleiben. Das gilt auch für die computerunterstützte Buchführung. Das **Radieren** geschriebener bzw. das **Löschen** oder **Überschreiben** aufgezeichneter Daten ist daher nicht zulässig.

PRAXISTIPP Die Ordnungsmäßigkeit einer DV-gestützten Buchführung ist grundsätzlich nach den gleichen Prinzipien zu beurteilen wie eine manuell erstellte Buchführung. Mit den **GoBS (Grundsätze ordnungsmäßiger DV-gestützter Buchführungssysteme)** werden die allgemeinen GoB – der Maßstab für die Ordnungsmäßigkeit der Buchführung – für den Bereich der DV-gestützten Buchführung präzisiert. So gilt auch für eine DV-gestützte Buchführung: keine Buchung ohne Beleg! Aus klassischen Papierbelegen können dann jedoch Abbildungen in elektronischer Form werden.

● Belege als Grundlage der Buchführung

Ausgelöst durch die zahlreichen **Güter- und Geldströme** in einem Groß- und Außenhandelsunternehmen entsteht Tag für Tag eine große Anzahl an Belegen. Diese **Belege** beinhalten detaillierte Informationen zu den dahinterstehenden Vorgängen und Sachverhalten. Besonders wichtige Belege in einem Groß- und Außenhandelsunternehmen sind z. B. **Eingangsrechnungen, Ausgangsrechnungen, Kassenbons, Quittungen und Bankbelege.**

Durch Belege wird der gesamte Geschäftsverkehr in einem Unternehmen abgebildet und dokumentiert. **Belege** bilden die **Grundlage** für die Arbeit in der Finanzbuchhaltung.

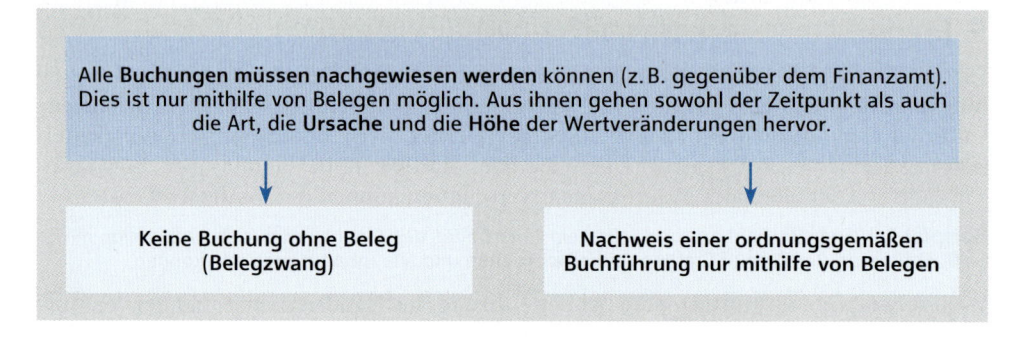

> Alle **Buchungen müssen nachgewiesen werden** können (z. B. gegenüber dem Finanzamt). Dies ist nur mithilfe von Belegen möglich. Aus ihnen gehen sowohl der Zeitpunkt als auch die Art, die **Ursache** und die **Höhe** der Wertveränderungen hervor.

| Keine Buchung ohne Beleg (Belegzwang) | Nachweis einer ordnungsgemäßen Buchführung nur mithilfe von Belegen |

Belege werden nach ihrer **Herkunft** in Eigen- und Fremdbelege unterschieden. **Eigenbelege** entstehen im Unternehmen selbst, **Fremdbelege** kommen von anderen Unternehmen.

Eigenbelege	Fremdbelege
Ausgangsrechnungen (AR)	Eingangsrechnungen (ER)
Kassenbons, Quittungen (KA)	Bankauszüge
Inventurlisten	Kreditverträge

○ Kassenbon und Quittung

Der **Kassenbon** wird von den Kassen automatisch erstellt. Er dokumentiert die Einkäufe des jeweiligen Kunden und dient zudem als Beleg, dass der Kunde die Waren ordnungsgemäß bezahlt hat. Neben dem **Firmenkopf** mit Adresse und Anschrift muss der Verkäufer seine **Steuernummer und Umsatzsteuer-Identifikationsnummer (USt-IdNr.)** auf dem Kassenbon angeben. Zusätzlich enthält der Kassenbon Angaben zu

- **Art und Menge** der verkauften Ware,
- **Einzelpreis** und **Gesamtbetrag**,
- **Form der Bezahlung** (Bar- oder Kartenzahlung),
- **Datum und Uhrzeit** des Verkaufs.

Beispiel In der Verkaufsboutique der Primus GmbH erhalten die Kundinnen und Kunden üblicherweise einen Kassenbon.

Alternativ zum Kassenbon können **Quittungen** ausgestellt werden. Es bietet sich z.B. bei Abgängen aus dem Anlagevermögen an, dem jeweiligen Käufer eine Quittung auszustellen.

Eine richtig ausgefüllte Quittung muss neben dem **Kaufbetrag in Zahlen** diesen auch immer **in Worten ausschreiben**. Zudem sind der **Zahler (Kunde)**, der **Kaufgegenstand** sowie der **Ort** und das **Datum** des Verkaufes auf der Quittung zu vermerken.

Primus GmbH	Quittung	
Koloniestraße 2–4 47057 Duisburg	Euro	4 400 00
Euro in Worten	viertausendvierhundert	Cent wie oben
von	Lkw-Gebrauchthandel Lindemann e. K.	
für	Kleintransporter Fiat F 70	
Duisburg, 17.12.20.. Ort/Datum	Betrag dankend in bar erhalten	
Buchungsvermerke	Stempel/Unterschrift des Empfängers Primus GmbH i.V. Isabell Lapp	

Die so ausgefüllte Quittung ist letztendlich vom Verkäufer zu **unterschreiben** und wird dann dem Käufer ausgehändigt. Eine Kopie verbleibt im Unternehmen.

○ Ausgangs- und Eingangsrechnungen

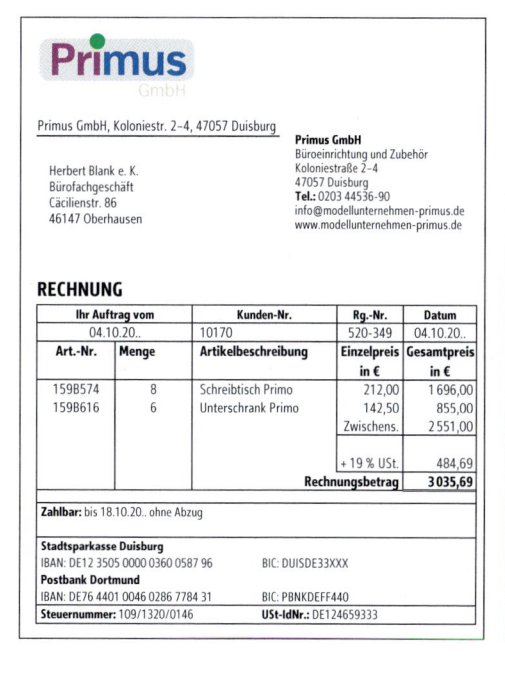

Primus GmbH

Primus GmbH, Koloniestr. 2-4, 47057 Duisburg

Herbert Blank e. K.
Bürofachgeschäft
Cäcilienstr. 86
46147 Oberhausen

Primus GmbH
Büroeinrichtung und Zubehör
Koloniestraße 2–4
47057 Duisburg
Tel.: 0203 44536-90
info@modellunternehmen-primus.de
www.modellunternehmen-primus.de

RECHNUNG

Ihr Auftrag vom	Kunden-Nr.	Rg.-Nr.	Datum
04.10.20..	10170	520-349	04.10.20..

Art.-Nr.	Menge	Artikelbeschreibung	Einzelpreis in €	Gesamtpreis in €
159B574	8	Schreibtisch Primo	212,00	1 696,00
159B616	6	Unterschrank Primo	142,50	855,00
			Zwischens.	2 551,00
			+ 19 % USt.	484,69
			Rechnungsbetrag	3 035,69

Zahlbar: bis 18.10.20.. ohne Abzug

Stadtsparkasse Duisburg
IBAN: DE12 3505 0000 0360 0587 96   BIC: DUISDE33XXX
Postbank Dortmund
IBAN: DE76 4401 0046 0286 7784 31   BIC: PBNKDEFF440
Steuernummer: 109/1320/0146   USt-IdNr.: DE124659333

Giesen & Co. OHG
Herstellung von Kleingeräten für Schulungsbedarf

Giesen und Co. OHG, Quarzstr. 98, 51371 Leverkusen

Primus GmbH
Büroeinrichtung und Zubehör
Koloniestr. 2-4
47057 Duisburg

Giesen & Co. OHG
Herstellung von Kleingeräten
für Schulungsbedarf
Quarzstr. 98
51371 Leverkusen
Tel.: 0214 7667-54
info@giesen.de
www.giesen.de

RECHNUNG

Ihr Auftrag vom	Kunden-Nr.	Rg.-Nr.	Datum
10.10.20..	53427	210-3332	12.10.20..

Art.-Nr.	Menge	Artikelbezeichnung	Einzelpreis in €	Gesamtpreis in €
420100	500	Primus Bleistifte 12 Stück	1,38	690,00
420108	340	Primus Textmarker 6 Stück	1,15	212,00
			Zwischens.	1 081,00
			+ 19 % USt.	205,39
			Rechnungsbetrag	1 286,39

Lieferung: frei Haus
Rechnung zahlbar netto – sofort
Bankverbindung
SEB Leverkusen
IBAN: DE12 3701 0011 0674 5638 70   BIC: ESSEDESF372

Steuernummer: 230/9864/9123   USt-IdNr.: DE897653116

Für die meisten Verkäufe in einen Groß- und Außenhandelsunternehmen werden **Ausgangsrechnungen (AR)** ausgestellt. Diese werden den Kunden zugestellt, während eine Kopie im Unternehmen verbleibt. Die Kunden müssen die Ware innerhalb einer angegebenen Frist bezahlen. Somit entsteht eine **Forderung** des Verkäufers an den Käufer der Waren.

Beispiel Die Primus GmbH verkaufte acht Schreibtische und sechs Unterschränke Primo an das Bürofachgeschäft Herbert Blank e. K.

Groß- und Außenhändler kaufen bei verschiedenen Lieferanten Waren, Dienstleistungen und Anlagegüter ein. Über diese Einkäufe erhalten sie **Eingangsrechnungen (ER)**. Die so entstanden **Verbindlichkeiten** sind innerhalb der angegebenen Zahlungszeiträume zu bezahlen.

Beispiel Die Primus GmbH hat von ihrem Lieferanten, der Giesen & Co. OHG, 6000 Bleistifte und 2040 Textmarker eingekauft.

○ Bankauszug

Kunden erhalten von ihren Banken regelmäßig **Bankauszüge (BA)**. Auf diesen sind alle Kontobewegungen (Zahlungseingänge und Zahlungsabgänge) ausgewiesen und der aktuelle Kontostand angegeben.

SEPA-Girokonto	IBAN: DE12 3505 0000 0360 0587 96	Kontoauszug	175
Sparkasse Duisburg	BIC: DUISDE33XXX	Blatt	1

Datum	Erläuterungen		Betrag
Kontostand in Euro am 17.10.20.., Auszug Nr. 174			231 900,00+
18.10.20..	Überweisung GIESEN & CO. OHG, LEVERKUSEN KD-NR. 53427 RECHNUNGSNR. 210-3332	Wert: 18.10.20..	1 286,39–
18.10.20..	Zahlungseingang HERBERT BLANK E. K., OBERHAUSEN KD-NR. 10170 RECHNUNGSNR. 520-348	Wert: 18.10.20..	3 035,69+
Kontostand in Euro am 19.10.20.., 10:04 Uhr			233 649,30+
Ihr Dispositionskredit: 80 000,00 €			**Primus GmbH**

Beispiel Die Primus GmbH begleicht eine Verbindlichkeit gegenüber der Giesen & Co. OHG in Höhe von 1 286,39 € (siehe Eingangsrechnung). Außerdem erhält sie vom Bürofachgeschäft Herbert Blank e. K. 3 035,69 € (siehe Ausgangsrechnung).

○ Arbeitsschritte bei der Belegbearbeitung

Im Umgang mit Belegen haben sich im betrieblichen Alltag klare Bearbeitungsschritte ergeben, die oftmals eingehalten werden müssen, um den gesetzlichen Vorschriften im Umgang mit Belegen zu genügen.

Arbeitsschritte	Erläuterungen und Beispiele
1. Prüfung der Belege auf sachliche und rechnerische Richtigkeit	Geht ein Beleg ein, **so ist er immer zu prüfen!** Dies gilt ganz besonders für Eingangsrechnungen und Bankbelege. **Beispiel** Die Primus GmbH prüft ihre Eingangsrechnungen im Rahmen der **sachlichen Prüfung** daraufhin, ob die dort berechneten Waren und Dienstleistungen auch tatsächlich in der angegebenen Ausführung und Menge bestellt worden sind. Bei der **rechnerischen Prüfung** werden die einzelnen Rechenschritte nachgerechnet, die zum Rechnungsendbetrag führen.
2. Vorsortieren der Belege	Die Belege werden **nach Belegart sortiert**. **Beispiel** Die Belege werden in der Finanzbuchführung der Primus GmbH nach Eingangsrechnungen (ER), Ausgangsrechnungen (AR), Kassenbons und Quittungen (KA) und Bankbelegen (BA) vorsortiert.
3. Nummerierung der Belege	Jeder Beleg **erhält fortlaufend eine Belegnummer**. Diese wird zusammen mit der Abkürzung der Belegart auf dem Beleg vermerkt. Dieses Vorgehen soll es erleichtern, Belege wiederzufinden, und verhindern, dass Belege verloren gehen. **Beispiel** In der Primus GmbH erfasst Nicole Höver eine neue Eingangsrechnung. Da es die 358. Eingangsrechnung im laufenden Geschäftsjahr ist, wird diese Eingangsrechnung mit dem Kürzel **ER 358** versehen.
4. Buchhalterische Erfassung der Belege	In der Finanzbuchhaltung werden die Belege **vorkontiert und schließlich im Grund- und Hauptbuch gebucht** (siehe, S. 459 ff.).
5. Belegablage	Die Belege eines jeden Rechnungsjahres sind **zehn Jahre aufzubewahren** (§§ 257 HGB, 147 AO). Die **Aufbewahrungsfrist** beginnt mit dem Schluss des Kalenderjahres, in dem der Beleg anfiel. Mit Ausnahme der Eröffnungsbilanz und der Jahresabschlüsse können alle **Belege auch digital** gespeichert werden. **Beispiel** In der Primus GmbH werden Eingangsrechnungen nach fortlaufender Nummer sortiert in einem Ordner abgelegt. Nach einem Jahr werden diese eingescannt und in der Folge digital bis zum Ablauf des zehnten Jahres archiviert.

PRAXISTIPP Die Praxis zeigt, dass es immer wieder vorkommt, dass Eingangsrechnungen rechnerisch fehlerhaft sind. Eine Prüfung ist daher lohnend. Bei einer vertrauensvollen und auf Dauer angelegten Geschäftsbeziehung sollten Fehler in einer Eingangsrechnung dem Lieferanten auch dann angezeigt werden, wenn sie nicht zum eigenen Nachteil sind.

Belege identifizieren und Abläufe zur buchhalterischen Erfassung planen

Buchführungspflicht

Handelsrecht

- Vorschriften für alle Kaufleute gemäß §§ 238–261 HGB
- Geschäftsjahr
  - grundsätzlich zwölf Monate
  - muss nicht mit dem Kalenderjahr übereinstimmen

Steuerrecht

- Die Buchführungspflicht nach Handelsrecht gilt auch für Zwecke der Besteuerung.
- Verpflichtung zur Gewinnermittlung mit einer Einnahmen-Überschuss-Rechnung:
  - Kleingewerbetreibende ohne kaufmännische Organisation
  - von der Buchführungspflicht befreite Einzelkaufleute nach § 241a HGB
  - Freiberufler ohne Rücksicht auf die Höhe ihres Umsatzes und Gewinns

- Die Buchführung muss so gestaltet und geordnet sein, dass sich ein sachverständiger Dritter in angemessener Zeit einen Einblick in die tatsächliche Vermögenslage verschaffen kann. Die **Grundsätze ordnungsgemäßer Buchführung** sind zu beachten:
  - Wahrheit und Vollständigkeit
  - Zeitnähe
  - lebende Sprache
  - Erklärung von Symbolen und Abkürzungen
  - Änderungen und Berichtigungen müssen erkennbar bleiben.

- **Keine Buchung ohne Beleg** (Belegzwang)!

- Wichtige **Belege** einer Groß- und Außenhandelsunternehmung sind Eingangsrechnungen, Kassenbons, Quittungen und Ausgangsrechnungen.

- Alle Belege sind zu ordnen und in einer übersichtlichen Registratur **zehn Jahre** aufzubewahren.

- **Ordnungskriterien** sind: Belegarten, Ausstellungs- und Eingangsdaten, Belegnummer, Lieferer, Kunden.

---

1. Erläutern Sie, wer lt. Gesetzgeber zur Buchführung verpflichtet ist.

2. Erläutern Sie die folgenden Grundsätze einer ordnungsgemäßen Buchführung.
   a) Wahrheit
   b) Vollständigkeit
   c) Zeitnähe
   d) Belegzwang
   e) Aufbewahrungspflicht
   f) Klarheit

3. Begründen Sie die Verpflichtung zur ordnungsmäßigen Buchführung aus der Sicht
   a) des Unternehmers, b) des Gläubigers, c) des Staates.

4. In der Finanzbuchführung der Primus GmbH liegt der folgende Bankbeleg vor:
   Beschreiben Sie

a) die Prüfschritte, die im Rahmen der Belegbearbeitung in der Primus GmbH durchzuführen sind,
b) die weiteren Arbeitsschritte, die dieser Beleg in der Buchhaltung der Primus GmbH auslöst,
c) wie Sie als Privatperson mit der Prüfung Ihrer privaten Bankbelege verfahren sollten.

SEPA-Girokonto	IBAN: DE12 3505 0000 0360 0587 96	Kontoauszug	141
Sparkasse Duisburg	BIC: DUISDE33XXX	Blatt	1
Datum	Erläuterungen		Betrag
	Kontostand in Euro am 20.09.20.., Auszug Nr. 140		185 000,00+
21.09.20..	Zahlungseingang STADTVERWALTUNG DUISBURG KD-NR. 53427 RECHNUNGSNR. 13997 V. 27.08.20..	Wert: 21.09.20..	2 300,00+
22.09.20..	Überweisung LATEX AG, BERLIN KD-NR. 71714 RECHNUNGSNR. 520-348	Wert: 22.09.20..	1 400,00-
	Kontostand in Euro am 23.09.20.., 11:50 Uhr		185 900,00+
	Ihr Dispositionskredit: 80 000,00 €		**Primus GmbH**

5. Prüfen Sie mit entsprechenden Erläuterungen die Buchungspflicht des Sebastian Klar e. K., Mineralwasserbrunnen. Er ist im Handelsregister eingetragen und erzielt mit 20 Arbeitnehmern einen Jahresumsatz von 1 227 100,00 €.

6. Prüfen Sie mit entsprechenden Erläuterungen die Buchführungspflicht des selbstständigen Schlossermeisters Bruce Adams, der bei der letzten Steuerveranlagung bei einem Jahresumsatz von 245 420,00 € einen Jahresgewinn aus seinem Handwerksbetrieb von 38 346,00 € erzielte.

4 Geschäftsfälle anhand von Belegen auf Bestandskonten erfassen

4.1 Veränderungen des Vermögens und der Schulden dokumentieren

Als Nicole Höver gerade an ihrem Schreibtisch Platz genommen hat, kommt Frau Lapp zu ihr und hält einen Beleg in der Hand.
„Sehen Sie, dieser Beleg kam eben auf meinen Schreibtisch und den müssen wir heute in der Buchführung erfassen. Sie müssen nun mal allmählich an die richtige Buchführung ran und lernen, wie Belege in der Buchhaltung erfasst werden. Die Bilanz haben Sie ja bereits kennengelernt. Im Prinzip ist jede Bilanz mit einem Foto vergleichbar, das man am Bilanzstichtag vom Unternehmen schießt. Wie Sie aber täglich sehen, ist in unserem Unternehmen durch die unterschiedlichen Geschäftsprozesse überaus viel Bewegung, sodass die Bilanz sich eigentlich immer wieder verändert. Und Belege, wie z. B. Rechnungen, bilden Geschäftsprozesse ab, die wir hier nun gemeinsam erfassen werden. Jetzt müssen wir die Auswirkungen von verschiedenen Geschäftsfällen auf die Bilanz einmal genau verfolgen und festhalten. Sie sollen sich das heute einmal klarmachen am Beispiel dieser verkürzten Bilanz und folgender Geschäftsfälle, für die Belege vorliegen."

Aktiva	Bilanz zum Beginn des Geschäftsjahres in Euro		Passiva
I. Anlagevermögen		**I. Eigenkapital**	70 000,00
BuG	30 000,00	**II. Schulden**	
II. Umlaufvermögen		Darlehensschulden	40 000,00
Bank	90 000,00	Verbindlichkeiten a. LL.	20 000,00
Kasse	10 000,00		
	130 000,00		130 000,00

Geschäftsfälle €
1. **Bankauszug:** Einkauf eines Druckers gegen Banküberweisung 800,00
2. **Vertragskopie:** Eine kurzfristige Verbindlichkeit wird in eine langfristige Darlehensschuld umgewandelt 10 000,00
3. **Eingangsrechnung:** Kauf eines PC auf Ziel 2 000,00
4. **Bankauszug:** Ausgleich einer fälligen Liefererrechnung 8 000,00

ARBEITSAUFTRÄGE
◆ Erläutern Sie die Auswirkung der einzelnen Geschäftsfälle auf die Bilanz.
◆ Stellen Sie dann nach jedem Geschäftsfall die veränderte Bilanz auf.

● Geschäftsfälle und Belege

Durch die **Geschäftsprozesse**, die fortlaufend in einem Unternehmen anfallen, werden das Vermögen und die Schulden des Unternehmens immer wieder verändert. Alle Geschäftsprozesse, die zu einer Änderung einzelner Vermögensposten und/oder Kapitalposten führen, werden in der Buchführungssprache als **Geschäftsfälle** bezeichnet.

● Doppelte Buchführung – doppelte Kontrolle

Die Bilanz ist eine Aufstellung des Vermögens und der Schulden zu einem bestimmten Zeitpunkt. Durch die Geschäftstätigkeit werden die Vermögens- und Kapitalbestände jedoch laufend verändert. Damit ändern sich die Bestände einzelner Positionen. Alle Änderungen werden durch Belege **angezeigt** und nachgewiesen.

Die Buchhaltung muss alle in den Belegen aufgezeigten **Vermögensänderungen** lückenlos und zeitnah erfassen.

Aus der Buchführung können dann zu jeder Zeit während des Geschäftsjahres die **Buchbestände (Soll-Bestände)** an Vermögen und Kapital abgerufen werden. Ob diese Soll-Bestände wirklich vorhanden sind, wird i. d. R. jährlich über die Inventur festgestellt.

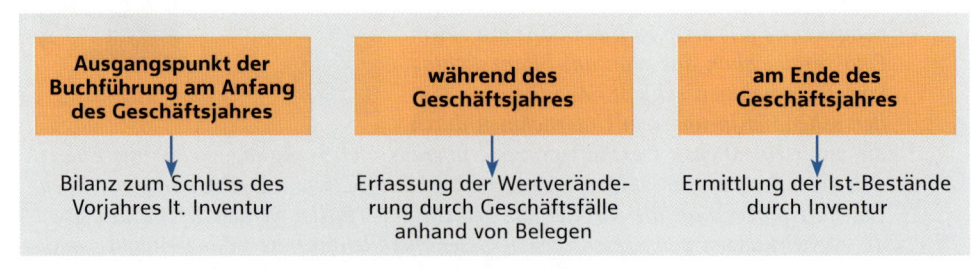

Ausgangspunkt der Buchführung am Anfang des Geschäftsjahres	während des Geschäftsjahres	am Ende des Geschäftsjahres
Bilanz zum Schluss des Vorjahres lt. Inventur	Erfassung der Wertveränderung durch Geschäftsfälle anhand von Belegen	Ermittlung der Ist-Bestände durch Inventur

Das Besondere an der **doppelten Buchführung** sind die doppelte Kontrolle der Bestände und der alljährliche Abgleich der Soll- und Ist-Bestände:

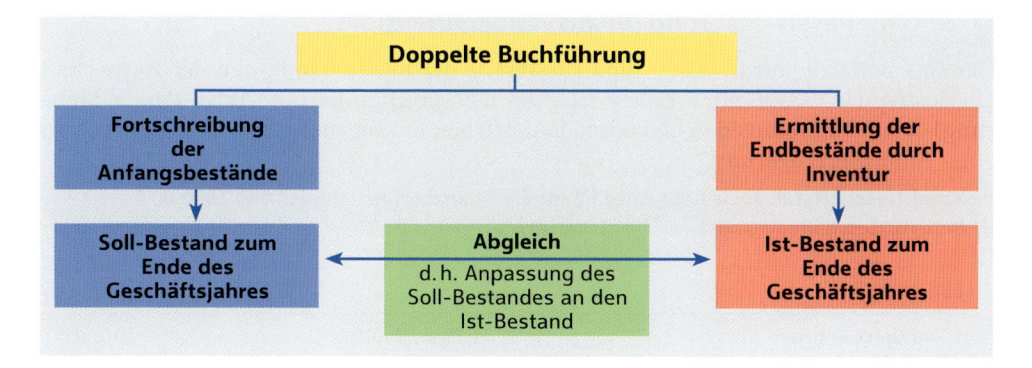

Geschäftsfälle anhand von Belegen auf Bestandskonten erfassen

```
                    Doppelte Buchführung
                    /                  \
    Fortschreibung                    Ermittlung der
         der                          Endbestände durch
    Anfangsbestände                   Inventur
         |                                |
    Soll-Bestand zum   ←  Abgleich  →   Ist-Bestand zum
    Ende des              d.h. Anpassung des  Ende des
    Geschäftsjahres       Soll-Bestandes an den Geschäftsjahres
                          Ist-Bestand
```

● **Veränderungen von Vermögen und Kapital durch die Geschäftsfälle**

Grundsätzlich gibt es **vier strukturell unterschiedliche Wertbewegungen** in der Bilanz, die in der Folge genauer erläutert werden.

○ **1. Aktivtausch**

Der Geschäftsfall betrifft **nur die Aktivseite** der Bilanz. Die Bilanzsumme bleibt unverändert. Es werden flüssige Mittel in weniger liquide umgewandelt oder umgekehrt.

Beispiel Geschäftsfall 1: Bankauszug: Einkauf eines Druckers für das Personalbüro gegen Banküberweisung 800,00 €

Betriebs- und Geschäftsausstattung +800,00 €
Bank: −800,00 €

Aktiva		Bilanz		Passiva
I. Anlagevermögen			I. Eigenkapital	70 000,00
BuG		30 800,00	II. Schulden	
II. Umlaufvermögen			Darlehensschulden	40 000,00
Bank		89 200,00	Verbindlichkeiten a. LL.	20 000,00
Kasse		10 000,00		
		130 000,00		130 000,00

○ **2. Passivtausch**

Der Geschäftsfall betrifft **nur die Passivseite** der Bilanz. Die Bilanzsumme bleibt unverändert. Inhaltlich werden kurzfristige in längerfristige Verbindlichkeiten umgewandelt oder umgekehrt.

Beispiel Geschäftsfall 2: Vertragskopie: Eine kurzfristige Verbindlichkeit wird in eine längerfristige Darlehensschuld umgewandelt 10 000,00 €

Verbindlichkeiten a. LL.: −10 000,00 €
Darlehensschulden: +10 000,00 €

Aktiva		Bilanz		Passiva
I. Anlagevermögen			I. Eigenkapital	70 000,00
BuG		30 800,00	II. Schulden	
II. Umlaufvermögen			Darlehensschulden	50 000,00
Bank		89 200,00	Verbindlichkeiten a. LL.	10 000,00
Kasse		10 000,00		
		130 000,00		130 000,00

3. Aktiv-Passiv-Mehrung (Bilanzverlängerung)

Der Geschäftsfall betrifft Aktiv- und Passivseite der Bilanz. Ein Posten der Aktiv- und ein Posten der Passivseite erhöhen sich um den gleichen Betrag (**Aktiv-Passiv-Mehrung**). Die Bilanzsummen nehmen um den gleichen Betrag zu, deshalb spricht man von einer **Bilanzverlängerung**.

Beispiel **Geschäftsfall 3:** ER: Kauf eines PC für die Finanzbuchhaltung auf Ziel 2 000,00 €

Betr.- u. Geschäftsausstattung: +2 000,00 €
Verbindlichkeiten a. LL.: +2 000,00 €

Aktiva	Bilanz		Passiva
I. Anlagevermögen		**I. Eigenkapital**	70 000,00
BuG	32 800,00	**II. Schulden**	
II. Umlaufvermögen		Darlehensschulden	50 000,00
Bank	89 200,00	Verbindlichkeiten a. LL.	12 000,00
Kasse	10 000,00		
	132 000,00		132 000,00

4. Aktiv-Passiv-Minderung (Bilanzverkürzung)

Auch ein solcher Geschäftsfall betrifft **Aktiv- und Passivseite** der Bilanz. Ein Posten der Aktivseite und ein Posten der Passivseite vermindern sich um den gleichen Betrag. Die Bilanzsumme nimmt um den gleichen Betrag ab, deshalb spricht man auch von einer **Bilanzverkürzung**.

Beispiel **Geschäftsfall 4:** BA: Ausgleich einer Liefererrechnung 8 000,00 €

Verbindlichkeiten a. LL.: −8 000,00 €
Bank: −8 000,00 €

Aktiva	Bilanz		Passiva
I. Anlagevermögen		**I. Eigenkapital**	70 000,00
BuG	32 800,00	**II. Schulden**	
II. Umlaufvermögen		Darlehensschulden	50 000,00
Bank	81 200,00	Verbindlichkeiten a. LL.	4 000,00
Kasse	10 000,00		
	124 000,00		124 000,00

> **PRAXISTIPP** **Folgende Fragen sind hilfreich:**
> – Welche Posten der Bilanz werden berührt?
> – Handelt es sich um Posten der Aktiv- oder Passivseite der Bilanz?
> – Wie wirkt sich der Geschäftsfall auf die Posten aus?
> – Um welche der vier Bilanzveränderungen handelt es sich?

> **Veränderungen des Vermögens und der Schulden anhand von Belegen dokumentieren**
>
> - Das Besondere an der **doppelten Buchführung** ist die **doppelte Kontrolle** der Bestände und der alljährliche **Abgleich der Soll- und Ist-Bestände**.
> - Alle Geschäftsfälle werden durch **Belege** abgebildet und in der Buchhaltung festgehalten. Daraus ergibt sich ein zentraler Grundsatz der Buchführung: **Keine Buchung ohne Beleg.**

- Damit der Kaufmann jederzeit einen **Überblick** über seinen Vermögens- und Schuldenstand erhält, müssen alle Belege lückenlos in der Buchhaltung erfasst werden. **Geschäftsfälle** in einem Unternehmen verändern die Bestände an Vermögen (Anlage- und Umlaufvermögen) und Kapital (Eigenkapital und Schulden). Diese Bestände stehen in der **Bilanz** auf der Aktiv- und Passivseite.
- Jeder Geschäftsfall hat Auswirkungen auf mindestens **zwei Positionen** der Bilanz.
- Nach der strukturellen Auswirkung sind vier **Arten der Bilanzveränderungen** zu unterscheiden:

Arten der Bilanzveränderungen

Aktivtausch	Passivtausch	Aktiv-Passiv-Mehrung	Aktiv-Passiv-Minderung
– Umschichtung auf der Aktivseite der Bilanz – Liquide Mittel werden in weniger liquide umgewandelt oder umgekehrt.	– Umschichtung auf der Passivseite der Bilanz – Kurzfristige Kapitalien werden in langfristige umgewandelt oder umgekehrt.	– Der Unternehmung wird neues Kapital zugeführt (Passivmehrung). – Seine Verwendung wird auf der Aktivseite sichtbar (Aktivmehrung).	– Es wird von der Unternehmung Kapital zurückgezahlt (Passivminderung). – Hierfür verwendete Mittel zeigt die Aktivseite (Aktivminderung).

1. **Bestände lt. Inventur:**

	€		€
Fuhrpark	600 000,00	Eigenkapital	719 000,00
BuG	180 000,00	Darlehensschuld	320 000,00
Bank	312 000,00	Verbindlichkeiten a. LL.	120 000,00
Kasse	2 000,00	Forderungen a. LL.	65 000,00

Geschäftsfälle: €

1. **Bankauszug:** Kunde bezahlte fällige Ausgangsrechnung durch Banküberweisung. ... 12 000,00
2. **Bankauszug:** Kauf eines Lkw gegen Banküberweisung ... 80 000,00
3. **Vertragskopie:** Lieferer stundet Rechnungsbetrag auf sechs Jahre. ... 40 000,00
4. **Ausgangsrechnung:** Zielverkauf eines gebrauchten PC ... 1 000,00
5. **Bankauszug:** Überweisung der Tilgungsrate für unser Darlehen ... 20 000,00

a) Stellen Sie bei jedem Geschäftsfall die Auswirkungen auf die Bilanz fest.
b) Kennzeichnen Sie die Wertveränderungen mit dem zutreffenden Begriff.
c) Erstellen Sie nach jedem Geschäftsfall die veränderte Bilanz.

2. **Bestände lt. Inventur:**

	€		€
Grundstück mit Gebäude	800 000,00	Eigenkapital	922 000,00
Fuhrpark	250 000,00	Darlehensschuld	130 000,00
Bank	112 000,00	Verbindlichkeiten a. LL.	258 000,00
Kasse	10 000,00	Forderungen a. LL.	138 000,00

Geschäftsfälle: €

1. **Bankauszug, Kaufvertrag:** Grundstückskauf gegen Banküberweisung ... 10 000,00
2. **Bankauszug:** Bareinzahlung auf das Bankkonto ... 8 000,00
3. **Bankauszug:** Banküberweisung: Ausgleich einer fälligen Liefererrechnung ... 20 000,00

	€
4. **Eingangsrechnung:** Zielkauf eines Pkw	30 000,00
5. **Bankauszug:** Kunde bezahlt fällige AR mit Banküberweisung	8 000,00

a) Stellen Sie bei jedem Geschäftsfall die Auswirkungen auf die Bilanz fest.
b) Kennzeichnen Sie die Wertveränderungen mit dem zutreffenden Begriff.
c) Erstellen Sie nach jedem Geschäftsfall die veränderte Bilanz.

3. Beantworten Sie zu den Geschäftsfällen folgende Fragen:
a) Welche Posten der Bilanz werden berührt?
b) Handelt es sich um Posten der Aktiv- oder Passivseite der Bilanz?
c) Wie wirkt sich der Geschäftsfall auf die Posten aus?
d) Um welche der vier Bilanzveränderungen handelt es sich?

Geschäftsfälle:

	€
1. **Eingangsrechnung:** Einkauf eines Computers für das Sekretariat auf Ziel	2 000,00
2. **Vertragskopie:** Umwandlung einer Verbindlichkeit in ein Darlehen	6 000,00
3. **Eingangsrechnung:** Zielkauf eines Gabelstaplers für das Lager	15 000,00
4. **Quittungsdurchschlag:** Kunde bezahlte fällige Ausgangsrechnung bar	400,00
5. **Bankauszug:** Barabhebung vom Bankkonto	1 000,00
6. **Kassenbeleg:** Barverkauf eines gebrauchten Computers der Personalabteilung	300,00
7. **Bankauszug:** Tilgungsrate für unsere Darlehensschuld	10 000,00
8. **Bankauszug:** Kunde bezahlte fällige Rechnung durch Banküberweisung	20 000,00
9. **Bankauszug:** Bareinzahlung auf das Bankkonto	8 000,00
10. **Eingangsrechnung:** Einkauf einer Kühlanlage für das Lager	12 000,00

4. Untersuchen Sie, welche der unten stehenden Auswirkungen durch die Geschäftsfälle 1 bis 4 hervorgerufen werden.

Geschäftsfälle:

	€
1. **Eingangsrechnung/Bankauszug:** Kauf eines Tablets für den Außendienst gegen Banküberweisung	3 000,00
2. **Bankauszug:** Tilgungsrate einer Darlehensschuld	5 000,00
3. **Bankauszug:** Ein Kunde begleicht eine fällige Rechnung	9 200,00
4. **Eingangsrechnung:** Zielkauf eines Lkw	85 000,00

Auswirkungen:
a) Der Unternehmung wird neues Fremdkapital zugeführt.
b) Dieser Geschäftsfall ruft einen Aktivtausch hervor.
c) Die Bilanzsumme wird vergrößert.
d) Er ruft eine Aktiv-Passiv-Minderung hervor.
e) Die Bilanzsumme wird verkleinert.
f) Es handelt sich um eine Aktiv-Passiv-Mehrung.
g) Schulden der Unternehmung werden getilgt.
h) Es findet ein Tausch innerhalb des Umlaufvermögens statt.

5. Erläutern Sie, welche Bilanzveränderungen folgende Geschäftsfälle hervorrufen:

	€
1. Barabhebung vom Bankkonto für die Geschäftskasse	1 500,00
2. Ausgleich einer Liefererrechnung durch Banküberweisung	92 000,00
3. Aufnahme eines Darlehens, das auf dem Bankkonto gutgeschrieben wird	70 000,00
4. Ein Kunde begleicht eine fällige Rechnung durch Banküberweisung	5 750,00
5. Barkauf eines Lagerregals	1 250,00
6. Ein Lieferer stundet einen Rechnungsbetrag auf fünf Jahre	50 000,00
7. Verkauf eines gebrauchten Pkw gegen Banküberweisung	4 500,00

		€
8.	Einkauf eines Gabelstaplers auf Ziel	17 200,00
9.	Tilgung eines Darlehens durch Banküberweisung	5 500,00
10.	Kauf eines PC auf Rechnung mit 30 Tagen Ziel	2 200,00

4.2 Geschäftsfälle auf Bestandskonten buchen

Nicole Höver hat mittlerweile verstanden, welche Auswirkungen die Veränderungen von Vermögen und Schulden auf die Bilanz haben. Frau Lapp scheint sehr zufrieden mit ihr zu sein: *„Das ist die eigentliche Aufgabe des Informationssystems Buchführung. Es zeigt der Unternehmensleitung zu jeder Zeit den Stand und die Veränderungen von Vermögen und Kapital."* „Heißt das, dass Sie Tag für Tag hunderte von Bilanzen erstellen?" fragt Nicole.

„Nein, das wäre sehr zeitraubend, unübersichtlich und wenig aussagekräftig. Vielleicht sehen Sie mir eine Weile zu. Ich buche nämlich jeden Tag einen Berg von Belegen." „Ja, gerne", sagt Nicole. Bis zum Mittag sieht sie zu, wie Frau Lapp Zahlen eingibt und Buchungsprotokolle ausdrucken lässt. *„Aber ehrlich gesagt, ich habe nichts verstanden"*, gesteht sie Frau Lapp beim Mittagessen. „Ja, das ist auch wirklich nicht ganz einfach zu verstehen, was unsere Programme leisten, wenn wir einen Geschäftsfall eingeben und im Programm verarbeiten. Dazu müssten Sie in einem ersten Schritt auch erst mal verstehen, wie Geschäftsfälle grundsätzlich auf Bestandskonten erfasst und letztendlich gebucht werden."

ARBEITSAUFTRAG
◆ Entwickeln Sie einen Vorschlag, wie man die Veränderungen der Bilanzpositionen Kasse, Forderungen a. LL. und Verbindlichkeiten a. LL. übersichtlich erfassen kann.

● Bildung von Bestandskonten

Um eine genaue Übersicht über Art, Ursache und Höhe der Veränderungen der Bilanzposten zu erzielen, wird für **jede Bilanzposition ein Konto** eingerichtet. Konten können als **T-Konto** oder als **Reihenkonto** dargestellt werden. Während Finanzbuchführungsprogramme die Konten in Reihenform darstellen, ist in Schulbüchern die Darstellung in T-Kontenform üblich, weil dies übersichtlicher ist und das Üben erleichtert.

Den Seiten der Bilanz entsprechend werden **Aktiv- und Passivkonten** unterschieden. Ihre Seiten tragen die Bezeichnung „**Soll**" (links) und „**Haben**" (rechts). Aus der Bilanz am Anfang eines Abrechnungszeitraums, der **Eröffnungsbilanz**, übernehmen die Konten die **Anfangsbestände (AB)**. Deshalb werden die Aktiv- und Passivkonten auch als **Bestandskonten** bezeichnet.

> Die Einrichtung der Bestandskonten erfolgt nach festen Regeln:
> ● Jedes Konto hat einen **Kontennamen**.

- Jedes Konto hat zwei Spalten. Die **linke Spalte** wird mit „**Soll**" und die **rechte** mit „**Haben**" bezeichnet.
- Zu Beginn eines Geschäftsjahres werden die Bestandskonten eröffnet. Aus der Bilanz zum Schluss des Vorjahres, die dann zur **Eröffnungsbilanz** wird, werden die Bestände als **Anfangsbestände (AB)** in die Konten übernommen.
- Die Anfangsbestände der **Aktivkonten** stehen im **Soll** und die der **Passivkonten** im **Haben** – also immer auf der Seite, auf der sie auch in der Bilanz stehen.

Aktiva	Bilanz zu Beginn des Geschäftsjahres (Eröffnungsbilanz)		Passiva
I. Anlagevermögen		I. Eigenkapital	90 000,00
Betr. und Geschäftsausstattung	118 000,00	II. Schulden	
II. Umlaufvermögen		Darlehensschulden	20 000,00
Bank	22 000,00	Verbindlichkeiten a. LL.	40 000,00
Kasse	10 000,00		
	150 000,00		150 000,00

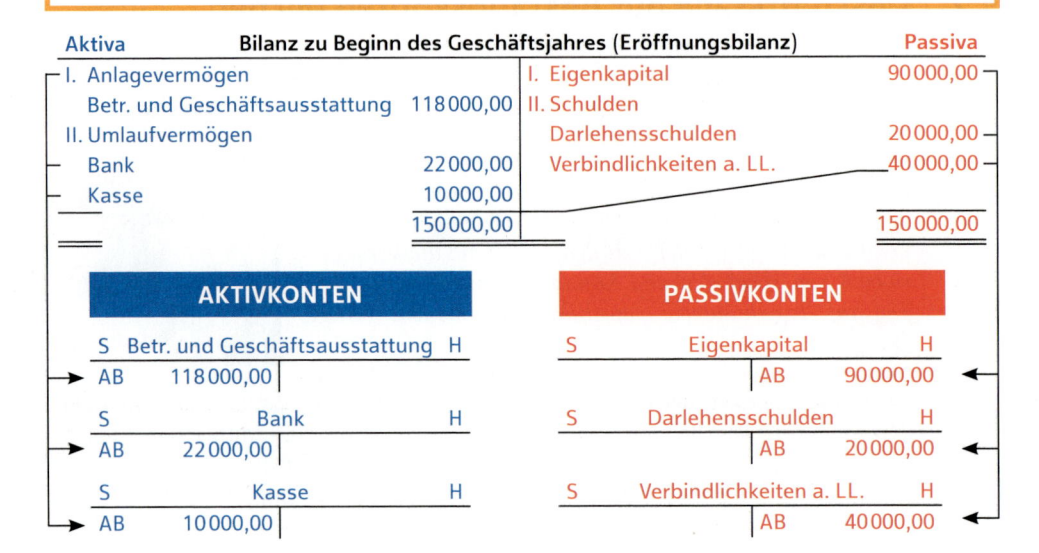

AKTIVKONTEN

S	Betr. und Geschäftsausstattung	H
AB	118 000,00	

S	Bank	H
AB	22 000,00	

S	Kasse	H
AB	10 000,00	

PASSIVKONTEN

S	Eigenkapital	H
	AB	90 000,00

S	Darlehensschulden	H
	AB	20 000,00

S	Verbindlichkeiten a. LL.	H
	AB	40 000,00

- **Buchung der Geschäftsfälle auf Bestandskonten**

Grundsätzlich gilt, dass jeder Geschäftsfall Veränderungen auf **mindestens zwei Konten** hervorruft. **Mehrungen** der Anfangsbestände werden auf der jeweiligen Seite gebucht, auf der auch der Anfangsbestand eingetragen wurde. **Minderungen** des Anfangsbestandes werden hingegen immer auf der gegenüberliegenden Seite des Kontos gebucht.

Konkret bedeutet dies:

- Bei **Aktivkonten** werden **Mehrungen** zum Anfangsbestand auf der **Soll-Seite**, **Minderungen** auf der **Haben-Seite** gebucht.
- Bei Passivkonten ist es umgekehrt: **Mehrungen** stehen auf der **Haben-Seite** unter dem Anfangsbestand, **Minderungen** auf der **Soll-Seite**.

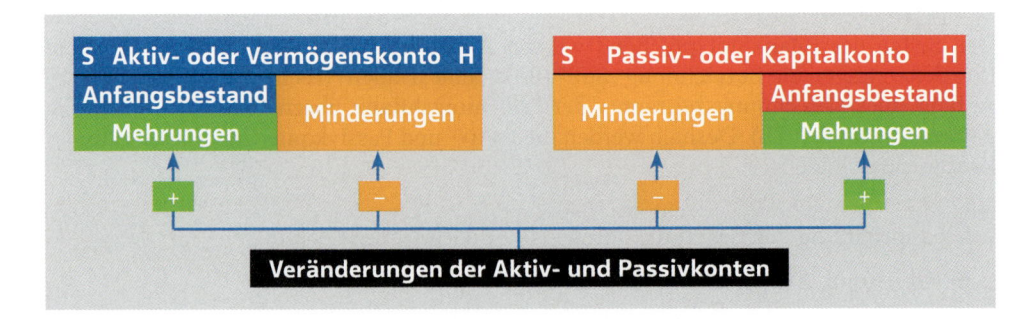

S	Aktiv- oder Vermögenskonto	H		S	Passiv- oder Kapitalkonto	H
Anfangsbestand		Minderungen		Minderungen		Anfangsbestand
Mehrungen						Mehrungen

Veränderungen der Aktiv- und Passivkonten

Folgende Fragen stellen sich immer:

1. **Welche Konten** werden berührt?
2. Um welche **Kontenart** handelt es sich (Aktiv- oder Passivkonto)?
3. Wie **wirkt** sich der Geschäftsfall **auf den Bestand der Konten** aus?
4. Auf welcher **Kontenseite** wird gebucht?

Damit die **zeitliche Abfolge** und die **Ursachen** der Buchungen erkennbar und nachvollziehbar sind, werden bei der Buchung in den Konten vor die Beträge die Nummer des Geschäftsfalls und das **jeweilige Gegenkonto** geschrieben.

Beispiel In der Primus GmbH sind die folgenden vier Geschäftsfälle zu buchen:

1. **Eingangsrechnung/Bankauszug:** Kauf von zwei Laptops für die Einkäufer; der Rechnungsbetrag von 2 000,00 € wurde vom Bankkonto abgebucht.
2. **Vertragskopie:** Eine Verbindlichkeit gegenüber einem Lieferer über 25 000,00 € wird in ein Bankdarlehen umgewandelt.
3. **Eingangsrechnung:** Zielkauf zweier PCs mit Drucker und Bildschirm für das Personalbüro über 5 000,00 €
4. **Bankauszug:** Ausgleich einer fälligen Verbindlichkeit a. LL. über 8 000,00 € durch Banküberweisung

Aktiva	Bilanz zu Beginn des Geschäftsjahres (Eröffnungsbilanz)		Passiva
I. Anlagevermögen		I. Eigenkapital	90 000,00
Betr. und Geschäftsausstattung	118 000,00	II. Schulden	
II. Umlaufvermögen		Darlehensschulden	20 000,00
Bank	22 000,00	Verbindlichkeiten a. LL.	40 000,00
Kasse	10 000,00		
	150 000,00		150 000,00

AKTIVKONTEN + −

PASSIVKONTEN − +

S	Betr. und Geschäftsausstattung	H
AB	118 000,00	
(1) Bank	2 000,00	
(3) Vb	5 000,00	

S	Eigenkapital	H
		AB 90 000,00

S	Bank	H
AB	22 000,00	(1) BuG 2 000,00
		(4) Vb 8 000,00

S	Darlehensschulden	H
		AB 20 000,00
		(2) Vb 25 000,00

S	Kasse	H
AB	10 000,00	

S	Verbindlichkeiten a. LL.	H
(2) Darl.	25 000,00	AB 40 000,00
(4) Bank	8 000,00	(3) BuG 5 000,00

Bestandskonten über das Schlussbilanzkonto abschließen

In regelmäßigen Abständen (in der Praxis monatlich, quartalsmäßig, jährlich) werden die Bestandskonten zu einem Abschluss gebracht. Man erhält so die **Soll-Bestände** der Konten. Diese werden mit den **Ist-Beständen** verglichen, welche durch die Inventur ermittelt werden. Stimmen die Soll-Bestände mit den Ist-Beständen überein, können die Konten abgeschlossen werden, andernfalls muss zuerst eine Korrekturbuchung vorgenommen werden.

Zu diesem Zweck werden alle Bestandskonten **saldiert**, d.h., der **Schlussbestand** (Saldo) aller Aktiv- und Passivkonten wird ermittelt. Den **Saldo** erhält man immer durch die Differenz zwischen der wertmäßig größeren und der wertmäßig kleineren Seite des Kontos. Dabei hat sich das folgende Vorgehen bewährt:

1. **Addition** der wertmäßig größeren Seite
2. **Übertragung** der Summe auf die wertmäßig kleinere Seite
3. **Subtraktion** der wertmäßig kleineren Seite
4. **Eintragung der Differenz** (Schlussbestand, Saldo) auf der wertmäßig kleineren Seite

Beispiel

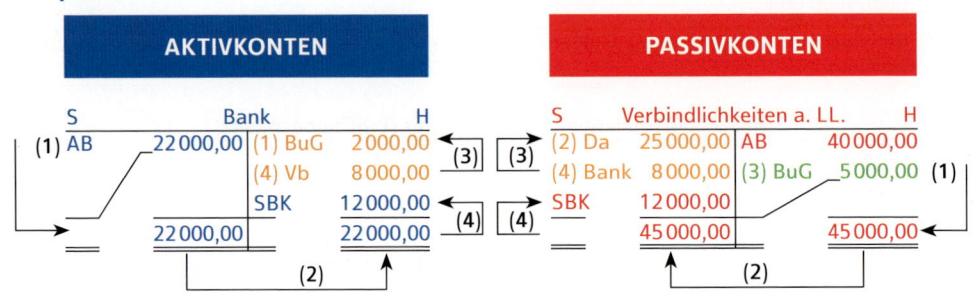

AKTIVKONTEN				PASSIVKONTEN			
S Bank			H	S Verbindlichkeiten a. LL.			H
(1) AB	22 000,00	(1) BuG	2 000,00	(2) Da	25 000,00	AB	40 000,00
		(4) Vb	8 000,00	(4) Bank	8 000,00	(3) BuG	5 000,00 (1)
		SBK	12 000,00	SBK	12 000,00		
	22 000,00		22 000,00		45 000,00		45 000,00

Die Gegenbuchung der Kontensalden wird auf dem **Schlussbilanzkonto** vorgenommen. Auf diesem werden die Salden der Aktivkonten (Soll-Seite) und Passivkonten (Haben-Seite) gegenübergestellt. **Wurden alle Geschäftsfälle richtig gebucht und abgeschlossen, dann sind die Summen der Soll- und Haben-Seite des Schlussbilanzkontos gleich.**

Beispiel Frau Lapp demonstriert Nicole Höver den Abschluss der Konten über das Schlussbilanzkonto. Dabei wird stark vereinfachend davon ausgegangen, dass zwischen der Eröffnungsbilanz und dem Geschäftsjahresende nur vier Geschäftsfälle gebucht wurden.

Aktiva	Eröffnungsbilanz		Passiva
I. Anlagevermögen		I. Eigenkapital	90 000,00
Betr. und Geschäftsausstatttung	118 000,00	II. Schulden	
II. Umlaufvermögen		Darlehensschulden	20 000,00
Bank	22 000,00	Verbindlichkeiten a. LL.	40 000,00
Kasse	10 000,00		
	150 000,00		150 000,00

Geschäftsfälle anhand von Belegen auf Bestandskonten erfassen

Soll	Betr. und Geschäftsausstattung		Haben
AB	118 000,00	SBK	125 000,00
(1) Bank	2 000,00		
(3) Vb	5 000,00		
	125 000,00		125 000,00

Soll	Bank		Haben
AB	22 000,00	(1) BuG	2 000,00
		(4) Vb	8 000,00
		SBK	12 000,00
	22 000,00		22 000,00

Soll	Kasse		Haben
AB	10 000,00	SBK	10 000,00

Soll	Eigenkapital		Haben
SBK	90 000,00	AB	90 000,00

Soll	Darlehensschulden		Haben
SBK	45 000,00	AB	20 000,00
		(2) Vb	25 000,00
	45 000,00		45 000,00

Soll	Verbindlichkeiten a. LL.		Haben
(2) Da	25 000,00	AB	40 000,00
(4) Ba	8 000,00	(3) BuG	5 000,00
SBK	12 000,00		
	45 000,00		45 000,00

Soll	Schlussbilanzkonto		Haben
BuG	125 000,00	Eigenkapital	90 000,00
Bank	12 000,00	Darlehensschulden	45 000,00
Kasse	10 000,00	Verbindlichkeiten a. LL.	12 000,00
	147 000,00		147 000,00

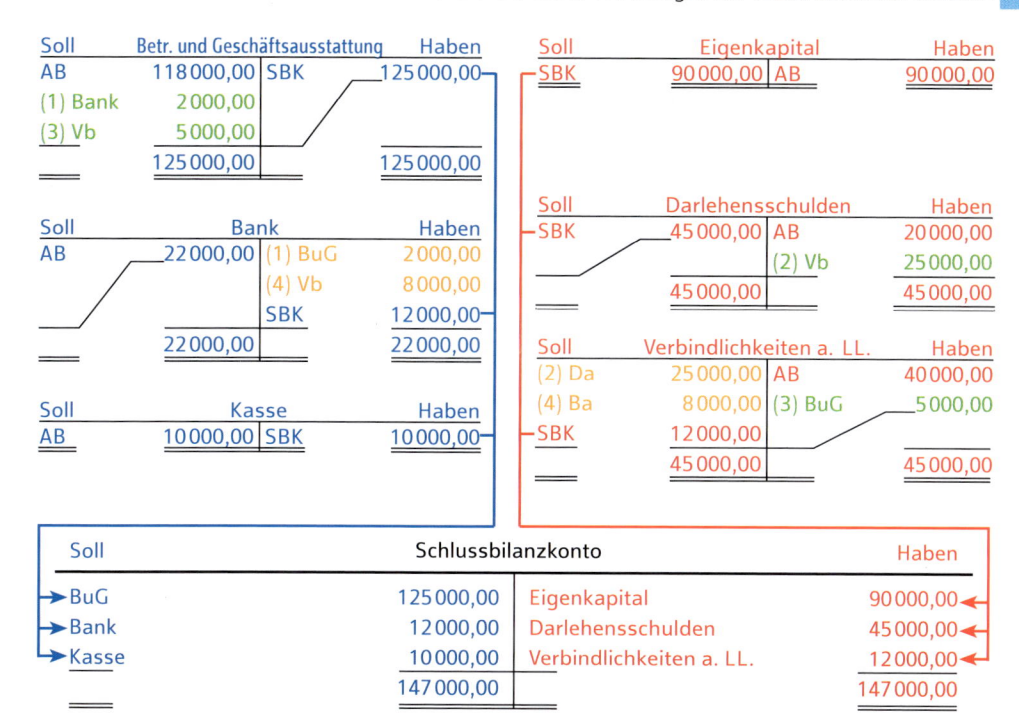

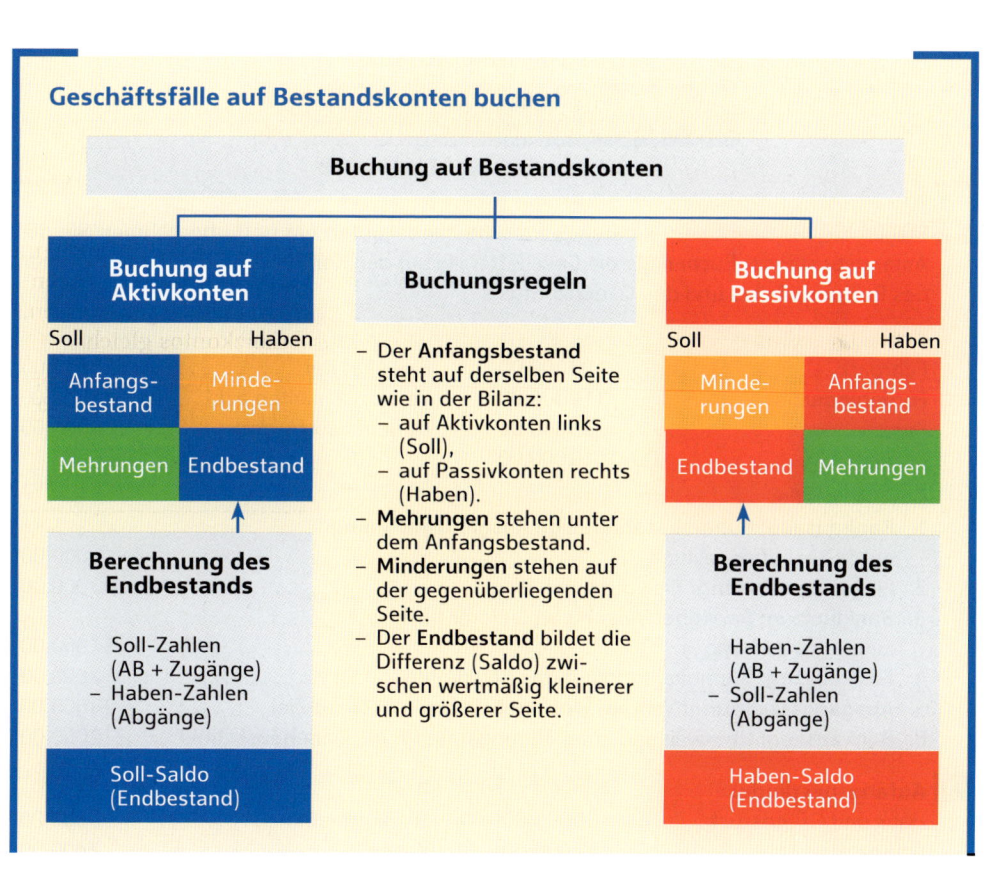

Geschäftsfälle auf Bestandskonten buchen

Buchung auf Bestandskonten

Buchung auf Aktivkonten

Soll	Haben
Anfangsbestand	Minderungen
Mehrungen	Endbestand

Berechnung des Endbestands

Soll-Zahlen
(AB + Zugänge)
− Haben-Zahlen
(Abgänge)

Soll-Saldo
(Endbestand)

Buchungsregeln

- Der **Anfangsbestand** steht auf derselben Seite wie in der Bilanz:
  - auf Aktivkonten links (Soll),
  - auf Passivkonten rechts (Haben).
- **Mehrungen** stehen unter dem Anfangsbestand.
- **Minderungen** stehen auf der gegenüberliegenden Seite.
- Der **Endbestand** bildet die Differenz (Saldo) zwischen wertmäßig kleinerer und größerer Seite.

Buchung auf Passivkonten

Soll	Haben
Minderungen	Anfangsbestand
Endbestand	Mehrungen

Berechnung des Endbestands

Haben-Zahlen
(AB + Zugänge)
− Soll-Zahlen
(Abgänge)

Haben-Saldo
(Endbestand)

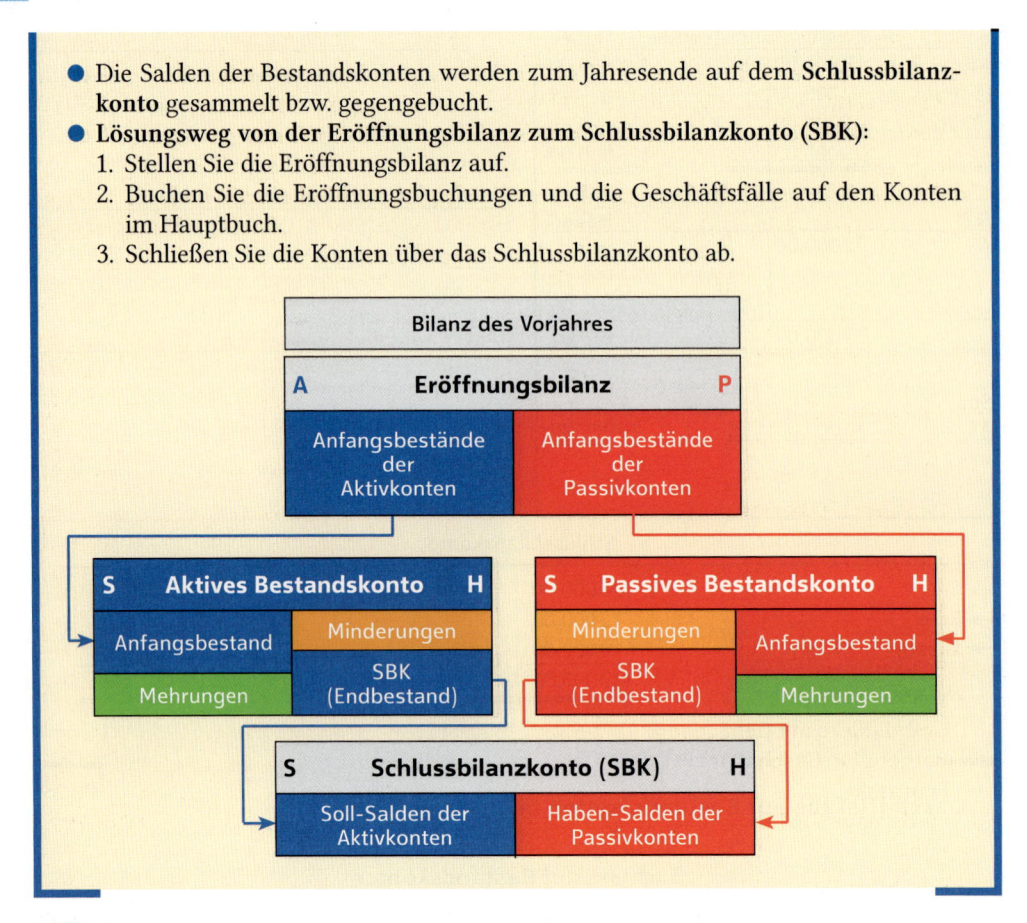

- Die Salden der Bestandskonten werden zum Jahresende auf dem **Schlussbilanzkonto** gesammelt bzw. gegengebucht.
- **Lösungsweg von der Eröffnungsbilanz zum Schlussbilanzkonto (SBK):**
  1. Stellen Sie die Eröffnungsbilanz auf.
  2. Buchen Sie die Eröffnungsbuchungen und die Geschäftsfälle auf den Konten im Hauptbuch.
  3. Schließen Sie die Konten über das Schlussbilanzkonto ab.

1 Stellen Sie die Bilanz auf. Richten Sie die Bestandskonten ein und übernehmen Sie die Anfangsbestände. Buchen Sie die Geschäftsfälle auf den Konten bei Angabe der Nummer des Buchungsfalles und des Gegenkontos.

Anfangsbestände:	€		€
Fuhrpark	430 000,00	Eigenkapital	540 000,00
Forderungen a. LL	115 000,00	Verbindlichkeiten a. LL	140 000,00
Bank	225 000,00	Darlehensschulden	100 000,00
Kasse	10 000,00		

Geschäftsfälle:	€
1. **Bankauszug:** Kunde bezahlt fällige Ausgangsrechnung durch Banküberweisung	15 000,00
2. **Eingangsrechnung:** Zielkauf eines Pkw	30 000,00
3. **Bankauszug:** Banküberweisung an Lieferer für fällige Eingangsrechnung	37 000,00
4. **Bankauszug:** Bareinzahlung auf das Bankkonto	4 000,00
5. **Ausgangsrechnung:** Verkauf eines gebrauchten Lkw auf Ziel	28 000,00
6. **Bankauszug:** Überweisung einer Tilgungsrate für die Darlehensschuld	2 000,00

2.
Anfangsbestände:	€		€
Haus und Grundstück	60 000,00	Bankguthaben	13 800,00
Fuhrpark	22 000,00	Kasse	2 400,00

Geschäftsfälle anhand von Belegen auf Bestandskonten erfassen

	€		€
Betriebs- u. Geschäftsausst.	102 500,00	Eigenkapital............	?
Forderungen a. LL.........	15 000,00	Darlehensschulden......	40 000,00
Verbindlichkeiten a. LL.	18 000,00		

Geschäftsfälle: €

1. Ausgleich der Liefererrechnung ER 211 durch Banküberweisung, BA 190 — 2 500,00
2. Einkauf eines Regals auf Ziel, ER 224 .... — 1 600,00
3. Ein Kunde überweist auf das Bankkonto für AR 310, BA 93 .... — 1 200,00
4. Bareinkauf eines PC, ER 225, quittiert .... — 2 300,00
5. Barabhebung vom Bankkonto, BA 191 .... — 2 000,00
6. Ein Kunde überweist auf das Bankkonto für AR 301, BA 192........... — 1 950,00
7. Barverkauf eines gebrauchten Regals, AR 302 .... — 190,00
8. Barkauf eines Büroschrankes, ER 226 .... — 670,00
9. Teilrückzahlung des Darlehens durch Banküberweisung, BA 193 .... — 4 000,00
10. Ausgleich der Liefererrechnung ER 207 durch Banküberweisung, BA 94 . — 1 550,00

Eröffnen Sie die Bestandskonten und buchen Sie die Geschäftsfälle.

3. Stellen Sie die Eröffnungsbilanz auf. Richten Sie die Bestandskonten ein und übernehmen Sie die Anfangsbestände. Buchen Sie die Geschäftsfälle auf den Konten bei Angabe der Nummern des Geschäftsfalles und des Gegenkontos. Schließen Sie die Konten über das Schlussbilanzkonto ab.

Anfangsbestände:

	€		€
Grundstücke mit Gebäuden	500 000,00	Kasse	15 000,00
Betriebs- u. Geschäftsausst.	80 000,00	Eigenkapital	690 000,00
Fuhrpark	130 000,00	Darlehensschuld	300 000,00
Forderungen a. LL.........	175 000,00	Verbindlichkeiten a. LL. ..	180 000,00
Bank	270 000,00		

Geschäftsfälle: €

1. Eingangsrechnung: Zielkauf eines PC, ER 90 .... — 10 000,00
2. Bankauszug: Banküberweisung der Tilgungsrate für die
   Darlehensschuld, BA 80 .... — 30 000,00
3. Bankauszug: Kunde bezahlte fällige AR 61 durch Banküberweisung, BA 81 — 12 000,00
4. Ausgangsrechnung: Zielverkauf eines gebrauchten Pkw, AR 75 .... — 16 000,00
5. Bankauszug: Bareinzahlung auf das Bankkonto, BA 81 .... — 6 000,00
6. Vertrag: Lieferer stundet eine fällige ER 29 auf 6 Jahre. .... — 40 000,00
7. Vertrag, Bankauszug: Kauf einer Lagerhalle gegen Überweisung, BA 82 — 180 000,00
8. Eingangsrechnung: Zielkauf eines Pkw, ER 91 .... — 46 000,00
9. Bankauszug: Banküberweisung an Lieferer für fällige ER 21, ER 32, BA 82 — 24 000,00
10. Ausgangsrechnung: Barverkauf eines gebrauchten PC, AR 76 .... — 1 000,00

4. Anfangsbestände:

	€		€
Betriebs- u. Geschäftsausst.	17 000,00	Kasse	3 800,00
Forderungen a. LL.........	5 000,00	Eigenkapital	?
Bankguthaben	1 200,00	Darlehensschulden......	2 600,00
Verbindlichkeiten a. LL	5 400,00		

Geschäftsfälle: €

1. Einkauf eines Bürotisches auf Ziel, ER 112 .... — 840,00
2. Kunden überweisen auf unser Bankkonto für AR 100–103, BA 185 ...... — 1 350,00
3. Barabhebung vom Bankkonto, BA 186 .... — 400,00
4. Barverkauf eines gebrauchten Monitors, AR 113 .... — 180,00

		€
5.	Barkauf eines PC, ER 113	3 680,00
6.	Rückzahlung einer Darlehensrate durch Banküberweisung, BA 187	600,00
7.	Ausgleich der Liefererrechnung ER 104 durch Banküberweisung, BA 188	1 040,00
8.	Kunden überweisen auf unser Bankkonto für AR 104–107, BA 189	1 650,00
9.	Ausgleich der Liefererrechnung ER 99 durch Banküberweisung, BA 190	1 200,00

Auswertung der Aufgabe 4:
Vergleichen Sie die Posten in der Eröffnungs- und Schlussbilanz.
a) Welche Posten sind besonders stark verändert worden?
b) Worauf sind diese Änderungen zurückzuführen? Prüfen Sie anhand der Konten.
c) Nennen Sie Gründe für die Abweichung des Kassen-Ist- und -Soll-Bestandes.
d) Überprüfen Sie, wie in Ihrem Ausbildungsbetrieb eine Abweichung des Ist-Bestandes vom Soll-Bestand behandelt wird: als Kassenfehlbetrag oder als Kassenmehrbestand?
e) Errechnen Sie
 ea) das Verhältnis Eigenkapital – Fremdkapital,
 eb) das Verhältnis Anlagevermögen – Umlaufvermögen in der Eröffnungs- und Schlussbilanz.
 Welche Änderungen stellen Sie fest?

5. Unten stehende Satzteile sind zu einer richtigen Aussage zu ergänzen, indem Sie wahlweise einsetzen:
1. Das Inventar
2. Die Schlussbilanz
3. Das Schlussbilanzkonto

a) … nimmt die Salden der Bestandskonten beim Jahresabschluss auf.
b) … ist eine Gegenüberstellung von Vermögen und Kapital lt. Inventur.
c) … enthält neben Mengen- auch Wertangaben.
d) … ist eine Auflistung aller Vermögensteile und Schulden sowie eine Gegenüberstellung von Vermögen und Schulden.
e) … muss in Kapitalgesellschaften veröffentlicht werden.
f) … steht im Hauptbuch.

6. Stellen Sie die Eröffnungsbilanz auf. Tragen Sie die Eröffnungsbuchungen und die laufenden Buchungen im Grundbuch ein. Buchen Sie die Geschäftsfälle auf den Konten im Hauptbuch. Führen Sie den Abschluss der Konten im Grund- und Hauptbuch durch.

Anfangsbestände:	€		€
Fuhrpark	430 000,00	Kasse	8 000,00
Betriebs- und Geschäftsausstattung	120 000,00	Eigenkapital	452 000,00
Forderungen a. LL.	146 000,00	Darlehensschulden	300 000,00
Bank	205 000,00	Verbindlichkeiten a. LL.	157 000,00

Geschäftsfälle:	€
1. Ausgangsrechnung: Zielverkauf eines gebrauchten Pkw, AR 32	5 000,00
2. Vertrag: Umwandlung einer Lieferverbindlichkeit in ein Darlehen	50 000,00
3. Bankauszug: Kauf von zwei PCs für das Lager gegen Banküberweisung, BA 24	4 800,00
4. Bankauszug: Banküberweisung an Lieferer für fällige Eingangsrechnung, ER 35, BA 25	17 000,00
5. Kassenbeleg: Kunde bezahlt fällige Ausgangsrechnung bar KA 56	500,00
6. Kassenbeleg: Bareinzahlung auf das Bankkonto KA 57, BA 26	5 000,00
7. Eingangsrechnung: Zielkauf eines Betriebs-Pkw, ER 40	35 000,00

		€
8.	Bankauszug: Banküberweisung vom Kunden für fällige Ausgangsrechnung, AR 19, BA 27	26 500,00
9.	Bankauszug: Banküberweisung der Tilgungsrate für das Darlehen, BA 28	25 000,00
10.	Kassenbeleg: Barverkauf eines gebrauchten Regals, KA 58	800,00

4.3 Buchhalterische Schritte und Organisationshilfen zur Erfassung von Belegen nutzen

Nicole Höver hat mit Frau Lapp einen Termin bei Herrn Schubert, dem Leiter des Rechnungswesens. Herr Schubert möchte wissen, was Nicole bisher bei Frau Lapp in der Finanzbuchhaltung gelernt hat. Zufrieden berichtet Nicole: „Das Wichtigste war für mich, dass man zunächst einmal die Geschäftsprozesse, die den einzelnen Belegen zugrunde liegen, verstanden hat. Das habe ich und kann jetzt alle möglichen Belege lesen. Außerdem habe ich schon viele Buchungen auf Bestandskonten vorgenommen. Allerdings habe ich noch nicht mit unserem Finanzbuchhaltungsprogramm gearbeitet – das kommt wohl noch." „Das hört sich ja prima an", meint Herr Schubert. „Bevor Sie am Rechner buchen, machen Sie sich bitte mit dem Kontierungsstempel, der Belegbearbeitung und unseren Büchern vertraut."
Nicole Höver ist verwirrt: „Stempel? Belegbearbeitung? Bücher? Das hört sich ja total veraltet an."

ARBEITSAUFTRÄGE
- Erstellen Sie eine Checkliste zur systematischen Erfassung von Belegen in der Buchhaltung.
- Erkundigen Sie sich nach der Vorgehensweise Ihres Ausbildungsbetriebes.
- Erläutern Sie die Inhalte des Kontierungsstempels.

● Vorbereitung der Belege für eine Buchung

Kontrollieren ↓	Zunächst ist jeder Beleg auf seine **sachliche und rechnerische Korrektheit** zu prüfen.
	Beispiel Frau Lapp prüft die Eingangsrechnung der Büroschrankwände, indem sie die Rechnung mit der Bestellung und dem Lieferschein vergleicht und die aufgeführten Beträge nachrechnet.
Sortieren ↓ Nummerieren ↓	Damit Belege auf keinen Fall doppelt gebucht werden und zudem rasch gefunden werden können, erhalten sie eine **Bezeichnung der Belegart (ER, AR, BA, KB** etc.) und werden sortiert sowie fortlaufend nummeriert.
	Beispiel Frau Lapp schreibt auf die Eingangsrechnung für die Büroschrankwände „ER 349", da es sich um die 349. Eingangsrechnung in diesem Jahr handelt.

Vorkontieren ↓ Buchen (siehe unten) ↓ Ablegen ↓ Aufbewaren	Schließlich erhält jeder Beleg einen **Kontierungsstempel** (Buchungsstempel). Hier werden bereits die betreffenden Konten benannt und die entsprechenden Beträge auf der Soll- bzw. Haben-Seite eingetragen. **Beispiel** Frau Lapp kontiert die Eingangsrechnung zu den Büroschrankwänden vor: | Konto	Soll	Haben
---	---	---
Betriebs- und Geschäftsausstattung	5 000,00	
Verbindlichkeiten a. LL.		5 000,00
Gebucht: *Isabel Lapp* 24.03.20..			 Alle Buchungsbelege sind **zehn Jahre** aufzubewahren.

● Der Buchungssatz – die SMS der Finanzbuchhaltung

○ Einfacher Buchungssatz

Eine Anweisung für die Buchung eines Beleges, z. B. eines Kontoauszuges, könnte wie folgt lauten: „Durch den Ausgleich einer Rechnung sind im Konto Verbindlichkeiten a. LL. auf der Soll-Seite 9 200,00 € und im Konto Bank auf der Haben-Seite 9 200,00 € zu buchen".

Diese Anweisung ist lang und unübersichtlich. Deshalb gibt es in der Buchführung eine **Kurzanweisung – den Buchungssatz**. Dieser gibt die Buchungsanweisung in der kürzesten Form wieder und benötigt dazu nur eine Regel:

> **Merke:** Die Soll-Buchung wird vor der Haben-Buchung genannt.
> Der „Seitenwechsel" wird mit dem Wort „an" eingeleitet.
> **Soll an Haben**

So ergibt sich die kurze, aber dennoch eindeutige Anweisung:

Verbindlichkeiten a. LL. 9 200,00 €   an Bank 9 200,00 €

○ Zusammengesetzter Buchungssatz

Beim einfachen Buchungssatz ruft der zugrunde liegende Geschäftsfall nur auf zwei Konten Wertveränderungen hervor. Beim zusammengesetzten Buchungssatz werden mehr als zwei Konten berührt.

Beispiel Ausgleich einer Liefererrechnung.................... € €
   durch Banküberweisung................................. 1 100,00
   und bar 400,00   1 500,00

Geschäftsfälle anhand von Belegen auf Bestandskonten erfassen

Buchungssatz:	Soll	Haben
Verbindlichkeiten a. LL.	1 500,00	
an Bank		1 100,00
an Kasse		400,00

Buchung:

```
S        Bank (Ba)          H      S    Verbindlichkeiten a. LL. (Vb)    H
AB    4 000,00 | Vb    1 100,00 ←→ Ba, Ka    1 500,00 | AB    8 000,00

S        Kasse (Ka)         H
AB    2 500,00 | Vb      400,00 ←
```

● Belegbuchung

Sind die Belege **vorkontiert**, kann gebucht werden. Nach der **Ordnung** der Buchungen sind Grundbuch und Hauptbuch zu unterscheiden.

| Vorkontierung der Belege | → | Buchung in zeitlicher Reihenfolge im Grundbuch | → | Buchung auf den Sachkonten im Hauptbuch |

○ Grundbuch

Im **Grundbuch**, auch **Journal** genannt, werden alle Buchungssätze in **zeitlicher Reihenfolge** festgehalten. Darin werden zur besseren Kontrolle Buchungsdatum, Belegnummer, Buchungstext sowie die Beträge im Soll und im Haben aufgeführt.

Beispiel Grundbuchgestaltung

Primus GmbH, Duisburg						
			Grundbuch		Seite 097	
Lfd. Nr.	Buchungsdatum	Beleg	Buchungstext		Soll	Haben
00342	11.06.20..	BA 123	Verbindlichkeiten a. LL. an Bank		9 200,00	9 200,00

Da in diesem Buch alle Geschäftsfälle fortlaufend und lückenlos gebucht werden, bildet es die **Grundlage bei Prüfungen durch die Behörden** (z. B. Finanzamt). Gleichzeitig liefert das Grundbuch alle **Unterlagen für die Buchung der Geschäftsfälle auf den Konten**.

○ Hauptbuch

Die chronologische Aufzeichnung im Grundbuch vermittelt keinen Überblick über die Veränderungen der einzelnen Vermögens- und Kapitalposten. Daher werden alle Geschäftsfälle auf den Konten gebucht. **Die Konten befinden sich im Hauptbuch**.[1]

---

[1] *Für unser Erklärungsmodell benutzen wir T-Kontenblätter, die im Handel erhältlich sind.*

Beispiel Hauptbuch

Primus GmbH, Duisburg						
		Hauptbuch				
S	Bank		H	S	Verbindlichkeiten a. LL.	H
AB	28 000,00	VB	9 200,00	BA	9 200,00 AB	34 500,00

Die **Eintragung des Gegenkontos** lässt auf den zugrunde liegenden Geschäftsfall und damit **auf die Ursache der Änderung** schließen.

Beispiel Aus dem Konto „Bank" geht durch die Angabe des Gegenkontos „Verbindlichkeiten a. LL." hervor, dass Schulden gegenüber Lieferern beglichen worden sind. Das Konto „Verbindlichkeiten a. LL." zeigt durch die Gegenbuchung Bank, dass die Verbindlichkeiten über Bank beglichen wurden.

Buchhalterische Schritte und Organisationshilfen zur Erfassung von Belegen nutzen

Bearbeiten von Belegen

- Keine Buchung ohne Beleg (**Belegzwang**).
- Die Belege werden in drei Schritten verarbeitet:
  1. **Belegvorbereitung** (Sortieren, Nummerieren, Vorkontieren)
  2. **Belegbuchung** im Grund- und Hauptbuch
  3. **Belegablage** und **-aufbewahrung** (zehn Jahre)

Buchungssatz

- Der **Buchungssatz** ist eine **kurz gefasste Anweisung**, wie ein Geschäftsfall zu buchen ist.
- Er **benennt die Konten**, auf denen zu buchen ist, und zwar zuerst das Konto, auf dem die Soll-Buchung erfolgt, dann das Konto, auf dem die Haben-Buchung erfolgt.
- **Einfache Buchungssätze** rufen nur je ein Konto im Soll und im Haben an.
- **Zusammengesetzte Buchungssätze** rufen mehrere Konten im Soll und/oder im Haben an.
- Jeder **Beleg** wird zwecks Buchung vorkontiert. **Vorkontieren** heißt Angeben des Buchungssatzes auf dem Beleg.

Buchungen im Grundbuch und im Hauptbuch

- Im Grundbuch werden alle Geschäftsfälle in Form von **Buchungssätzen in zeitlicher Reihenfolge** (chronologisch) eingetragen.
- Das Grundbuch bildet die **Grundlage** für die Buchungen im Hauptbuch.
- Im Hauptbuch werden **alle** Geschäftsfälle nach sachlichen Gesichtspunkten, also welches Konto jeweils berührt wird, verteilt.
- Die Konten des Hauptbuchs liefern dem Unternehmer Informationen über Art, Ursache und Höhe der Veränderungen der einzelnen Bilanzposten.

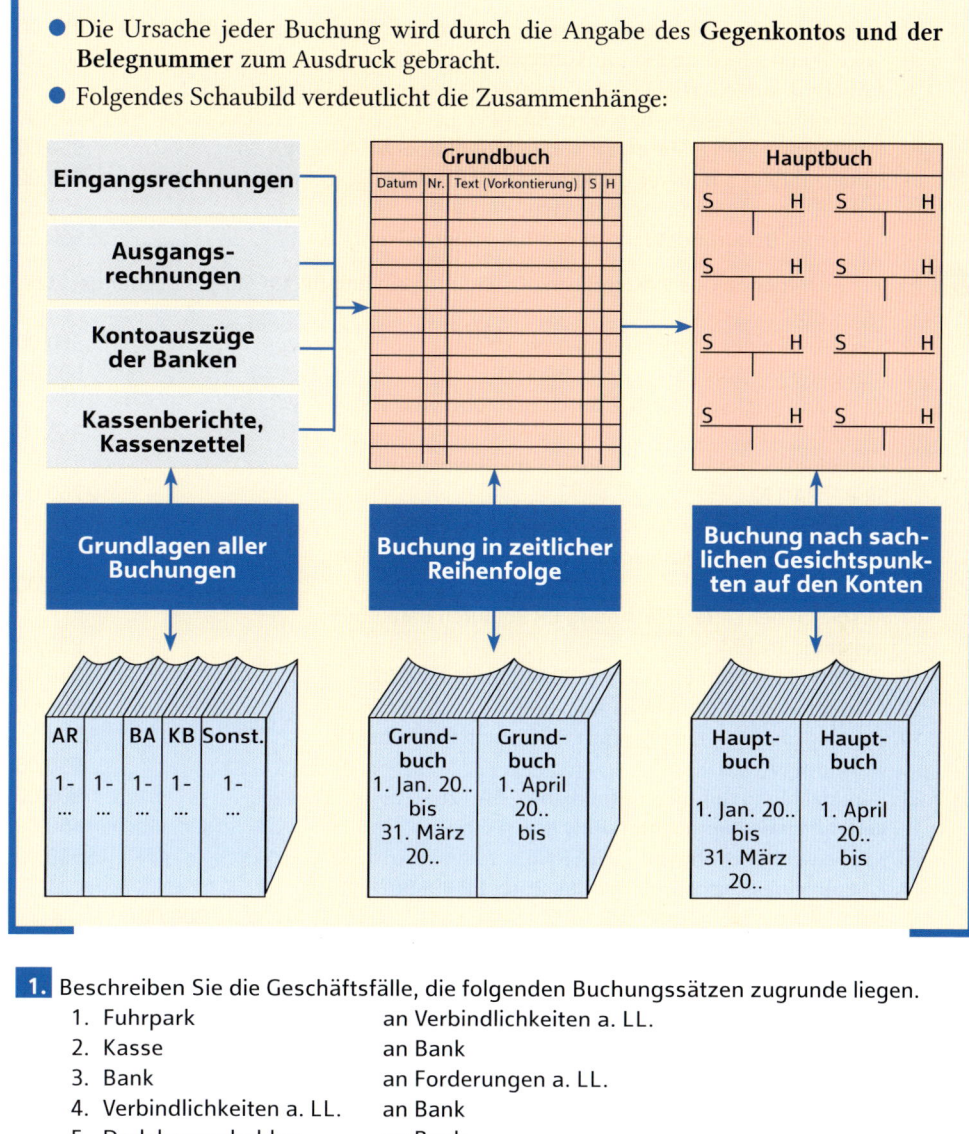

Geschäftsfälle anhand von Belegen auf Bestandskonten erfassen

- Die Ursache jeder Buchung wird durch die Angabe des **Gegenkontos und der Belegnummer** zum Ausdruck gebracht.
- Folgendes Schaubild verdeutlicht die Zusammenhänge:

Eingaben	Grundbuch	Hauptbuch
Eingangsrechnungen		
Ausgangsrechnungen	Datum / Nr. / Text (Vorkontierung) / S / H	S H S H
Kontoauszüge der Banken		S H S H
Kassenberichte, Kassenzettel		S H S H
Grundlagen aller Buchungen	**Buchung in zeitlicher Reihenfolge**	**Buchung nach sachlichen Gesichtspunkten auf den Konten**

Ordner: AR 1-…, BA 1-…, KB 1-…, Sonst. 1-…

Grundbuch 1. Jan. 20.. bis 31. März 20..
Grundbuch 1. April 20.. bis

Hauptbuch 1. Jan. 20.. bis 31. März 20..
Hauptbuch 1. April 20.. bis

1. Beschreiben Sie die Geschäftsfälle, die folgenden Buchungssätzen zugrunde liegen.

1. Fuhrpark an Verbindlichkeiten a. LL.
2. Kasse an Bank
3. Bank an Forderungen a. LL.
4. Verbindlichkeiten a. LL. an Bank
5. Darlehensschulden an Bank
6. Bank an Kasse
7. Bank an Forderungen a. LL.
8. BuG an Kasse
9. Bank an Unbebaute Grundstücke
10. Bank an Darlehensschulden

2. Bilden Sie die Buchungssätze zu folgenden Geschäftsfällen.

	€
1. Bareinzahlung auf das Bankkonto, KA 11, BA 8	1 300,00
2. Barabhebung vom Bankkonto, BA 9	600,00
3. Ein Kunde begleicht AR 12 durch Banküberweisung, BA 10	350,00
4. Kauf eines PC bar, KA 12	760,00
5. Zieleinkauf eines Schreibtisches, ER 8	830,00
6. Tilgung einer Darlehensschuld durch Banküberweisung, BA 11	900,00

		€
	7. Ausgleich einer Liefererrechnung, ER 2, durch Banküberweisung, BA 12 .	850,00
	8. Einkauf eines Pkw gegen Banküberweisung, BA 13	20 000,00
	9. Aufnahme eines Darlehens bei unserer Hausbank, das auf unserem Bankkonto gutgeschrieben wird, BA 14	1 500,00
	10. Zahlung an einen Lieferer, ER 4, durch Banküberweisung, BA 15	950,00
	11. Bareinzahlung auf unser Bankkonto KA 13, BA 16	800,00
	12. Verkauf eines gebrauchten Pkw bar, KA 14	450,00
	13. Kauf eines Baugrundstücks gegen Banküberweisung, BA 17	5 500,00

3. Tragen Sie folgende Geschäftsfälle ins Grundbuch ein und bilden Sie die Buchungssätze.

		€	€
	1. Bareinkauf einer Schreibtischlampe, ER 84		300,00
	2. Barabhebung vom Bankkonto, BA 120		600,00
	3. Ein Kunde begleicht AR 102 durch Banküberweisung, BA 121		350,00
	4. Kauf eines Schreibtisches gegen Banküberweisung, ER 85, BA 122		2 760,00
	5. Einkauf eines Regals für das Büro auf Ziel, ER 86		830,00
	6. Tilgung einer Darlehensschuld durch Banküberweisung, BA 123		900,00
	7. Ausgleich der Liefererrechnung ER 36 durch Banküberweisung, BA 124		850,00
	8. Einkauf eines Monitors gegen Bankgirocard, ER 87		560,00
	9. Aufnahme eines Darlehens bar		1 500,00
	10. Zahlung an einen Lieferer für ER 78 durch Banküberweisung, BA 125		950,00
	11. Bareinzahlung auf unser Bankkonto, BA 126		800,00
	12. Verkauf eines gebrauchten Pkw bar, AR 139		450,00
	13. Kauf einer Kühltruhe auf Ziel, ER 88		5 500,00
	14. Einkauf eines Drehstuhls für das Büro, ER 89–90		
	bar	200,00	
	auf Ziel	750,00	950,00
	15. Ausgleich der Liefererrechnung ER 77		
	bar...	180,00	
	durch Banküberweisung, BA 127	1 020,00	1 200,00
	16. Ausgleich der AR 127		
	bar	80,00	
	durch Banküberweisung, BA 128	700,00	780,00
	17. Einkauf eines PC, ER 90		
	bar	250,00	
	gegen Banküberweisung, BA 129.....................	2 430,00	2 680,00
	18. Tilgung einer Darlehensschuld		
	durch Banküberweisung, BA 130	800,00	
	bar	200,00	1 000,00

4. Richten Sie die aufgeführten Konten ein und übernehmen Sie die Anfangsbestände. Buchen Sie die Geschäftsfälle auf den Konten bei Angabe der Nummer des Geschäftsfalls und des Gegenkontos. Schließen Sie die Konten über das Schlussbilanzkonto ab.

Anfangsbestände:	€		€
Fuhrpark	60 000,00	Bankguthaben	7 350,00
BuG	24 500,00	Kasse	1 240,00

	€		€
Warenbestände	75 000,00	Eigenkapital	?
Forderungen a. LL.	10 600,00	Darlehensschulden	35 000,00
		Verbindlichkeiten a. LL.	13 750,00

	A	B
Geschäftsfälle:	€	€
1. Einkauf eines Regals auf Ziel, ER 13	1 300,00	1 600,00
2. Ein Kunde überweist auf unser Bankkonto für AR 26, BA 23	745,00	813,00
3. Verkauf einer gebrauchten Kasse bar, KA 21	856,00	950,00
4. Rückzahlung einer Darlehensrate durch Banküberweisung, BA 24	1 000,00	2 000,00
5. Ausgleich der Liefererrechnung ER 10 durch Banküberweisung BA 25	855,00	940,00
6. Einkauf eines Druckers für den PC im Büro, bar, ER 14	450,00	560,00
7. Einkauf einer Scannerkasse auf Ziel, ER 15	680,00	790,00
8. Ein Kunde begleicht AR 19 durch Banküberweisung, BA 26	535,00	675,00
9. Einkauf eines Kassenstuhls gegen Bankgirocard, ER 16/BA 27	745,00	960,00
10. Einkauf eines PC auf Ziel, ER 17	930,00	1 110,00
11. Ausgleich von ER 12 durch Banküberweisung, BA 28	580,00	630,00
12. Ein Kunde überweist für AR 20 auf unser Bankkonto, BA 29	650,00	835,00

5. Stellen Sie die Eröffnungsbilanz auf. Tragen Sie die Eröffnungsbuchungen und die laufenden Buchungen im Grundbuch ein. Buchen Sie die Geschäftsfälle auf den Konten im Hauptbuch. Führen Sie den Abschluss der Konten im Grund- und Hauptbuch durch.

Anfangsbestände:	€		€
Grundstücke mit Gebäuden	730 000,00	Kasse	5 100,00
Fuhrpark	885 000,00	Eigenkapital	1 325 500,00
Betriebs- und		Darlehensschulden	600 000,00
Geschäftsausstattung	175 000,00	Verbindlichkeiten a. LL.	250 000,00
Forderungen a. LL.	122 600,00		
Bank	257 800,00		

Geschäftsfälle:		€
1. **Bankauszug, Vertrag:** Aufnahme eines Darlehens bei der Bank		75 000,00
2. **Bankauszug, Vertrag:** Verkauf eines Grundstücks gegen Banküberweisung		100 000,00
3. **Kassenbeleg:** Kunde bezahlte fällige Ausgangsrechnung bar		600,00
4. **Bankauszug:** Banküberweisung zur Tilgung eines Darlehens		80 000,00
5. **Bankauszug:** Banküberweisung an Lieferer für fällige ER		32 100,00
6. **Ausgangsrechnung:** Zielverkauf eines gebrauchten Lkw		10 700,00
7. **Kassenbeleg:** Bareinkauf eines Schreibtisches		950,00
8. **Ausgangsrechnung:** Verkauf einer gebrauchten Lagertransportanlage auf Ziel (30 Tage)		14 000,00
9. **Eingangsrechnung:** Kauf eines Lkw auf Ziel		45 800,00
10. **Bankauszug:** Zahlung vom Kunden für fällige AR		19 100,00
11. **Vertrag:** Lieferer stundete fällige Eingangsrechnungen auf drei Jahre		30 000,00
12. **Eingangsrechnung, Bankauszug:** Kauf von fünf PCs für die Verwaltung gegen		
a) Banküberweisung (Anzahlung beim Kauf)	5 000,00	
b) Zielgewährung von 90 Tagen	8 000,00	13 000,00

5 Auf Erfolgskonten buchen und den Erfolg ermitteln

5.1 Aufwendungen, Erträge und den Erfolg eines Groß- und Außenhandelsunternehmens ermitteln

Freude bei der Primus GmbH! In einem öffentlichen Vergabeverfahren hat man sich gegen andere Mitbewerber durchgesetzt und nun den Auftrag erhalten, der Stadt Duisburg 120 Touchscreen-Bildschirme zu liefern, um die Schulen der Stadt mit modernen Präsentationsmedien auszustatten. Zur Erfüllung dieses Auftrags hat die Primus GmbH Touchscreen-Bildschirme bestellt, die zeitnah nach dem Wareneingang gegen Rechnung an die Stadt Duisburg ausgeliefert werden. Nicole Höver hat die Belege dieses Geschäftsfalls auf ihrem Schreibtisch zur Bearbeitung.[1]

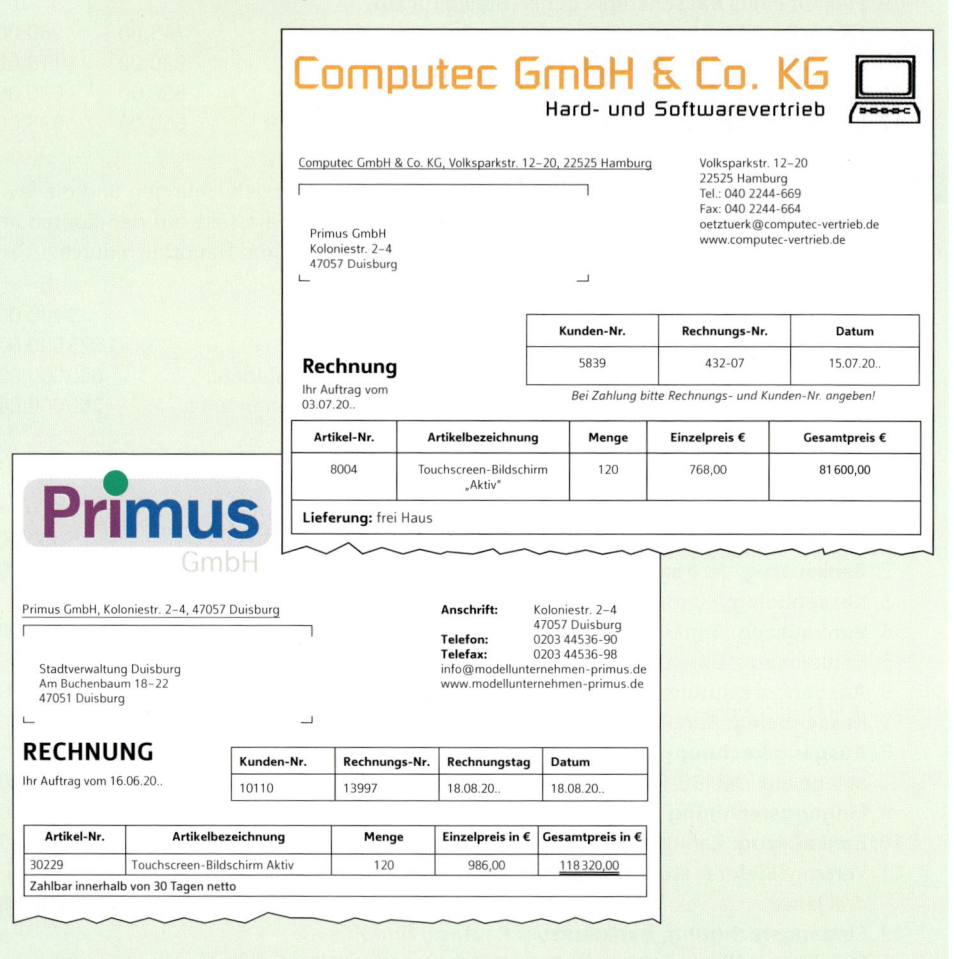

Computec GmbH & Co. KG
Hard- und Softwarevertrieb

Computec GmbH & Co. KG, Volksparkstr. 12–20, 22525 Hamburg

Volksparkstr. 12–20
22525 Hamburg
Tel.: 040 2244-669
Fax: 040 2244-664
oetztuerk@computec-vertrieb.de
www.computec-vertrieb.de

Primus GmbH
Koloniestr. 2–4
47057 Duisburg

Rechnung

Kunden-Nr.	Rechnungs-Nr.	Datum
5839	432-07	15.07.20..

Ihr Auftrag vom 03.07.20..

Bei Zahlung bitte Rechnungs- und Kunden-Nr. angeben!

Artikel-Nr.	Artikelbezeichnung	Menge	Einzelpreis €	Gesamtpreis €
8004	Touchscreen-Bildschirm „Aktiv"	120	768,00	81 600,00

Lieferung: frei Haus

Primus GmbH

Primus GmbH, Koloniestr. 2–4, 47057 Duisburg

Stadtverwaltung Duisburg
Am Buchenbaum 18–22
47051 Duisburg

Anschrift: Koloniestr. 2–4
47057 Duisburg
Telefon: 0203 44536-90
Telefax: 0203 44536-98
info@modellunternehmen-primus.de
www.modellunternehmen-primus.de

RECHNUNG

Ihr Auftrag vom 16.06.20..

Kunden-Nr.	Rechnungs-Nr.	Rechnungstag	Datum
10110	13997	18.08.20..	18.08.20..

Artikel-Nr.	Artikelbezeichnung	Menge	Einzelpreis in €	Gesamtpreis in €
30229	Touchscreen-Bildschirm Aktiv	120	986,00	118 320,00

Zahlbar innerhalb von 30 Tagen netto

---

[1] *Aus didaktischen Gründen wird auf den Ausweis der USt. in den Belegen verzichtet.*

ARBEITSAUFTRÄGE
- Erläutern Sie die genauen Informationen, die Sie diesen Belegen zum betreffenden Geschäftsfall entnehmen können.
- Erläutern Sie die Ziele, welche die Primus GmbH mit diesem Geschäftsfall verfolgt.
- Zeigen Sie die Auswirkung beider Belege auf die Bilanzposten auf.

Die bisher gebuchten Geschäftsfälle veränderten die Bestände der einzelnen Bilanzposten. Die Bilanzposition **Eigenkapital** wurde bisher nicht berührt. Das Eigenkapital wird durch die eigentliche Unternehmenstätigkeit (Kauf und Verkauf von Waren) jedoch laufend verändert. Ziel der unternehmerischen Tätigkeit ist es, das eingesetzte Kapital zu vermehren, also **Gewinn** zu erzielen. Das Unternehmen setzt sich aber auch dem Risiko aus, durch **Verluste** das Eigenkapital zu verlieren.

Der erwirtschaftete Gewinn eines Unternehmens sollte enthalten:

- eine **Eigenkapitalverzinsung** für das im Unternehmen angelegte Eigenkapital
- einen **Unternehmerlohn** für die Arbeitsleistung des Einzelhändlers
- eine **Risikoprämie** für die Übernahme des unternehmerischen Risikos

● Aufwendungen erfassen

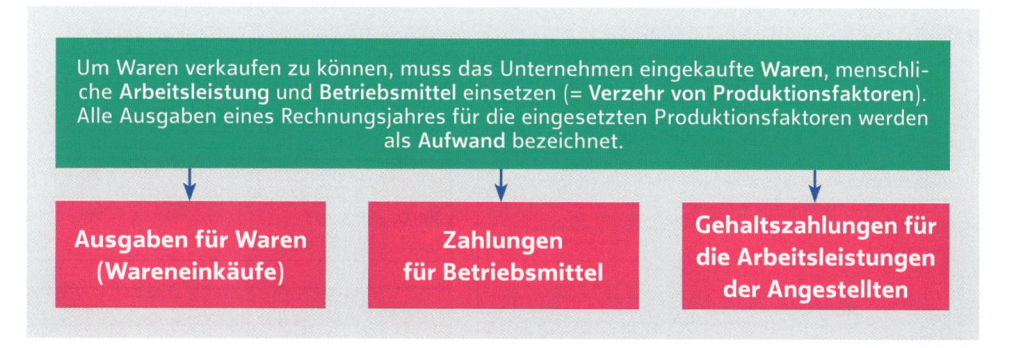

> Um Waren verkaufen zu können, muss das Unternehmen eingekaufte **Waren**, menschliche **Arbeitsleistung** und **Betriebsmittel** einsetzen (= **Verzehr von Produktionsfaktoren**). Alle Ausgaben eines Rechnungsjahres für die eingesetzten Produktionsfaktoren werden als **Aufwand** bezeichnet.

Ausgaben für Waren (Wareneinkäufe)	Zahlungen für Betriebsmittel	Gehaltszahlungen für die Arbeitsleistungen der Angestellten

Alle **Aufwendungen mindern das Vermögen** und zugleich das Eigenkapital, weil der Groß- und Außenhändler für die Aufwendungen in Vorleistung treten muss. Aufwendungen sind in den folgenden Kapiteln in magenta Farbtönen dargestellt.

Beispiel Durch den Einkauf und Weiterverkauf der Touchscreen-Bildschirme an die Stadt Duisburg entstehen der Primus GmbH Aufwendungen:
 – Aufwendungen für Waren
 – Aufwendungen für Räume (z. B. Miete)
 – Gehälter für Angestellte
 – Energieaufwendungen
 – Wertverlust der Betriebs- und Geschäftsausstattung
 – betriebliche Steuern
 – Aufwendungen für Kommunikation (Telefon, Büromaterial, Postwertzeichen …)

PRAXISTIPP Beim **Zufluss der Waren in ein Groß- und Außenhandelsunternehmen** wird unterstellt, dass sie zum Verkauf angeboten und zügig verkauft werden. Sie werden daher **sofort beim Eingang als Aufwand** erfasst.

Beispiel Die 120 gelieferten Touchscreen-Bildschirme werden unmittelbar an die Stadt Duisburg weiterverkauft. Sie bilden beim Wareneinkauf einen Aufwand, der auf dem Konto „Aufwendungen für Waren" erfasst wird.

Alle Aufwendungen mindern das Eigenkapital eines Unternehmens. Sie könnten somit direkt auf der Soll-Seite des Eigenkapitalkontos erfasst werden. Um jedoch eine **Übersicht** sowie eine effektivere **Steuerung und Kontrolle** über einzelne Aufwandsarten zu ermöglichen, werden für die betreffenden Aufwendungen **Unterkonten des Eigenkapitalkontos** eingerichtet.

Um die Wirtschaftlichkeit eines Unternehmens zu kontrollieren, ist es notwendig, dass die **Entwicklung** der jeweiligen **Aufwandskonten** stets im Blick behalten wird. So kann **Fehlentwicklungen** rechtzeitig begegnet werden, um den Gewinn zu sichern und um Verluste zu vermeiden.

Beispiel In der Primus GmbH sind aufgrund höherer Energiepreise die Aufwendungen für Strom und Gas in den vergangenen Jahren deutlich gestiegen. Die Geschäftsführung beauftragt daraufhin Herrn Braun damit, Vorschläge zu entwickeln, wie durch ein modernes Energiemanagement die Aufwendungen für Strom und Gas reduziert werden können, ohne dabei den Verkauf und die Betriebsabläufe negativ zu beeinträchtigen.

> **PRAXISTIPP** Aufwandskonten sind Unterkonten des passiven Bestandskontos „Eigenkapital". Sie folgen daher auch den Buchungsregeln dieser Konten: Entstandene **Aufwendungen** werden, da sie eine **Eigenkapitalminderung** bewirken, im **Soll** gebucht.

Aufwandskonten erfassen den **Werteverzehr** während eines Geschäftsjahres. Sie stehen somit am Anfang des Geschäftsjahres stets auf null und haben **keinen Anfangsbestand**.

Beispiel Die Eingangsrechnung für die 120 Touchscreen-Bildschirme wird wie folgt erfasst:

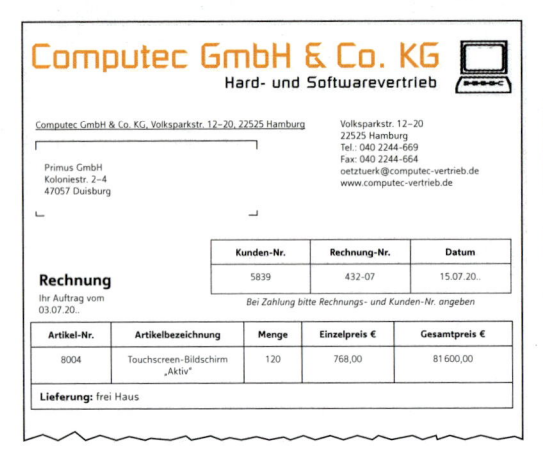

Aufwendungen für Waren 81 600,00 €
an Verbindlichkeiten a. LL. 81 600,00 €

S	Aufwendungen für Waren	H
Verb. a. LL. 81 600,00		

S	Verbindlichkeiten a. LL.	H
	AB	90 000,00
	Aufw. f. Waren	81 600,00

● **Erträge erfassen**

Die auf dem Beschaffungsmarkt eingekauften Waren werden auf dem Absatzmarkt verkauft und das Unternehmen erzielt **Umsatzerlöse**.

Durch die Umsatzerlöse des Groß- und Außenhandelsbetriebs wird ein Wertezuwachs des Vermögens (liquide Mittel, Forderungen) erzielt, der gleichzeitig eine Mehrung des Eigenkapitals darstellt. Diese Eigenkapitalmehrungen werden als **Erträge** bezeichnet. Erträge sind in den folgenden Kapiteln in grünen Farbtönen dargestellt.

In einem Groß- und Außenhandelsunternehmen können die folgenden **typischen Erträge** anfallen:

- Umsatzerlöse für Waren
- Umsatzerlöse für Dienstleistungen
- Mieterträge
- Zinserträge
- Provisionserträge (z. B. für vermittelte Verkäufe)

Alle Erträge erhöhen das Eigenkapital eines Unternehmens. Dafür werden **Ertragskonten** für die betreffenden Ertragsarten (wie Umsatzerlöse für Waren, Mieterträge, Zinserträge) eingerichtet. Diese Konten sind alle **Unterkonten** des **Eigenkapitalkontos**.

> **PRAXISTIPP** Für die **Buchung** der **Erträge** als **Eigenkapitalmehrung** auf den verschiedenen Ertragskonten gelten die **Buchungsregeln** des **passiven Bestandskontos**: Mehrungen werden im **Haben** gebucht. Ertragskonten haben, ebenso wie die Aufwandskonten, **keinen Anfangsbestand**.

Beispiel Die Ausgangsrechnung für die verkauften Touchscreen-Bildschirme wird wie folgt erfasst:

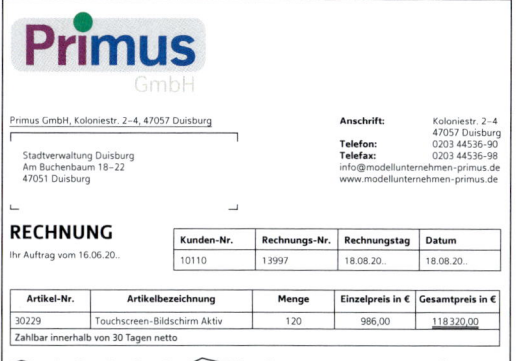

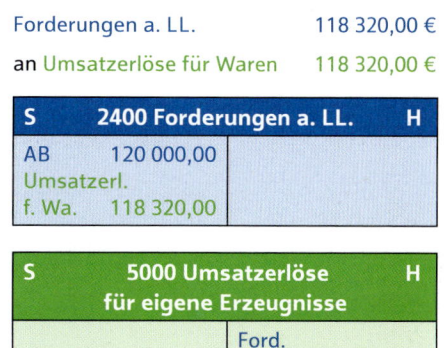

Forderungen a. LL.   118 320,00 €
an Umsatzerlöse für Waren   118 320,00 €

S	2400 Forderungen a. LL.	H
AB 120 000,00		
Umsatzerl. f. Wa. 118 320,00		

S	5000 Umsatzerlöse für eigene Erzeugnisse	H
		Ford. a. LL. 118 320,00

● **Abschluss der Erfolgskonten über das Gewinn- und Verlustkonto**

In einem Groß- und Außenhandelsunternehmen entstehen unterschiedliche **Aufwandsarten** und **Ertragsarten**, die auf den jeweiligen Konten festgehalten werden. So kann festgestellt werden, wie hoch die einzelnen Aufwendungen und Erträge in dem betrachteten Zeitraum waren.

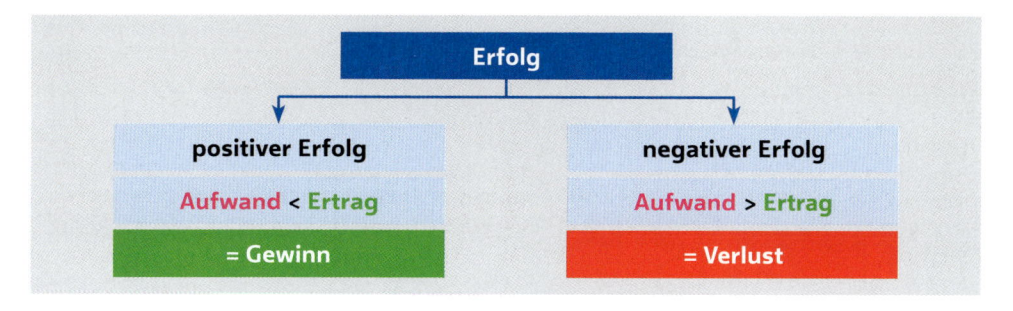

Erfolg
- positiver Erfolg: Aufwand < Ertrag = Gewinn
- negativer Erfolg: Aufwand > Ertrag = Verlust

Zur **Erfolgsermittlung** ist die Betrachtung der einzelnen Konten jedoch zu unübersichtlich und somit unbrauchbar. Daher werden am Ende des Geschäftsjahres die Aufwands- und Ertragskonten abgeschlossen und auf **dem Gewinn- und Verlustkonto (GuV-Konto)** gesammelt und gegenübergestellt, um den **Erfolg** (Gewinn oder Verlust) festzustellen.

Die Buchungssätze dafür lauten:

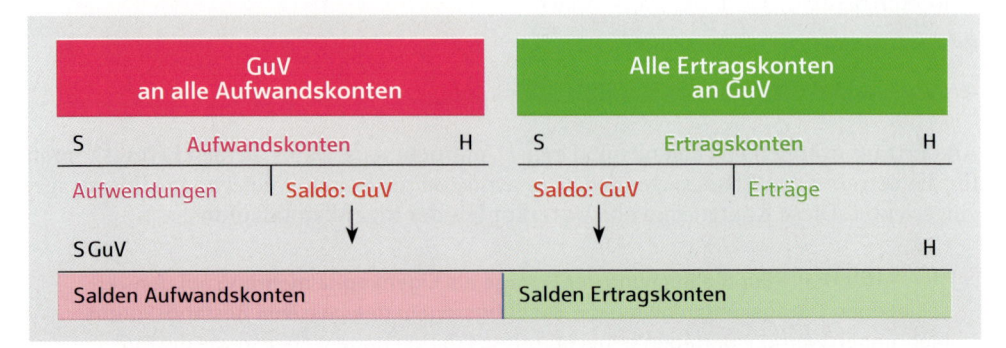

	GuV an alle Aufwandskonten			Alle Ertragskonten an GuV	
S	Aufwandskonten	H	S	Ertragskonten	H
Aufwendungen	Saldo: GuV		Saldo: GuV	Erträge	

S GuV			H
Salden Aufwandskonten		Salden Ertragskonten	

Beispiel Einkauf und Verkauf von 120 Touchscreen-Bildschirmen „Aktiv" in der Primus GmbH

	Einkauf		**€**	**€**
Bewerteter Verzehr (in €) von Produktionsfaktoren	Wareneinsatz: 120 · 680,00 €	→ Aufwendungen für Waren	81 600,00	
	Personaleinsatz: Gehälter	→ Gehälter	18 000,00	
	Nutzung von Anlagen (Geschäftsraum)	→ Mieten	2 400,00	
	Gesamteinsatz in der Rechnungsperiode	= Aufwand		102 000,00

	Verkauf		**€**	**€**
Bewerteter Zuwachs (in €) an Vermögen	Warenverkauf: 120 · 986,00 €	→ Umsatzerlöse für Waren	118 320,00	
	Gesamtzuwachs in der Rechnungsperiode	= Ertrag		118 320,00
Differenz von Wertezuwachs und Werteverzehr in €	Aufwand < Ertrag	= Gewinn		16 320,00

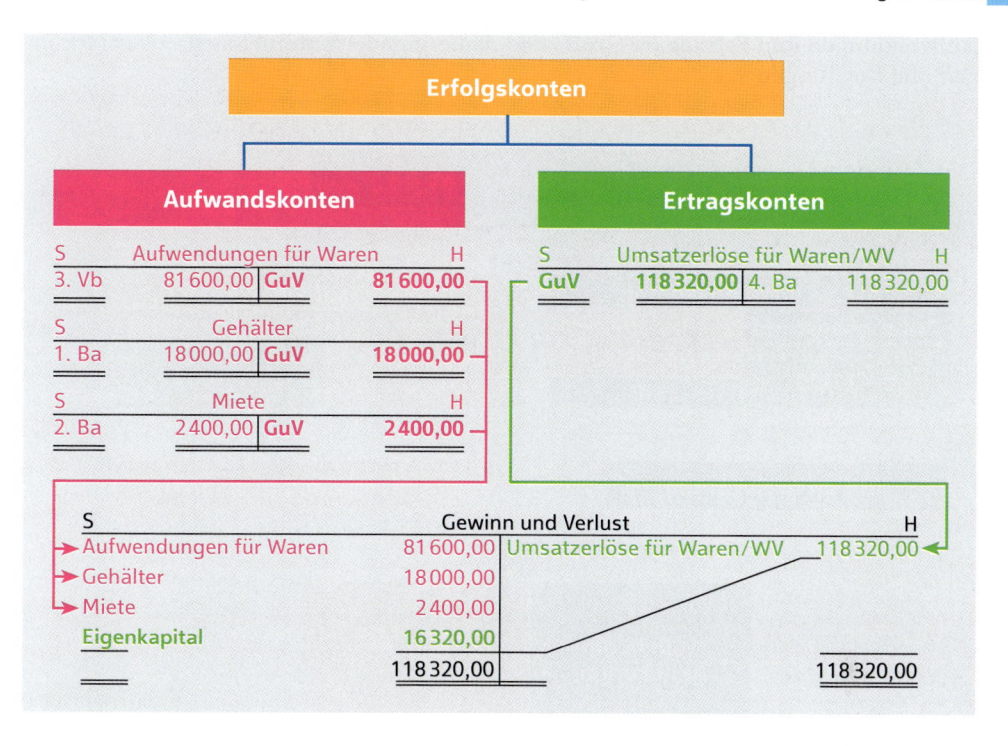

Erfolgskonten

Aufwandskonten

S	Aufwendungen für Waren	H
3. Vb	81 600,00	GuV 81 600,00

S	Gehälter	H
1. Ba	18 000,00	GuV 18 000,00

S	Miete	H
2. Ba	2 400,00	GuV 2 400,00

Ertragskonten

S	Umsatzerlöse für Waren/WV	H
GuV	118 320,00	4. Ba 118 320,00

S	Gewinn und Verlust		H
→ Aufwendungen für Waren	81 600,00	Umsatzerlöse für Waren/WV	118 320,00
→ Gehälter	18 000,00		
→ Miete	2 400,00		
Eigenkapital	16 320,00		
	118 320,00		118 320,00

In marktwirtschaftlichen Unternehmen trägt bzw. tragen der oder die Eigentümer den wirtschaftlichen **Erfolg**. Entsprechend wird der auf dem GuV-Konto ermittelte Saldo (Gewinn oder Verlust) auf das **Eigenkapitalkonto** übertragen.

| Bei Gewinn: | GuV | an Eigenkapital |
| Bei Verlust: | Eigenkapital | an GuV |

Aufwendungen und Erträge im Groß- und Außenhandelsunternehmen – Auswirkungen und Buchungen:

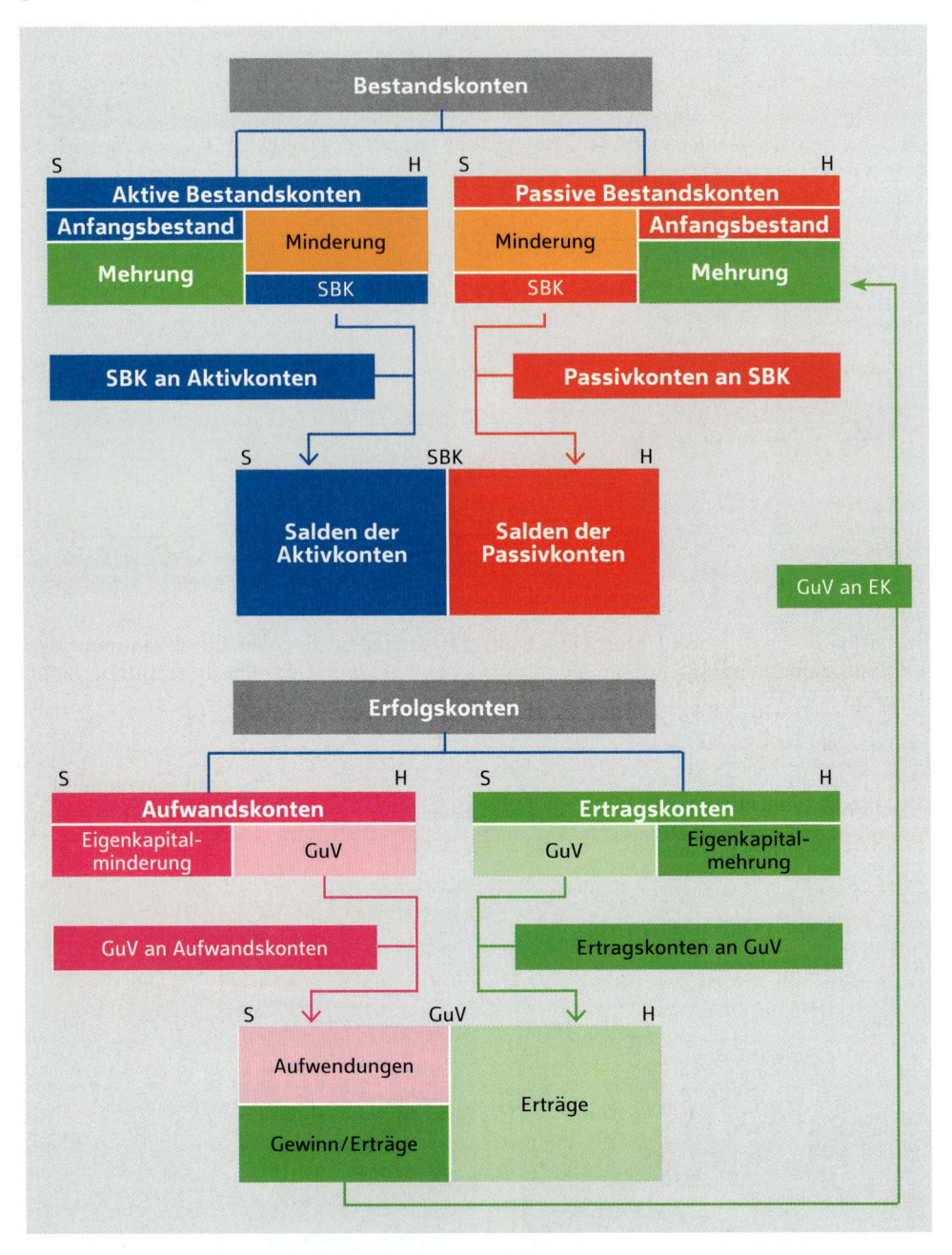

Bestandskonten

Aktive Bestandskonten (S / H)
- Anfangsbestand
- Mehrung
- Minderung
- SBK

Buchung: **SBK an Aktivkonten**

Passive Bestandskonten (S / H)
- Minderung
- SBK
- Anfangsbestand
- Mehrung

Buchung: **Passivkonten an SBK**

SBK (S / H)
- Salden der Aktivkonten
- Salden der Passivkonten

GuV an EK

Erfolgskonten

Aufwandskonten (S / H)
- Eigenkapitalminderung
- GuV

Buchung: **GuV an Aufwandskonten**

Ertragskonten (S / H)
- GuV
- Eigenkapitalmehrung

Buchung: **Ertragskonten an GuV**

GuV (S / H)
- Aufwendungen
- Gewinn/Erträge
- Erträge

Aufwendungen, Erträge und den Erfolg eines Groß- und Außenhandelsunternehmens ermitteln

- Der durch den Verbrauch der Produktionsfaktoren verursachte Werteverzehr wird als **Aufwand** bezeichnet, der das **Eigenkapital der Unternehmung** mindert.
- Über den Verkauf der Waren und die damit verbundenen **Erträge** soll der Werteverzehr wieder hereingeholt und zusätzlich ein **Gewinn** erzielt werden. **Erträge mehren das Eigenkapital**.
- Damit die Unternehmensleitung die Ursachen der Eigenkapitalveränderungen erkennt, werden **Aufwendungen** und **Erträge** getrennt auf Unterkonten des Eigenkapitalkontos gebucht (Erfolgskonten).
- Aufwandskonten erfassen die Eigenkapitalminderungen, Ertragskonten die Eigenkapitalmehrungen.

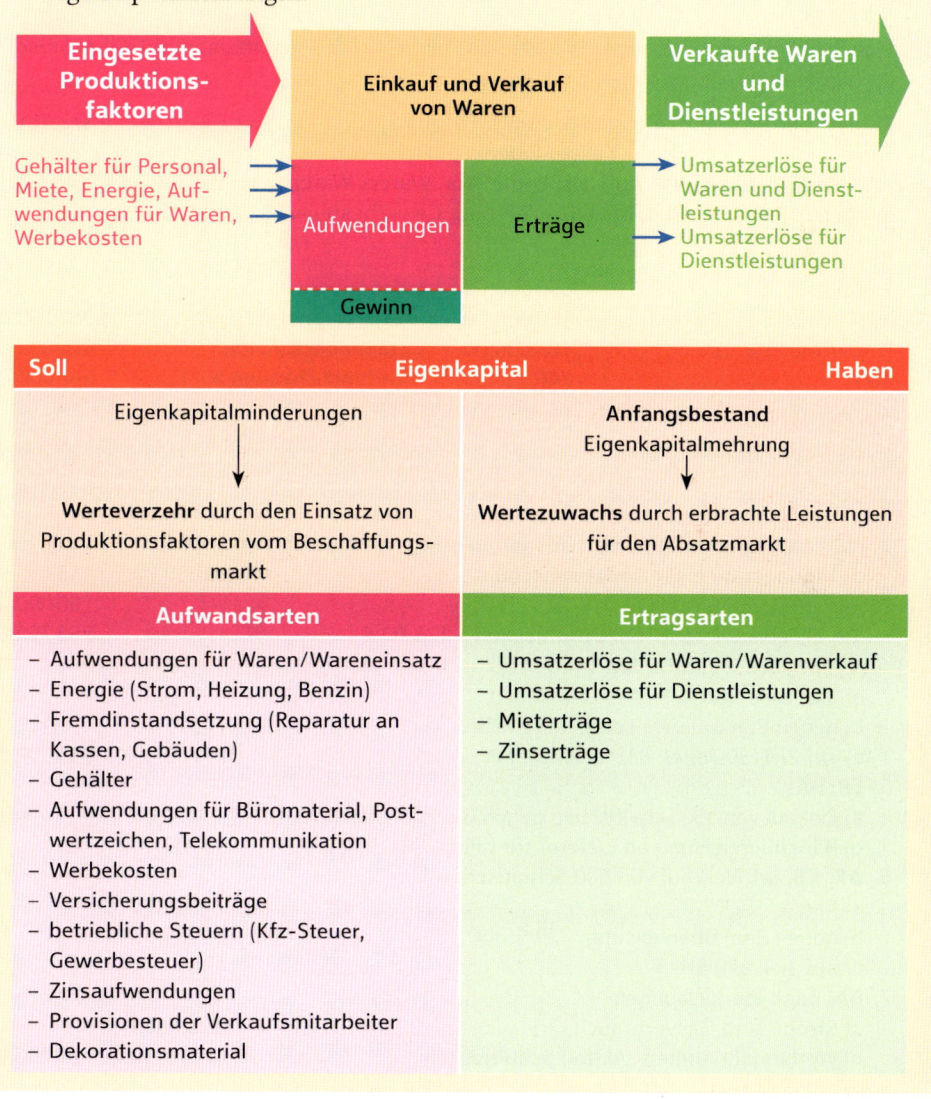

Eingesetzte Produktionsfaktoren	**Einkauf und Verkauf von Waren**	**Verkaufte Waren und Dienstleistungen**
Gehälter für Personal, Miete, Energie, Aufwendungen für Waren, Werbekosten →	Aufwendungen / Erträge / Gewinn	→ Umsatzerlöse für Waren und Dienstleistungen → Umsatzerlöse für Dienstleistungen

Soll	Eigenkapital	Haben
Eigenkapitalminderungen ↓ **Werteverzehr** durch den Einsatz von Produktionsfaktoren vom Beschaffungsmarkt		Anfangsbestand Eigenkapitalmehrung ↓ **Wertezuwachs** durch erbrachte Leistungen für den Absatzmarkt
Aufwandsarten		**Ertragsarten**
– Aufwendungen für Waren/Wareneinsatz – Energie (Strom, Heizung, Benzin) – Fremdinstandsetzung (Reparatur an Kassen, Gebäuden) – Gehälter – Aufwendungen für Büromaterial, Postwertzeichen, Telekommunikation – Werbekosten – Versicherungsbeiträge – betriebliche Steuern (Kfz-Steuer, Gewerbesteuer) – Zinsaufwendungen – Provisionen der Verkaufsmitarbeiter – Dekorationsmaterial		– Umsatzerlöse für Waren/Warenverkauf – Umsatzerlöse für Dienstleistungen – Mieterträge – Zinserträge

- Zur **Ermittlung des Erfolgs (Gewinn** und **Verlust)** werden die Aufwands- und Ertragskonten über das **GuV-Konto** abgeschlossen.
- Der **Saldo** (Gewinn oder Verlust) wird auf das **Eigenkapitalkonto** übertragen.
- Die Bezeichnung „**Gewinn- und Verlustkonto**" erklärt sich, weil ein Haben-Saldo **(Gewinn)** zum Ausgleich **im Soll** und ein Soll-Saldo **(Verlust) im Haben** eingetragen wird.
- Die **Gewinn- und Verlustrechnung** bildet **zusammen mit** der **Bilanz** den **Jahresabschluss**, der vom Kaufmann unter Angabe des Datums zu unterzeichnen ist (§ 245 HGB).

1. Eine Schulmöbelgroßhandlung kaufte und verkaufte im Geschäftsjahr 20 000 Schultische. Die dabei angefallenen Geschäftsfälle sind zu buchen.

Konten der Schulmöbelgroßhandlung: Fuhrpark, Betriebs- und Geschäftsausstattung, Forderungen a. LL., Bank, Kasse, Eigenkapital, Darlehensschulden, Verbindlichkeiten a. LL., Umsatzerlöse/WV, Aufwendungen für Waren/Wareneingang, Aufwendungen für Energie, Löhne/Gehälter, Mieten, Werbung, Gewerbesteuer, GuV, SBK

Anfangsbestände:	€		€
Fuhrpark................	650 000,00	Kasse	4 100,00
BuG..................	162 000,00	Eigenkapital............	1 054 100,00
Forderungen a. LL........	184 000,00	Darlehensschulden......	420 000,00
Bank..................	740 000,00	Verbindlichkeiten a. LL. ..	266 000,00

Geschäftsfälle:	€	€
1. **BA:** Banküberweisungen		
a) Lohn- und Gehaltszahlungen.....................	175 000,00	
b) Gewerbesteuer an die Stadtkasse..................	28 400,00	
c) Mieten für gemietete Betriebsgebäude..............	25 000,00	
d) Tilgungsrate einer Darlehensschuld	30 000,00	258 400,00
2. **ER:** Zielkauf eines Lkw.......................		60 000,00
3. **ER:** Zieleinkauf von 1 450 Schultischen à 175,00 €.......		253 750,00
4. **AR, KB, BA:** Verkäufe von 1 400 Schultischen à 385,00 €		
a) bar: zwei Stück..................................	770,00	
b) gegen Banküberweisung: 565 Stück................	217 525,00	
c) auf Ziel (30 Tage): 833 Stück......................	320 705,00	539 000,00
5. **ER, BA:**		
a) Einkauf von 550 Schultischen gegen Banküberweisung .	96 250,00	
b) Banküberweisung an Lieferer für fällige ER	85 100,00	181 350,00
6. **AR, KB, BA:** Verkauf von 600 Schultischen		
a) bar: 1 Stück	385,00	
b) gegen Banküberweisung: 229 Stück................	88 165,00	
c) auf Ziel: 370 Stück	142 450,00	231 000,00
7. **BA:** Banküberweisungen		
a) Strom- und Gasverbrauch	36 200,00	
b) Werbemaßnahmen „Aktion Schultische"	47 000,00	83 200,00

Eröffnen Sie die Konten, buchen Sie die Geschäftsfälle und führen Sie den Abschluss durch. Alle Buchungen sind im Grundbuch und im Hauptbuch zu erfassen.

2. Eine Großhandelsunternehmung ermittelte vor dem Abschluss der Konten folgende
3. Salden:

Konten	Aufgabe 2 Soll €	Aufgabe 2 Haben €	Aufgabe 3 Soll €	Aufgabe 3 Haben €
Fuhrpark	230 000,00		980 000,00	
BuG	25 000,00		340 000,00	
Forderungen a. LL.	35 000,00		180 000,00	
Bank	146 000,00		457 200,00	
Kasse	6 400,00		12 000,00	
Eigenkapital		105 000,00		1 248 000,00
Darlehensschuld		240 000,00		409 000,00
Verbindlichkeiten a. LL.		76 400,00		125 000,00
A. f. W./Wareneingang	64 400,00		331 400,00	
Aufwand für Energie	7 000,00		43 200,00	
Löhne	49 000,00		252 000,00	
Gehälter	7 000,00		36 000,00	
Gewerbesteuern	1 400,00		7 200,00	
Büromaterial	11 200,00		50 400,00	
Umsatzerlöse/WV		161 000,00		907 200,00

Ermitteln Sie
a) die gesamten Aufwendungen des Geschäftsjahres,
b) den Unternehmungsgewinn,
c) den Endbestand des Eigenkapitals.

4. Konten: Fuhrpark, Forderungen, Bank, Kasse, Eigenkapital, Verbindlichkeiten, Umsatzerlöse/WV, Aufwendungen für Waren/Wareneingang, Aufwendungen für Energie, Löhne, Gehälter, Mieten, Gewerbesteuer, GuV, SBK

Anfangsbestände:

	€		€
Fuhrpark...............	650 000,00	Kasse	4 600,00
Forderungen a. LL........	150 000,00	Eigenkapital............	979 600,00
Bank...................	410 000,00	Verbindlichkeiten a. LL. ...	235 000,00

Geschäftsfälle: €

1. **ER:** Zieleinkauf von Waren..................................... 86 000,00
2. **BA:** Banküberweisung von Kunden für fällige AR................... 35 000,00
3. **BA:** Banküberweisung der Löhne an Lagerarbeiter 164 000,00
4. **AR:** Zielverkäufe von Waren 336 000,00
5. **BA:** Banküberweisung von Kunden für fällige AR................... 280 000,00
6. **BA:** Gehaltszahlungen an Angestellte durch Banküberweisung....... 172 000,00
7. **BA:** Banküberweisung der Miete für gemietete Gebäude 60 000,00
8. **BA:** Verkäufe von Waren gegen Banküberweisung.................. 325 000,00
9. **BA:** Banküberweisung der Gewerbesteuer 40 000,00
10. **AR, KB:** Verkäufe von Waren gegen Barzahlung..................... 600,00
11. **BA:** Banküberweisung für den Strom- und Gasverbrauch............ 19 000,00
12. **BA:** Banküberweisung an Lieferer für fällige ER 94 000,00

Eröffnen Sie die Konten, buchen Sie die Geschäftsfälle und führen Sie den Abschluss durch. Alle Buchungen sind im Grundbuch und im Hauptbuch zu erfassen.

5. Welche der folgenden Aussagen treffen zu
  a) nur auf Aktivkonten,
  b) nur auf Passivkonten,
  c) auf alle Bestandskonten,
  d) nur auf Aufwandskonten,
  e) nur auf Ertragskonten,
  f) auf alle Erfolgskonten?

Aussagen:
  1. Sie haben keinen Anfangsbestand.
  2. Der Saldo steht im Haben und wird auf das GuV-Konto übertragen.
  3. Auf diesen Konten werden Eigenkapitalmehrungen gebucht.
  4. Der Anfangsbestand steht im Haben.
  5. Es sind Unterkonten des Eigenkapitals.
  6. Auf diesen Konten werden Eigenkapitalminderungen gebucht.
  7. Der Saldo wird auf der Soll-Seite des SBK eingetragen.
  8. Sie erteilen Auskunft über die Vermögensänderungen.
  9. Sie haben einen Endbestand.
  10. Ihre Salden werden im Haben des GuV-Kontos gesammelt.

6. Das Vermögen eines Groß- und Außenhandelsunternehmens betrug am Ende des Geschäftsjahres 720 000,00 €, die Schulden betrugen 370 000,00 €. Im Laufe dieses Geschäftsjahres waren 990 000,00 € Aufwendungen und 880 000,00 € Erträge entstanden.
  a) Wie viel tausend Euro beträgt das Eigenkapital am Ende des Geschäftsjahres?
  b) Wie viel tausend Euro beträgt das Eigenkapital am Anfang des Geschäftsjahres?

5.2 Warengeschäfte buchen und Warenbestandsveränderungen erfassen

Die Primus GmbH kaufte im Laufe des Geschäftsjahres 4 500 Druckertische „Euratio" zu je 72,50 € ein. Die Auszubildende Nicole Höver erfasste diese Einkäufe auf dem Konto Wareneingang. Sie ging davon aus, dass die Druckertische auch im Abrechnungsjahr verkauft und somit zu Aufwand für Waren (Wareneinsatz) würden. „Da stimmt doch etwas mit unserem Bestandskonto nicht", stellt sie fest, als sie bei der Inventur zum 31. Dezember 20.. im Lager 420 Druckertische zählt. „Auf dem Warenbestandskonto steht doch nur der Anfangsbestand von 240 Druckertischen zu je 72,50 € = 17 400,00 €."

ARBEITSAUFTRÄGE
◆ Geben Sie Gründe an, warum sich zum Jahresende mehr Druckertische auf Lager befanden als zu Beginn des Geschäftsjahres.
◆ Machen Sie Vorschläge für die Berichtigung des Lagerbestandes in der Buchführung.

Erklärung der Differenz zwischen Buch- und Ist-Bestand

Bei der **Inventur zum Ende des Geschäftsjahres** können sich folgende Szenarien ergeben:

• Der Endbestand ist **größer** als der Anfangsbestand. • Es liegt eine **Bestandsmehrung** vor. • Nicht alle Waren, die im Laufe des Jahres gekauft wurden, sind verkauft worden. • Die nicht verkauften Waren befinden sich im Lager.	• Der Endbestand ist **kleiner** als der Anfangsbestand. • Es liegt eine **Bestandsminderung** vor. • Neben den im Laufe des Jahres eingekauften Waren wurden Teile des Lagerbestandes verkauft. • Der **Lagerbestand** wurde **abgebaut**.

In beiden Fällen sind also der Warenbestand und die Aufwendungen für Waren zu berichtigen.

Mögliche Bestandsveränderungen		
AB < EB	**Warenbestandsmehrung**	wertmäßiger Warenkauf > Wareneinsatz
AB > EB	**Warenbestandsminderung**	wertmäßiger Warenkauf < Wareneinsatz

Beispiel Zu Beginn des Geschäftsjahres weist das Konto **Warenbestände** einen Bestand an Druckertischen von 17 400,00 € (240 Stück zu je 72,50 €) aus. Die Einkäufe werden sofort als Aufwendungen auf dem Konto **Aufwendungen für Waren/WE** gebucht, nämlich 326 250,00 € (4 500 Stück zu je 72,50 €). Der **Buchbestand** blieb also während des Geschäftsjahres **unverändert**.

> **PRAXISTIPP** Abweichungen der Soll-Bestände von den Ist-Beständen werden regelmäßig durch Inventur ermittelt.

Buchung der Warenbestandsmehrungen

Die **Bestandsmehrung** wird auf dem **Bestandskonto „Warenbestand"** zur Anpassung des Soll-Bestandes an den Ist-Bestand als Zugang erfasst. Die Gegenbuchung nimmt das Konto **„Aufwendungen für Waren"** im Haben auf. Die hier zu hoch angesetzten Aufwendungen für Waren werden dadurch korrigiert.

Mit dieser Buchung wird der Abschluss des Bestandskontos „Warenbestand" und des Erfolgskontos „Aufwendungen für Waren" vorbereitet. Diese Buchung wird als **vorbereitende Abschlussbuchung** oder **Umbuchung** bezeichnet.

Durch folgende Gegenüberstellung wird der Unterschied von Umbuchung und Abschlussbuchung verdeutlicht.

Umbuchung	Abschlussbuchung
• Bei einer Bestandsmehrung werden die Eintragungen in den Konten – Warenbestand und – Aufwendungen für Waren/WE berichtigt. • Diese beiden Konten müssen also noch für den Abschluss vorbereitet werden.	• Nach der Erfassung der Bestandsmehrung werden die Konten Warenbestand und Aufwendungen für Waren/WE abgeschlossen, d. h., die Salden werden auf ein Sammelkonto (GuV oder SBK) übertragen. • Abschlussbuchungen müssen somit das GuV-Konto oder das SBK anrufen.

Beispiel Warenbestandsmehrung

1. Anfangsbestand 240 Druckertische zu je 72,50 = 17 400,00 €
2. Einkäufe auf Ziel 4500 Druckertische zu je 72,50 = 326 250,00 €
3. Endbestand lt. Inventur 420 Druckertische zu je 72,50 = 30 450,00 €

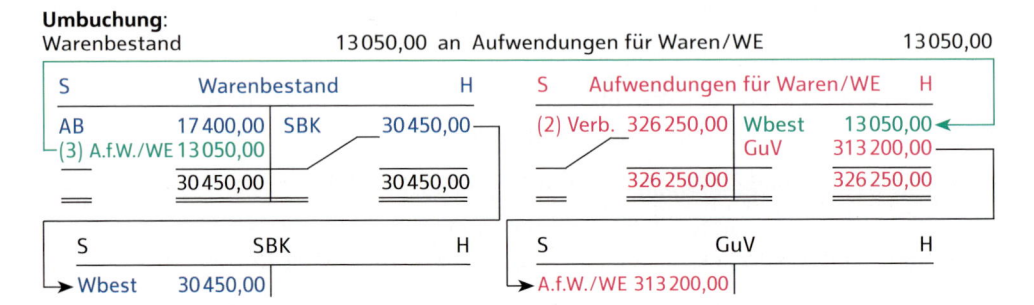

Anfangsbestand		Endbestand		Bestandsmehrung
240 Stück zu je 72,50 €	<	420 Stück zu je 72,50 €	→	180 Stück zu je 72,50 €
17 400,00 €		30 450,00 €		13 050,00 €

Umbuchung:
Warenbestand 13 050,00 an Aufwendungen für Waren/WE 13 050,00

S	Warenbestand	H		S	Aufwendungen für Waren/WE	H
AB	17 400,00	SBK	30 450,00	(2) Verb. 326 250,00	Wbest	13 050,00
(3) A.f.W./WE 13 050,00					GuV	313 200,00
	30 450,00		30 450,00		326 250,00	326 250,00

S	SBK	H		S	GuV	H
→ Wbest	30 450,00			→ A.f.W./WE 313 200,00		

- Auf dem Konto Waren wird nach Erfassung der Bestandsmehrung der Bestand lt. Inventur (Ist-Bestand) ausgewiesen.
- Warenbestand = Soll-Bestand + Bestandsmehrung
- Auf dem Konto Aufwendungen für Waren ergibt sich der Aufwand für Waren (Wareneinsatz) erst nach Ausbuchung des Lagerzugangs.
- Aufwendungen für Waren (Wareneinsatz) = Wareneingänge – Bestandsmehrung

● **Buchung der Warenbestandsminderungen**

Neben den Wareneinkäufen einer Rechnungsperiode können Bestände aus dem Vorjahr während der laufenden Rechnungsperiode verkauft werden. Es ist also denkbar, dass der Wareneinsatz einer Rechnungsperiode größer ist als der Wert der Wareneinkäufe. Dieser Sachverhalt ist eingetreten, wenn der Warenbestand lt. Inventur am Ende des Geschäftsjahres kleiner ist als am Anfang des Geschäftsjahres. Die **Bestandsminderung** stellt eine Vermögens- und Eigenkapitalminderung dar, die als zusätzlicher Aufwand auf dem entsprechenden Aufwandskonto – Aufwand für Waren – erfasst wird. Warenbestand und Aufwand für Waren sind also zu berichtigen.

Beispiel Warenbestandsminderung (Fortsetzung des Beispiels siehe S. 476)

1. Anfangsbestand 420 Druckertische Euratio zu je 72,50 = 30 450,00 €
2. Einkäufe auf Ziel 4500 Druckertische Euratio zu je 72,50 = 326 250,00 €
3. Endbestand lt. Inventur 160 Druckertische Euratio zu je 72,50 = 11 600,00 €

Anfangsbestand		Endbestand		Bestandsminderung
420 Stück zu 72,50 €	>	160 Stück zu 72,50 €	→	260 Stück zu 72,50 €
30 450,00 €		11 600,00 €		18 850,00 €

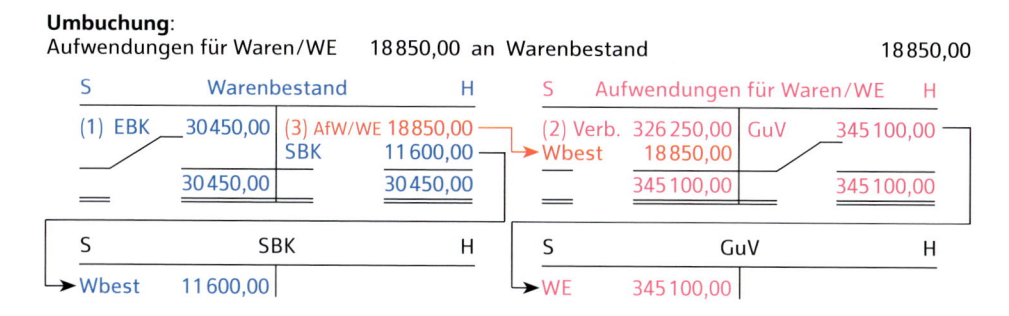

Umbuchung:
Aufwendungen für Waren/WE   18 850,00   an   Warenbestand   18 850,00

S	Warenbestand	H		S	Aufwendungen für Waren/WE	H
(1) EBK	30 450,00	(3) AfW/WE	18 850,00	(2) Verb. 326 250,00	GuV	345 100,00
		SBK	11 600,00	Wbest 18 850,00		
	30 450,00		30 450,00	345 100,00		345 100,00

S	SBK	H		S	GuV	H
Wbest	11 600,00			WE	345 100,00	

- Auf dem Konto Warenbestand wird nach Erfassung der Bestandsminderung der Bestand lt. Inventur (Ist-Bestand) ausgewiesen.
- Warenbestand = Soll-Bestand – Bestandsminderung
- Auf dem Konto Aufwendungen für Waren/WE ergibt sich der Wareneinsatz erst nach Ausbuchung der Bestandsminderung.
- Aufwand für Waren (Wareneinsatz) = Wareneingänge + Bestandsminderung

Warengeschäfte buchen und Warenbestandsveränderungen erfassen

Warenbestandsveränderung

Warenbestandsmehrung
Warenanfangsbestand < Warenendbestand

Warenbestandsminderung
Warenanfangsbestand > Warenendbestand

S	Warenbestand	H
Anfangsbestand		SBK: Endbestand
Aufwendungen für Waren		

S	Warenbestand	H
Anfangsbestand		Aufwendungen für Waren
		SBK: Endbestand

S	Aufw. f. Waren/Wareneingang	H
Wareneinkäufe	Warenbestand: Bestandsmehrung
	Saldo des Wareneingangs

S	Aufw. f. Waren/Wareneingang	H
Wareneinkäufe		Saldo des Wareneingangs
Warenbestand: Bestandsminderung		

1. a) Buchen Sie folgende Geschäftsfälle einer Maschinengroßhandlung auf den Konten
2. Aufwendungen für Waren/Wareneingang, Umsatzerlöse/WV und GuV.
b) Ermitteln Sie den Erfolg.

Geschäftsfälle:	Aufgabe 1	Aufgabe 2
1. Zieleinkäufe:	50 Maschinen zu je 7 200,00 €	140 Maschinen zu je 2 400,00 €
2. Zielverkäufe:	40 Maschinen zu je 12 600,00 €	120 Maschinen zu je 3 200,00 €
3. Einkäufe gegen Banküberweisung:	20 Maschinen zu je 7 200,00 €	60 Maschinen zu je 2 400,00 €
4. Verkäufe gegen Banküberweisung:	30 Maschinen zu je 12 600,00 €	80 Maschinen zu je 3 200,00 €

Dabei entstanden folgende Handlungskosten:

	Aufgabe 1	Aufgabe 2
Personalkosten	175 000,00 €	52 000,00 €
Mieten	25 000,00 €	16 000,00 €
Allgemeine Verwaltungskosten	52 000,00 €	28 000,00 €

3. **Konten:** Warenbestand, Aufwendungen für Waren/Wareneingang, Umsatzerlöse/Warenverkauf, GuV, SBK
Anfangsbestand an Waren:
3 000 kg zu je 2,50 €/kg
Geschäftsfälle:
1. Verkauf auf Ziel   1 000 kg zu je 3,00 €/kg
2. Verkauf bar   50 kg zu je 3,00 €/kg
3. Zieleinkauf   1 500 kg zu je 2,50 €/kg
4. Zielverkauf   800 kg zu je 3,00 €/kg
Endbestand lt. Inventur 2 650 kg zu je 2,50 €/kg
Schließen Sie die Warenkonten ab.

4. Ein Großhandelsbetrieb hatte im abgelaufenen Geschäftsjahr folgende Aufwendungen
5. und Erträge:

	Aufgabe 5 €	Aufgabe 4 €
Aufwendungen für Waren/Wareneingang	380 000,00	540 000,00
Personalkosten	240 000,00	360 000,00
Zinserträge	20 000,00	40 000,00
Mietaufwendungen	–	90 000,00
Energie	8 000,00	8 200,00
Gewerbesteuer	29 000,00	31 000,00
Umsatzerlöse/Warenverkäufe	760 000,00	1 080 000,00
Kosten für Werbung	44 000,00	38 000,00
Allgemeine Verwaltungskosten	51 000,00	79 000,00

Stellen Sie die Aufwendungen und Erträge in dem Konto „Gewinn und Verlust" gegenüber und ermitteln Sie den Erfolg unter Berücksichtigung folgender Warenbestandsveränderungen:

Bestandsmehrung	12 000,00	–
Bestandsminderung	–	3 800,00

Auf Erfolgskonten buchen und den Erfolg ermitteln **481**

6. Ein Maschinengroßhandelsbetrieb erfasste auf den Sachkonten folgende Werte:

Bezeichnung	Erläuterung	Soll €	Haben €
Warenbestand	AB: 20 Masch.	144 000,00	
Forderungen a. LL.		2 574 920,00	2 154 240,00
Bank		7 878 556,00	3 160 320,00
Eigenkapital	Anfangsbestand		6 000 000,00
Verbindlichkeiten a. LL.		2 572 000,00	2 980 516,00
Umsatzerl. f. Waren/WV			1 814 400,00
Aufw. f. Waren/WE	300 Maschinen	2 160 000,00	
versch. Aufwendungen		780 000,00	
Schlussbilanzkonto			
Gewinn und Verlust			
		16 109 476,00	16 109 476,00

Folgende Geschäftsfälle sind noch zu buchen: €
1. ER: Zieleinkäufe: 200 Maschinen zu je 7 200,00 € 1 440 000,00
2. AR: Zielverkäufe: 270 Maschinen zu je 10 080,00 € 2 721 600,00
3. ER, BA: Einkäufe gegen Banküberweisung
   430 Maschinen zu je 7 200,00 € 3 096 000,00
4. AR, BA: Verkäufe gegen Banküberweisung
   400 Maschinen zu je 10 080,00 € 4 032 000,00

Abschlussangabe:
Endbestand an Maschinen lt. Inventur: 100 Maschinen zu je 7 200,00 €   720 000,00
a) Richten Sie die angegebenen Konten ein, buchen Sie die Geschäftsfälle auf den Konten und schließen Sie die Konten unter Berücksichtigung der vorbereitenden Abschlussbuchungen ab.
b) Berechnen Sie den Wareneinsatz mengen- und wertmäßig. Der Bezugs-/Einstandspreis der Maschinen betrug jeweils 7 200,00 €.

7. Ein Maschinengroßhandelsbetrieb erfasste auf den Sachkonten folgende Werte:

Bezeichnung	Erläuterung	Soll €	Haben €
Warenbestand	AB: 35 Masch.	14 000,00	
Forderungen a. LL.		39 780,00	17 240,00
Bank		910 960,00	262 760,00
Eigenkapital	Anfangsbestand		672 000,00
Verbindlichkeiten a. LL.		98 760,00	191 500,00
Umsatzerl. f. Waren/WV			120 000,00
Aufw. f. Waren/WE	200 Maschinen	80 000,00	
versch. Aufwendungen		120 000,00	
Schlussbilanzkonto			
Gewinn und Verlust			
		1 263 500,00	1 263 500,00

Folgende Geschäftsfälle sind noch zu buchen: €
1. ER: Zieleinkäufe, 500 Maschinen zu je 400,00 € 200 000,00
2. AR: Zielverkäufe, 450 Maschinen zu je 600,00 € 270 000,00
3. ER, BA: Einkäufe gegen Banküberweisung
   300 Maschinen zu je 400,00 € 120 000,00

4. AR, BA: Verkäufe gegen Banküberweisung
   370 Maschinen zu je 600,00 € 222 000,00

Abschlussangabe:
Endbestand an Maschinen lt. Inventur: 15 Maschinen zu je 400,00 € 6 000,00

a) Richten Sie die angegebenen Konten ein, buchen Sie die Geschäftsfälle auf den Konten und schließen Sie die Konten unter Berücksichtigung der vorbereitenden Abschlussbuchungen ab.
b) Berechnen Sie den Wareneinsatz mengen- und wertmäßig. Der Einstandspreis der Maschinen betrug jeweils 400,00 €.

Weitere Aufgaben finden Sie unter BuchPlusWeb.

6 Umsatzsteuersystem erläutern, Umsatzsteuer berechnen und buchen

Nicole Höver soll folgende Rechnungen buchen:

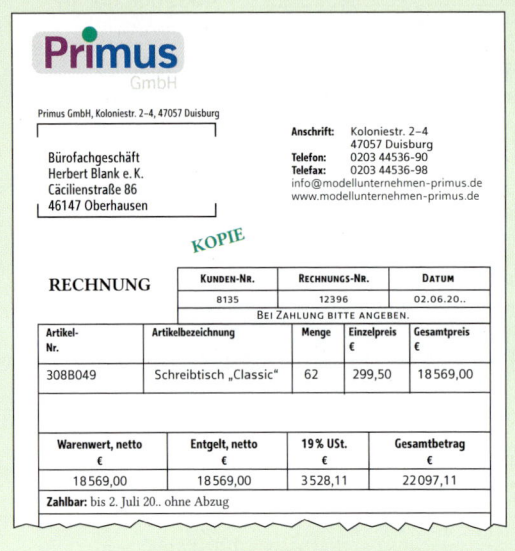

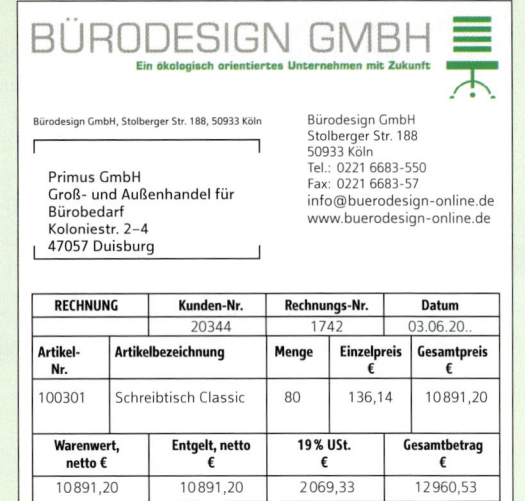

Primus GmbH
Primus GmbH, Koloniestr. 2–4, 47057 Duisburg

Bürofachgeschäft
Herbert Blank e. K.
Cäcilienstraße 86
46147 Oberhausen

Anschrift: Koloniestr. 2–4
47057 Duisburg
Telefon: 0203 44536-90
Telefax: 0203 44536-98
info@modellunternehmen-primus.de
www.modellunternehmen-primus.de

KOPIE

RECHNUNG

Kunden-Nr.	Rechnungs-Nr.	Datum
8135	12396	02.06.20..

Bei Zahlung bitte angeben.

Artikel-Nr.	Artikelbezeichnung	Menge	Einzelpreis €	Gesamtpreis €
308B049	Schreibtisch „Classic"	62	299,50	18 569,00

Warenwert, netto €	Entgelt, netto €	19 % USt. €	Gesamtbetrag €
18 569,00	18 569,00	3 528,11	22 097,11

Zahlbar: bis 2. Juli 20.. ohne Abzug

BÜRODESIGN GMBH
Ein ökologisch orientiertes Unternehmen mit Zukunft

Bürodesign GmbH, Stolberger Str. 188, 50933 Köln

Primus GmbH
Groß- und Außenhandel für Bürobedarf
Koloniestr. 2–4
47057 Duisburg

Bürodesign GmbH
Stolberger Str. 188
50933 Köln
Tel.: 0221 6683-550
Fax: 0221 6683-57
info@buerodesign-online.de
www.buerodesign-online.de

RECHNUNG

Kunden-Nr.	Rechnungs-Nr.	Datum
20344	1742	03.06.20..

Artikel-Nr.	Artikelbezeichnung	Menge	Einzelpreis €	Gesamtpreis €
100301	Schreibtisch Classic	80	136,14	10 891,20

Warenwert, netto €	Entgelt, netto €	19 % USt. €	Gesamtbetrag €
10 891,20	10 891,20	2 069,33	12 960,53

„Das ist aber komisch", brummt sie vor sich hin, „das Finanzamt verlangt sowohl auf Einkäufe als auch auf Verkäufe Umsatzsteuer. Das wird den Gewinn der Primus GmbH aber ganz schön schmälern."

Arbeitsaufträge
◆ Erläutern Sie die beiden Belege.
◆ Erklären Sie am Beispiel der beiden Belege das Umsatzsteuersystem.
◆ Überprüfen Sie die Aussage von Nicole Höver auf ihre Richtigkeit.
◆ Bilden Sie die Buchungssätze für beide Belege.

● Umsatz und Umsatzsteuer

Der Gesetzgeber erhebt auf die **Umsätze der Unternehmungen** Umsatzsteuer. Umsätze im Sinne des Umsatzsteuergesetzes sind Lieferungen und sonstige Leistungen.

Beispiel Verkauf von Bürobedarf, Verkauf von gebrauchten Maschinen, Verkauf von Plänen zur Bürogestaltung, Reparaturen an verkauften Büromöbeln, Vermittlung von Vertragsabschlüssen

Die Höhe des Umsatzes bemisst sich nach dem **vereinbarten Entgelt (= Bemessungsgrundlage)**. Entgelt ist alles, was der Unternehmer als Gegenleistung für seine Lieferungen oder sonstigen Leistungen mit seinem Vertragspartner lt. Vertrag vereinbart hat.

Der **Regelsteuersatz beträgt zzt. 19%** des Umsatzes, also der Bemessungsgrundlage. Für verschiedene Umsätze an den Endverbraucher, z. B. Grundnahrungsmittel (wie Fleisch, Milch, Milcherzeugnisse, Mehl, Brot u. a.), Bücher (auch E-Books), Zeitungen, Blumen und Kunstgegenstände sowie Hilfsmittel für körperliche Gebrechen (Prothesen, Schwerhörigengeräte usw.) gilt der ermäßigte Satz von 7%.

Beispiel Die Primus GmbH schuldet dem Finanzamt aufgrund der ausgeführten Lieferung an den Kunden Bürofachgeschäft Herbert Blank, Oberhausen, lt. AR 12396 3 528,11 € Umsatzsteuer.

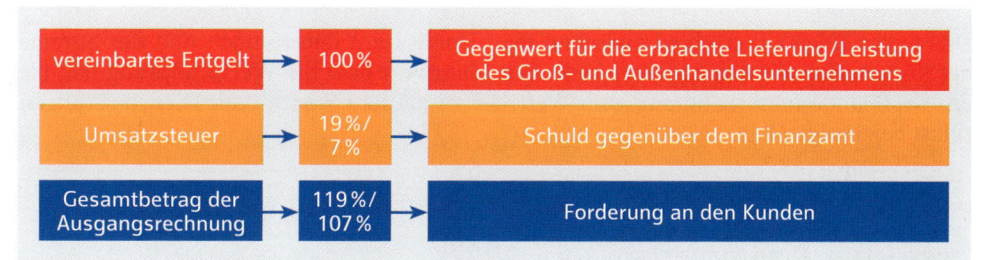

vereinbartes Entgelt	100 %	Gegenwert für die erbrachte Lieferung/Leistung des Groß- und Außenhandelsunternehmens
Umsatzsteuer	19 %/ 7 %	Schuld gegenüber dem Finanzamt
Gesamtbetrag der Ausgangsrechnung	119 %/ 107 %	Forderung an den Kunden

Die **Umsatzsteuer lt. Ausgangsrechnung** ist somit eine **Verbindlichkeit gegenüber dem Finanzamt**. Jeder Unternehmer wälzt die abzuführende Umsatzsteuer auf den Kunden ab. Daher schreibt der Gesetzgeber vor, dass die Umsatzsteuer offen in der **Ausgangsrechnung** ausgewiesen werden muss.

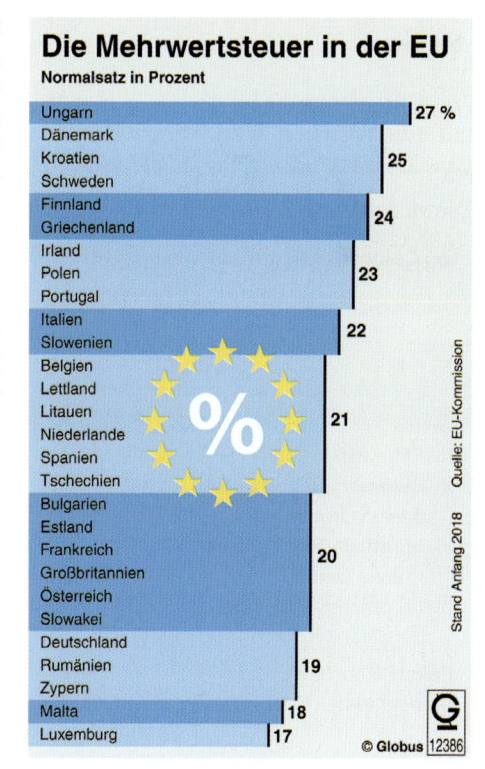

● Vorumsatz und Vorsteuer

Um den Umsatz erbringen zu können, muss eine Groß- und Außenhandelsunternehmung Lieferungen und Leistungen anderer Unternehmungen in Anspruch nehmen, die für den Lieferer Umsatz sind.

Beispiel Die Primus GmbH kauft Artikel der Bürotechnik, Büroeinrichtung und -organisation sowie des Verbrauchs ein oder nimmt Dienstleistungen anderer Unternehmungen in Anspruch (Fremdinstandsetzung, Strom, Transport durch Spediteure und Frachtführer). Laut Eingangsrechnung kaufte die Primus GmbH Schreibtische zum Warenwert von 10 891,20 € von der Bürodesign GmbH ein.

Die Mehrwertsteuer in der EU
Normalsatz in Prozent

Land	%
Ungarn	27
Dänemark	25
Kroatien	25
Schweden	25
Finnland	24
Griechenland	24
Irland	23
Polen	23
Portugal	23
Italien	22
Slowenien	22
Belgien	21
Lettland	21
Litauen	21
Niederlande	21
Spanien	21
Tschechien	21
Bulgarien	20
Estland	20
Frankreich	20
Großbritannien	20
Österreich	20
Slowakei	20
Deutschland	19
Rumänien	19
Zypern	19
Malta	18
Luxemburg	17

Quelle: EU-Kommission, Stand Anfang 2018, © Globus 12386

Die Eingangsrechnungen weisen daher neben dem vereinbarten Entgelt für die Waren oder Dienstleistungen die Umsatzsteuer aus. Aus der Sicht der beschaffenden Unternehmung wird die **Umsatzsteuer auf Eingangsbelegen** als **Vorsteuer** bezeichnet.

Die Vorsteuer ist **eine Forderung gegenüber dem Finanzamt**, weil sie eine Vorleistung auf die zu zahlende Umsatzsteuer darstellt. Sie kann bei der Umsatzsteueranmeldung mit der geschuldeten Umsatzsteuer verrechnet werden.

Beispiel Aufgrund der ER 1742 der Bürodesign GmbH hat die Primus GmbH eine Forderung von 2 069,33 € gegenüber dem Finanzamt, die sie mit der Umsatzsteuerschuld von 3 528,11 € verrechnen kann.

Die **Erstattung der Vorsteuer** ist an **zwei Voraussetzungen** gebunden:

Die Unternehmung muss
- eine Lieferung oder sonstige Leistung empfangen,
- eine Rechnung mit gesondertem Ausweis der Umsatzsteuer erhalten haben.

● Mehrwert und Steuer vom Mehrwert (Umsatzsteuer-Zahllast)

Der wertmäßige Unterschied zwischen dem Umsatz mit den Kunden und der Summe der Vorumsätze mit den Lieferern stellt den **Mehrwert** oder die **Wertschöpfung** dar, die die Großhandelsunternehmung zum Wert der verkauften Waren oder Dienstleistungen selbst beigetragen hat.

Umsatz	Ausgangsrechnung Nr. 12396: Bürobedarf	18 569,00 €	Lieferung an einen Kunden
Vorumsatz	Eingangsrechnung Nr. 1742: Marker	10 891,20 €	Lieferung von einem Lieferer
Mehrwert		7 677,80 €	Wertschöpfung der Unternehmung

Die Unternehmungen der einzelnen Wirtschaftsstufen erzeugen einen Mehrwert, der mit 19 % besteuert wird. Dies wird dadurch erreicht, dass die einzelnen Unternehmen von der geschuldeten Umsatzsteuer die zu fordernde Vorsteuer abziehen.

Die zu zahlende Restschuld wird als **Umsatzsteuer-Zahllast** bezeichnet.

Wirtschaftsstufen	Umsatz (vereinbartes Entgelt) in €	Vorumsatz in €	Mehrwert in €	Umsatzsteuer = Verbindlichkeit geg. FA in €	Vorsteuer = Forderung geg. FA in €	Umsatzsteuerzahllast in €
I. Sägewerk	6 000,00	–	6 000,00	1 140,00	–	1 140,00
II. Büromöbelfabrik Bürodesign GmbH	10 891,20	6 000,00	4 891,20	2 069,33	1 140,00	929,33
III. Bürobedarfsgroßhandel Primus GmbH	18 569,00	10 891,20	7 677,80	3 528,11	2 069,33	1 458,78
IV. Bürofachgeschäft Herbert Blank e. K.	28 000,00	18 569,00	9 431,00	5 320,00	3 528,11	1 791,89
Private Haushalte (Konsumenten)	28 000,00 ⟷		28 000,00 ⟵	19 % des privaten Verbrauchs	⟶	5 320,00

Wie die Tabelle zeigt, bekommt der Verbraucher vom letzten Unternehmen der Handelskette die Summe aller Mehrwerte und die gesamte Umsatzsteuer aller Wirtschaftsstufen in Rechnung gestellt. Er trägt also die gesamte Umsatzsteuer. Dies ist vom Gesetzgeber so gewollt, weil die Umsatzsteuer eine Verbrauchsteuer ist.

Beispiel

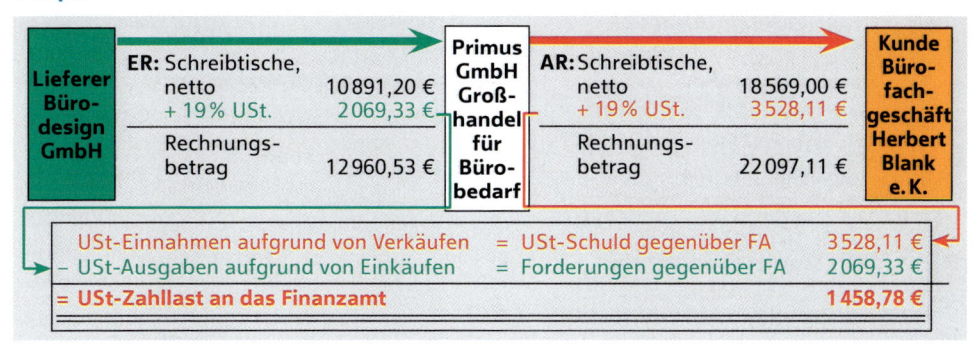

| Lieferer Bürodesign GmbH | ER: Schreibtische, netto 10 891,20 € + 19 % USt. 2 069,33 € Rechnungsbetrag 12 960,53 € | Primus GmbH Großhandel für Bürobedarf | AR: Schreibtische, netto 18 569,00 € + 19 % USt. 3 528,11 € Rechnungsbetrag 22 097,11 € | Kunde Bürofachgeschäft Herbert Blank e. K. |

USt-Einnahmen aufgrund von Verkäufen = USt-Schuld gegenüber FA	3 528,11 €
− USt-Ausgaben aufgrund von Einkäufen = Forderungen gegenüber FA	2 069,33 €
= USt-Zahllast an das Finanzamt	**1 458,78 €**

Diese Rechnung und die obige Darstellung zeigen, dass die Umsatzsteuer keinen Einfluss auf den Erfolg der Unternehmung hat. Vorsteuer und Umsatzsteuer sind **durchlaufende Posten**.

● **Umsatzsteuerbuchungen**

○ **Buchung der Umsatzsteuer**

Die Umsatzsteuer lt. Ausgangsrechnung stellt eine Verbindlichkeit gegenüber dem Finanzamt dar. Sie wird deshalb auf dem **passiven Bestandskonto „Umsatzsteuer"** gebucht.

Beispiel Buchung der Ausgangsrechnung S. 482:

| Forderungen a. LL. | 22 097,11 | an | Umsatzerlöse für Waren/WV | 18 569,00 |
| | | an | Umsatzsteuer | 3 528,11 |

○ **Buchung der Vorsteuer**

Die bei Beschaffungsvorgängen zu zahlende Vorsteuer lt. Eingangsrechnung ist eine Forderung an das Finanzamt. Sie wird auf dem **aktiven Bestandskonto „Vorsteuer"** gebucht.

Beispiel Buchung der Eingangsrechnung S. 482:

| Aufwendungen für Waren/WE | 10 891,20 | | | |
| Vorsteuer | 2 069,33 | an | Verbindlichkeiten a. LL. | 12 960,53 |

● **Ermittlung und Zahlung der Umsatzsteuer-Zahllast**

Um die **Umsatzsteuer-Zahllast** zu ermitteln, muss der Saldo des Kontos „Vorsteuer" mit der Umsatzsteuer verrechnet werden. Buchungstechnisch wird diese Verrechnung durch Übertragung **oder Umbuchung** der Vorsteuer auf das Konto **„Umsatzsteuer"** durchgeführt. Die für den vergangenen Monat ermittelte Umsatzsteuer-Zahllast ist jeweils bis zum 10. eines Monats an das Finanzamt zu überweisen.

Beispiel

Umbuchung der Vorsteuer zum Monatsende:

| Umsatzsteuer | 2 069,33 | an | Vorsteuer | 2 069,33 |

Buchung der Banküberweisung der USt-Zahllast am 10. des folgenden Monats:

Umsatzsteuer	1 458,78	an	Bank	1 458,78

Darstellung auf Konten:

S	Aufwendungen für Waren/WE	H
Verb.	10 891,20	

S	Umsatzerlöse für Waren/WV	H
		Fo. 18 569,00

S	Vorsteuer	H
Verb. 2 069,33	USt. 2 069,33	

S	Umsatzsteuer	H
VST 2 069,33	Fo. 3 528,11	
Bank 1 458,78		

S	Verbindlichkeiten a. LL.	H
	WE, VSt. 12 960,53	

S	Forderungen a. LL.	H
WV/USt. 22 097,11		

○ Passivierung der Umsatzsteuer-Zahllast

Wird die Umsatzsteuer-Zahllast für den letzten Monat des Geschäftsjahres ermittelt, dann ist die ermittelte Zahllast über das „Schlussbilanzkonto" abzuschließen **(Passivierung der Zahllast)**.

Beispiel Darstellung auf Konten:

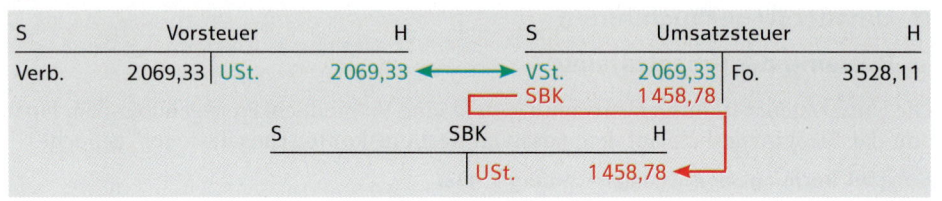

S	Vorsteuer	H
Verb. 2 069,33	USt. 2 069,33	

S	Umsatzsteuer	H
VSt. 2 069,33	Fo. 3 528,11	
SBK 1 458,78		

S	SBK	H
	USt. 1 458,78	

● Vorsteuerüberhang

Ein Vorsteuerüberhang entsteht, wenn die Vorsteuer eines Monats größer ist als die Umsatzsteuer. Ursachen für einen Vorsteuerüberhang können sein:

- große Vorratskäufe aufgrund von Sonderangeboten oder wegen erwarteter Preissteigerungen
- Geschäftseröffnung
- Investitionskäufe
- umsatzsteuerfreie Exporte

Im Falle eines Vorsteuerüberhanges besteht ein **Erstattungsanspruch** gegenüber dem Finanzamt. Dieser wird im Rahmen der Umsatzsteuererklärung geltend gemacht. Ergibt sich im letzten Monat des Geschäftsjahres der Vorsteuerüberhang, ist dieser über SBK abzuschließen **(Aktivierung des Vorsteuerüberhangs)**.

Beispiel Stand der Konten VSt. und USt. zum 31. Dezember:

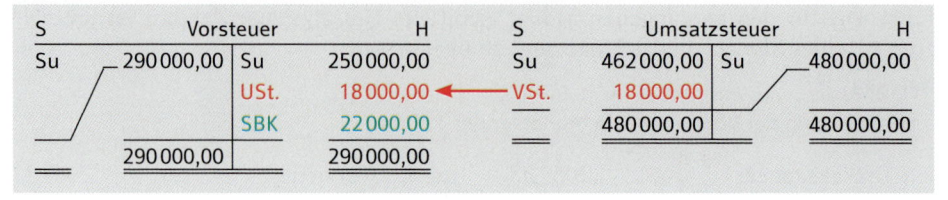

S	Vorsteuer	H
Su 290 000,00	Su 250 000,00	
	USt. 18 000,00	
	SBK 22 000,00	
290 000,00	290 000,00	

S	Umsatzsteuer	H
Su 462 000,00	Su 480 000,00	
VSt. 18 000,00		
480 000,00	480 000,00	

Umbuchung der Umsatzsteuer zur Ermittlung des Vorsteuerüberhangs

Umsatzsteuer	18 000,00	an	Vorsteuer	18 000,00

Abschlussbuchung: Aktivierung des Vorsteuerüberhangs

SBK	22 000,00	an	Vorsteuer	22 000,00

Eröffnung des Kontos Vorsteuer im folgenden Jahr:

Vorsteuer	22 000,00	an	EBK	22 000,00

Buchung der Banküberweisung des Vorsteuerüberhangs durch das Finanzamt:

Bank	22 000,00	an	Vorsteuer	22 000,00

● Besonderheiten des Umsatzsteuerrechts

○ Steuerfreie Umsätze

Der Gesetzgeber hat verschiedene steuerbare Umsätze aus **sozialen, kulturellen** oder **wirtschaftspolitischen Gründen** von der Umsatzsteuer befreit.

Beispiele für steuerfreie Umsätze
- Vermietung und Verpachtung von Grundstücken
- bestimmte Umsätze im Geld- und Kreditverkehr (z. B. Zinsen für Kredite)
- Gewährung von Versicherungsschutz
- Umsätze der Ärzte, Zahnärzte, Heilpraktiker, Krankengymnasten
- Umsätze amtlicher Wertzeichen (z. B. Postwertzeichen, Gebührenmarken der Justizverwaltung)

○ Kleinbetragsrechnungen

Bei Rechnungen, deren Gesamtbetrag **250,00 € nicht übersteigt**, dürfen das Entgelt und der Umsatzsteuerbetrag in **einer Summe** angegeben sein. Es muss nur der **Umsatzsteuersatz** angegeben werden.

Zum Zwecke der Buchung muss die Umsatzsteuer aus dem Bruttorechnungsbetrag herausgerechnet werden, welcher **119 % (= vermehrter Grundwert)** entspricht.

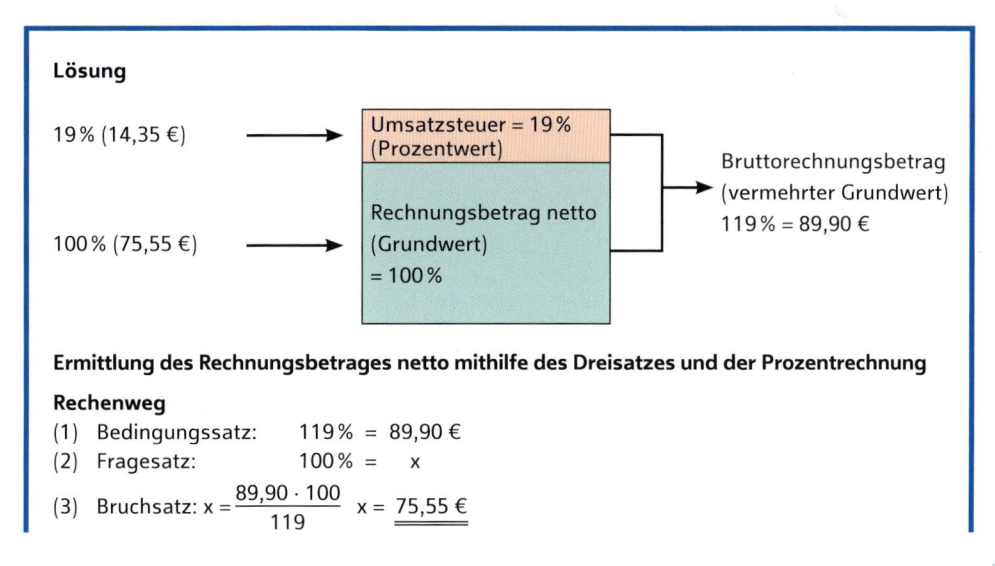

Lösung

19 % (14,35 €) ⟶ Umsatzsteuer = 19 % (Prozentwert)

100 % (75,55 €) ⟶ Rechnungsbetrag netto (Grundwert) = 100 %

⟶ Bruttorechnungsbetrag (vermehrter Grundwert) 119 % = 89,90 €

Ermittlung des Rechnungsbetrages netto mithilfe des Dreisatzes und der Prozentrechnung

Rechenweg
(1) Bedingungssatz: 119 % = 89,90 €
(2) Fragesatz: 100 % = x
(3) Bruchsatz: $x = \dfrac{89{,}90 \cdot 100}{119}$ x = 75,55 €

$$\text{Umsatzsteuerbetrag} = \frac{\text{Bruttorechnungsbetrag} \cdot \text{Umsatzsteuersatz}}{100 + \text{Umsatzsteuersatz}} = \frac{89{,}90 \cdot 19}{119} = 14{,}35$$

Buchung:

Betriebskosten	75,55			
Vorsteuer	14,35	an	Kasse	89,90

○ Umsatzsteuer-Voranmeldung

Nach dem Umsatzsteuergesetz müssen Unternehmungen grundsätzlich während des Geschäftsjahres monatlich Umsatzsteuer-Voranmeldungen online abgeben – und zwar jeweils bis zum 10. eines Monats für den Vormonat (Voranmeldungszeitraum). Der Umsatzsteuerschuld sind die auf den Voranmeldungszeitraum entfallenden Vorsteuerbeträge gegenüberzustellen. Die Differenz von Umsatzsteuerschuld und Vorsteuer ergibt die Zahllast oder den Vorsteuerüberhang.

Umsatzsteuersystem erläutern, Umsatzsteuer berechnen und buchen

Umsatzsteuer	−	Vorsteuer	=	Umsatzsteuerzahllast
– Steuer vom Umsatz lt. Ausgangsrechnungen – **Verbindlichkeiten** gegenüber dem Finanzamt – Buchung auf dem **passiven Bestandskonto** Umsatzsteuer		– Steuer vom Umsatz lt. Eingangsrechnungen – **Forderung** an das Finanzamt – Buchung auf dem **aktiven Bestandskonto** Vorsteuer		– Steuer vom Mehrwert – **Restschuld** gegenüber dem Finanzamt – **Ermittlung**: Umsatzsteuer – Vorsteuer – **Passivierung der Zahllast**

- Ist die **Vorsteuer größer** als die **Umsatzsteuer**, entsteht ein **Vorsteuerüberhang**, der zu aktivieren ist.

- Bei **Kleinbetragsrechnungen** bis zu 250,00 € wird in der Praxis der Rechnungsbetrag brutto ausgewiesen. In diesen Fällen muss der Umsatzsteuersatz angegeben sein, damit der Umsatzsteueranteil herausgerechnet werden kann.

- Die Unternehmungen müssen bis zum 10. eines Monats für den Vormonat **(Voranmeldungszeitraum)** auf dem amtlich vorgeschriebenen Vordruck eine Umsatzsteuer-Voranmeldung abgeben.

- Wurde eine Zahllast ermittelt, ist diese gleichzeitig an das Finanzamt zu entrichten (**Vorauszahlung auf die Umsatzsteuer** des Kalenderjahres).

1. Entscheiden Sie bei den folgenden Geschäftsfällen einer Möbelgroßhandlung, ob es sich um Vorumsätze, Umsätze oder Elemente des Mehrwertes handelt.
  1. **ER:** Einkauf von Tischen und Stühlen auf Ziel
  2. **AR:** Verkauf von Büromöbeln auf Ziel
  3. **BA:** Zahlung der Gehälter an die Angestellten

4. **ER:** Forderung des Spediteurs für Warenlieferungen an Kunden
5. **AR:** Rechnung über Arbeitsleistungen für die Aufstellung einer verkauften Küche
6. **PBA:** Postüberweisung der Gewerbesteuer an die Stadt
7. **ER:** Zieleinkauf eines Gabelstaplers für das Lager
8. **ER:** Abrechnung des Handelsvertreters über Provisionsansprüche für abgeschlossene Kaufverträge
9. **BA:** Zahlung der Ausbildungsvergütung an die Auszubildenden
10. **ER, KB:** Barzahlung der Fracht an den Frachtführer für die Anlieferung von Möbeln

2. Bilden Sie zu den folgenden Geschäftsfällen eines Werkzeugmaschinengroßhändlers die Buchungssätze.
Kontenplan: Betriebs- und Geschäftsausstattung, Forderung a. LL., Vorsteuer, Bank, Kasse, Verbindlichkeiten a. LL., Umsatzsteuer, Umsatzerlöse für Waren/WV, Aufwendungen für Waren/WE, Aufwendungen für Energie, Fremdinstandsetzung, Büromaterial

Geschäftsfälle: € €
1. **ER, BA:** Einkauf von Werkzeugmaschinen gegen
   Banküberweisung, netto 60 000,00
   + 19% Umsatzsteuer 11 400,00 71 400,00
2. **ER, KB:** Bareinkauf von Büromaterial einschl. 19 % € €
   Umsatzsteuer 166,60
3. **AR, BA:** Eine verkaufte Werkzeugmaschine wurde
   beim Kunden installiert.
   Der Kunde bezahlte die Anschlusskosten mit
   Banküberweisung, netto 1 400,00
   + 19% Umsatzsteuer 266,00 1 666,00
4. **AR:** Zielverkauf einer Werkzeugmaschine, netto 34 000,00
   + 19% Umsatzsteuer 6 460,00 40 460,00
5. **ER, BA:** Lkw-Inspektion wird mit Banküberweisung bezahlt,
   netto.. 1 400,00
   + 19% Umsatzsteuer 266,00 1 666,00
6. **ER, KB:** Ausgaben bar
   a) Diesel für Lkw, brutto einschl. 19% Umsatzsteuer 214,20
   b) Bezahlung einer fälligen Liefererrechnung........... 1 904,00
   c) Kauf von Schreibtischen für die Verwaltung, netto 2 100,00
   + 19% Umsatzsteuer 399,00 4 617,20

3. Bilden Sie zu folgenden Geschäftsfällen einer Maschinengroßhandlung die Buchungssätze und ermitteln Sie
a) die Umsatzsteuer,
b) die Vorsteuer,
c) die Umsatzsteuerzahllast.

Geschäftsfälle: € €
1. **ER:** Zieleinkauf von Schlagbohrmaschinen
   netto.. 65 000,00
   + 19% Umsatzsteuer 12 350,00 77 350,00
2. **ER, BA:** Banküberweisung an eine Werbeagentur für die
   Durchführung einer Werbeaktion, netto 4 000,00
   + 19% Umsatzsteuer 760,00 4 760,00
3. **AR, KB:** Barverkauf einer Schlagbohrmaschine, netto.... 520,00
   + 19% Umsatzsteuer 98,80 618,80
4. **ER, KB:** Kauf von Diesel für den Lkw einschl. 19% USt.... 202,30

5. **AR:** Zielverkauf einer Werkzeugmaschine, netto 130 000,00
   + 19 % Umsatzsteuer 24 700,00   154 700,00
6. **ER:** Einkauf von Ständerbohrmaschinen,
   netto. 25 600,00
   + 19 % Umsatzsteuer 4 864,00   30 464,00

4. Auf den Konten „Vorsteuer" und „Umsatzsteuer" wurden bis zum Jahresabschluss folgende Werte erfasst:

S	Vorsteuer	H	S	Umsatzsteuer	H
Summe 240 000,00	Summe 200 000,00		Summe 350 000,00	Summe 420 000,00	

a) Erläutern Sie die betrieblichen Hintergründe für die Werte auf den beiden Konten.
b) Erläutern Sie, wie Sie einen Vorsteuerüberhang oder eine Zahllast vor Abschluss der Konten feststellen können.
c) Schließen Sie die Konten unter Angabe der erforderlichen Buchungssätze ab.

5. Auf den Konten „Vorsteuer" und „Umsatzsteuer" wurden bis einschließlich Dezember folgende Werte erfasst:

S	Vorsteuer	H	S	Umsatzsteuer	H
Summe 320 000,00	Summe 220 000,00		Summe 560 000,00	Summe 600 000,00	

a) Schließen Sie die Konten unter Angabe der erforderlichen Buchungssätze ab.
b) Erläutern Sie zwei betriebliche Gründe, die den Saldo im Dezember verursacht haben.

6. Bilden Sie zu den folgenden Geschäftsvorfällen einer Großhandlung die Buchungssätze.
Konten: Betriebs- und Geschäftsausstattung, Warenbestand, Forderung a. LL., Vorsteuer, Bank, Kasse, Eigenkapital, Verbindlichkeiten a. LL., Umsatzsteuer, Umsatzerlöse für Waren/WV, Aufwendungen für Waren/WE, Aufwendungen für Energie, Löhne, Gehälter, Mieten, Büromaterial, Gewerbesteuer, EBK, GuV, SBK

Anfangsbestände   €   €
BuG............................ 600 000,00   Eigenkapital 1 289 900,00
Warenbestand .... 250 000,00   Verbindlichkeiten a. LL. 71 300,00
Forderungen a. LL. .... 66 700,00   Umsatzsteuer 18 700,00
Bank 460 000,00
Kasse......................... 3 200,00

Geschäftsfälle: €   €
1. **ER vom 01.12.:** Zieleinkäufe von Waren, netto.................. 220 000,00
   + 19 % Umsatzsteuer 41 800,00   261 800,00
2. **BA vom 10.12.:** Banküberweisungen für
   a) Umsatzsteuer an das Finanzamt 18 700,00
   b) Miete für gemietete Gebäude............................... 24 000,00
   c) Ausgleich einer Liefererrechnung für Waren 62 100,00   104 800,00
3. **AR vom 23.12.:** Zielverkauf von Waren, netto 560 000,00
   + 19 % Umsatzsteuer 106 400,00   666 400,00
4. **ER, BA vom 15.12.:** Einkauf von Waren gegen
   Banküberweisung, netto 42 800,00
   + 19 % Umsatzsteuer 8 132,00   50 932,00
5. **AR, BA vom 17.12.:** Verkauf von Waren gegen
   Banküberweisung, netto 360 000,00
   + 19 % Umsatzsteuer 68 400,00   428 400,00
6. **BA vom 21.12.:** Banklastschriften
   a) Lohnzahlung an die Lagerarbeiter 147 000,00

b) Gehaltszahlung an die Angestellten		101 000,00	
c) Gewerbesteuer an die Stadt		18 000,00	266 000,00

7. **ER, KB vom 22.12.:** Barkauf von Büromaterial, brutto einschl. 19 % Umsatzsteuer 214,20

8. **AR, KB vom 12.12.:** Barverkauf von Waren
   netto 1 200,00
   + 19 % Umsatzsteuer 228,00   1 428,00

9. **BA vom 29.12.:**
   Lastschriften
   a) Abbuchung durch das Energiewerk für Stromverbrauch, netto 18 600,00
      + 19 % Umsatzsteuer 3 534,00
   b) Kauf von Gabelstaplern für das Lager, netto 84 000,00
      + 19 % Umsatzsteuer 15 960,00
   c) Ausgleich einer fälligen Liefererrechnung 53 360,00   175 454,00
   Gutschrift
   Banküberweisungen von Kunden 440 800,00

Führen Sie die Buchungen von der Eröffnung bis zum Abschluss unter Berücksichtigung eines Warenendbestandes lt. Inventur von 271 000,00 € im Grundbuch und im Hauptbuch durch.

7. Entscheiden Sie, ob folgende Aussagen zutreffen auf
a) die Vorsteuer,   b) die Umsatzsteuer,   c) die Zahllast.
Aussagen:
1. Sie wird auf Eingangsrechnungen ausgewiesen.
2. Sie erhöht die Zahllast.
3. Sie vermindert die Zahllast.
4. Sie stellt eine Forderung gegenüber dem Finanzamt dar.
5. Sie wird auf Ausgangsrechnungen ausgewiesen und ist eine Verbindlichkeit gegenüber dem Finanzamt.
6. Sie ist bis zum 10. des folgenden Monats an das Finanzamt abzuführen.
7. Bei einem Überhang ist sie zu aktivieren.

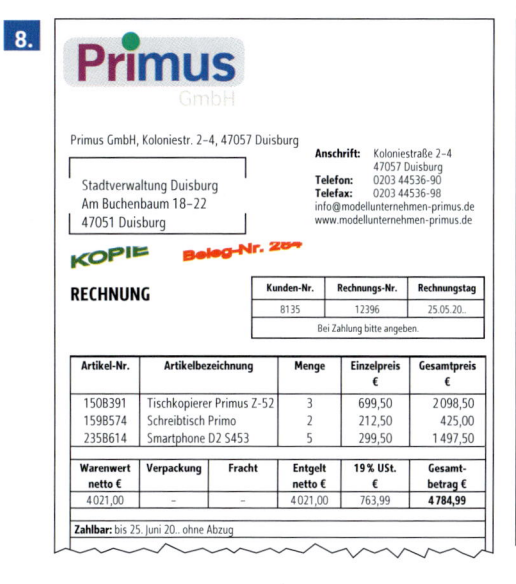

8.

Primus GmbH

Primus GmbH, Koloniestr. 2–4, 47057 Duisburg

Stadtverwaltung Duisburg
Am Buchenbaum 18–22
47051 Duisburg

Anschrift: Koloniestraße 2–4, 47057 Duisburg
Telefon: 0203 44536-90
Telefax: 0203 44536-98
info@modellunternehmen-primus.de
www.modellunternehmen-primus.de

KOPIE   Beleg-Nr. 254

RECHNUNG

Kunden-Nr.	Rechnungs-Nr.	Rechnungstag
8135	12396	25.05.20..

Bei Zahlung bitte angeben.

Artikel-Nr.	Artikelbezeichnung	Menge	Einzelpreis €	Gesamtpreis €
150B391	Tischkopierer Primus Z-52	3	699,50	2 098,50
159B574	Schreibtisch Primo	2	212,50	425,00
235B614	Smartphone D2 S453	5	299,50	1 497,50

Warenwert netto €	Verpackung	Fracht	Entgelt netto €	19 % USt. €	Gesamtbetrag €
4 021,00	-	-	4 021,00	763,99	4 784,99

Zahlbar: bis 25. Juni 20.. ohne Abzug

Primus GmbH

Primus GmbH, Koloniestr. 2–4, 47057 Duisburg

Stadtverwaltung Duisburg
Am Buchenbaum 18–22
47051 Duisburg

Anschrift: Koloniestraße 2–4, 47057 Duisburg
Telefon: 0203 44536-90
Telefax: 0203 44536-98
info@modellunternehmen-primus.de
www.modellunternehmen-primus.de

KOPIE   Beleg-Nr. 285

RECHNUNG

Kunden-Nr.	Rechnungs-Nr.	Datum
8135	12397	28.05.20..

Bei Zahlung bitte angeben.

Artikel-Nr.	Artikelbezeichnung	Menge	Einzelpreis €	Gesamtpreis €
	Aufbau, Anschluss und Beratung für die am 25.05.20.. gelieferten Geräte			85,00

Warenwert netto €	Verpackung	Fracht	Entgelt netto €	19 % USt. €	Gesamtbetrag €
85,00	-	-	85,00	16,15	101,15

Zahlbar: bis 25. Juni 20.. ohne Abzug

Beleg-Nr. 286 – Bürotec GmbH

Bürotec GmbH
— Büroeinrichtung aller Art —

Bürotec GmbH, Fabrikstr. 24–30, 04129 Leipzig

Primus GmbH
Koloniestraße 2–4
47057 Duisburg

Fabrikstr. 24–30
04129 Leipzig
Tel.: 0341 554-645
Fax: 0341 554-849
info@buerotec.com
www.buerotec.com

Artikel-Nr.	Artikelbezeichnung	Menge	Einzelpreis €	Gesamtpreis €
289967	Druckertisch „Euratio"	120	72,50	8 700,00
289905	Registraturlocher	100	4,49	449,00
	Warenwert einschl. Verpackung und Fracht			9 149,00
	19 % Umsatzsteuer			1 738,31
	Rechnungsbetrag			**10 887,31**

Zahlbar: bis 26. Juni 20.. ohne Abzug

Beleg-Nr. 287 – Lkw-Handel

Lkw-Handel
Andreas JOOST e. K.
Falkstraße 82
47058 Duisburg
Tel.: 0203 2983-72
Fax: 0203 2983-79

LKW-Handel Andreas JOOST e. K. · Falkstraße 82 · 47058 Duisburg

Primus GmbH
Groß- und Außenhandel für Bürobedarf
Koloniestr. 2–4
47057 Duisburg

Betriebs-Nr.: 13246833
Auftrags-Nr.: 47326
Datum: 27.05.20..
Kunden-Nr.: 32788

RECHNUNG

Amtl. Kennz.	Typ/Modell	Fahrzeug-Ident.-Nr.	Zulassungs-tag	Annahme-tag	km-Stand	KD-Meister
DU-PR-111	443 PH 5	44FAO53238	26.01.20..	26.05.20..	30000	

		€
443 PH 5	Lkw-Inspektion	
	Material lt. Anlage 420,00	420,00
	Arbeitspreis	540,00
		960,00
+ 19 % Umsatzsteuer		182,40
		1 142,40

Betrag per Girocardzahlung erhalten

Bitte geben Sie bei Zahlung Ihre Kunden- und Rechnungsnummer an. Vielen Dank!

a) Die Belege sind vorzukontieren.
b) Errechnen Sie aus den vier Belegen
   1. die Umsatzsteuerschuld,
   2. die absetzbare Vorsteuer,
   3. die Umsatzsteuerzahllast/den Vorsteuerüberhang.

7 Organisationsvorschriften zur Buchführung anwenden

7.1 Einen Kontenrahmen und Kontenplan nutzen

Nicole Höver erzählt in der Mittagspause: „Heute habe ich Frau Lapp bei der Vorbereitung von Belegen für die Buchung über die Schulter geguckt. Auf jeden Beleg setzte sie den Buchungsstempel. Anschließend trug sie darin Nummern aus einem Kontoplan und Beträge aus den Belegen ein. Auf meine Bemerkung, dass ich gar nichts verstehe, erwiderte sie: ‚Die Geschäftsführung der Primus GmbH will ihren Betrieb von Zeit zu Zeit mit anderen Betrieben vergleichen. Hierzu erhält sie vom Landesverband der Großhändler für Bürobedarf Vergleichszahlen über den Anteil einzelner Aufwandsarten am Gesamtaufwand, einzelner Ertragsarten am Gesamtertrag, über den Anteil einzelner Vermögenspositionen am Gesamtvermögen und einzelner Kapitalpositionen am Gesamtkapital. Vergleiche dieser Art setzen aber voraus, dass die Buchhaltung der Primus GmbH die Konteninhalte so festlegt wie die Vergleichsbetriebe.'"

ARBEITSAUFTRÄGE

◆ Stellen Sie Anforderungen an die Buchführung der Primus GmbH für eine Vergleichbarkeit mit anderen Betrieben der Branche zusammen.
◆ Erläutern Sie den Aufbau des Kontenrahmens für den Großhandel (vgl. Schaubild S. 498 und Faltblatt im Anhang).

Organisationsvorschriften zur Buchführung anwenden **493**

● **Kontenrahmen**

Ein wichtiges Ordnungsmittel zur Herbeiführung der **Ordnungsmäßigkeit der Buchführung** ist der Kontenrahmen mit der **Gliederung der Konten und der Abgrenzung der Konteninhalte**. Er gibt den Unternehmen eine **Übersicht sämtlicher Konten**, die in der Finanzbuchhaltung eines Unternehmens notwendig sein könnten.

Eine solche gemeinsame Organisationsgrundlage ist Voraussetzung dafür, dass die Groß- und Außenhandelsunternehmen von Jahr zu Jahr **(Zeitvergleich)** und von Betrieb zu Betrieb **(Betriebsvergleich)** miteinander vergleichen können. Umgekehrt setzen solche Vergleiche voraus, dass die Kontenbezeichnungen und Buchungsinhalte der Konten von Jahr zu Jahr und von Betrieb zu Betrieb übereinstimmen.

○ **Aufbau des Kontenrahmens**

Der Kontenrahmen ist nach dem **Zehnersystem** (Dezimalklassensystem, dekadisches System) aufgebaut. Jedes Konto (z. B. Bürobedarf) ist durch eine Ziffernfolge (z. B. 481) gekennzeichnet. Aufgrund der zehn Ziffern von 0 bis 9 wurden zehn **Kontenklassen** eingerichtet. Jede Kontenklasse wird in zehn **Kontengruppen** eingeteilt. Jede Kontengruppe kann wiederum zehn **Kontenarten** aufnehmen. Im Bedarfsfall können die Kontenarten jeweils in zehn **Kontenunterarten** aufgeteilt werden.

Beispiel

Kontennummer			Stellenwert	Bedeutung	Konteninhalt
4			einstellig	Kontenklasse	Konten der Kostenarten
4	8		zweistellig	Kontengruppe	Allgemeine Verwaltung
4	8	1	dreistellig	Kontenart	Bürobedarf
4	8	2			Porto, Telefon, Telekommunikation

Für EDV-Zwecke übliche Kontenrahmen sehen eine gleichbleibende Länge der Kontennummern vor. Durch Auffüllen der leeren Stellen mit Nullen wird die konstante Länge der Kontennummern erreicht.

Aufbau des Kontenrahmens für den Großhandel

Kontenklassen und -bezeichnungen	Betrieblicher Hintergrund	Wertefluss im Betrieb	
0 Anlage- und Kapitalkonten (ruhende Konten)	im Wesentlichen die Grundlagen der Betriebsbereitschaft (Anlagevermögen) und ihre Finanzierung (langfristiges Kapital)	Anlagen, Eigenkapital, langfristige Kredite	
1 Finanzkonten	Liquide Mittel und kurzfristige Verbindlichkeiten: Sie werden zur Finanzierung der Warenkäufe und Dienstleistungen (z. B. Personalkosten) eingesetzt.	Liquide Mittel, kurzfristige Kredite, Kasse, Bank	Beschaffung
2 Abgrenzungskonten	Sie erfassen den Werteverzehr und den Wertezuwachs, der nicht in unmittelbarem Zusammenhang mit den sachzielbezogenen Funktionen des Groß- und Außenhandelsbetriebes wie Einkauf, Lagerung und Verkauf steht, und den für kostenrechnerische Zwecke nicht geeigneten Aufwand.		

3 Warenbestands-konten und Wareneinkaufs-konten	Warenbestände am Anfang und am Ende des Geschäftsjahres	▶ Warenvorräte	
	Eingekaufte Waren werden hier als Wareneinsatz erfasst, ggf. getrennt nach Warengruppen (siehe Kontenklasse 8).	▶ Wareneinsatz	Leistungs-erstellung des Groß-handels durch Er-ledigung seiner typischen Aufgaben
4 Konten der Kostenarten	Der gesamte Werteverkehr, soweit er durch die Verwirklichung des eigentlichen Sachzieles verursacht wird und in der Kalkulation zu berücksichtigen ist, wird hier erfasst und nach Kostenarten gegliedert.	▶ Handlungs-kosten	
5 Konten der Kos- 6 tenstellen und 7 für Umsatzkos-tenverfahren frei	Diese Kontenklassen können der Kosten-kontrolle und -verrechnung auf Betriebs-bereiche, Filialen oder Nebenbetriebe (Kostenstellen) und Artikel (Kostenträger) dienen.		
8 Warenverkaufs-konten	Erlöse aus Warenverkäufen und Neben-geschäften werden hier erfasst, ggf. getrennt nach Warengruppen (siehe Kontenklasse 3).	Umsatzerlöse ◀	Absatz
9 Eröffnungs- und Abschlusskonten	Konten, die der Eröffnung (9100 EBK) und dem Abschluss der Bestandskonten (9400 SBK) und der Erfolgskonten (9300 GuV) dienen.	Darstellung der Vermögens-, Finanz- und Ertragslage	

● **Kontenplan**

Jedes Unternehmen stellt sich unter Beachtung der Besonderheiten seiner **Branche**, seiner **Rechtsform**, seiner **Informationsbedürfnisse** sowie der Größe und Struktur des Unternehmens seinen individuellen Kontenplan auf. Dieser Kontenplan wird in Anlehnung an den Kontenrahmen, dessen Anwendung nicht verbindlich vorgeschrieben wird, erstellt. Der Kontenplan enthält nur die **Konten, die in der Finanzbuchhaltung** dieser Unternehmung tatsächlich **erforderlich** sind. Andererseits kann aufgrund des dekadischen Gliederungssystems eine tiefere Gliederung einzelner Kontengruppen vorgenommen werden, wenn ein entsprechendes Informationsbedürfnis gegeben ist.

Beispiel Bei entsprechendem Informationsbedarf kann die Kontenart „482 Porto, Telefon, Telekommunikation" im Kontenplan aufgeteilt werden in die Konten 4821 Porto, 4822 Telefon, 4823 Telekommunikation.

Mithilfe eines solchen betriebsindividuell gestalteten Kontenplans werden in der Buchhaltung die täglich anfallenden Geschäftsfälle anhand von Belegen vorkontiert.

Einen Kontenrahmen und Kontenplan nutzen

● Der **Kontenrahmen** gliedert die möglichen Konten der Betriebe eines Wirtschaftszweiges nach dem Dezimalklassifikationssystem in Kontenklassen.

● Die Anordnung der Kontenklassen orientiert sich am **Prozessgliederungsprinzip**.

Organisationsvorschriften zur Buchführung anwenden

- Mithilfe des Kontenrahmens wird eine Vereinheitlichung der Buchführungsorganisation und über die eindeutige Bezeichnung der Konten und die klare Abgrenzung der Konteninhalte eine **einheitliche Darstellung des wirtschaftlichen Geschehens** der Großhandelsunternehmen angestrebt.
- Damit werden brauchbare **Unterlagen für Zeit- und Betriebsvergleiche** geschaffen, mit deren Hilfe Marktstellung und Schwachstellen erkannt werden können.
- Der **Kontenplan** enthält die Konten, die das Großhandelsunternehmen aufgrund seiner Rechtsform, seines besonderen Informationsbedürfnisses, seiner Branche, seiner Größe und seiner Struktur benötigt.
- Grundlage für die Aufstellung des Kontenplans ist der **Kontenrahmen**.

1. Erstellen Sie folgendes Kontenplanschema und ordnen Sie unten stehende Kontenbezeichnungen den Kontenklassen mit Kontennummern zu.

Klasse 0	Klasse 1	Klasse 2	Klasse 3	Klasse 4	Klasse 8	Klasse 9
Anlage- und Kapitalkonten	Finanzkonten	Abgrenzungskonten	Warenein- kaufs- und Warenbestandskonten	Konten der Kostenarten	Warenverkaufskonten (Umsatzerlöse)	Abschlusskonten

Konten: Umsatzerlöse/Warenverkauf, Grundstücke, Energie/Betriebsstoffe, Bank, Fuhrpark, A.f.W./Wareneingang, Forderungen a. LL., Verbindlichkeiten a. LL., SBK, Technische Anlagen und Maschinen, GuV-Konto, Eigenkapital, Betriebs- und Geschäftsausstattung, Löhne, Gehälter, Bauten auf eigenen Grundstücken, Bürobedarf, Verbindlichkeiten gegenüber Kreditinstituten, Sonstige Ausleihungen (Darlehen), Kasse, Werbe- und Reisekosten, Porto/Telekommunikation, Warenbestand.

2. Ein Großhandelsunternehmen benötigt zur Eröffnung der Konten, zur Erfassung aller Geschäftsfälle und zum Abschluss folgende Konten:
Maschinen, Löhne, Gehälter, UE/Warenverkauf I, UE/Warenverkauf II, Vertreterprovision, Kasse, Eigenkapital, Verbindlichkeiten a. LL., Mieten, Energie/Betriebsstoffe, EBK, Verwaltungsgebäude, Werbe- und Reisekosten, Fuhrpark, Forderungen a. LL., Warenbestand I, Warenbestand II, A.f.W./Wareneingang I, A.f.W./Wareneingang II, Betriebs- und Geschäftsausstattung, Kosten der Warenabgabe, Bankdarlehensschulden über 5 Jahre Laufzeit, SBK, Lagerhalle I, Lagerhalle II, Steuern/Beiträge/Versicherungen, GuV, Bankguthaben, AVK, Ausstellungshalle, Betriebskosten/Instandhaltung.
   a) Ordnen Sie diese Konten den Kontenklassen zu.
   b) Stellen Sie die Konten mit Kontennummern zu einem Kontenplan zusammen.

3. Bilden Sie unter Verwendung der Kontennummern die Buchungssätze zu den nachstehenden Geschäftsfällen eines Großhandelsunternehmens: €
  1. **ER, BA:** Einkauf von Waren gegen Zahlung gegen Banküberweisung,
     netto 24 000,00
     + 19 % USt. 4 560,00

		€
2.	**AR, BA:** Verkauf von Waren gegen Zahlung gegen Banküberweisung, netto	30 000,00
	+ 19 % USt.	5 700,00
3.	**BA:** Banküberweisung der Gehälter an die Angestellten	80 000,00
4.	**KB:** Barzahlung des Beitrages zur Industrie- und Handelskammer	500,00
5.	**BA:** Banküberweisung der Tilgungsrate für ein Bankdarlehen	10 000,00
6.	**AR, KB:** Barverkauf von Waren, netto	500,00
	+ 19 % USt.	95,00
7.	**BA:** Banküberweisung der Gewerbesteuer an die Stadt	4 000,00
8.	**BA:** Abbuchung der Kfz-Versicherung für den betrieblichen Pkw	600,00
9.	**Abschlussbuchungen:**	
	a) Abschluss des Kontos Forderungen a. LL.	95 000,00
	b) Abschluss des Kontos Aufwendungen für Waren	310 000,00
	c) Abschluss des Kontos Umsatzerlöse für Waren	650 000,00
	d) Verlust des Geschäftsjahres	75 000,00
	e) Abschluss des Kontos Eigenkapital	420 000,00

4. a) Geben Sie mithilfe des Kontenrahmens zu den unter b) stehenden Buchungssätzen die Kontenbezeichnung an.

b) Formulieren Sie den Geschäftsfall, der dem einzelnen Buchungssatz zugrunde liegt.

```
 1. 131          an 151   6 000,00        8. 470       900,00
 2. 171          an 131   8 050,00           141       171,00   an 171   1 071,00
 3. 421          an 131   5 000,00        9. 481    1 100,00
 4. 426          an 131   1 200,00           141       209,00   an 171   1 309,00
 5. 402          an 131  11 000,00       10. 430    3 800,00
 6. 131          an 101   2 070,00           141       722,00   an 131   4 522,00
 7. 301   32 000,00
    141    6 080,00       an 171  38 080,00
```

5. Nennen Sie die Geschäftsfälle und Buchungssätze, die den Buchungen auf folgendem Konto zugrunde liegen.

S		131 Kreditinstitute		H
1. 910		69 000,00	3. 171	14 720,00
2. 101		30 360,00	4. 411	3 910,00
6. 151		19 665,00	5. 033,141	1 475,60
9. 801,181		49 980,00	7. 481,141	285,60
10. 034,181		4 165,00	8. 402	14 200,00
			11. 940	138 578,80
		173 170,00		173 170,00

6. **Kontenplan einer Großhandelsunternehmung:** 021, 033, 046, 061, 082, 101, 131, 141, 151, 171, 181, 211, 242, 261, 301, 390, 401, 413, 421, 427, 432, 441, 471, 481, 801, 910, 930, 940.

Anfangsbestände	€		€
Grundstücke		Betriebs- und Geschäfts-	
mit Gebäude	870 000,00	ausstattung	220 000,00
Darlehensforderung	50 000,00	Bank	390 000,00
Forderungen a. LL.	89 600,00	Kasse	5 100,00
Eigenkapital	1 340 700,00	Darlehensschulden	320 000,00
Warenbestand	137 000,00	Verbindlichkeiten a. LL.	101 000,00

Organisationsvorschriften zur Buchführung anwenden

Geschäftsfälle: € €

1. **BA vom 01.12.:** Lastschriften
   a) Abbuchung durch das Energiewerk: Strom- und
      Gasverbrauch einschl. 19 % USt. 19 278,00
   b) Überweisung für Dachreparaturen am Gebäude
      einschl. 19 % USt. 50 932,00   70 210,00

2. **BA vom 02.12.:** Verkäufe von Waren mit
   Banküberweisung, netto 85 200,00
   + 19 % USt. 16 188,00   101 388,00

3. **ER vom 03.12.:** Zieleinkauf von Waren netto........... 382 000,00
   + 19 % USt. 72 580,00   454 580,00

4. **KB vom 10.12.:**
   a) Barkauf von Büromaterialien einschl. 19 % USt. 446,25
   b) Beitrag zur Industrie- und Handelskammer 400,00   846,25

5. **AR vom 11.12.:** Verkäufe von Waren
   a) gegen Banküberweisung, netto 270 000,00
      + 19 % USt. 51 300,00   321 300,00
   b) auf Ziel, netto 680 000,00
      + 19 % USt. 129 200,00   809 200,00

6. **BA vom 14.12.:** Gutschriften
   a) Mieter zahlten Mieten durch Banküberweisungen 24 700,00
   b) Kunden bezahlten fällige AR durch Banküber-
      weisungen 498 100,00   522 800,00

7. **BA vom 15.12.:** Banküberweisungen
   a) Zinsen für das aufgenommene Darlehen 25 600,00
   b) Gewerbesteuer an die Stadtkasse 32 000,00   57 600,00

8. **BA vom 24.12.:** Lastschriften
   a) Lohnzahlungen 203 000,00
   b) Leasingzahlungen für gemietete Maschinen und Lkw 28 000,00
   c) Banküberweisung an die Werbeagentur, netto....... 18 000,00
      + 19 % USt. 3 420,00   252 420,00

9. **BA vom 29.12.:** Gutschriften
   a) Darlehensnehmer zahlte 8 % Jahreszinsen 4 000,00
   b) Darlehensnehmer überwies Tilgungsrate 10 000,00
   c) Verkauf eines Grundstücks gegen Banküberweisung . 222 000,00   236 000,00

10. **BA vom 30.12.:** Lastschriften
    a) Banküberweisung an Lieferer für fällige ER 402 000,00
    b) Kauf eines PC gegen
       Banküberweisung, netto 16 700,00
       + 19 % USt. 3 173,00   421 873,00

Abschlussangaben:
1. Warenendbestand lt. Inventur   175 600,00
2. Die übrigen Buchbestände stimmen mit den Inventurbeständen überein.

Führen Sie die Buchungen des Geschäftsganges im Grund- und Hauptbuch durch.
Um die Bearbeitung der Aufgabe mit einer computerunterstützten Finanzbuchhaltung durchzuführen, wurde zu jedem Geschäftsfall jeweils das Datum angegeben.

7.2 System- und Nebenbücher zur Überwachung von Zahlungsein- und Zahlungsausgängen nutzen

Frau Primus fordert von der Buchhaltung künftig Monatsberichte über die Umsatzentwicklung und die Zahlungen der Kunden. Frau Lapp beauftragt die Auszubildende Nicole Höver mit der Erstellung einer Monatsübersicht. „Muss ich dazu alle Buchungen auf dem Konto Forderungen nach Kunden sortieren?" – „Nein! Dafür haben wir doch die Debitorenkonten!"

ARBEITSAUFTRÄGE
- Erläutern Sie, warum Frau Primus Monatsberichte über die Umsatzentwicklung und die Zahlungen der Kunden haben will.
- Erläutern Sie die Inhalte der Debitorenkonten.
- Erläutern Sie, welche Inhalte die Monatsberichte enthalten sollten.

Buchführungsbücher sind Geschäftsbücher, in denen die Geschäftsfälle erfasst werden. Gebundene Bücher können durch eine fortlaufend nummerierte **Loseblattsammlung** oder die **geordnete Ablage von Belegen** ersetzt werden. Die Bücher und die sonst erforderlichen Aufzeichnungen werden in den meisten Groß- und Außenhandelsbetrieben auf **digitalen Datenträgern geführt**. Dabei ist sicherzustellen, dass die Daten während der Dauer der Aufbewahrungsfrist verfügbar sind und jederzeit innerhalb angemessener Frist lesbar gemacht werden können.

● Systembücher

Sie sind wesentlicher Bestandteil des Systems der doppelten Buchführung:

| Inventar- und Bilanzbuch | Grundbuch | Hauptbuch |

○ Inventar- und Bilanzbuch

Im Inventar- und Bilanzbuch werden die Bestände bei Unternehmungsgründung, danach regelmäßig zum Geschäftsjahresende und letztlich bei Unternehmungsauflösung oder -verkauf dokumentiert. Es handelt sich also um eine Sammlung der Inventare und der daraus abgeleiteten Bilanzen.

○ Grundbuch

In **Grundbüchern**, auch Journale genannt, werden alle **Geschäftsfälle** anhand der Belege in **zeitlicher Reihenfolge** eingetragen.

Grundbücher können nach Sachgebieten oder Abteilungen gegliedert und somit arbeitsteilig geführt werden: Kassenbuch, Eingangsrechnungen, Ausgangsrechnungen, Bankauszüge. Grundbücher erfassen anhand der Belege **alle Geschäftsfälle in zeitlicher Reihenfolge**.

○ Hauptbuch

Im Hauptbuch werden die **Geschäftsfälle** nach ihrer **Auswirkung** auf einzelne Vermögens- oder Kapitalposten (= sachliche Gliederung) **gegliedert** und auf den entsprechenden Sachkonten gebucht. Im **Hauptbuch** werden für die Bilanzposten **Bestandskonten** und für die Erfolgsquellen **Erfolgskonten** eingerichtet.

Auf diesen **Sachkonten** werden anhand von Belegen alle Wertveränderungen ordnungsgemäß festgehalten.

● Nebenbücher

Die Übersicht, die das Hauptbuch über die Vermögens- und Kapitalveränderungen vermittelt, genügt bei einigen Posten nicht.

Aus den Konten des Hauptbuches ist nicht ersichtlich, wie hoch die Schulden gegenüber einzelnen Lieferern oder die Forderungen gegenüber einzelnen Kunden sind. Aus dem Konto Umsatzerlöse für Waren geht nicht hervor, mit welchen Artikeln die Umsätze erreicht wurden.

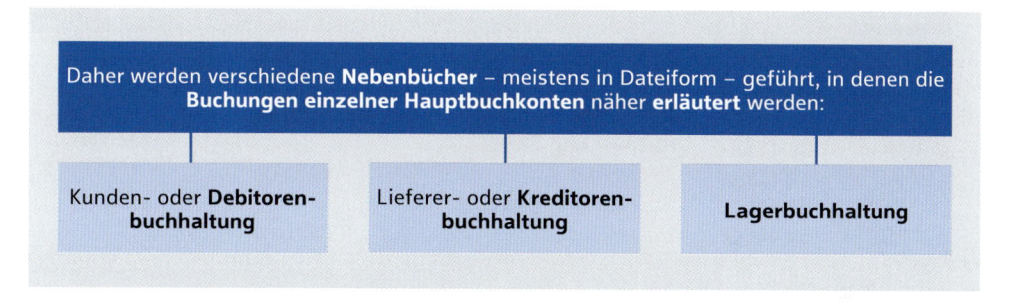

Daher werden verschiedene **Nebenbücher** – meistens in Dateiform – geführt, in denen die **Buchungen einzelner Hauptbuchkonten** näher **erläutert** werden:

| Kunden- oder **Debitoren-buchhaltung** | Lieferer- oder **Kreditoren-buchhaltung** | **Lagerbuchhaltung** |

In den Nebenbüchern werden **keine Buchungen mit Gegenbuchungen** vorgenommen, sondern lediglich Übertragungen. Der Inhalt der Eintragungen in den Nebenbüchern muss jedoch mit dem Inhalt der Buchungen auf den entsprechenden Sachkonten übereinstimmen.

○ Kontokorrentbuch

Kundenforderungen und **Liefererschulden** werden im **Hauptbuch** auf den **Sachkonten** „101 Forderungen a. LL." und „171 Verbindlichkeiten a. LL." mit den entsprechenden Gegenbuchungen erfasst.

Aus dem Konto „101 Forderungen a. LL." kann der Unternehmer nicht ersehen, wie hoch seine Forderungen gegenüber einzelnen Kunden sind.

Aus dem Konto „171 Verbindlichkeiten a. LL." geht nicht hervor, wie hoch die Schulden gegenüber einzelnen Lieferern sind.

Daher wird für jeden einzelnen Kunden und Lieferer im **Kontokorrentbuch** ein eigenes Konto (Datei) geführt.

Kontokorrentbuch

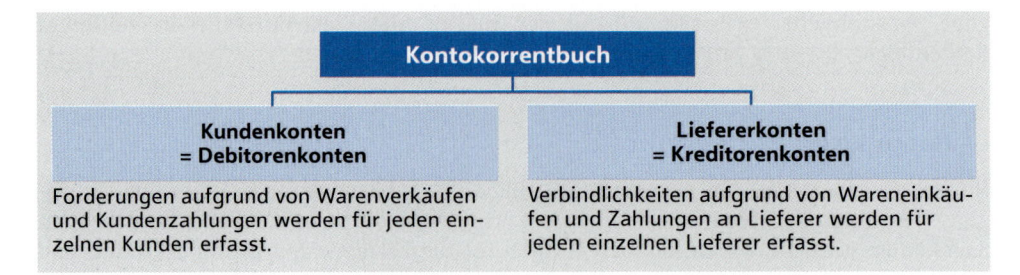

Kundenkonten = Debitorenkonten
Forderungen aufgrund von Warenverkäufen und Kundenzahlungen werden für jeden einzelnen Kunden erfasst.

Liefererkonten = Kreditorenkonten
Verbindlichkeiten aufgrund von Wareneinkäufen und Zahlungen an Lieferer werden für jeden einzelnen Lieferer erfasst.

Beispiel Buchungen auf dem Hauptbuchkonto (Sachkonto) „101 Forderungen a. LL."

Soll		101 Forderungen a. LL.		H
02.01. 910	58 116,00	10.01. 131		26 100,00
16.03. 801,181	27 260,00	14.01. 131		32 016,00
18.04. 801,181	53 360,00	30.03. 131		27 260,00
02.06. 801,181	14 674,00	18.05. 131		53 360,00
18.12. 801,181	80 040,00	01.07. 131		14 674,00
27.12. 801,181	106 720,00	31.12. 940		186 760,00
	340 170,00			340 170,00

Eintragungen auf den Kundenkonten (Personenkonten) „D10130 Herstadt Warenhaus GmbH" und „D10170 Bürofachgeschäft Herbert Blank e. K."

D10130 Herstadt Warenhaus GmbH, Brunostr. 45, 45889 Gelsenkirchen, Kdn.-Nr. 8135				
Datum	Beleg	Text	Soll	Haben
02.01.		Saldovortrag: AR 7352	32 016,00	
14.01.	BA 012	Überweisung AR 7352		32 016,00
18.04.	AR 9893	Zielverkauf	53 360,00	
18.05.	BA 115	Überweisung AR 9893		53 360,00
02.06.	AR 12396	Zielverkauf	14 674,00	
01.07.	BA 125	Überweisung AR 12396		14 674,00
27.12.	AR 39893	Zielverkauf	106 720,00	
31.12.		Saldo: AR 39893		106 720,00
			206 770,00	206 770,00
02.01.		Saldovortrag: AR 39893	106 720,00	

D10170 Bürofachgeschäft Herbert Blank e. K., Cäcilienstr. 86, 46147 Oberhausen, Kdn.-Nr. 8671				
Datum	Beleg	Text	Soll	Haben
02.01.		Saldovortrag: AR 7531	26 100,00	
10.01.	BA 009	Überweisung AR 7531		26,100,00
16.03.	AR 8428	Zielverkauf	27 260,00	
30.03.	BA 92	Überweisung AR 8428		27 260,00
18.12.	AR 32375	Zielverkauf	80 040,00	
31.12.		Saldo: AR 32375		80 040,00
			133 400,00	133 400,00
02.01.		Saldovortrag: AR 32375	80 040,00	

Beim monatlichen, vierteljährlichen oder jährlichen Abschluss der Kontokorrentkonten werden alle Salden in einer gesammelt.

Beispiel einer Saldenliste

Konto	Bezeichnung	Saldo-vortrag	Jahressoll	Jahres-haben	Saldo
D10130	Herstadt Warenhaus GmbH, Brunostr. 45, 45889 Gelsenkirchen	32 016,00	174 754,00	100 050,00	106 720,00
D10170	Bürofachgeschäft Herbert Blank e. K., Cäcilienstr. 86, 46147 Oberhausen	26 100,00	107 300,00	53 360,00	80 040,00
					186 760,00

○ **Lagerbuchhaltung**

Die **Lagerdatei** enthält für **jeden Artikel** ein **Konto**. Die Lagerdatei dient insbesondere der **mengenmäßigen Kontrolle** der Lagerbestände und wird daher zumeist nur zur Erfassung mengenmäßiger Bestandsveränderungen geführt. **LF 11**

System- und Nebenbücher zur Überwachung von Zahlungsein- und Zahlungsausgängen nutzen

Bücher der Buchführung

- **Systembücher**
  - **Grundbuch**: Erfassung aller Geschäftsfälle in zeitlicher Reihenfolge
  - **Hauptbuch**: sachliche Gliederung der Geschäftsfälle auf Sachkonten
- **Nebenbücher**: Erläuterung einzelner Sachkonten durch dateimäßige Aufgliederung der Inhalte
  - Kontokorrentkonten
  - Debitorenkonten
  - Kreditorenkonten
  - Lagerdatei, Lagerbuchhaltung

Kontokorrentkonten

Debitorenkonten (Kundenkonten)	Kreditorenkonten (Liefererkonten)
● Erfassung des Geschäftsverkehrs mit einzelnen Kunden ● Informationsspeicher über – Umsatzhöhe und -entwicklung – Zahlungsverhalten – offene Posten einzelner Kunden ● Grundlage für Maßnahmen im Absatzmarketing	● Erfassung des Geschäftsverkehrs mit einzelnen Lieferern ● Informationsspeicher über – Umsatz mit einzelnen Lieferern – Zahlungen an Lieferer – Fälligkeiten und offene Posten ● Grundlage für Maßnahmen im Beschaffungsmarketing

---

1. Ordnen Sie folgende Begriffe 1 bis 6 den unten stehenden Erklärungen a) bis f) zu.
1. Hauptbuch
2. Journal (Grundbuch)
3. Kontenrahmen
4. Kontenplan
5. Buchungssatz
6. Geschäftsfall

a) Wertbewegung in einer Unternehmung, die buchhalterisch erfasst wird.
b) Kürzeste Anweisung für die Durchführung einer Buchung aufgrund eines Beleges.
c) Erfassung der Geschäftsfälle in zeitlicher Reihenfolge.

d) Teil der Buchhaltung, in dem die Geschäftsfälle sachlich geordnet erfasst werden.
e) Systematische Gliederung der Konten, die in der Buchhaltung einer bestimmten Unternehmung geführt werden.
f) Systematische Ordnung aller Konten, die in den Betrieben eines bestimmten Wirtschaftszweiges möglich sind.

2. Die vierten Buchstaben der 21 Wörter, deren Definitionen oder Synonyme unten angegeben sind, ergeben in der Reihenfolge von oben nach unten einen Grundsatz der ordnungsmäßigen Buchführung:

1. Eintragung des Buchungssatzes im Buchungsstempel
2. Verzeichnis aller Vermögensteile und Schulden
3. Passiva
4. Betriebsvermögen des Unternehmers
5. Bestandsaufnahme
6. Verpflichtungen aus Zielkäufen
7. Vorbereitungsbuchung zum Abschluss
8. Bestandsaufnahme an einem bestimmten Tag
9. Entwertungsstrich
10. Fremdkapital
11. Journal
12. Beleg für Verkäufe
13. Unterkonten des Eigenkapitalkontos
14. kürzeste Form einer Buchungsanweisung
15. dekadisches System
16. Mittelverwendung
17. Saldo der Bestandskonten
18. Buchungsunterlage
19. Differenz zwischen Aufwand und Ertrag
20. Gründer und Leiter eines Betriebes
21. Abfluss von Geldmitteln bei Anschaffungen

3. Führen Sie das Konto des Kunden J. Pauls e. K., Eggstr. 36, 79117 Freiburg:

		€
14.07.:	Saldovortrag	14 135,00
29.07.:	AR 293	31 470,00
12.08.:	AR 327	41 525,00
20.08.:	Bankauszug 175: Überweisung des Kunden	75 000,00
26.08.:	AR 352	38 917,00
29.08.:	Bankauszug 176: Überweisung des Kunden	40 000,00

Ermitteln Sie den Saldo zum 31.08.20.. .

4. Führen Sie das Konto des Kunden Sascha Bange e. K., Am Wingert 32, 50999 Köln: €

25.09.:	Saldovortrag	47 140,00
30.09.:	Bankauszug 189: Überweisung des Kunden	47 140,00
14.10.:	AR 407	38 290,00
27.10.:	AR 462	41 225,00
03.11.:	Bankauszug 190: Überweisung des Kunden	79 515,00
12.11.:	AR 481	21 114,00
24.11.:	AR 579	51 945,00
27.11.:	Bankauszug 191: Überweisung des Kunden	70 000,00

Ermitteln Sie den Saldo zum 30.11.20.. .

5. Führen Sie das Konto des Lieferers RaWa AG, Hafenstr. 2, 59067 Hamm:

		€
15.03.:	Saldovortrag	124 150,00
29.03.:	BA 609: Überweisung an den Lieferer	110 000,00
15.04.:	ER 407	72 315,00
23.04.:	BA 610: Überweisung an den Lieferer	86 465,00
02.05.:	ER 502	68 320,00
09.06.:	ER 711	46 730,00
27.06.:	BA 611: Überweisung an den Lieferer	100 000,00

Ermitteln Sie den Saldo zum 30.06.20.. .

Besondere Buchungen bei der Beschaffung von Waren durchführen

6. Führen Sie das Konto des Lieferers Udo Lingen e. K., Am Hang 4, 42289 Essen: €
- 01.10.: Saldovortrag 14 110,00
- 15.10.: ER 2111 .... 56 870,00
- 18.10.: Rücksendung (Falschlieferung), R 2 .... 12 430,00
- 30.10.: Überweisung durch Bank, BA 730 .... 57 000,00
- 17.11.: ER 2888 .... 49 840,00
- 20.11.: BA 731: Überweisung an den Lieferer 49 840,00
- 20.12.: ER 2989 .... 86 810,00
- 29.12.: Gutschrift aufgrund einer Mängelrüge, G 25 .... 8 490,00

Ermitteln Sie den Saldo zum 31.12.20.. .

7. Die dritten Buchstaben der zwölf Wörter, deren Definition oder Synonym unten angegeben sind, ergeben in der Reihenfolge von oben nach unten den Titel eines Romans von Gustav Freytag:

1. Abbau des Lagerbestandes
2. Rückbuchung
3. Mehrung der Bilanzsumme durch einen Geschäftsfall
4. Grundlage der Betriebsbereitschaft
5. Zweiseitige Rechnung in der Buchführung
6. Buch der Konten einer Unternehmung
7. Saldo der Bestandskonten
8. wichtiger Grundsatz einer ordnungsmäßigen Buchführung
9. Form des Inventars
10. Kundenkonten
11. der Unternehmung befristet überlassenes Kapital
12. Kontenzusammenstellung für die Buchhaltung eines Unternehmens

Weitere Aufgaben finden Sie unter BuchPlusWeb.

8 Besondere Buchungen bei der Beschaffung von Waren durchführen

8.1 Sofortrabatte und Anschaffungsnebenkosten beim Einkauf von Waren berücksichtigen

Die Primus GmbH hat von der Computec GmbH & Co. KG folgende Rechnung erhalten: Frau Lapp gibt den Beleg an die Auszubildende Nicole Höver zur Bearbeitung weiter.

ARBEITSAUFTRÄGE
- Erläutern Sie die Auswirkung von Rabatt und Fracht auf die Anschaffungskosten.
- Machen Sie Vorschläge für die Buchung des Belegs.

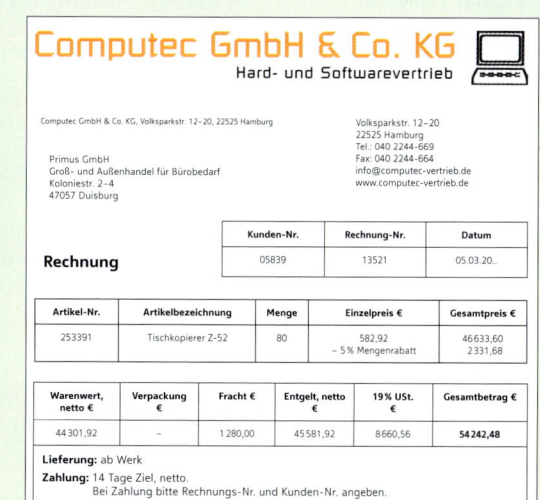

Computec GmbH & Co. KG
Hard- und Softwarevertrieb

Computec GmbH & Co. KG, Volksparkstr. 12–20, 22525 Hamburg

Primus GmbH
Groß- und Außenhandel für Bürobedarf
Koloniestr. 2–4
47057 Duisburg

Volksparkstr. 12–20
22525 Hamburg
Tel.: 040 2244-669
Fax: 040 2244-664
info@computec-vertrieb.de
www.computec-vertrieb.de

Rechnung

Kunden-Nr.	Rechnung-Nr.	Datum
05839	13521	05.03.20..

Artikel-Nr.	Artikelbezeichnung	Menge	Einzelpreis €	Gesamtpreis €
253391	Tischkopierer Z-52	80	582,92 – 5 % Mengenrabatt	46 633,60 2 331,68

Warenwert, netto €	Verpackung €	Fracht €	Entgelt, netto €	19 % USt. €	Gesamtbetrag €
44 301,92	–	1 280,00	45 581,92	8 660,56	54 242,48

Lieferung: ab Werk
Zahlung: 14 Tage Ziel, netto.
Bei Zahlung bitte Rechnungs-Nr. und Kunden-Nr. angeben.

● Anschaffungskosten

Waren werden beim Einkauf mit ihren **Anschaffungskosten** (Bezugs- oder Einstandspreisen) erfasst. Es ist also zu beachten, dass

- **Sofortrabatte**, die bereits auf der Eingangsrechnung ausgewiesen sind, die Anschaffungskosten mindern und nicht gesondert gebucht werden,
- **Bezugskosten**, wie Fracht, Transportverpackung, Transportversicherung u.a., als Anschaffungsnebenkosten zu den Anschaffungskosten zählen,
- **Vorsteuer** lt. Eingangsrechnung kein Bestandteil der Anschaffungskosten ist, weil sie durch Verrechnung mit der Umsatzsteuer vom Finanzamt praktisch zurückerstattet wird.

Beispiel (vgl. Beleg S. 503)

	Eingangsrechnung: Zieleinkauf von Waren	
Listen(einkaufs)preis	Gesamtpreis, netto..........................	46 633,60
− Sofortrabatt	− 5 % Mengenrabatt.........................	2 331,68
		44 301,92
+ Anschaffungsnebenkosten	+ Fracht.......................................	1 280,00
= Anschaffungskosten	....	45 581,92
	+ 19 % Umsatzsteuer.......................	8 660,56
	Rechnungsbetrag, brutto..................	54 242,48

● Buchung der Anschaffungsnebenkosten

Damit der Unternehmer genaue Informationen über die Zusammensetzung der Bezugspreise (Preis der Waren, Bezugskosten) bekommt, empfiehlt sich eine getrennte Erfassung der Anschaffungsnebenkosten auf dem eigens dafür eingerichteten Warenbezugskostenkonto (302).

> **PRAXISTIPP** Diese Information benötigt die Unternehmensleitung, um beispielsweise die Frachtkosten zu mindern.

Beispiel Der Primus GmbH wird von der Computec & Co. KG der Tischkopierer Primus Z-52 zu folgenden Bedingungen angeboten:
Preis je Stück ab Werk 582,92 €, Transportkosten bei Zustellung mit werkseigenem Lkw 16,00 € je Stück (vgl. Beleg S. 503).
Im Rahmen ihrer Beschaffungspolitik kann die Primus GmbH versuchen, die Frachtkosten zu senken, beispielsweise durch Auswahl eines preiswerteren Spediteurs, durch Selbstabholung u. a.

Hochwertige **Spezial-** oder **Mehrwegverpackung** (Kühlsteigen, Kisten, Gas- und Säurebehälter, Collicos) werden häufig vom Lieferer zur Verfügung gestellt und dem Kunden mit den Selbstkosten belastet. Solche **Verpackungskosten** werden als **Anschaffungsnebenkosten** ebenfalls auf dem Unterkonto **302 Warenbezugskosten** gebucht. Das Warenbezugskostenkonto ist ein **Unterkonto** des Kontos 301 Wareneingang/A. f. W.

Beispiel
Buchung (vgl. Beleg S. 503):
301	A. f. W./Wareneingang	44 301,92		
302	Bezugskosten	1 280,00		
141	Vorsteuer	8 660,56	an 171 Verbindlichkeiten a. LL.	54 242,48

S	301 A.f.W./Wareneingang	H	S	171 Verbindlichkeiten a. LL.	H
171	44 301,92			301, 302,	
→ 302	1 280,00			141	54 242,48

S	302 Warenbezugskosten	H
171	1 280,00	301 1 280,00 ┘

S	141 Vorsteuer	H
171	8 660,56	

Zum Abschluss wird das Konto 302 Warenbezugskosten im Rahmen der Umbuchungen über das Konto 301 Wareneingang/A. f. W. abgeschlossen.

Sofortrabatte und Anschaffungsnebenkosten beim Einkauf von Waren berücksichtigen

- Alle Vermögensgegenstände sind bei ihrer Anschaffung mit den **Anschaffungskosten** (bei Waren **Bezugs- oder Einstandspreis**) zu erfassen.
- **Anschaffungskosten** einer Ware sind alle **Aufwendungen**, die beim Erwerb entstehen.

Anschaffungskosten				
Listeneinkaufspreis	− Anschaffungspreisminderungen	+	Anschaffungsnebenkosten	Keine Anschaffungskosten
Preis lt. Angebotsliste	− **Sofortrabatte** (Mengen-, Wiederverkäufer-, Sonderrabatte), die bei Rechnungserteilung abgezogen werden − nachträglich gewährte Rabatte − Skonto		Bezugskosten bei Warenbeschaffung: Verpackungskosten, Rollgeld, Fracht, Transportversicherung	absetzbare Vorsteuer: gezahlte Umsatz- oder Einfuhrumsatzsteuer

- **Sofortrabatte** werden nicht gesondert gebucht.
- **Anschaffungsnebenkosten** werden zur besseren Übersicht über die Bezugskosten auf einem **Unterkonto** des Kontos 301 Wareneingang/A. f. W., dem Konto 302 **Warenbezugskosten**, gebucht.
- Das Konto **302 Warenbezugskosten** wird im Rahmen der **Umbuchungen über** das Konto **301 Aufw. für Waren/Wareneingang** abgeschlossen.

1. ER 208:

	€
Waren, Listenpreis	150 000,00
− 33 1/3 % Wiederverkäuferrabatt	50 000,00
	100 000,00
− 4 % Sonderrabatt	4 000,00
	96 000,00
+ 19 % Umsatzsteuer	18 240,00
	114 240,00

Buchen Sie diese Eingangsrechnung.

2. Geben Sie die Buchungssätze für folgende Geschäftsfälle einer Stoffgroßhandlung für Damenoberbekleidung an.

1. **ER:** Zieleinkauf von Mantelstoffen

	€	€
Listenpreis, netto	80 000,00	
– 6 % Mengenrabatt	4 800,00	75 200,00
+ 19 % Umsatzsteuer		14 288,00
		89 488,00

2. **ER, BA:** Kauf von Nähseide gegen Zahlung mit Banküberweisung

	€	€
Listenpreis, netto	6 000,00	
– 4 % Treuerabatt	240,00	5 760,00
+ 19 % Umsatzsteuer		1 094,40
		6 854,40

3. **ER, KB:** Barkauf von Reinigungsmaterial für die Lagerräume

	€	€
Listenpreis, netto	800,00	
– 5 % Treuerabatt	40,00	760,00
+ 19 % Umsatzsteuer		144,40
		904,40

4. **ER:** Zieleinkauf von Kleiderstoffen, Seide

	€	€
Listenpreis: 80 Ballen à 1 200,00 €	96 000,00	
– 8 % Messerabatt	7 680,00	88 320,00
+ 19 % Umsatzsteuer		16 780,80
		105 100,80

3. Die Primus GmbH erhält eine Ab-Werk-Lieferung von 5000 Paketen Computerpapier A4 weiß 80 g 2000 Blatt zum Listenpreis von 14,44 € je Paket. Die Papierwerke Iserlohn GmbH gewährt 20 % Wiederverkäuferrabatt. Für die gewünschte Eilzustellung durch Frachtführer berechnet sie 1 240,00 € Fracht.
a) Ermitteln Sie den Rechnungsbetrag unter Berücksichtigung von 19 % Umsatzsteuer.
b) Ermitteln Sie die Anschaffungskosten je Paket.
c) Bilden Sie den Buchungssatz zur Erfassung dieser Sendung.

4. Kontenplan: 034, 060, 101, 131, 141, 151, 171, 181, 301, 302, 390, 400, 410, 480, 491, 801, 910, 930, 940

Anfangsbestände

	€		€
Fuhrpark	250 000,00	Eigenkapital	442 000,00
Warenbestände	142 000,00	Verbindlichkeiten a. LL.	69 000,00
Forderungen a. LL.	46 000,00		
Bankguthaben	68 000,00		
Kasse	5 000,00		

Geschäftsfälle:

1. **AR 47–55:** Verkauf von Waren auf Ziel, netto

	€	€
	135 000,00	
+ 19 % Umsatzsteuer	25 650,00	160 650,00

2. **ER 17:** Einkauf von Waren auf Ziel

	€		
	67 000,00		
+ Verpackung	820,00		
+ Fracht	280,00	68 100,00	
+ 19 % Umsatzsteuer		12 939,00	81 039,00

3. **AR 56–59:** Verkauf von Waren auf Ziel, netto

	€	€
	48 000,00	
+ 19 % Umsatzsteuer	9 120,00	57 120,00

Besondere Buchungen bei der Beschaffung von Waren durchführen

4.	**ER 18, BA 13:** Wareneinkauf durch Banküberweisung	44 000,00	
	− 10 % Rabatt	4 400,00	
		39 600,00	
	+ Leihverpackung	1 200,00	40 800,00
	+ 19 % Umsatzsteuer		7 752,00
			48 552,00
5.	**Kassenbeleg:** Zustellentgelt hierfür (Fall 4)		166,60
	19 % Umsatzsteueranteil	26,60	
6.	**BA 14:** Lastschriften/Gutschriften für		
	a) Löhne und Gehälter	18 000,00	
	b) Miete für gemietete Geschäftsräume	15 000,00	
	c) Büromaterial einschl. 19 % USt.	214,20	33 214,20
	d) Gutschrift für Kundenzahlungen (AR 38 und 47)		114 210,00

Aufgabenstellungen:
a) Nach der Konteneröffnung sind die Geschäftsfälle zu buchen.
b) Führen Sie den Abschluss durch. €
 Warenbestand lt. Inventur 155 000,00
c) Ermitteln Sie
 1. den Wareneinsatz, 2. den Umsatz, 3. den Reingewinn.

Weitere Aufgaben finden Sie unter BuchPlusWeb.

8.2 Rücksendungen und Nachlässe beim Wareneinkauf erfassen

Ein Lkw der Spedition Müller GmbH, Köln, liefert am 15. September 20.. Schreibtische und Drehstühle der Bürodesign GmbH, Köln, an. Die in Rollcontainern verpackten Büromöbel werden von dem Lageristen der Primus GmbH noch in Anwesenheit des Lkw-Fahrers auf äußere Beschädigungen überprüft und dann angenommen.
Am selben Tag geht die Rechnung der Bürodesign GmbH, Köln, ein:

BÜRODESIGN GMBH
Ein ökologisch orientiertes Unternehmen mit Zukunft

Bürodesign GmbH, Stolberger Str. 188, 50933 Köln

Primus GmbH
Groß- und Außenhandel für Bürobedarf
Koloniestr. 2–4
47057 Duisburg

Bürodesign GmbH
Stolberger Str. 188
50933 Köln
Tel.: 0221 6683-550
Fax: 0221 6683-57
info@buerodesign-online.de
www.buerodesign-online.de

RECHNUNG

Kunden-Nr.	Rechnung-Nr.	Datum
20344	1238	15.09.20..

Artikel-Nr.	Artikelbezeichnung	Menge	Einzelpreis €	Gesamtpreis €
100301	Schreibtisch „Classic"	50	136,14	6 807,00
100303	Regalelement „Classic"	40	58,86	2 354,40
100310	Bandscheiben-Drehstuhl „Super-Star"	40	90,68	3 627,20

Warenwert, netto €	Verpackung €	Fracht €	Entgelt, netto €	19 % USt. €	Gesamtbetrag €
12 788,60	1 800,00	1 301,40	15 890,00	3 019,10	18 909,10

Bei näherer Prüfung der Sendung und der Eingangsrechnung wird festgestellt, dass fünf Regalelemente Classic zu viel geliefert und berechnet wurden (Pos. 2 der ER). Nach telefonischer Vereinbarung mit Herrn Stam, dem zuständigen Ansprechpartner in der Bürodesign GmbH, werden fünf Regalelemente „Classic" und die Verpackung (8 Rollcontainer) zurückgesandt.

Nach der Rücksendung erhält die Primus GmbH die nebenstehende Gutschrift (Auszug).

BÜRODESIGN GMBH
Ein ökologisch orientiertes Unternehmen mit Zukunft

Bürodesign GmbH, Stolberger Str. 188, 50933 Köln

Primus GmbH
Groß- und Außenhandel für Bürobedarf
Koloniestr. 2–4
47057 Duisburg

Bürodesign GmbH
Stolberger Str. 188
50933 Köln
Tel.: 0221 6683-550
Fax: 0221 6683-57
info@buerodesign-online.de
www.buerodesign-online.de

GUTSCHRIFT NR. 383

Ihre Beanstandung vom:	15.09.20.
Unsere Lieferung vom:	15.09.20.
Unsere Rechnung Nr.:	1238
vom:	15.09.20.

Begründung der Gutschrift	Menge	Einzelpreis €	Gesamtpreis €
Rücksendung Regalelement „Classic" Rollcontainer	5 8	58,86 225,00	294,30 1 800,00
		Wert der Gutschrift, netto 19 % Umsatzsteuer	2094,30 397,92
		Wert der Gutschrift	**2492,22**

ARBEITSAUFTRAG
◆ Erläutern Sie die buchhalterische Auswirkung der Rücksendung der Regalelemente und der Rollcontainer.

● **Rücksendungen von Waren und Leihverpackungen**

○ **Rücksendungen von Waren**

Die Rücksendung von Waren wegen Falschlieferung oder mangelhafter Lieferung bewirkt eine **Gutschrift des Lieferers. Diese kann** mit eventuellen Zahlungsansprüchen des Lieferers (Verbindlichkeiten a. LL.) verrechnet werden. Die zurückgesandten falschen oder mangelhaften Waren können unmittelbar auf dem Konto Wareneingang gutgeschrieben werden, da sich der lt. Eingangsrechnung ursprünglich erfasste Aufwand für Waren verringert. Zur besseren Übersicht werden die Rücksendungen auf dem Unterkonto **305 Rücksendungen an Lieferer** erfasst. Es handelt sich um eine **Korrektur- oder Stornobuchung.** Sie führt **umsatzsteuerrechtlich** gleichzeitig zu einer **Minderung des Vorsteueranspruchs** gegenüber dem Finanzamt. Die **Vorsteuer** ist entsprechend zu **berichtigen.**

○ **Rücksendung von Verpackung**

Der Lieferer belastet im Allgemeinen den Käufer mit dem Verpackungsmaterial für die gelieferten Materialien. Die **Rücksendung von Verpackung,** die der Lieferer in Rechnung gestellt hat, führt ebenfalls zu einer **Korrektur- oder Stornobuchung.**

> **PRAXISTIPP** Mit der Rücksendung von berechnetem Verpackungsmaterial vermindern sich die Anschaffungskosten. Achten Sie daher immer auf den pfleglichen Umgang mit Mehrwegverpackungen.

Die Gutschrift für das zurückgesandte Verpackungsmaterial erfolgt **unmittelbar auf dem Konto 301 A. f. W./Wareneingang bzw. auf dem speziellen Unterkonto 302 Warenbezugskosten.** Die ursprünglich gebuchte Vorsteuer ist entsprechend zu korrigieren.

Beispiel

ER: Zieleinkauf von Schreibtischen,
Regalelementen und Drehstühlen,
netto 12 788,60
Leihverpackung (Rollcontainer) 1 800,00
Fracht.. 1 301,40
                                                   15 890,00
+ 19 % Umsatzsteuer................ 3 019,10
                                                   18 909,10

Gutschrift der Bürodesign GmbH für Rücksendungen von Waren und Leihverpackung
Regalelemente Classic,
netto 294,30
8 Rollencontainer, netto............ 1 800,00
                                                    2 094,30
+ 19 % Umsatzsteuer................ 397,92
                                                    2 492,22

Buchung der Eingangsrechnung:
301 A. f. W./Wareneingang............. 12 788,60
302 Warenbezugskosten................ 3 101,40
141 Vorsteuer................................. 3 019,10
an 171 Verbindlichkeiten a. LL. 18 909,10

Buchung der Rücksendung:
171 Verbindlichkeiten a. LL. 2 492,22
an 302 Warenbezugskosten.......... 1 800,00
an 305 Rücksendungen an Lieferer 294,30
an 141 Vorsteuer........................... 397,92

S	301 A. f. W./Wareneingang	H
171	12 788,60	

S	302 Warenbezugskosten	H
171	3 101,40	171 1 800,00

S	305 Rücksendungen	H
		171 294,30

S	141 Vorsteuer	H
171	3 019,10	171 397,92

S	171 Verbindlichkeiten a. LL.	H
302, 305, 141	2 492,22	301, 302, 141 18 909,10

● **Gutschriften durch Lieferer**

○ **Minderungen**

Wegen eines **Mangels** an Waren, den der Lieferer zu vertreten hat, kann das Unternehmen als Kunde, wenn die Nacherfüllung nicht erfolgte, das **Recht auf Minderung** oder **Herabsetzung des Kaufpreises** verlangen. Dieser Rechtsanspruch ist dann sinnvoll, wenn die Waren trotz des Mangels noch verkauft werden können.

○ **Boni**

Der **nachträglich gewährte Preisnachlass**, auch **Bonus** oder **Umsatzrückvergütung** genannt, soll den Kunden stärker an den Lieferer binden und ihn zu höheren Einkäufen innerhalb eines Zeitraums veranlassen.

Beispiel

Bürotec GmbH
— Büroeinrichtung aller Art —

Bürotec GmbH, Fabrikstr. 24–30, 04129 Leipzig

Primus GmbH
Groß- und Außenhandel für Bürobedarf
Koloniestr. 2–4
47057 Duisburg

Fabrikstr. 24–30
04129 Leipzig
Tel.: 0341 554-645
Fax: 0341 554-849
info@buerotec.com
www.buerotec.com

GUTSCHRIFT vom 02.05.20..
Ihre Beanstandung vom: 25.04.20..
Unsere Lieferung vom: 10.04.20..
Unsere Rechnung Nr.:   352965
vom: 08.04.20..

Begründung der Gutschrift	Menge	Einzelpreis €	Gesamtpreis €
Preisnachlass wegen Webfehler im Sitzbezug von Bürodrehstühlen Modell 1640: 30 % vom Listenpreis	4	29,25	117,00
Wert der Gutschrift, netto			117,00
19 % Umsatzsteuer			22,23
Wert der Gutschrift			**139,23**

PRAXISTIPP Prüfen Sie bei Festlegung des Bestellvolumens, ob die „Bonusbedingung" erfüllt werden kann.

○ Buchung der Nachlässe

Beide Vorgänge (Minderung und Boni) führen zu **Lieferergutschriften**, die

- die **Verbindlichkeiten a. LL.** gegenüber dem Lieferer **vermindern**,
- die **Anschaffungskosten** der eingekauften Waren **nachträglich mindern** und
- folglich eine **Korrektur der Vorsteuer** notwendig machen.

Die **Anschaffungskostenminderungen** durch nachträgliche **Preisnachlässe und Boni** (Wertkorrekturen) werden im Unterschied zu Rücksendungen (Mengen- und Wertkorrekturen) auf den Unterkonten **306 Nachlässe von Lieferern** und **307 Liefererboni** gebucht.

Beispiel Buchung der Minderung:

```
171 Verbindlichkeiten a. LL.     139,23   an   306 Nachlässe von Lieferern    117,00
                                          an   141 Vorsteuer                  22,23
```

Beispiel Die Bürodesign GmbH, die der Primus GmbH bei Umsätzen über 150 000,00 € 5 % Bonus gewährt, erteilt der Primus GmbH folgende Gutschrift:

Buchung des Bonus:

Bonus: Lieferungen 20..
		Buchung:	
5 % von netto 171 000,00.....	8 550,00	171 Verbindlichkeiten a. LL.	10 174,50
+ 19 % Umsatzsteuer	1 624,50	an 307 Liefererboni.....................	8 550,00
	10 174,50	an 141 Vorsteuer.........................	1 624,50

○ Abschluss der Unterkonten

Zum **Jahresabschluss** werden die **Unterkonten 305 Rücksendungen an Lieferer, 306 Nachlässe von Lieferern** und **307 Liefererboni** im Rahmen der vorbereitenden Abschlussbuchungen über das Konto **301 A. f. W./Wareneingang** abgeschlossen.

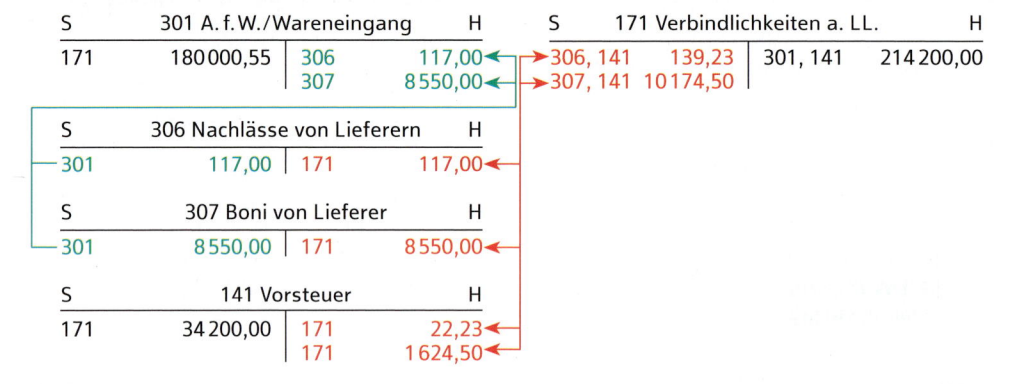

```
S       301 A. f. W./Wareneingang       H        S      171 Verbindlichkeiten a. LL.    H
171     180 000,55  | 306     117,00         →306, 141     139,23 | 301, 141    214 200,00
                      307   8 550,00         →307, 141  10 174,50

S       306 Nachlässe von Lieferern     H
301        117,00   | 171     117,00

S       307 Boni von Lieferer            H
301      8 550,00   | 171    8 550,00

S       141 Vorsteuer                    H
171     34 200,00   | 171       22,23
                    | 171    1 624,50
```

Rücksendungen und Nachlässe beim Wareneinkauf erfassen

Rücksendungen	Nachlässe/Gutschriften
Wert- und Mengenkorrekturen:	**Wertkorrekturen:**
● **Waren**	● **Minderungen**
Minderung der ursprünglich gebuchten	– nachträgliche Herabsetzung des Kaufpreises wegen festgestellter Mängel
– Wareneingänge	– getrennte Erfassung auf dem Unterkonto 306 Nachlässe von Lieferern:
– Vorsteuer	
– Verbindlichkeiten	
Buchung:	**Buchung:**
171 an 305	171 an 306
an 141	an 141

Besondere Buchungen bei der Beschaffung von Waren durchführen

Rücksendungen	Nachlässe/Gutschriften

Wert- und Mengenkorrekturen:
• **Leihverpackungen**
Minderung der ursprünglich gebuchten
– Warenbezugskosten
– Vorsteuer
– Verbindlichkeiten
Buchung:
171 an 302
     an 141
	Wertkorrekturen:
	• **Boni**
	– nachträglich gewährter Rabatt aufgrund bestimmter Umsätze
	– getrennte Erfassung der Wertkorrektur auf dem Unterkonto 307 Liefererboni
	Buchung der Boni:
	171 an 307
	     an 141

- Im Rahmen der vorbereitenden Abschlussbuchungen werden die Unterkonten 305 Rücksendungen an Lieferer, 306 Nachlässe von Lieferern und 307 Liefererboni über das Konto 301 Wareneingang abgeschlossen.

S 390 Warenbestände H	
EBK: Anfangsbestand	Bestands- minderung
	SBK: Endbestand

S 940 Schlussbilanzkonto H	
Warenbestand	

S 930 Gewinn und Verlust H	
A.f.W./ Wareneingang	

S 301 A.f.W./Wareneingang H	
Einkäufe von Waren	Rücksendungen an Lieferer
	Nachlässe von Lieferern
	Liefererboni
Warenbezugs- kosten	Gewinn und Verlust
Bestands- minderung	

S 302 Warenbezugskosten H	
Frachten, Transport- versicherung, Verpackung, Rollgeld, Zölle	zurückgesandte Verpackung
	A.f.W./Waren- eingang

S 305 Rücksendungen an Lieferer H	
A.f.W./Waren- eingang	Warenrücksen- dungen, netto

S 306 Nachlässe von Lieferern H	
A.f.W./Waren- eingang	Minderungen, netto

S 307 Liefererboni H	
A.f.W./Waren- eingang	Boni, netto

LF 4 Werteströme erfassen und dokumentieren

1. a) Warum werden Gutschriftanzeigen der Warenlieferer für Warenrücksendungen anders gebucht als Gutschriftanzeigen für Preisherabsetzungen wegen mangelhafter Lieferung?
b) Warum ist in den Gutschriftanzeigen auch die Umsatzsteuer ausgewiesen?
c) Was versteht man unter den Anschaffungsnebenkosten und den Anschaffungskostenminderungen?
d) Warum zählt die Umsatzsteuer nicht zu den Anschaffungskosten eines Wirtschaftsgutes?

2. Eine Großhandelsunternehmung ermittelte gegen Ende des Geschäftsjahres (1. Januar bis 31. Dezember) auf den Konten der Finanzbuchhaltung folgende Summen:

Summenbilanz:

	Soll €	Haben €
060 Eigenkapital		334 700,00
131 Bank	958 000,00	570 576,00
141 Vorsteuer	89 876,00	24 800,00
151 Kasse	65 000,00	57 200,00
171 Verbindlichkeiten a. LL.	238 000,00	308 680,00
181 Umsatzsteuer	75 700,00	148 220,00
301 Aufwendungen für Waren/Wareneingang	460 000,00	
302 Warenbezugskosten	25 500,00	
306 Nachlässe von Lieferern		12 000,00
307 Liefererboni		9 200,00
390 Warenbestand	160 000,00	
402 Gehälter	519 300,00	
411 Mieten	154 000,00	
801 Umsatzerlöse für Waren		1 280 000,00
	2 745 376,00	2 745 376,00

Geschäftsfälle:

1. **14.12.: ER:** Zieleinkauf von Waren

	€	€	€
Listenpreis, netto	25 000,00		
– 4 % Mengenrabatt	1 000,00		
	24 000,00		
+ Leihverpackung	800,00	24 800,00	
+ 19 % Umsatzsteuer		4 712,00	29 512,00

2. **15.12.: ER, KB:** Barzahlung der Frachtkosten (vgl. Fall 1) einschl. 19 % USt. ... 297,50

3. **17.12.: Brief eines Warenlieferers:** Gutschrift für
anerkannte Mängelrüge, netto ... 2 000,00
+ 19 % Umsatzsteuer ... 380,00 ... 2 380,00

4. **19.12.: KB:** Barzahlung der Frachtkosten für Rücksendung des Verpackungsmaterials (Fall 1) einschl. 19 % USt. ... 29,75

5. **19. 12.: Brief des Warenlieferers:** Gutschrift für Rücksendung des Verpackungsmaterials (Fall 1), netto ... 800,00
+ 19 % Umsatzsteuer ... 152,00 ... 952,00

6. **31. 12.: Brief eines Warenlieferers:** Gutschrift des Bonus für bezogene Waren: 4 % vom Jahresumsatz von netto 180 000,00 ... 7 200,00
+ 19 % Umsatzsteuer ... 1 368,00 ... 8 568,00

Abschlussangabe zum 31. Dezember:
Warenendbestand lt. Inventur ... 166 200,00

Besondere Buchungen bei der Beschaffung von Waren durchführen

a) Buchen Sie die Geschäftsfälle auf den Konten lt. Summenbilanz.
b) Führen Sie die Umbuchungen zum Geschäftsjahresende durch.
c) Führen Sie den Abschluss der Finanzbuchhaltung durch.

3. Folgende Konten sind unter Berücksichtigung eines Warenendbestandes lt. Inventur von 267 400,00 € abzuschließen und auszuwerten:

S	390 Warenbestände	H	S	301 A. f. W./Wareneingang	H
910	122 000,00		171	7 260 000,00	

S	302 Warenbezugskosten	H	S	306 Nachlässe von Lieferern	H
171	290 400,00				171 205 000,00

1. Ermitteln Sie
   a) den Prozentsatz der in der Rechnungsperiode durch die Warenlieferer durchschnittlich berechneten Nebenkosten,
   b) den Anschaffungswert der in der Rechnungsperiode bezogenen Waren,
   c) den Aufwand für Waren (Wareneinsatz) der Rechnungsperiode.
2. Bilden Sie die Buchungssätze
   a) zum Abschluss des Kontos 302 Warenbezugskosten,
   b) zum Abschluss des Kontos 306 Nachlässe von Lieferern,
   c) zur Erfassung der Warenbestandsveränderungen,
   d) zum Abschluss des Kontos Warenbestand.

Weitere Aufgaben finden Sie unter BuchPlusWeb.

8.3 Liefererskonti bei vorzeitiger Zahlung berücksichtigen

23. August 20..: Frau Lapp nimmt die Rechnung der Bürodesign GmbH vom 14. August 20.. aus der Terminmappe:
Sie überlegt, ob die Rechnung heute beglichen werden soll. Auch Nicole Höver wird in dieses Problem einbezogen. Nach kurzer Überlegung meint diese: „Wir haben doch bis zum 4. Oktober Zeit."

BÜRODESIGN GMBH
Ein ökologisch orientiertes Unternehmen mit Zukunft

Bürodesign GmbH, Stolberger Str. 188, 50933 Köln

Primus GmbH
Groß- und Außenhandel für Bürobedarf
Koloniestr. 2–4
47057 Duisburg

Bürodesign GmbH
Stolberger Str. 188
50933 Köln
Tel.: 0221 6683-550
Fax: 0221 6683-57
info@buerodesign-online.de
www.buerodesign-online.de

RECHNUNG

	Kunden-Nr.	Rechnung-Nr.	Datum
	20344	1238	14.08.20..

Artikel-Nr.	Artikelbezeichnung	Menge	Einzelpreis €	Gesamtpreis €
100301	Schreibtisch „Classic"	100	136,14	13 614,00
100303	Regalelement „Classic"	80	58,86	4 708,80
100310	Bandscheiben-Drehstuhl „Super-Star"	35	90,68	3 173,80

Warenwert, netto €	Verpackung €	Fracht €	Entgelt, netto €	19 % USt. €	Gesamtbetrag €
21 496,60	–	–	21 496,60	4 084,35	25 580,95

ARBEITSAUFTRÄGE
◆ Überprüfen Sie die Aussage von Nicole.
◆ Bilden Sie den Buchungssatz, wenn die Primus GmbH den Rechnungsbetrag unter Abzug von Skonto begleicht.
◆ Ermitteln Sie den Effektivzinssatz für den Skonto.

● **Vorzeitige Zahlung mit Skontoabzug**

Beispiel Buchung aufgrund der Eingangsrechnung:
Die Eingangsrechnung wird nach Überprüfung durch Frau Lapp in der Buchhaltung erfasst.

301 A.f.W./Wareneingang	21 496,60			
141 Vorsteuer	4 084,35	an	171 Verbindlichkeiten a. LL.	25 580,95

Der Lieferer kann sofortige Zahlung verlangen, falls über den Zahlungszeitpunkt keine vertragliche Vereinbarung vorliegt. Wird für die Zahlung ein **bestimmtes Ziel** – z. B. „zahlbar innerhalb 50 Tagen ab Rechnungsdatum" – vereinbart, dann **gewährt** der **Lieferer einen Kredit**, den er sich **verzinsen** lässt und in seiner Kalkulation berücksichtigt hat.

Will der Lieferer **vorzeitige Zahlung** erreichen, gewährt er bei **Verzicht auf den Kredit** einen **Nachlass auf den Rechnungsbetrag**, der als **Skonto** bezeichnet wird – z. B. 2 % Skonto bei Zahlung innerhalb von 14 Tagen.

Um wirtschaftlich begründet zwischen den Möglichkeiten der **Skontoausnutzung** und der **Kreditinanspruchnahme** entscheiden zu können, wird der **Skontosatz** unter Verwendung der Zinsformel in einen **Zinssatz** umgerechnet.

● **Effektiver Zinssatz des Liefererkredits**

Bei der Berechnung des effektiven Zinssatzes für den Liefererkredit sind die **Überschlagsmethode** und **genaue Berechnung mithilfe der Zinssatzformel** zu unterscheiden.

Beispiel

Kapital einschließlich Zinsen für den Liefererkredit	**Rechnungsbetrag**, zahlbar bis 04.10. 25 580,95
Zinsen	2 % Skonto 511,62
Zeit (Kreditzeitraum)	Kreditzeitraum von 36 Tagen
Kapital ausschließlich Zinsen	Überweisungsbetrag bis 28.08. 25 069,33

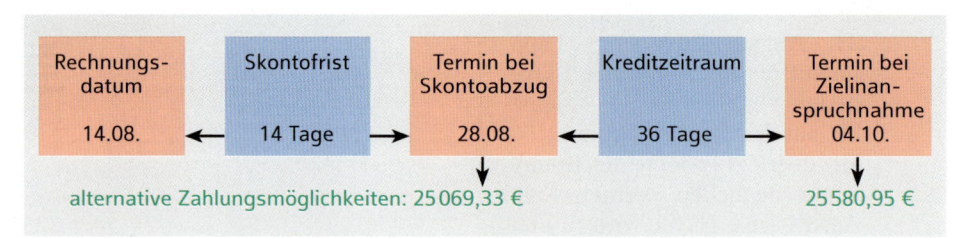

Rechnungs-datum	Skontofrist	Termin bei Skontoabzug	Kreditzeitraum	Termin bei Zielinanspruchnahme
14.08.	← 14 Tage →	28.08.	← 36 Tage →	04.10.
alternative Zahlungsmöglichkeiten: 25 069,33 €				25 580,95 €

● **Überschlagsmethode**

Beispiel Nimmt die Primus GmbH den Liefererkredit in Anspruch, verzichtet sie bei Zahlung am 4. Oktober statt am 28. August auf den Skontobetrag von 511,62 €. Sie zahlt also für den Liefererkredit von 36 Tagen 511,62 € Zinsen in der Form des Skontoverzichts. Der Liefererkredit kostet also für 36 Tage 2 %. Da sich ein Zinssatz auf 360 Tage bezieht, sind die 2 % für 36 Tage in den Zinssatz für 360 Tage umzurechnen:

36 Tage entsprechen 2 % Zinsen
360 Tage entsprechen x % Zinsen

$$x = \frac{2 \cdot 360}{36} \quad x = \underline{\underline{20\,\%}}$$

$$\text{Zinssatz des Liefererkredits} = \frac{\text{Skontosatz} \cdot 360}{\text{Kreditdauer}}$$

Bei der Überschlagsmethode wird das Kapital nicht in die Rechnung einbezogen. Es bleibt unbeachtet, dass im Rechnungsbetrag von 25 580,95 € schon die Zinsen für 36 Tage enthalten sind, der eingeräumte Kredit somit dem Überweisungsbetrag von 25 069,33 € entspricht.

Berechnung nach der Zinssatzformel

Fortsetzung des Beispiels

K = 25 069,33 € = Überweisungsbetrag (Rechnungsbetrag – 2 % Skonto)
Z = 511,62 € = Skontobetrag
t = 36 Tage = Kreditdauer: Ziel – Skontofrist
p = x

$$p = \frac{\text{Zinsen} \cdot 100 \cdot 360}{\text{Kapital} \cdot \text{Tage}}$$

$$\text{Zinssatz (p)} = \frac{\text{Skontobetrag} \cdot 100 \cdot 360}{\text{verminderter Betrag} \cdot \text{Kreditdauer}} \quad \frac{511{,}62 \cdot 100 \cdot 360}{25\,069{,}33 \cdot 36} = \underline{20{,}41\,\%}$$

Diese Berechnung kann auch mit relativen Werten aufgrund der Zahlungsbedingung erfolgen:

K = 98,00 € = verminderter Grundwert (100,00 € Grundwert – 2,00 € Skonto)
Z = 2,00 € = 2 % Skontobetrag von 100,00 €
t = 36 Tage = Kreditdauer: 50 Tage Ziel – 14 Tage Skontofrist

$$p = \frac{2 \cdot 100 \cdot 360}{98 \cdot 36} = \underline{20{,}41\,\%}$$

Der Lieferkredit kostet also 20,41 % Zinsen pro Jahr. Der Vergleich dieses Zinssatzes mit dem Zinssatz von 12 % für einen kurzfristigen Bankkredit zeigt, dass es wirtschaftlich sinnvoller ist, auf den angebotenen Lieferkredit zu verzichten. Dies bringt selbst dann noch einen Finanzierungserfolg, wenn zur vorzeitigen Zahlung der Rechnung mit Skontoabzug ein kurzfristiger Bankkredit aufgenommen werden müsste.

Zinsen für einen Bankkredit		Finanzierungserfolg
Überweisungs- oder Kreditbetrag (Kapital)	25 069,33 €	Skontobetrag bei Verzicht auf Lieferkredit
Kreditdauer	36 Tage	– Zinsen für beanspruchten Bankkredit
Zinssatz p. a. für einen Bankkredit	12 %	= Finanzierungserfolg (Gewinn oder Verlust)
$\dfrac{25\,069{,}33 \cdot 12 \cdot 36}{100 \cdot 360}$ = $\underline{300{,}83 \text{ € Zinsen}}$		511,62 € Skontoertrag – 300,83 € Zinsen für Bankkredit = $\underline{210{,}79 \text{ € Finanzierungsgewinn}}$

PRAXISTIPP Bezahlen Sie grundsätzlich vorzeitig innerhalb der Skontofrist.

Buchung beim Ausgleich von Liefererrechnungen mit Skontoabzug

Der Skontoabzug war bei vorzeitiger Zahlung vereinbart. Daher wird mit der Überweisung des Überweisungsbetrages die **gesamte Schuld** auf dem Konto 171 Verbindlichkeiten a. LL. (Rechnungsbetrag, brutto) **getilgt**.

Die **Anschaffungskosten der Waren** werden durch den **Skontoabzug** gemindert.

> **§ 255 HGB – Bewertungsmaßstäbe**
> (1) Anschaffungskosten sind die Aufwendungen, die geleistet werden, um einen Vermögensgegenstand zu erwerben [...] Anschaffungspreisminderungen [...] sind abzusetzen.

Die nachträglichen Minderungen der Anschaffungskosten eingekaufter Waren **beim Skontoabzug** auf Eingangsrechnungen werden auf dem Unterkonto **308 Liefererskonti** gebucht.

Beispiel

SEPA-Girokonto	IBAN: DE12 3505 0000 0360 0587 96	Kontoauszug	187
	BIC: DUISDE33XXX	Blatt	1
Sparkasse Duisburg			

Datum	Erläuterungen	Betrag
Kontostand in Euro am 26.08.20.., Auszug Nr. 186		84 000,00+
27.08.	Überweisung Wert: 27.08.20.. BUERODESIGN GMBH, RG-NR. 1238, V. 14.08.20.. KOELN, ABZUEGL. 2 % SKONTO KD-NR. 20344	25 069,33–
Kontostand in Euro am 28.08.20.., 16:00 Uhr		58 930,67+
Ihr Dispositionskredit: 80 000,00 €		
		Primus GmbH

Umsatzsteuerrechtlich bewirkt der Skontoabzug eine **Änderung** der ursprünglich gebuchten **Vorsteuer**; denn das Finanzamt erstattet letztlich nur die tatsächlich bezahlte Vorsteuer. Die **Herausrechnung des Vorsteuerbetrages** aus dem Skontobetrag kann wie folgt durchgeführt werden:

$$\frac{\text{Liefererskonto} \cdot \text{USt-Satz}}{100 + \text{Umsatzsteuersatz}} = \text{VSt-Anteil} \qquad \frac{511{,}62 \cdot 19}{119} = 81{,}69\,€$$

Durch **Skontoabzug** werden **Anschaffungskosten** und **Vorsteuer korrigiert**.

	Auswirkung des Liefererskontos		
	auf die Anschaffungskosten der Waren	auf die Vorsteuer	insgesamt
Beträge lt. ER	21 496,60 €	4 084,35 €	25 580,95 €
– 2 % Skonto	429,93 €	81,69 €	511,62 €
= Überweisungsbetrag	21 066,67 €	4 002,66 €	25 069,33 €

Fortsetzung des Beispiels (S. 513)

BA: Banküberweisung an Warenlieferer nach Abzug von 2 % Skonto......................... 25 069,33

Buchungssatz:
```
171 Verbindlichkeiten a. LL.      25 580,95
     an 308 Liefererskonti             429,93
     an 141 Vorsteuer                   81,69
     an 131 Bank                    25 069,33
```

Vorbereitende Abschlussbuchung:
Das Konto 308 Liefererskonti ist zum Jahresabschluss über das Konto 301 A. f. W./Wareneingang abzuschließen.

```
308 Liefererskonti                   429,93
    an 301 A. f. W./Wareneingang     429,93
```

S	301 A. f. W./Wareneingang	H	S	171 Verbindlichkeiten a. LL.	H
171	21 496,60	308 429,93	308, 141		310, 141 25 580,95
			131	25 580,95	

S	308 Liefererskonti	H
301	429,93	171 429,93

S	141 Vorsteuer	H
171	4 084,35	171 81,69

S	131 Bank	H
91	90 000,00	171 25 069,33

Liefererskonti bei vorzeitiger Zahlung berücksichten

Begriff	Auswirkungen des Liefererkontos	Buchungen
• Nachlass für vorzeitigen Ausgleich von Eingangsrechnungen • Verzicht auf den angebotenen Liefererkredit	• Minderung der Anschaffungskosten • nachträgliche Minderung des Entgelts lt. ER • Korrektur der Vorsteuer im Haben	• Ausgleich der ER abzüglich Skonto 171 Verbindlichkeiten a. LL. an 308 Liefererskonti an 141 Vorsteuer an 131 Bank • Abschluss des Unterkontos (Umbuchung) 308 Liefererskonti an 301 A. f. W./Wareneingang

Umrechnung des Skontosatzes in einem Zinssatz für den gewährten Kredit

Überschlagsmethode	Genaue Berechnung mit der Zinssatzformel
$\text{Zinssatz} = \dfrac{\text{Skontosatz} \cdot 360}{\text{Kreditdauer}}$	$\text{Zinssatz} = \dfrac{\text{Skontobetrag} \cdot 100 \cdot 360}{\text{Überweisungsbetrag} \cdot \text{Kreditdauer}}$

1. In der Primus GmbH werden verschiedene Eingangsrechnungen von Warenlieferern nach Abzug von Skonto durch Banküberweisung beglichen. Diese Zahlungen sind aufgrund der Information aus den Bankkontenauszügen und der Lastschriftzettel zu buchen:

	Überweisungsbeträge lt. Bankkontenauszügen	Skontoabzug lt. Lastschriftzettel	Zahlungsbedingungen
1.	30 321,20 €	2 %	8 Tage abzügl. Skonto, 30 Tage netto
2.	39 477,06 €	3 %	10 Tage abzügl. Skonto, 60 Tage netto
3.	98 157,15 €	2,5 %	14 Tage abzügl. Skonto, 50 Tage netto
4.	52 307,64 €	1 %	10 Tage abzügl. Skonto, 30 Tage netto

a) Zu den Fällen 1 bis 4 sind Rechnungs- und Skontobeträge zu ermitteln und die Buchungssätze zu bilden.
b) Ermitteln Sie den Zinssatz der jeweiligen Liefererkredite nach der Überschlagsmethode und nach der Zinssatzformel.

2. In der Möbelgroßhandlung Sven Krämer e. K. ist folgender Geschäftsvorgang zu bearbeiten:
1. **ER vom 03.04.:** 40 Gestellsessel, verchromt, Lederbezug à 120,00 € ....   €   €
                                                                                                              4 800,00
   – Messerabatt: 5 % 240,00   4 560,00
   + Fracht: 140,00
                                                                                                               4 700,00
   + 19 % Umsatzsteuer: 893,00
                                                                                                               5 593,00

   Zahlungsbedingungen: innerhalb von 14 Tagen mit
                                           3 % Skonto, 50 Tage netto Kasse

2. **BA:** Banküberweisung an Lieferer nach Abzug von 3 %
   Skonto 5 425,21
3. Die Möbelgroßhandlung kalkuliert Gestellsessel mit
   folgenden Werten:
   Handlungskostenzuschlagssatz .... 120 %
   Gewinnzuschlagssatz .... 12,5 %
   a) Geben Sie den Buchungssatz für die Wareneingangsrechnung an.
   b) Geben Sie den Buchungssatz für die Banklastschrift an.
   c) Ermitteln Sie den Listenverkaufspreis, netto, der Möbelgroßhandlung für einen Gestellsessel.

3. Die Primus GmbH hat von ihrem Lieferer Bürotec GmbH eine Rechnung über 47 600,00 € inkl. 19 % USt. erhalten, zahlbar binnen zehn Tagen abzüglich 3 % Skonto oder binnen 30 Tagen netto Kasse. Um den Skonto ausnutzen zu können, muss die Primus GmbH einen kurzfristigen Bankkredit zu folgenden Bedingungen aufnehmen: 9 % Zinsen, 0,5 % Bearbeitungsentgelt, 54,00 € Spesen.
   a) Ermitteln Sie
      1. den Skonto- und Überweisungsbetrag,
      2. den Effektivzinssatz, der dem Skontosatz entspricht,
      3. die Kosten des Bankkredits,
      4. den Effektivzinssatz des Bankkredits.
   b) Bilden Sie die Buchungssätze
      1. zum Ausgleich der Eingangsrechnung durch Banküberweisung nach Abzug von Skonto,
      2. bei Aufnahme und Gutschrift des Kredits auf Bankkonto abzüglich Bearbeitungsentgelt und Spesen,
      3. bei Zahlung der Zinsen durch Banküberweisung zusammen mit der Darlehenstilgung.

4. Richten Sie die folgenden Konten mit den angegebenen Werten ein:

	€ Soll	€ Haben
131 Bank	992 000,00	861 000,00
141 Vorsteuer	61 600,00	31 600,00
171 Verbindlichkeiten a. LL.	632 500,00	839 500,00
181 Umsatzsteuer	71 000,00	125 300,00
301 A. f. W./Wareneingang	8 670 530,00	
302 Warenbezugskosten	68 300,00	
306 Nachlässe von Lieferern		32 650,00
307 Liefererboni		12 840,00
308 Liefererskonti		152 000,00
390 Warenbestände	95 000,00	

Geschäftsfälle:
1. **Gutschrift** eines Warenlieferers wegen fehlerhafter
   Ware (Minderung), netto 14 000,00
   + 19 % Umsatzsteuer 2 660,00   16 660,00
2. **BA:** Ausgleich von ER 317 nach Abzug von
   2 % Skonto 48 980,40
3. **Bonusgutschrift** eines Warenlieferers: 3 % vom
   Umsatz über 540 000,00 €, netto 16 200,00
   + 19 % Umsatzsteuer 3 078,00   19 278,00

4. **BA:** Ausgleich von ER 327 über.................... 57 120,00
   abzüglich 3 % Skonto........................... 1 713,60   55 406,40

Aufgaben:

a) Die Konten sind unter Beachtung eines Warenendbestandes lt. Inventur von 82 000,00 € abzuschließen. Bilden Sie die Buchungssätze für die notwendigen Umbuchungen.

b) Ermitteln Sie 1. den Wareneinsatz, 2. die Umsatzsteuerzahllast.

7. a) Über welchen Betrag lautet 1. die Rechnung Nr. 19029, 2. die Umsatzsteuerkorrektur aufgrund des Skontoabzugs?

b) Buchen Sie den Ausgleich der Rechnung Nr. 19029.

SEPA-Girokonto	IBAN: DE12 3505 0000 0360 0587 96		**Kontoauszug**	**130**
	BIC: DUISDE33XXX		**Blatt**	**1**
Sparkasse Duisburg				
Datum	Erläuterungen			Betrag
Kontostand in Euro am 14.06.20.., Auszug Nr. 129				317 072,00+
15.06.	Überweisung	Wert: 15.06.20..		34 986,00–
	GIESEN & CO. OHG, LEVERKUSEN,	RG-NR. 19029		
	KD-NR. 53427	ABZUEGL. 2 % SKONTO		
Kontostand in Euro am 16.06.20.., 16:00 Uhr				282 086,00+
Ihr Dispositionskredit: 80 000,00 €				
				Primus GmbH

8. Im Zusammenhang mit dem Einkauf von 40 Schreibtischen „Classic" sind in der Primus GmbH folgende Belege vorzukontieren und auszuwerten:

SEPA-Girokonto	IBAN: DE12 3505 0000 0360 0587 96		**Kontoauszug**	**131**
	BIC: DUISDE33XXX		**Blatt**	**1**
Sparkasse Duisburg				
Datum	Erläuterungen			Betrag
Kontostand in Euro am 16.06.20.., Auszug Nr. 130				282 086,00+
01.07.	Überweisung	Wert: 27.08.20..		6 589,03–
	BUERODESIGN GMBH, KOELN,	RG-NR. 303030		
	KD-NR. 20344	ABZUEGL. 2 % SKONTO		
Kontostand in Euro am 02.07.20.., 16:00 Uhr				276 378,97+
Ihr Dispositionskredit: 80 000,00 €				
				Primus GmbH

a) Wie lautet die Buchung
   1. der Rechnung von der Bürodesign GmbH,
   2. des Kontoauszugs der Primus GmbH?
b) Ermitteln Sie aus beiden Belegen
   1. den Anschaffungswert eines Schreibtisches „Classic",
   2. die absetzbare Vorsteuer,
   3. den Effektivzinssatz, der dem Skontosatz entspricht.

BÜRODESIGN GMBH
Ein ökologisch orientiertes Unternehmen mit Zukunft

Bürodesign GmbH, Stolberger Str. 188, 50933 Köln

Primus GmbH
Groß- und Außenhandel für Bürobedarf
Koloniestr. 2–4
47057 Duisburg

Bürodesign GmbH
Stolberger Str. 188
50933 Köln
Tel.: 0221 6683-550
Fax: 0221 6683-57
info@buerodesign-online.de
www.buerodesign-online.de

RECHNUNG

Kunden-Nr.	Rechnung-Nr.	Datum
20344	10112	02.06.20..

Artikel-Nr.	Artikelbezeichnung	Menge	Einzelpreis €	Gesamtpreis €
100301	Schreibtisch „Classic"	40	136,14	5 445,60

Warenwert, netto €	Verpackung	Fracht €	Entgelt netto €	19 % USt. €	Gesamtbetrag €
5 445,60	–	204,40	5 650,00	1 073,50	6 723,50

Weitere Aufgaben finden Sie unter BuchPlusWeb.

9 Besondere Buchungen beim Warenverkauf vornehmen

9.1 Sofortrabatte und Kosten der Warenabgabe beim Warenverkauf berücksichtigen

Frau Lapp übergibt Nicole Höver die Kopie der Ausgangsrechnung an die Klöckner-Müller Elektronik AG, Offenbach: *„Eigentlich müssten Sie sie schon erfassen können. Übertragen Sie einfach, was Sie über Rabatte und Verpackung beim Einkauf schon gelernt haben."*

Primus GmbH

Primus GmbH, Koloniestr. 2–4, 47057 Duisburg

Klöckner-Müller-Elektronik AG
Taunusring 16–34
63069 Offenbach

KOPIE

Anschrift: Koloniestr. 2–4
47057 Duisburg
Telefon: 0203 44536-90
Telefax: 0203 44536-98
info@modellunternehmen-primus.de
www.modellunternehmen-primus.de

RECHNUNG
Ihr Auftrag vom 02.05.20..

Kunden-Nr.	Rechnungs-Nr.	Rechnungstag
8142	163820	19.05.20..

Artikel-Nr.	Artikelbezeichnung	Menge	Einzelpreis €	Gesamtpreis €
335B927	Drucker 640TI	20	499,50	9 990,00
235B614	Flachbildschirm T 30	30	248,90	7 467,00

Warenwert, netto €	Verpackung	Fracht	Entgelt netto €	19 % USt. €	Gesamtbetrag €
17 457,00	1 200,00	–	18 657,00	3 544,83	22 201,83

Bei Rücksendung der Leihverpackung schreiben wir Ihnen 75 % des Wertes gut.

ARBEITSAUFTRÄGE
◆ Erläutern Sie Gründe für die Rabattgewährung und deren Auswirkung.
◆ Erarbeiten Sie einen Buchungsvorschlag zur Erfassung des Beleges.

Buchungen beim Verkauf von Waren und Dienstleistungen

Arbeiten bis zur Warenabgabe

Die für Kundenbestellungen eingekaufte Ware wird im Großhandel zu kundengerechten Verkaufsmengen zusammengestellt (kommissioniert). Zusätzlich müssen Lieferschein, Ausgangsrechnung und die erforderlichen Versandpapiere erstellt werden. Im Falle des Streckengeschäfts werden die Waren unmittelbar vom Lieferer an den Kunden geschickt. Lediglich die Abrechnung zwischen Großhandel und Lieferer einerseits und Großhandel und Kunde andererseits ist über das Warenwirtschaftssystem zu bearbeiten.

Sofortrabatte

Sofortrabatte werden in Form von Mengen-, Treue- oder Messerabatt auf die Listenverkaufspreise gewährt. Insbesondere Mengenrabatte sollen zu größeren Bestellmengen veranlassen und damit zu verminderten Auftragsabwicklungs- und Frachtkosten führen. **Sofortrabatte werden wie beim Einkauf nicht gebucht.**

Verpackungskosten

Das verkaufende Unternehmen hat als Vertragspartner die Waren so zu verpacken, dass sie vom Käufer mangelfrei übernommen werden können. Die **Kosten für solche Verpackungen hat der Verkäufer zu tragen**. Die **Kosten für die Verpackungen**, die zum Versand der Waren notwendig werden, sind i. d. R. **vom Käufer zu übernehmen**. Vielfach besorgt jedoch der Verkäufer auch diese Verpackungen. Solche Verpackungsmaterialien werden beim Einkauf als Aufwand auf dem Konto **461 Verpackungsmaterial** erfasst.

Beispiel

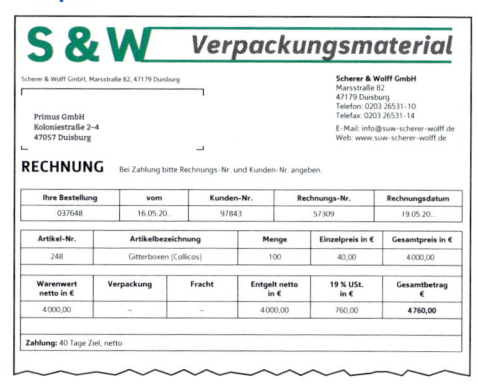

Buchung:					
461 Verpackungsmaterial	4 000,00				
141 Vorsteuer	760,00	an	171 Verbindlichkeiten a. LL.		4 760,00

Versandverpackung, die beim Verkauf von Waren anfällt, wird dem Kunden getrennt in Rechnung gestellt. Die in Rechnung gestellte Verpackung stellt aus der Sicht der Großhandelsunternehmung Umsatz dar.

Beispiel (siehe S. 519)

Buchung:				
101 Forderungen a. LL.	22 201,83	an	801 Umsatzerlöse/WV	18 657,00
		an	181 Umsatzsteuer	3 544,83

Transportkosten

In der Regel hat der Käufer die **Frachten** für die Zusendung seiner Waren zu tragen. Der Verkäufer führt die Auslieferung vielfach mit eigenem Werksverkehr durch oder beaufträgt fremde Frachtführer mit der Zusendung. Die **Frachtkosten** werden dann **vom verkaufenden Unternehmen gezahlt und** später **dem Kunden belastet.** Dann wird die berechnete Fracht wie die berechnete Verpackung Bestandteil des Umsatzes.

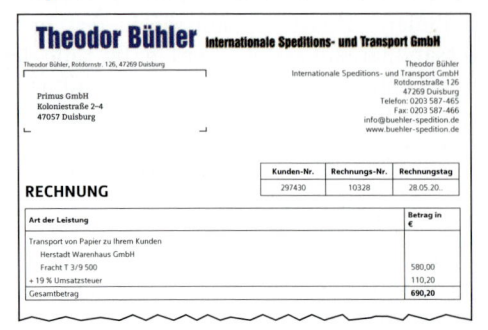

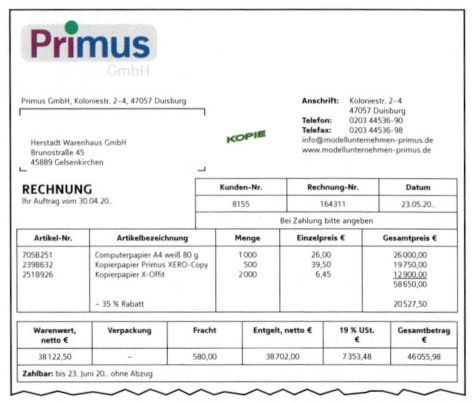

Beispiel

Buchung:					
1. Buchung der Fracht					
462 Ausgangsfrachten	580,00				
141 Vorsteuer	110,20	an	171 Verbindlichkeiten a. LL.		690,20
2. Buchung des Zielverkaufs an die Herstadt Warenhaus GmbH, Gelsenkirchen					
101 Forderungen a. LL.	46 055,98	an	801 Umsatzerlöse/WV		38 702,50
		an	181 Umsatzsteuer		7 353,48

● **Vertriebsprovisionen**

Großhandelsunternehmen setzen als **Maßnahme ihrer Absatzpolitik Handelsvertreter** ein, um ihre Waren zu verkaufen. Die Handelsvertreter erhalten für ihre Dienstleistungen eine **Handelsvertreterprovision**, die für das Großhandelsunternehmen Aufwand darstellt.

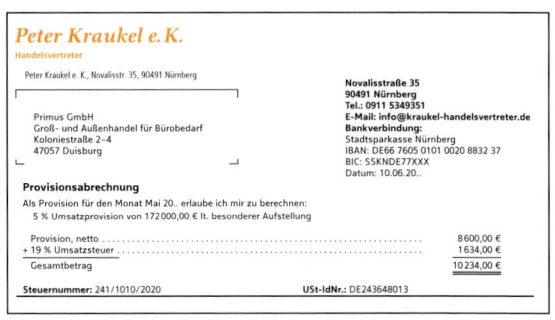

Beispiel

Buchung:				
450 Provisionen	8 600,00			
141 Vorsteuer	1 634,00	an	131 Bank	10 234,00

Sofortrabatte und Kosten der Warenabgabe beim Warenverkauf berücksichtigen

Kosten der Warenabgabe

Verpackungskosten	Frachten	Provisionen

– Kosten der Schutzverpackung trägt der Verkäufer
– Kosten der Versandverpackung trägt lt. Gesetz der Käufer
  – häufig Vorlage durch den Verkäufer
  – spätere Belastung des Kunden
– **Buchung** im Soll des Kontos 461 Verpackungsmaterial
	– Fracht trägt lt. Gesetz der Käufer
	  – häufige Vorlage durch den Verkäufer, der den Frachtführer besorgt
	  – spätere Belastung des Kunden mit der Fracht
	
	– **Buchung** im Soll des Kontos 462 Ausgangsfrachten
		– Verkaufsprovisionen an Absatzhelfer
		  – Handelsvertreter
		  – Handelsmakler
		
		– **Buchung** im Soll des Kontos 450 Provision

- Die Belastungen der Kunden mit den vorgelegten Aufwendungen (Verpackungs- und Frachtkosten) sind Umsatzerlöse, die im **Haben des Kontos 801 Umsatzerlöse/Warenverkauf** zu buchen sind. Wegen der Entgeltsmehrung erhöht sich entsprechend die Umsatzsteuer.

- **Sofortrabatte**, die den Kunden in den Ausgangsrechnungen offen abgesetzt wurden, **werden nicht gebucht**.

---

1. Geben Sie die Buchungssätze für folgende Vorgänge eines Großhandelsunternehmens (Büromöbel, Arbeitstische, Computertische) an.

	€	€
1. **AR:** Zielverkauf von 120 Arbeitstischen, netto	78 000,00	
– 10 % Mengenrabatt	7 800,00	70 200,00
+ 19 % Umsatzsteuer		13 338,00
		83 538,00
2. **ER, KB:** Barzahlung der Fracht an den Frachtführer für die Auslieferung der Arbeitstische an den Kunden (Fall 1), Fracht, netto	1 640,00	
+ 19 % Umsatzsteuer	311,60	1 951,60
3. **ER:** Zieleinkauf von 40 Arbeitstischen	16 000,00	
– 4 % Mengenrabatt	640,00	15 360,00
+ Fracht		224,00
+ Transportversicherung		16,00
		15 600,00
+ 19 % Umsatzsteuer		2 964,00
		18 564,00
4. **Briefkopie:** Lastschrift an Kunden Fracht für die Lieferung der Arbeitstische (Fall 1)	1 640,00	
+ 19 % Umsatzsteuer	311,60	1 951,60

5.	**AR:** Zielverkäufe von 20 Computertischen à 280,00 €	5 600,00	
	+ Frachtkosten	260,00	5 860,00
	+ 19 % Umsatzsteuer..........................		1 113,40
			6 973,40
6.	**ER, BA:** Abrechnung eines Handelsvertreters wurde sofort durch Banküberweisung bezahlt:		
	Zielverkäufe, netto 154 000,00 €; davon 5 % Provision	7 700,00	
	+ 19 % Umsatzsteuer	1 463,00	9 163,00
7.	**ER, BA:** Einkauf von Versandkartons gegen Banküberweisung, netto	12 400,00	
	+ 19 % Umsatzsteuer	2 356,00	14 756,00
8.	**AR:** Zielverkauf von Büromöbeln.......................	42 200,00	
	+ Aufstellungs- und Einbaukosten, netto	3 600,00	45 800,00
	+ 19 % Umsatzsteuer		8 702,00
			54 502,00
9.	**ER, BA:** Zahlung der Fracht durch Banküberweisung (Fall 8), netto 1 200,00		
	+ 19 % Umsatzsteuer..........................	228,00	1 428,00
10.	**Briefkopie:** Lastschrift für Fracht (Fälle 8 und 9) an Kunden, netto	1 200,00	
	+ 19 % Umsatzsteuer..........................	228,00	1 428,00

2. Buchen Sie auf den Konten 060, 101, 131, 141, 151, 171, 181, 301, 302, 461, 462, 801, 910, 930, 940 und ermitteln Sie
a) den Wareneinsatz, b) den Umsatz zu Verkaufspreisen, c) die Umsatzsteuerzahllast.

Anfangsbestände	€		€
Forderungen a. LL.........	17 250,00	Eigenkapital.............	56 500,00
Bankguthaben............	99 790,00	Verbindlichkeiten a. LL. ...	62 100,00
Kasse	4 060,00	Umsatzsteuer	2 500,00
Geschäftsfälle:		€	€
1. **ER.** Wareneinkauf auf Ziel, netto		14 000,00	
+ 19 % Umsatzsteuer		2 660,00	16 660,00
2. **KB:** Fracht und Rollgeld für diesen Einkauf (vgl. Fall 1) bar, netto............................		420,00	
+ 19 % Umsatzsteuer		79,80	499,80
3. **AR, BA:** Verkauf von Waren gegen Banküberweisung ..		16 600,00	
+ Verpackung.................................		120,00	
+ Fracht		280,00	17 000,00
+ 19 % Umsatzsteuer			3 230,00
			20 230,00
4. **BA:** Banküberweisung der Umsatzsteuer des Vormonats			2 500,00
5. **KB:** Bareinkauf von Versandkartons, netto..........		600,00	
+ 19 % Umsatzsteuer		114,00	714,00
6. **AR:** Verkauf von Waren auf Ziel			
Listenpreis, netto...................	50 000,00 €		
– 20 % Einführungsrabatt.............	10 000,00 €	40 000,00	
+ 19 % Umsatzsteuer		7 600,00	47 600,00
7. **ER**: Lastschriftanzeige des Spediteurs für die Lieferung der Waren (Fall 6) an den Kunden, netto............		2 400,00	
+ 19 % Umsatzsteuer		456,00	2 856,00

8. **ER, BA:** Wareneinkauf gegen Banküberweisung,
   netto .... 4 400,00 €
   + Verpackung.....................   300,00 €
   + Fracht ....   200,00 €   4 900,00
   + 19 % Umsatzsteuer   931,00   5 831,00
9. **AR:** Einem Kunden wird die vorgelegte Fracht
   in Rechnung gestellt, netto......................   620,00
   + 19 % Umsatzsteuer   117,80   737,80

Führen Sie den Abschluss der Konten durch.

3. Ordnen Sie folgende Geschäftsfälle 1. bis 7. ihren Auswirkungen a) bis g) zu.
   a) Anschaffungskosten erhöhen sich   e) Erträge erhöhen sich
   b) Anschaffungskosten mindern sich   f) Erträge mindern sich
   c) Aufwendungen erhöhen sich   g) keine Auswirkung auf Anschaffungskosten,
   d) Aufwendungen mindern sich   Aufwendungen oder Erträge
   1. **ER:** Frachtrechnung eines Spediteurs für Warentransporte an Kunden
   2. **KB:** Barzahlung von Rollgeld an den Zusteller gekaufter Waren
   3. **ER, KB:** Versandkartons werden gegen sofortige Barzahlung gekauft
   4. **AR:** Reparaturarbeiten an Maschinen
   5. **AR:** Verkauf eines gebrauchten Pkw zum Buchwert auf Ziel
   6. **AR:** Verkauf von Waren auf Ziel
   7. **ER:** Wareneinkauf auf Ziel

9.2 Rücksendungen durch Kunden und Gutschriften für Minderungen und Boni erfassen

Von der Verkaufsabteilung wurde heute eine Gutschrift (Auszug, Kopie) der Primus GmbH für das Bürofachgeschäft Herbert Blank e. K., Oberhausen, an die Buchhaltung weitergeleitet: Fünf Drehsäulen für Aktenordner wurden wegen starker Qualitätsmängel zusammen mit der Leihverpackung lt. AR vom 3. Juni 20.. zurückgeschickt. Nicole Höver soll diesen Vorgang für die Buchung vorbereiten.

KOPIE

Gutschrift-Nr.	vom 06.06.20..
Ihre Beanstandung vom:	03.06.20..
Unsere Lieferung vom:	02.06.20..
Unsere Rechnung Nr.:	165421
vom:	03.06.20..

Begründung der Gutschrift	Menge	Einzelpreis in €	Gesamtpreis in €
Rücksendung Drehsäulen für Aktenordner drei Etagen Paletten: 80 % vom Einzelpreis	5 8	384,50 20,00	1 992,50 128,00
Wert der Gutschrift, netto			2 050,50
19 % Umsatzsteuer			389,60
Wert der Gutschrift			**2 440,10**

USt-IdNr.: DE124659333
Steuer-Nr.: 109/1320/0146

ARBEITSAUFTRÄGE
- Erläutern Sie die Auswirkungen der Rücksendungen auf den Umsatz.
- Machen Sie einen Vorschlag für die Buchung.

● Rücksendungen von Waren und Verpackungsmaterial

Die **Zurücknahme falsch gelieferter** bzw. **mangelhafter Waren verursacht** eine Korrektur der ursprünglich gebuchten Umsatzerlöse, der gebuchten Umsatzsteuer und der entstandenen Forderung a. LL. gegenüber diesem Kunden.

Für die Erfassung der Kundenrücksendungen sieht der Kontenrahmen das Unterkonto **805 Rücksendungen von Kunden** vor.

Ebenfalls führt die **Rücknahme von Verpackungsmaterial**, das dem Kunden in Rechnung gestellt wurde, zu dieser Buchung. Dabei wird dem Kunden häufig nicht der insgesamt berechnete Wert an Verpackungsmaterial gutgeschrieben, um für die Abnutzung der Verpackung ein angemessenes Entgelt zu erzielen.

Beispiel

> **Buchung der Gutschrift:**
> 805 Rücksendungen von Kunden   2 050,50
> 181 Umsatzsteuer   389,60   an   101 Forderungen a. LL.   2 440,10

Zur Verbesserung der Information über die reinen Warenrücksendungen empfiehlt sich die direkte Stornobuchung der Verpackungsrücksendung auf dem Konto **801 Warenverkauf**.

Im Rahmen der vorbereitenden Abschlussbuchungen wird das Unterkonto **805 Rücksendungen von Kunden** über das Konto 801 Warenverkauf abgeschlossen:

> **Vorbereitende Abschlussbuchung:**
> 801 Umsatzerlöse/WV   2 050,50   an   805 Rücksendungen von Kunden   2 050,50

● Gutschriften für Minderungen bei mangelhafter Lieferung und Umsatzrückvergütungen (Boni)

Erhält der Kunde wegen berechtigter Mängelrüge eine **Gutschrift für Minderungen** oder nach Ablauf eines Rechnungszeitraums für seine erzielten Umsätze einen **nachträglichen Rabatt (Bonus)**, werden ebenfalls **Korrekturbuchungen** der ursprünglich gebuchten **Umsatzerlöse**, **Umsatzsteuern** und **Forderungen** notwendig.

Um jedoch eine **Kontrolle** über zurückgegebene Waren und Verpackungen einerseits und Minderungen ursprünglich vereinbarter Umsatzerlöse durch Gutschriften andererseits zu ermöglichen, sind die **Vorgänge, bei denen Waren zurückgegeben werden**, von den **Vorgängen** zu trennen, **bei denen die** ursprünglich vereinbarten **Umsatzerlöse lediglich gemindert werden**.

Gutschrift-Nr.	vom 07.06.20..
Ihre Beanstandung vom:	05.06.20..
Unsere Lieferung vom:	04.06.20..
Unsere Rechnung Nr.:	165422
vom:	03.06.20..

Begründung der Gutschrift	Menge	Einzelpreis in €	Gesamtpreis in €
20% **Preisnachlass** an Schreibtisch „Primo"	8	42,50	340,00
USt-IdNr.: DE124659333 Steuer-Nr.: 109/1320/0146	Wert der Gutschrift, netto		340,00
	19% Umsatzsteuer		64,60
	Wert der Gutschrift		**404,60**

Um gleichlautende Buchung wird gebeten.

KOPIE

Das Großhandelsunternehmen bucht **die Gutschriften an Kunden wegen Minderungen** auf dem Konto **806 Nachlässe an Kunden** und die Gutschriften für Boni auf dem Konto **807 Kundenboni**. Es sind Unterkonten des Kontos **801 Warenverkauf**, die im Rahmen der vorbereitenden Abschlussbuchungen **über** dieses Konto **abgeschlossen** werden.

Gutschrift-Nr.	vom 06.06.20..
Ihre Beanstandung vom:	
Unsere Lieferung vom:	
Unsere Rechnung Nr.:	
vom:	

KOPIE

Begründung der Gutschrift	Menge	Einzelpreis in €	Gesamtpreis in €
Bonusgutschrift 2% vom Jahresumsatz 20.. über 185 000,00 € lt. anliegender Aufstellung, netto			3 700,00
USt-IdNr.: DE124659333 Steuer-Nr.: 109/1320/0146	Wert der Gutschrift, netto		3 700,00
	19 % Umsatzsteuer		703,00
	Wert der Gutschrift		**4 403,00**

Um gleichlautende Buchung wird gebeten.

Beispiele Gutschriften für Minderungen und Boni bei der Primus GmbH

Buchung der Gutschrift aufgrund der Mängelrüge:
806 Nachlässe an Kunden   340,00
181 Umsatzsteuer   64,60   an   101   Forderungen a. LL.   404,60

Buchung der Gutschrift wegen Bonus:
807 Kundenboni   3 700,00
181 Umsatzsteuer   703,00   an   101   Forderungen a. LL.   4 403,00

Vorbereitende Abschlussbuchungen:
801 Umsatzerlöse/WV   340,00   an   806   Nachlässe für Kunden   340,00
801 Umsatzerlöse/WV   3 700,00   an   807   Kundenboni   3 700,00

Es handelt sich in beiden Fällen um reine **Wertgutschriften**. Die Waren werden nicht vom Kunden zurückgegeben. Dem Unternehmen entstehen im Unterschied zu Rücksendungen keine Folgekosten (Rücksendung, Einordnung, Pflege, Inventarisierung der Waren).

Daher empfiehlt sich die getrennte Erfassung auf Unterkonten.

Rücksendungen durch Kunden und Gutschriften für Minderungen und Boni erfassen

Rücksendungen	Gutschriften
Wert- und Mengenkorrekturen	**Wertkorrekturen**
• **Waren und Leihverpackungen** Minderung der ursprünglich gebuchten – Umsatzerlöse für Waren – Umsatzsteuer – Forderungen a. LL.	• **Minderungen, Boni/Umsatzvergütung** – nachträgliche Herabsetzung des Kaufpreises
• **Erfassung auf dem Unterkonto** 805 Rücksendungen von Kunden	• **Getrennte Erfassung der Wertkorrektur auf Unterkonten** – 806 Nachlässe an Kunden – 807 Kundenboni
• Die direkte Buchung der Verpackungsrücksendung auf 801 Warenverkauf dient der Informationsverbesserung.	

Rücksendungen	Gutschriften
Wert- und Mengenkorrekturen	**Wertkorrekturen**

• **Korrekturbuchung**
  805 Rücksendungen von Kunden
  181 Umsatzsteuer
     an 101 Forderungen a. LL.
	• **Buchung**
	  806 Nachlässe an Kunden oder
	  807 Kundenboni
	  181 Umsatzsteuer
	     an 101 Forderungen a. LL.

Abschluss des Unterkontos 805 Rücksendungen von Kunden im Rahmen der vorbereitenden Abschlussbuchungen über das Konto 801 Umsatzerlöse/Warenverkauf	**Abschluss der Unterkonten** 806 Nachlässe an Kunden und 807 Kundenboni im Rahmen der vorbereitenden Abschlussbuchungen über das Konto 801 Umsatzerlöse/Warenverkauf

1. Geben Sie die Buchungssätze für folgende Geschäftsfälle eines Möbelgroßhändlers an:

1. **AR:** Zielverkauf von 100 Bürotischen   €   €   €
   à 600,00 € 60 000,00
   – 8 % Mengenrabatt 4 800,00   55 200,00
   + 19 % Umsatzsteuer 10 488,00   65 688,00
2. **ER, BA:** Zahlung der Fracht an den Frachtführer für
   die Auslieferung der Bürotische (Fall 1), netto 1 450,00
   + 19 % Umsatzsteuer   275,50   1 725,50
3. **Briefkopie, Lastschrift** an den Kunden: Fracht für die
   Bürotische (Fall 2), netto 1 450,00
   + 19 % Umsatzsteuer   275,50   1 725,50
4. **Briefkopie:** Gutschrift an Kunden wegen Minderung
   (Fall 1), netto 2 400,00
   + 19 % Umsatzsteuer   456,00   2 856,00
5. **Briefkopie:** Gutschrift an einen Kunden: Bonus, 1,5 %
   vom Halbjahresumsatz, netto, von 140 000,00 € 2 100,00
   + 19 % Umsatzsteuer   399,00   2 499,00
6. **AR:** Zielverkauf von 80 Büroschränken
   à 800,00 € 64 000,00
   – 12,5 % Mengenrabatt 8 000,00
                                56 000,00
   + Fracht 1 600,00   57 600,00
   + 19 % Umsatzsteuer 10 944,00   68 544,00
7. **Briefkopie:** Gutschrift an Kunden für unfreie Rückgabe
   eines Büroschrankes (Fall 6), netto ....   ?
   + 19 % Umsatzsteuer ....   ?

2. Buchen Sie unten stehende Geschäftsfälle auf folgende Konten nach Übernahme der Anfangsbestände:
Kontenplan: 060, 101, 131, 141, 151, 171, 181, 301, 302, 306, 390, 462, 801, 806

Anfangsbestände	€		€
Warenbestände	68 200,00	Kasse	7 400,00
Forderungen a. LL.	49 450,00	Eigenkapital	122 800,00
Bank	54 950,00	Verbindlichkeiten a. LL.	44 850,00
		Umsatzsteuer	12 350,00

Besondere Buchungen beim Warenverkauf vornehmen

Geschäftsfälle:

	€	€	€
1. **AR:** Warenverkauf auf Ziel, netto, frei Haus	74 500,00		
+ Leihemballagen	2 600,00	77 100,00	
+ 19 % Umsatzsteuer		14 649,00	91 749,00
2. **BA:** Frachtzahlung an die Deutsche Bahn AG für den Warentransport (Fall 1) an den Kunden per Banküberweisung, netto		1 200,00	
+ 19 % Umsatzsteuer		228,00	1 428,00
3. **ER:** Einkauf von Waren auf Ziel, netto	53 500,00		
+ Leihemballagen	1 600,00	55 100,00	
+ 19 % Umsatzsteuer		10 469,00	65 569,00
4. **Schreiben eines Warenlieferers:** Gutschrift für mangelhafte Ware (Minderung) einschl. 19 % USt., brutto			190,40
5. **Briefkopie:** Gutschrift an Kunden (Fall 1)			
a) für zurückgesandte Leihverpackung 80 % des berechneten Wertes, netto	2 080,00		
b) für anerkannte Mängelrüge (Minderung), netto	1 220,00	3 300,00	
+ 19 % Umsatzsteuer		627,00	3 927,00
6. **Schreiben des Warenlieferers** (Fall 3)			
a) Gutschrift für Rücksendung der Leihemballagen, 75 % des Wertes, netto	1 200,00		
b) Gutschrift wegen Minderung	700,00	1 900,00	
+ 19 % Umsatzsteuer		361,00	2 261,00
7. **BA:** Lastschriften			
a) Gehaltszahlung		5 700,00	
b) Umsatzsteuer an das Finanzamt		12 350,00	
c) Miete für Lager mit Büroraum		2 760,00	20 810,00

Abschlussangaben:
Warenendbestand lt. Inventur 87 000,00

Aufgabe: Schließen Sie die Konten ab.

3. Tragen Sie folgende umsatzsteuerpflichtigen Geschäftsfälle in eine Tabelle mit folgendem Kopf ein. Bilden Sie die Buchungssätze und kennzeichnen Sie ihre umsatzsteuerliche Auswirkung.

Geschäfts-fälle	Bu-chungs-sätze	Umsatzsteuerliche Auswirkung					
		Mehrung der Vorsteuer	Minderung der Vorsteuer	Mehrung der USt.	Minderung der USt.	Mehrung der Zahllast	Minderung der Zahllast
1. usw.							

Geschäftsfälle:
1. Wareneinkauf auf Ziel
2. Warenrücksendung an Lieferer
3. Kauf eines Büroautomaten gegen Banküberweisung
4. Gutschrift an Kunden wegen Minderung
5. Verkauf von Waren auf Ziel
6. Kauf von Büromaterial bar
7. Bonusgutschrift an einen Kunden

8. Gutschrift eines Warenlieferers für Minderung
9. Gutschriftanzeige an Kunden für Rücksendung der berechneten Leihverpackung
10. Belastung des Kunden für Fracht
11. Gutschrift des Lieferers wegen zurückgesandter Verpackung
12. Bonusgutschrift eines Warenlieferers

4. Folgende Konten sind unter Berücksichtigung eines Warenendbestandes lt. Inventur von 620 000,00 € abzuschließen:

S	301 Aufw. f. Wa./WE	H
171	23 843 000,00	

S	801 Umsatzerlöse/Warenverkauf	H
	101	44 294 000,00

S	302 Warenbezugskosten	H
171	632 000,00	

S	805 Rücksendungen von Kunden	H
101	304 000,00	

S	306 Nachlässe von Lieferern	H
	171	435 000,00

S	806 Nachlässe an Kunden	H
101	276 000,00	

S	390 Warenbestände	H
910	580 000,00	

S	807 Kundenboni	H
101	514 000,00	

1. Bilden Sie die Buchungssätze
   a) zum Abschluss des Kontos 302 Warenbezugskosten,
   b) zum Abschluss des Kontos 306 Nachlässe von Lieferern,
   c) zum Abschluss des Kontos 805 Rücksendungen von Kunden,
   d) zum Abschluss des Kontos 806 Nachlässe an Kunden,
   e) zum Abschluss des Kontos 807 Kundenboni,
   f) zur Erfassung der Bestandsveränderungen,
   g) zum Abschluss des Kontos 301 Wareneingang,
   h) zum Abschluss des Kontos 390 Warenbestände,
   i) zum Abschluss des Kontos 801 Warenverkauf.

2. Ermitteln Sie in Tausend Euro
   a) den Wareneinsatz,
   b) den Nettoumsatz,
   c) den Rohgewinn,
   d) den Kalkulationszuschlagssatz,

Weitere Aufgaben finden Sie unter BuchPlusWeb.

9.3 Kundenskonti bei vorzeitiger Zahlung berücksichtigen

In der Primus GmbH ist folgender Kontoauszug zu bearbeiten:

SEPA-Girokonto	IBAN: DE12 3505 0000 0360 0587 96	Kontoauszug	232
Sparkasse Duisburg	BIC: DUISDE33XXX	Blatt	1

Datum	Erläuterungen		Betrag
Kontostand in Euro am 11.11.20.., Auszug Nr. 231			58 291,32+
12.11.	Überweisung KRANKENHAUS GMBH, DUISBURG KD-NR. 8326	Wert: 12.11.20.. RG-NR. 25821, V. 04.11.20.. ABZUEGL. 2 % SKONTO	34 986,00+
Kontostand in Euro am 13.11.20.., 16:00 Uhr			93 277,32+
Ihr Dispositionskredit: 80 000,00 €			
			Primus GmbH

ARBEITSAUFTRÄGE
- Erläutern Sie die Bewegung auf dem Bankkonto.
- Berechnen Sie den Rechnungsbetrag.
- Entwickeln Sie eine Buchung in Anlehnung an die Skontobuchung beim Einkauf.

Nimmt der Kunde ein gewährtes Zahlungsziel nicht in Anspruch, weil er vorher über die nötigen Zahlungsmittel verfügt, kann er den in den Zahlungsbedingungen angegebenen Skonto vom Rechnungsbetrag abziehen.

Mit der Zahlung des verminderten Rechnungsbetrages hat der Kunde seine **Schuld insgesamt beglichen**. Mit dem **Skontoabzug** ist eine **nachträgliche Minderung der Umsatzerlöse und** damit der ursprünglichen **Bemessungsgrundlage für die Umsatzsteuer** verbunden. Der Kundenskonto führt daher zu einer Berichtigung der Umsatzsteuer, die aufgrund des ursprünglich vereinbarten Entgelts für die Lieferung zu zahlen war. Die nachträgliche Minderung der Umsatzerlöse durch Skonto wird in der Finanzbuchhaltung als **Erlösberichtigung** bezeichnet, die zur Unterscheidung von anderen nachträglichenKorrekturen der Umsatzerlöse (805 Rücksendungen von Kunden, 806 Nachlässe an Kunden, 807 Kundenboni) auf dem besonderen Unterkonto **808 Kundenskonti** zu buchen ist.

Beispiel Banküberweisung vom Kunden für fällige AR über 35 700,00 € abzüglich 2 % Skonto (siehe Beleg oben)

	Auswirkung des Kundenskontos		
	auf die Umsatzerlöse	auf die Umsatzsteuer	insgesamt
Beträge lt. AR	30 000,00 €	5 700,00 €	35 700,00 €
− 2 % Skonto	600,00 €	114,00 €	714,00 €
= Überweisungsbetrag	29 400,00 €	5 586,00 €	34 986,00 €

AR: Zielverkauf von Waren

Buchung:
101 Forderungen a. LL.   35 700,00   an   801 Umsatzerlöse/WV   30 000,00
                                        an   181 Umsatzsteuer   5 700,00

BA: Banküberweisung durch den Kunden

Buchung:
131 Bank   34 986,00
808 Kundenskonti   600,00
181 Umsatzsteuer   114,00   an   101 Forderungen a. LL.   35 700,00

Das Konto **808 Kundenskonti** ist zum Jahresabschluss über das Konto „801 Warenverkauf" abzuschließen.

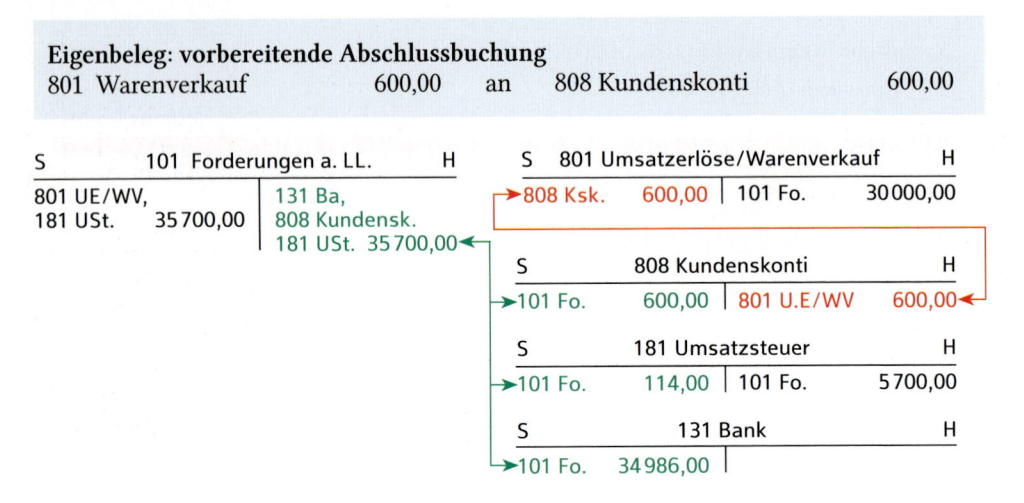

Eigenbeleg: vorbereitende Abschlussbuchung
801 Warenverkauf   600,00   an   808 Kundenskonti   600,00

S	101 Forderungen a. LL.	H
801 UE/WV,	131 Ba,	
181 USt. 35 700,00	808 Kundensk.	
	181 USt. 35 700,00	

S	801 Umsatzerlöse/Warenverkauf	H
808 Ksk. 600,00	101 Fo. 30 000,00	

S	808 Kundenskonti	H
101 Fo. 600,00	801 U.E/WV 600,00	

S	181 Umsatzsteuer	H
101 Fo. 114,00	101 Fo. 5 700,00	

S	131 Bank	H
101 Fo. 34 986,00		

Kundenskonti bei vorzeitiger Zahlung berücksichtigen

Begriffe	Auswirkungen	Buchungen

• Nachlass für vorzeitigen Ausgleich von Ausgangsrechnungen
• Verzicht auf den angebotenen Kredit
	• Minderung der Umsatzerlöse
	• nachträgliche Minderung des Entgelts lt. AR
	• Korrektur der Umsatzsteuer im Soll
		• **Ausgleich der AR abzüglich Skonto**
		131 Bank
		808 Kundenskonti
		181 Umsatzsteuer
		   an 101 Forderungen a. LL.
		• **Abschluss des Kontos 808 Kundenskonti**
		801 Umsatzerlöse/WV
		   an 808 Kundenskonti

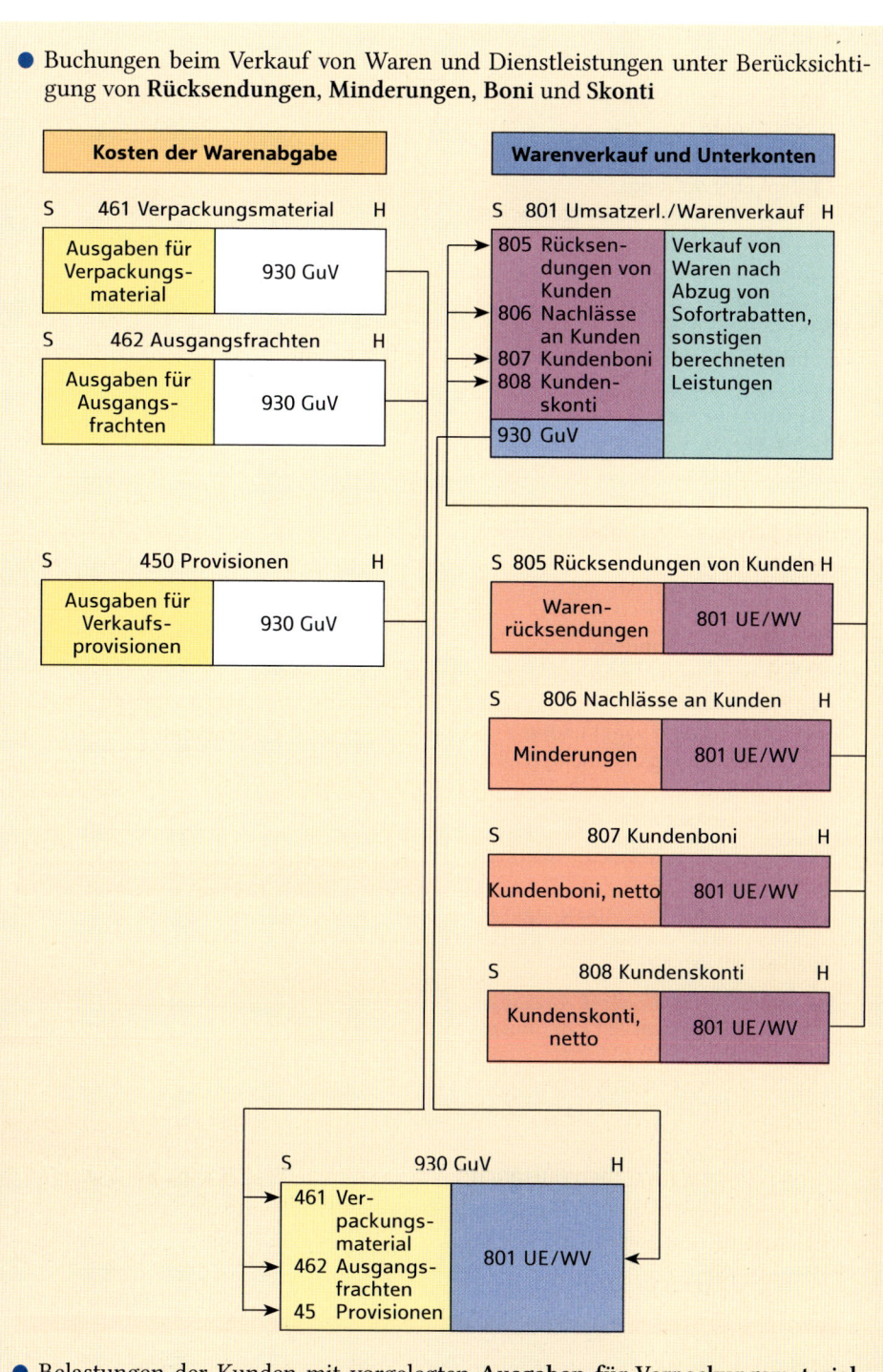

- Buchungen beim Verkauf von Waren und Dienstleistungen unter Berücksichtigung von **Rücksendungen, Minderungen, Boni** und **Skonti**

Kosten der Warenabgabe	Warenverkauf und Unterkonten

S 461 Verpackungsmaterial H
- Ausgaben für Verpackungsmaterial | 930 GuV

S 462 Ausgangsfrachten H
- Ausgaben für Ausgangsfrachten | 930 GuV

S 801 Umsatzerl./Warenverkauf H
- 805 Rücksendungen von Kunden
- 806 Nachlässe an Kunden
- 807 Kundenboni
- 808 Kundenskonti
- 930 GuV
- Verkauf von Waren nach Abzug von Sofortrabatten, sonstigen berechneten Leistungen

S 450 Provisionen H
- Ausgaben für Verkaufsprovisionen | 930 GuV

S 805 Rücksendungen von Kunden H
- Warenrücksendungen | 801 UE/WV

S 806 Nachlässe an Kunden H
- Minderungen | 801 UE/WV

S 807 Kundenboni H
- Kundenboni, netto | 801 UE/WV

S 808 Kundenskonti H
- Kundenskonti, netto | 801 UE/WV

S 930 GuV H
- 461 Verpackungsmaterial
- 462 Ausgangsfrachten
- 45 Provisionen
- 801 UE/WV

- Belastungen der Kunden mit vorgelegten **Ausgaben für Verpackungsmaterial, Ausgangsfrachten und Verkaufsprovisionen** sind Umsatzerlöse, die im Haben des Kontos 801 Warenverkauf zu buchen sind.

1. Geben Sie die Buchungssätze für folgende Geschäftsfälle einer Großhandlung an.
Kontenplan: 101, 131, 141, 171, 181, 302, 308, 801, 808.

	€	€
1. **BA:** Kunde zahlte fällige AR per Banküberweisung	21 658,00	
– 3 % Skonto	649,74	21 008,26
2. **BA:** Lastschriften		
a) Banküberweisung:		
Fracht für eingekaufte Waren, netto	420,00	
+ 19 % Umsatzsteuer	79,80	499,80
b) Überweisung an Warenlieferer nach Abzug von		
2 % Skonto		47 814,20
3. **BA:** Gutschrift		
Überweisung für fällige AR nach Abzug von 2 % Skonto		27 988,80
4. **BA:** Ausgleich einer fälligen Eingangsrechnung durch		
Banküberweisung	1 071,00	
– 3 % Skonto	32,13	1 038,87
5. **BA:** Kunde bezahlte fällige AR mit Banküberweisung		17 314,50
Von der AR wurden 3 % Skonto abgezogen		
6. **AR:** Zielverkauf von Waren, netto	12 000,00	
– Mengenrabatt 8 %	960,00	11 040,00
+ 19 % Umsatzsteuer		2 097,60
		13 137,60
7. **Lastschrift an Kunden:**		
Kunde wird wegen „unfreier" Lieferung mit Fracht belastet	200,00	
+ 19 % Umsatzsteuer	38,00	238,00
8. **BA:** Überweisung vom Kunden		
a) fällige Ausgangsrechnung (Fall 6) nach Abzug von		
3 % Skonto		?
b) fällige Lastschrift (Fall 7)		238,00

2.

SEPA-Girokonto	IBAN: DE12 3505 0000 0360 0587 96	Kontoauszug	241
	BIC: DUISDE33XXX	Blatt	1
Sparkasse Duisburg			

Datum	Erläuterungen		Betrag
	Kontostand in Euro am 22.11.20.., Auszug Nr. 240		30 250,75+
22.11.	Überweisung FIS GMBH, KOELN MIETE FUER AUSSTELLUNGSRAUM	Wert: 22.11.20..	2 600,00+
23.11.	Überweisung STADTVERWALTUNG DUISBURG KD-NR. 8135	Wert: 23.11.20.. RG-NR. 22782, V. 15.11.20.. ABZUEGL. 2 % SKONTO	55 102,95+
	Kontostand in Euro am 24.11.20.., 16:00 Uhr		87 953,70+
	Ihr Dispositionskredit: 80 000,00 €		
			Primus GmbH

a) Wie hoch war der Rechnungsbetrag an die Stadtverwaltung Duisburg?
b) Um welchen Betrag ist die Umsatzsteuer aufgrund der Skontoausnutzung zu berichtigen?
c) Wie lautet die Buchung der Überweisungen
1. durch die Stadtverwaltung Duisburg (Nettobuchung), 2. durch die FiS-GmbH?

Besondere Buchungen beim Warenverkauf vornehmen

d) Welchem Effektivzinssatz entspricht der Skontosatz, wenn die Zahlungsbedingung lautete: binnen acht Tagen abzügl. 2 % Skonto, binnen 30 Tagen netto Kasse?

3. Bilden Sie die Buchungssätze zu folgenden Geschäftsfällen in der Primus GmbH:
a) **BA: Gutschrift**
Banküberweisung über 61 177,90 € zum Ausgleich der AR 227 nach Abzug von 3 % Skonto
b) **BA: Lastschrift**
Ausgleich der ER 114 nach Abzug von 2 % Skonto 78 718,50 €

4. Die Sachkonten einer Großhandlung wiesen im Soll und im Haben folgende Werte aus:

	Soll €	Haben €
060 Eigenkapital		320 000,00
101 Forderungen a. LL.	875 050,00	544 640,00
131 Bank	781 444,00	525 200,00
141 Vorsteuer	58 800,00	28 800,00
171 Verbindlichkeiten a. LL.	192 000,00	392 000,00
181 Umsatzsteuer	70 907,00	121 396,00
301 Aufw. f. Wa./Wareneingang	270 000,00	
308 Liefererskonti		9 500,00
390 Warenbestände	145 000,00	
801 Umsatzerlöse/Warenverkauf		623 010,00
808 Kundenskonti	11 845,00	

Geschäftsfälle:
a) **BA 205:** Überweisung eines Kunden für fällige AR 607 nach Abzug von 2 % Skonto 24 490,20
b) **BA 206:** Lastschrift für Ausgleich der ER 206 nach Abzug von 3 % Skonto 20 777,40
c) **BA 207:** Ausgleich der AR 598 nach Abzug von 2,5 % Skonto 46 410,00

Abschlussangabe: Warenendbestand lt. Inventur 58 000,00

Führen Sie die Buchungen der Geschäftsfälle, die Umbuchungen und den Abschluss der Konten durch.

5. W. Klein überweist durch seine Bank 48 480,60 € auf das Bankkonto des Warenlieferers F. Hieber zum Ausgleich der ER 302 nach Abzug von 3 % Skonto.
Wie ist zu buchen   a) bei W. Klein,   b) bei F. Hieber?

Weitere Aufgaben finden Sie unter BuchPlusWeb.

Sachwortverzeichnis

Symbole
635-Methode 152

A
ABC-Analyse 311, 328
Abholgroßhandel 97
Ablaufdiagramm 111
Ablauforganisation 110
Absatzfinanzierungsfunktion 96
Absatzgroßhandel 96
Absatzmarkt 417
Absatzplan 303
Abschlussfreiheit 208
Abschlussphase 232
Abschlussprüfung 31
Abschlusstechniken 232
Abteilungen 106
Abteilungsbildung 108
Aktiva 430
Aktivkonto 452
Aktiv-Passiv-Mehrung 448
Aktiv-Passiv-Minderung 448
Aktivtausch 447
allgemeine Geschäftsbedingungen 272
allgemeine Handlungsvollmacht 61
Ämter für Gewerbeschutz und Sicherheitstechnik 45
Anfangsbestand 451
Anfechtbarkeit von Rechtsgeschäften 210
Anfrage 179, 335
Angebot 179, 250
Angebotsdatei 192
Angebotserstellung 182, 190
Angebotsphase 222
Anhörungs- und Beratungsrecht 44
Anlagevermögen 422
Annahme 215
Anschaffungskosten 504
Anschaffungsnebenkosten 504
Anteil des Anlagevermögens 433
Anteil des Umlaufvermögens 433
Antrag 215
application 225
Arbeitskraft 302
Arbeitslosengeld 80
Arbeitslosenversicherung 80
Arbeitsmarkt 89
Arbeitsschutz 52
Arbeitsschutzbehörden 45
Arbeitssicherheitsgesetz 56
Arbeitsstättenverordnung 56
Arbeitsverhältnis 21
Arbeitsvertrag 215

Arbeitszeitgesetz 55
Arbeitszeugnis 36
Argumentation 224
Art der Ware 255
Arten des Großhandels 96
Arten von Unternehmen 118
Artikel 309
Artikeldatei 192
Artikelstammdatei 367
Artvollmacht 61
ATLAS 284, 287
Aufbauorganisation 105
Aufgabenanalyse 105
Aufgaben des Großhandels 93
Aufgabensynthese 105
Aufkaufgroßhandel 96
Aufsichtsrat 140
Aufstiegsschulung 48
Auftragsannahme 181
Auftragsbearbeitung 186
Auftragsbestätigung 187, 194, 269
Auftragseingangsbuch 368
Auftragserfassung 186
Aufwand 467
Aufwendungen 467
Ausbildender 33
Ausbilder 33
Ausbildung 47
Ausbildungsberater 45
Ausbildungsbetrieb 24
Ausbildungsnachweis 31
Ausbildungsordnung 24, 28
Ausbildungsplan 30
Ausbildungsvergütung 36, 73
Ausbildungsvertrag 33
Ausfuhranmeldung 284
Ausfuhrbegleitdokument (ABD) 285
Ausfuhrbeschränkungen 290
Ausführer 283
Ausfuhrgenehmigung 296
Ausfuhrgenehmigungspflichten 290
Ausfuhrliste 292
Ausfuhrlizenz 296
Ausführungsebene 59
Ausfuhrverbot 290
Ausfuhrverfahren 281, 282
Ausfuhrzollstelle 285
Ausgabe 417
Ausgabedaten 191
Ausgabegerät 370
Ausgangsrechnung 187, 195, 442
Ausgangszollstelle 285
Auslandshandelskammern 376
Auslaufsortiment 309
Ausschreibung 336

Außenhandel 100
außenwirtschaftlicher Ausführer 283
Außenwirtschaftsgesetz (AWG) 290
Außenwirtschaftsverordnung (AWV) 292
außergewöhnliche Belastungen 76
Auswahl der Lieferer 305
Auszubildender 33
Automated Export System (AES) 284
automatisches Bestellsystem 362

B
B2B customer 221
B2B-Geschäft 90, 97
B2C-Geschäfte 90
Bachelor Professional 48
Balkendiagramm 315
Bareinkaufspreis 349
Barliquidität 434
Bedarfsermittlung 220
Bedarfsplanung 320
Beendigung der Ausbildung 37
Beförderungsbedingungen 258
Beförderungskosten 258
Beitragsbemessungsgrenze 78
Beleg 440
Belegbearbeitung 443
Belegbuchung 461
Bemessungsgrundlage 483
Benefit 225
Beratungsgespräch 218
berufliche Handlungskompetenz 22
Berufsabschluss 25
Berufsabschlusszeugnis 25
Berufsausbildung 21
Berufsbildungsgesetz 24, 33
Berufsgenossenschaft 45, 56
Berufsschulabschluss 25
Berufsschulbesuch 42
Berufsschule 24
Berufsschulpflicht 26
Beschaffung 301
Beschaffungsbedarf 318
Beschaffungskosten 321
Beschaffungsmarkt 91, 416
Beschaffungsobjekte 301
Beschaffungsstrategie 322
Beschäftigungsbeschränkungen 42
Beschäftigungsverbote 42
beschränkte Geschäftsfähigkeit 199

Beschreibung 112
Besitz 205
Besitzkonstitut 205
Bestandskonto 451
Bestandsmehrung 477
Bestandsminderung 478
Bestehensregelung 32
Bestellhäufigkeit 330
Bestellmenge 320, 329
Bestellpunktverfahren 323
Bestellrhythmusverfahren 324
Bestellung 270
Bestellungsannahme 270
Bestellvorschlag 362
Bestellvorschlagsliste 186, 362
Bestellvorschlagssystem 362
Bestellzeitpunkt 321
Beteiligten-Identifizierungs-Nummer (BIN) 287
Betreuer 200
Betriebsformen des Großhandels 97
Betriebsmittel 302, 416
Betriebsordnung 52
Betriebsrat 44, 64
Betriebsvereinbarung 67
Betriebsverfassungsgesetz 44
Betriebsvergleich 493
Bewegungsdaten 191
Bezugskalkulation 348
Bezugskosten 350, 379, 504
Bezugspreis 349, 378
Bezugsquelle 333
Bezugsquellenermittlung 333, 374
Bilanz 430
Bilanzauswertung 432
Bilanzgleichung 431
Bilanzkennzahlen 432
Bindung an das Angebot 251
Bio-Siegel 308
Blauer Engel 308
Blockunterricht 25
Bonus 509, 526
Brainstorming 151
Break-even-Point 305
Bringschulden 257
Bruttoentgelt 73
brutto für netto 257
Bruttogehalt 73, 81
Bruttolohn 73
Buchführung 419
Buchführungspflicht 438
Buchungssatz 460
Bundesamt für Wirtschaft und Ausfuhrkontrolle (BAFA) 292
Bundes-Immissionsschutzgesetz 307
Bundesurlaubsgesetz 55

C
Cash-and-carry-Großhandel 97
CIF 382
CIP 382
closing techniques 233
Corporate Behaviour 86
Corporate Communications 86
Corporate Design 86
Corporate Identity 86
customer doubts/objections 228

D
DAP 384
Darlehensschulden 424
Darlehensvertrag 215
Datenbank 192, 335
Datenerfassungsgerät 369
Datenschutzgrundverordnung 191
DDP 384
Debitorendatei 181
Deckungsbeitrag 304
Deckungsbeitragsrechnung 312
deklaratorisch 129
Dialoggerät 370
Dienstleistung 95, 417
Dienstleistungen 302
Dienstleistungsabnahme 302
Dienstleistungsangebot 276
Dienstleistungsbetrieb 91, 119
Dienstvertrag 215
Differenzierung 312
Differenzierungsbereich 25
digitale Medien 143, 153
digitales Bestellwesen 362
digitale Signatur 364
digitale Warenwirtschaft 368
direkter Export 100
direkter Import 101
Disposition 104
Diversifikation 312
doppelte Buchführung 446
duales Berufsausbildungssystem 21, 23
Durchlaufstrategie 119

E
EAN-Balkencode 370
EAN-Code 369
E-Business 335
E-Commerce 364
effektiver Zinssatz 514
Eigenbelege 440
Eigenkapital 426
Eigenkapitalquote 434
Eigenkapitalvergleich 426
Eigenmarke 313
Eigentum 205
Eigentumsübertragung 205
Eigentumsvorbehalt 257, 266
eignen 155
einfache Bezugskalkulation 350
einfacher Eigentumsvorbehalt 266
Eingabedaten 191
Eingabegerät 370
Eingangsrechnung 442
Einkommensteuer 73
Einkommensteuertarif 74
Einliniensystem 106
Einnahme 417
Einpunktabfrage 147
Einpunktklausel 382
Einseitige 214
einseitiges Rechtsgeschäft 214
Einstandspreis 349
Einzelarbeitsvertrag 50
Einzelbeschaffung 322
Einzelprokura 62
Einzelunternehmung 131
Einzelvollmacht 61
Electronic Procurement 363
elektronische Ausgangsvermerk (AGV) 287
elektronischer Einkauf 363
elektronischer Marktplatz 363
ElterngeldPlus 55
Embargo 292
emotionale Kaufmotive 220
Endverbleibserklärung 294
E-Procurement 363
Equipment-Leasing 279
ereignisgesteuerte Prozesskette 112
Erfassungsmaske 190, 367
Erfolg 426
Erfolgsermittlung 426
Erfüllungsort 259
Erfüllungspflicht 69
Erholungsurlaub 51, 55
Erlebnisbezug 225
Eröffnungsbilanz 451
Erträge 468
Ertragskonto 469
erweiterter Eigentumsvorbehalt 267
erwerbswirtschaftlicher Betrieb 119
EU-Öko-Verordnung 308
Existenzminimum 74
Experience 225
externe Informationsquelle 334
Extrahandel 100
EXW 382
Exzerpt 158

F
Fächer des berufsbezogenen Bereichs 25
Fächer des berufsübergreifenden Bereichs 24
Fachkompetenz 23
Fachoberschulreife 25
Fairtrade 309
Faktormarkt 89

Fantasiefirma 124
FCA 382
Feature 225
Feedback 146, 170
Fehlverkaufskontrolle 310
Fertigkeiten und Kenntnisse 39
Filialprokura 62
Financial Leasing 278
Finanzamt 419
Finanzanlage 422
Finanzbuchhaltung 187, 419
Finanzmittel 302
Firma 124
Firmenarten 124
Firmenausschließlichkeit 125
Firmenbeständigkeit 125
Firmeneinheit 125
Firmengrundsätze 125
Firmenkern 124
Firmenklarheit 125
Firmenöffentlichkeit 125
Firmenwahrheit 125
Firmenzusatz 124
Fixkauf 265
Flächentarifvertrag 69
FOB 382
Forderungen 423
formale Organisation 114
Formfreiheit 208
Formkaufmann 123
Formvorschriften 207
Fortbildung 47
Fortbildungsstufen 48
Fracht 521
Freistellung 35
Freizeichnungsklausel 251
Fremdbelege 440
Fremdkapitalquote 434
Friedenspflicht 69
Führung 110
Führungsebenen 59

G

Gebesi 219
Gebotszeichen 57
Gefahrenübergang 259
Gehaltsabrechnung 80
Geldschulden 257
Geldstrom 417
gemeinwirtschaftlicher Betrieb 119
gemischte Firma 124
Generationenvertrag 80
Gerichtsstand 260
Gesamtbruttogehalt 81
Gesamtprokura 62
Gesamtsozialversicherungsbeitrag 78
Geschäftsfähigkeit 198
Geschäftsfälle 446
Geschäftsführung 140
Geschäftsgrafiken 313
Geschäftsjahr 439

Geschäftsprozesse 446
Geschäftsunfähigkeit 199
Gesellschafterversammlung 140
Gesellschaft mit beschränkter Haftung 138
Gesetz über die Umweltverträglichkeitsprüfung 307
Gesetz zum Elterngeld und zur Elternzeit 55
gestreckte Abschlussprüfung 31
gesundheitliche Betreuung 42
Gesundheitsschutz 56
Gewerbeaufsichtsamt 56
Gewerbeordnung 56
Gewichtsabzug 350
Gewichtsspesen 352
GoB 440
GoBS 440
Grundbuch 461, 498
Grundgesetz 45
Grundsätze ordnungsgemäßer Buchführung 439
Grundwert 343
Gruppenarbeit 144
Gruppenprozessanalyse 147
GTIN-Code 369, 370
Güteklasse 255
Güterbeschaffung 302
Gütermärkte 89
Güterstrom 417
Gütezeichen 255
Gutschriften 509
Gutschrift für Minderungen 526

H

Haben 452
Handelsbrauch 380
Handelsgesellschaft 123
Handelsgewerbe 122
Handelsmarke 312
Handelsregister 127
handelsübliche Mengeneinheit 256
Handelsverbot 52
Handelsvertreter 522
Handelsware 301
Handlungsvollmacht 60
Handwerkskammer 26
Hauptbuch 461, 499
Hauptschulabschluss nach Klasse 10 25
Höchststeuersatz 74
Holschulden 258

I

IHK-Gesetz 11
immaterieller Vermögensgegenstand 422
Immobilien-Leasing 279
Immobilienmarkt 89
Import 100

Improvisation 104
Incoterms® 2020 378, 381
indirekter Export 100
indirekter Import 101
Industrie- und Handelskammer 26, 45
Informationen 302
Informationsauswahl 160
Informationsbeschaffung 157
Informationsrecht 44
informelle Organisation 114
Inhalte von Angeboten 254
Inhaltskontrolle 273
Inklusion 116
Insolvenzverfahren 140
Instanz 105
intelligentes Regal 372
interne Informationsquelle 333
Internet 159
Internetrecherche 335
Intrahandel 100
Inventar 422
Inventur 422
Investitionsgütergroßhandel 96
Investitionsgütermarkt 89
Ist-Bestand 477
Istkaufmann 122

J

Jahresabschluss 140, 439
Journal 461
Jugendarbeitsschutzgesetz 40
Jugend- und Auszubildendenvertretung 45, 66
juristische Person 201
just in time 325

K

Kalkulationsschema 349
Kannkaufmann 123
Kapitalherkunft 430
Kapitalmarkt 89
Kapitalverwendung 430
Kartogramm 316
Kassenbon 440
Kauf auf Abruf 265
Kauf auf Probe 264
Kaufmann 121
kaufmännische Steuerung von Geschäftsprozessen 31
Kauf nach Probe 264
Kaufsignal 232
Kaufvertrag 215
Kaufvertragsarten 263
Kauf zur Probe 264
Kennzahlenkontrolle 312
Kernprozess 109
Kernsortiment 309
Kirchensteuer 77
klassische Variante 32
Klauselverbote 273
Kleinbetragsrechnung 487

Kleingewerbe 122
Kleingewerbetreibender 439
Koalitionsfreiheit 45
Kommanditgesellschaft 134
Kommanditist 134
Kommissionierung 187
Kommissionierungsauftrag 194
kommunikative Kompetenz 23
Kompetenz 22
Komplementär 134
konstitutiv 129
Konsumgüterbetrieb 119
Konsumgütermarkt 89
Kontaktphase 219
Kontenart 493
Kontengruppe 493
Kontenklasse 493
Kontenplan 494
Kontenrahmen 493
Kontenunterart 493
Kontierungsstempel 460
Kontokorrentbuch 499
Kontrahierungszwang 208
Kontrolle 417
Kostenorientierung 86
Kosten- und Leistungsrechnung 419
Krankengeld 36, 51
Krankenversicherung 79
Kreditfinanzierung 279
Kreditlimit 180
Kreditwürdigkeit 180
Kreisdiagramm 315
Kreislaufstrategie 119
Kreislaufwirtschaftsgesetz 119, 306
Kundenbestellung 269
Kundendatei 181, 191, 367
Kundendienst 95
Kundeneinwand 227
Kundennutzen 225
Kundenorientierung 86, 179
Kundenskonto 531
Kündigung 37
Kündigungsfrist 51
Kündigungsschutzgesetz 57
Kurvendiagramm 314

L
Lagebericht 140
Lagerbuchhaltung 501
Lagersystem 369
Lagervorrat 181
Land- und Forstwirtschaft 123
laufender Arbeitslohn 73
Leasing 277
Leasinggeber 278
Leasingvertrag 278
lebenslanges Lernen 47
Lehrplan 24
Leihvertrag 215
Leistungsorientierung 86

Lernfelder 24
Lernkartei 161
Lernkompetenz 23
Lernplakat 162
Lieferantenkredit 277
Liefererdatei 367
Liefererkredit 514
Lieferekonto 513
Lieferfähigkeit 181
Lieferschein 187, 194
Lieferwilligkeit 181
Lieferzeit 181, 256
Liniendiagramm 314
liquide Mittel 423
Liquidität 424, 434
Listeneinkaufspreis 349
Lohnabzugstabelle 77
Lohnsteuer 73
Lohnsteuerbescheinigung 81
Lohnsteuerklassen 74
Lohn- und Gehaltsabrechnung 80
Lohn- und Gehaltstarifvertrag 70
Lower-Management 59

M
Manteltarifvertrag 70
Marke 255
Markenartikel 312
Marktarten 89
Markterschließungsfunktion 96
Marktformen 90
Marktstruktur 89
Master Professional 48
Matrixorganisation 108
Medien 150
Medieneinsatz 165
mehrdeutige Klauseln 273
Mehrliniensystem 106
Mehrwert 484
Meldebestand 323
Mengenausgleichsfunktion 94
Mengenplanung 318, 320
Methodenkompetenz 23
Middle-Management 59
Mietvertrag 215
Minderung 509
Mindestausbildungsvergütung 36
Mindestbestand 323
Mindestlohn 51, 73
Mindmapping 154, 158
Mitarbeiterorientierung 86
Mitbestimmungsrecht 44
Mobbing 114
Mobilien-Leasing 279
Monopol 90
Morphologischer Kasten 153
Movement Reference Number (MRN) 285
Multi-Channel-Marketing 97

mündliche Ergänzungsprüfung 33
Mutterschutzgesetz 54

N
Nachhaltigkeit 117, 188, 307
Nachlass 350
Nachlass beim Wareneinkauf 507
Nachschusszahlungen 139
Nebenbücher 499
Nettoentgelt 73
Nettogehalt 81
Neukunde 180
Nichtigkeit von Verträgen 209
Nichtkaufmann 439
Nichtverkaufskontrolle 310
nicht vertretbare Sache 205
Nutzwertanalyse 359

O
Objektprinzip 109
Öffentlichkeitswirkung 129
Ökologie 117
ökologische Ziele 117
Oligopol 90
Onlineauktion 364
Onlinebestellung 363
Onlinegroßhandel 97
Onlinemarktplatz 364
Onlinerecherche 335
open-ended questions 221
Operating-Leasing 278
optimale Bestellmenge 330
Ordnungsdaten 192
Organigramm 109
Organisation 104
Organisieren des Warensortiments und von Dienstleistungen 31

P
Passiva 430
Passivkonto 452
Passivtausch 447
Personal-Leasing 279
Personenfirma 124
persönlicher Freibetrag 76
Pflegeversicherung 79
Pflichten des Ausbildenden 34
Planung 419
Platzkauf 259
Polypol 90
Powershopping 364
Präsentation 163
Preisgespräch 225
Preisnachlass 256
Preisobergrenze 349
price objections 229
Probesortiment 309
Probezeit 37
Problemlösung 150
Produktelimination 305
Produktinnovation 305

Produktionsgüterbetrieb 119
Produktionsverbindungsgroßhandel 96
Produktmodifikation 313
Produktpolitik 305
Produktsicherheitsgesetz 56
Produktvariation 305
Profitcenter 107
profit margin 229
Prokura 61
Promillerechnung 343
Prozentrechnen 342
Prozentsatz 343
Prozentwert 343
prozessorientierte Organisation von Großhandelsgeschäften 31
Prüfung 42
Prüfzeichen 255

Q
Qualitätsmanagement 87
Quittung 440

R
Rabattgespräch 225
Rahmensortiment 309
Randsortiment 309
rationale Kaufmotive 220
Raumüberbrückungsfunktion 93
Rechendaten 192
Rechnungswesen 417
Rechte 204
Rechtsfähigkeit 198
Rechtsfolgen bei Nichteinbeziehung und Unwirksamkeit 273
Rechtsgeschäft 213
Regelsteuersatz 483
regular/registered customers 219
Reingewicht 257
Reinvermögen 426
Reklamationsgespräch 235
Relaunch 313
Renner-Penner-Liste 311
Rentenversicherung 80
Reportvariante 32
Rettungszeichen 57
RFID-Technologie 371
Rohgewicht 257
Rollenspiel 168
Rollgeld 258
Rücksendung 507, 526

S
Sachanlage 422
Sachen 204
Sachfirma 124
Sachleistungsbetrieb 91, 119
Sachtext 157
Sachziel 116
Saisonware 321

sales conversation 219
Sandwich-Methode 227
Satzung 138
Säulendiagramm 314
Schaubilder 314
Schlichtungsstelle 45
Schlussbilanzkonto 454
Schriftverkehr 182
Schulaufsicht 26
Schulden 424
schwebend unwirksam 199
Schweigepflicht 52
Selbstkompetenz 23
Service 95
Servicefunktion 95
Sicherheitsbeauftragter 45, 56
Sicherheitszeichen 57
Signaturgesetz 209, 364
Skonto 350
Skontoabzug 513, 531
Sofortrabatt 504, 521
Solidaritätszuschlag 77
Soll 452
Sonderausgaben 76
Sonn- und Feiertagsarbeit 55
sonstige Bezüge 73
Sorte 309
Sortiment 304, 309
Sortimentsaufbau 309
Sortimentsbereinigung 313
Sortimentsbildung 304
Sortimentsbildungsfunktion 94
Sortimentsbreite 310
Sortimentserweiterung 312
Sortimentskontrolle 310
sortimentspolitische Entscheidungen 310
Sortimentstiefe 310
Sortimentsumfang 310
Sortimentsvariation 312
soziale Gerechtigkeit 77
soziale Sicherung 77
soziales System 114
soziale Ziele 116
Sozialkompetenz 23
Sozialpartner 69
Sozialsiegel 309
Sozialstaatsprinzip 77
Sozialversicherungen 77
Spartenorganisation 107
Speichergerät 370
Spezifikationskauf 265
Staat 419
Stabliniensystem 107
Stabsstelle 107
Stammdaten 186, 191, 367
Stammkapital 139
Stammkunde 181
Stapelware 321
Statistik 419
Stellenbeschreibung 105
steuerfreier Umsatz 487

Steuerung 417
Stiftung Warentest 308
Suchmaschine 159
summary close 233
Supportprozess 109
Systembücher 498

T
Tabelle 313
Tabellenfreibeträge 75
Tara 256
Tarifautonomie 69
Tarifverhandlungen 71
Tarifvertrag 52, 69, 73
Tarifvertragspartei 69
Team 145
Technologieorientierung 86
Teilzeitberufsausbildung 29
Teilzeitunterricht 25
Telefonverkauf 234
Terminkauf 265
The option close 233
T-Konto 451
Top-Management 59
Trading-down 312
Trading-up 312
Transithandel 102
Transportkosten 521

U
überraschende Klauseln 273
Überschlagsmethode 514
UG haftungsbeschränkt 140
Umlaufvermögen 423
Umsatz 483
Umsatzerlös 468
Umsatzrückvergütung 509, 526
Umsatzsteuer 482
Umsatzsteuerbuchung 485
Umsatzsteuer-Voranmeldung 488
Umsatzsteuer-Zahllast 484
Umschlüsselungsverzeichnis 294
Umschulung 49
Umsetzungs- und Schulungsterminplan 30
Umweltgesetze 306
Umweltorientierung 86
Umweltschutz 307
Umweltverträglichkeit 306, 307
Umweltzeichen 308
unbeschränkte Geschäftsfähigkeit 200
Unfallschutz 56
Unfallversicherung 56
Unternehmensleitbild 86, 116
Unternehmensorientierung 86
Unternehmensphilosophie 85
Unternehmensregister 128
Unternehmensziele 116
Unternehmer 60

Unternehmergesellschaft 140
Unterstützungsprozess 109
Untervollmacht 61
Urheberrechtsschutz 166
Urlaubsanspruch 41
UZK (Unionszollkodex) 282

V
Verbindlichkeiten 424
Verbotszeichen 57
Veredelungsfunktion 95
Vergütung 51
Verkaufsargument 224
Verkaufsargumentation 224
Verkaufsgespräch 218
verkaufssynchrone Beschaffung 322, 325
Verkürzung der Ausbildung 28
verlängerter Eigentumsvorbehalt 267
Verlängerung der Ausbildung 28
Vermögen 422
Verpackungskosten 256, 521
Verrichtungsprinzip 108
Versand 188
Versandverpackung 256
Versendungskauf 258
Versicherungsvertrag 216
Verteilungsgroßhandel 96
Verteilungsrechnen 338
Verteilungsschlüssel 339
Vertragsfreiheit 207
vertretbare Sache 205
Vertriebsprovision 522
Verwendungsbezug 225
Verzeichnis der Berufsausbildungsverhältnisse 34

volkswirtschaftliche Arbeitsteilung 91
Vorauszahlung 257
Vorkontieren 460
Vorrang der Individualabrede 273
Vorräte 423
Vorratsbeschaffung 322, 323
Vorsteuer 483
Vorsteuerüberhang 486
Vortrag 165
Vorumsatz 483

W
Warenabgabe 521
Warenbestandsmehrung 477
Warenbestandsminderung 478
Warenbestandsveränderung 476
Wareneingangssystem 369
Warengruppe 309
Warenmerkmal 225
Warenschulden 258
Warenverkaufssystem 369
Warenvorlage 222
Warenwirtschaftssystem 181, 190, 366
Warnzeichen 57
Webshop 97
Werbungskosten 76
Werklieferungsvertrag 216
Werkstoff 301
Werkvertrag 215
Wertschöpfungskette 90
Wertspesen 352
Wettbewerbsverbot 52
Willenserklärung 213
wirtschaftliche (ökonomische) Ziele 116

Wirtschafts- und Sozialkunde 32

Y
'yes'-ladder-method 233
'yes'-street-method 233

Z
Zahlungsbedingungen 257
Zahlungsziel 257
Zeitplanung 321, 322
Zeitüberbrückungsfunktion 94
Zeitvergleich 493
Zeugnis 36, 51
Zielbündel 117
Zieleinkaufspreis 349
Zielharmonie 118
Zielkonflikt 118
Zielsystem 117
Zinssatzformel 515
Zoll 258
Zollanmelder 287
zollrechtliche Ausführer 283
Zollverfahren 282
zusammengesetzte Bezugskalkulation 352
Zusendung unbestellter Ware 252
zuständige Stelle 45
Zustellgroßhandel 97
Zweipunktklausel 382
zweiseitiges Rechtsgeschäft 215
zweistufiges Ausfuhrverfahren 285

Bildquellenverzeichnis

BC GmbH Verlags- und Medien-, Forschungs- und Beratungsgesellschaft, Ingelheim: S. 57.1, S. 57.2, S. 57.3
Bergmoser + Höller Verlag AG, Aachen: Zahlenbilder S. 67.1
Bundesinstitut für Berufsbildung (BIBB), Berlin: S. 159.1
Bundesministerium der Finanzen, Berlin: S. 288.1
CTO Software GmbH, Aachen: S. 180.1, S. 182.1, S. 193.1, S. 196.1, S. 333.2, S. 367.1
Datalogic, Holzmaden: S. 369.1
DIHK Deutscher Industrie- und Handelskammertag, Berlin: S. 34.1
European Commission - Directorate-General for Agriculture and Rural Development -, Brüssel: S. 308.3
Fairtrade Deutschland, Köln: S. 309.1
Foto Stephan - Behrla Nöhrbaß GbR, Köln: S. 17.1, S. 17.2, S. 20.1, S. 21.1, S. 28.1, S. 40.1, S. 44.1, S. 64.1, S. 69.1, S. 72.1, S. 85.1, S. 93.1, S. 104.1, S. 115.1, S. 138.1, S. 150.1, S. 157.1, S. 163.1, S. 164.1, S. 166.1, S. 168.1, S. 179.1, S. 190.1, S. 198.1, S. 207.1, S. 213.1, S. 218.1, S. 222.1, S. 224.1, S. 234.1, S. 237.1, S. 250.1, S. 254.1, S. 263.1, S. 289.1, S. 318.1, S. 328.1, S. 333.1, S. 338.1, S. 342.1, S. 348.1, S. 366.1, S. 374.1, S. 378.1, S. 405.1, S. 416.1, S. 421.1, S. 429.1, S. 438.1, S. 445.1, S. 451.1, S. 459.1, S. 476.1, S. 492.6, S. 498.1
fotolia.com, New York: Andrey Popov S. 372.4; Apart Foto S. 362.2; Benjamin Thorn S. 42.2; Bjrn Wylezich S. 380.3; by-studio S. 223.1, S. 424.3; contrastwerkstatt S. 50.1, S. 349.1; DOC RABE Media S. 89.1; Dron S. 302.1; Eisenhans S. 321.1; erdquadrat S. 99.1; fischer-cg. S. 304.1; FotoDesignPP S. 423.2; gabylya89 S. 359.1; geniuskp S. 279.1; Gina Sanders S. 276.1, S. 351.1, S. 353.1; GRAPHIC S. 492.2; hercher S. 259.1; Hugo Félix S. 240.4; JSB 424.1; K.-U. Hler S. 434.1; K.C. S. 240.2; Kirsty Pargeter S. 362.1; kwarner S. 54.1; m.arc S. 406.1; magann S. 372.1; Marco2811 S. 325.1, S. 380.6, S. 380.7; Mellimage S. 330.1; Michael Darcy Brown S. 405.2; momanuma S. 151.1; mrkob S. 369.2; nd3000 S. 419.1; Oliver Hoffmann S. 321.2; Patryk Kosmider S. 423.3; peppi18 S. 55.1; Peter Atkins S. 79.1, S. 233.1; prt art S. 401.1; Rajewski, Stefan S. 372.3; Robert Kneschke S. 29.1, S. 214.1; shutterman99 S. 369.3; sonne Fleckl S. 301.2; Styleuneed S. 225.1; styleuneed S. 226.1, S. 309.2; th-photo S. 97.1; Thaut Images S. 256.1, S. 380.1, S. 380.4; vege S. 424.2; Wilfried Wirth S. 240.1; Wladimir Tolstich S. 34.2; yang yu S. 352.1; Yemelyanov, Maksym S. 323.1, S. 424.4
Galas, Elisabeth, Schwelm: S. 10.1, S. 11.1, S. 316.1
Generalzolldirektion, Bonn: S. 286.1
Google Inc., Hamburg: S. 335.1
iStockphoto.com, Calgary: SQ_Studio S. 162.1
LIVING CONCEPT, Münster: S. 1.1
Picture-Alliance GmbH, Frankfurt/M.: dpa Grafik S. 57.4; dpa-infografik S. 71.1, S. 75.1, S. 144.1, S. 278.1, S. 483.1
RAL gemeinnützige GmbH, Bonn: S. 308.1
Shutterstock.com, New York: Boyko.Pictures S. 311.2; pikepicture S. 324.1; Sanca, Michal S. 311.1; tuulijumala S. 252.1
Stiftung Warentest, Berlin: S. 308.2
stock.adobe.com, Dublin: 4th Life Photography S. 230.1; alexlukin S. 228.1; alotofpeople S. 232.1; Antonio S. 132.2; Artranq S. 205.1; auremar S. 95.1; Bidouze, Stéphane S. 306.2; Bikeworldtravel S. 214.2; bilderstoeckchen S. 266.1; bluedesign S. 284.2, S. 285.1, S. 380.2, S. 380.2, S. 380.5, S. 393.2, S. 471.1; BRN-Pixel S. 406.2; Calado S. 282.2; Chuewong, Mongkol S. 204.2; contrastwerkstatt S. 86.1, S. 408.1; Drone First S. 90.1; eyetronic S. 424.5; fineart-collection S. 187.1; fotomek S. 169.1; froto S. 423.1; Gurkov, Eugene S. 227.1; hanneliese S. 199.1; harbucks S. 407.1; Heinzgerald S. 77.1;

industrieblick S. 27.2, S. 281.1, S. 282.1; janvier S. 404.1; JiSign S. 117.1; kkolis S. 41.1; Kleemann, Kurt S. 282.3; Kneschke, Robert S. 23.1, S. 25.1, S. 65.1, S. 186.1; leno2010 S. 225.2; liveostockimages S. 306.1; MARIMA S. 51.1; mehmetbuma S. 240.3, S. 241.1; Olga S. 229.1; PeJo S. 257.1; peterschreiber.media S. 405.3; PhotoSG S. 134.1, S. 265.1; Pixelot S. 301.1; Popov, Andrey S. 260.1; QQ7 S. 20.2; rdnzl S. 372.2; Robert Kneschke S. 27.1; Stoeber, Joerg S. 59.1; studio v-zwoelf S. 132.1, S. 139.1; THATREE S. 284.1; Thaut Images S. 393.1; tournee S. 372.5; Travel man Titel; undrey S. 131.1; vege S. 47.1; Victor S. 122.1; vipman4 S. 42.1; vlaru S. 255.1; WavebreakmediaMicro S. 307.1; Zerbor S. 283.1
Stollfuß Medien GmbH & Co. KG, Bonn: S. 83.1, S. 83.2
Surfboard Holding B.V. – www.startpage.com, BB Zeist: S. 160.1

Wir arbeiten sehr sorgfältig daran, für alle verwendeten Abbildungen die Rechteinhaberinnen und Rechteinhaber zu ermitteln. Sollte uns dies im Einzelfall nicht vollständig gelungen sein, werden berechtigte Ansprüche selbstverständlich im Rahmen der üblichen Vereinbarungen abgegolten.

Verzeichnis der Gesetzesabkürzungen

AO	Abgabenordnung
AWG	Außenwirtschaftsgesetz
AWV	Außenwirtschaftsverordnung
BBiG	Berufsbildungsgesetz
BetrVG	Betriebsverfassungsgesetz
BGB	Bürgerliches Gesetzbuch
BImSchG	Bundes-Immissionsschutzgesetz
BUrlG	Bundesurlaubsgesetz
CISG	UN-Kaufrecht
DSGVO	Datenschutzgrundverordnung
EGBGB	Einführungsgesetz zum BGB
EStG	Einkommensteuergesetz
GewO	Gewerbeordnung
GewStG	Gewerbesteuergesetz
GG	Grundgesetz
GmbHG	GmbH-Gesetz
GWB	Gesetz gegen Wettbewerbsbeschränkungen
HGB	Handelsgesetzbuch
KrWG	Kreislaufwirtschaftsgesetz
IPR	Internationales Privatrecht
JArbSchG	Jugendarbeitsschutzgesetz
KrWG	Kreislaufwirtschaftsgesetz
KWKG	Kriegswaffenkontrollgesetz
MarkenG	Markengesetz
MitbestG	Mitbestimmungsgesetz
MoMiG	Gesetz zur Modernisierung des GmbH-Rechts und zur Bekämpfung von Missbräuchen
PAngV	Preisangabenverordnung
ProdHaftG	Produkthaftungsgesetz
ProdSG	Produktsicherheitsgesetz
SigG	Signaturgesetz
StGB	Strafgesetzbuch
TVG	Tarifvertragsgesetz
UNCITRAL	Modellgesetz für die internationale Wirtschaftsschiedsgerichtsbarkeit
UStG	Umsatzsteuergesetz
UVPG	Gesetz über die Umweltverträglichkeitsprüfung
VerpackG	Verpackungsgesetz
VVG	Gesetz über Versicherungsvertrag
ZPO	Zivilprozessordnung

Kontenrahmen für den Groß- und Außenhandel (1988)

Herausgegeben vom Bundesverband des Deutschen Groß- und Außenhandels e. V. (verändert)

Klasse 0	Klasse 1	Klasse 2	Klasse 3	Klasse 4	Klasse 5	Klasse 6	Klasse 7	Klasse 8	Klasse 9
Anlage- und Kapitalkonten	Finanzkonten	Abgrenzungskonten	Wareneinkaufskonten / Warenbestandskonten	Konten der Kostenarten	Konten der Kostenstellen	Konten für Umsatzkostenverfahren	frei	Warenverkaufskonten (Umsatzerlöse)	Abschlusskonten

Klasse 0 – Anlage- und Kapitalkonten

- 00 **Ausstehende Einlagen**
- 01 **Immaterielle Vermögensgegenstände**
- 02 **Grundstücke**
  - 021 Grundstücke
  - 023 Bauten auf eigenen Grundstücken
- 03 **Anlagen, Maschinen, Betriebs- und Geschäftsausstattung**
  - 031 Technische Anlagen und Maschinen
  - 033 Betriebs- und Geschäftsausstattung
  - 034 Fuhrpark
  - 036 Anlagen im Bau
  - 037 Geringwertige Wirtschaftsgüter
- 04 **Finanzanlagen**
  - 046 Sonstige Ausleihungen (Darlehen)
- 05 **Wertberichtigungen**
  - 052 Wertberichtigungen bei Forderungen
    - 0521 Einzelwertberichtigungen bei Forderungen
    - 0522 Pauschalwertberichtigungen bei Forderungen
- 06 **Eigenkapital**
  - 061 Gezeichnetes Kapital (Kapitalgesellschaft) oder Eigenkapital (Einzelkaufmann und Personengesellschaft)
  - 062 Kapitalrücklage
  - 063 Gewinnrücklage
    - 0631 Gesetzliche Rücklage
    - 0632 Rücklagen für eigene Anteile
    - 0633 Satzungsmäßige Rücklagen
    - 0634 Andere Gewinnrücklagen
  - 064 Gewinnvortrag, Verlustvortrag
  - 065 Jahresüberschuss, Jahresfehlbetrag
  - 066 Bilanzgewinn, Bilanzverlust
- 07 **Sonderposten mit Rücklageanteil und Rückstellungen**
  - 072 Rückstellungen
    - 0721 Rückstellungen für Pensionen und ähnliche Verpflichtungen
    - 0722 Steuerrückstellungen
    - 0724 Sonstige Rückstellungen
- 08 **Verbindlichkeiten**
  - 082 Verbindlichkeiten gegenüber Kreditinstituten
- 09 **Rechnungsabgrenzungsposten**
  - 091 Aktive Rechnungsabgrenzungsposten
  - 093 Passive Rechnungsabgrenzungsposten

Klasse 1 – Finanzkonten

- 10 **Forderungen**
  - 101 Forderungen aus Lieferungen und Leistungen
  - 102 Zweifelhafte Forderungen
- 11 **Sonstige Vermögensgegenstände**
  - 113 Sonstige Forderungen
  - 114 Geleistete Anzahlungen
- 13 **Banken**
  - 131 Kreditinstitute
  - 132 Postbank
- 14 **Vorsteuer**
  - 141 Vorsteuer Normalsteuersatz (19 %)
  - 142 Vorsteuer Ermäßigter Steuersatz (7 %)
  - 143 Einfuhrumsatzsteuer
  - 144 Vorsteuer aus ig-Erwerb
- 15 **Zahlungsmittel**
  - 151 Kasse
  - 153 Wechselforderungen
- 16 **Privatkonten**
  - 161 Privatentnahmen
  - 162 Privateinlagen
- 17 **Verbindlichkeiten**
  - 171 Verbindlichkeiten aus Lieferungen und Leistungen
  - 175 Erhaltene Anzahlungen auf Bestellungen
  - 176 Wechselverbindlichkeiten
- 18 **Umsatzsteuer**
  - 181 Umsatzsteuer
    - 1811 Umsatzsteuer Normalsteuersatz (19 %)
    - 1812 Umsatzsteuer ermäßigter Steuersatz (7 %)
    - 1814 Erwerbsteuer
- 19 **Sonstige Verbindlichkeiten**
  - 191 Verbindlichkeiten aus Steuern
  - 192 Verbindlichkeiten im Rahmen der sozialen Sicherheit
  - 194 Sonstige Verbindlichkeiten
  - 195 Verbindlichkeiten aus Vermögensbildung

Klasse 2 – Abgrenzungskonten

- 20 **Außerordentliche und sonstige Aufwendungen**
  - 201 Außerordentliche Aufwend. i. S. § 277 HGB
  - 202 Betriebsfremde Aufwendungen
  - 203 Periodenfremde Aufwendungen für frühere Jahre
  - 204 Verluste aus dem Abgang von Sachanlagen
  - 205 Verluste aus dem Abgang von UV (außer Vorräte)
  - 206 Sonstige Aufwendungen
  - 207 Spenden bei Kapitalgesellschaften
- 21 **Zinsen und ähnliche Aufwendungen**
  - 211 Zinsaufwendungen
  - 213 Diskontaufwendungen
  - 214 Zinsähnliche Aufwendungen
  - 215 Aufwendungen aus Kursdifferenzen
- 22 **Steuern vom Einkommen und Vermögensteuer**
  - 221 Körperschaftsteuer
  - 223 Kapitalertragsteuer
- 23 **Forderungsverluste**
  - 231 Übliche Abschreibungen auf Forderungen
  - 233 Zuführungen zu Einzelwertberichtigungen zu Forderungen
  - 234 Zuführungen zu Pauschalwertberichtigungen zu Forderungen
- 24 **Außerordentliche und sonstige Erträge**
  - 241 Außerordentliche Erträge i. S. § 277 HGB
  - 242 Betriebsfremde Erträge
  - 243 Periodenfremde Erträge
  - 246 Sonstige Erträge
- 26 **Sonstige Zinsen und ähnliche Erträge**
  - 261 Zinserträge
  - 263 Diskonterträge
  - 264 Zinsähnliche Erträge
  - 265 Erträge aus Kursdifferenzen
- 27 **Sonstige betriebliche Erträge**
  - 270 Erlöse aus Anlageabgängen
  - 271 Erträge aus dem Abgang von Sachanlagen
  - 272 Erträge aus dem Abgang von UV (außer Vorräte)
  - 274 Erträge aus abgeschriebenen Forderungen
  - 275 Erträge aus der Auflösung von Wertberichtigungen zu Forderungen
    - 2751 Auflösung von Einzelwertberichtigungen
    - 2752 Auflösung von Pauschalwertberichtigungen
  - 276 Erträge aus der Auflösung von Rückstellungen

Klasse 3 – Wareneinkaufs-/Warenbestandskonten

Die Wareneinkaufskonten können nach unterschiedlichen Kriterien gegliedert werden. Die nachfolgende Untergliederung stellt eine der Möglichkeiten dar. Die Wareneinkaufskonten können nach unterschiedlichen Warengruppen, aber auch nach anderen betriebs- oder branchenbedingten Kriterien unterteilt werden. Unterteilungen nach Produktbereichen, Dienstleistungen, Bezügen aus dem In- oder Ausland, regionalen oder internationalen Bezugsmärkten, Wareneinkauf von verbundenen, nahestehenden oder beteiligten Unternehmen sind möglich.

- 30 **Warengruppe I (19 %)**
  - 301 Wareneingang (Aufwendungen für Waren/Wareneinsatz)
  - 302 Warenbezugskosten
  - 305 Rücksendungen an Lieferer
  - 306 Nachlässe von Lieferern
  - 307 Liefererboni
  - 308 Liefererskonti
- 31 **Warengruppe II (7 %)**
  - 311 Wareneingang (Aufwendungen für Waren/Wareneinsatz)
  - 312 Warenbezugskosten
  - 315 Rücksendungen an Lieferer
  - 316 Nachlässe von Lieferern
  - 317 Liefererboni
  - 318 Liefererskonti
- 32 **Warengruppe III**
- 33 **Warengruppe IV**
- 34 **Warengruppe V**
- 35 **Warengruppe VI**
- 39 **Warenbestände**
  - 391 Warengruppe I
  - 392 Warengruppe II
  - 393 Warengruppe III
  - 394 Warengruppe IV
  - 395 Warengruppe V
  - 396 Warengruppe VI

Klasse 4 – Konten der Kostenarten

- 40 **Personalkosten**
  - 401 Löhne
  - 402 Gehälter
  - 404 Gesetzliche soziale Aufwendungen
  - 405 Freiwillige soziale Aufwendungen
  - 406 Aufwendungen für Altersversorgung
  - 407 Vermögenswirksame Leistungen
- 41 **Mieten, Pachten, Leasing**
  - 411 Miete
  - 412 Pacht
  - 413 Leasing
- 42 **Steuern, Beiträge, Versicherungen**
  - 421 Gewerbesteuer
  - 422 Kfz-Steuer
  - 423 Grundsteuer
  - 424 Sonstige Betriebssteuern
  - 426 Versicherungen
  - 427 Beiträge
  - 428 Gebühren und sonstige Abgaben
- 43 **Energie, Betriebsstoffe**
  - 431 Heizung
  - 432 Strom, Gas, Wasser
  - 433 Treib-, Schmierstoffe
  - 434 Kraftstoffe
- 44 **Werbe- und Reisekosten**
  - 441 Werbung
  - 442 Geschenke
  - 443 Repräsentation
  - 444 Bewirtung
  - 445 Reisekosten Arbeitnehmer
  - 446 Reisekosten Unternehmer
- 45 **Provisionen**
- 46 **Kosten der Warenabgabe**
  - 461 Verpackungsmaterial
  - 462 Ausgangsfrachten
  - 463 Sachmängelhaftung
- 47 **Betriebskosten, Instandhaltung**
  - 471 Instandhaltung
  - 473 Sonstige Betriebskosten
- 48 **Allgemeine Verwaltung**
  - 481 Bürobedarf
  - 482 Porto, Telefon, Telekommunikation
  - 483 Kosten der Datenverarbeitung
  - 484 Rechts- und Beratungskosten
  - 485 Personalbeschaffungskosten
  - 486 Kosten des Geldverkehrs
- 49 **Abschreibungen**
  - 491 Abschreibungen auf Sachanlagen

Klasse 5 – Konten der Kostenstellen

Für die Konten der Kostenstellen sind betriebs- und branchenbedingt unterschiedliche Aufteilungen möglich. Die nachfolgende Untergliederung ist beispielhaft aufgeführt.

- Einkauf
- Lager
- Vertrieb
- Verwaltung
- Fuhrpark
- Be-/Verarbeitung

Klasse 6 – Konten für Umsatzkostenverfahren

Klasse 7 – frei

Klasse 8 – Warenverkaufskonten (Umsatzerlöse)

Die Warenverkaufskonten können wie die Wareneinkaufskonten nach verschiedenen betriebs- oder branchenbedingten Kriterien unterteilt werden. Außer einer Untergliederung in Warengruppen können andere Kriterien in Betracht kommen: Produktbereiche, Dienstleistungen, Verkäufe im In- oder Ausland, regionale oder internationale Absatzmärkte, Warenverkäufe an verbundene, nahestehende oder beteiligte Unternehmen, Strecken-, Transit- oder Lagerverkäufe.

Notwendig ist eine Unterscheidung nach Umsätzen mit Normalsteuersatz (19 %), ermäßigtem Steuersatz (7 %) und steuerfreien Umsätzen.

- 80 **Warengruppe I (19 %)**
  - 801 Warenverkauf/Umsatzerlöse für Waren
    - 8011 WV-Inland
    - 8012 WV-Drittland
    - 8014 WV-ig-Lieferung
  - 805 Rücksendungen von Kunden
  - 806 Nachlässe an Kunden
  - 807 Kundenboni
  - 808 Kundenskonti
- 81 **Warengruppe II (7 %)**
  - 811 Warenverkauf/Umsatzerlöse für Waren
    - 8111 WV-Inland
    - 8112 WV-Drittland
    - 8114 WV-ig-Lieferung
  - 815 Rücksendungen von Kunden
  - 816 Nachlässe an Kunden
  - 817 Kundenboni
  - 818 Kundenskonti
- 82 **Warengruppe III**
- 83 **Warengruppe IV**
- 84 **Warengruppe V**
- 85 **Warengruppe VI**
- 87 **Sonstige Erlöse aus Warenverkäufen**
  - 871 Warenentnahmen/Eigenverbrauch
  - 872 Provisionserträge

Klasse 9 – Abschlusskonten

- 91 **Eröffnungsbilanzkonto**
- 92 **Warenabschluss**
- 93 **GuV**
- 94 **Schlussbilanzkonto**